60-

GUIDE
DE LA
CORSE
MYSTÉRIEUSE

ISBN : 2-7107-0546-X

GUIDE
DE LA
CORSE
MYSTÉRIEUSE

NOUVELLE ÉDITION

LES GUIDES NOIRS
EDITIONS TCHOU

LES
GUIDES
NOIRS

Documentation

Secrétariat de rédaction

Iconographie

Reportage photographique

Reproductions photographiques

Maquette

Cartographie

Sigles

Impression

Reliure

Pour le compte des

GUIDE DE
LA CORSE
MYSTÉRIEUSE

par
GASTON D'ANGÉLIS
DON GIORGI
et
GEORGES GRELOU

Janine Phlippoteau

Agnès de Gorter

Daniel Frank

Léon Gato-Barbieri

Patrice Guichard

Jacques Pellerin

CB

Carmelo-Lucio Falsata

Ladislas Mandel

Hérissey, Évreux

SIRC, Marigny-le-Châtel

Éditions Tchou, 6, rue du Mail,
Paris, 2e

Qu'il nous soit permis d'exprimer notre reconnaissance pour les conseils et l'aide précieuse qu'ils nous ont accordés aux membres du Conseil régional, aux maires, aux ecclésiastiques et aux très nombreux érudits corses consultés par nous-mêmes et par nos amis : il n'est pas de village où l'on ne trouve des Corses soucieux de conserver, d'enregistrer ou de communiquer le trésor des coutumes, des légendes ou des chroniques historiques dont ils se sentent légataires. Le concours spontané de nombreuses personnes qui n'ont pas ménagé leur temps a largement facilité le travail de nos enquêteurs. Nous tenons à remercier les responsables des confréries qui nous ont guidés lors de nos visites.

Nous avons aussi beaucoup emprunté aux revues corses citées dans l'avant-propos, et à la presse quotidienne ; *Corse-matin* et *La Corse* ont souvent publié des chroniques locales ou des reportages très pénétrants.

LES CLEFS
DE
VOTRE GUIDE

HISTOIRE LÉGENDAIRE

Étymologie savante et populaire.
Croyances et mythes relatifs à la fondation de
la ville et à ses monuments.
Faits merveilleux et prodiges rapportés par les
anciennes chroniques.
Les grandes figures légendaires : Napoléon.
Cités disparues ou englouties.

ÉNIGMES PRÉHISTORIQUES

Rites et symboles primitifs.
Menhirs, dolmens, cromlechs et pierres levées.
Tumulus et dolmens.
Stèles et inscriptions énigmatiques.

MYTHES ET MONUMENTS
PAÏENS

Archéologie gallo-romaine.
Nécropoles préchrétiennes.
Culte aux divinités païennes.

LIEUX SACRÉS
ET MIRACLES CHRÉTIENS

Sanctuaires.
Fontaines et sources miraculeuses.
Pèlerinages et pénitents.
Ex-voto, reliques, statues.
Vierges noires.
Saints guérisseurs.
Apparitions et miracles.

LES ILLUMINÉS

Poètes, rêveurs et philosophes.
Alchimistes et hermétistes, mages et astrologues.
Monuments symboliques.

MŒURS ET COUTUMES

Croyances, superstitions, et coutumes,
rites de guérison, de fécondité, de funérailles.
Fêtes populaires.
Médecine populaire. Superstitions locales.

BESTIAIRE FANTASTIQUE

Dragons et animaux fabuleux.
Bestiaire sculpté du Moyen Âge.

CRÉATURES MERVEILLEUSES

Fées, lutins, farfadets.

DIABLE, SORCIERS, FANTÔMES

Pratiques démoniaques.
Faits de possession.
Maisons hantées.

PIERRES ÉTRANGES

Châteaux, demeures, monuments disparus.
Architectures bizarres : légendes qui s'y
attachent. Les tours génoises.

PAYSAGES INSOLITES

Curiosités naturelles.
Faune et flore étranges.

SOUTERRAINS, TRÉSORS

Carrières, souterrains, refuges, trésors.

MUSÉES IMAGINAIRES

Petits musées.
Collections, objets curieux.
Art primitif, art fantastique, art naïf.
Inventeurs et visionnaires : leurs œuvres.

TRAGÉDIES ET FAITS BIZARRES

Affaires criminellles, vendettas.
Événements singuliers et faits divers.
Prisons, gibets, piloris.
Épidémies et batailles.
Cataclysmes et prodiges météorologiques.

AVANT PROPOS

AVANT-PROPOS

Sir Gilbert Elliot, qui fut près de deux ans (1794-1796) le vice-roi d'une Corse soumise à la couronne d'Angleterre, déclarait que ce peuple était « une énigme dont personne ne peut être sûr de posséder la clef ». Énigme qui depuis l'Antiquité a conduit les historiens aux opinions les plus contraires. Si Diodore de Sicile écrit des Corses qu'« ils vivent ensemble selon les règles de la justice et de l'humanité » et que, « dans toutes les rencontres de la vie, ils cultivent et pratiquent la justice », le géographe grec Strabon les voit « plus sauvages que des bêtes fauves ». Quant au philosophe Sénèque, dans un distique célèbre – « la première loi des Corses est la vendetta, la deuxième le vol, la troisième le mensonge et la quatrième l'athéisme » –, il soutient que les habitants de cette terre aride et escarpée sont des barbares. Il est vrai que l'amertume de l'exil devait assombrir l'humeur du philosophe qui avait peut-être des raisons plus personnelles de se plaindre des insulaires (dans la partie alphabétique de ce guide, voir LURI).

À mesure que l'on avance dans l'histoire, la contradiction se maintient. « Les Corses et la potence vont ensemble comme Pâques

Un paysage de Corse : Vivario. Page précédente : la voûte de la grotte du Sdragonato à Bonifacio.

et l'*alleluia* », s'écrie, en 1768, un Italien ; mais, en 1740, le marquis de Maillebois, commandant les premières troupes françaises débarquées, ne disait-il pas : « J'ai trouvé les Corses des démons et j'en ai fait des anges » ? Déclaration peut-être optimiste puisqu'un officier du régiment de Picardie, en garnison dans l'île de 1774 à 1777, devait décrire dans ses *Mémoires* historiques sur la Corse « un peuple nouvellement conquis, nullement assujetti, sans mœurs, sans lois, sans police ».

La clef de l'énigme

Nullement assujetti... voilà peut-être la clef de cette énigme qui laissait perplexe Sir Gilbert Elliot. Au cœur de ce monde méditerranéen dont elle a subi toutes les vicissitudes, la Corse a su préserver farouchement son individualité, si déroutante pour qui s'en tient aux apparences : fierté et sens de l'intrigue, amour de l'indépendance et recherche d'un emploi stable, désintéressement et soif des honneurs, nonchalance et acharnement à la tâche entreprise, attachement à ses origines insulaires et adaptation à de longues expatriations... Une telle énumération pourrait se poursuivre sans nous approcher de la vérité, car ce ne sont là que des masques, plus ou moins collés sur une réalité complexe, à l'image même de cette mer « toujours recommencée », qui, inlassablement, bat de ses vagues les côtes corses.

Mélancolique, réservé, d'une sensibilité inquiète, passionné pour son île, le Corse cultive la discrétion et recherche le mystère. Une longue histoire lui a enseigné la méfiance envers l'inconnu ou l'étranger, la crainte des vains bavardages, la nécessité d'une attention toujours aux aguets. Ainsi, muré en lui-même, a-t-il développé une vie intérieure intense où viennent s'alimenter les sources mêmes du « mystérieux ».

Dans ce pays rocheux, compartimenté en de multiples vallées, aux pâturages échelonnés de la montagne à la plage, la vie était essentiellement pastorale. Or le berger a souvent été un isolé, jaloux de son indépendance, porté à la réflexion par la solitude, à la méditation par la vue du paysage sans cesse déployé devant ses yeux, au respect des forces d'une nature dont il a, à force de vivre en intimité avec elle, l'intuition aiguë.

Passeront les conquérants, s'édifieront et s'écrouleront les dominations de l'étranger, le Corse, en s'imprégnant de leurs apports, en s'adaptant aux nécessités du moment, en utilisant les circonstances, conservera enraciné au plus profond de lui-même l'amour de sa terre, lié au souvenir de son histoire et idéalisé par les légendaires récits qui se transmettent de génération en génération. Sur cette terre déchiquetée, âpre et magnifique, a été forgé, par une histoire tragique, pétrie de sang et de larmes, un peuple d'hommes graves et solitaires, hantés par le poids du passé autant que par les forces mystérieuses qui, de tout temps, ont sculpté leur destin.

Quelques repères géographiques

« Montagne dans la mer », la Corse est une incontestable unité géographique, où contrastent surtout le chapelet de plaines littorales, très desséchées en été, et les montagnes de l'intérieur qui, peu pénétrables, se dressant parfois à peine en retrait de la mer, restent souvent fraîches, vertes et accueillantes si l'on s'élève assez en altitude. Cette unité n'a pas été respectée par l'histoire : une véritable frontière a séparé longtemps la région du nord et de l'est, appelée l'*en deçà des monts*, plus soumise à l'influence politique et sociale de l'Italie, et la région de l'ouest et du sud, l'*au-delà des monts*. Tandis que l'en deçà des monts devenait « terre du commun », suivant l'exemple communal italien, dans l'*au-delà des monts* une belliqueuse féodalité se maintenait, valant à cette contrée le nom de « terre des seigneurs ». Mais cette division n'est pas la seule à avoir marqué l'histoire corse. Des montagnes aux versants très raides, des vallées profondes et en cul-de-sac ont rendu les communications difficiles. Elles ont favorisé l'éclosion de communautés historiques aux caractères originaux, volontiers particularistes, dont les perpétuelles rivalités jalonnent le passé insulaire.

Citons les régions dont les noms reviennent le plus souvent :

Le *cap Corse*, presqu'île montagneuse étroite et allongée (40 km du nord au sud ; 12 à 15 km de l'est à l'ouest). Ouvert sur la mer, en relations constantes avec les ports méditerranéens et surtout avec la Toscane, le Cap fut longtemps dominé par une féodalité attachée à Gênes. Autrefois peuplés et animés, vivant aisément de la pêche et du cabotage, les villages formés de nébuleuses de hameaux desservis par de petits ports, les marines littorales, sont de nos jours souvent désertés. Au contraire, les marines tendent à revivre sous l'impulsion du tourisme.

La *Balagne*, entre Calvi et L'Ile-Rousse, est un amphithéâtre de collines et de plaines isolées vers l'intérieur par la montagne et la forêt. Une couronne de villages disposés en retrait de la côte rappelle encore l'époque où les habitants se gardaient de la mer hostile, tout en cultivant la plaine, qui donnait d'excellentes récoltes de blé, et les coteaux, souvent chargés d'oliviers et d'arbres fruitiers, si bien que la Balagne méritait d'être appelée le «jardin de la Corse». Habitée dès la préhistoire, romanisée, elle fut, par Calvi, en relations régulières avec Gênes dès le Moyen Âge. Les perspectives commerciales offertes par les échanges maritimes ont encouragé la population à aménager ses rivages avec un soin extrême. L'existence d'une ancienne vie rurale active se lit encore dans le paysage balanin.

Le *Nebbio*, autour du golfe de Saint-Florent, groupe aussi des villages de versant au milieu de leurs terrasses de culture. Dans la plaine au pied de l'escarpement du cap Corse, s'étend le vignoble de Patrimonio. Autour de ce foyer de production ancien, la mise en valeur agricole menée au cours des dernières décennies a fait reculer le maquis. Le Nebbio formait avant 1790 un des cinq diocèses de la Corse, les autres étant Sagone (siège transféré à Calvi), Bastia, Ajaccio et Aléria.

Entre la vallée du Golo, à l'ouest, et la Casinca, à l'est, la *Castagniccia* se meurt, mais évoque toujours l'immense forêt de châtaigniers qu'elle a été. Dans cette région, autrefois très peuplée et qui conserve de nos jours un dense réseau de villages, se situe peut-être le cœur de la Corse. De tous temps, la Castagniccia fut un refuge contre les envahisseurs sarrasins ou génois ; là s'élèvent les couvents où se jouèrent les scènes décisives de l'histoire nationale, Morosaglia, fief des Paoli, Pastoreccia, Casabianca, Alesani, où Théodore de Neuhoff fut proclamé roi de Corse, Orezza, siège des consultes, où s'amorça la révolte générale contre Gênes.

La *Casinca*, située entre la Castagniccia et la mer au sud du Golo, et la *Marana*, entre Bastia et le Golo, sont des plaines littorales. Longtemps menacées par les envahisseurs venus de la mer, elles devinrent les régions les mieux soumises par les Génois, qui avaient construit en 1383 la citadelle de Bastia. Les consultes se déroulèrent longtemps à Biguglia, mais durent ensuite être tenues dans la Castagniccia, moins pénétrable, et où les villages étaient autant de postes de surveillance d'où les Corses contrôlaient les mouvements des troupes. Avant la longue période d'insécurité, la Marana et la Casinca avaient été en partie cultivées et occupées par les Romains. Marius avait fondé vers 100, ou en 93 av. J.-C., à l'embouchure du Golo, la colonie de Mariana. Renouant avec leur prospérité passée, la Marana et la Casinca avaient été remises en culture dès avant la Seconde Guerre mondiale par les Corses, les grands défrichements des années soixante parachevant l'entreprise de restauration.

Berceau de la puissante famille des Cinarchesi qui dominèrent l'histoire du Moyen Âge corse, de Giudice de Cinarca, à la fin du XIIIe siècle, à Jean-Paul de Leca, à la fin du XVe siècle, la *Cinarca* est délimitée par le golfe de Sagone à l'ouest, le golfe de Porto au nord, les contreforts du monte Rotondo et du monte d'Oro à l'est. Ce bassin bien exposé, qui fut un véritable cirque de cultures cerné de crêtes rocheuses, n'a pas subi l'évolution récente qui modifie les paysages de la Casinca, de la Marana et de la plaine orientale.

Le *Niolo*, haut bassin intramontagnard situé au nord de la Cinarca, s'étend de la forêt d'Aïtone à Castirla et comprend le bassin supérieur du Golo. C'est le pays des pâturages d'été, donc des bergers qui conservent encore des traditions et des coutumes originales qui rappellent le très riche patrimoine culturel dont ils ont hérité.

De la légende aux chroniques locales

Le passé de la Corse est semé d'énigmes, peuplé de mythes, tissé de légendes. Énigmes, mythes et légendes dont la trame constitue le récit le plus merveilleux puisqu'il s'ouvre par *L'Odyssée* pour s'achever par les récentes découvertes qui donnent à la préhistoire corse une dramatique actualité. Tour à tour, Ibères, Étrusques, Romains, Vandales, Sarrasins, Pisans, Aragonais, Génois, Français occupèrent la Corse. Il n'est donc pas surprenant que se retrouvent, dans les contes et les récits fabuleux qui toujours hantèrent la mémoire des insulaires, les dieux de l'Olympe, les génies de l'islam, les saints et les martyrs du christianisme, opposés aux diables, aux sorcières et aux monstres nés de la peur irraisonnée qu'ont éprouvée, depuis les temps les plus reculés, les peuples frappés par un sort cruel.

De là le fantastique des légendes corses dont il semble qu'il soit en harmonie avec un décor naturel où l'homme apparaît dépassé. Dans ces montagnes, propices aux embuscades et aux replis par des cheminements difficiles à repérer, devait naître toute une littérature folklorique faite de violence, de courage, où un même défi est lancé à la mort et aux forces de l'au-delà.

Les Grecs n'ont pas appelé la Corse *Kallistè*, « la très belle », comme on l'a cru pendant longtemps. Mais, la Corse apparaît dans

la fresque légendaire de la mythologie classique dès le milieu du
IIe millénaire avant notre ère. Le cycle des retours des voyageurs
partis vers les mers lointaines signale les liens de la Corse avec la
Grèce, voire la Phénicie. L'île entre dans la communauté méditerranéenne lorsque Ulysse aborde des rivages, peuplés de géants
anthropophages, qui ressemblent étrangement aux bouches de
Bonifacio. Des passages courts, mais savoureux, sont consacrés à la
Corse par les auteurs anciens. Hérodote rapporte la migration phocéenne vers Alalia, l'Aléria grecque. Polybe, Diodore de Sicile, Pline
l'Ancien décrivent la Corse, ses merveilles naturelles, ses forêts
inquiétantes et les mœurs curieuses de ses habitants, qu'observe
aussi Sénèque, exilé dans l'île. Évoqué par Strabon, le caractère
farouche des Corses, qui se laissent languir ou mourir plutôt que
d'accepter la servitude, est encore d'une saisissante vérité pour qui
connaît les traditions insulaires.

Longtemps sous-estimées, d'autres sources plus abondantes et
plus accessibles permettent aussi de pénétrer dans les arcanes
mystérieux de la psychologie individuelle et collective de la Corse :
ce sont les textes des chroniqueurs, particulièrement du premier
d'entre eux, Giovanni della Grossa (1388-1464), et de ses successeurs, Monteggiani, Ceccaldi et Filippini, qui se sont approprié son
œuvre en la remaniant et en la complétant. Bien que les confusions
et les archaïsmes ne manquent pas dans les chroniques corses, on
ne peut que conseiller leur lecture au public curieux : la monotonie
du style, la sécheresse de certaines relations sont amplement com-
pensées par le charme incontestable que dégagent les naïvetés, l'expression parfois malhabile et redondante, la verdeur de certaines
descriptions. Les mythes relatifs aux invasions barbares et à la
reconquête chrétienne, intégrés dans le cycle des chansons de geste,
se révèlent, malgré les critiques qu'ils ont suscitées, une source précieuse pour tenter de percer à jour les mystères du destin corse.

Depuis le voyage de Mérimée...

La connaissance de la Corse a progressé récemment à grands pas
sous l'impulsion des archéologues. La voie ouverte par Mérimée
(*Notes d'un voyage archéologique en Corse*, Paris, Fournier, 1840)
avait été suivie dès la fin du XIXe siècle par A. de Mortillet (*Rapport
à M. le Ministre sur les monuments mégalithiques de la Corse*,
Paris, Leroux, 1893), L. Giraux et Ch. Ferton qui publièrent une
intéressante série de communications scientifiques. Après un demi-
siècle de stagnation, une étude systématique de la préhistoire corse
a été entreprise vers 1955 par Roger Grosjean, puis par les profes-
seurs G. Camps, M.-Cl. Weiss, F. de Lanfranchi et toute une
équipe dynamique de préhistoriens corses.

Les fouilles d'Aléria, menées sous la direction de Jean Jehasse,
ont aussi enrichi considérablement nos connaissances sur le rôle de
la Corse dans l'Antiquité grecque et romaine, agréablement présenté dans *Aléria grecque et romaine* (Lyon, Audin), puis par J. et
L. Jehasse, dans la *Nécropole préromaine d'Aléria* (CNRS, 1972) et
dans *Aléria antique* (1987). Mme Moracchini-Mazel a publié
Les Églises romanes de Corse (Paris, Klincksieck, 2 vol., 1967) et
Les Monuments paléochrétiens de la Corse (Paris, Klincksieck,
1967) où l'auteur contrôle sans cesse la recherche archéologique par
les textes et la tradition orale, qui, sous les voiles du mythe et de la
légende, éclairent souvent le passé d'un jour nouveau.

Enfin, les études corses doivent beaucoup à l'une des plus
anciennes sociétés savantes françaises, la Société des sciences his-

toriques et naturelles de la Corse, dont le bulletin est plus que centenaire. L'abbé Letteron, président de la société de 1880 à 1918, rechercha et publia inlassablement les sources de l'histoire de la Corse. Son œuvre est poursuivie de nos jours : le lecteur intéressé consultera le Bulletin trimestriel de la société, édité à Bastia. *La Corse historique* et la *Revue des études corses* publiées à Ajaccio par P. Lamotte, directeur des Archives départementales, ont relancé les études sur le passé de la Corse après la Seconde Guerre mondiale. *U Muntese*, de son côté, a donné ses lettres de noblesse à la langue corse. Les *Cahiers Corsica*, édités depuis 1970 par la FAGEC (Fédération d'associations et de groupements pour les études corses), animée par l'infatigable Geneviève Moracchini-Mazel, et les *Études corses*, revue de l'Association des chercheurs en sciences humaines (domaine corse), après la fondation de cette

Une reconstitution historique : « Les Sarrasins incendient la Corse, massacrent ou emmènent les habitants en esclavage » (Histoire de la Corse de l'abbé Galletti, 1863).

société, en 1973, et *Archéologia Corsa* ont enrichi très régulièrement notre connaissance de la Corse au cours des deux dernières décennies.

Les ouvrages des historiens, des voyageurs et des curieux du XVIIIe et du XIXe siècle, tels que les *Recherches historiques et statistiques de la Corse* de Robiquet (Rennes, Duchesne, 1835), le *Voyage en Corse* de Valéry (Paris, L. Bourgeois-Maze, 1837), l'*Histoire illustrée de la Corse* de l'abbé Galletti (Paris, Dentu, 1863), ou la *Chasse au mouflon* de Bergerat (Paris, Delagrave, 1891) sont aujourd'hui fort rares dans leurs éditions originales. Une vue générale permettant de s'orienter dans le temps et dans l'espace pour situer les énigmes de la Corse est offerte, plus commodément, par trois livres publiés sous le titre d'*Histoire de la Corse* : le premier a été publié sous la direction de P. Arrighi et d'A. Olivesi (Toulouse, Privat, 1971 ; nouvelle édition, 1990), le deuxième par P. Antonetti (R. Laffont, 1re éd., 1973 ; 2e éd., 1983) et le troisième par F. Pomponi (Hachette, 1979). Une somme monumentale, *Le Mémorial des Corses*, dirigée par F. Pomponi (Ajaccio, 1982, 6 vol.) est à recommander aux lecteurs les plus épris de la Corse. M.-C. Weiss et F. de Lanfranchi ont multiplié les publications sur la préhistoire corse. Une synthèse très complète et très suggestive, élaborée par G. Camps, a été éditée par Errance en 1988 (*Préhistoire d'une île, les Origines de la Corse*). Au cours des visites de sites, le guide clair et précis de J. Cesari, *Corse des origines* (Imprimerie nationale, 1994) est un compagnon précieux.

À ces études, s'ajoutent les travaux concernant la mythologie et les traditions populaires corses évoquées par J.-B. Marcaggi, J.-B. Ortoli, Lorenzi de Bradi, A. Trojani, G. Ravis-Giordani (*Bergers corses*, Édisud, 1983), G. Massignon (*Contes corses*, A. et J. Picard, 1984), M. Giacomo-Marcellesi, pour les *Contes de la Corse du Sud* (Édisud, 1989), et par de nombreux articles de l'ancienne *Revue de la Corse*.

L'expérience acquise au cours de plusieurs décennies d'enquêtes pour la presse a permis à J.-R. Laplayne et à P. Silvani de se muer en chroniqueurs du temps présent, sans détourner leur curiosité du passé. Paul Silvani a publié régulièrement de la *Corse des années ardentes* (Albatros, 1976) à *Ça s'est passé en Corse* (Éd. Autres Temps, 1994). *La Corse. Une île. Un patrimoine*, de J.-R. Laplayne et J. Rocca Serra (Éd. méditerranéennes du Prado, 1993), est une introduction très sûre à la connaissance culturelle de la Corse.

Tant de travaux érudits, une si précieuse curiosité, ne démentent-ils pas ce qu'écrivait, non sans quelque humeur peut-être, l'historien Colonna de Cesari Rocca, en 1908 : « Il n'y a pas en Europe de pays dont l'histoire soit plus mal connue que celle de la Corse; pas de département français dont les monuments aient été plus négligés, dont les archives soient plus dispersées. Dans son ensemble, la chronographie corse du Moyen Âge est, chez les auteurs réputés les plus sérieux, entachée d'erreurs portant d'un siècle sur l'autre. Les rares documents utilisés sont datés de styles différents : il en est résulté pour ceux qui s'en sont servis de graves méprises... » Aujourd'hui, la réalité nous apparaît sous un jour tout autre. Vigie aux portes du monde continental, ayant conservé, avec son antique culture, ses traditions populaires, ses coutumes et sa langue, défendue avec passion, la Corse, mystérieuse et fascinante, poursuit avec son passé un perpétuel et poétique dialogue.

Gaston d'Angélis, Don Giorgi et Georges Grelou.

LA
GALERIE
DU
MYSTÈRE
CORSE

ARMOIRIES

Pourquoi un Maure ?

Quelle est l'origine du Maure au front ceint d'un bandeau blanc qui figure sur les armes de la Corse ? C'est la consulte de Corte, c'est-à-dire le conseil suprême d'État du royaume qui, le 24 novembre 1762, en avait fixé le dessin officiel. Bien que la consulte de 1735 n'ait pas placé la Corse sous la protection de l'Immaculée Conception de la Vierge Marie, comme on l'a cru pendant longtemps, l'image de la Vierge sera empreinte désormais sur les armes et sur les drapeaux. Pourquoi avoir remplacé, vingt-cinq ans plus tard, la Vierge par un Maure énigmatique ? On ne saurait donner à cette question une réponse satisfaisante. Paoli, croyant convaincu, mais inquiet de l'influence politique du clergé, soupçonné d'être trop inféodé à Gênes, a voulu peut-être nationaliser les armoiries de son pays. Ce choix est d'ailleurs curieux si, comme on le croit, le Maure est d'origine espagnole : signe héraldique datant des croisades, il représenterait un roi sarrasin vaincu, emblème adopté de longue date en Aragon. En effet, il figurait sur les étendards aragonais depuis Pierre III le Grand (1276-1285). Or, la Corse ayant été confiée en 1297 par Boniface VIII au roi d'Aragon, en même temps que la Sardaigne, il est naturel que le même emblème y ait été adopté. Explication raisonnable, plus satisfaisante à l'esprit que les autres interprétations : on affirme parfois que la tête du Maure aurait été introduite, vers le VIIIe siècle, par un noble espagnol, qui, devenu maître de l'île, aurait converti les Corses à l'islamisme... Selon une autre hypothèse, c'est au contraire l'expulsion des Sarrasins au IXe siècle que rappellerait ce Maure décidément fort équivoque.

Et pourquoi un Maure ? Pour évoquer la victoire remportée sur les envahisseurs sarrasins. Victoire en trois étapes pour certains : trois expéditions auraient été nécessaires pour venir à bout de l'ennemi ; la première dirigée par le comte Burchard, la seconde par Charles, fils de Charlemagne, la troisième par un seigneur romain, peut-être Ugo Colonna, si l'on ne considère pas le personnage comme un mythe. Cette version pourrait être corrigée : les *Annales* du IXe siècle évoquent bien l'intervention de Burchard en 807 ; les deux autres tentatives de sauvegarde de la Corse pourraient être celle du comte Boniface, chargé de la défense de l'île par Louis le Pieux en 828, et, plus tard, celle d'Albert, marquis de Toscane, fils de Boniface, désigné comme protecteur de la Corse. Une triple victoire expliquerait les trois têtes de Maures surmontées d'une croix – le christianisme écrasant l'islamisme – qui auraient orné le drapeau corse, si l'on en croit certains. Une tête de Maure, trois têtes ou quatre têtes... Car Aragon avait une tête de Maure aux quatre angles de la croix arborée comme enseigne.

L'écho de cette tradition se retrouve dans de naïves légendes dont les thèmes s'entremêlent. J.-A. Giustiniani rapporte celle-ci : « Une jeune Corse d'Aléria, Diana, enlevée par des corsaires, avait été vendue comme esclave au roi de Grenade, Mohamed abd Allah.

Mais son fiancé, Paolo, réussit à la délivrer et, après avoir erré trois jours à travers les rochers de la Sierra Nevada, les fugitifs, ayant atteint la côte, trouvèrent une embarcation qui leur permit de gagner la Corse. Plein de courroux, le roi Mohamed chargea son lieutenant Mansour de lui ramener sa captive morte ou vive. Une flottille fit aussitôt voile pour Cyrnos. Mansour et ses hommes débarquèrent à Piana, traversèrent la région de Vico, pillant et massacrant tout sur leur passage et parvinrent enfin à Aléria. Aux portes de la cité, Paolo et ses amis attendaient l'ennemi. La bataille fut terrible. On se battit d'abord à distance, se lançant des deux côtés des flèches et des pierres ; mais les Maures, plus nombreux,

Les armoiries de la Corse.

ayant le dessus, Paolo fit avancer ses soldats sous une pluie de projectiles et, bientôt, ce fut une mêlée effroyable où l'on se battit corps à corps, à coups de lance et de poignard. Quand la nuit vint, la lune se leva, sanglante, éclairant le champ de bataille où gisaient pêle-mêle deux mille cadavres au-dessus desquels tournoyaient, d'un vol sinistre, les nocturnes oiseaux au bec crochu, fait pour déchirer la chair. Au milieu, une longue perche était plantée, surmontée d'une tête hideuse, ceinte d'un ruban rouge, la tête de Mansour ben Ismaïl, que le fiancé de Diana avait tranchée. Ce trophée sanglant fut promené de village en village, d'un bout de l'île à l'autre. La tradition a transmis de siècle en siècle le souvenir de cet événement. Et voilà pourquoi, cinq cents ans plus tard, dans une consulte, il fut décidé que désormais une tête de Maure ornerait, comme un épouvantail, la bannière blanche autour de laquelle se ralliaient, dans les combats, les fils indomptés de la vieille Cyrnos[1]. »

Avec le Dr Antoine Mattei, l'Allemagne entre en scène à la place d'Aragon. Dans un article publié autrefois dans la revue des Corses d'Indochine, il écrivait : « C'est en Allemagne qu'on trouve les pre-

1. J.-A. Giustiniani, *Contes et Légendes corses*, Ajaccio, imprimerie de *L'Éveil de la Corse*, 1934.

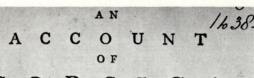

Page de titre du Journal de voyage en Corse *de James Boswell,
publié à Glasgow, en 1768.*

mières traces de cette tête comme emblème de la Corse. J'ai, dans
ma collection, des cartes géographiques de la Corse de Blaeu, de
Seutter, de Groeve, de Vander, de Hommannia Herderum, c'est-à-
dire de 1600 à 1735, et dans toutes ces cartes figure la tête de
Maure, tandis qu'on ne la voit pas dans celles de Cluvellus et de
Mercator, qui sont antérieures aux précédentes. Ainsi, on peut établir, comme démontré, qu'en Allemagne on a considéré depuis le
XVIᵉ siècle la tête de Maure comme emblème, parce que la Corse
avait expulsé les Arabes de son sein ; nous devrions trouver cette
tête dans les armes des nations qui ont possédé notre île depuis ; or,
je l'ai cherchée, en vain, dans les armoiries de Pise et de Gênes. Si
c'était, au contraire, des Sarrasins que nous la tenions, c'est un

croissant qu'ils nous auraient laissé, plutôt qu'une tête de nègre. Aux XVe, XVIe et XVIIe siècles, on a représenté, quelquefois, la Corse par des allégories : ainsi, j'ai dans ma collection des gravures où elle est représentée par une femme, tantôt nue, tantôt habillée en guerrière, portant lance, cuirasse et casque ; tantôt noblement assise sur un rocher et entourée de génies qui portent des cornes d'abondance. Le chien et le mouflon sont, souvent, assis à ses côtés ; d'autres fois, ce sont des chevaux, des tritons, des dauphins et autres figures allégoriques, sans qu'on y voie figurer la tête de Maure [...] Pourquoi l'Allemagne s'est-elle empressée de faire à la Corse un blason que celle-ci n'avait certes pas demandé ? C'est ce qui n'a pas été dit, mais le voici, je crois. L'histoire nous apprend que Charlemagne en détruisant en Italie la domination des Lombards avait acquis les droits que ceux-ci pouvaient avoir sur la Corse, et que les fils et les successeurs de cet empereur auraient délivré la Corse des Sarrasins. Cette île, en effet, est passée aux rois d'Italie et aux marquis de Toscane ; les empereurs Othon l'ont même possédée un instant. »

Mais M. Paul Arrighi, dans son *Histoire de la Corse*, assure que la première utilisation de la tête de Maure à propos de la Corse « remonte à un ouvrage italien de Mainoldi (Bologne, 1573) sur les possessions de Philippe II ».

Les yeux et le bandeau

Ici intervient « l'affaire du bandeau ». Ce bandeau couvrait-il les yeux ou ceignait-il le front du Maure ? Miss Campbell, dans *La Corse*, parue en 1878, affirme que le Maure avait les yeux bandés. Au contraire, un érudit qui se cache sous le pseudonyme d'Albert Acce, précise que ce bandeau « n'a jamais été sur les yeux » ; il évoquerait le baptême reçu par les Maures survivants après leur défaite par les Corses. Le colonel Biancamaria déclare lui aussi que le bandeau blanc, qu'il présente comme « un emblème de souveraineté », n'a jamais recouvert les yeux. Contre cette assertion, M. Paul Arrighi s'inscrit en faux : le bandeau sur les yeux, signe d'esclavage, aurait été relevé sur le front par Paoli pour symboliser la libération de sa patrie.

Pas par Paoli, affirment plusieurs historiens, mais par Théodore de Neuhoff afin d'illustrer l'indépendance nouvellement conquise. À ce propos, une légende naïve raconte que, sauvé par son négrillon qui aurait arrêté le poignard brandi par une paysanne corse soudoyée par les Génois, Théodore, pour manifester sa gratitude, avait décidé que désormais le Maure aurait les yeux découverts ; ainsi serait rappelé le dévouement du petit serviteur noir.

Dernière pièce de ce dossier : une gravure de Haid, datée de 1736, représente Théodore, sceptre en main. Au bas, surmonté d'une couronne royale, est dessiné le Maure, décidément bien mystérieux : il a les yeux bandés.

BANDITS

Vingt-huit mille meurtres en trente-deux ans

Le bandit est le plus célèbre personnage du folklore corse. Sociologues curieux d'étudier les raisons historiques et sociales qui ont provoqué son apparition, touristes épris de sensations fortes, littérateurs séduits par tout le pittoresque et le romantique entourant les faits et gestes des hors-la-loi ont propagé sa renommée, l'ont parfois transformé en héros vivant ou ont contribué à édifier sa légende posthume. Une telle publicité devait par la force des choses travestir la réalité, une réalité déjà transfigurée par l'apport de la tradition orale et assombrie par le cortège de deuils qui l'accompagne. Sans espérer pouvoir dissiper toutes les ombres, efforçons-nous de situer le bandit corse.

Une précision s'impose: la vendetta, naturellement associée au bandit corse puisque c'est pour en avoir respecté la loi que l'on devient bandit, sera étudiée plus loin (voir VENDETTA). On trouvera également à l'article CHANTS des explications susceptibles d'apporter une connaissance plus approfondie de ce mystérieux drame en trois parties : le bandit, la vendetta, le *vocero*.

Il est d'usage d'imputer à Gênes la responsabilité du banditisme corse. Après les siècles de guerre civile et d'oppression étrangère qui ont désolé la Corse, la cité ligure réussissait à affirmer sa domination sur toute l'île. Les «statuts civils et criminels» publiés en 1571 par le gouverneur Georges Doria auraient dû amener la pacification. Mais la vénalité des fonctionnaires génois, la fierté ombrageuse des insulaires, les inévitables rancœurs qu'entraîne toute occupation allaient vite rendre chimérique cet espoir.

Les Corses avaient-ils tous les torts dans ce déchaînement ininterrompu de violences (de 1682 à 1714, vingt-huit mille meurtres furent commis) ? Non, comme l'établit l'abbé Salvini dans sa *Giustificazione della rivoluzione di Corsica* : « Dès qu'un homicide se commettait, est-il dit dans cet ouvrage, les parents du mort recouraient à la justice contre l'assassin, mais les parents de l'assassin accouraient pour entraver l'action de la justice. Il y avait entre les parties une première lutte devant le greffier pour en obtenir un procès-verbal favorable; une seconde devant le juge qui formulait son avis; une troisième devant le gouverneur, de qui émanait la sentence. Si les parties avaient quelques moyens pécuniaires, on profitait de l'occasion pour faire une moisson abondante: les plus offrants gagnaient toujours leur procès. » Dans ces conditions, le Corse qui s'estimait brimé ou offensé préférait bien entendu se venger lui-même. Puis, pour se soustraire à la fois aux forces de l'ordre et à ses ennemis, le justicier cherchait un asile dans le maquis. Il se cache... Le voilà donc bandit.

Les efforts de l'Église pour faire cesser les inimitiés qui déciment les familles se révèlent vains. Les bandits viennent bien, l'épée au côté et le fusil à l'épaule, écouter les prédicateurs, mais ceux-ci partis, le cycle infernal reprend. Paoli, par ses tribunaux spéciaux, le gouvernement de Louis XV, avec ses juntes créées en 1772, tentèrent d'enrayer le mal. Mais la Révolution, qui provoque avec ses désordres de nouvelles causes de haines et de rivalités, achève d'enraciner la conviction que la justice officielle est impuissante à protéger réellement l'honneur et l'intérêt des individus. Citons ici l'historien Louis Villat : « Le type est dès lors fixé du bandit corse que popularisera la littérature et dont rêveront les imaginations romantiques. Au cours d'une discussion futile ou dans l'échauffement des luttes politiques, pour venger son honneur ou celui de sa famille, un homme a tué et, tombant sous le coup de la loi, il va immédiatement chercher asile dans les fourrés du maquis, car la géographie fut ici une auxiliaire de l'histoire pour perpétuer le banditisme : il « tient la campagne ». Ce n'est pas un détrousseur de grand chemin, mais un homme qui par la fuite échappe à l'action de la loi, un *outlaw* : un banni (*bandito*). Les personnes qui ne sont pas mêlées à ses querelles n'ont rien à craindre de lui et les étrangers, en particulier, peuvent parcourir en toute sécurité la région où il se tient ; ils ne sont ni attaqués ni rançonnés : le bandit n'est pas un brigand. »

Illustration extraite des Frères Corses *d'Alexandre Dumas.*

Salvatore Viale nous a laissé, au dernier chant de sa *Dionomachie* (1817), quelques vers frémissants sur l'amitié exquise que lui avait vouée Alexandre Petrignani et qui venait d'être brutalement rompue par un assassinat (voir ZUANI) : « O Cyrnos, quand donc auras-tu arraché à ton cœur la vendetta exécrée qui fait horreur à la justice et à l'humanité ?... À quoi te sert d'avoir une âme fortement trempée, plus fortement trempée que les autres peuples, si cette force, qui devrait être ta sécurité et ta sauvegarde, tu la détournes contre toi-même, à ton détriment et pour ton déshonneur ? »

Les plus célèbres bandits du XIXᵉ siècle

THÉODORE POLI (de Guagno), qui fut, sous la Restauration, proclamé chef de bande, prit le titre de « roi de la montagne ». La chasse, la pêche, les troupeaux et les secours de leurs familles suffisaient à la nourriture de ses hommes. La constitution qu'ils avaient votée donnait à Poli droit de vie et de mort sur tous. Il frappa le clergé de la province d'un impôt proportionnel, que ses collecteurs allaient chaque mois percevoir à domicile. Nul n'osa refuser de payer. C'est contre lui que fut organisé le bataillon des voltigeurs corses, mais on ne put en avoir raison que par la trahison en 1827.

JEAN ANTONMARCHI, surnommé Gallocchio, appelé aussi le « seigneur des maquis », d'abord destiné à l'Église et envoyé au séminaire d'Ajaccio, fut obligé par son père d'en sortir pour assurer la continuité de la famille. Il devint assassin à la suite de la rupture de ses fiançailles (voir AMPRIANI).

P.-J. MASSONI (de Marignana, canton d'Évisa) qui tint la campagne de 1848 à la fin de 1851 et dont les exploits redoutables ont été relatés par J.-B. Marcaggi.

SERAFINO, le roi de la Balagne.

SANTA-LUCIA qui voulut venger son frère condamné injustement et dont l'aventure a été décrite par Lorenzi de Bradi.

COLOMBANI qui, de 1894 à 1896, terrorisa le Fiumorbo.

Les BONELLI, de Bocognano, dits Bellacoscia, tinrent la force publique en échec de 1848 à 1892 dans leur repaire inviolé de la Pentica où ils recevaient des visiteurs de marque, écrivains, préfets et membres de l'administration, à qui, dit-on, ils accordaient des sauf-conduits. Le dernier des Bellacoscia, Antoine, fit sa soumission à l'occasion de la venue en Corse du président Carnot.

Des morts à répétition

Mieux qu'une définition, un exemple peut rendre sensible cette vérité, à première vue surprenante, qu'il existe un bandit « honnête », contraint au meurtre par la fatalité. Cappa est le type de l'« honnête » bandit. Dénoncé calomnieusement par quatre bergers comme ayant commis un vol et condamné, il tue les faux témoins. Son innocence est prouvée mais restent les assassinats. Le visage constamment dissimulé sous son capuchon (cappa), le bandit se réfugie dans le Niolo. On tue un jour un homme et le bruit de la mort de Cappa se répand. Cependant, peu de temps après, le procureur, le préfet et les journaux reçoivent une lettre signée de son nom. En 1896, enfin, la mort définitive de Cappa est annoncée : il aurait été tué dans une rencontre avec les gendarmes. Mais était-ce la vérité ? Annoncés comme morts, d'autres hommes sombres et farouches qui ne traversaient les villages que la nuit venue, entourés d'un silencieux respect et autant d'admiration que de crainte, ont continué d'errer longtemps dans les profondeurs du maquis, fusil au poing, dague et pistolet à la ceinture...

BERGERS

Les poètes de la montagne

Drapé dans son *pelone*, drap de poil de chèvre ou de laine de mouton tissé par sa femme, coiffé d'un bonnet pointu, les jambes protégées de guêtres en peau de chèvre, le berger corse a longtemps gardé une allure à la fois pittoresque et savoureuse. Au début du XIXe siècle, il conservait encore le tabac dans un vaste sac de cuir porté à la ceinture ou en bandoulière. Cette blague à tabac, appelée *zanettu*, était formée d'une peau de chat frottée et retournée comme un doigt de gant. La partie inférieure était fermée par un pompon à franges rouges, les deux ouvertures correspondant aux membres antérieurs, à l'aide de deux petits pompons de laine. L'orifice supérieur se fermait au moyen d'une cordelette ou par torsion sur elle-même ; il était orné de franges découpées dans la peau elle-même.

C'est dans le Niolo, au nord-ouest de Corte, souvent bloqué par les neiges de novembre à mars, que le berger corse traditionnel a conservé le plus longtemps son authenticité. Sur l'origine de la population fortement individualisée, qui habite cette région cernée par les plus hautes montagnes de l'île, diverses hypothèses ont été avancées (voir PEUPLES et ORIGINES).

Le berger du Niolo passait la plus grande partie de sa vie dans ses bergeries aux murs de pierres sèches et au toit de terre : il menait une vie sobre et sévère. Dormant sur un lit de fougères, s'asseyant sur une pierre, levé avant l'aube, il consacrait tout son temps à la préparation du *brocciu* (fromage de petit-lait) ou à la confection des instruments de jonc et d'osier nécessaires à cette préparation.

Une telle existence a développé en lui le goût de la réflexion solitaire et une connaissance empirique de la nature avec laquelle il était quotidiennement confronté. Il faisait donc un peu, dans l'imagination populaire, figure de devin. On dit que, dans les circonstances graves, l'examen de l'omoplate d'un agneau, d'un chevreau ou d'un bouc, ou des entrailles de l'animal, permettait aux vieux bergers de prédire l'avenir.

Carte nº1

Pourava

Grotte des Veaux-Marins ✱

Algajola ○ Occiglione
Chapelle de Lazio ○ Santa-Reparata-di-Balagna
Pigna ○ ○ Sant'Antonino Palase

Calvi □ Lumio ✱ Oggi Aregno ○
Golfe de Calvi ✱ Bracaggia Lavatoggio ○ ○ Ville-di-Para
Punta Cordovella ✱ ○ Cateri Speloncato

✱ Madonna della Serra Lunghignano ○ ○ Avapessa
○ Muro Pioggiola
Olmi-Cappella ○
Mausoleo ○

○ Calenzana

N I

B A L A G

Asco ○

Galéria ○
Capo Tondo ✱ Fango

Monte Cinto ✱

○ Manso Corscia

Cinque Frati ✱ Lozzi ○

Golfe de Girolata Capo Tafonato ✱ Calacuccia

Cap Senino Calasima ○ ○ Sidossi
Osani Albertacce

○ Casamaccioli

Golfe de Porto Golo

Quand les bêtes sont malades, la clef de certaines chapelles (l'oratoire de Saint-Roch à Zicavo) jetée au milieu du troupeau assure la guérison. Mais le plus simple n'est-il pas de prévenir les épizooties en fixant au cou des animaux des *segue* (haches de pierre) ramassées dans le maquis ?

Si influent soit-il, le berger reste cependant à la merci des sorciers s'il faut en croire une vieille légende : chaque année, à minuit, dans la vallée de Saint-Pierre, au monte d'Oro, les sorciers d'en deçà et d'au-delà des monts se livrent un duel en présence de la Mort qui préside. C'est dans le camp des perdants que seront choisis, l'année suivante, les bergers morts.

Dans une autre légende, celle des jours prêtés (*pristacci*), les 2 et 3 avril, on retrouve l'écho de cette familiarité avec la nature, caractéristique essentielle du berger, qui vit en contact trop intime avec les signes et les voix de la terre et du ciel pour ignorer les forces de l'invisible ou en méconnaître le mystère : une année, le mois de mars avait été particulièrement clément. Tous les bergers se réjouissaient sauf un qui, ne croyant pas à une telle faveur, répétait sans cesse le proverbe :

Marzu piuviosu
Muntonu furiosu

que l'on peut traduire :

« Mars pluvieux
Bélier furieux. »

Le 30 au soir, s'apercevant qu'il ne lui restait que trente heures pour se venger du berger qui n'avait pas voulu croire à ses faveurs, Mars appelle à lui les quatre tyrans des airs (*Tramuntana, Maistrali, Livantu, Libecciu*) et les charge de le venger. La tempête se déchaîne aussitôt : pluie diluvienne, tourbillons de neige, bourrasques de grêle. Mais le berger réussit à abriter ses moutons et peu avant minuit résiste encore à Mars, alors que le doux Avril est déjà là, prêt à faire fleurir la nature. Mars implore un délai pour punir le berger. Avril consent enfin à prêter exceptionnellement deux de ses jours, mais seulement le deuxième et le troisième, gardant le premier, afin que Mars ne puisse pas annexer ces trois jours comme Janvier s'était approprié deux jours de Février. Le 1er avril, une incomparable douceur annonce le retour des beaux jours. Mais le 2 avril, à minuit, la malédiction du ciel s'abat sur le Niolo. La bergerie s'effondre. Le berger accueille ses bêtes dans sa propre demeure, mais l'inondation menace. Un bélier et une brebis furent seuls sauvés lorsque Avril revint après les jours prêtés à Mars.

La légende de Mars révèle le talent poétique du berger, qu'il s'agisse de chanter la passion et ses tourments, ou de jouer avec les rimes et les mots pour le seul plaisir de l'oreille. À la foire de Casamaccioli, qui se tient le 6 septembre, jour de la fête de la Santa, se déroulent, entre bergers, des joutes d'improvisation poétique dont les assistants sont juges. Et dans la région de Sartène, le premier dimanche de mai, *Calendi maghiu*, quand bergers et bergères revêtus de leurs plus beaux habits, une fleur à la bouche, allaient de concert festoyer au bourg voisin, c'était une véritable cour d'amour, joyeuse et bruyante, qui se formait.

BESTIAIRE

Le cerf
de Nonza,
dessin de
Falsata.

La sittelle et le Lagomys

Parmi la faune corse, quelques espèces méritent de figurer dans un musée de curiosités, bien qu'elles soient communes avec d'autres régions. La filiation qui les met en rapport avec les espèces continentales de la même famille reste souvent impénétrable. L'euprocte montagnard, salamandridé qui ressemble au triton, ne vit que dans les lacs de haute montagne de Corse, de Sardaigne et des Pyrénées. Une variété de rainette verte, *Hyla arborea Savignyi*, ne vit en Méditerranée occidentale qu'en Corse, en Sardaigne et dans l'île d'Elbe, mais son habitat s'étend à l'Égypte, à l'Asie du Sud-Est, à la Corée et au Japon.

L'insularité n'est pas sans effets sur la faune corse, qui comporte plusieurs sous-espèces originales, qui ne figurent pas dans d'autres régions. Le mouflon est représenté certes par *Ovis musimon corsicosardiniensis*, commun à la Corse et à la Sardaigne, mais aussi par deux sous-espèces uniquement corses, *O. musimon occidentalis* et *O. musimon orientalis*. La perdrix rouge (*Alectoris rufa corsa* Parr.), certains rapaces nocturnes insulaires, comme le petit duc et l'effraie, tiennent une place particulière dans les classifications. La belette corse (*Mustela boccamela corsicana*) ne serait pas reconnue par La Fontaine : la blancheur du ventre de ses congénères continentales a disparu et sa longue queue la fait ressembler à l'hermine, qui pourtant n'existe pas en Corse.

Mais l'espèce la plus mystérieuse est bien un oiseau, la sittelle (*Sitta whiteheadi* Sharpe) : en dehors des forêts de conifères de l'île, où elle vit couramment, la sittelle de Whitehead n'existe dans le monde que dans les forêts canadiennes et en Mongolie, et encore la sittelle corse est-elle nettement différente des autres membres de l'espèce.

La faune éteinte de Corse, dont les restes jonchent les grottes ou les abris sous roche, recèle aussi d'étonnants secrets et pose des énigmes qui restent souvent à résoudre. Le cerf de Nonza (*Cervus Cazioli Dep.*), éteint depuis la fin des périodes froides, était un maillon intermédiaire entre le daim et le *Megacervus*, le cerf géant du quaternaire. Les restes les plus étonnants sont ceux du *Lagomys* ou *Prolagus corsicanus*. Cet animal était un rongeur à l'allure d'un lièvre, mais de la taille d'un rat, qui devait être abondant et savoureux, car il semble avoir été un mets de prédilection pour les hommes du néolithique corse. Dans la région de Bonifacio, les os de *Lagomys* jonchent les cendres des foyers des abris sous roche ou le sol des grottes. Une sépulture de la Catena, à Bonifacio, reposait sur une couche de 5 cm d'ossements de *Lagomys*. Les brèches osseuses de Toga, d'Olmeta-di-Tuda ou de Corte sont de véritables nécropoles naturelles de ces rongeurs. Cet animal est resté longtemps une originalité du sud de la Corse et des petites îles situées entre Porto-Vecchio et la Sardaigne. Pline appelle ces îles *Cuniculariae* : or le *Lagomys* est reconnaissable dans la description que Polybe donne du *Koniklos*, et les îles *Cuniculariae*, d'après les zoologues du XVIIIe siècle, étaient entièrement colonisées de rongeurs étranges inconnus ailleurs. Est-il possible de trouver encore un *Lagomys* comme on découvrit naguère le cœlacanthe ?

Une image de la patrie : le mouflon

Pour l'insulaire, il est l'animal corse par excellence. Protégé depuis 1955, il vit dans les lieux les plus inaccessibles et ignorés, où l'herbe est fraîche. Comme il ne craint pas les abîmes, il n'hésite pas, pour fuir l'homme – sa seule crainte –, à se précipiter du haut des rochers pour tomber, sans mal, de l'autre côté du précipice, sur ses pieds ou sur ses cornes. Giustiniani, plusieurs siècles avant Lorenzi de Bradi, a raconté ces jeux où le mouflon défie la peur du vide : « Il y a, dans le Niolo, un village appelé Calasima, près duquel se trouve la haute montagne d'Ilia Orba (aujourd'hui Paglia Orba). Du sommet de cette montagne, on aperçoit la mer de tous les côtés de l'île ; aussi plusieurs la regardent-ils comme la plus haute montagne de la Corse. Les mouflons s'y trouvent en grand nombre, ainsi que dans une montagne voisine, appelée la Pietralla Balanina, qui réunit le Niolo à la Balagne au-dessus de Calenzana. Leurs cornes sont tellement fortes qu'on les voit, lorsqu'ils jouent ensemble, se lancer d'une hauteur de quarante à cinquante palmes, et tomber, la tête la première, sur les plus durs rochers, sans se faire aucun mal, ce qui prouve bien la solidité de leur crâne et de leurs cornes. »

Le mouflon se déplace la plupart du temps en bande de quatre, six ou dix, quelquefois vingt-cinq. A tour de rôle, chaque mouflon monte la garde, aux aguets sur un rocher élevé qui domine l'horizon. Si quelque danger approche, le mouflon de garde, qui ne quittera son poste que lorsqu'un de ses compagnons viendra le relever, fait entendre un sifflement audible à plus d'un kilomètre. Ce comportement est si proche de celui des populations corses du Moyen Age que l'on comprend pourquoi et comment le mouflon s'est, en un certain sens, identifié pour celles-ci avec l'image de la patrie.

On a souvent confondu le mouflon avec la chèvre. Le géographe grec Pausanias a commis cette erreur extrême puisque c'est en ces termes qu'il décrit le mouflon : « Les chèvres n'y sont pas plus grandes qu'ailleurs, mais elles ressemblent à ce bélier de terre cuite, fait par un potier de l'île d'Égine, avec cette différence qu'elles ont de plus grands poils sous le menton, et que leurs cornes, au lieu d'être toutes droites sur la tête, sont rabattues et courbées vers l'oreille ; au reste, ces chèvres passent tous les animaux en légèreté et en vitesse. »

CHANTS

Les voceri.

Chants de la douleur et de la passion, chants d'amour et berceuses – *voceri, lamenti, serenate* et *nanne*: par eux s'exprimait l'âme corse avec une fraîcheur, une sincérité, voire une rudesse ou une bonhomie qui en faisaient l'inestimable valeur.

Complaintes pour un défunt

Le soir même du décès, le prêtre, alors que sonnait l'angélus, venait réciter le rosaire et chanter les litanies des défunts au pied du lit mortuaire. À la nuit, les villageois se réunissent autour du cadavre tandis que les *voceratrices* interpellent le mort, lui saisissent les mains. Leurs lamentations atteignent au désespoir au moment où l'on doit procéder à l'enlèvement du corps. Pendant tout ce temps, les hommes demeurent silencieux et immobiles. Semblable différence entre le rôle de la femme et celui de l'homme dans les usages funèbres des Germains avait été notée par Tacite : *Feminis lugere honestum est, viris meminisse*, « Les femmes peuvent pleurer, les hommes se souvenir ». Mais n'est-ce pas d'un passé beaucoup plus lointain que viennent ces complaintes funèbres, lourdes de désolation ? Dans *Les Chansons de Cyrnos*, *anthologie de la chanson populaire de l'île de Corse* (Marseille, Detaille, 1932), X. Tomasi écrit : « Un seul chroniqueur corse, Pietro Cirneo, écrivant au XVe siècle, trouve un point de ressemblance entre les *voceri* et les *lamenti* avec les cantilènes des Romains, lesquels chants funèbres étaient incontestablement d'origine pélagienne. Nous pouvons ajouter qu'à ce point de vue les *lamenti* chantés autour du cadavre d'Hector, comme on peut le lire au dernier livre de *L'Iliade*, sont tout aussi dramatiques que nos propres *lamenti* et parfois semblables à eux. Il en est de même des chants

Carte n° 2

funèbres des Grecs, Phéniciens, Égyptiens, Celtes, Indiens comme
des peuplades primitives de l'Amérique et de l'Afrique. Par ces ressemblances, on voit sans doute l'origine extrêmement éloignée de
notre poésie funèbre, mais il est impossible de la situer avec précision. Voici comment nous caractérisons la mélodie corse : art com-
posite issu d'un fond indigène encore apparent dans les contrées
peu pénétrées par la civilisation, mis dans le moule de la musique
grecque, transformée par des influences arabes espagnoles avec un
rythme très apparenté au rythme grégorien qui n'est autre que
celui des Grecs. »

Un sanglot sur trois notes

La douleur seule s'exprime par le *lamentu*, longue plainte profé-
rée avec une souffrance acceptée : un être cher nous a quittés à
jamais, mais pour connaître une vie meilleure. Cette espérance
contient la douleur et lui imprime un grave accent de résignation.

Lorenzi de Bradi indique dans *La Corse inconnue* que le *lamentu*,
divisé en strophes de six vers octosyllabiques, est chanté par les
bergers. Il est composé de trois notes, celle du sang, de la douleur,
de la piété, « trois notes qui se suivent, s'enlacent, s'exaltent pour
mourir en un long sanglot liturgique ».

Un des plus célèbres *lamenti* est celui que Madeleine Albertini
chanta sur la mort de sa sœur Françoise, dite Cecca. Cecca avait
épousé, malgré ses parents, un paysan de Pruno. Ce mariage brisa
les relations entre la jeune femme et les siens qui dès lors refusèrent de la voir. Cecca vivait pauvrement, vêtue d'un gros drap
corse, *pannulano*, qui n'était pas même teint. Les années apaisant
leurs ressentiments, les parents de Cecca lui demandèrent de venir
les rejoindre au couvent de Saint-Antoine. Là, tandis que se dérou-
leraient les cérémonies religieuses prévues, une réconciliation
générale serait scellée. Mais honteux de sa misère, craignant que la
tenue presque misérable de sa femme ne soit remarquée, le mari de
Cecca refusa. Celle-ci, sous le coup de cette déception, tomba malade et mourut. Le veuf se garda bien d'apprendre à ses beaux-
parents la mort de leur fille ; ils en furent instruits par la voix
publique. Aussitôt, Madeleine se rendit seule à Pruno où publiquement elle reprocha à son beau-frère, par son *lamentu*, la misère où
il avait fait vivre la pauvre Cecca.

La douleur et la haine

Mais si c'est un crime qui tranche la vie de celui que l'on pleure,
l'accent des lamentations n'a plus l'allure douloureuse du *lamentu*
mais la frénésie haletante du *voceru*. Les femmes déchirent leurs
vêtements, s'arrachent les cheveux, se labourent avec leurs ongles
la poitrine et le visage. À grands cris elles appellent la vengeance :

> *Di sangue sentu una sete*
> *Di morte sentu una brama*

> « J'ai une soif ardente de sang
> J'ai une soif ardente de mort »

paroles brûlantes de haine que reprennent les assistants en saisissant une arme. Les *voceri* s'adressent aux passions les plus che-
villées à l'âme corse. Il n'est pas de pays où le désir de se venger soit

plus puissant sur les cœurs. Il n'en est pas non plus où ce désir puisse plus facilement être satisfait. Aussi X. Tomasi conclut : « Il en résulte que chaque assassinat commis n'est en quelque sorte que l'exposition ou la première scène d'un drame lugubre dont les péripéties, quoique nombreuses, sont toutes prévues. »

Prévues en effet, car la chemise de l'homme assassiné est pieusement conservée pour être montrée à ceux qui devront le venger. Parfois, au lieu de chemise, ce sont des morceaux de papier trempés dans le sang du mort qui sont donnés aux enfants dès qu'ils sont d'âge à pouvoir se servir d'un fusil et si, dans la famille, aucun homme ne peut se charger de ce devoir sacré, une épouse, une mère ou une sœur prendra sa place.

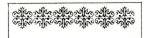

VIII

UNA MUDDÉRI PIEGNI LU MARITU

PRIMMA BUIATTÉRI, E POI DIVINUTU
E MORTU BANDITU

E stàta pièna fatàli [1]
Da luntànu chi s'é storta,
Ch'ha ghiuntu quistu surrénu [2]
Par sarrà la nòscia porta :
'Nanzi che vidé sti còsi
Meddéra ché fussi morta !

Altru ch'a li tó affàri,
Lu mé tintu, nun pinsài ;
Cun Mansònu é cun Lumbàtu [3]
Discurrendu ti n'andai,
E tirendu lu tó sùlcu
Di bel vóci tu cantai [4] !

VIII

UNE FEMME PLEURE SON MARI

D'ABORD LABOUREUR, PUIS BANDIT
ET TUÉ COMME TEL

Ce fut un terrible torrent,
Détourné de son cours et parti de loin,
Celui-là qui porta cet amas de débris et de
Pour fermer notre porte ;   [pierres
Plutôt que de voir pareilles choses
Mieux valait pour moi être morte !

Si ce n'est à tes affaires,
Le pauvre ! tu ne pensais à rien :
Avec Manzonu et Lumbatu
Tu t'en allais en causant,
Et traçant ton sillon
Gaîment tu chantais.

Extrait des Voceri de l'île de Corse *de J.-B. Ortoli, publié à Paris en 1887*

Le *voceru* suivant, cité par Mérimée dans son *Voyage en Corse*, est chanté par une jeune femme devant le cadavre de son frère :

Tandu, nimmu nun aspetta
A tagliasi la so varba
Dopu fatta la vindetta.

« Aussi bien, personne n'attend
Pour se faire couper la barbe
Que la vengeance soit accomplie[1]. »

1. Les Corses se laissent pousser la barbe en signe de vengeance ou de deuil. « Personne n'attend pour se faire couper la barbe », c'est-à-dire : il n'y a personne qui se charge de te venger.

A fane a to vindetta
Qual' voli chi ci sia ?
Mammata vicinu à mori ?
U a to surella Maria ?
Si Lariu nun era mortu
Senza strage nun finia.

« Pour te venger
Qui veux-tu que ce soit ?
Notre vieille mère, près de mourir ?
Ou ta sœur Marie ?
Si Lario n'était pas mort,
Sans carnage l'affaire ne finissait pas. »

D'una razza cusi grande
Nun lasci che una surella
Senza cugini carnali
Povera, orfana, zitella...
Ma per far a to vindetta,
Sta siguru, vasta anche ella.

« D'une race si grande
Tu ne laisses qu'une sœur,
Sans cousins germains,
Pauvre, orpheline, sans mari...
Mais pour te venger,
Sois tranquille, elle suffit. »

Le voceru, dessin de Gaston Vuillier.

Jusqu'à quel point les sentiments exprimés avant tant de violence sont-ils sincères et ne participent-ils pas d'un rituel profondément ancré dans les mœurs ? L'abbé Casanova, dans son *Histoire de l'Église corse*, dit que la *voceratrice*, loin d'improviser, apprend ses chants funèbres avec application comme une véritable artiste, et comme une artiste demande à être payée. Opinion sans doute excessive qu'il serait bon de nuancer. Cependant, Miot de Melito, assistant à Bocognano à l'enterrement de deux hommes abattus par leurs ennemis, écrit : « Les femmes de Bocognano veillèrent toute la nuit près des corps en poussant les plus lugubres lamentations. Elles les accompagnèrent le matin jusqu'au cimetière, marchant deux à deux et faisant retentir l'air de leurs gémissements. Elles étaient toutes voilées d'une étoffe bleue, nommée *veleri*, qui leur sert en même temps de jupon et qu'elles reportent sur leur tête. Quelques hommes soutenaient celles dont la douleur semblait plus profonde, mais avec un air d'insensibilité qui faisait croire que tout n'était qu'un jeu ou du moins une vaine cérémonie. » Observateur perspicace, Miot de Melito n'a pas été toujours dépourvu de malveillance...

L'amour et la joie

Il est aussi des chants où le Corse exprime l'amour qu'il éprouve pour sa bien-aimée. Il n'est pas rare dans la chaude nuit d'été d'entendre monter, vers la fenêtre de l'élue, la sérénade de l'amoureux, parfois seul avec sa guitare, souvent entouré de deux ou trois musiciens. Lorsque la jeune fille se considérait comme offensée par l'audace du jeune homme, éteignant sa lampe et fermant sa fenêtre, elle poussait un cri de mépris. C'était le *scuocolo* (*scùcculu*), injure suprême. Les sérénades, commes les *nanne* (berceuses), conservent la gravité inquiète qui n'abandonne jamais le Corse et qui se retrouve même dans les contes populaires. La *paghjella* est la forme la plus employée pour les complaintes, les sérénades et en général pour tous les chants collectifs. Sur une phrase musicale élastique chante un chœur à trois ou quatre voix, à part la tierce, les autres voix vont à l'unisson. Cet ensemble polyphonique est d'origine fort ancienne. X. Tomasi prétend qu'il provient de Majorque.

Le chant populaire corse est une émanation directe de l'âme du paysan ; sa ligne mélodique est liée à la poésie et il ne peut être question de plier ce chant aux règles classiques de la musique. Les chanteurs improvisent par instinct les harmonisations avec la basse, *u boldu*, le fausset, *a terza*. La participation de chacun au chant collectif y apporte cependant une note personnelle, et l'on a pu dire du chanteur corse que, même quand il chante avec d'autres, il reste un soliste.

N'oublions pas enfin le très caractéristique *chjami è respondi*, joute poétique entre deux jeunes gens qui se défient en chantant, improvisant au fur et à mesure l'appel et la réponse. Ce divertissement, dont Virgile parlait déjà, est devenu rare, mais des bergers de montagne sont encore capables de cette prouesse.

Pila-Canale○
○Moca-Croce
*Filitosa
Serra-di-Ferro
Sollacaro
Olmeto○
*Castello della Rocca
Fozzano○
Propriano○
Arbellara○
Golfe de Valinco
Tasso○
*Belgodère
U Frate e a Suora
Belvédère-Campomoro
Foce○
Bilia○
Grossa○
Sartène
Château de Baricini
○Giuncheto
○Tizzano
*Cauria
Monaciao○
Lion de Roccapina*

B o

Carte nº 3

CROYANCES ET SUPERSTITIONS

Carte de la Corse, dressée en 1769.

Un don de double vue

Dans le passé, la vie quotidienne en Corse était, dans toutes ses manifestations, imprégnée d'une hantise de l'au-delà, de ses puissances et de ses ombres, si profonde qu'elle commandait à toutes les étapes de la vie un rigoureux rituel de gestes et d'invocations. Rituel qui protégeait de tous les maléfices ceux qui s'y conformaient. Gare cependant à celui qui commettait quelque erreur ! Si au baptême d'un nouveau-né le parrain ou la marraine se trompait d'un seul mot en récitant le *Credo*, l'enfant devenait *stregho* ou *stregha*, c'est-à-dire sorcier ; doué d'une sorte de seconde vue, il apercevait les revenants dans leurs courses nocturnes.

Car les morts, groupés par bandes, revenaient la nuit, comme les avait vus ce paysan regagnant au petit matin son village. Tout à coup, son cheval refuse d'avancer : l'homme, intrigué, prête l'oreille et entend une sourde rumeur tandis qu'il voit une foule innombrable avancer sur le sentier. Le cheval était à un tel point terrorisé que le paysan préféra le lâcher dans un champ et continuer sa route à pied, pensant qu'il avait devant lui les bergers de la plaine transportant un mort avant l'aube afin d'éviter la chaleur. Arrivé au village, le cortège, où à sa grande surprise il ne reconnaissait personne, se dirigea vers l'église. Celle-ci était grande ouverte et l'autel illuminé. Le cercueil fut posé sur quatre chaises, entouré de cierges allumés, hommes et femmes se tenaient debout de chaque côté. Trois prêtres officiaient, mais notre homme n'entendait rien. Il comprit à ce moment, avec terreur, qu'il se trouvait au millieu de morts – plus exactement au milieu de la confrérie des morts : la *squadra*. L'office achevé, les lumières s'éteignirent et il vit des ombres creuser sur la place de l'église une fosse où ils jetèrent le cercueil. Puis tout s'évanouit. De retour chez lui, le paysan raconta aux siens ce qu'il avait vu. Quelque temps plus tard, on porta de la campagne le cadavre d'un berger que l'on enterra devant l'église, comme l'« autre », et au même endroit.

Aussi, s'il vous arrive de rencontrer pareil convoi funèbre, il faut vous adosser au mur, un couteau à la bouche, la pointe tournée contre le cortège. Mais si, glacé d'épouvante, vous tombez en défaillance, un de ces fantômes pourra vous glisser un cierge dans la main ou dans la poche. Rentré chez vous, une cruelle surprise vous attend le lendemain : le cierge est changé en un bras d'enfant. Dès lors, vous voilà sorcier !

Quant aux nouveau-nés, morts avant d'être baptisés, sous forme d'esprits follets ils voltigent sans arrêt, à moins que, comme à Ocana, ils n'empruntent l'apparence de petits chiens. Les autres morts choisissent pour demeure les torrents.

Victime du mauvais œil

Citons Mérimée : « Le peu de superstitions populaires qui sont venues à ma connaissance m'on paru conservées plutôt par respect pour leur antiquité que parce qu'on y attache encore quelque croyance. La plus ordinaire est l'idée antique qu'on peut jeter un sort, soit par le regard soit par des éloges. Cela s'appelle *annochiare, innochiare (inuchjare)*. Tout le monde n'a pas le pouvoir de nuire par les yeux ; il faut avoir le mauvais œil, et celui qui l'a fait souvent du mal sans le vouloir. L'*inuchjatura*, par les éloges, atteint surtout les enfants. Plus d'une mère, lorsqu'on loue la beauté de son fils, vous dira : " *Nun me l'annochiate* " , " Ne me le fascinez pas ". Et il n'est pas rare d'entendre des Corses dire d'un air de tendresse à un enfant : " *Che tu sia maledetta – scommunicatu* ", etc., " Sois maudit, excommunié... ", parce que le charme opère en sens contraire. On fait ainsi un souhait heureux, sans compromettre celui à qui il s'adresse. »

Quand une femme est persuadée que son enfant est *inuchjatu*, c'est-à-dire victime du mauvais œil, elle fait appel à une vieille habile à conjurer le sort. Celle-ci remplit d'eau une écuelle qu'elle pose sur la tête du petit s'il est debout, sur sa poitrine s'il est couché. On apporte ensuite une lampe à huile allumée. La vieille y plonge à plusieurs reprises le doigt et chaque fois, tandis qu'elle murmure des prières mystérieuses, une goutte d'huile tombe dans l'eau. Si la goutte se dilue, c'est que l'enfant a le mauvais œil et le rite se poursuit jusqu'à ce que la goutte surnage, intacte.

Si l'enfant a mal au ventre, la vieille dispose dans l'huile des morceaux de fil ou de plomb fondu. Elle récite ensuite des prières secrètes jusqu'à ce que fils ou plomb restent immobiles sur l'eau.

L'*ingermatura* est un objet sacré qui préserve la vie de l'homme qui le porte. Les bandits qui conservaient malgré tout quelque crainte de Dieu suspendaient à leur cou des médailles bénites, des scapulaires ou autres objets sanctifiés, si bien qu'ils se croyaient *ingermati*, c'est-à-dire invulnérables.

Les croyances populaires sont, en Corse, nombreuses et déconcertantes pour le profane. Ainsi :

— Ne pas vendre du bétail au marché sans avoir prélevé une touffe de poils arrachés de la queue, ou une touffe de laine pour les moutons.

— Ne pas se marier au mois de mai.

— Le chant d'une poule, le cri de la *Malacella*, les hurlements d'un chien sont de mauvais augure.

— Le jour où les dents des enfants apparaissent, interdiction de manger une queue de porc ou de mouton sous peine de rester nain.

— Le « pain de Saint-Antoine », jeté dans les flammes, arrête l'incendie.

— L'herbe cueillie à l'aube, le jour de la Saint-Antoine, et la plante qui, à la Saint-Jean, pousse et fleurit à l'envers, préservent de la maladie. C'est là un souvenir des vertus prêtées à la mandragore.

Les saints guérisseurs sont invoqués selon des rites bien précis. Ainsi :

— Pour les fièvres intermittentes, il faut se rendre à Tralonca le jour de la Saint-Laurent. Pour les rhumatismes, il faut prier saint Pancrace, pour les plaies, saint Roch, pour les maladies des yeux, sainte Lucie.

— Les pèlerinages doivent toujours se faire pieds nus et un cierge à la main.

— Quand un enfant est malade, on le voue à Saint-Antoine. S'il guérit, on l'habille pendant trois ans en petit moine, avec un habit marron, un cordon blanc à la ceinture, et il marche pieds nus.

Le sorcier corse

C'est un homme que rien ne distingue. Il cultive son champ, surveille son troupeau, vit paisiblement avec sa famille. Il participe à la vie de son village ou de son quartier. Mais ses prédictions se réalisent toujours. Il prédit la mort qui va frapper tel ou tel, il en précise le jour, le lieu, les circonstances. Aussi était-il redouté de tous et de fantastiques récits couraient sur son compte. On prétendait que, la nuit, il se livrait en compagnie de ses semblables à de sinistres battues. Certains affirmaient l'avoir rencontré hagard, errant dans le vent.

En réalité, il dort dans son lit, mais se débat dans d'épouvantables rêves. Il rêve ainsi qu'étant à la chasse avec son chien il tire sur un oiseau brusquement surgi au-dessus d'un buisson. L'oiseau tombe, le chien hurle à la mort. Le sorcier s'approche de l'oiseau : il a à ses pieds le cadavre d'un homme de son village. Il se réveille alors tout en sueur. Quelques jours plus tard, l'homme meurt. Et le sorcier continue de vivre, craint, haï, portant comme un fardeau ses terribles pouvoirs.

La sarabande des esprits

Parmi les esprits, il y a les *streghe* qui, invisibles, s'introduisent dans les maisons pour boire le sang des enfants ; les *acciatori* qui, embusqués dans les sentiers, fendent avec une hache le crâne des voyageurs ; ceux qui, la nuit, appellent l'homme qui va mourir ; ceux enfin qui, sous forme de vieilles femmes, cheminent silencieusement le long des sentiers.

Comment s'étonner dès lors que même les plus sceptiques se laissent fasciner par le sentiment qu'un autre monde existe, redoutable, inconnu, devant lequel l'homme désarmé n'a d'autre recours que l'appel du surnaturel. Mérimée, le sceptique par excellence, n'allait-il pas jusqu'à faire psalmodier un *voceru* sur lui-même, couché dans la bière commune, la nuit à la lumière des cierges ? Peut-être voulait-il se concilier les esprits dans ses efforts pour obtenir la main de Colomba ? Mais ceci est un des mystères de la petite histoire.

Pour terminer ce périple au domaine du fantastique corse, il n'est meilleure conclusion que le récit suivant de l'écrivain Lorenzi de Bradi, historien et poète à la fois de la terre et de l'âme corses dont il était le fervent familier : « Souvent, j'allais manger des raisins dans un clos, un peu plus bas que l'église. Une fois, j'aperçus devant moi, avec étonnement, un cheval, blanc comme la neige. Il n'était pas du pays. Je supposai qu'il venait de quelque village voisin. Il s'arrêta sur la place de l'église, puis s'allongea au pied du clocher. Il me parut ainsi plus blanc encore. Le lendemain, comme j'en parlais, on me dit qu'il n'y avait de cheval blanc ni à Belvédère ni dans les environs. Huit jours après, un berger mourait. Je vis son cercueil couvert d'un drap de lit, posé à l'endroit où s'était étendue la bête fantomatique, et, à cette même place, après l'office, on l'enterra. »

Et Lorenzi de Bradi d'ajouter :

« Toutes ces croyances superstitieuses, qui sont des formes de l'idéal dans mon île, m'ont donné bien des émotions de sombre poésie à laquelle je dois certaines jouissances spirituelles... Pour rien au monde, je n'irais, la nuit, du côté de l'église voisine d'un champ où l'on enterrait autrefois les morts, et surtout dans ce vallon d'oliviers, délicieux pendant le jour, mais plein d'embûches de revenants, dit-on, dans les ténèbres ou sous certaines lunes maléfiques. »

Le Cavalier fantôme, *dessin de Gaston Vuillier.*

FÊTES ET RITES

Nouvel an et mardi gras

Tout au long de l'année, les fêtes populaires où se rejoignent mythes antiques, réminiscences historiques, traditions populaires et religieuses ont longtemps rythmé le cours des jours. Ces fêtes prennent, suivant les régions ou les villages, des aspects qui nous révèlent, dans sa réalité la plus profonde, l'âme même de la Corse mystérieuse.

À Olmeto, la veille du jour de l'an, au cri de ralliement de *baracuccu*, les enfants allaient en bande, de maison en maison. Dans la salle commune, la maîtresse de maison semait, devant les enfants placés en cercle, figues, amandes, noix, pièces de monnaie. Cette tradition se maintient encore à Sainte-Lucie-de-Tallano. Le lendemain, le matin du jour de l'an, portant un rameau d'olivier, les enfants des familles modestes, les bergers et les meuniers venaient souhaiter la bonne année : « Que la prochaine soit meilleure que celle-ci. » En échange de leurs vœux, ils recevaient des fruits ou quelque argent.

Autrefois, on dansait pendant toute la nuit du mardi gras, mais, dès 11 heures du soir, on se lamentait sur la fin prochaine de Carnaval, dont le mannequin était accablé de reproches amicaux. À l'aube, avant d'aller à l'église pour la cérémonie des Cendres, on conduisait Carnaval à sa dernière demeure. Mais, Carnaval renaissait peu après, lors de la première semaine de carême : c'était le *carnaval vecchiu*, qui annonçait une nouvelle période de rires et de jeux. Les fêtes étaient closes lorsque l'on cassait la marmite, la *pignatta*. À minuit, on suspendait une marmite enrubannée, pleine de dragées, de figues sèches, d'amandes, de noix et parfois de monnaie. Les yeux bandés, et armée d'un bâton, chaque danseuse tentait à son tour de rompre la *pignatta*. Lorsque le contenu de la marmite tombait sur les assistants, chacun se précipitait pour prendre sa part du trésor. Dans le Cap et à Bastia, le dimanche gras, on dansait sur les places. Une personne respectée passait la foule en revue en énonçant sur chacun de cruelles vérités. Le soir du dernier jour, dans certains villages, on allumait un grand feu. Un homme travesti, la *Zalambrina*, apparaissait alors accueilli par un chœur. Les chants offraient à la *Zalambrina* toutes les jeunes filles en âge d'être mariées. La *Zalambrina*, au cours d'une pantomime, acceptait toutes celles qui étaient jeunes et pures et rejetait les autres.

La semaine sainte

Pâques est encore de nos jours l'occasion de réjouissances et de coutumes savoureuses, écho d'habitudes qui ont disparu dans les cantons dépeuplés.

Dans la vallée du Taravo (Santa-Maria-Siché), à Salice, à Pero-Casevecchie, il était d'usage jusqu'en 1885 de se servir à l'église, le dimanche de Pâques, de sifflets et de baguettes avec lesquelles on frappait sur les bancs. Dans plusieurs de ces communes, bon nombre d'habitants recueillaient les débris de ces baguettes pour les rapporter à la maison afin d'être préservés en temps d'orage ou d'échapper à la maladie.

Pendant les trois jours de la semaine sainte, dans toutes les communes du canton de Santa-Maria-Siché, les enfants se servaient de la *prapagna*, planchette munie de deux ailes mobiles, et de la *ragana*, crécelle-moulinet.

Un sanctuaire en palmes, au musée ethnographique de Bastia.

Dans toute l'île, le matin du samedi saint, les garçons parcouraient les ruelles des villages criant : « *Focu novu, focu novu* », « Au feu neuf, au feu neuf » ; puis, les garçons portant des bûches, les filles des branchages, élevaient sur la place de l'église un bûcher aussitôt allumé. Alors le curé venait bénir le « feu neuf ».

À Pâques, dans le nord de l'île, on prépare des gâteaux ronds et salés, aux œufs, présentés sur un lit de feuilles de châtaignier. Ces gâteaux, appelés *migliacci* à Bastia, sont nommés *cajades* dans les villages de montagne.

Le lundi de Pâques, les enfants partent par petits groupes dans la campagne ou le maquis et déjeunent sur l'herbe en toute liberté. Cette coutume dont l'origine est oubliée est une réminiscence vraisemblable de cultes du printemps qui associent la jeunesse au renouveau de la nature.

Cérès christianisée

Parfois, les cultes de la nature réapparaissent aussi sous le masque chrétien dont l'Église les a affublés. La fête des Rogations, au mois de mai, illustre fort bien ce phénomène de transposition : les habitants de plusieurs villages sortaient en procession, les hommes séparés des femmes, les prêtres au milieu, les enfants et les jeunes gens suivant. Lorsqu'ils étaient arrivés au milieu des champs, en un endroit élevé, le curé bénissait les campagnes d'alentour et conjurait le Tout-Puisssant d'enchaîner les orages, les pluies excessives, les vents de toutes sortes pour que les moissons parviennent à maturité. Tous à genoux l'écoutaient en silence. Les prières terminées, les assistants se remettaient en marche et retournaient dans le même ordre à l'église. Ils y trouvaient des faisceaux de croix qu'ils allaient planter dans leurs propriétés.

En ce pays, pauvre en général, la période des récoltes était sacrée, à tel point que les inimitiés devaient alors s'interrompre. Si certains refusaient de respecter cette trêve de Dieu, les *parolanti*, « médiateurs », investis de tous pouvoirs, étaient chargés de les punir : leurs champs étaient saccagés et parfois leurs maisons brûlées. Il est arrivé, même, que la mort soit le châtiment de ces irréductibles.

L'œuf de l'Ascension

Le jour de l'Ascension, il est d'usage d'aller, à l'aube, cueillir une petite plante grasse qui pousse dans les fentes étroites des rochers. Porte-bonheur, cette plante sera accrochée dans les chambres. Mais c'est surtout l'œuf de l'Ascension qui importe. C'est le premier œuf pondu ce jour-là qu'on garde pieusement. Il ne se corrompt pas pendant un an et protège le toit qui l'abrite. Les femmes des marins le placent à la fenêtre lorsque la tempête menace : l'œuf magique calme les flots et apaise les vents. Il détourne également le feu des maisons, des moissons, des oliviers et des vignes. Il endigue les inondations. On le pose au chevet des malades en espoir de guérison. Cet œuf sacré est conservé avec respect comme le cierge de la *Ciriola*, « la Chandeleur », aussi miraculeux que l'œuf de l'Ascension.

Voici encore d'autres rites populaires en Corse. Jeunes gens et enfants ramassent fagots, troncs d'arbre, vieilles souches, plusieurs jours avant le feu de la Saint-Jean. Le bûcher préparé, ils vont dans la journée chercher des fleurs jaunes qui seront jetées dans le brasier. Après la veillée et la ronde traditionnelle autour du bûcher, les jeunes gens sauteront au-dessus des flammes en chantant des vers souvent improvisés et sans suite.

Le jour des morts, à l'aube, une troupe d'enfants, pieds nus, vêtus légèrement et tout grelottants allaient criant à travers les rues : « La charité pour vos propres morts, donnez pour le repos de vos morts ! » On donnait des noix, des amandes, des figues sèches et des sous pour que ces « âmes ingénues » prient pour les morts. Ce jour-là, dans le sud de la Corse, chaque notable – le *Jo* du village – envoyait aux foyers déshérités des quartiers de viande et des *chacci* (sorte de chaussons au *brocciu* et aux raisins secs). À Bastia, on prépare encore des gâteaux, les *serviata*, en double huit, et les *campanile*, en forme d'anneaux où sont enchâssés des œufs.

La veille de Noël, on met à brûler, dans les vastes cheminées des maisons de la montagne, autant de bûches que l'on compte d'hommes dans la famille, et l'on tient compte des membres les plus éloignés avec lesquels on reste en rapport. Jadis, un énorme feu de bûches était allumé sur la place des villages. La tradition du feu de Noël se maintient dans plusieurs localités (Calvi ; Olmo) et tendrait même à être restaurée.

LA LANGUE

Anton Pietro Filippini, historien de la Corse.

Rome et la Toscane

Avant la conquête romaine, les habitants de l'île possédaient un langage. Quel était-il ? Dès l'abord, commencent les incertitudes car il n'en reste que peu de traces, essentiellement dans la toponymie, qui ne permettent pas de préciser si ce langage était ligure ou ibéro-ligure. Quoi qu'il en soit, un siècle après la soumission totale de la Corse à Rome, Sénèque affirme que les Corses parlent une langue incompréhensible. Mais il ajoute : « Tout leur idiome primitif s'est altéré dans le commerce des Grecs et des Ligures. » Influence grecque, influence ligure, six siècles d'occupation romaine, voilà bien des raisons de penser que vers le VIe siècle la langue parlée par les Corses devait être, comme l'écrit M. Paul Arrighi, « une langue néo-latine avec, naturellement, des survivances de l'idiome primitif et des traces des influences antérieures[1] ». Par la suite, qu'en advint-il ?

Pour le chroniqueur corse Pietro Cirneo, le latin était couramment parlé, mais Filippini soutient qu'au XVIe siècle prêtres et moines étaient incapables de lire leur bréviaire. On peut cependant estimer qu'd'après les invasions barbares les Corses parlaient une langue dans laquelle l'élément latin était prépondérant et avait « un air de famille » avec le toscan de l'époque, l'influence de la péninsule italienne étant entretenue par la religion et l'action du clergé d'origine italienne. « Le corse est donc sorti, au cours d'un travail séculaire, après l'absorption à peu près totale du parler autochtone par le latin, d'une évolution indépendante par rapport à celui-ci, et il a été finalement soumis à nouveau, dans certaines régions, à l'influence du toscan[2]. »

1. P. Arrighi et F. Pomponi, *Histoire de la Corse*, Paris, Que sais-je ?, P.U.F., 4e éd., 1984.
2. *Id., ibid.*

Avec l'occupation génoise, succédant à celle de Pise, l'italien s'implante officiellement en Corse mais, dans les villages de montagne et les communautés pastorales, la langue du peuple, protégée par l'ignorance des illettrés, continue de vivre, langue parlée dont nous n'avons pas de textes écrits avant le XVIIIe siècle.

ISTORIA

DI CORSICA,

DI

PIETRO CIRNEO,

SACERDOTE D'ALERIA.

DIVISA IN QUATTRO LIBRI.

RECATA, PER LA PRIMA VOLTA, IN LINGUA ITALIANA,

ED ILLUSTRATA

DA

GIO : CARLO GREGORJ,

E QUINDI PUBBLICATA PER MUNIFICENZA

DI S. E. IL CONTE POZZODIBORGO.

PARIGI.

DALLA TIPOGRAFIA DI PIHAN DELAFOREST (MORINVAL),
RUE DES BONS-ENFANS, 34.

1834.

L'Histoire de la Corse, de Pietro Cirneo, traduit en italien par G. C. Gregori, Paris, 1834.

Le musée montagnard

On donne généralement le nom de patois à tout dialecte qui ne possède pas de littérature écrite. En se fondant sur une telle définition, il faut constater que le corse, au XIXe siècle, est devenu une langue à peu près à l'époque du mouvement mistralien. Ce n'est plus en effet, depuis près d'un siècle, le « mélange de toscan, de sicilien, de sarde et de génois » dont parlait le poète S. Viale, mais une langue avec sa grammaire et ses philologues, ses écrivains et ses poètes, ses revues, ses écoles littéraires et aussi son dictionnaire, publié sous la direction de Petru Ciavatti en 1985.

Mais la langue corse n'est pas homogène. Certains, en effet, différencient la langue du nord et celle du sud, d'autres la langue du « delà des monts » et celle du « deçà des monts », d'autres encore ont distingué autant de variétés que la Corse compte de régions ou de centres urbains : Bastia, Niolo, Corte, Balagne, Vico, Ajaccio... En général, on admet, comme P. Arrighi, que les parlers de l'en deçà des monts « ont de plus grandes affinités avec le toscan et y gagnent en douceur, que ceux du sud ont des ressemblances avec le sarde de la Gallura et renferment plus de traces du berbère ou de l'espagnol, le tout entraînant, par rapport au toscan, une plus grande âpreté et des sons plus sourds ».

Traces de berbère, d'espagnol... le prince Louis-Lucien Bonaparte relevait même des noms de lieux d'origine basque, et ce dernier point ouvre à l'imagination une troublante perspective puisqu'on a parlé d'une origine caucasienne du basque. Plus simplement, plus vraisemblablement aussi, ne voit-on pas en lui un dérivé de l'ancien ibère ? Et, ici, l'histoire reprend ses droits (voir, plus loin, PEUPLES et ORIGINES).

LA MAISON

La flamme et le « fucone »

Au milieu de l'unique salle de la maison se trouvait le foyer familial, le *fucone*, petite aire en terre glaise avec, au milieu, un trépied. La flamme qui s'élevait, presque librement comme en plein air, éclairait et chauffait à la fois tous les hôtes. Sous l'effet de la fumée, montant à travers les claies du plafond, la provision de châtaignes s'asséchait, murs et poutres prenaient une sombre couleur de suie. Entre la huche où l'on serrait le pain et les sacs de blé, le lit ; dans une niche, la *secchja*, récipient à eau en cuivre rouge martelé. Toute la famille se rassemblait pour rappeler le passé et évoquer les disparus autour du *fucone*, véritable autel consacré aux dieux lares, qui symbolisait cet ardent culte familial toujours vivace au cœur des Corses. Culte né du souvenir des siècles d'insécurité et d'oppression, né de la nécessité pour chacun de pouvoir compter – pour sauvegarder sa vie, sa sécurité ou ses biens – sur la fidélité et le dévouement des siens. Aussi toute occasion était bonne pour exalter l'esprit de famille. Qu'il nous suffise de rappeler que, le soir de

Reconstitution d'un foyer corse, au musée ethnographique de Bastia.

Noël, la bûche traditionnelle était accompagnée d'autant de petites bûches, plus grosses pour les hommes que pour les femmes, qu'il y a de membres dans la famille, présents ou absents. Si l'on en oubliait un, il y aurait un mort dans l'année. Aussi avait-on bien soin de compter et de nommer à haute voix tous les siens. Et cette suite de noms jetés au-dessus des flammes du bûcher prenait valeur d'incantation.

L'« attacar » et l'« abraccio »

Lorsqu'une jeune fille était décoiffée publiquement, les spectateurs s'écriaient : *Disonorata*! « Déshonorée! » Déshonorée, elle l'était réellement car elle ne pouvait plus songer à épouser un autre homme que celui qui l'avait outragée. Outrage relatif d'ailleurs, puisqu'il suffisait que la jeune fille ait eu le visage effleuré ou les mains serrées. L'*attacar* était sévèrement puni : au XVIIIe siècle par des amendes de cent à trois cents lires, et trois à cinq ans de galères. Au temps de Paoli, le coupable était condamné à un an de prison et à l'exil.

Si l'*attacar* a disparu, la coutume des « fiançailles du carnaval » s'est maintenue jusqu'en 1914 dans certaines régions de Sartenais et du Niolo. Au milieu du bal, la musique était interrompue : les danseurs encerclaient un garçon qui poussait des gémissements en tenant sa main sur son cœur : « *Cosa hai ? – Son ferito – E dove ? – Al Core – Per quale ? – Per Maria..* » « Qu'as-tu ? – Je suis blessé – Où donc ? – Au cœur – Par qui ? – Par Maria. » La jeune fille entrait dans le cercle quand le jeune homme le quittait et aux mêmes questions faisait les mêmes réponses. Cet aveu public contraignait les parents à donner leur consentement, car la jeune fille qui avait révélé son amour ne trouvait plus d'autres prétendants. Si les parents cependant hésitaient, un enlèvement les plaçait bientôt en présence du fait accompli[1].

Mais lorsqu'un accord entre les familles était intervenu, le mariage suivait. Les jeunes gens étaient liés par l'*abraccio* ou embrassement, parfois nommé, au Niolo, *appiciata*. L'*abraccio* comprenait non seulement le consentement mutuel des futurs époux, mais également celui des parents. C'était l'occasion d'une grande fête, repas avec musique, danses et arquebusades. Après la célébration de cette cérémonie, les parents estimaient les jeunes gens mariés. Ils vivaient maritalement à compter de ce jour et le mariage civil ou religieux n'était plus considéré que comme une formalité secondaire. Dans l'ancien temps, lorsque l'*abraccio* réunissait deux familles jusque-là rivales ou ennemies, on en profitait pour signer devant témoins, parfois même à l'église, un traité officiel de paix.

Il y avait d'autres moyens de contraindre des parents récalcitrants : dans le canton de Bastelica, le mariage *alla greca* ou à *mal destino* était encore en usage vers 1800. Les jeunes gens, accompagnés de témoins, se rendaient à la messe du dimanche. À l'élévation de l'hostie, le garçon se levait et à haute et intelligible voix déclarait que, devant Dieu et devant les hommes, il prenait telle fille ici présente pour sa véritable et légitime épouse. Il quittait aussitôt l'église en courant. Immédiatement après lui, la jeune fille pronon-

1. M.-R. Marin-Muracciole, *L'Honneur des femmes en Corse*, Paris, Éd. Cujas, 1964.

çait les mêmes mots, et, à son tour, s'enfuyait. Selon Mme Marin-Muracciole, la coutume ne viendrait pas des Grecs comme on l'a pensé souvent ; il semble plus vraisemblable que le terme *alla greca* veuille dire « en présence de la foule ».

Les rites du mariage corse.

Les fêtes du mariage

Dans certains villages de l'Alesani, un père manquait à la tradition si au mariage de sa fille il ne pouvait faire servir au repas de noces vingt-deux mets différents préparés avec de la farine de châtaignes.

À Cargèse, bancs, chaises et fauteuils étaient proscrits, les convives devaient s'asseoir sur des sacs de grain, de légumes ou de châtaignes. Il était d'usage également que toute personne visitant une jeune mariée, le jour de ses noces, lui noue un foulard sur l'épaule.

Si la jeune femme était d'un autre village, elle était escortée, à cheval, par des jeunes gens, jusqu'au village de son mari. À la première source rencontrée, elle trempait les mains dans l'eau en priant en ces termes : « Faites, mon Dieu, que cette eau qui est votre œuvre me purifie de tous mes défauts avant que j'entre dans la maison de l'époux. » À l'entrée du village, un jeune homme présentait à la mariée la clef de la maison de son époux en lui souhaitant la bienvenue. Parfois, c'était à ceux qui avaient accompagné la jeune femme de s'emparer des clefs sur un signe qu'elle donnait et de les lui apporter en triomphe. En échange, ils recevaient un prix, le *vantu* – ici, la jarretière de la mariée, là, un bouquet d'olivier garni de rubans. Sur le seuil de la maison, l'aïeule offrait à la jeune épouse une quenouille enrubannée ou une cuillère de miel. Quelquefois, elle lui tendait un ruban qu'elle tenait par l'autre bout et la conduisait ainsi dans la salle.

Maîtresse de maison comme le soulignent les coutumes évoquées, la femme corse était soumise à la volonté du mari, chef absolu de la famille. Elle le servait à table, se tenant debout tandis qu'il mangeait, veillait à tous les travaux du ménage, soignait les bêtes. Elle se tenait le plus souvent à la cuisine. Dans certaines régions (Urbalacone, Zicavo, Albitreccia), en s'agenouillant à l'église sur le premier degré de l'autel, la mariée avait soin de mettre un bout de sa robe sous le genou de son mari. Certains auteurs voient dans une telle sujétion le souvenir vivace des Sarrasins.

Cependant, le rôle des femmes, prêtresses du culte familial et gardiennes du *fucone*, était très grand, en particulier dans la persistance des vendettas. Si l'épouse corse, sans autorité, était effacée, la mère corse, toujours respectée, était souvent le véritable chef de famille.

Pour un remariage, un horrible charivari troublait à la nuit tombante l'épousée, jeune ou vieille, dans sa nouvelle demeure : bruits de crécelles, de vieilles casseroles entrechoquées, de rires, de chants, de lazzis ; c'était le *banghiliacciu*, que l'on retrouve en pays basque. Cet étrange concert ne cessait qu'à la réception dans la maison des joyeux plaisants qu'il fallait restaurer par surcroît.

De plus, quand un veuf se remariait et qu'il épousait une jeune fille, il devait donner un sequin à chaque garçon du village en dédommagement du tort qu'il leur faisait en les privant de cette jeune fille. La même pièce se donnait, mais aux filles du village, pour une veuve qui se remariait.

LA MER

Cap sur l'Amérique

Il est surprenant de constater combien le milieu marin est demeuré étranger aux Corses, alors que la symbiose de la mer et de la montagne donnait naissance au miracle grec. Les civilisations de la mer, phénomènes d'importation, restent étrangères aux populations corses, plus volontiers orientées vers la vie pastorale.

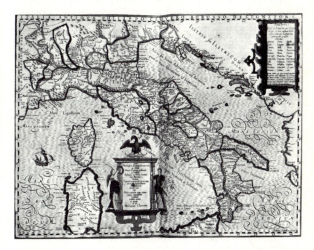

Mare nostrum.

Dans le cap Corse, pourtant, les villages perchés à mi-versant de la montagne et leurs ports détachés sur le rivage rappellent deux termes classiques de la cité antique : l'acropole et la marine. Aussi, seul le cap Corse affirme de tout temps une vocation maritime qui contribua à sa prospérité. Les cargaisons englouties de Rogliano, le tableau miraculeux de Brando, l'autel de l'amour malheureux de Rogliano sont les témoins de relations constantes avec la péninsule italienne. Dès le IIe siècle, le cap Corse était christianisé par des missionnaires venus d'Italie et portait le nom de Promontoire sacré. Au XVe siècle, de Calvi surtout, prirent la mer les Corses désireux de se rendre, par Séville, en Amérique, suivant peut-être en cela la voie ouverte par leur illustre compatriote, Christophe Colomb. À partir de cette époque, les villages de Balagne et le Nebbio participent aussi à la vie maritime et aux migrations lointaines. Mais c'est du Cap, principalement, que partirent la plupart des Corses qui, du XVIe au XIXe siècle, émigrèrent en Amérique, comme les hommes de fer de Centuri ; du Cap sont originaires dans leur grande majorité les marins corses, et ces « Américains » qui reviennent, fortune faite, au village natal ou, émigrés définitivement, font entretenir pieusement les résidences familiales qui donnent tant de cachet à certains villages du Cap.

Les rivages de la peur

La multiplication des attaques des infidèles, sarrasins du VIIIᵉ au XIᵉ siècle, barbaresques et turcs à partir du XVIᵉ, provoqua l'abandon des régions côtières qu'il était impossible de défendre. Vers le milieu du IXᵉ siècle, en particulier, plus de quatre cents familles, abandonnant la plaine orientale, dans la région d'Aléria, émigrèrent en Italie. Après les avoir accueillies paternellement, le pape les aurait installées à Orta, Ameria et Porto, où terres, vignobles et bêtes leur furent distribués.

En 1505, les galères turques apparaissent pour la première fois en vue des côtes corses. Le chroniqueur Monteggiani écrit à ce propos : « Ce début du XVIᵉ siècle fut remarquable par des débarquements fréquents de pirates turcs qui enlevaient les embarcations, les bestiaux, les bergers, les laboureurs. Ils s'avançaient jusqu'aux villages éloignés de la mer, même par les sentiers les plus difficiles, emmenaient les villageois et pillaient leurs biens. »

Pour parer à ce redoutable danger, la république de Gênes conçut le système de défense appelé *torregiana*, constitué d'une ceinture de tours s'étendant sur plus de 500 km de rivage. À l'approche des corsaires, les guetteurs allumaient un feu au sommet de la tour. Le signal se communiquait d'un fortin à l'autre ; les pêcheurs ainsi prévenus rentraient à toutes rames et les populations se mettaient à l'abri. Le gouverneur de la Corse était seul autorisé à ordonner l'édification des tours dont les frais de construction et d'entretien devaient être assurés par ceux qu'elles avaient mission de protéger.

À l'exception de quelques tours carrées, œuvres des Pisans – comme celles de Porto, de Pino et de Nonza – les tours étaient cylindriques, hautes de 12 à 18 m, d'un diamètre de 10 m à la base, de 7 m au niveau de la plate-forme crénelée. Elles étaient composées de deux étages voûtés. On y accédait par une échelle mobile fixée à la porte, donnant vers l'intérieur, tandis que sur la mer s'ouvrait seule une étroite fenêtre.

Au XVIIIᵉ siècle, on comptait environ cent cinquante tours, les plus anciennes élevées au sud, face à la Sardaigne et dans le Cap ; les plus récentes dans le golfe d'Ajaccio. Il ne reste aujourd'hui que quatre-vingt-dix tours pour rappeler que, durant de nombreux siècles, les Corses vécurent dans l'angoisse des malheurs et des deuils venant du large.

Le souvenir des Maures

La présence menaçante des Maures a été évoquée par une danse, la mauresque, qui exorcisait les périls venus de la mer. Cette danse n'était exécutée que dans les occasions de grandes réjouissances. Voici comment Miot de Melito, dans ses *Mémoires*, raconte celle qui fut dansée en son honneur à Cervione : « On lui donne le nom de Morescas. Le souvenir des guerres soutenues par les Corses contre les Maures, qui jadis ont désolé le pays et forcé les habitants à transporter leurs villages de la plaine dans les montagnes, a probablement donné naissance à une sorte de représentation dramatique qui rappelle les événements de ces combats. Le nom qu'elle porte justifie suffisamment cette origine, et, comme les détails de ce spectacle sont assez curieux, je m'arrêterai un moment pour les rapporter. On avait pris pour sujet de la Moresca qui fut exécutée devant moi la conquête de Jérusalem, et le poème du Tasse en était le canevas. L'emplacement où la représentation avait eu lieu avait été heureusement choisi. Une colline, à peu de distance de Cervione, formait par une pente douce un amphithéâtre naturel et dominait le terrain où la pièce devait être représentée. Elle servit à placer des spectateurs. On avait en face, au levant, la vue de la mer. Sur une esplanade assez vaste qui occupait le pied de la colline étaient élevés, d'un côté, un camp composé de plusieurs tentes et, de l'autre, la représentation de la ville de Jérusalem. Le camp était occupé par des Français, la ville par des Turcs. On distinguait la tente de Godefroi et l'intérieur du palais d'Aladin, de manière que le spectateur pouvait voir et entendre tout ce qui se passait ou se disait dans l'une ou dans l'autre. L'espace entre la ville et le camp était le lieu des combats et la scène des événements qui furent successivement représentés. À la gauche du camp était une tour construite en bois par les chrétiens pour battre la ville. Le drame s'ouvrit par un prologue qu'un des acteurs récita d'une voix ferme et avec une déclamation bien sentie. Il annonçait le sujet de la pièce et la disposition de la scène. Ce prologue était entièrement dans le goût de ceux des tragédies grecques. Ensuite le drame commença, et tout le sujet du poème du Tasse, à partir de l'apparition de l'ange envoyé à Godefroi, jusqu'à l'assaut donné à Jérusalem, y fut mis en action, à l'exception néanmoins de l'épisode d'Armide, qui fut supprimé. Mais celui d'Olinde et Sophronie, l'incendie de la tour par Argant et Clorinde, la mort de la guerrière, les aventures d'Herminie, l'ambassade d'Alete et d'Argant furent représentés. Le dialogue, en italien très pur, était assez vif et généralement rendu avec feu par les interlocuteurs. On y avait cousu quelques vers du Tasse, mais en trop petit nombre. Les costumes étaient fidèles ; les troupes de chrétiens et de Maures se distinguaient parfaitement : les premiers portaient l'habillement de nos anciens paladins, et tous étaient en blanc ; les Maures portaient le vêtement asiatique, et le rouge, le jaune, le gros vert étaient chez eux les couleurs dominantes. La représentation dura près de quatre heures. La pièce fut écoutée dans un profond silence, interrompu seulement par les applaudissements, et avec beaucoup d'attention par une foule innombrable que le spectacle avait attirée des cantons voisins. Le sujet paraissait familier à tous les spectateurs et fut toujours bien saisi. Tout se passa, d'ailleurs, dans la plus grande tranquillité. »

LA MORT

Ronde pour un défunt...

Quand un homme va mourir, on allume un cierge que l'on promène sur son corps en faisant le signe de croix. C'est la *crociata*, puis, dans un profond silence, on attend le dénouement fatal.

Le dernier soupir rendu, commençait autrefois autour du cadavre une terrifiante ronde des femmes, le *caracolu*. Rangées en cercle, revêtues de somptueux vêtements, les pleureuses dansaient en exprimant par leurs gestes et leurs cris la plus vive douleur. « *Grande fatemi lu cercliu – e maio lu caracolu* », « Faites un grand cercle et un grand *caracolu* », chantait-on dans un *voceru* du Niolo. Le *caracolu*, aujourd'hui disparu en Corse mais qui persisterait encore en certains points de Sardaigne, était répandu surtout dans le Niolo, dans la Casinca et la Castagniccia. De toute évidence, des habitudes païennes aux racines très anciennes s'étaient perpétuées en Corse : pour les Anciens, la danse était un véritable rite et une manifestation de ferveur religieuse. Les temples n'avaient-ils pas leurs danseuses ?

Jusqu'aux premières années du XIXᵉ siècle, les cadavres, riches ou pauvres, étaient inhumés dans la fosse commune : l'*arca*. L'*arca* longeait une des façades de l'église dont elle n'était séparée que par une cloison de briques ; contre cette cloison était appuyée la bière commune où reposait le corps du dernier défunt du village. À la fin des cérémonies mortuaires, on abattait la cloison et le cadavre était poussé dans l'*arca*. Les briques étaient ensuite remises en place et la bière, vide, attendait un nouveau cadavre.

On ignore l'origine de cette coutume. Mais, on doit sans doute évoquer la volonté de reposer en terre sacrée : l'église est la terre chrétienne par excellence et l'*arca* qui lui était mitoyenne bénéficiait du même caractère religieux. On peut mal, dans ces conditions, s'expliquer le grand nombre de tombes isolées, élevées dans les propriétés privées, sur les bords des chemins, parfois en plein maquis.

... et banquet pour funérailles

Honneur rendu au défunt, la *magnaria* était un repas solennel servi à l'occasion des enterrements par la famille éprouvée. Ce repas n'était pas, comme on avait tendance à le croire, ordonné pour restaurer ceux qui étaient venus de loin participer aux obsèques. Les testaments des XVIᵉ et XVIIᵉ siècles, ainsi que le remarque M. Pierre Lamotte dans une étude consacrée aux « repas et distributions de vivres en l'honneur des morts[1] », témoignent d'un souci constant pour les honneurs qui seront rendus après sa mort et tout particulièrement pour les *honori in pani, e carni*. Le testateur prend soin souvent de réserver sur les biens qu'il lègue à ses héritiers une certaine quantité de blé destinée à faire du pain ou des gâteaux et une ou plusieurs bêtes pour le repas des funé-

1. P. Lamotte, *Études corses,* n° 13, 1957, pp. 84-88.

railles. « En somme, c'est à lui-même ou pour lui-même qu'il lègue ces vivres et, de même que l'expression déjà citée de *honori in pani, e carni* ne laissait aucun doute sur la signification d'honneur rendu au défunt de la *magnaria*, celle de *le sia fatto dato sopra lo suo*, tout aussi fréquente, signifie non moins clairement que le repas funéraire est quelque chose de personnel au défunt et lui est entièrement consacré... Enfin, fait qui confirme encore la signification de cette coutume, la *magnaria* n'a pas lieu nécessairement le jour même de l'enterrement, mais n'importe quand, souvent "au mois d'août prochain", c'est-à-dire après les moissons, et l'on devine aisément pour quelle raison lorsque l'on connaît la pénurie de céréales dont souffraient la plupart des communautés de Corse. »

Mais les morts n'étaient pas oubliés. À Bastelica et à Bocognano, le soir de l'enterrement, on portait des aliments sur la tombe du défunt. À Bocognano, en outre, le jour des morts « on dressait des tables chargées de victuailles que les morts étaient censés venir manger pendant la nuit ». Ainsi s'expliquerait peut-être la destination des provisions que le testateur prescrivait à ses héritiers, sans autre précision, de réserver sur ses biens.

Profondément chrétiens, les Corses n'en ont pas moins conservé très longtemps la coutume païenne qui voulait que, comme les vivants, les morts se restaurent. Exemple frappant de cette empreinte du passé le plus lointain qui est le trait dominant de l'âme corse.

Le cimetière de Belgodère.

NAPOLÉON

*La statue
de Napoléon
à Bastia.*

Le théâtre rêvé d'un destin

On peut s'étonner de constater que dans la vie de Napoléon la Corse a tenu une place qui paraît, à première vue, secondaire. Dans la vie de Napoléon... non dans celle de Bonaparte. Celui-ci en effet est foncièrement corse et son attachement à l'île natale, comme à ses traditions, est tel qu'une fois commencée la Révolution qui ouvre tous les espoirs et autorise toutes les ambitions, c'est en Corse que par trois fois il tentera sa chance.

En septembre 1789, comme en septembre 1791 et en octobre 1792, Napoléon Bonaparte revient en Corse, séjourne plusieurs mois, s'efforçant, à la faveur des troubles qui y sévissent, de s'affirmer comme chef de parti. Car les années d'éloignement ont développé l'attachement fervent que porte à sa patrie le collégien d'Autun, le boursier de Brienne, le cadet-gentilhomme, le lieutenant en second au régiment de La Fère. Tout au long de cet exil (1779-1786), le souvenir de la Corse absorbe son esprit. Collégien, il rêvait de libérer la Corse des oppresseurs français ; Jean Defranceschi cite un texte virulent de Napoléon Bonaparte : « Je naquis quand la patrie périssait. Trente mille Français vomis sur nos côtes, voyant le trône de la Liberté dans des flots de sang, tel fut le spectacle odieux qui vint le premier frapper mes regards[1]. » Jeune homme, il projette d'écrire l'histoire de la Corse pour exalter son passé héroïque. Afin de compléter sa documentation, il s'abonne à un cabinet de lecture, achète des livres et écrit à un libraire de Genève : « Je vous prierai également de m'envoyer les deux derniers volumes de l'*Histoire des révolutions de Corse*, de l'abbé Germanes. Je vous serais obligé de me donner note des ouvrages que vous avez sur l'île de Corse ou que vous pourriez me procurer promptement. J'attends votre réponse pour vous envoyer l'argent à quoi cela montera. Vous pouvez m'adresser votre lettre : À monsieur Buonaparte,

---

1. J. Defranceschi, article *Corse*, dans le *Dictionnaire Napoléon*, sous la direction de Jean Tulard, Fayard, nouvelle édition augmentée, 1989.

officier d'artillerie au régiment de La Fère en garnison à Valence, Dauphiné. Je suis, monsieur, avec une parfaite considération, votre très humble et très obéissant, etc. »

L'intérêt qu'il porte à la Corse s'exprime aussi par l'attachement qu'il montre à sa famille. Ses lettres le montrent soucieux de se tenir au courant des moindres événements de la *Casa*. Quand Charles Bonaparte meurt, Napoléon se considère comme le chef de la famille, le protecteur des orphelins restés à Ajaccio envers lesquels il se sent une responsabilité d'autant plus grande que lui seul peut leur apporter quelque secours. Cette sollicitude fraternelle sera une des constantes de son caractère.

Jusqu'en 1793, Napoléon est donc encore authentiquement corse. Ensuite, Napoléon et la famille Bonaparte se détachent de la Corse. L'hostilité des Pozzo di Borgo est déterminante. Joseph Bonaparte, entre autres, leur doit un échec électoral. Le rapprochement des Pozzo di Borgo et de Paoli, l'échec de l'expédition de la Maddalena, que Napoléon Bonaparte attribue à Colonna Cesari, parent de Paoli, les imprudences verbales de Lucien Bonaparte, lors d'une réunion politique à Toulon, aboutissent à une rupture définitive entre Paoli et Bonaparte. Or, Paoli reste très populaire en Corse, particulièrement parmi la population rurale montagnarde. Bonaparte dispose aussi de l'appui de familles amies, mais ce réseau de relations est beaucoup plus individualisé. Menacé par ses adversaires, Napoléon Bonaparte est contraint de fréter un bateau d'Ajaccio à Calvi pour aller à Bastia, et, ensuite, ne réussit pas à conquérir Ajaccio par la voie maritime. Comme le conclut Jean Tulard, « la majorité de la population reste acquise à Paoli. On pille les demeures des partisans de Napoléon. La maison des Bonaparte est saccagée. Toute la famille se réfugie à Calvi, puis s'exile à Toulon le 11 juin 1793. L'aventure corse est terminée[1] ».

Cette rupture illustre un décalage de mentalités. Bonaparte est acquis à l'idéologie révolutionnaire et ressent un certain archaïsme dans le comportement politique de Paoli ; pour la Convention, Paoli est un contre-révolutionnaire. Or, en Corse, le peuple se sent, au contraire, proche de Paoli et ne s'attache pas à des idées révolutionnaires qui proviennent de foyers de pensées lointains et, pour tout dire, étrangers.

Le général corse qui mène les armées révolutionnaires à la victoire est contraint de prendre ses distances avec son île d'origine. Il trouvera un champ d'action plus à sa mesure à travers le continent européen.

« Des passions extrêmement actives... »

La Corse s'éloigne, mais Napoléon ne l'oublie pas. L'île reste le berceau des siens, le pays de ses affections. Aussi, s'il renonce à tous les biens qu'il y possède, il a soin d'en faire don à sa nourrice et à son cousin Ramolino. Il continue de veiller aux intérêts de ses compatriotes insulaires. Quand Miot est nommé, en décembre 1796, commissaire extraordinaire du gouvernement en Corse, il le met en garde : « La Corse est un peuple extrêmement difficile à connaître, ayant l'imagination très vive et les passions extrêmement actives. »

Lointaine cependant, la Corse ne reste pas étrangère à la prodigieuse aventure qui commence. Aux deux moments où il semble que

1. J. Tulard, *Napoléon,* Fayard, coll. Pluriel, 1987.

le destin puisse hésiter, des Corses lui apportent un appui décisif. N'est-ce pas Saliceti qui lui a fait donner le commandement de l'artillerie de l'armée qui assiège Toulon ? Au 19 Brumaire, n'est-ce pas Lucien, député du Liamone (l'un des deux départements de l'île), qui emporte la décision, tandis que les dragons de Sébastiani, bivouaquant autour des écuries basses du château de Saint-Cloud, sauront à l'instant critique entraîner la Garde, assurant ainsi le succès du coup d'État ?

Voici Bonaparte Premier consul, voici Napoléon empereur... Alors que Madame Mère reste exclusivement corse, que Lucien garde fidèlement ses amitiés dans l'île, qu'Élisa, mariée à un Ajaccien, et Bacciocchi ont quelques Corses dans leurs familiers, Napoléon donne l'impression de vouloir oublier la Corse. À part son cousin Arrighi, seuls Ornano, Sébastiani et le sénateur Casabianca bénéficieront de quelques marques de faveur. Pour les autres Corses, engagés en nombre dans les armées impériales, l'Empereur ne montre aucune préférence. Qu'un Corse se dise son parent l'irrite d'ailleurs au plus haut point. L'empereur des Français ne veut pas être l'empereur corse et les Corses s'en rendent bien compte.

Les acteurs dans l'ombre

Mais, aux heures sombres, Napoléon et les Corses se retrouvent, s'ils se sont jamais réellement éloignés. À l'île d'Elbe, c'est Poggi qui dirige la police et déjoue, avec l'aide d'un autre Corse, Santini, les tentatives d'assassinat que préparent les émissaires des Bourbons. Santini sera à Sainte-Hélène, l'année suivante. Quand Hudson Lowe l'aura chassé, c'est ce Corse modeste et ignorant qui réussira le premier à informer l'Europe des humiliations auxquelles est soumis le vaincu de Waterloo. Autre fidèle Corse à l'île d'Elbe, à Sainte-Hélène ensuite, Cipriani dont G. Godlewski écrit[1] : « Mystérieuse figure que celle de ce maître d'hôtel de Napoléon à Elbe et à Sainte-Hélène. Peut-être a-t-il connu les Bonaparte en Corse dans sa jeunesse, et sans doute s'y est-il lié avec le conventionnel Saliceti, leur ami des heures difficiles. On le retrouve, sous le règne éphémère de Joseph à Naples, homme de confiance du même Saliceti devenu ministre de la Police. Cipriani aurait alors soudoyé les Corses qui, sous le commandement de Hudson Lowe, tenaient l'île de Capri, ce qui facilita l'assaut fameux du rocher par le général Lamarque. Il disparaît ensuite pendant six ans pour reparaître aux Mulini, jouissant de l'entière confiance de Napoléon qu'apparemment il n'avait jamais servi. On l'affuble de la livrée pour mieux dissimuler ses véritables activités et lui faciliter l'accès de la chambre impériale à toute heure. Par Marchand nous apprenons qu'il exécuta deux missions secrètes à Gênes, et au moins une autre à Vienne dans les coulisses du Congrès. Il suivra son maître aux Cent-Jours et à Sainte-Hélène où, dans les conditions les plus obscures, jouant peut-être le rôle d'agent double, il renseigna Longwood sur les agissements d'Hudson Lowe qu'il a déjà berné huit ans plus tôt. Sa mort, presque foudroyante en octobre 1817, pose une dernière énigme : appendicite aiguë, perforation intestinale d'origine amibienne... ou empoisonnement ? »

À Sainte-Hélène, Napoléon se plaît à évoquer la Corse, le lourd parfum de son maquis et même le vin de ses vignobles. Ne disait-il

---

1. G. Godlewski, *Trois Cents Jours d'exil*, Paris, Hachette, 1961.

pas que seul le vin de sa vigne de la Sposata saurait rafraîchir ses lèvres ?

Avant de descendre au tombeau, il se remémore sa vie entière, évoque les services rendus, n'en veut laisser aucun sans récompense. Trois noms se lèvent dans sa mémoire : Jean-Jérôme Levie, fidèle compagnon de luttes, Poggi de Talavo, qui lui a sauvé la vie en 1793, et Costa de Bastelica, grâce à qui Mme Bonaparte et ses filles purent échapper aux paolistes en 1796. Pour ces deux derniers, que nul ne connaît, humbles acteurs de l'épopée restés jusqu'alors dans l'ombre, cités dans l'immortel testament, les voilà désormais inscrits dans l'histoire.

Entre Napoléon et la Corse, les liens s'affirment aujourd'hui indestructibles. Certes, les Corses honorent le héros légendaire, le soldat prestigieux, mais surtout ils respectent le petit Ajaccien farouche et fier qui sut si magnifiquement remplir sa destinée. Il est, à jamais, l'un des leurs, illustre, glorieux, mais affectueusement proche. Quand en 1921 fut célébré le centenaire de la mort de l'Empereur, une banderole flottant à quelques mètres de la maison Bonaparte portait cette simple inscription, combien plus émouvante que les pompeuses adresses officielles : « À Napoléon, les habitants de son quartier. »

L'Empereur et sa famille.

LA NATURE

Mystères plutoniques

Le paysage humanisé tient peu de place en Corse. Refoulé des plaines, le maquis se renforce à l'intérieur. Le rocher, représentant d'un ordre naturel, impose toujours sa présence au cœur du paysage.

Certaines de ces roches, d'une exceptionnelle rareté, ont depuis longtemps intrigué les curieux et soumis des énigmes à la sagacité des géologues. La diorite orbiculaire de Santa-Lucia-di-Tallano a l'aspect d'une peau de panthère. C'est la seule roche de France qui ait été gardée par un détachement militaire, alors qu'elle ne contient pas de minerai précieux : en 1809, le général Morand envoya un corps de troupe pour préserver le gisement des attaques ennemies. Il faut dire que la diorite orbiculaire avait été jugée assez belle pour le tombeau des Médicis à Florence.

Moins connu, le granite à riebeckite que l'on trouve dans la forêt d'Aïtone, vers le col de Salto (1 350 m) à 15 km au nord-ouest d'Evisa par la F 9 et un chemin qui s'oriente vers le nord 2 km avant le col de Vergio, est tout aussi rare. On ne retrouverait le même granite qu'aux environs d'El Paso, dans le Colorado. Le granite à riebeckite est aisément identifiable par ses énormes cristaux noirs.

Le visiteur pourra se distraire en recherchant la solution à une série de mystères de la nature, dont on ne peut donner qu'un choix restreint : à Saint-Florent, en partant du fort, on atteint la plage proche de la D 81, en direction du cap Corse ; la mer y agite des galets de rhyolite rouge, transportés jusqu'au rivage par un cours d'eau. La provenance de cette roche ne peut être que le massif du Cinto, le point culminant de la Corse. Or, aucune rivière ne descend du Cinto vers le golfe de Saint-Florent... Il faut donc supposer que le massif du Tenda (1 533 m d'altitude au mont Asto) n'existait pas quand les galets de rhyolite ont été transportés vers la mer, à moins que ces rhyolites ne soient les témoins de la Tyrrhénide, continent que l'on dit effondré entre la Corse et l'Esterel, mais dont il ne reste rien car les fonds sous-marins atteignent 2 500 m de profondeur.

Sur une autre plage, à Galéria, on dégage de la falaise, à la main, des pierres qui ont la propriété particulière de s'extraire sous une forme circulaire, en présentant la structure d'un oignon. Ces sphérolites ont été considérés comme des « bombes » par les bergers qui les ramassent sur le capo Tondo, à 1 km de Galéria. Or la pyroméride de la falaise de Galéria, qui contient les sphérolites, est bien une roche volcanique. L'art de la divination n'est pas réservé, on le voit, aux bergers du Péloponnèse ou de l'Attique.

Circulaires à Galéria, les pierres sont cubiques dans certains lieux du cap Corse. Près de Canari, la *piedra quadrata* se débite, lorsqu'on la frappe, en un cube parfaitement géométrique, que l'on porte comme talisman et qui protégerait de la fatigue.

D'autres curiosités sont plus connues : les excavations des roches corses, les *taffoni*, ont intrigué les observateurs depuis deux siècles sans que l'on donne une réponse satisfaisante à cette bizarrerie de la nature. Les *taffoni* les plus spectaculaires sont visibles dans les calanques de Piana sur la D 81 entre Piana et Porto et dans le cap Corse : certains *taffoni* atteignent 2,50 m de haut, 3 m de large et 2 m de profondeur. Les bergers les ont toujours utilisés comme abris, relayant les hommes de la préhistoire qui vivaient volontiers dans les creux de roches. Des *taffoni* ont été aménagés pour abriter les morts au cours de la préhistoire, d'autres ont été utilisés lors de cérémonies rituelles.

Les taffoni *sont des cavités naturelles creusées dans la roche.*

L'étrangeté des *taffoni* les prédisposait à ce rôle : les plus connus sculptent dans la roche des silhouettes, des têtes de morts, des animaux, campent le berger qui veille sur ses troupeaux ou l'évêque qui bénit. Ce ne sont pas toujours les plus beaux : certains sont de véritables dentelles de pierre délicatement ouvragées, tels ceux situés à 1 km au nord du moulin Mattei, dans le cap Corse (sur la D 80 à 1,3 km à l'ouest d'Ersa, prendre à droite un chemin qui permet d'embrasser un vaste panorama en dominant la mer de près de 400 m) : là, on voit de grands alvéoles à plusieurs étages sculptés en nids d'abeilles, troués d'œils-de-bœuf et parfois de véritables squelettes de roche. Enfin, des *taffoni* immergés, au nord du golfe de Porto, témoignent de la remontée récente du niveau de la mer.

Liamone, le fleuve satanique

Il y a en Corse trois fleuves : le Golo, le Tavignano, le Liamone auxquels s'attache bien entendu une légende. Ces fleuves, trois frères, à peine nés, souffrant du froid dans leurs montagnes, décidèrent d'aller en même temps se jeter dans la mer. Golo et Tavignano furent fidèles au rendez-vous, mais Liamone, ayant paressé, désespérait de pouvoir arriver en même temps que ses frères. Satan lui apparut alors et se déclara prêt à l'aider à condition que chaque année Liamone lui livre une âme humaine pour le service des Enfers. Liamone accepta et put rejoindre ses frères. Ainsi, chaque année, Liamone ou un de ses affluents – la Catena, le Grosso ou le Cruzzini – paie à Satan le terrible tribut.

Le dédale du maquis

Dans la forêt de Valdoniello, la plus importante de Corse, près de Casamaccioli, il y avait les deux arbres les plus gros et les plus vieux du monde : le Roi et la Reine. Le plus haut sapin d'Europe se dresse dans la forêt de Marmano. Selon certains auteurs, l'existence du pin laricio, au fût très étroit, parfois immense, à l'écorce grisâtre, était encore ignorée au xviiie siècle car il ne se trouvait que dans les forêts de l'intérieur, peu fréquentées. Cependant, dès la fin du IIIe siècle ap. J.-C., Théophraste en parlait pour le placer au-dessus des bois italiens. Le pin laricio de Corse a donné bien des mâts à la flotte romaine avant de sombrer dans un oubli de plusieurs siècles.

Les oliviers de Balagne portent trois noms : les *Saraceni* (Sarrasins), les *Genovesi* (Génois), les *Sabinacci* (Sabins). Les plus cultivés sont les *Sabinacci*, car ce sont les plus résistants. Doivent-ils leur nom à leur force exceptionnelle ? N'oublions pas en effet que ce sont des seigneurs romains (les Savelli, dont le nom original est Sabelis) qui, ayant vaincu les Maures, ont édifié, en Balagne, les châteaux que l'on peut aujourd'hui encore retrouver sans peine.

La Corse est la terre du maquis. Cette formation végétale est issue de la lente dégradation de la forêt claire méditerranéenne : parfois bas, lorsque le ciste et le myrte prédominent, le maquis devient impénétrable lorsqu'il est ancien. Dominé par des chênes verts géants, le maquis est un dédale inextricable d'arbousiers, de lentisques, de chèvrefeuilles, de bruyères arborescentes qui atteignent parfois plusieurs mètres de haut. Défriché dans la plaine orientale, le maquis fut le repaire sûr des bandits et des hommes engagés dans une vendetta. Quand on ne connaît pas les sentiers secrets du maquis, on ne peut le pénétrer qu'en se coulant dans les pistes tracées par un bétail à demi sauvage ou en se frayant la voie à la hache. Mais celui qui n'est pas familier avec les lieux se perdrait, là où le chasseur corse, connaisseur incomparable du maquis, se repère sans difficulté au moindre signe. Le maquis serait un gage de longévité : selon Théophraste, c'est au miel corse, auquel les fleurs du maquis donnaient une saveur particulière, que Lukos de Rhêgion attribuait le grand nombre de centenaires de l'île.

PEUPLES ET ORIGINES

Le testament des premiers Corses

Les Grecs rattachaient la Corse, *Kurnos*, au cycle des légendes d'Hercule. À en croire Hérodote, c'est Kurnos, un fils du héros grec, qui aurait colonisé l'île. Kurnos, que l'on écrit souvent Kyrnos ou Cyrnos, semblerait avoir pour origine un radical phénicien signifiant « cap » ou « promontoire ». La *Corsica* des Romains viendrait d'un autre mot phénicien, *Korsai*, « lieu boisé » – ou peut-être de *Korsis*, l'«empanachée ». Salluste, suivi par saint Isidore, propose une autre explication : une femme ligure, Corsa, poursuivant un taureau de son troupeau qui s'était échappé, aurait découvert l'île. Remarquons à ce propos que nous retrouvons ici le mythe du taureau qui, du Minotaure à Mithra, est au cœur des légendes méditerranéennes.

Dans les arcanes de la préhistoire

Depuis les travaux pionniers de Roger Grosjean[1], les campagnes annuelles de fouilles, menées régulièrement en Corse, ont reporté les origines du peuplement de l'île à des dates beaucoup plus anciennes que celles qui avaient été proposées auparavant. Pourtant, la Corse a été occupée plus tardivement que le continent proche. Trois abris sous roche, éloignés les uns des autres, témoignent de la diffusion de petits groupes humains en Corse au cours du VIIe millénaire avant notre ère, donc avant le néolithique : Curacchiaghju, sur le plateau de Levie, Araguina-Sennola, près de Bonifacio, et Strette, sur le territoire de Barbaggio, près de Saint-Florent. Découverte dans le niveau XVIII b d'Araguina, la *dame de Bonifacio*, une petite femme de 1,54 m, décédée à trente-cinq ans, en très mauvais état de santé, est actuellement considérée comme la plus ancienne habitante de la Corse. Les rares témoignages qui subsistent de cette époque montrent que les premiers Corses se contentaient de la protection d'abris sous roche et avaient élaboré seulement des outils très sommaires pour gratter, racler ou trancher en utilisant quelques roches accessibles dans l'île même, comme le quartz et la rhyolite. Ils vivaient des ressources naturelles sans modifier le milieu ambiant. Mais, déjà, le feu était maîtrisé, les aliments étaient cuits et les morts étaient inhumés avec soin.

Au VIe millénaire, les relations maritimes s'animent et les modes de vie se transforment dans l'île. C'est le début du néolithique, dont les datations s'échelonnent, selon les lieux, du milieu du VIe millénaire au milieu du Ve millénaire. Comme dans l'ensemble des terres de la Méditerranée occidentale, les techniques de la poterie pénètrent en Corse. La céramique est le plus souvent décorée par application d'une coquille de *Cardium* sur la pâte argileuse, avant la cuisson. Cette céramique cardiale se répand dans l'ensemble de

1. R. Grosjean, *La Corse avant l'histoire,* Paris, Klincksieck, 1966.

l'île, ainsi que des objets de même nature décorés au poinçon. L'outillage se diversifie et s'améliore ; l'île reçoit de l'extérieur des silex et l'obsidienne, qui vient de Sardaigne. Les abris sous roche et les stations de plein air continuent de dominer, mais les premières constructions apparaissent près de L'Ile-Rousse et de Serra-di-Ferro ; la population ne manifeste aucun souci de défense. Les habitants de l'île continuent de pêcher et de chasser, mais ils commencent aussi à pratiquer l'élevage, d'abord du mouton et de la chèvre, puis du porc et du bœuf, dont la présence est attestée par les fouilles menées dans l'abri de Strette, à Barbaggio. Le goût pour la parure s'affirme : les coquillages, fréquemment utilisés, sont polis, perforés ou colorés. La population reste encore peu abondante, mais ne laisse à l'écart aucune région de l'île.

Le nom de Basien a été attribué en Corse au néolithique moyen parce que le site de Basi, près de Serra-di-Ferro, daté de la fin du IVe millénaire, a été le premier connu et a livré des témoignages très caractéristiques de cette époque. Mais, le genre de vie des populations corses évolue en réalité de manière très continue jusqu'à la fin du néolithique. A partir du IVe millénaire, les habitants de l'île défrichent et savent cultiver la terre : le site d'Araguina-Sennola a livré les pollens des premières céréales authentifiées en Corse. Les haches polies, les meules, les blocs de pierre creusés de cuvettes et de cupules servant de bassins ou de mortiers, les récipients pour conserver ou traiter le produit des récoltes se multiplient. Les masses de pierre sphériques et perforées, les instruments pour percer deviennent fréquents. La laine est filée et tissée ; on sait réaliser des ouvrages de vannerie. La prédation, certes, se poursuit ; mais, une partie du temps est occupée par les activités de production. Cette population d'agriculteurs se sédentarise, édifie des clôtures et un habitat de pierres sèches. Des villages, abritant deux cents personnes environ, occupent les sites dominants, comme le monte Lazzu ou le monte Grossu.

Les maîtres du cuivre

La prolongation tardive des techniques néolithiques, que l'on tenait comme assurée auparavant, et que l'on justifiait par l'absence de relations avec le continent, n'est plus admise aujourd'hui : les relations maritimes se sont poursuivies. Au cours d'une période marquée par le maintien de techniques anciennes et par l'introduction de techniques et de conceptions nouvelles, qui correspond au néolithique final, à la charnière du IVe et du IIIe millénaire, la population insulaire essaie de nouveaux équipements de chasse, comme les armatures de flèches à pédoncules et ailerons, sans abandonner les pointes en forme de feuilles et de losanges qui étaient employées auparavant ; aux poteries à fond hémisphérique se substituent des vases à fond plat ; les récipients sont munis d'anses en ruban ou à oreilles.

En même temps, les premiers monuments mégalithiques sont édifiés et les techniques de la métallurgie du cuivre commencent à se répandre. Contrairement à ce qui était admis auparavant, la Corse a connu l'âge du cuivre, à la fin du IVe millénaire et pendant le IIIe millénaire. La découverte de fragments de métal, de creusets, semblables à ceux qui étaient utilisés à la même époque au Proche-Orient, en Méditerranée orientale et aux abords des Alpes, la mise en évidence de restes de fours en voûtes sur le site de Terrina, entre Aléria et Casabianda, montrent que les techniques de la métallurgie du cuivre, propagées à partir de l'Orient méditerranéen, ont été diffusées en Corse vers 2600 avant notre ère ; les gisements de cuivre qui existaient dans l'île, entre autres à Linguizzetta, au nord de Terrina, ont été exploités. Il existe donc un chalcolithique corse, méconnu auparavant.

À cette époque, la population insulaire augmente : les villages, plus nombreux, sont souvent plus étendus. Les techniques évoluent : les haches sont polies, l'os est utilisé pour la fabrication d'outils, les fusaïoles biconiques ou tronconiques se multiplient, des vases en pierre polie apparaissent. Les récipients destinés à la conservation des aliments, à la cuisine et aux repas deviennent très abondants et se diversifient pour répondre à des usages précis, comme les jarres hautes de 80 cm, ou les écuelles perforées en ligne pour laver la farine de glands et diminuer sa teneur en acide tannique. Les décors changent : la céramique cardiale a disparu depuis le milieu du IVe millénaire ; elle est remplacée par des poteries décorées d'alignements de perforations au poinçon, de stries ou de chevrons incisés ; la parure s'enrichit de bracelets et de pendeloques obtenus en travaillant la stéatite ou la serpentine.

On admettait auparavant que la Corse avait vécu dans l'isolement au cours du IIIe millénaire. Cette opinion n'est plus de mise. L'obsidienne sarde continue à être acheminée dans l'île, et même la Corse sert vraisemblablement de relais pour l'expédition de cette roche précieuse vers la péninsule italienne, où elle a été retrouvée ; de même, la serpentine corse parvient en Sardaigne. La présence des dolmens en Corse, alors qu'ils sont rares en Sardaigne et inconnus en Sicile, semble aussi indiquer des relations avec la Provence, où ils sont fréquents.

Castelli et torre

Pendant le IIe millénaire, la population insulaire commence à pratiquer la crémation des morts conjointement avec l'inhumation. Les sépultures utilisent toujours les abris sous roche ; entre autres, des niches creusées par l'érosion dans les granites, les *taffoni*, sont aménagées pour recevoir les morts. Mais, les défunts commencent à être honorés par des édifices plus élaborés, nécessitant des efforts collectifs, des assemblages de dalles en forme de coffres, les *bancali*, parfois ceinturés de cercles de pierres, des dolmens, les *stazzone* ou *tole*, et même, à Terrina, des tumulus. Avec les menhirs et des statues-menhirs, parfois disposés en alignements (*filarate*), tous ces monuments jalonnent l'expansion du mégalithisme en Corse, qui prend parfois des formes originales : les statues anthropomorphes corses ne ressemblent à aucun autre monument mégalithique connu.

Dès le début du IIe millénaire et pendant une partie du Ier millénaire, les techniques changent encore : les armes et l'outillage en bronze, provenant de l'alliage du cuivre et de l'étain, sont fabriqués et utilisés dans l'île. La faucille de bronze sert à récolter le blé et l'orge dont la culture s'est généralisée. A la même époque, des villages sont édifiés en position dominante selon un plan circulaire ; ils sont souvent installés parmi des boules de granite, mais sont, de plus, protégés par des murailles et portent le nom de *castelli* dans la toponymie corse. Des tours (*torre*) surveillent les pistes et servent peut-être aussi de réserves de grains. Les nouveaux villages semblent avoir été fondés à proximité de terres aisées à cultiver selon les techniques de l'époque, sur des points élevés permettant de veiller à la sécurité du groupe et de contrôler les mouvements des populations voisines. La construction des monuments mégalithiques se poursuit ; les statues-menhirs figurent des hommes armés d'épées ou de poignards. Vers le milieu du IIe siècle et jusque vers 1200 avant notre ère, les aménagements de défense se multiplient.

Des statues en armes

Selon Roger Grosjean, les armes de bronze auraient été introduites en Corse par des étrangers qui auraient pénétré dans l'île par le sud. Les envahisseurs auraient été représentés par les insulaires sous la forme des statues-menhirs et les immigrants auraient abattu ces monolithes. Ces conquérants auraient été des Libyens, les Shardanes, qui seraient intervenus après une campagne menée en Égypte, comme en témoignerait une stèle de Medinet Habou. Reprenant le nom du premier site qu'il avait mis à jour, au lieu-dit Torre, sur le territoire de la commune de Porto-Vecchio, Roger Grosjean a défini l'ensemble des manifestations culturelles attribuées à cette nouvelle population comme appartenant à la « civilisation torréenne ».

En réalité, l'analyse des charbons de bois conservés dans les premiers habitats circulaires a montré que des groupes humains les ont occupés au plus tard au premier siècle du IIe millénaire avant notre ère ; or, les invasions de la vallée du Nil, que l'on considérait auparavant comme précédant celles de la Corse, se sont déroulées entre 1600 et 1400 avant J.-C. et la participation des Shardanes à ces guerres nilotiques reste à prouver. *Castelli* et *torre* ne sont donc pas l'œuvre des Shardanes, et, il n'est même pas sûr qu'un peuple de ce nom ait abordé la Corse.

Une autre interprétation de Roger Grosjean est aussi contredite par de nouvelles observations. Les édifices torréens auraient été selon lui des lieux de culte ; mais des traces probantes du déroulement de la vie quotidienne ont été découvertes sur place. Souvent éloignés des villages et des sites funéraires, les menhirs et les statues-menhirs apparaissent dans de nombreux sites comme des repères ou comme des bornes monumentales signalant l'appropriation territoriale.

Perles et poignards

Une dernière phase d'évolution se manifeste avant les premières descriptions de la Corse par les auteurs grecs. Traité selon des techniques mises en œuvre en Europe centrale, aux abords des Alpes, le fer est adopté au Ier millénaire avant notre ère, pour la fabrication de poignards à antennes, d'épées courtes ou de bijoux, qui ne se distinguent guère des productions continentales. Le bronze reste abondant, mais il est réservé désormais à l'appareillage domestique et à la parure.

Pendant longtemps, la vie a continué de se dérouler dans les villages édifiés à l'âge du bronze. Les *castelli* sont abandonnés tardivement au cours du second âge du fer, pour de nouveaux habitats moins isolés. Les Corses entretiennent des relations régulières avec les Étrusques et avec les Grecs, qui fondent Alaliè, la future Aléria, en 560 avant notre ère. Les colliers de perles en pâte de verre, fabriquées sur le continent, sont portés en Corse. Mais, les insulaires conservent leurs genres de vie et leurs traditions malgré la fréquence des échanges avec l'extérieur. L'apparition de la céramique peignée du second âge du fer, longtemps après les premières fabrications, qui datent du premier âge du fer en Provence, rappelle que les centres d'innovation se placent sur le continent, même si des initiatives, autorisées par les ressources propres de l'île, permettent d'améliorer les techniques, comme le montre l'inclusion de l'amiante du cap Corse dans la pâte des poteries.

Énigmes sans clés

Trente-cinq ans de travaux ont abouti à des progrès très sensibles dans la connaissance des origines de la Corse. Des certitudes se sont imposées, mais le mystère se déplace et d'autres questions se posent.

Les témoignages de la présence de l'homme sont beaucoup plus anciens sur le continent qu'en Corse. Par rapport à l'homme de Cro-Magnon, qui chassait il y a trente mille ans environ dans la vallée de la Vézère, la dame de Bonifacio est pour nous une ancêtre proche. N'aurait-elle pas été précédée dans l'île bien avant le VIIe millénaire ? Des hommes n'auraient-ils pas accompagné l'ours, le cerf et le renard qui ont pénétré en Corse entre cinquante mille et cent mille ans avant notre époque ? Les outils des premiers habitants connus de l'île sont très sommaires et exclusivement réalisés à l'aide de roches accessibles sur place ; ils ne ressemblent à aucune production connue de la même époque. Comme le remarque E. Bonifay, « ce retour vers des formes atypiques semble témoigner qu'au VIIe millénaire avant notre ère, les groupes humains qui vivaient en Corse y habitaient depuis longtemps et qu'ils avaient déjà subi les effets de l'insularité[1] ». Mais nous ne disposons d'aucun témoignage authentique de l'existence de ces hommes.

Nous ignorons aussi tout des événements qui ont marqué l'introduction des techniques néolithiques en Corse. Se sont-elles diffusées sans heurts, par une évolution naturelle, par communication lente, comme semblent l'indiquer les observations actuelles ? On soupçonne pourtant que la vie ne s'est pas toujours déroulée sans drames, même si l'on ne croit plus aux invasions des peuples de la mer telles que les évoquait Roger Grosjean : alors qu'on ne connaît pas de sites fortifiés en Corse au début du néolithique, les nécessités de la défense s'affirment dans toute l'île à partir de l'âge du bronze ; quelles qu'en soient les causes, l'insécurité se propage alors en Corse. Mais nous ne savons rien des faits qui ont motivé l'inquiétude des populations de l'époque.

Les conceptions mêmes qui commandent le décor de la vie quotidienne ou le culte des morts changent pour des raisons mystérieuses qui n'ont pas été élucidées. La désaffection pour la décoration cardiale au milieu du IVe millénaire et la préférence nouvelle pour les décors poinçonnés ou incisés restent inexpliquées. Assisterait-on déjà plus de cinq mille ans avant notre époque à des phénomènes de mode inattendus ? De même, pourquoi la crémation des morts se répand-elle au IIIe millénaire, sans se substituer, d'ailleurs, à l'inhumation ? De nouvelles conceptions de l'au-delà, ou du simple traitement à accorder aux défunts, se sont-elles fait jour sur place ? Les populations corses ont-elles imité les traditions d'autres peuples avec lesquels elles étaient en contact ? Cette dualité de comportement est-elle le signe de la coexistence en Corse de

1. *Histoire de la Corse*, sous la direction de Paul Arrighi et Antoine Olivesi, Toulouse, Privat, 1990, p. 15.

populations d'origines différentes ? Autant de mystères encore impénétrables.

Libyens ou Ibères ?

Une fois de plus, les historiens s'opposent quand il s'agit de déterminer l'origine des Corses. Le seul témoignage de la présence des Libyens est fourni par Pausanias qui, au IIe siècle de notre ère, écrit dans son *Voyage historique de la Grèce*, à propos de la Phocide : « Près de la Sardaigne est l'île que ces mêmes Libyens nomment l'île de Corse et que les Grecs appellent Cyrnos. Une partie considérable des habitants de cette île chassée par l'autre dans une sédition qui les divisait passa en Sardaigne. » Selon la légende, Sardus, fils d'Hercule et fondateur mythique de la Sardaigne, aurait eu un frère, Cyrnos. À la tête d'une armée de Libyens, ils auraient quitté l'Afrique pour venir s'installer le premier en Sardaigne, le second en Corse. À tout pays aux origines obscures, les Grecs imposaient un héros éponyme : l'histoire de Sardus et de Cyrnos entre dans cette catégorie. Mais l'allusion aux Libyens et à l'Afrique ne peut être écartée. Le peuplement libyen de la Sardaigne est évoqué par Silius Italicus dans *Punica*, alors que Varron, dès le Ier siècle av. J.-C., croyait à la communauté d'origine de la Corse et de la Sardaigne.

Mais Sénèque écrivait en 41 : « Après les Grecs et les Ligures, les Espagnols descendirent dans cette île, comme l'atteste la ressemblance des usages. Les Corses ont du Cantabre et le couvre-chef et les chaussures et aussi quelques mots de sa langue ; car tout leur idiome primitif s'est altéré par un long commerce avec les Grecs et les Ligures. » Parmi les usages singuliers communs aux Corses et aux Ibères, il en est un particulièrement caractéristique, la *couvade*, que Diodore de Sicile décrit ainsi : « Ce qu'il y a de plus incroyable chez les Corses, c'est ce qui se passe à la naissance des enfants ; quand une femme accouche, on ne prend d'elle aucune espèce de soin, son mari se met au lit comme si c'était lui qui était souffrant des suites de couches, et il y reste le nombre de jours réglementaire comme si son corps avait subi quelque fâcheuse atteinte. » Strabon fait la même remarque en parlant des Ibères :

Taffone utilisé comme abri sous roche par les mégalithiques.

« Les femmes, dit-il dans une description de l'Espagne, ont une énergie virile égale à celle des hommes, elles cultivent la terre et, quand elles viennent d'accoucher, elles servent leurs maris après les avoir fait mettre au lit à leur place. »

L'énigme d'Ugo Colonna

La Corse, ou du moins certaines de ses parties, essentiellement la plaine orientale, aurait été, d'après une tradition locale, l'un des greniers à blé de Rome, bien que l'historien allemand Mommsen ait prétendu que cette île aride était tout juste bonne pour des barbares. Le mystère n'est pas entièrement élucidé. Néanmoins, on a trouvé un grand nombre de meules à huile et de moulins à blé romains dans les plaines proches de la mer.

Beaucoup plus tard, une rébellion dressa Rome contre le pape Léon III. Les chefs de la révolte n'obtinrent leur pardon qu'à la condition d'aller reconquérir la Corse sur les Sarrasins. L'un des principaux chefs rebelles, Ugo Colonna, aurait débarqué dans l'île avec douze cents hommes et contraint les Sarrasins à la quitter après dix-huit années de guerre (en réalité, les Sarrasins restèrent beaucoup plus longtemps en Corse, mais une partie d'entre eux fut peut-être refoulée par Ugo Colonna). Ugo Colonna serait resté dans l'île ; de lui seraient issus les Cinarchesi. L'existence même d'Ugo Colonna a été contestée. Cependant, Mme Moracchini-Mazel pense avoir retrouvé les ruines de son château près de Corte et les historiens semblent aujourd'hui attacher plus de poids aux récits de Giovanni della Grossa, auquel on avait reproché d'avoir inventé la légende d'Ugo Colonna pour flatter Vincentello d'Istria et donner une origine glorieuse aux seigneurs Cinarchesi. Ceux-ci, Leca, Bozzi, Istria, Anfriani, persuadés ou désireux de se rattacher à l'illustre famille romaine, adoptèrent le nom de Colonna. Mais les Colonna de Rome n'ont-ils pas reconnu leur parenté avec les Cinarchesi ?

Le fort d'Aléria près de la plage où débarque Ugo Colonna.

RELIGION

La croix et le croissant

Fasciné par la mort et par les mystères de l'au-delà, le Corse est naturellement religieux. Le goût du surnaturel, la curiosité de cet « autre monde » si profondément mêlé au nôtre, et si loin à la fois, influent sur sa vie quotidienne. Pour affronter les difficultés qui menaçaient leur existence, contre les envahisseurs, les Corses se sont volontiers tournés vers la religion. Quand, au milieu du VIIIe siècle, les Maures commencèrent leurs incursions, la foi chrétienne se révéla le plus solide rempart du patriotisme, comme en Espagne à la même époque, comme en Grèce après la conquête turque. N'est-ce pas d'ailleurs une croix que les insurgés de 1797 adoptèrent comme emblème, d'où le nom de *Crocetta* donné à ce mouvement insurrectionnel ? Provoqué par les sévices auxquels étaient soumis les prêtres insermentés, le soulèvement qui affecta une partie du nord de la Corse visait également à libérer l'île d'une domination française considérée par beaucoup comme oppressive.

Ainsi s'est affirmé le caractère national que la foi devait prendre pour les Corses, qui s'est concrétisé lorsque les Corses prirent l'habitude, au cours d'un XVIIIe siècle marqué plutôt par le culte des lumières, de se placer sous la protection de la « Reine du ciel » et de lui dédier leur action en faveur du royaume de Corse. Le *Dio vi Salvi Regina*, chant de prière fervente par lequel l'aide de la Vierge était implorée, devint, en quelque sorte, l'hymne national, encore chanté dans les grandes solennités.

Paul, l'évangélisateur

Suivant une tradition fort ancienne, la Corse aurait été évangélisée par saint Paul. Son passage en Corse se placerait, au dire de certains historiens, après son voyage en Espagne. Mais Mgr de la Foata, dans ses *Recherches et Notes diverses sur l'histoire de l'Église en Corse*, estime, en se fondant sur le martyrologe romain et sur une lettre du pape Étienne VI, que la venue de l'apôtre en Corse aurait eu lieu au début de son périple espagnol. Saint Jérôme date ce voyage du début du règne de Néron, ce qui explique que saint Luc, dans les Actes des Apôtres, n'en fasse pas mention puisque son récit s'arrête à la deuxième année du séjour de Paul à Rome, c'est-à-dire à la quatrième année du règne de Néron. Dans son commentaire sur le chapitre XI d'Isaïe, saint Jérôme écrit que saint Paul fut porté en Espagne sur des vaisseaux étrangers et qu'il vint à Narbonne par mer. « Il n'est pas invraisemblable que, rencontrant sur son chemin une île aussi importante que la Corse, il ait voulu s'y arrêter pour y jeter la semence de l'évangile, ou qu'il ait relâché pour une cause quelconque. » Autre indice, le premier évêque d'Aléria aurait été un des plus proches disciples de saint Paul. Une tradition des bollandistes (éd. 1866 de Victor Palmé, mois de mai, t. I, pp. 36-37) veut que deux prêtres envoyés en Gaule dans les premières années du IIIe siècle aient été jetés par une tempête sur les côtes de Corse. Ils se demandèrent si l'événement n'indiquait pas les desseins de Dieu qui leur aurait ainsi prescrit l'évangélisation de l'île. Mais, constatant que les habitants étaient déjà chrétiens, ils s'embarquèrent de nouveau pour la Gaule. La Corse était donc chrétienne dès le IIe siècle – ou tout au moins les régions proches de la mer. D'ailleurs, dans plusieurs villages du cap Corse (Rogliano, Meria, Tomino), des traditions locales évoquent directement le souvenir de l'apôtre, mais la science historique n'a pu trancher cette énigme.

Sainte Dévote et saint Florent

La Corse a ses martyrs et ses saints auxquels elle rend un culte particulier : sainte Dévote, martyrisée à Lucciana, qu'un décret de la Sacrée Congrégation des Rites proclama patronne de l'île et que Pascal Paoli avait un moment songé à faire figurer sur le drapeau corse ; sainte Julie, martyrisée à Nonza ; sainte Restitute dont le tombeau, à Calenzana, est l'objet d'un des plus fervents pèlerinages de la Corse ; sainte Catherine, vénérée à Sisco.

L'ancienne tradition du martyrologe romain signale au 2 mai *Vindemialis Corsicanus*. Pierre de Natali, dans son *Catalogue des saints*, indique que les corps de saint Vindémial et de saint Florent furent transportés de Corse en Italie par l'évêque de Trévise, pour les soustraire aux Sarrasins. Saint Vindémial et saint Florent auraient fait partie des évêques africains exilés lors des invasions vandales au Ve siècle. Saint Florent pose un problème : pour certains, il aurait été évêque du Nebbio ; pour d'autres, son nom aurait été donné à la cathédrale du Nebbio comme un hommage de la région où il aurait vécu en exil.

Le culte d'autres saints, peu connus, tels que saint Amance ou sainte Laurine, est d'origine plus énigmatique encore. Leur existence même, voilée d'ombres, se place aux confins du mythe et de la foi.

Comme elle a ses saints, la Corse honore des statues miraculeuses : la Vierge de Calvi ; Notre-Dame de la Miséricorde à Ajaccio. Elle vénère aussi le tableau du prodige à Oletta, le christ de Muro qui parla au XVIe siècle et des crucifix noirs dont l'histoire est également auréolée de faits miraculeux. L'un de ces christs noirs est conservé à l'oratoire de Saint-Jean-Baptiste d'Ajaccio. Un autre est visible dans l'église Sainte-Croix de Bastia.

La foi populaire illustre la présence du sacré, toujours vivace, dans le climat moral de la Corse, où le culte du passé et le respect des traditions sont encore ressentis comme un impératif. La Passion, surtout, est intensément vécue. Les processions de pénitents en cagoule se déroulent encore au milieu de la ferveur générale, mais dans une inquiétante atmosphère de drame, qui rappelle les temps primitifs de l'Église, particulièrement à Corte, où la ville est illuminée dans la nuit de milliers de bougies, et à Sartène, où un personnage inconnu prend la place du *catenacciu* et porte une lourde croix au cours de la cérémonie du vendredi saint. Jadis, au cours d'autres cérémonies religieuses, la population entière de certains villages participait à une procession en spirale, la *granitula*, qui s'enroulait dans un ordre et selon un rythme parfaits (voir BRANDO). Ces traditions sont remplacées parfois par des pèlerinages plus classiques, comme celui du 8 septembre à Notre-Dame de Lavasina.

« Pieve » et piévanies

Isolées par suite du morcellement géographique de la Corse, les paroisses avaient été groupées en *pieve*. Chaque piève était desservie par une piévanie, ou *plebania*, église commune à plusieurs paroisses, où l'on baptisait la population (*plebs*). Si le rôle des églises piévanes s'est éteint au Moyen Âge vers l'époque où commençait la domination de Gênes, les *pieve*, circonscriptions ecclésiastiques devenues administratives, se sont approximativement maintenues jusqu'à nos jours dans le découpage des cantons. C'est pourquoi le lecteur trouvera souvent ici, dans les monographies consacrées aux communes de l'île, ce terme de *pieve*.

Le martyre de sainte Julie.

VENDETTA

« Le sang n'est pas de l'eau »

« Les Corses ne pardonnent jamais les injures qu'on leur a faites, ni pendant leur vie ni même après leur mort », *Il Corso non perdona mai ne vivo ne morto* : ce proverbe traduit un trait de caractère que, depuis toujours, renforce la solidarité familiale. La moindre goutte de sang commun engage pour le meilleur et pour le pire, car, ainsi l'assure le vieux dicton, « Le sang n'est pas de l'eau » (*U sangue une acque*), et le devoir né de cette solidarité est le plus impératif de ceux que le Corse se doit de respecter en son code d'honneur. Devant l'étranger, c'est-à-dire celui avec qui l'on n'a ni sang ni eau – *Non ci ha ne sangue ne acqua* –, la famille, et elle s'étend, on le sait, jusqu'aux plus lointains cousins, se présente unie. Jusqu'où peut conduire pareil sentiment passionné de l'honneur familial, il est mille exemples tragiques pour l'illustrer.

Un théâtre de la cruauté

Dès qu'un assassinat avait été commis, tout était mis en œuvre pour créer le climat propre à la vendetta. D'après les *Mémoires historiques sur la Corse par un officier de Picardie (1774-1777)*, le mort est porté devant l'église. Ensuite, on forme une ronde autour de lui en gémissant. Puis la veuve s'étend sur le défunt ; les parents du mari lui déchirent ses vêtements, la tirent par les cheveux et lui mettent le visage en sang, en lui reprochant la mort de son mari, en l'injuriant et l'accablant de coups. Après la cérémonie consacrée à la veuve, vient celle des enfants ; on leur montre la chemise ensanglantée de leur père, on leur dit le nom de l'assassin. Cela fait, on conduit le mort à l'intérieur de l'église ; lorsqu'on est sur le point de l'ensevelir, les parents s'approchent à nouveau de la veuve pour lui donner l'un un coup de poing, l'autre un coup de pied ; on la reconduit ensuite chez elle et l'on y renverse tous ses meubles.

Rappelons aussi le *caracolu*, cette danse funèbre qui doit exalter la haine et qui se déroule autour du cadavre, déposé sur une table, dans la grande salle de la maison. Le feu est éteint, il ne doit y avoir ni fleurs ni lumières, les portes et les fenêtres sont fermées à l'exception de la porte d'entrée. À l'endroit où l'homme est tombé, on jette pierres et branches dont l'amoncellement forme le *mucchio*, tumulus destiné à rappeler le crime et le devoir de le venger. Car la vengeance, on l'a dit, est enracinée dès son plus jeune âge au cœur du Corse. Les chroniques nous rappellent cet adolescent de treize ans assassiné avec son grand-père : il avait l'annulaire et le petit doigt de la main repliés, ses autres doigts étaient tendus pour indiquer le chiffre trois ; les trois assassins ainsi désignés, la vengeance pouvait s'exercer.

Qui ne se venge pas est l'objet du mépris général, le *rimbeccu*, que nul ne saurait accepter sans frémir. Car l'honneur et l'honneur seul, un honneur intransigeant et farouche, suscite la vendetta dont nous avons vu (voir plus haut : Bandits) par quel processus elle est entrée si profondément dans les habitudes de la Corse.

Mais comment porter sur la vendetta un jugement équitable et qui mieux que José Giovanni pourrait le faire ? « Cette préméditation morale, cette croix tracée à l'avance sur la vie d'un homme, cette recherche tenace de celui qui doit mourir, ce seul but qui deviendra un cadavre, ce désir de tuer qui chasse le sommeil, cet enfer que vivent en commun les adversaires multiples : c'est la vendetta. C'est aussi l'heure qui sonnera pour ceux qui attendent leur tour d'entrer en lice. Ils attendent de savoir lequel survivra au dernier combat. Car ce survivant doit mourir. Et son geste de la veille a désigné un nouveau tueur. Et lui, ce survivant, il savait qu'en réussissant à tuer il n'avait pas vaincu. Il s'inscrivait simplement dans le lot du gibier. Dans une vendetta, celui que l'on cherche est un homme perdu. Le simple fait d'être traqué le diminue. Il est bien rare qu'il parvienne à vendre sa peau. On dirait presque qu'il accepte sa fin. Le tragique habite la Corse. L'austérité de ses paysages a toujours accueilli le fruit des armes. La mer l'encercle et semble assister depuis des siècles aux mêmes démarches de caractère, aux mêmes indignations, à la même grandiose gratuité dans la violence, aux mêmes douloureuses démonstrations dans les veillées mortuaires. »

*La vengeance, illustration tirée de l'*Histoire de la Corse *de l'abbé Galletti.*

En guise de conclusion

Un jour, deux guerriers ligures, Bruno et Rico, décident de partir à la conquête d'autres pays. Alors qu'ils s'étaient réfugiés dans une grotte au bord du Rhône, en aval de Lyon, une jeune fille merveilleuse leur apparut : Sica, qui épousa Bruno. Mais un jour, Bruno, rentrant de la chasse, voit son ami faire la cour à Sica ; fou de jalousie, il plonge son poignard dans la poitrine de Sica. On vit alors surgir, dans les flots bleus de la mer Méditerranée, une île merveilleuse ; plus belle que toutes les autres. Elle avait la forme étrange d'un cœur blessé qui porterait encore le poignard et des traces de sang pour marquer l'éternelle vengeance. On appela cette île « Cor-Sica » en souvenir du cœur de Sica.

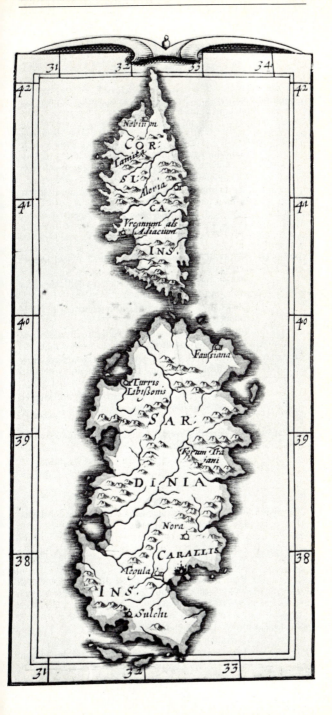

N'OUBLIEZ PAS CES ÉPOQUES
ET CES DATES

PRÉHISTOIRE — Prénéolithique : la dame de Bonifacio (milieu du VIIe millénaire)

Civilisation néolithique : 5500 av. J.-C. (céramique, culture et élevage)

Chalcolithique : milieu du IVe millénaire – fin du IIIe millénaire (civilisation mégalithique ; métallurgique du cuivre)

Âge du bronze : IIe millénaire av. J.-C. (civilisation torréenne).

1200 av. J.-C. : Ulysse aborde à Bonifacio ?

Âge du fer : Ier millénaire av. J.-C.

ANTIQUITÉ — 560 av. J.-C. : les Phocéens fondent Alaliè près de l'étang de Diane.

260 av. J.-C. : les Romains pénètrent en Corse après avoir vaincu les Carthaginois.

238 av. J.-C. : les Romains entreprennent la véritable conquête de la Corse.

162 av. J.-C. : après douze révoltes des insulaires, la domination romaine est enfin fermement établie.

Ier siècle ap. J.-C. : les premiers missionnaires chrétiens débarquent dans l'île. Saint Paul y serait-il venu ?

303 ap. J.-C. : martyre de sainte Dévote, proclamée en 1820 patronne de la Corse.

Ve SIÈCLE — invasions des Vandales ; ils ont peut-être été suivis par les Ostrogoths.

552 : la Corse est rattachée à l'Empire byzantin.

590 : le pape Grégoire le Grand organise l'administration religieuse de la Corse.

VIIIe SIÈCLE — 755 : Pépin le Bref donne la Corse au pape Étienne II. Invasions des Sarrasins.

IXe SIÈCLE — 830 : le marquis de Toscane, Bonifacio, fonde la citadelle qui porte encore son nom.

Ugo Colonna (?), qui aurait libéré la Corse des Maures, serait devenu le maître de l'île, que ses descendants se partageront.

XIe ET XIIe SIÈCLES — 1077 : le pape Grégoire VII remet la Corse à l'administration de l'évêque de Pise.

Les féodaux corses s'opposent en des luttes sanglantes, les Biancolacci sont les rivaux des Cinarchesi.

1133 : le pape Innocent II partage les six évêchés corses entre Pise et Gênes ; fondation de l'évêché d'Accia.

1278 : les Génois fondent Calvi. Giudice de Cinarca réussit à imposer sa domination à toute l'île, mais il est vaincu et pris par les Génois en 1299.

1284 : la victoire navale de La Meloria consacre la suprématie de Gênes qui réussit à évincer Pise de la Corse.

1296 : le pape Boniface VIII donne l'investiture de la Corse au roi d'Aragon.

1307 : Giudice de Cinarca meurt en prison à Gênes.

1348 : la Grande Peste.

1358 : révolution populaire menée par Sambucuccio d'Alando.

1370 : propagation du mouvement hérétique des Giovannali.

1383 : fondation de Bastia.

Gênes et l'Aragon se disputent la possession de la Corse, les seigneurs de l'île prenant parti tantôt pour l'un, tantôt pour l'autre.

1434 : Vincentello d'Istria, qui a soutenu la cause du roi d'Aragon, meurt décapité à Gênes.

1453 : la Corse est affermée à une compagnie financière génoise, la banque de Saint-Georges.

1553 : Henri II, alors en lutte contre Charles Quint, envoie des troupes en Corse.

1559 : par le traité du Cateau-Cambrésis, la France renonce à la Corse.

1567 : Sampiero Corso, le héros national corse, tombe dans une embuscade.

1571 : le gouverneur génois, Georges Doria, accorde une amnistie générale et publie « les statuts civils et criminels de la Corse ».

1676 : installation d'une colonie grecque à Paomia, près de Sagone.

1729 : début de la révolte générale contre Gênes.

1731 : les troupes impériales arrivent en Corse à l'appel de la République génoise.

Sampiero Corso.

1736 : Théodore de Neuhoff, un aventurier allemand, est proclamé roi de Corse.

1738 : première intervention française.

1747 : seconde intervention française.

1753 : en vertu des accords conclus avec Gênes, les Français évacuent la Corse.

1755 : Pascal Paoli est élu général en chef par les Corses. Il donne une constitution à son pays, crée une

Théodore de Neuhoff, roi de Corse.

université et développe l'économie nationale. Les Génois ne tiennent plus dans l'île que les principaux ports.

1764 : le comte de Marbeuf occupe les citadelles de Corse au nom du roi de France.

1768 (15 mai) : par le traité de Compiègne, Gênes cède la Corse à la France.

1769 (8 mai) : à Ponte-Nuovo, les troupes de Pascal Paoli, qui a refusé de se soumettre, sont écrasées par le comte de Vaux.

1769 (15 août) : naissance de Napoléon Bonaparte.

1789 (30 novembre) : l'Assemblée nationale décrète que « l'île de Corse fait partie de l'empire français ».

1794-1796 : George III d'Angleterre est proclamé roi de Corse. Sir Gilbert Elliot est nommé vice-roi.

1796 : les troupes françaises réoccupent l'île évacuée par les forces anglaises.

AGHIONE

(Aghjone)

80 km S de Bastia par N 198, D 343 et VO

Ossements du XVIIᵉ siècle

On a mis au jour à Mozzolardo plusieurs tombeaux et des ossements. Ces restes funéraires dont l'origine reste inconnue seraient du XVIIᵉ siècle. De plus, des éléments de sarcophages romains ont été souvent déchaussés à l'occasion des travaux des champs.

Mozzolardo est situé à 2 km au nord de la mairie d'Aghione. En passant devant celle-ci, on poursuit vers le nord sur la même route que l'on suit depuis le carrefour de la D 343 et de la VO et, à 800 m, on passe le Tagnone, puis on tourne immédiatement à droite par un chemin de terre.

L'eau qui guérit

À 2 km au nord du Tagnone, par un chemin de terre qui traverse les vignes de M. Birebent, on atteint un vaste bâtiment qui fut autrefois un hôtel fréquenté, dominant un vallon où s'écoulent lentement les eaux d'un affluent du Tagnone, aux efflorescences blanches et jaunâtres : c'est le Puzzichello, le ruisseau nauséabond. On rencontre sur la rive gauche des constructions en mauvais état et des baignoires très dégradées. Ces eaux sont chargées de soufre et ont été longtemps considérées comme capables de guérir mainte affection. Oubliées pendant des siècles, les vertus des eaux du Puzzichello étaient sans doute connues des Romains.

Ci-contre. Pascal Paoli, portrait peint par Pietro Gherardi (1769) et gravé par Rich. Élu général en chef par les Corses en 1755, Pascal Paoli donna une constitution à son pays, créa une université à Corte et développa l'économie nationale. L'Europe entière rendit hommage à son exceptionnelle personnalité.

AJACCIO

(Aiacciu)

153 km S-O de Bastia par N 193

Ajax, le fondateur

D'après les chroniques anciennes, la ville aurait été fondée par Ajax. Cette origine héroïque accordait à la ville ses lettres de noblesse. Certains abandonnent la filiation mythique, mais attribuent aussi à Ajaccio une naissance qui l'honore : la première agglomération urbaine serait issue d'un camp de légion romaine. Lors de la construction d'une voie reliant le golfe de Sagone aux montagnes dominant le Prunelli, une légion aurait créé un camp pour déblayer le terrain difficile, *aspretum*, qui serait signalé encore par l'Aspretu, à la sortie d'Ajaccio. À la voie romaine, l'*agger* du fond du golfe, la légion aurait ajouté un embranchement vers un modeste habitat corse installé plus à l'ouest, à proximité du quartier de Santa Lucia. *Adjectio aggeri*, tel est le terme couramment employé pour désigner ce genre de voie secondaire. L'*adjectio* assurant le contact entre Corses et Romains serait le véritable acte de naissance d'Ajaccio.

Cette explication savante ne lève pas le dernier voile sur le berceau d'Ajaccio. La chaussée romaine, révélée parfois dans la plaine orientale, n'a pas été encore exhumée vers Ajaccio. Suivait-elle d'ailleurs la direction proposée ? La vallée de la Gravona et Aléria appelaient certes plus les travaux de la légion que les montagnes du Prunelli.

D'autres sources, moins flatteuses, font naître Ajaccio des travaux de la terre et des efforts quotidiens de l'artisanat : la cité d'Urcinium, qui aurait occupé un site proche de l'actuelle Ajaccio, aurait dû son renom à la fabrication des cruches, *urceus*, destinées à conserver le vin. Il est vrai qu'Urcinium pourrait être une ville du golfe de Sagone dont le nom se perpétuerait sous la forme Orcino, porté par Sari d'Orcino et Sant' Andrea d'Orcino. Ni fondation héroïque, ni camp romain, ni centre viticole, Ajaccio ne serait-elle finalement aux premiers temps de son histoire qu'une modeste bergerie ? L'*agghiacciu* est en effet un parc à moutons[1].

1. Sur Ajaccio, on dispose désormais d'un ouvrage dense et complet, publié lors du 500e anniversaire de la ville, l'*Histoire d'Ajaccio*, sous la direction de F. Pomponi, à l'initiative de P. P. Santini, avec la participation de P. Silvani (Ajaccio, la Marge Édition, 1992).

Hypogées secrets

Quelles que soient les circonstances qui ont entouré la naissance d'Ajaccio, la ville est antique : saint Grégoire le Grand cite à plusieurs reprises Adjacium dans ses lettres. Des sépultures souterraines restées longtemps ignorées ont confirmé les assertions des textes. Des bronzes de l'âge du fer et d'autres peut-être d'origine romaine avaient été exhumés il y a plus d'un siècle près de Saint-Antoine (à la sortie de la ville, par la N 194). À 65 m de la route de Bastia, près de la chapelle mortuaire des Pugliesi, on avait dégagé sous la Restauration une petite voûte en brique qui abritait deux jarres en terre cuite contenant chacune la tête d'un enfant de six à huit mois, des cendres et des franges ; dans l'une des jarres, la frange était d'or, dans l'autre, d'argent. M. Pugliesi avait également découvert, en 1826, dans le voisinage, deux médailles d'argent d'Antonin le Pieux. Depuis, on a mis au jour des perles de verre d'origine carthaginoise.

Un sarcophage d'enfant, exhumé près de Campo del Oro, est décoré d'une scène de chasse dans une forêt. De même, le sarcophage exhumé dans le quartier San Giovanni en 1938 représente un berger porteur d'un agneau, les travaux des champs, Cérès et Bacchus. Ces restes funéraires n'évoquent pas la vie urbaine.

Sarcophage antique en marbre blanc découvert sur la colline de Tralaveto, près d'Ajaccio.

D'après Pommereul, qui publia en 1779 une *Histoire de l'isle de Corse*, on aurait aussi découvert à l'époque des sépultures souterraines de princes sarrasins : l'une d'entre elles aurait contenu des étoffes précieuses et des urnes de terre sigillées.

Un relais menacé

Tous ces témoignages révèlent l'intérêt sans cesse renouvelé accordé à ces lieux et, principalement, à l'abri assuré par la baie s'ouvrant au fond du golfe, à proximité d'une voie de pénétration vers l'intérieur de l'île, représentée par la vallée de la Gravona. Selon une hypothèse plus convaincante que les précédentes, adoptée par J. Jehasse, Ajaccio serait un « port accueillant », comme l'ont été Agde ou Agay, qui portent des noms ayant la même signification qu'Ajaccio. Relais pour les Romains comme pour les Carthaginois ou les Sarrasins, dotée d'aménagements régulièrement détruits lors des époques d'insécurité, Ajaccio, telle que nous la connaissons, est issue d'initiatives génoises : après une tentative infructueuse à Castelvecchio, en 1272, l'installation de cent familles ligures, en 1492, a donné naissance à la ville actuelle, où les Corses n'ont été admis qu'en 1553.

La Madone des miracles

Les Ajacciens ont un culte tout particulier pour la *Madonuccia*,
Notre-Dame de la Miséricorde. La Vierge était apparue par deux
fois, les 18 mars et 8 avril 1536, à un vieux paysan des environs de
Savone, Tonio Botta. Radieuse, les yeux levés au ciel, les mains ten-
dues vers la terre, elle n'avait prononcé qu'un seul mot :
«*Misericordia.*» Cent ans plus tard, le capitaine Orto, dévot de
Notre-Dame de la Miséricorde, avait placé sa statue dans une niche
au-dessus de la porte de sa maison de campagne proche d'Ajaccio.
Un jour qu'une querelle sanglante s'était élevée dans le voisinage,
les combattants furent brusquement arrêtés dans leur lutte par un
ordre proféré par la statue : ce miracle décida les Ajacciens à élever
un sanctuaire dédié à la Vierge de miséricorde. Une statue fut commandée à Gênes et arriva à Ajaccio en 1645 ; elle fut d'abord installée dans la chapelle du collège des jésuites, aujourd'hui église
Saint-Érasme, rue Forcioli-Conti. Onze ans plus tard, en 1656, une
épidémie de peste ravageait Gênes et menaçait de se répandre à
Ajaccio. Les « Magnifiques Anciens » – les magistrats de la ville –
décidèrent, pour préserver Ajaccio du désastre, de consacrer à perpétuité la ville à la Madone de la Miséricorde : ce vœu fut même
enregistré par acte notarié. Chaque année, la fête de la Miséricorde
devait être célébrée le 18 mars dans la chapelle des jésuites.
L'évêque, Mgr Ardizzone, refusa d'approuver le vœu, parce qu'il était
fait dans une chapelle particulière. D'accord avec les Anciens, il fit
transférer la fête en sa cathédrale où elle fut célébrée avec une
pompe magnifique.

Ajaccio eut à nouveau recours à la protection de Notre-Dame de
la Miséricorde. La ville, menacée par les paysans révoltés contre la
domination génoise, décida d'élever dans la cathédrale une chapelle dédiée à la Vierge : c'est la deuxième du bas-côté gauche. Cette
chapelle est encore la plus belle de l'édifice ; son retable est tout
incrusté de marbres rares, en particulier de jaspe de Sicile, devenu
aujourd'hui presque introuvable.

Une autre statue de Notre-Dame de la Miséricorde fut, en 1747,
érigée sur la porte de la ville, avec l'inscription *Posuerunt me cus-
todem*, « Ils se sont mis sous ma garde ». La ville venait d'échapper
par miracle à un bombardement anglo-sarde. La porte fut démolie
par la suite et la statue transférée, en 1802, à l'ancienne *piazza*
d'Olmo, l'actuelle place Foch, en face de la fontaine des Quatre-
Lions, aujourd'hui 7-10, avenue A.-Sérafini. La fête de la
Miséricorde est célébrée en grande pompe le 18 mars. La veille au
soir, les Ajacciens prient devant la statue, écoutent l'hymne à la
Madone et l'oraison chantée par l'évêque à laquelle tous répondent
par le *Dio vi Salvi Regina*. La place Foch et les rue environnantes
sont brillamment illuminées. Le lendemain, le maire, les adminis-
trations, les tribunaux, l'armée, la marine assistent avec une foule
énorme à la messe pontificale, célébrée par l'évêque. L'après-midi,
la municipalité suit la procession traditionnelle et escorte la statue
de la Vierge somptueusement parée de joyaux.

Les amazones d'Ajaccio

On voit encore, rue Bonaparte, la maison Colonna-Bozzi où
vécut, au XVIIIe siècle, Bianca Rossi, née Colonna-Bozzi. Bianca fut,
dès 1738, une enthousiaste acharnée de la cause française en
Corse, et devint rapidement le principal agent confidentiel de la

cour de France en Corse. Durant trente ans, elle fut en correspondance suivie avec les successifs ministres des Affaires étrangères. Lorsque Maillebois arriva en Corse en 1739, c'est chez elle qu'il descendit. Elle dut à plusieurs reprises quitter Ajaccio après le départ des Français, et se réfugia dans les montagnes du haut Taravo, berceau de sa famille, où elle vivait armée, entourée de bergers dévoués. Les Génois firent assassiner son frère Antonio Colonna-Bozzi, mais ne purent s'emparer d'elle.

Une autre Ajaccienne hérita d'un tempérament encore plus aventureux. Née le 30 mai 1771, Louise Antonini s'embarque, à dix-neuf ans, sur le brick la *Revanche*, déguisée en homme et sous le nom de Louis Antonini, pour un voyage d'exploration à Madagascar. Elle part ensuite sur la frégate la *Cornélie* à destination des Antilles. La *Cornélie* est attaquée par les Anglais à l'entrée du canal des Saintes : Louise est faite prisonnière et même, dit-on, torturée. En captivité, elle ne peut pas dissimuler son véritable sexe ; libérée, elle s'empresse, à Paris, de se faire incorporer dans la 28e demi-brigade de Sambre-et-Meuse, commandée par Kléber. À nouveau démasquée, elle doit quitter l'armée, mais reçoit de la Convention une indemnité de 400 livres... qui lui permet de se rendre à Bayonne et de s'enrôler, en 1808, dans le 70e de ligne qui se rendait en Espagne. Au combat de la Roliça, elle soigne son colonel grièvement blessé, mais est elle-même atteinte par un éclat qui lui déchire l'aine. Renvoyée du régiment, elle se résigne à une vie plus paisible et mourra à Nantes en 1861.

Le présage de la comète

La naissance de Napoléon aurait été annoncée par une comète qui apparut au-dessus des îles Sanguinaires deux mois avant l'événement. L'histoire abonde, il est vrai, de présages semblables annonçant la naissance de grands hommes, qu'il s'agisse d'Alexandre ou de César. Dans les temps modernes, cependant, il n'y eut que Napoléon à bénéficier d'un aussi prestigieux « prologue »... La maison natale de Napoléon existe encore, rue Saint-Charles, autrefois rue Malerba : le futur Empereur y est né le 15 août 1769. La mère de Napoléon, Letizia Bonaparte, fut, selon la tradition, prise des premières douleurs en entendant la grand-messe à la cathédrale : elle rentra chez elle précipitamment – à pied, selon une version de l'événement qu'on lui attribue, en chaise à porteurs selon d'autres (on montre même la chaise à porteurs à l'entrée de la casa Bonaparte). Mais elle n'eut pas la force de monter à ses appartements au premier étage, et accoucha dans la salle du rez-de-chaussée. Cinquante ans plus tard, la légende napoléonienne voudra que l'enfant ait roulé sur un tapis représentant des scènes de *L'Iliade* : Napoléon et Achille ! Questionnée à ce sujet, Madame Mère répondra brutalement : « Chez nous, il n'y avait pas de tapis. » La maison est assez différente de ce qu'elle était alors ; elle donnait sur une ruelle étroite : la place Letizia, qui lui fait face, ne fut dégagée qu'en 1802. D'autre part, en 1798, le général Bonaparte obtenait du Directoire une indemnité de 97 500 F destinée à sa mère, qui permit de remeubler à peu près complètement la maison telle qu'elle est aujourd'hui. On voit, dans la chambre – d'une simplicité monacale – qui fut celle du futur Empereur, une trappe par laquelle il se serait enfui en 1793 pour échapper aux paolistes.

L'acte de baptême de Napoléon Bonaparte.

Commérages ajacciens

Dans la jeunesse de Napoléon, la maison n'était pas tout entière occupée par les Bonaparte, logés au premier étage : au second habitaient les Pozzo di Borgo, parents du futur ambassadeur d'Alexandre Ier de Russie, qui se révélera un des ennemis les plus acharnés de l'Empereur (voir ALATA). C'est peut-être dans la maison d'Ajaccio qu'il faut trouver les raisons de cette inimitié : si l'on croit la petite histoire et la tradition locale, Mme Bonaparte et Mme Pozzo di Borgo se détestaient. Cette dernière aurait volontairement souillé le plus bel habit de Charles Bonaparte, qu'on faisait aérer à la fenêtre... Une autre version prétend que Mme Bonaparte aurait renversé sur sa voisine du dessus, au moment où elle sortait de la maison, un vase réservé à son usage intime. « Le radeau de Niémen, commente Me de Moro-Giafferi – le célèbre avocat qui, entre autres, défendit Landru –, où Napoléon et Alexandre se tenaient embrassés, a peut-être chaviré parce qu'en Ajaccio une dame un peu vive a vidé de sa fenêtre un vase... moins célèbre que celui de Soissons. »

Un étrange prénom

Dès la naissance du futur empereur, Letizia décida qu'il s'appellerait Napoléon ; le prénom avait déjà été porté par un arrière-grand-oncle de l'enfant, mort en 1598, et surtout par un grand-oncle, fervent patriote corse, qui avait pris les armes contre les Français et était mort en 1768. D'après Paul Bartel[1], Mme Bonaparte aurait dit : « Mon oncle Napoléon mourut quelques semaines avant Ponte Nuovo, mais il était venu à Corte pour combattre. C'est en souvenir de ce héros que j'ai transmis son prénom à mon second fils. » Or le prénom est étrange. On ne connaît pas de saint qui l'ait porté. Sous l'Empire, la « Saint-Napoléon » sera fixée au 15 août, date de naissance de l'Empereur. Son étymologie même est mystérieuse : selon Jean Savant, il signifierait « lion de la vallée » ; on a également rapproché Napoléon de « Nea-Apollon », le nouvel Apollon. Louis d'Arquier a suggéré que « Ne-Apollyon » signifierait le « véritable guerrier ». Mais une étude récente montre que Napoléon est la francisation savante de Nabulione, qui désigne en Italie le Napolitain.

1. Paul Bartel, *La Jeunesse inédite de Napoléon*, Amiot-Dumont, Paris, 1954.

*L'expédition d'Égypte :
une reconstitution « romaine »
de l'événement.*

Napoléon est-il né génois ou français ?

La date de naissance officielle de Napoléon – 15 août 1769, soit trois mois après la cession de la Corse à la France – a été contestée. Le premier document où l'on en trouve mention est son acte de baptême (l'état civil n'existant pas à cette époque), dressé le 21 juillet 1771 seulement (l'enfant avait été ondoyé à sa naissance). Napoléon lui-même s'est vieilli d'un an lors de son mariage avec Joséphine. Il a d'autre part écrit, dans une lettre à Paoli, en 1792 : « Je naquis lorsque la patrie périssait. » Or la défaite des paolistes à Ponte Nuovo datant du 8 mai 1769, la patrie corse était bien morte le 15 août 1769. Enfin on a parlé d'un document conservé aux archives du ministère de la Guerre, selon lequel « Nabulione », fils de « l'illustrissime seigneur Carlo Buonaparte et de la dame Letizia son épouse », serait né à Corte le 7 janvier 1768. En fait, aucun de ces arguments n'est convaincant. Si Napoléon s'est vieilli lors de son mariage, c'est non pas par galanterie pour Joséphine, mais parce que, ne pouvant se procurer d'acte de naissance en Corse, alors sous la domination anglaise, il s'était servi de celui de son frère Joseph. La lettre à Paoli est d'un style déclamatoire et emphatique, très éloignée de la précision historique. Enfin, le document du ministère de la Guerre prouve simplement la confusion qui régnait alors dans les actes officiels. D'ailleurs, de 1765 à 1769 Mme Letizia avait donné le jour à quatre enfants, dont les deux aînés étaient mort-nés : en avançant la date de naissance de Napoléon, on ne peut expliquer celle de son frère Joseph, sûrement son aîné.

Carlo Maria Bonaparte et sa femme s'étaient très rapidement ralliés à la cause française. Le gouverneur de la Corse était le marquis de Marbeuf, lieutenant général des armées du roi, bel homme, séduisant, qui pratiquait habilement une politique d'apaisement, et qui choyait particulièrement les notables tels que les Bonaparte, décidés à l'aider dans sa tâche. On le voit ainsi offrir, en 1769, sa voiture personnelle à la jeune et jolie Letizia ; plus tard il enverra, dit-on, de l'argent de poche au « petit Bonaparte » à Brienne : il n'en fallait pas plus pour que les partisans de Paoli répandent les rumeurs les plus malveillantes, attribuant à M. de Marbeuf la paternité de Napoléon. Il faut d'ailleurs remarquer que le futur Empereur, né le 15 août 1769, avait donc été conçu en novembre ou décembre 1768, au beau milieu de la lutte qui opposait Français et paolistes ; or, à cette époque, le gouverneur ne quittait pas Ajaccio, tandis que les Bonaparte, paolistes acharnés, étaient réfugiés à Corte... Napoléon semble cependant avoir un moment été effleuré par des doutes à ce sujet : il aurait, en 1798, voguant vers l'Égypte, déclaré à un de ses compagnons : « D'où viennent mes talents militaires ? Les Bonaparte étaient avocats ou magistrats. On a prétendu que, en réalité, je serais issu d'un général. Cette hérédité pourrait tout expliquer. »

Le masque mortuaire de Napoléon au musée de Bastia.

Quant aux origines de la famille Bonaparte, les hypothèses les plus étranges ont été avancées : l'une d'elles veut faire de Napoléon un descendant légitime des Bourbons ! Le « Masque de fer », frère jumeau de Louis XIV (car l'hypothèse repose sur cette assertion), relégué par raison d'État à Pignerol, serait tombé amoureux de la fille du gouverneur de la forteresse, M. de Bonapart : un mariage secret aurait été conclu d'où seraient nés des enfants, expédiés en Italie, où ils italianisent le nom de leur mère, Bonapart, en Buonaparte. Cette rocambolesque histoire est évoquée un jour à Sainte-Hélène. Napoléon, nous apprend Las Cases, « dit avoir en effet entendu quelque chose comme cela. Il ajoute que la crédulité des peuples est telle, leur amour du merveilleux si fort, qu'il n'eût pas été difficile de monter une affaire de cette sorte pour la multitude. On n'aurait pas manqué de trouver certaines personnes pour la sanctionner au Sénat ; probablement, observe-t-il, celles-là mêmes qui plus tard se sont empressées de me dégrader sitôt qu'elles m'ont vu dans l'adversité ».

On a voulu également trouver aux Bonaparte des origines majorquines, grecques et même scandinaves. Selon toutes probabilités, la famille était originaire de Toscane, où son nom se rencontre depuis le Moyen Âge.

*La naissance
de Napoléon,
dessin de Taffet,
gravé par Burdet.*

La grotte de Napoléon

Elle est située en contrebas du jardin qui entoure le monument de l'Empereur place d'Austerlitz. La légende veut que Napoléon y ait joué enfant. En fait, il n'avait que neuf ans lorsqu'il quitta la Corse pour l'école de Brienne, et d'ailleurs à cette époque la grotte faisait partie d'une propriété appartenant aux jésuites. Mais le jeune Bonaparte n'aurait-il pas pu aller y rêver, solitaire, tel Robinson en son île ?

La légende du portail

Le portail de la cathédrale aurait été, selon la légende, trois fois commandé et payé au XVIe siècle, par l'évêque d'Ajaccio, Giulio Giustiniani. L'évêque avait commandé le premier portail à un célèbre sculpteur de Carrare, Antonio Mascardi, et chargé de l'amener en Corse, à bord de la *Santa Maria*, un capitaine nommé Francesco Acquaviva. Le choix était étrange : Acquaviva, jeune et beau garçon, avait la réputation d'être buveur, joueur, batailleur et débauché. A Gênes, la *Santa Maria* embarqua les marbres du portail venus de Carrare ; mais, sur la route de retour, Acquaviva, peu pressé de retrouver la terre natale, s'offrit une petite escapade à Naples : là, il s'empressa de se rendre à une taverne, où, la boisson aidant, il perdit au jeu tout son argent, puis les marbres du portail, enfin son navire. Rapatrié en fort piteux état, il raconta à l'évêque que, prise dans une terrible tempête, la *Santa Maria* avait sombré avec son chargement, et qu'il n'avait échappé que par miracle au naufrage. Le miracle est que le bon évêque le crut, et aussi Giuseppe Massigli, propriétaire du bateau et père d'une fille ravissante, Annonciade, fort amoureuse d'Acquaviva à qui elle était fiancée. Les instances de la fille décidèrent le père à construire une seconde *Santa Maria*, celles du fiancé obtinrent de l'évêque qu'il lui confiât une seconde fois le soin d'aller chercher de nouveaux marbres acquis à grands frais. Nouveau départ de la *Santa Maria*... Puis, plus rien... silence... aucune nouvelle ni du capitaine, ni du bateau, ni des marbres. Annonciade pleura, l'évêque ordonna des neuvaines, puis se décida à commander un troisième portail – mais, prudent, il précisa qu'il ne paierait les marbres que livrés à bon port... Ils furent livrés et le portail fut érigé à la satisfaction générale... Bien des années plus tard, un vieil homme se présenta au palais de l'évêque ; c'était, méconnaissable, Francesco Acquaviva : il avoua avoir perdu les marbres et le bateau lors de sa première expédition. Mais si le naufrage était imaginaire, il était bien vrai que, lors de sa seconde traversée, il avait été capturé par les Barbaresques, emmené à Tunis et vendu comme esclave, pour les galères. Un hasard inespéré lui avait permis de s'échapper. L'évêque lui donna l'absolution, il épousa Annonciade, et finit ses jours dans la contrition. On voit, paraît-il, dans une mosquée de Tunis, le blason des Giustiniani surmonté de la mitre épiscopale, qui proviendrait du second portail commandé par le saint évêque.

La première cathédrale d'Ajaccio, située à un emplacement différent, était consacrée à saint Euphrase, évêque et martyr. Une vieille légende prétend que sa couverture en charpente avait été exécutée par des évêques africains exilés en Corse en 484 par Huneric, fils de Geiséric, roi des Vandales. D'autres édifices remplacèrent le premier sanctuaire avant l'érection de la cathédrale actuelle.

Confréries et pèlerinages

On est étonné par le nombre des confréries et des fêtes célébrées en l'honneur de leurs saints patrons. Elles étaient d'ailleurs encore plus nombreuses autrefois, et plus attachées à leurs traditions : tout *fratello* de la confrérie de Notre-Dame du Saint-Rosaire, par exemple, tenait à se faire inhumer dans son costume de membre de la confrérie, cape bleue à galons argentés et *canuigu* blanc tombant sur les talons. Parmi les groupements, les manifestations et les lieux de culte les plus importants, citons :

La *confrérie de Saint-Jean-Baptiste*, dont le siège se trouve rue du Roi-de-Rome, à l'angle de la rue Saint-Charles. La chapelle date de 1581. On y conserve le *Cristo Moro* – le Christ Maure – ainsi nommé à cause de sa couleur : il est en poirier noirci et proviendrait de la cathédrale de l'ancienne ville d'Ajaccio, au Castelvecchio. La fête de saint Jean-Baptiste, le 24 juin, a donné lieu à de curieuses cérémonies, dont le déroulement est un peu simplifié de nos jours : la veille au soir, une procession, menée par la confrérie, part de l'oratoire Saint-Jean-Baptiste et se rend place Charles-de-Gaulle, où on allume un feu de joie. Puis les jeunes gens et les jeunes filles – les *cumpare e cumare*, « compères et commères » – se tiennent par la main, se jurent une éternelle amitié et font serment, par saint Jean, de se prêter aide et protection :

> Per la fe di san Ghina
> Chi femu cimpa e cuma
> Che a tu treccia
> Diventi cume una leccia
> Quello ch'un si chiamara cumpa
> Lu brocciu li seccara.

Le port d'Ajaccio, derrière le palais du cardinal Fesch, gravure du XIXᵉ siècle.

Après la fête, la procession retourne à la chapelle Saint-Jean-Baptiste. Dans la rue du Roi-de-Rome, tournait la *ghirandola*, roue illuminée jadis par des lampes à huile, remplacées ensuite par des ampoules électriques : elle aurait symbolisé la foi dont saint Jean a annoncé la venue. Le 24 juin, la fête se poursuit par une messe solennelle, à la suite de laquelle on vendait autrefois des versets en dialecte corse – dont le poète Santamaria s'était fait une spécialité. À dix-sept heures, nouvelle procession : les membres de la confrérie de Saint-Jean-Baptiste vêtus de capes roses à filets argentés y portent la statue du saint, représenté baptisant le Christ dans les eaux du Jourdain. Une autre procession groupe de jeunes enfants prénommés Jean, habillés de toisons de mouton, tenant une croix d'une main et de l'autre un agneau enrubanné. La procession se déroule sous une pluie de grains de riz.

L'*église Saint-Érasme*, rue Forcioli-Conti : les modèles réduits des navires votifs exposés dans cette ancienne chapelle du collège des jésuites rappellent que saint Érasme est le patron des marins. Le saint est honoré le 2 juin, au cours d'une procession solennelle ; la statue de saint Érasme est portée à travers la ville en grande pompe et la cérémonie se poursuit même en mer.

L'*oratoire de San Rocco*, rue Fesch, édifié en 1599 in *borghu*, c'est-à-dire dans le faubourg, hors des murs de la ville. Il était aussi baptisé *sul mare* parce qu'à l'époque il n'était séparé de la mer que par des jardins. Ce faubourg était le quartier des pêcheurs, en particulier des marins napolitains venus en Corse pêcher le corail. L'oratoire bénéficiait de l'immunité ecclésiastique. Sous la Révolution, des prêtres non assermentés y dirent secrètement la messe. La fête de saint Roch est célébrée le 16 août.

L'*oratoire de Saint-Philippe-Neri* et *du Buon Jesù*, dont la confrérie a disparu, sert aujourd'hui de chapelle à la communauté des religieuses de Saint-Joseph, rue Forcioli-Conti. Il a été édifié en

1608 sur l'ordre de Mgr Giustiniani, et consacré par lui en 1615 au Buon Jesù. Mgr Fabiano Giustiniani, successeur du fondateur et prêtre de Saint-Philippe-Neri, demanda et obtint que son saint patron devînt celui de l'oratoire.

L'*oratoire de Sainte-Lucie*, situé boulevard Jean-Nicoli : il était le siège de la confrérie des laboureurs et des jardiniers qui travaillaient et travaillent encore à l'entrée de la ville. Un pèlerinage y a lieu le 13 décembre.

L'*oratoire de Notre-Dame de Loreto*, construit au XVIIe siècle par l'abbé François Bacciocchi : un pèlerinage y a lieu le 8 septembre, fête de la nativité de la Vierge. On y voit une statue de la Vierge qui, selon la légende, proviendrait de la maison Orotesi – celle du « Faust corse » – et aurait seule échappé au démoniaque incendie des Setti Mulini (voir p. 98 - 100). Attenante au sanctuaire, on trouve la chapelle funéraire de la famille Bacciocchi.

La *chapelle impériale*, dans le palais Fesch, rue Fesch : le christ qui orne le maître-autel fut offert par Bonaparte le 29 septembre 1799, au retour de la campagne d'Égypte, à sa mère qui en fit don à la ville d'Ajaccio. Le père et la mère de Napoléon, son oncle le cardinal Fesch et divers membres de la famille impériale sont inhumés dans la chapelle.

Mariages dramatiques

Les mariages prenaient parfois, à Ajaccio, une tournure assez mouvementée. Ainsi, en 1926, le bandit Nonce Romanetti (voir APPIETTO et CALCATOGGIO) obligea un jeune Ajaccien à épouser une divorcée de 45 ans ! Lors de la célébration du mariage, des partisans du bandit, armés jusqu'aux dents, montaient bonne garde dans les locaux de la mairie. Romanetti lui-même s'était dissimulé dans le socle de la statue de Napoléon.

Plus triste est l'histoire d'une jeune fille, de bonne famille, qui se laissa séduire. Les parents, décidés à éviter une mésalliance, étaient prêts à déclarer la vendetta, mais la malheureuse supplia qu'on la laissât épouser son amant, affirmant qu'elle l'aimait : le mariage fut célébré en 1852. Mais à partir de ce jour, la jeune femme n'adressa plus la parole à son mari – ce qui ne l'empêcha pas d'en avoir trois enfants. Muette jusqu'à sa mort, elle s'était sacrifiée pour éviter toute effusion de sang.

Les voltigeurs assassins

En 1884, Jean Napoléon Nicolaï enleva Catherine Lafranchi : furieux, le père de la jeune fille abattit le séducteur et brûla son cadavre. Puis le frère de la victime, Jean Camille Nicolaï, tua à son tour le père de Catherine et prit le maquis – sans toutefois se priver de venir de temps à autre rendre quelques visites à Ajaccio. Il y fit la connaissance d'une riche touriste américaine, qui se montra fort sensible à sa romanesque destinée. Il allait, dit-on, l'enlever de nuit lorsqu'il fut abattu par les voltigeurs.

Ajaccio, lithographie de 1863.

ENVIRONS

Les métiers et leur chapelle

La chapelle Saint-Joseph (sur la N 196 à 200 m du carrefour de la N 193) a été construite par les menuisiers d'Ajaccio faisant partie de la confrérie de Saint-Jérôme et Saint-Jean-Baptiste sur un terrain dont leur avait fait don, en 1837, François de Susini, consul des Deux-Siciles à Ajaccio. Le 18 mars, les menuisiers de la ville s'y rendent toujours en pèlerinage. À l'issue des messes dites dans la matinée, les membres de la confrérie et les visiteurs laissent une offrande pour l'entretien de l'oratoire et reçoivent en retour des tranches de *canistroni*. La bénédiction a lieu dans l'après-midi. La chapelle actuelle a sans doute remplacé un édifice plus ancien, également consacré à saint Joseph et qui devait servir aux dévotions de la curieuse corporation des pêcheurs-vignerons, dont les membres, selon les saisons, cultivaient la vigne ou pêchaient en mer.

« Et s'il n'en reste qu'un... »

C'est au Campo del Oro (à 7 km au sud d'Ajaccio par la N 193 et à droite, vers l'aéroport) que périrent héroïquement vingt bergers de Bastelica descendus de leur montagne pour combattre huit cents Génois et Grecs de la garnison d'Ajaccio. Le seul survivant du massacre fit le mort. Mais, découvert par une patrouille de hussards, il fut mené à Ajaccio et condamné à mort par le commissaire de Gênes ; on le promena dans les rues de la ville, chargé des têtes de six bergers, ses parents. Son cadavre fut dépecé en quartiers qu'on exposa sur les murailles.

Un Faust corse

Les Setti Mulini (à 4 km au nord d'Ajaccio par la N 193 et la D 61) doivent leur nom à une vieille légende corse. Le meunier

Ottavio Orotesi, d'origine noble, avait perdu l'immense fortune de sa famille : le trésor des Orotesi, enfoui lors d'une guerre, était resté introuvable. Ottavio avait un fils, Theobaldo, le plus joli garçon du pays, qui n'avait pas tardé à attirer l'attention de Ginebra, fille du podestat de Monticchi (voir ALATA). Un soir, lors d'une assemblée, Ginebra avait chanté merveilleusement un *lamentu* d'amour sans le quitter des yeux. Enflammé par cette déclaration, Theobaldo ne pensait qu'à sa bien-aimée, et, malgré sa pauvreté se décida à demander sa main. Le podestat, sachant la passion de sa fille, accepta mais exigea que le jeune homme s'enrichisse auparavant. Voilà Theobaldo désespéré... Mais, quelques jours plus tard, rentrant d'Ajaccio par un soir d'orage, il rencontre un cavalier qui se présente comme le financier vénitien Archangelo. Très vite Archangelo se révèle bizarre, en réalité c'est Satan qui propose un pacte au fils du meunier : qu'il lui vende son âme, et, en échange, il sera riche et pourra épouser Ginebra... Et soudain auprès du pauvre moulin des Orotesi s'élèvent six autres moulins, dont les meules écrasent le grain comme tous les moulins, mais qui, de plus, ont le don magique de fournir à leur propriétaire tout ce que ce dernier leur demande.

Le mariage est célébré... bonheur idyllique. Theobaldo peut offrir à sa jeune femme, en plus de son amour, le confort et même le luxe... un luxe que n'explique pas le blé de sept moulins. Ginebra conçoit quelques soupçons et finit par arracher à son époux son secret. Dès lors, la rapacité de Ginebra ne connut plus de bornes : une nuit, elle demanda au premier moulin des tonnes de blé, quelque temps après, au deuxième moulin, de l'or ; puis au troisième, des diamants ; au quatrième, de somptueux banquets ; au cinquième, des musiciens jouant une musique divine. Tous ses caprices étaient satisfaits. Elle se chargea de satisfaire elle-même un caprice qu'elle eut pour son jeune page florentin, car l'amour qu'elle avait éprouvé pour Theobaldo n'avait pas résisté au temps

Ajaccio.

et aux frivolités que procure la fortune. Une nuit, elle demanda encore à son mari de la mener au sixième des moulins magiques, afin de combler un nouveau désir ; mais arrivée sur les lieux, en se penchant, elle laissa échapper de son corsage une miniature où Theobaldo n'eut pas de peine à reconnaître le trop séduisant page. Pris d'un accès de fureur soudaine, il empoigna la jeune femme et la précipita sous la meule du moulin ; ce faisant il fut lui-même happé par la trémie... Alors, dans des hurlements de damnés, les Setti Mulini s'effondrèrent, ainsi que la maison des Orotesi, au milieu des flammes. Seule subsiste une statue de la Vierge de Lorette transportée aujourd'hui à l'oratoire de Loreto, à Ajaccio.

La maison de campagne des Bonaparte

Les Milelli, ancienne propriété de la famille Bonaparte au XVIIIe siècle, appartiennent aujourd'hui à la ville d'Ajaccio (on y accède en prenant la D 61, à gauche sur le cours Napoléon, après la gare ; il faudra encore tourner à gauche à 5 km d'Ajaccio et prendre une voie qui mène directement aux Milelli). C'est dans cette modeste maison de campagne que se réfugièrent, le 25 mai 1793, Mme Letizia, Élisa et Pauline Bonaparte, escortées par l'abbé Fesch : Napoléon ayant pris parti pour la Convention, leur maison d'Ajaccio avait été pillée par les partisans de Paoli révoltés contre la République. Mme Bonaparte quitta, dans la nuit du 1er juin, les Milelli pour aller rejoindre Napoléon à la tour de Capitello d'où ils s'embarquèrent secrètement pour Calvi. Bonaparte passa deux jours aux Milelli, à son retour d'Égypte, les 2 et 3 octobre 1799 avec Murat, Lannes et une partie de sa suite.

La chapelle Saint-Antoine (à 7 km à l'ouest d'Ajaccio par la D 61), dite Sant-Anto di Monte – jadis Sant-Antonio della Foresta –, est le 17 janvier le lieu d'un pèlerinage très fréquenté. Les messes de la matinée sont suivies d'une procession, qui se déroule dans l'après-midi, d'une bénédiction et de deux autres messes ; la dégustation des figatelli grillés en plein air, des *frappe* et des canistrelli donne des forces à tous pour suivre toutes les cérémonies de cette longue journée. La chapelle était sous l'Ancien Régime la propriété du chapitre de la cathédrale. Vendue durant la Révolution, elle fut acquise par le cardinal Fesch qui la légua à la ville d'Ajaccio.

*La
famille
impériale.*

Repaire de salamandres

La fontaine du Salario (à 4,5 km à l'ouest d'Ajaccio par la D 11), d'après la légende, tirerait son nom des salamandres qui, dans les temps anciens, pullulaient sur ses bords : *salario* serait une corruption de *salamandro*. L'eau de la fontaine est d'une pureté et d'une fraîcheur remarquables.

Vue du golfe d'Ajaccio, lithographie de G. Engelmann.

La chapelle des Grecs

À 2 km à l'ouest du centre, par la D 111, au-delà de la place Emmanuel-Arène, entre la route et la mer, la chapelle des Grecs doit son nom aux Grecs de Paomia, dans le Peloponnèse, réfugiés en Corse en 1731, à qui elle fut concédée avant qu'ils n'aillent s'établir à Cargèse. Elle avait été fondée, comme l'indique l'inscription au-dessus de la porte d'entrée, par Paul-Émile Pozzo di Borgo, commandant des troupes pontificales corses, et dédiée à Notre-Dame du Carmel :

PAVLI AEMILII-PVTEI-BVRGENSIS NON MAGIS

ARMIS QUAM PIETATAE ILLVSTRIS LEGATVM

SACELLVM HOC PAVLVS HIERONIMVS

FRATER AC ARTILIA VXOR EREXERVNT

ANNO D[NI] 1632

À droite, dans une sorte de cœur, on lit :

ELLE MOSIMA

PER NOSTRA SIC

DEL CARMINE

À l'intérieur de la chapelle, parmi de nombreuses plaques de remerciements pour diverses grâces, figure un ex-voto représentant les Grecs en route pour une expédition dangereuse et saluant la Vierge qui s'élève sur un nuage tenant dans ses bras l'Enfant Jésus. Au-dessus, une inscription : « O Mère de Dieu, sauve tes serviteurs du danger. »

Joseph Bonaparte évoque aussi la chapelle des Grecs en termes lyriques dans ses *Mémoires*. Sur le côté gauche de la chapelle, à l'extérieur, une plaque apposée à la suite d'une souscription ouverte par le Dr Charles Barbaud, de Cannes, en novembre 1913, le rappelle :

> *Nos promenades journalières*
> *avec Napoléon se prolongeaient*
> *sur le rivage de la mer bien*
> *au-delà de la chapelle des Grecs*
> *en côtoyant un golfe aussi beau*
> *que celui de Naples dans un pays*
> *embaumé par les exhalaisons*
> *des myrtes et des orangers*
> *Nous ne rentrions quelquefois*
> *qu'à la nuit close.*

Autrefois, la chapelle était l'objet d'une dévotion très vive, en particulier de la part des pêcheurs, qui, en rentrant de la pêche au corail, la saluaient de salves de mousquet.

Les cloches sous les flots

Les jours de tempête quand des navires sont en perdition, à minuit, dans la nuit de Noël, on entend, dit-on, des cloches sonner dans les flots au large de la tour de la Parata (12 km à l'ouest d'Ajaccio par la D 111). En effet, à l'époque où les vaisseaux des pirates sillonnaient les mers, l'un d'eux jeta l'ancre dans le golfe, car son capitaine voulait revoir le petit village de Zicavo où il était né. L'équipage débarqua, pénétra dans la tour et massacra toute sa garnison. Puis, les Barbaresques se rendirent à Zicavo, massacrèrent tous les hommes, emmenèrent femmes et enfants et se chargèrent d'un butin, en particulier des cloches de l'église. Cependant, le curé avait réussi à échapper au massacre : il se jeta à genoux et pria : « Faites au moins, Dieu tout-puissant, que nos cloches ne partent pas en terre infidèle. » Aussitôt, on vit la galère sur laquelle avaient rembarqué les pillards sombrer dans les flots avec les cloches...

Les îles Sanguinaires.

Des îles couleur de sang

Les îles Sanguinaires sont proches de la pointe de la Parata, à 12 km à l'ouest d'Ajaccio par la D 111. Elles doivent leur nom à leur extraordinaire coloris rougeâtre, et non pas à des événements sanglants qui s'y seraient déroulés ou encore aux malades au sang noir (I Sangui neri) retenus en quarantaine sur la plus vaste de ces îles. Les Sanguinaires inspirèrent Alphonse Daudet qui y passa quelque temps en 1867 alors qu'il était secrétaire du duc de Morny. Dans les *Lettres de mon moulin*, il consacre une nouvelle au *Phare des Sanguinaires*, qui figure aussi dans *Le Nabab*. Le prince Jérôme Napoléon Bonaparte, le célèbre « Plon-Plon », mort à Rome en 1891, voulut y être inhumé, mais le gouvernement français s'y opposa.

ALANDO
(Alandu)

15 km E de Corte par N 193, N 200 et D 215

Anonyme jusque dans la mort

Alando a prêté son nom à Sambucuccio qui fut à l'origine de l'insurrection populaire de 1358 : au cri de « *Viva popolo* ! », les Corses du deçà des monts détruisirent de nombreux châteaux appartenant aux seigneurs soumis au roi d'Aragon. Sambucuccio reste un personnage énigmatique à bien des égards. On ne connaît pas avec certitude l'origine de son curieux nom : pour les uns, ce serait en réalité Sanlucuccio, le « petit Toussaint-Luc », pour d'autres le « petit sureau ». Comme il est de tradition en Corse bien après le Moyen Âge, ce héros national ne serait connu que par un prénom ou un surnom, assortis de son lieu de naissance. La destinée même de Sambucuccio reste obscure. Après 1370, il disparaît sans que l'on sache pourquoi. Aurait-il été victime de la grande peste qui, une nouvelle fois, ravagea la Corse à cette époque ? Personnage anonyme malgré sa célébrité, Sambucuccio est mort en secret.

Le prix de la trahison

C'est au-dessus du couvent du Bozio qu'en mars 1757 périt, criblé de balles, Marius Matra, qui, avec l'aide des Génois, s'était révolté contre Pascal Paoli, élu deux ans plus tôt *capo generale*, chef de tous les Corses insurgés contre Gênes. À la nouvelle de cette mort, on chanta :

> *Mario è mortu*
> *Bozio è in fume*
> *E la Canaglia è fuggita.*

Les partisans de Matra étaient désignés par la vindicte populaire sous le nom de *Vittoli* ou *forche piscaïne*, du nom des deux traîtres : Vittolo, l'écuyer félon de Sampiero Corso (voir Eccica-Suarella), et Piscaïno, qui assassina Gaffori (voir Corte).

Alando.

ALATA

10 KM N D'AJACCIO PAR D 61 ET D 461

Les tours de Monticchi

Ces tours aujourd'hui en ruine sont à l'origine du premier village d'Alata, fondé par Suzzone de Lisa, issu de la puissante famille des comtes de Cinarca. Pour se défendre contre les seigneurs de l'Oreto qui s'étaient emparés du château de Gozzi, Suzzone de Lisa fit construire dans la seconde moitié du XIVᵉ siècle les tours de Monticchi ; le village qui se forma autour d'elles porta, dans les premiers textes où il en est fait mention (entre 1350 et 1400), le nom de Puteus Suzzoni, puis de Pozzo de Suzzone, puis de Pozzo del Borgo et enfin, dans la seconde moitié du XVᵉ siècle, de Pozzo di Borgo.

Ruiné par les Barbaresques

L'*alata* serait la branche latérale d'une vallée, ce que l'on appelle une combe en Aquitaine. Mais J. Alessandri estime qu'Alata pourrait provenir du mot turc *alataou*, qui désigne un espace bigarré où un maquis discontinu dessine un paysage tacheté. S'il en est ainsi, l'origine du toponyme reste, pour le moins, difficile à prouver. Ce qui est certain toutefois, c'est que le village fut à plusieurs reprises ravagé par les pirates barbaresques. Une incursion encore plus terrible que les précédentes décida, en 1574, les habitants à abandonner le village et à se réfugier sur la montagne voisine, au sommet de la Serra, où Messa Suzzone Pozzo di Borgo fixa sa résidence. La vieille tour de Monticchi servit longtemps de poste de vigie pour surveiller l'arrivée éventuelle de felouques musulmanes, puis par la suite de pavillon de chasse. Vers la fin du XVIᵉ siècle, les populations réfugiées fondèrent l'actuel village d'Alata, sur les flancs de la Serra.

Une vendetta à l'échelle mondiale

C'est à Alata, fondée par ses ancêtres, que naquit, en 1764, un des plus irréductibles ennemis de Napoléon : Charles André Pozzo di Borgo, ennemi intraitable mais non pas aveugle, car il devait avouer à la chute de l'Empire : « Mon cœur n'a jamais connu la haine. Elle m'aurait fatigué et humilié. Moi comme bien d'autres nous serons des planètes secondaires autour du grand soleil, soit qu'il ait vivifié, soit qu'il ait brûlé le monde. » Sa carrière fut aussi étrange que brillante : nommé président du Conseil d'État et secrétaire d'État dans le gouvernement du vice-roi anglais Gilbert Elliot, il quitta la Corse à la suite des victoires républicaines, vécut en Angleterre, puis à Vienne, et enfin se mit au service d'Alexandre Iᵉʳ de Russie pour lequel il accomplit d'importantes missions diplomatiques. Il eut, en 1815, une influence décisive sur les événements qui amenèrent la chute de l'Empire. « C'est Pozzo di Borgo, écrit Napoléon dans le *Mémorial*, qui a conseillé à l'empereur Alexandre de marcher sur Paris. Il a par ce seul fait décidé des destinées de la France, de celle de la civilisation européenne, de la face et du sort du monde. » L'Empereur avait d'ailleurs tenté de le soudoyer durant les Cent-Jours, et lui avait envoyé à Gand Ange Chiappe, grand ami de Pozzo, pour lui offrir la Corse, s'il abandonnait Louis XVIII. Par la suite, un jour qu'on lui demandait d'intervenir en faveur de l'Empereur déchu, il déclara qu'« après avoir tant combattu Napoléon, il n'aurait plus de crédit pour plaider sa cause ».

« Je ne l'ai pas tué, disait-il aussi, j'ai seulement jeté sur lui la dernière pelletée de terre. » Comblé d'honneurs après Waterloo, Pozzo di Borgo fut ambassadeur de Russie en France durant dix-sept ans, puis à Londres de 1834 à 1839. Il était comte et pair de France depuis 1818, comte russe héréditaire et général de l'infanterie russe depuis 1828. Il mourut en 1842. Par testament, il dotait chaque année une jeune fille d'Alata, cela à perpétuité.

*Le général
Pozzo di Borgo
ambassadeur de Russie
en France.*

Les Tuileries en Corse

Ravagé par un incendie en 1978, le château de la Punta a été construit, de 1886 à 1894, par le comte Pozzo di Borgo, avec des matériaux provenant des Tuileries. Incendiées durant la Commune, les Tuileries, dévastées à l'intérieur, offraient des façades à peu près intactes et il aurait été très possible de les reconstruire ; la question fut posée au Parlement qui, pour des raisons politiques, décida de faire raser ces vestiges des fastes impériaux. Un entrepreneur de démolition acquit l'ensemble pour 33 000 F. Le comte Pozzo di Borgo racheta un des pavillons, voulant, ainsi que l'atteste une inscription au fronton de la Punta, « conserver à la patrie corse un précieux souvenir de la patrie française ». La façade donnant sur le golfe de Sagone ressemble étrangement à celle qui faisait face au Carrousel à Paris. Le fronton qui orne cette façade reproduit celui de la galerie d'Apollon au Louvre. L'autre façade, vers Ajaccio, reprend celle qui donnait sur le jardin des Tuileries. Dans l'entrée, le groupe des Quatre-Saisons provient de l'ancien Hôtel de Ville de Paris. Les grilles de la terrasse orientée vers la montagne ont été empruntées au château de Saint-Cloud.

Bravos pour un meurtre

Le 26 mai 1838, l'équipage de Félix Pozzo di Borgo, trésorier-payeur général du département et neveu de Charles André Pozzo di Borgo, l'ancien adversaire de Napoléon, est arrêté près du col de Pruno (aujourd'hui sur la D 61 à 7 km d'Ajaccio) par deux hommes armés, Antoine Casalonga, dit Barigliolo, et Alphonse Giovannai. Félix Pozzo di Borgo descend de voiture. Barigliolo l'abat et Giovannai lui donne le coup de grâce. Barigliolo avait postulé à plu-

sieurs reprises un emploi mais Félix Pozzo di Borgo n'avait pas
réussi à lui donner satisfaction. Loin d'être pourchassés, Barigliolo
et Giovannai furent à l'honneur. Un arrêt pris par la cour d'appel
de Bastia le 25 avril 1839 évoque l'étrange atmosphère de liesse entretenue par un clan après le crime : « À un moment où le pays tout
entier était sous l'impression d'un attentat affreux commis sur la
personne du payeur général du département, les prévenus, en compagnie d'autres individus de la commune d'Alata, ont été, en armes,
à la rencontre de Casalonga Antoine, dit Barigliolo, et de Giovannai
Alphonse, poursuivis par la justice comme auteurs de cet attentat
et les ont conduits en triomphe dans la commune précitée ; que là,
le cortège grossissant toujours, et pendant que des vedettes étaient
placées sur tous les points pour protéger et défendre lesdits
Casalonga et Giovannai, on s'est livré, sous les yeux des parents de
la victime, tout autour de la maison qui l'avait vu naître et non loin
des lieux du crime teints encore de son sang, à des démonstrations
d'une joie sauvage, d'une ovation sans exemple dans les mœurs du
pays. » Casalonga et Giovannai furent abattus le 10 mai 1839 près
de Bastelicaccia.

Un père intraitable

C'est d'Alata qu'était originaire, selon la tradition, le terrible
vieillard qui tua son fils coupable de trahison. Le jeune homme
avait tout d'abord refusé d'indiquer la cachette où se terrait un
déserteur français. Mais cinq beaux louis d'or firent taire ses scrupules. Le déserteur fut arrêté. Le père, ayant appris la source des
louis, alla à Ajaccio demander la grâce du déserteur : elle lui fut
refusée. Alors, rentrant chez lui, il prit son fusil et ordonna à sa
famille de le suivre. Arrivé aux portes de la ville, il s'arrêta à l'endroit où le déserteur avait été découvert, fit mettre son fils à
genoux, et tira. Puis il jeta les louis sur le cadavre, en s'écriant :
« Tiens, garde le prix de ton crime. »

Mérimée, dans *Mateo Falcone*, place le drame vers Porto-
Vecchio.

Femmes d'Alata.

ALBERTACCE

Le trou du diable

 La montagne entoure de toutes parts la haute plaine du Niolo. Au nord, Albertacce est dominé par des massifs isolés (capo al Mangano, 1 670 m, et monte Albano, 2 003 m) et par le massif du Cinto (2 710 m, point culminant de la Corse). Tous ces sommets sont sur le territoire de la commune de Lozzi. À 10 km à l'ouest à vol d'oiseau, la commune d'Albertacce atteint la ligne de faîte du Cinto entre le Paglia Orba (2 525 m) et le capo allo Giargiole (2 103 m). Entre les deux, se dresse le capo Tafonato (2 343 m), le *pic Troué*.

A l'ouest d'Albertacce, le capo Tafonato (au centre) et le Paglia Orba (à dr.).

Le diable avait proposé au *caporale* d'un village du Niolo, Gioberga, d'édifier en une nuit un pont sur le Golo contre une âme du Niolo. Le travail commence un soir, les flammes, l'odeur du soufre et le vacarme infernal effrayant les Niolins qui se murent dans leurs maisons. Mais la petite Maria, la fille de Gioberga, inquiète de l'imprudence de son père, avait prévenu saint Martin. Le saint se hâte de déposer peu avant l'aube un coq près de l'atelier infernal. Et, alors que le diable allait poser la clef de voûte du pont, le chant du coq, trompé par les lueurs du chantier, annonce le lever du jour. Le diable, de rage, jette son marteau qui perce le capo Tafonato.

Si l'ouverture béante du capo Tafonato est partout considérée dans le Niolo comme l'œuvre du diable, les versions de l'événement diffèrent d'un village à l'autre, tout en se rapportant toujours aux démêlés de Lucifer et de saint Martin (voir CASAMACCIOLI).

Les châteaux de l'imagination

Sur la rive gauche du Golo, en face de la maison cantonnière de Frascaja, à 6 km à l'est d'Albertacce par la D 84, se dressent les *Castelli*. Ces châteaux de l'imagination populaire datent de la préhistoire. Une magnifique enceinte mégalithique protégeait un plateau rocheux surmonté d'amoncellements de blocs de granite servant d'abris. Les deux entrées étaient particulièrement bien défendues. L'enceinte semble cependant n'avoir été que très peu occupée : les poteries habituelles manquent. Les *Castelli* n'étaient-ils qu'un poste de surveillance occupé temporairement ?

Un autre bastion, le capo Castello, situé à 2,5 km à l'est d'Albertacce, sur la butte 1 041, domine le confluent du Viro de Calasima et du Golo. Pour l'atteindre, on prend un sentier muletier à droite à 200 m de la sortie d'Albertacce vers le col de Vergio et on passe le Viro de Calasima sur un pont à 2 km du village. À mi-pente du capo Castello, M. Weiss a découvert et reconstitué la statue-menhir de la Curnadoghja qui était brisée en quatre morceaux. Taillée dans un très beau granite, elle mesure 2,25 m de haut et remonte à une époque assez avancée de l'âge du bronze.

Au village d'Albertacce même, le musée Licninoi présente l'outillage élaboré ou utilisé par les habitants du Niolo entre le début du néolithique et l'âge du fer. Les Licninoi figurent parmi les peuples de Corse cités par le géographe Ptolémée au IIe siècle après J.-C.[1].

ALBITRECCIA

35 KM S-E D' AJACCIO PAR N 193, N 196, D 55 ET D 2

Ruines sur le piton

Le hameau de Bisinao (à 10 km au nord-ouest d'Albitreccia, par la D 2, la D 55 et la D 302) pourrait être, d'après Carulu Giovone, la cité grecque de Blesinon, décrite par Strabon. À moins qu'il ne s'agisse plutôt de Pietrosella, qui autrefois se nommait Bisinincu.

Si les traces des cités grecques restent à découvrir, d'autres ruines se dressent encore au milieu d'un maquis épais, à plus de 20 km d'Albitreccia. On les atteint par la D 302 ; à 18 km d'Ajaccio, au tournant de Zizoli, un sentier se présente à droite que l'on suit pendant une dizaine de minutes. Sur un piton dominant le golfe d'Ajaccio et la plage d'Agosta, entre Porticcio et la pointe des Sette Nave, se dressent deux tours, l'une rectangulaire, l'autre carrée, qui semblent faire corps avec le rocher et dont les énormes pierres taillées font impression. En face de la seconde tour, s'élèvent les restes d'une église dédiée à san Quilico. D'autres constructions révèlent un village déserté. Le site est celui du village de Frasso, mainte fois cité dans les textes du Moyen Âge (voir GROSSETO-PRUGNA). La tour carrée serait la maison d'un comte, la casa del Conte : or, les évêques d'Ajaccio portaient le titre de comte de Frasso jusqu'à la Révolution. Les origines de l'église San Quilico

1. O. Jehasse, *Corsica classica*, Ajaccio, la Marge édition, 1986.

restent plus énigmatiques. Mme Moracchini-Mazel, qui a cherché à les élucider, constate que San Quilico « n'est mentionnée ni dans les chartes de donations du territoire de Frasso au monastère, ni dans celle qui témoignait de sa cession aux évêques d'Ajaccio en 1126 ». Pourtant l'église semble antérieure à cette date...

Frasso, qui fit longtemps grande figure parmi la couronne de villages dominant le golfe d'Ajaccio, fut abandonné au XVIe siècle devant la menace des incursions barbaresques.

L'évêque et le bandit

Toussaint Quastana tint le maquis pendant trente ans au milieu du XIXe siècle. Fort de l'autorité que lui conféraient ses faits d'armes, il s'entremit auprès de l'évêque d'Ajaccio, Mgr Casanelli d'Istria, pour qu'un village plus important fût confié à l'un de ses parents, prêtre qui desservait un modeste hameau. Accoutumé aux menaces des bandits (voir Sainte-Lucie-de-Tallano), Mgr Casanelli d'Istria ne répondit point à son attente.

ALÉRIA

(Aleria)

71 km S de Bastia par N 193 et N 198

Un reflet de l'histoire

Dominant la plaine orientale, Aléria apparaît perchée sur un éperon isolé, proche de la mer, à 1 km au sud du Tavignano. Le site évoque immédiatement une acropole. Si l'on quitte Cateraggio vers le sud, les murs ruinés de facture romaine situés à 600 m à gauche, au bord de la N 198, confirment cette impression. Plus loin, au sommet de la côte, si l'on s'oriente vers le nord ou vers l'est pour embrasser le paysage dans son ensemble, l'étang de Diane et l'embouchure du Tavignano se profilent à l'horizon. La « marine » complète l'acropole et les ruines intermédiaires jalonnent une voie qui ne semble plus imaginaire.

Les Romains arrivent à Aléria : une reconstitution historique (lithographie de 1863).

Nous sommes en présence d'un site dont le destin résume l'histoire de la Méditerranée. Lieu habité en permanence du néolithique à l'âge du fer, colonie des Grecs de Phocée, poste carthaginois, cité romaine, Aléria s'appauvrit au cours du IIIe et du IVe siècle, par suite de la raréfaction des échanges commerciaux et de la piraterie ; l'amphithéâtre est abandonné au IVe siècle. La ville est définitivement ruinée par les Vandales au Ve siècle ; elle devient un point de repère pour les Sarrasins et les Barbaresques, dont les flottes rôdent à partir du IXe siècle en quête d'esclaves et de butin. Les pirates débarquent fréquemment sur la plage d'Aléria, enlèvent et pillent jusqu'au XVIIIe siècle. Les ruines, cernées de marais entretenant les fièvres pernicieuses, n'abritent qu'un poste de guet souvent abandonné.

La survivance de la cité morte

Un sort semble s'acharner sur Aléria au Moyen Âge. Des évêques tentent en vain aux XIIe et XVe siècles de restaurer la ville. Les Génois de l'office de Saint-Georges ne réussissent pas plus dans cette entreprise. Mais le souvenir de la cité détruite persiste. Dans la danse de la mauresque, à laquelle la population entière de certains villages participait, comme pour exorciser le péril venu de la mer, Aléria, *città regina degli cristiani*, est représentée par une jeune femme que les chrétiens arrachent aux Maures.

Carulu Giovone rapporte, en la romançant, comme à son habitude : une de ces légendes qui se racontaient autrefois auprès du *fucone* : un pêcheur de l'étang de Diane avait deux filles, Alalia (nom grec d'Aléria), « orgueilleuse et provocante » et Diane, « douce et timide ». Un riche Romain, un jour, s'empara « de la belle sous les yeux de son père, obligé d'accepter l'affront devant des esclaves moqueurs et menaçants ». Devenue veuve, mais riche, Alalia, qui avait oublié sa famille, renoua un jour avec Diane, mais ignora son père. Le père confia alors à Diane seule le secret d'un trésor qui se trouvait caché dans l'étang, mais Alalia, mise au courant, envoya ses esclaves prendre la cassette. Le père, aussitôt, annonça une grande catastrophe. Elle survint dans la nuit même : Aléria – et ses habitants trop riches et méprisants – fut détruite par une tempête infernale. Seuls les pêcheurs de l'étang survécurent.

L'érudition s'empare même du mythe d'Aléria, qui, déserte, est portée néanmoins sur les cartes publiées dans tous les pays d'Europe à partir de la Renaissance. La survie légendaire d'Aléria, il est vrai, est entretenue par la présence de ruines qui n'ont jamais totalement disparu.

L'empreinte des Vandales

Au sommet de la côte où l'on a une vue panoramique sur la plaine d'Aléria, on quitte la N 198 par un chemin orienté vers l'ouest, en direction des collines qui font suite à l'éperon occupé par le fort d'Aléria. Un pilier isolé « dresse son moignon vers le ciel » (J. Carcopino). Ce sont les restes d'un arc qui figure parmi les plus anciens que les Romains aient laissés. Cet arc donne accès au prétoire, dont la forme en trapèze apparaît clairement à la suite des fouilles menées à plusieurs reprises et particulièrement par M. Jehasse[1] depuis 1955.

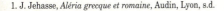

1. J. Jehasse, *Aléria grecque et romaine*, Audin, Lyon, s.d.

Les circonstances de la destruction d'Aléria par le fer et par le feu lors des incursions vandales ne sont pas connues. Mais les petites salles au nord-ouest du prétoire, identifiées comme les chambres fortes où était entreposé le trésor, et les débris de charpente incendiée s'accumulant près du portique méridional suffisent à évoquer l'atmosphère de fin du monde qui dut régner en ces jours du Ve siècle, où les souvenirs de mille ans de vie de cité furent détruits. À moins que la date de la ruine définitive d'Aléria ne soit survenue plus tard ? L'événement se serait produit le samedi saint de l'an 809 : les Maures auraient ce jour-là débarqué à l'embouchure du Tavignano et enlevé toute la population d'Aléria, à l'exception des vieillards et de l'évêque.

Les maîtres du cuivre

À Terrina, à l'ouest de la N 198, entre l'Aléria antique et Casabianda, des armatures de flèches, des haches de pierre polie ont été extraites de fosses, qui, autrefois, faisaient corps avec des tumulus. Des fragments de cuivre et des creusets où le minerai a été fondu ont révélé que la fabrication du métal avait été pratiquée sur le plateau qui domine le Tagnone. Des traces conservées dans l'argile sous l'action du feu lors de la fonte du cuivre indiquent que le travail se déroulait dans des fours hémisphériques en torchis élevés à hauteur d'homme. Cette activité artisanale, qui date de la seconde moitié du IVe millénaire avant notre ère, montre la très longue durée de l'occupation humaine des sites proches d'Aléria. Qui avait conçu et utilisait à Terrina ces creusets destinés à obtenir le cuivre, identiques à ceux que l'on a découvert de la Palestine à la Sardaigne ? Des artisans spécialisés se sont déplacés vraisemblablement à travers la Méditerranée, mais peut-être aussi les insulaires corses ont-ils assimilé les nouvelles techniques, au cours de leurs propres déplacements, et reconnu eux-mêmes le gisement de cuivre de Linguizzetta, qui était situé à une vingtaine de kilomètres au nord de Terrina[1].

Mystique pythagoricienne

Succédant à une occupation humaine de l'âge du fer, la colonisation phocéenne évoquée par Hérodote fut bien une réalité, à partir de 565 av. J.-C. Les fortifications de la ville apparaissent sous l'amphithéâtre, à l'est : une muraille de calcaire, de briques crues, de galets et d'argile était surmontée d'un chemin de ronde bordé de clayonnages. Une tour d'angle a été reconnue : elle protégeait la ville et la voie menant au port de l'étang del Sale, qui formait encore, il y a deux mille cinq cents ans, une baie ouverte vers la mer. La présence grecque n'a pas été interrompue, comme on l'a cru longtemps, à la suite de la défaite navale des Phocéens vaincus par la coalition étrusco-punique. En fait, comme l'a démontré M. Jehasse, la bataille d'Alalia fut propice aux Phocéens, dont l'empreinte reste fortement marquée, même après la fondation de Marseille qui réduisit le rôle d'Aléria.

Les traces de l'hellénisation d'Aléria ont été retrouvées nombreuses vers le temple, que l'on atteint en tournant le dos au prétoire et en se dirigeant vers l'est à travers un forum long de 92 m, large de 39 m du côté du prétoire et de 24 m du côté du temple, face à la mer.

1. G. Camps, *Préhistoire d'une île, les origines de la Corse*, Paris, Éditions Errance, 1988.

Autour du podium, des céramiques attiques, grises à figures noires, rhodiennes et ioniennes révèlent les origines helléniques du site. Héraklès et les pommes d'or figurent sur un sceau gravé. Et, surtout, le souci de l'au-delà qui préoccupait au plus haut point certains Grecs est perceptible à Aléria. « Les tombes des IVe et IIIe siècles avant Jésus-Christ, en raison sans doute des liens constants avec les métropoles pythagoriciennes, Tarente et Crotone, sont caractérisées par la recherche d'une symbolique funéraire ouverte à des perspectives supra-terrestres ; et sur les objets les plus pauvres, souvent des mains pieuses ont gravé des pentagrammes mystiques » (J. Jehasse).

La nécropole oubliée

Entre la colline de Casabianda et le fort d'Aléria, un plateau d'argile blanche domine la plaine Orientale d'une quarantaine de mètres. Jusqu'en 1960, nul ne soupçonnait qu'une nécropole oubliée occupait les lieux. Aussi, l'absence de traditions orales et le remblaiement naturel ont préservé en partie la ville des morts des déprédations qui ont ruiné l'Aléria antique.

Des traces rougeâtres, pourtant, attiraient l'attention : elles dessinaient des cercles énigmatiques d'un peu moins d'un mètre de diamètre. Ces anneaux rouges délimitaient des fosses où avaient été disposés des offrandes, des urnes, des vases et des coupes conservant des restes calcinés. Les oxydes de fer de l'argile ont coloré les fosses de rouge lors de l'incinération.

Ailleurs, le long des chemins desservant la nécropole, s'ouvrent des couloirs qui mènent à des chambres funéraires, où deux ou trois morts, seulement inhumés, reposaient sur des banquettes, parmi les objets familiers qui les accompagnaient dans l'au-delà. Ici aussi, des traces rouges subsistent dans l'argile : elles révèlent que des offrandes étaient brûlées en l'honneur des défunts.

Utilisée du Ve au IIIe siècle avant notre ère, la nécropole occupait 1 500 ha avant son abandon. L'étendue considérable de ce cimetière, qui impressionne encore plus lorsque l'on compare ses dimensions à celles du village actuel, laisse imaginer ce qu'ont été l'activité et la population rassemblée à Aléria au cours des siècles pendant lesquels ces hypogées ont accueilli les morts.

L'animation de l'Aléria antique est confirmée par le rapprochement de multiples civilisations que l'on pressent à l'examen d'un certain nombre de témoignages. Les accumulations de pierres qui accompagnent les tombes à incinération semblent perpétuer d'anciennes traditions, qui s'étaient manifestées en Corse même au cours de l'âge du fer, comme au monte Lazzu (voir CASAGLIONE).

Au contraire, le plan et le mode de construction des tombes rappellent des édifices de conception proche qui s'étaient répandus à l'autre bout de la Méditerranée, en Asie Mineure, dès l'âge du bronze. D'origine plus proche, des céramiques ornées de décors illustrant les hauts faits d'Héraklès et de Dionysos, fréquentes dans les monuments funéraires les plus anciens, proviennent vraisemblablement de l'Attique. Les stèles, qui apparaissent tardivement, vers la fin du IVe siècle, évoquent la pénétration de traditions étrusques ou puniques, que confirme la présence de perles de pâte de verre, d'ambre, de scarabées de cornaline, de coupes peintes en rouge décorées de chouettes ou de silhouettes évoquant des fantômes ; des graffites utilisent l'alphabet étrusque ; des casques de bronze sont semblables à ceux découverts à Populonia, sur la côte

italienne, face à Bastia, où Étrusques et Corses ont été en contact. Des coupes décorées de bandes peintes en rouge sont de facture punique, alors que d'autres, de teinte vert-de-gris, sont proches des productions languedociennes, issues de traditions phocéennes. Plus tard, les Étrusques ont livré la plus grande partie du mobilier funéraire. La nécropole lève ainsi une partie du mystère qui entourait la vie de la ville préromaine : le port d'Aléria a été en relations avec l'ensemble du monde méditerranéen et la ville semble avoir été une métropole cosmopolite.

Les héros de Troie et de Carthage

La légende a enregistré le passage des Carthaginois en Corse : selon Giovanni della Grossa, Aléria aurait été fondée par Alerius, fils du Troyen Cor et de la Carthaginoise Sica, nièce de Didon.

Si l'authenticité de cette noble filiation laisse quelque doute, il est certain, néanmoins, qu'elle comporte une part de vérité : les Carthaginois ont participé à la croissance d'Aléria. Certes, ils ont occupé la ville pendant une courte période (279-259 av. J.-C.), mais leurs navires et leurs marchands ont fait escale à Aléria du VIIe au IIe siècle environ ; c'est ainsi que Callimaque a pu qualifier la Corse de phénicienne. Les Carthaginois ont commercé avec les Étrusques à partir des ports sardes qu'ils occupaient en permanence ; ils longeaient les côtes corses et faisaient escale dans les ports de l'île. Ils ont introduit ainsi en Corse des traditions et des produits phéniciens et puniques. Avec les Étrusques, ils contraignent les Phocéens à quitter Alalia, à l'issue de la bataille navale de 535 av. J.-C. Des monnaies, des céramiques, les perles et les bijoux en pâte de verre qui deviennent à la mode au IIIe siècle, des scarabées de cornaline, des vases à parfum signalent l'activité des Carthaginois. C'est sans doute aussi par leur intermédiaire que l'incinération se propage en Corse au IIIe siècle. La présence punique s'affirme au point que Rome réagit en 259 av. J.-C. et oblige les Carthaginois à évacuer les ports de Corse, où ils stationnaient à longueur d'année. Aussi, les Carthaginois ont soutenu la résistance qu'ont opposée les Corses à l'autorité romaine au cours de la seconde moitié du IIIe siècle et de la première moitié du IIe siècle. Cette rivalité de Rome et de Carthage, qui s'est manifestée lors des guerres puniques, a été l'une des causes de la colonisation romaine de la Corse.

Le bain sanglant

Les fastes de l'Antiquité romaine sont évoqués avec insistance par les lieux-dits Centuriani, Palazzi, Sala Reale, que rappelle aussi l'épitaphe accordant à Aléria autant de valeur que la Corse entière :

> *Hec cepit Corsica(m) Aleria(m) que urbe(m)*

Le nom de Palazzi est attribué par une étonnante tradition locale aux ruines qui correspondent à l'habitation du gouverneur romain. La Sala Reale désigne le prétoire, situé à l'extrémité occidentale des fouilles, à 40 m environ des remparts.

La métropole d'Aléria ne pouvait rester à l'écart des péripéties de la politique intérieure romaine. Un édifice visible dans l'état du site actuel, le *balneum*, qui fait suite au prétoire au nord, a été le théâtre d'un événement tragique dont le récit nous est parvenu. Au cours d'une révolte provoquée par l'approche de la succession de Galba, le procurateur Decumus Pacarius, commandant la cavalerie, prend parti pour Vitellius, qui, en Germanie, vient d'être proclamé

empereur par ses légions. Decumus Pacarius fait exécuter le trié-
rarque des galères, Claudius Pyrrichus, et entreprend la mise en
défense de l'île par des enrôlements et des manœuvres répétés. Un
complot se prépare. Le procurateur, épié, est pris nu et sans défense
au bain et égorgé sur place (69 ap. J.-C.).

La parole et son double

Des légendes anciennes s'inspirent aussi des tortueuses conspirations ourdies dans les colonies éloignées de Rome, comme l'était
Aléria. Un nommé Bravonius, dont le nom rappelle celui de la
Bravone, petit fleuve côtier coupé par la N 198 à 12 km au nord
d'Aléria, se serait au début de l'ère chrétienne insurgé contre la
domination romaine ; lui et ses partisans avaient formé un plan qui
consistait à s'introduire par ruse dans la ville alors que le gouverneur Flavius, ses assistants et ses troupes seraient rassemblés au
temple de Jupiter où devait être célébré un sacrifice en l'honneur de
l'empereur. Mais Bravonius était superstitieux : à la veille de l'attaque prévue, il se rendit sur une des collines qui dominent la ville,
afin de vérifier une dernière fois son plan de bataille lorsqu'une
voix mystérieuse murmura dans son oreille : « *Mori* » (mourir).
Devant ce présage de mauvais augure, il renonça à investir la cité
protégée des dieux. Cependant, Flavius, qui, par ses espions, avait
été mis au courant des projets de Bravonius et pris toutes dispositions pour repousser les insurgés et les massacrer, s'étonna donc de
ne pas voir apparaître ces derniers. Il soupçonna sa fiancée, Sylvie,
fille du riche armateur Silvius Publicola. Sylvie avait en effet une
servante, Alistra, qui tout en lui étant entièrement dévouée avait
des parents dans le camp des insurgés. Or Sylvie était au courant
des plans de Flavius. En avait-elle parlé à Alistra, qui à son tour
avait fait prévenir Bravonius ? Ces soupçons finirent par empoi-
sonner les tendres liens qui unissaient les fiancés.

Aussi, lorsque Flavius eut réussi à s'emparer de Bravonius, il lui
promit la vie sauve, à condition que le captif lui dise exactement les
raisons qui l'avaient fait renoncer à son entreprise : Bravonius
raconta l'étrange message que les dieux avaient murmuré à son
oreille. Flavius demeura sceptique, et toujours aussi inquiet.
Cependant, il eut l'idée de se rendre à l'endroit où Bravonius disait
avoir entendu l'oracle. Et quel ne fut pas son étonnement d'entendre, lui aussi, une voix murmurer : « *Mine, mine...* » C'était un
écho, qui ne répétait que les deux dernières syllabes des mots. Les
serviteurs, inquiets de son absence, l'appelaient « *Domine, domine* ».
Il se souvint alors que le jour où Bravonius avait entendu la voix
murmurer « *Mori* », lui-même Flavius se trouvait avec Sylvie dans
les jardins de son palais. Il lui récitait une églogue de Virgile et il
avait appuyé d'une voix forte sur le vers « *Qui enim modus adsit
amori ?* » « Est-il un terme aux tourments de l'amour ? »... L'écho
avait répété « *Mori* »...

Du liège pour de l'or

Animée comme tout port méditerranéen antique lors des
périodes de sécurité, Aléria expédiait vers Rome les richesses de
Corse, comme la cire, la poix ou le miel. Au nord du temple s'éten-
dent des vestiges d'habitations, où l'on a découvert une jarre qui
était reliée à un bassin par une canalisation en plomb longue de
6 m. La *domus au dolium* a livré cette inscription énigmatique que
l'on peut compléter ainsi :

PRIN*cipi*
COL*oniae* ALER*iae*
XV CIVITATES
SIBROAR*iae*
*pa*TRONO

M. Jérôme Carcopino propose d'interpréter ainsi le texte : « Au principal de la colonie d'Aléria, les quinze cités soumises à l'impôt du liège, à leur patron. »

L'énigme de sainte Laurine

Les ruines visibles à l'est de la N 198, entre le Tavignano et la butte qui porte la ville ancienne, sont des thermes équipant un gîte d'étape placé entre le port et la ville, qui évoque bien le passage continuel de soldats, de marins et de négociants ; un entrepôt de sel recueillant les livraisons des marais salants proches a peut-être aussi été installé en ces lieux. Curieusement, Tite-Live évoque (XXX, 29, 1) un *Portus Loretanus*, dont la localisation n'a jamais pu être fixée avec certitude, alors que la tradition attribue aux thermes le nom de Santa Laurina.

L'établissement fut longtemps pris pour un lieu de culte chrétien, au point que Grassi, en 1864, et Ambrosi, en 1933, l'identifièrent à une basilique chrétienne, alors que l'abbé Galletti avait auparavant bien décelé l'origine romaine des ruines.

La confusion entre les thermes romains et un édifice cultuel devait peut-être son origine à l'existence, longtemps rappelée sans autre précision, d'une communauté chrétienne fondée, selon la tradition, peu après la mort du Christ. Le diocèse d'Aléria aurait été créé dès 59 ap. J.-C., selon les uns par un émissaire de saint Pierre, selon les autres par un disciple de saint Paul qui serait venu personnellement à Aléria. L'origine même de Santa Laurina reste mystérieuse. Toutefois, pour certains, ce serait une sainte martyrisée sur l'ordre du gouverneur Barbarus, sous le règne de Dioclétien. Sainte Laurine, ou Laurence, aurait été, comme sa compagne, sainte Palaciate, originaire d'Ancône, et exilée en Corse. De toute manière, la pénétration précoce de la religion chrétienne est révélée par la découverte de deux symboles paléochrétiens, un poisson et un vase, discrètement et peut-être secrètement gravés sous le crépi du mur occidental du prétoire. Mais, après les ravages des invasions, il fallut attendre, selon les chroniqueurs, l'intervention d'Ugo Colonna, le libérateur de la Corse au IXᵉ siècle, pour que réapparaisse une église, Saint-Marcel, sur l'emplacement même de la cathédrale du IVᵉ siècle. Et encore, les évêques ne purent se maintenir à Aléria : devant les menaces perpétuelles des Maures, le siège épiscopal fut longtemps transféré à Cervione. Saint Alexandre Sauli, au XVIᵉ siècle, ne put que rendre visite à la métropole déchue.

L'île d'Artémis

De Cateraggio, on atteint l'étang de Diane soit à partir de la N 196 par un chemin qui prend à droite à Sainte-Agathe, à 1 km au nord du carrefour de la N 198 et de la N 200 ; on peut suivre aussi la section de la N 200 qui mène à l'est vers la mer. On prendra à 1,5 km à gauche un chemin qui conduit à la partie méridionale de l'étang, ou, à la ferme de Padulone, en arrière de la plage, un autre chemin à gauche qui permet de suivre du sud au nord la langue de terre qui sépare l'étang de la mer.

Le nom même de l'étang rappelle que la Corse a tenu une place de choix dans la mythologie de la Méditerranée antique. Déesse farouche, vindicative, Diane était particulièrement à sa place en Corse, elle qui parcourait les espaces sauvages au lieu de fréquenter les lieux aménagés par l'homme, qui chassait dans les montagnes isolées et qui guidait les sangliers géants contre ses ennemis. Elle était aussi à sa place auprès des lagunes littorales qui accueillaient les flottes antiques, elle qui avait été capable de calmer le vent pour immobiliser la flotte d'Agamemnon. Il était prudent, ainsi, de dédier l'étang protecteur des navires lors des tempêtes à une déesse qui avait fait la preuve de ses pouvoirs.

La présence de Diane auprès d'Aléria a été attestée par le géographe d'Alexandrie, Claude Ptolémée, au IIe siècle de notre ère : il évoque Diane sous son identité grecque, Artémis, en signalant un port d'Artémis sur la côte orientale de la Corse. Par son nom, transmis au cours des siècles, l'étang de Diane semble un lointain écho de l'information recueillie par Ptolémée. Pourtant, J. Jehasse estime que le site même du port se placerait plutôt à l'embouchure de la Bravone ou à celle de l'Alistro, situées immédiatement au nord. On peut atteindre ces lieux, où nul vestige n'a été encore découvert, en prenant la N 196 à Cateraggio, en se dirigeant vers Bastia et en tournant à droite vers la marine de la Bravone, à 10 km, ou vers la tour d'Alistro, à 16 km (en se rappelant que la topographie a changé depuis l'Antiquité par suite de l'alluvionnement). Dans l'étang de Diane même, se dresse l'îlot de Sainte-Marie ; un temple consacré à Artémis occupait peut-être le sommet de l'île dans l'Antiquité.

Le cimetière maudit

On ensevelissait autrefois dans l'île Sainte-Marie, les suppliciés, les excommuniés, les noyés et les hommes morts de mort violente. L'église bâtie dans l'île, à 1 m de la falaise, est décorée d'ossements humains : tibias disposés en croix au-dessus de la porte d'entrée, têtes de morts sur l'autel. Le sol, tout autour de l'édifice, est recouvert d'ossements. Un bas-relief encastré au-dessus de la porte de l'église Sainte-Marie représente deux têtes d'hommes ayant les cheveux divisés symétriquement sur le front. Sur un bandeau entourant les figures court une inscription gravée presque complètement érodée.

Bas-relief découvert à Aléria.

Une montagne d'huîtres

L'île des Pêcheurs (400 m de pourtour), dans l'étang de Diane, est formée entièrement d'une prodigieuse accumulation d'huîtres, composée des valves supérieures seulement. Aléria, en effet, exportait à Rome en grandes quantités des huîtres salées dans leur valve inférieure, puis entassées dans des jarres pour être transportées par mer.

Des toits dans l'étang

On voit, dit-on, par temps clair, des toits de maisons englouties dans l'étang de Diane. Ce serait l'antique cité d'Aléria, qui aurait été entraînée au fond de l'étang par le déluge. Un proverbe dit d'ailleurs : *Che tu sprofondi come Diana*, « Que tu t'abîmes comme Diane ». Des restes de quais sont toujours visibles aux abords de l'île de Sainte-Marie. Au sud-ouest de l'étang, à Sainte-Agathe, on a retrouvé des murailles où sont encore scellés des anneaux : à l'époque où Aléria était la capitale de la Corse, l'étang de Diane, ouvert encore sur la mer, était le port d'attache de la flotte romaine et ce sont vraisemblablement des bateaux coulés que l'on trouverait au fond de l'étang.

L'étang de Diane.

Les mirages du passé

L'amplification de la réalité par les récits transmis oralement, les exagérations de mémorialistes, cherchant à valoriser les événements et les observations qu'ils rapportent, ont contribué à créer une Aléria légendaire à partir d'une métropole antique bien réelle. Les mystères mêmes qui entourent sa tragique destinée sont levés parfois par les recherches menées activement depuis plus de trente ans, mais les certitudes acquises récemment renvoient à de nouveaux mystères, souvent aussi impénétrables que ceux que l'on percevait dans le passé.

Les Étrusques auraient fondé une ville, Nikaia, après le départ des Phocéens, pour certains à proximité immédiate d'Aléria, sur le plateau de Casabianda (au sud, par la N 196), mais aucune confirmation emportant la conviction n'a pu être obtenue. Les armes et les parures de bronze sont paradoxalement plus abondantes dans les monuments funéraires de l'âge du fer que de l'âge du bronze même. Pourquoi les morts sont-ils parfois saupoudrés d'ocre à partir du milieu du IVe siècle, alors que cette coutume, très courante, est attestée beaucoup plus tôt dans de nombreux sites funéraires d'Europe ? Pourquoi, dans certaines tombes de la nécropole, une pointe de flèche d'une autre époque, qui aurait dû être méprisée par son archaïsme, est-elle jointe à des dépôts précieux ? Pourquoi les tombes à chambre donnent-elles l'impression de s'appauvrir vers la fin du IIIe siècle, alors que les objets accompagnant les morts montrent qu'Aléria reste prospère ? Accorderait-on moins d'intérêt à la destinée des ancêtres après la mort ou le sens de l'au-delà se serait-il perdu ou affaibli ? Le mobilier funéraire est réparti tantôt sur le corps même du défunt, tantôt à la tête et aux pieds ; parfois même, si la place ne manque pas, ossements et offrandes sont plus tard disposés en tas. Les origines et les motivations de ces rites funéraires restent pour nous encore largement inconnues. De même, le succès de l'incinération entre le Ve et le IIIe siècle est-il dû à l'éclosion spontanée de nouvelles coutumes, à l'adoption d'un modèle étranger observé au cours de voyages ou à l'immigration de populations fidèles aux traditions de leur pays d'origine ? Autant de questions qui restent encore sans réponse ou qui appellent des réponses hésitantes. Malgré l'ampleur des découvertes, les mystères d'Aléria se perpétuent.

Algajola.

ALGAJOLA

(Algaiola)

17 KM N-E DE CALVI PAR N 197

Une ville phénicienne ?

D'après le Dr Morati – cette opinion est d'ailleurs partagée par d'autres auteurs – Algajola serait l'héritière de l'ancienne Argha, fondée par les Phéniciens. Ces derniers auraient d'autre part donné à l'ensemble de la région le nom de Balagne, en souvenir de la ville phénicienne de Balanea dont ils étaient originaires. Mais le comte Savelli de Guido, se fondant sur le témoignage du vieux chroniqueur Giovanni della Grossa, considère que le port d'Algajola est un hameau d'une agglomération détruite par les Romains.

La retraite du légionnaire breton

Algajola exerçait sans aucun doute une forte attraction sur les peuples d'origine lointaine, comme le prouve un certificat d'époque romaine : on découvrit, en 1916, dans le jardin de M. Étienne Allegrini, deux plaques de bronze dites *tabula honesta missionis*, attestation de bons et loyaux services délivré à un vétéran de l'ar-

mée romaine. Ces plaques, qui mesurent 15 cm x 15 cm, et pèsent,
l'une 425 g, l'autre 280 g, sont percées aux angles de quatre petits
trous, sans doute pour permettre de les fixer au mur par des clous.
Elles portent des inscriptions, dont l'une fait suite à l'autre, et
devaient donc être posées l'une au-dessus de l'autre. Les inscriptions, qui datent du règne de Vespasien, attestent les mérites du
citoyen Basiel ou Baslel, fils de Turbel, originaire de la lointaine
Sarnia, c'est-à-dire de Guernesey, venu s'établir comme colon en
Balagne lorsqu'il fut libéré de ses obligations militaires.

Les quatre d'Algajola

On disait couramment, en parlant d'un homme fier et même
ombrageux : *Pare dei quattro dell'Algajola*, « il a l'air des quatre
d'Algajola ». En effet, autrefois, Algajola comptait quatre puissantes familles, les Bagnara et les Castagnola aujourd'hui éteints,
les Padroni et les Giuliani dont les descendants existent encore. Les
orgueilleux rejetons de ces familles s'en allaient tous les jours par
les rues de la ville, enveloppés dans de grands manteaux, pour
recueillir les saluts des populations locales et des étrangers. Si un
passant, occupé à ses affaires, omettait de les saluer avec assez de
respect, il se faisait rappeler à l'ordre par cette fière déclaration :
«Siamo dei quattro di l'Algajola. »

Miracles et sacrilège

Peu après son arrivée en Corse, où il avait été envoyé en 1570
par Pie V, saint Alexandre Sauli s'établit à Algajola, d'où il rayon-
na dans toute la Balagne, suivant parfois les processions revêtu
d'un sac, nu-pieds et la corde au cou, multipliant sur son passage
les guérisons merveilleuses.
Cependant, la dévotion des Algajolais ne les empêchait pas
d'avoir la tête près du bonnet. Saint Alexandre Sauli en fit la triste
expérience : un jour qu'il s'efforçait d'apaiser une rixe qui avait
éclaté dans l'église du village, il reçut un magistral soufflet...

Vengeance céleste

Le sac d'Algajola, en 1643, par huit cents pirates barbaresques,
apparut à beaucoup comme une vengeance céleste, de même que
plus tard la fondation de L'Ile-Rousse : les vieux Algajolais pen-
saient qu'une malédiction pesait sur leur village depuis l'épisode du
soufflet. Pourtant, les anciens registres des notaires de Corbara
attestent que les Algajolais avaient tenté de racheter leur faute :
lors de l'incursion turque, en 1643, les hommes des villages proches
s'étaient portés au secours du village tandis que la garnison génoise
se tenait prudemment retranchée dans la tour. Quoi qu'il en soit,
Gênes fit élever en 1664 une ceinture de remparts aujourd'hui en
ruine, tandis que la citadelle a mieux résisté aux outrages du
temps.

Un monolithe géant

Les carrières d'Algajola, à 2 km à l'est de la ville, sur la N 197,
fournirent un granite porphyroïde qui fut utilisé pour le soubassement de la colonne Vendôme à Paris. On y voit encore un bloc monolithe de 17,50 m de haut, pesant 272 t, taillé en 1837 pour servir à
l'érection d'une statue de Napoléon à Ajaccio.

Le bloc monolithique des carrières d'Algajola.

ALTIANI

28,5 km S-E de Corte par N 200 et D 314

Un pont et un pin

Le pont d'Altiani, qui franchit le Tavignano, est couramment appelé dans le pays pont Laricio. Une légende veut, en effet, qu'il ait failli être emporté, avant même d'être achevé, par un pin laricio arraché par une crue de la rivière. C'est un pont muletier en dos d'âne, élevé par les Génois. Le nom du village serait, selon les habitants, une contraction de *alti piani*, les « grands pins ». À côté du pont (sur la rive gauche du Tavignano au carrefour de la N 200 et de la D 314) se trouve l'église San Giovanni Battista qui longtemps servit de refuge plus que de sanctuaire. Mgr Mascardi écrivait en 1589 : « On célèbre l'office deux fois l'an ; les bergers y logent la nuit ainsi que les voyageurs ; ils y font du feu de telle façon que le toit est tout noir ; chaque année le peuple y vient faire une veillée la nuit de la fête du saint. »

La piazza Mauraccia

La grande place d'Altiani est baptisée la piazza Mauraccia, la « place Mauresque », pour commémorer le courage des habitants du village : ces derniers, assiégés par les Maures, qui avaient déjà brûlé Vezzani, s'empressèrent d'arborer le drapeau blanc. Les assaillants acceptèrent la reddition de la ville, à condition que toutes les filles et les femmes leur fussent livrées. Révoltée, la population parvint à venir à bout des infidèles, qui furent exterminés sur cette place.

AMBIEGNA

38 KM N D'AJACCIO PAR N 194, D 81 ET D 25

Entre deux agneaux

Le toponyme évoque les sacrifices en usage dans le monde latin. *Ambiegnus* (*ambegnus, ambignus*) est un vieux terme du rituel augural qui semble désigner une victime, génisse ou mouton, conduite au sacrifice flanquée de deux agneaux (de *ambi*, des deux côtés, et de *agnus*). Ces sacrifices rituels décrits par Varron et par Paul Diacre n'auraient-ils pas accordé aux lieux occupés par Ambiegna une notoriété dont la seule relique connue actuellement serait le nom du village ? *Urcinium* (voir AJACCIO) n'était certes pas éloignée.

AMPRIANI

25 KM E DE CORTE PAR N 193, N 200 ET D 16

César assassiné

Destiné à l'Église, Jean Antonmarchi, qui prit plus tard le nom de Gallocchio, fit ses études au séminaire d'Ajaccio et garda de cette éducation des principes stricts : Sorbier, dans le *Voyage en Corse de S.A.R. le duc d'Orléans*, rapporte que Gallocchio faillit tuer de colère un homme qui lui avait proposé de faire gras un vendredi ; il se maîtrisa parce qu'on était dans l'octave de saint Pancrace, que les bandits avaient pris comme saint patron.

Le frère du jeune séminariste étant mort, le père voulut obliger son dernier fils à se marier pour assurer sa descendance ; Jean Antonmarchi fut fiancé à une jeune et jolie fille de Noceta, Marie-Louise Vincensini. L'idylle, rapportée par Gracieux Faure, dont l'inspiration fut parfois stimulée à l'excès par les faits d'armes des bandits, devint vite tragique : la mère de Marie-Louise, ayant découvert en un jeune avocat de Corte un parti plus flatteur, aurait brisé les fiançailles. La jeune fille, cependant, ne l'entendait pas ainsi : le soir du 18 juillet 1820, elle donne secrètement rendez-vous à son fiancé, qui la conduit chez une de ses tantes à Campi. Furieux, les parents de Marie-Louise vont à Bastia porter plainte contre Gallocchio pour rapt, puis, au retour, passent par Campi et persuadent Marie-Louise de les suivre. En rentrant des vignes, Gallocchio s'aperçoit de la trahison de l'aimée : « Je vous pardonne, s'écria-t-il, mais vous ne serez jamais ma femme, et nul ne sera jamais votre époux. » En réalité, il semble que l'ancien séminariste ait enlevé la jeune fille et que celle-ci l'ait abandonné.

Poursuivi par la justice, Antonmarchi prit le maquis et décida de se venger. Un soir d'orage, le père de Marie-Louise paraît à une fenêtre pour tirer les volets. Gallocchio est embusqué dans l'ombre : il tire et abat le père de son ancienne fiancée. Puis, d'après Gracieux Faure, Gallocchio se rend à Matra où, au petit matin, il trouve un des frères de la jeune fille travaillant dans sa vigne. « A genoux, misérable », lui crie-t-il, et il le tue d'un coup de pistolet en pleine poitrine. Enfin, il tenta de régler son compte à l'autre frère, mais ne réussit qu'à le blesser.

Après cette série noire, un cousin de Marie-Louise, César Negroni, fut désigné par la famille pour assurer la protection de Marie-Louise et de sa mère. Selon Gracieux Faure, Marie-Louise aurait été fiancée à ce cousin, qu'il nomme Cesario : le soir des noces, comme les époux allaient pénétrer dans la chambre nuptiale, le justicier paraît et tue le jeune César. Ce drame romantique semble avoir été joué dans la réalité avec moins de grandiloquence. Recherché sans cesse, Gallocchio rejoint Théodore Poli dans le maquis (voir GUAGNO), quitte la Corse pour la Sardaigne, puis participe en Grèce à la guerre contre les Turcs et devient officier. Mais en 1833, à la sortie de l'office du jeudi saint, le jeune frère de Gallocchio, Charles-Philippe Antonmarchi, est abattu à Ampriani sur le seuil de la maison familiale. Le coup était l'œuvre d'un tireur invisible, caché derrière un mur ; cependant la rumeur publique désigna Jules Negroni, dit Peverone, frère de César Negroni, qui avait été tué par Gallocchio de nombreuses années auparavant. Apprenant la nouvelle, Gallocchio entreprend l'extermination de la famille Negroni. Il tue sur le chemin d'Antisanti le cadet des frères Negroni. Une guérilla implacable oppose alors Peverone et Gallocchio, qui abattent toutes les personnes liées à l'adversaire, parents, amis, voire officiers de justice ayant à traiter de l'affaire. Mais Gallocchio est blessé par les voltigeurs, à Cervione, dans la nuit du 30 au 31 décembre 1834 ; il meurt à Altiani, le 17 novembre 1835. Peverone, qui tenait toujours le maquis, fut pris au couvent de Zuani, le 5 juillet 1838, et condamné aux travaux forcés à perpétuité. Il fut, à Cayenne, un prisonnier modèle ; quant à Gallocchio, on composa en son honneur de magnifiques *lamenti*, car il était considéré comme le parfait bandit.

ANTISANTI

91 KM S DE BASTIA PAR N 193, N 198 ET D 43 – 38,5 KM S-E DE CORTE PAR N 193 ET D 43

Un treizième travail d'Hercule

Hercule est en effet, à Antisanti, chargé de supporter l'éloquence sacrée. Sa statue, grandeur nature, se voit sous la chaire de l'église.

L'un des trois joyaux de la Corse

Un proverbe corse affirme :

> *Della Corsica sono i tre giojelli*
> *Antisanti, Borgo e Prunelli*

De la Corse sont les trois joyaux
Antisanti, Borgo et Prunelli.

D'autre part, les cartes anciennes désignent le village sous le nom d'Altisanti, qui signifiait peut-être à l'origine « lieux saints élevés ».

APPIETTO

(Apietu)

19 KM N D'AJACCIO PAR D 61

L'empreinte des Maures

 De nombreuses inscriptions en caractères arabes, sur une des tours du village, rappellent l'occupation sarrasine. Les tours sont les vestiges de la forteresse féodale fondée au XIIᵉ siècle par les Oretesi, berceau des seigneurs de Cinarca, maison redoutée à laquelle appartinrent Sinucello et Arrigo della Rocca, Vincentello d'Istria et Gian Paolo de Leca.

Au sommet du rocher de Gozzi (708 m), le château des seigneurs de Cinarca, aujourd'hui en ruine, montre encore des murs d'une puissance considérable. Une tradition prétend que cette construction autrefois monumentale révélerait l'influence des Francs, à la suite de la venue en Corse de Truffetta, originaire de Mayence, à l'époque de Charlemagne (voir VENTISERI). À côté du château, les ruines d'une chapelle attirent l'attention : elle était entièrement ouverte à l'ouest, et l'autel était circulaire.

L'inconnue de la Ficciagiola

À 10 km d'Ajaccio, par la D 61, à 200 ou 300 m du sommet de la Ficciagiola, on avait trouvé une belle statue-menhir représentant une femme, la tête inclinée sur l'épaule droite : les yeux, le nez, la bouche, le menton et les seins étaient discernables lorsqu'on s'approchait à 5 m de la statue qui a disparu.

Un parvis porte-bonheur

Le col de San Bastiano (415 m), à 19,2 km d'Ajaccio sur la D 81, est gardé par un oratoire, qui domine à la fois le golfe de Lava et le golfe de Sagone. On dit que, si l'on jette quelque monnaie sur le parvis, un événement heureux se produit.

La bonne fortune de deux aéronautes audacieux doit-elle quelque chose à San Bastiano ? Partis de Marseille le 14 novembre 1886, à 16 h 30, à bord d'un vieux ballon, Louis Capazza, originaire de Bastia, et Alphonse Fondère atterrirent à 22 heures, après une traversée dramatique, en pleine tempête de mistral, au lieu-dit Alzelli, sur la commune d'Appietto. Une stèle de granite rose, érigée en 1926, en face de la chapelle San Bastiano, commémore l'événement : Capazza et Fondère avaient réalisé la première traversée aérienne de la Méditerranée.

Le dernier des bandits d'honneur

 C'est à Lava, sur la commune d'Appietto, que se trouvait le « palais vert » de Nonce Romanetti. On y accède par un chemin muletier qui, partant du col de Listincone, à 15 km d'Ajaccio sur la D 61, à 4 km avant Appietto, descend la vallée du ruisseau de Lava, à l'ouest, vers le golfe de Lava. Romanetti rendait des arrêts ayant force de loi, dans toute la région du Cruzzini, se faisant justicier, condamnant les voleurs et les criminels. Il y recevait magnifiquement les étrangers de marque venus lui rendre visite, et leur faisait cadeau de photographies le représentant couvert d'armes, et dédicacées à l'aide d'un tampon « Romanetti bandit », car il ne savait pas écrire. Il fut, dit-on, tué par les gendarmes en mai 1926, mais bien des Corses, à l'époque, ne crurent pas à cette fin tragique (voir également CALCATOGGIO).

ARBELLARA

(Arbiddali)

15,5 KM N-0 DE SARTÈNE PAR N 194 ET D 19

Un nom énigmatique

Selon le professeur Cosimi, Arbellara devrait son nom à une inscription romaine brisée, sommairement interprétée par des paysans ignorant le latin : ARD. BELL. ARA., c'est-à-dire « autel érigé en souvenir d'une guerre durement gagnée ». Malheureusement, cette inscription n'a pas été retrouvée. Mᵍʳ Rodié interprétait les trois premières lettres d'Arbellara soit par la racine *alb* (blanc), soit par la racine *arb* (arbre ou herbe). Enfin, pour Carulu Giovone, le suffixe *ara* signifierait : aire, région. La controverse reste ouverte.

La haine de l'infidèle

Une des maisons du village est appelée la *turra* : c'est effectivement une ancienne tour défensive à trois étages de 8,70 m de côté, transformée en bâtiment d'habitation. La tour et le village furent pillés en 1583 par les Turcs : il y eut cent quatre-vingts morts.

Cette tragédie n'est pas unique. On dit que lors des invasions sarrasines, cernés par l'ennemi, les guerriers d'Arbellara, plutôt que de tomber aux mains des infidèles, préférèrent se donner la mort en se jetant dans un ravin du haut du pic de Castellare. Par une juste revanche, lors d'un autre débarquement des Maures dans le golfe de Valinco, un paysan d'Arbellara parvint à prendre au lasso l'un d'entre eux qui s'était éloigné du rivage et à le traîner jusqu'au village.

La guerre et la paix

Après dix-neuf ans d'hostilités, les familles Giustiniani et Forcioli conclurent à la sous-préfecture de Sartène, le 26 mars 1854, un traité de paix. Un membre de la famille Forcioli qui tient le maquis ne recherchera pas la vengeance, et les Giustiniani, selon le texte recueilli par X. Versini, « s'engagent à ne jamais le poursuivre soit avec la force armée, soit par la voie de l'extradition, en Corse s'il y demeure ou à l'étranger… et, en cas d'arrestation ou de constitution volontaire, ils s'obligent à faire tout ce que l'honneur et leur conscience leur permettront de faire pour lui être utile[1] ».

1. X. Versini, *Un siècle de banditisme en Corse, 1814-1914*, Paris, les Éditions de Paris, 1964.

ARBORI

(Arburi)

52,5 KM N D'AJACCIO PAR N 196, N 193 ET N 849

Château pour un massacre

À 3 km d'Arbori, à droite en venant d'Ajaccio, on aperçoit sur une hauteur dominant le Liamone et le ruisseau de Calcatoggio les ruines du château des Leca, grands féodaux qui, à la fin du Moyen Âge, prirent la tête de la résistance contre Gênes. À partir de 1445, Raffè de Leca, soutenu par ses vingt-deux frères, engagea une lutte à mort contre ses adversaires. Il captura le gouverneur génois Carlo de Franchi et l'exposa dans une cage roulante, qui servit de jeu à la population. Le gouverneur mourut de frayeur et d'épuisement au bout de quelques jours de ce traitement. Plus tard, Raffè fit couper le nez et les mains à un mercenaire génois qu'il avait pris et relâ-ché trop souvent à son gré. Le commandant des troupes génoises mit alors à prix la tête de Raffè : mille ducats s'il était capturé vivant, cinq cents, mort. Au printemps de 1456, encerclé dans le château des Leca, Raffè résistait encore. Lui qui n'avait jamais cédé aux armes fut vaincu par la trahison. Les Génois avaient pris comme otages des membres de la famille des assiégés. Certains d'entre eux, mortellement inquiets, ouvrirent les portes du château. Raffè se précipita du haut des remparts pour ne pas être pris vivant, mais il eut seulement les jambes brisées. Mis au supplice, il fut pendu en même temps que vingt-deux parents. Le cadavre du chef des Leca fut dépecé selon un cérémonial soigneusement prépa-ré à Gênes : les quartiers furent exposés sanglants aux quatre coins de la Corse, un à Bonifacio, un à Corte, un à Calvi et un à Saint-Florent. La tête, salée, fut offerte au Sénat de Gênes.

AREGNO

(Aregnu)

10,5 KM S-O DE L'ILE-ROUSSE PAR N 197 ET D 151

L'ombre des Romains

Le site de San Marcello, comme celui de San Cipriano, à Corbara, livrerait, selon le comte Savelli de Guido, les vestiges de l'antique cité de Balania, dont parlent Strabon, Claude Ptolémée et Pline l'Ancien. On a d'ailleurs trouvé près de la petite chapelle en ruine de San Marcello, à proximité du ruisseau de Londa, des plaques de bronze rappelant l'installation, sur le territoire d'Algajola, d'un vétéran des armées de Vespasien.

Zoologie sacrée

Deux personnages « à l'expression fixe comme celle des masques de certains primitifs[1] » gardent le portail de l'église de la Trinità et de San Giovanni, dans le cimetière d'Aregno. La silhouette sculptée de gauche représente un homme revêtu d'une robe longue, le chef couvert d'une toque ; celle de droite figure un homme nu.

---

1. G. Moracchini-Mazel, *Les Églises romanes de Corse*, Paris, Klincksieck, 1967.

Mais la façade étonne surtout, par la richesse d'un véritable musée zoologique : le sommet des pilastres d'une série d'arcatures aveugles est décoré de quadrupèdes qui semblent être des ours. Est-ce une résurgence des mythes protohistoriques de l'ours, une représentation magique conjurant l'envoûtement suscité par un animal puissant à stature humaine ou une scène de la vie quotidienne des forêts ? À l'extrême gauche, l'animal dévore un quadrupède plus petit et à l'extrême droite un taureau à crinière de bison bondit furieusement, les flancs battus par la queue. Au centre, un bovidé aux cornes pointues contemple la scène avec des yeux ronds.

Des masques humains et une tête d'ours supportent les arcs festonnant le fronton ; des serpents s'enlacent sur un arc surmontant une fenêtre. Au sommet du fronton, un homme debout sur son pied droit, tenant son pied gauche à deux mains, symboliserait le mois de mars selon les habitants d'Aregno.

Sur la façade méridionale, entre le deuxième et le troisième pilastre en partant de l'angle sud-ouest, apparaît le motif de la croix et de l'arbre : à gauche une croix latine et à droite un arbre à grosses racines et aux longues branches chargées de fruits ronds. Mme Moracchini-Mazel propose de voir dans cette représentation « une allusion au parallélisme existant entre l'arbre du bien et du mal (la chute d'Adam et Ève) et l'arbre qui a fourni le bois de la Croix (le rachat du péché ?) ».

Un nouveau motif animal décore la façade septentrionale : il figure deux paons ; l'un, le cou penché, semble chercher des graines ; l'autre avance sa tête juste en face du premier.

Les modillons des arcs des façades latérales juxtaposent un masque d'homme, des représentations zoologiques, oiseau, lièvre, têtes de béliers et de bovidés, êtres fantastiques, comme une sirène tenant entre ses mains une queue bifide et des symboles géométriques, losanges, damiers, croix environnée de cercles, arcanes.

À l'intérieur de l'église, des paons s'abreuvant à un calice ornent les fenêtres meurtrières, ainsi qu'une main dont le sens reste énigmatique et une crosse épiscopale.

Des oranges miraculeuses

Les oranges d'Aregno passent pour les plus douces et les plus sucrées de Corse. On célèbre, le 17 janvier, la fête de saint Antoine,

La cueillette des olives en Balagne.

qui attire toute la population des villages voisins. Après la messe solennelle, une procession où l'on porte la statue du saint, parée de bouquets de fleurs d'oranger et d'oranges, se déroule à travers le village. À la fin de la messe, on distribue des oranges bénites, qui se conservent très longtemps. Les oranges de saint Antoine auraient, selon la tradition, effectué jadis un miracle : la voûte d'un four dans lequel se trouvait du bronze en fusion destiné à la réparation d'une cloche se fendit. Dans la panique générale, quelqu'un eut l'idée d'aller chercher des oranges bénites et de les placer à l'entrée du four : aussitôt tout rentra dans l'ordre.

ASCO

(Ascu)

42 km N de Corte par N 193, N 197, D 47 et D 147

Sur la trace des Ligures

Asco serait, selon certains, d'origine ligure. Enfermée dans ses montagnes et ses gorges vertigineuses, isolée du reste du monde, la population locale aurait gardé intactes les caractéristiques de cette filiation. Cependant, selon une autre tradition, conservée par des chroniques corses, Asco aurait été fondée au Moyen Âge par un citoyen venu d'Ascoli, en Italie, pour fuir la justice du pape. Filippini situe l'événement au début du XIᵉ siècle : le fugitif, nommé Ascolano, aurait construit un château en Balagne, à Ortofasso, aidé par le seigneur de Sant' Antonino, et aurait épousé par la suite la fille d'un vieillard de Furiani. Pour G. Castelli, qui publia en 1884 *Una colonia ascolana in Corsica,* un Pietro della Scala serait le fondateur d'Asco, après avoir fui Ascoli à la suite des luttes qui opposèrent Guelfes et Gibelins sous Innocent III (1198-1216). La fondation du village daterait donc du début du XIIIᵉ siècle. Enfin, le Dʳ Mattei situe l'arrivée en Corse de Pietro della Scala sous le règne de Pascal II (1099-1118). La discussion reste ouverte...

Mais, quelles que soient les origines du peuplement actuel, il est certain que les montagnes d'Asco ont été fréquentées dès la fin de la préhistoire, comme l'attestent des fibules à pied relevé en spatule, en bronze et en fer, et de très originales plaques décoratives, posées sur du bois ou du cuir, qui pourraient être des garnitures de casques.

Le geste et la parole

Lorsqu'un jeune homme voulait déclarer sa flamme à l'élue de son cœur, il le faisait en termes incompréhensibles à tout autre qu'aux natifs d'Asco. Il disait par exemple : « *O Maria, e so che Tallerallera.* » Si la jeune personne était séduite, elle répondait dans les mêmes termes. Sinon, elle lui montrait son coude et lui adressait des paroles blessantes. Lors du mariage, en entrant à l'église, la fiancée s'asseyait auprès de la porte avec d'autres femmes. Le fiancé se plaçait auprès de l'autel et, au moment où paraissait le prêtre, disait à la jeune fille : « *Maria e so che collane* », « Marie, c'est à toi de monter », et elle lui répondait : « *E so che falane* », « C'est à toi de descendre ». Le fiancé obtempérait, descendait chercher sa fiancée et la conduisait à l'autel. Un unique anneau nuptial servait à bénir tous les mariages : l'épousée le restituait le lendemain des noces au curé avec une assiette de beignets et des friandises. Avant de prononcer la bénédiction nuptiale, l'officiant plaçait sur la tête de la jeune fille un seau de bois de genévrier, lui remettait une quenouille et prononçait une allocution, avant de bénir l'union. Ces rites étaient encore en usage à la fin du XIXe siècle.

La lune d'Asco

Les habitants d'Asco passent pour les plus rusés de l'île. On
raconte que les premiers venus à Asco voulurent célébrer une fête à la lune en dansant toute la nuit en son honneur. Mais la lune disparut tout d'un coup. Les danseurs s'évanouirent de frayeur à l'exception de l'un d'eux, qui, pour faire revenir à eux ses compagnons, alla chercher de l'eau à une auge voisine : quel ne fut pas son étonnement d'y voir se refléter la lune plus brillante que jamais. Il alla prévenir les danseurs qui décidèrent de transporter la ressuscitée au milieu du village... Mais, à peine arrivés, la lune avait disparu et l'auge ne contenait plus qu'une eau noirâtre.

À l'ouest d'Asco, le monte Padro (2.393 m).

Un message à décrypter

Au-dessus de la porte principale de la maison *caporale*, une grosse dalle de pierre formant architrave porte gravée l'inscription
« ihs *H* 189 ». Or, en 189, les chiffres arabes étaient inconnus en Occident. L'abbé Trojani pense néanmoins que la pierre date du IIe siècle, et écarte l'hypothèse d'un 1 effacé qui donnerait 1189. Il estime que la Corse aurait eu avec l'Arabie des relations beaucoup plus anciennes qu'on ne le croit généralement. L'hypothèse est évidemment sujette à controverse.

Autel cyclopéen

Dans la montagne, au nord-est de la vallée d'Asco, se dresse un monument mégalithique qu'on appelle à Asco l'*altare*, l'autel. Il comporte une triple enceinte dont les murs sont distants de 2 m à 2,5 m. Au point le plus élevé, on trouve des fondations faites de blocs de pierre de taille mesurant environ 4,5 m sur 3 m.

AULLÈNE

(Auddè)

69 KM S D'AJACCIO PAR N 193, N 196 ET D 420

Un Atlas maure

La chaire de l'église Saint-Nicolas est portée par des dauphins d'aspect agressif, qui eux-mêmes sont soutenus par une tête de Maure sombre. Les intentions de l'artisan qui a sculpté le bois restent énigmatiques. L'Africain et les cétacés assujettis à la chaire symbolisent peut-être la défaite des Barbaresques, venus par mer, qui ont souvent pénétré loin à l'intérieur des terres en Corse du Sud. Mais, l'association du Maure et des dauphins peut aussi évoquer la mort et la migration des âmes, que le dauphin, selon une tradition remontant à l'Antiquité, porterait sur son dos.

AVAPESSA

19 KM E DE CALVI PAR N 197 ET D 71

Querelles autour d'un tombeau

Une coutume solidement ancrée en Corse voulait que les habitants d'un village soient inhumés dans l'*arca*, fosse commune attenante à l'église. À partir du XVIIIe siècle, l'autorité publique lutta contre cette coutume. À Avapessa, une partie de la population insista pour conserver ses traditions, tout particulièrement dans le cas d'enfants morts en bas âge. En 1773, l'*arca* intérieure de l'église vice-paroissiale de Saint-Charles était en mauvais état ; des travaux s'avérèrent nécessaires : le podestat s'opposa à ce qu'ils fussent exécutés, arguant qu'un cimetière avait été créé sur la commune. Sûrs de leur destin dans l'au-delà et peu inquiets de cet éloignement qui privait les morts de la protection de l'église, certains habitants d'Avapessa approuvèrent le podestat. De mauvaises langues prétendirent que ces paroissiens n'étaient pas les plus prodigues du village. Les traditionalistes soumirent leurs exigences au juge royal qui leur donna raison, et cette sentence fut confirmée par l'intendant de Corse. Et les morts continuèrent de s'accumuler dans l'*arca* d'Avapessa.

BARBAGGIO

(Barbaghju)

14 KM O DE BASTIA PAR D 81

Le message des coques

La vallée de la Strutta, entre Saint-Florent et Patrimonio, au sud de la D 81, figure parmi les plus anciens lieux habités de Corse. Dans l'abri de Strette, J. Magdeleine et J.-Cl. Ottaviani ont découvert un très riche gisement d'éclats et de lamelles de quartz, de rhyolite et de serpentine, accompagnés de coquilles d'huîtres, de moules, de patelles et de mollusques terrestres. Ces restes témoignent de l'occupation de l'abri à la fin du VIIIe millénaire ou au début du VIIe millénaire.

Dans les niveaux supérieurs, les occupants du début du néolithique ont laissé, jonchés et cassés dans le sol, des morceaux de récipients montrant des décors obtenus par application, avant la cuisson, de coquilles de *Cardium*, que nous connaissons sous le nom de coques. Il y a six mille ans environ, la cueillette des produits de la mer sur les plages très proches assurait la nourriture quotidienne des insulaires vivant près du golfe de Saint-Florent ; les signes géométriques imprimés sur les céramiques laissent supposer des conceptions esthétiques ou religieuses, mais on peut imaginer aussi que les marques appliquées sur les poteries servaient plus simplement à authentifier leur origine ou à identifier leur propriétaire. Les messages que nous ont transmis ainsi les néolithiques de Barbaggio restent empreints de mystère.

Un dialogue héroïque

Lors d'un combat qui opposa, en 1768, à Barbaggio, Français et Corses, un officier français demanda à un Corse : « Mais où sont donc vos chirurgiens, vos ambulances ? – Nous n'en avons pas. – Mais que faites-vous quand vous êtes blessés ? – Nous mourons ! »

BARRETTALI
(Barettali)

40 km N de Saint-Florent par D 81, D 80 et D 33

Les bienfaits de la grande échelle

Pierrettu de Barrettali est célèbre dans les annales corses pour avoir réussi à enlever, au château des Motti, le jeune Giacomo da Mare. Le père de ce dernier, Simone da Mare, chef au XVᵉ siècle des seigneurs d'en deçà des monts, partisan de Gênes, était mort en laissant une jeune et jolie veuve, la comtesse Bartolomea, qui ne tarda pas à se laisser consoler par un gentilhomme milanais. Le gentilhomme épousa la comtesse et s'établit dans son château de San Colombano, où il commanda bientôt en maître, et fit exiler et incarcérer dans le château des Motti l'héritier légitime des domaines de son père, le jeune Giacomo. Pierrettu de Barrettali décida de libérer l'orphelin injustement dépouillé. Il fit confectionner une grande échelle, et avec d'autres jeunes gens parvint à se hisser jusqu'à la plus haute tour du château des Motti, connu pourtant pour être *altissimu e asprissimu*, « très haut et difficile d'accès ». Il maîtrisa la garnison, enleva Giacomo et lui donna abri. Puis il fit dire à l'intrus milanais que ses jours étaient comptés et que bientôt son cadavre serait coupé en quartiers s'il ne quittait la Corse rapidement : le Milanais se le tint pour dit et déguerpit ; Giacomo da Mare put rentrer en possession de son héritage. Pierrettu fut récompensé de son beau geste : ses franchises furent confirmées ; il reçut une belle vigne et une grande propriété. Cependant, à son lit de mort, comme on l'engageait à ne pas regretter cette vallée de larmes, il répondit : « J'ai tant vu de changements en ce monde, j'y ai tant souffert, j'en suis si fatigué que je n'aime point la vie et suis content de mourir. » Il est vrai qu'il avait, dit-on, cent quinze ans !

L'avarice pétrifiée

À 1,5 km à l'est de Barrettali, un col ouvre le passage vers la vallée de Luri : c'est le Pinzu a Verghine, le « pic aux vierges ». Cette évocation de cérémonies ou de réunions auxquelles participaient des vierges n'est peut-être pas sans fondement. Au pied d'un rocher naturel pointu, le Pinzu, qui semble veiller sur le site, s'alignent deux groupes mégalithiques de pierres couchées ou dressées. Une dalle posée à plat sur un rocher porte une croix latine orientée dans le sens de la longueur. L'ensemble est complété par une nécropole rupestre située à 200 m au nord du Pinzu.

Une légende locale interprète le site comme une scène pétrifiée : une femme de Barrettali, revenant de Luri à dos d'âne avec des sacs de blé et des courges sèches qui lui servaient à mesurer le grain, rencontra un mendiant qui lui demanda l'aumône d'un peu de blé. Elle refusa et, soudain, se trouva transformée en pierre ainsi que son âne, ses sacs et ses courges qui parsèment encore aujourd'hui le col du Pinzu a Verghine.

BASTELICA

40 KM N-E D'AJACCIO PAR N 193, N 196 ET D 27

Othello corse

Le connétable de Bourbon disait de Sampiero de Bastelica, dit
Sampiero Corso, qu'à lui seul il valait dix mille hommes dans la
mêlée. La maison où Sampiero est né en 1498 a été rebâtie au
XVIIIe siècle sur le même emplacement ; cette seconde construction
est encore visible au hameau de Dominicacci. Elle porte une inscription en corse apposée en 1855 par William Bonaparte Wyse :
« Au plus corse des Corses, Sampiero, héros fameux parmi les
innombrables héros que l'amour de la patrie, mère superbe des
mâles vertus, a nourri dans ses montagnes et dans ses torrents,
William Wyse, catholique irlandais, neveu de Napoléon le Grand,
plein d'admiration, dédie ce marbre. » Sur une petite maison voisine,
écurie dit-on de Sampiero, sont sculptés un griffon et une sirène
ainsi que deux inscriptions illisibles.

Adversaire acharné des Génois, Sampiero consacra toute sa vie à
les combattre et à leur susciter des ennemis : soutenant l'intervention française en Corse, il fit appel aussi au roi de Navarre, au duc
de Toscane et au dey d'Alger. Nommé gouverneur de Provence, il
étrangla de ses propres mains, à Marseille, en 1563, sa femme, la
belle Vannina, qui appartenait à l'illustre maison d'Ornano. Les
raisons de ce crime sont demeurées mystérieuses : Vannina, subor-
née sans doute par un agent de la république de Gênes, le prêtre

Sampiero Corso.

Ombrone, après avoir négocié avec la Superbe et vendu la plus grande partie des biens de son époux, avait tenté auparavant de se rendre à Gênes, mais, rattrapée par un ami de Sampiero, elle avait été ramenée de force à Marseille. On a prétendu qu'elle voulait obtenir de Gênes le pardon pour son mari. Plus probablement, elle craignait, à bon escient, les effets d'une jalousie justifiée et clair-voyante.

Quoi qu'il en soit, le crime fit scandale. Lorsque Sampiero se rendit à Paris, la reine refusa de le recevoir : devant la cour, ouvrant son pourpoint et montrant ses blessures, il s'écria alors fièrement : « Qu'importe au roi ou à l'État que Sampiero ait été bien ou mal avec sa femme. » Ce meurtre devait d'ailleurs être à l'origine de sa propre mort, tragique, le 17 janvier 1567, près d'ECCICA-SUARELLA (voir ce nom). Un sort devait poursuivre la famille : le petit-fils de Sampiero, Jean-Baptiste d'Ornano, maréchal de France sous Louis XIII, entra en conflit avec Richelieu et mourut captif au donjon de Vincennes en 1626.

Du côté de Nostradamus

L'abbé Fattacioli, né à Bastelica en 1830, fils de pauvres cultivateurs, professeur au petit séminaire de Bastia, puis vicaire de Bastelica, écrivit à vingt-six ans *Le Jour de la colère ou la main de Dieu sur un empire, visions prophétiques d'un voyant de Juda* (Paris, Garnier, 1856). Il avait prévu – en termes assez sibyllins, il est vrai – la guerre de 1914.

XXIII

1. Or, les drapeaux de Gaule et de Bretagne étaient levés. Guerre à outrance se faisait entre les ennemis. L'aigle et le léopard combattaient vaillamment contre le dragon, et ils appelaient à eux les chefs et les guerriers [...]
10. Les chefs de leurs armées étaient courageux et habiles, et ils acquéraient beaucoup de gloire. Mais, entre tous ces chefs, je remarquai surtout un chef qui me parut digne d'admiration.
12. Il agissait comme un chef habile, mais aussi et surtout comme un bon père [...]
17. Mais la gloire qu'il avait semée, l'homme vertueux ne la recueillit pas [...]
20. Et, à ce chef, je vis qu'un autre succéda. Or celui-ci était lui aussi fort et glorieux, et France, le pays de la gloire, l'honora, et le lion le récompensa.
21. En attendant, le dragon était frappé par les deux nations [...] et partout il était attaqué et vaincu et repoussé [...]

L'abbé devin, dans sa fureur prophétique, aurait prédit aussi la révolution russe de 1917 :

II

8. [...] Je tournai le regard du côté des eaux glaciales et je l'arrêtai sur le grand empire de l'aquilon, qui renferme des tribus sans nombre et des pays sans limites.
9. Je le contemplai, assis entre les deux mondes de l'Orient au Couchant, et sur toutes les nations et parmi tous les fleuves et au milieu de toutes les mers depuis le lit des mers ténébreuses et les terres des fils de Mahomet, jusqu'à Zemlia, la terre nouvelle, et aux côtés des Lapons et à toutes les rives immobiles de l'océan Paresseux.

10. Depuis le cercle polaire du nouveau monde et les mers de Sin et
de Jépen, contrées du Soleil levant, jusqu'à l'océan des
Sarmates, et aux marais de Polska, et aux rives glacées de
Finmarck.
11. Or partout, dans cet espace sans fin, je vis étendues et abaissées
comme de grands rideaux de noires ténèbres répandues en
amas d'ombres effrayantes sur toute la surface de l'empire
superbe.
14. [...] ce que je vis me fit frémir.

III

1. [...] c'était un dragon d'une forme telle que doivent en renfermer les profondeurs des enfers sombres.

VI

26. [...] Le dragon faisait passer la croix renversée sous le grand
cercle noir, où il la tenait enchaînée et avilie, parmi les obscu-
rités sacrilèges [...] et sous les chaînes de toutes les tyrannies
[...]
38. [...] mais la croix était partout renversée, et elle ne pouvait se
relever [...]

Le monument de Sampiero à Bastelica.

Plus fort que le diable

Un sorcier, nommé le *Magnifico Matteo*, le noble Mathieu, vivait
au XIXᵉ siècle à Bastelica. On raconte que Satan lui était apparu et
lui avait déclaré : « Vends-moi ton âme et demande ensuite ce que
tu voudras. – Tends une corde de sable d'une montagne à l'autre,
puisque tu es si puissant », avait répondu Matteo ; vaincu, le diable
disparut. On voit encore la maison de Matteo ; on y lit, gravée, une
inscription : *Non val sapere a chi la fortuna ha contro*, « Le mérite
n'est rien si la fortune est contraire. »

Un apôtre de la non-violence

Un des frères de François-Marie de Bastelica, major à l'école
militaire, fut assassiné durant un séjour qu'il fit à Bastelica.
Haïssant la vendetta, François-Marie s'opposa avec la dernière

énergie à ce que les hommes de son clan vengent cette mort, allant jusqu'à faire garder la maison et les récoltes du meurtrier. Ce dernier fut d'ailleurs abattu par la maréchaussée. Grâce à cet exemple, la vendetta disparut peu à peu de Bastelica. Pas complètement cependant car, en juillet 1835, une bonne partie des habitants, divisés en deux camps par d'anciennes inimitiés, se tirèrent des coups de fusil durant plusieurs jours. Les gendarmes tentèrent vainement d'intervenir et finirent par se réfugier dans leur caserne. Il n'y eut toutefois aucun mort : seuls un homme et une femme furent blessés.

Une chronologie mal respectée

Jadis, les mariages décidés au mois d'octobre ou pendant l'hiver n'étaient célébrés qu'à Notre-Dame-d'Août. Le soir des fiançailles (l'*abracciu*), les familles des futurs s'embrassaient, on tirait des coups de pistolet, on dansait sur la place publique, puis la jeune fille et le jeune homme se mettaient immédiatement à vivre ensemble. Aussi à la messe de mariage, en août, la jeune épousée était-elle souvent sur le point d'accoucher, ou même déjà mère d'un marmot.

BASTELICACCIA

11,5 KM E D'AJACCIO PAR N 193, N 196 ET D 3

Le moulin du diable

Au bord du Prunelli, sur le territoire de Bastelicaccia (à 12 km environ d'Ajaccio, sur la D 3) se dresse un pan de mur délabré percé d'un trou noirci par le feu : ce sont les restes d'*u mulinellu*, le « petit moulin ». On raconte qu'un soir d'hiver, alors que toute la famille du meunier était réunie autour du *fucone*, on frappa à la porte. C'était un voyageur qui demandait le gîte pour la nuit. On le fit entrer et le fils de la maison alla conduire à l'écurie la jument du visiteur. Mais quel ne fut pas son étonnement lorsque l'animal se mit à parler : « Je suis ta grand-mère, mon enfant ; je subis ce sort cruel pour avoir utilisé, lorsque j'étais en vie, un faux peson. Mon maître est le diable venu ici pour enlever l'un d'entre vous. Va, rentre vite, fais le signe de la croix et récite le *Pater noster*. » Le jeune homme s'empressa d'obéir à sa grand-mère. Aussitôt, Satan poussa un hurlement de colère et se précipita sur le mur qu'il traversa en le brûlant de son feu maudit. Depuis, le trou laissé par son passage n'a jamais pu être bouché.

BASTIA

153 KM N-E D'AJACCIO PAR N 193

Fondée par un Bonaparte

Bastia doit son nom actuel au donjon, *bastiglia*, élevé en 1380 par le gouverneur génois Leonello Lomellino, et qui domine aujourd'hui encore le palais des gouverneurs et la citadelle. Longtemps, ce donjon demeura isolé au milieu de quelques baraques de pêcheurs : le lieu s'appelait d'ailleurs Marina di Cardo. Le gouverneur génois résidait à Biguglia. Cependant, en 1479, Jean Bonaparte, appelé d'Italie en Corse par Tomasino di Campofregoso (qui avait obtenu du pape l'investiture de la Corse) fit élever l'enceinte de la citadelle actuelle et en fut nommé régisseur.

Saint Nicolas fait perdre la tête

De nos jours sereine et pleine d'agrément dans son cadre de palmiers et de platanes, la place Saint-Nicolas ne fut pas exempte de malheurs et de drames. Elle rappelle la fondation à l'époque pisane d'un hôpital pour les pauvres, qui reçut le nom de Saint-Nicolas parce qu'il était situé à proximité d'une chapelle dédiée à ce saint. L'hôpital occupait une partie de la place actuelle et lui a laissé son nom.

Au siècle dernier, les bandits condamnés à mort étaient parfois exécutés sur le lieu de leur crime. Mais, plus souvent, ils étaient guillotinés à Bastia sur la place Saint-Nicolas, lorsqu'elle a été aménagée au milieu du XIXe siècle. « La ville entière était alors en émoi, écrit X. Versini. Les cloches sonnaient le glas et le clergé quêtait parmi la foule pour dire des messes à l'intention du condamné. On allait des prisons de Sainte-Claire jusqu'à la place Saint-Nicolas, et un condamné facétieux avait, dit-on, inscrit ces mots sur les murs de sa cellule : "Notre salut est assuré. Nous sortons des bras de sainte Claire pour tomber dans ceux de saint Nicolas[1]." »

Ceindre l'anneau du port

« Toi, tu ceindras l'anneau du port. » Ce vieil adage bastiais signifie : « Toi, tu resteras vieille fille. » L'anneau en question était jadis fixé aux rochers situés au bas de la citadelle, et les voiliers venaient s'y amarrer.

Le Christ des miracles

C'est un magnifique crucifix noir, conservé à l'église Sainte-Croix, rue de l'Évêché, dans une chapelle à droite, au-dessus de

Le christ noir de l'église Sainte-Croix.

1. X. Versini, *op. cit.*

l'autel. Il est l'objet d'une grande vénération. La tradition veut qu'il ait été trouvé dans la mer, en 1428, par des pêcheurs d'anchois, Giuliani et Camugli. Selon certains, même, le crucifix flottait sur les flots brillant de quatre feux, un sur chaque bras de la croix, diffusant une lumière merveilleuse. Déposé en grande pompe dans la cathédrale Sainte-Marie, le crucifix avait disparu le lendemain matin. Il devait être retrouvé quelques jours plus tard dans l'église Sainte-Croix où il se trouve aujourd'hui. Autrefois, les pêcheurs venaient offrir au début de chaque saison le produit de leur première pêche au Christ des miracles. Le 3 mai, fête de l'Invention de la sainte Croix, le *Cristu negru* est solennellement porté en tête d'une procession qui parcourt les rues de la citadelle.

Drame et miracle

La voûte de l'église Sainte-Marie, rue Notre-Dame, a dû être restaurée au début du XVIIIe siècle. En 1619, au cours des vêpres du dimanche des Rameaux, le capucin chargé du prêche du carême stigmatisait le comportement dissolu des Bastiais ; comme pour souligner la gravité du propos, une partie de la voûte de l'église s'effondre alors. Dans la poussière qui s'élève, les paroissiens se précipitent hors de l'église. Les secours s'organisent ; les courageux qui pénètrent de nouveau dans le sanctuaire constatent qu'il n'y a pas de mort, mais seulement des blessés légers. Le drame s'achevait en miracle.

La Vierge et le vagabond

Une magnifique assomption en argent, qui date de 1856, est conservée dans l'église Sainte-Marie. Située habituellement dans le bas-côté droit, elle est portée en grande pompe le 15 août dans les rues de la ville, au cours de la procession à laquelle participent tous les corps constitués.

L'église Sainte-Marie abrite également le tombeau de Jérôme Biguglia, mort en 1669, poète, historien et jurisconsulte, qui fut l'un des fondateurs de l'*Academia dei vagabondi*, l'« académie des vagabonds », qui devait briller de tout son éclat au XVIIIe siècle ; elle fut en effet reconstituée en 1749 par le marquis de Cursay, commandant les troupes françaises en Corse.

La colonelle et la cocagne bastiaise

L'application de la constitution civile du clergé donna lieu, les 2 et 3 juin 1791, à de graves incidents dont Bastia fut le théâtre. L'évêque réfractaire, Mgr de Verclos, s'était réfugié en Italie et avait été remplacé par Mgr Guasco. Une partie du clergé bastiais, menée par le père Salvatori, supérieur des lazaristes, et par le curé de Saint-Jean, Bajetta, lança un manifeste invitant les populations à faire pénitence pour avoir commis le péché d'accepter la constitution. Le 2 juin, fête de l'Ascension, le tocsin appela les fidèles à l'église Saint-Jean où se tint une assemblée, qui décida de réinstaller Mgr de Verclos sur le trône épiscopal et d'en chasser Mgr Guasco. Le directoire départemental prit peur, fit fermer les portes de la citadelle et braquer les canons sur la ville. Au crépuscule, les Bastiais enfoncèrent les portes, firent sortir le procureur général suppléant du directoire, Arena, et le secrétaire Panattieri et les embarquèrent pour l'Italie.

Le lendemain, une foule énorme de femmes, ayant à leur tête Flore Oliva, depuis lors nommée la « colonelle », prit d'assaut le

Vue du port de Bastia.

palais épiscopal, renversant au passage l'arbre de la liberté. Elles exigèrent qu'on leur livrât Mgr Guasco qui se trouva fort opportunément absent. Déçues, elles calmèrent leur colère en mettant à sac la loge maçonnique de Bastia. Paoli, en sa qualité de commandant des gardes nationaux, fut chargé de réprimer ces troubles. Plusieurs religieux et de nombreux laïcs furent exilés à Corte. Six mille gardes nationaux vinrent occuper Bastia et s'y livrèrent à un pillage effréné, qui a valu à cette période le nom de « cocagne bastiaise ».

L'or des Anglais

Selon une rumeur insistante, qui s'est perpétuée depuis le XVIIIe siècle, des trésors cachés auraient été abandonnés par les Anglais qui ont vécu à Bastia entre 1794 et 1796. La Corse avait accepté la souveraineté britannique en juin 1794 ; Bastia a été ainsi la résidence du vice-roi, représentant le roi d'Angleterre, sir Gilbert Elliot, du 4 octobre 1794 au 19 octobre 1796. Le vice-roi avait tenté de se concilier la population corse en accordant des emplois et des charges bien rémunérés. Mais, des éléments de l'armée d'Italie, commandée par Bonaparte, commencent à pénétrer en Corse en 1796 ; le gouvernement britannique est contraint de donner l'ordre de quitter l'île à ses représentants. L'embarquement rapide des Anglais, entre le 15 et le 19 octobre 1796, et la réputation de richesse qu'ils s'étaient acquise ont donné corps à la légende de l'or des Anglais, caché lors d'une retraite précipitée, que, pourtant, rien n'est venu corroborer.

« Ad majorem Romae gloriam »

Napoléon avait exilé en Corse, en 1811, quatre cent vingt-quatre ecclésiastiques romains qui avaient refusé de lui prêter serment de fidélité. La plupart furent arrêtés le jeudi saint de 1812 et internés à la citadelle de Bastia, à Calvi et à Corte. Une conspiration montée à Bastia permit à une vingtaine d'entre eux de s'échapper. Un réseau d'initiés les prit en charge et les achemina secrètement à travers toute la Corse jusqu'au port de Bonifacio, où ils s'embarquèrent pour la Sardaigne.

L'escalier sacré

À la sortie de Bastia par le boulevard du Général-Giraud et la D 81, à 2 km du palais de justice, et à 200 m à gauche par un chemin qui s'ouvre en face de la route de Cardo, le petit oratoire de Monserrato doit le rarissime privilège de la Scala Santa aux Bastiais qui avaient apporté une aide aux prêtres romains exilés en Corse par Napoléon en 1811. La Scala Santa, l'« escalier saint », désigne, selon la tradition chrétienne, l'escalier du palais de Pilate à Jérusalem que le Christ monta et descendit le jour de la Passion. En 326, l'impératrice Hélène le fit transporter à Rome, où il se trouve toujours près de la basilique Saint-Jean-de-Latran. Les papes Léon IV et Pascal II accordèrent des indulgences aux fidèles qui graviraient à genoux ses vingt-huit marches dans un esprit de contrition et en méditant sur la Passion du Christ. Par la suite, afin que ce privilège ne soit pas réservé aux Romains ou aux pèlerins en mesure de se rendre à Rome, les papes l'étendirent à quelques rares sanctuaires.

L'oratoire de Monserrato avait été élevé par l'abbé don Lorenzo Lucciana sur le site d'une antique chapelle ayant appartenu à sa famille et qui avait été détruite en 1761 par les Génois. L'abbé sollicita du Saint-Siège le privilège de la Scala Santa, qui fut accordé en 1816 et après la mort de l'abbé Lucciana confirmé par Pie VII à la demande de Mgr Massaia, évêque d'Hermopolis, qui avait fait partie des prélats exilés. L'escalier sacré, qui mène droit vers l'autel, a été inauguré le 16 novembre 1884.

Aussi, chaque année, de nombreux fidèles montent, parfois à genoux, les marches de la Scala Santa. La cérémonie a lieu le 12 mai, fête de saint Pancrace. L'oratoire, dédié en premier lieu à la Vierge, est également placé sous la protection des saints martyrs Pancrace, Nérée, Achille et Domitille, dont les restes sont réunis dans un même reliquaire.

Balzac, homme d'affaires

Balzac logea en mars 1838 dans une maison amie qui existe encore, au 23, rue du Général-Carbuccia. Il se rendait en Sardaigne, à la recherche d'une mine d'argent qui devait faire sa fortune. Mais l'argent était de l'antimoine et la mine un filon insignifiant.

Un foyer de conspiration

Bastia a abrité de nombreuses sociétés secrètes au cours de la première moitié du XIXe siècle. Les loges maçonniques avaient été fondées avant la Révolution. Après 1820, apparaissent des cellules de carbonari, où se rencontrent des membres de professions libérales, des employés, des artisans, des militaires et même des fonctionnaires retraités, comme Jean-Baptiste Galeazzini, qui avait été préfet.

Après l'Empire, l'attraction pour les sociétés secrètes tient en partie aux relations que les Bastiais entretenaient de longue date avec les villes de la péninsule italienne, où ces sociétés étaient très actives : connues à Naples en 1792, elles avaient essaimé en Italie du Nord vers 1797 ; la Charbonnerie même, créée dans les Abruzzes en 1807, pénètre en Corse dès 1819, deux ans avant que soit fondée à Paris la Charbonnerie française.

Bastia devient à l'époque une ville d'accueil pour les républicains et les libéraux qui doivent quitter l'Italie après l'échec des nombreux mouvements de révolte qui ont affecté Naples, Bologne, Modène, les États pontificaux et la Toscane. Mazzini est resté peu de temps à Bastia, mais Tommaseo, Francesco Guerrazzi et Costantino Marmocchi se sont réellement installés en ville ou dans les environs. Certains émigrés, comme le Napolitain Giovanni La Cecilia ou Massimiliano Romagnoli, se sont mariés en Corse ; des descendants de Romagnoli vivent encore à Bastia.

De nombreux Bastiais ont participé aux conspirations menées par les Italiens. L'association créée en exil par Mazzini, la *Giovane Italia*, aurait rassemblé plus d'un millier d'adhérents à Bastia. Des commerçants connus, les frères Santelli, ont milité pendant quarante ans pour le Risorgimento en s'occupant de l'envoi de matériel de propagande, d'armes et de volontaires vers l'Italie. Pour éviter la surveillance de la police, les carbonari diffusaient des mots d'ordre transmis de bouche à oreille, exécutés rapidement, et changeaient constamment de lieux de réunion. On sait que la périphérie rurale de Bastia, entre autres les jardins de Monserrato, était appréciée à l'époque pour la variété des lieux de rendez-vous discrets qu'elle offrait aux conspirateurs.

Les imprimeries bastiaises éditent des pamphlets subversifs diffusés en Italie et même ailleurs en Europe. Francis Beretti écrit : « À partir de 1845, l'imprimerie Fabiani est plus que jamais dangereuse pour les gouvernements d'Italie, inonde l'île et la péninsule d'opuscules incendiaires et d'œuvres interdites[1]. »

Les *carbonari* cèdent la place vers le milieu du XIXᵉ siècle aux *pinnuti* (les chauves-souris). Les *pinnuti* poursuivent l'aide accordée aux révolutionnaires italiens ; mais, leurs réunions nocturnes, qui justifient leur nom, dans des lieux écartés de la montagne ou du maquis, donnent une tonalité originale et plus proprement corse à leur action.

BELGODÈRE

(Belgudè)

15 KM S-E DE L'ILE-ROUSSE PAR N 197

Des armes prophétiques

Dans le fort qui domine Belgodère, le prieur Malaspina fut, en 1630, massacré par les habitants, excédés par la vigueur avec laquelle il exerçait ses droits seigneuriaux. Les épines cernant le lion sur les armes des Malaspina semblaient être un présage dont le sens caché n'avait pas été saisi à temps.

Le quartier des morts

À la suite de Belgodère, sur la N 197, en direction de l'est, un alignement de mausolées monumentaux rassemble les morts des principales familles du village. On le considère comme le cinquième quartier de Belgodère.

1. *Bastia : regard sur son passé*, éd. par J. Sérafini-Costoli, Paris, Berger-Levrault, 1983.

BELVÉDÈRE-CAMPOMORO

(Belvederi-Campumoru)

20, 5 KM O DE SARTÈNE PAR N 196 ET D 121 POUR BELVÉDÈRE
25 KM O DE SARTÈNE PAR N 196 ET D 121 POUR CAMPOMORO

Sépulture mégalithique

Le menhir de Capu di Logu, haut de 2,50 m, veille une sépulture mégalithique formée d'un caveau aux grandes dalles façonnées, creusé dans le sol. Les dalles longitudinales portent des feuillures verticales sur toute leur hauteur : le caveau était donc ouvert, puis fermé par une plaque de granite ou de bois. Le menhir, dressé à côté de la sépulture, était censé renfermer l'esprit du mort.

BIGUGLIA

8 KM S DE BASTIA PAR N 193

Une cité romaine fantôme

L'étang de Biguglia s'appelait autrefois l'étang de Chiurlino : selon Canari, Chiurlino viendrait de Clunium, ville que Ptolémée mentionnait. Des vestiges proches de la fontaine Saint-Laurent seraient ceux de l'ancienne église de Clunium. Mais, le site de Clunium n'a pas été identifié avec certitude et Chiurlino pourrait être l'étang du courlis *(chiurlo)*, comme le suggère L. Gandolfi-Scheit dans *Biguglia, mémoire d'une capitale* (Biguglia, 1994).

L'étang vengeur

Une légende explique la création de l'étang de Biguglia. Le comte Fabiano avait une fille, la douce et charmante Fior di Spina. La comtesse de Furiani, qu'il avait épousée en secondes noces, haïssait et traitait abominablement la jeune fille : une voix mystérieuse avertit Fior qu'elle eût à se rendre au domaine de Migliacciaro, dont

L'étang de Biguglia.

son père lui avait fait don. Dès que Fior eut quitté le château paternel, le châtiment céleste frappa la marâtre. Une tempête se déchaîna, une pluie diluvienne se mit à tomber, tant et si bien que le château finit par s'effondrer. Il s'engloutit dans les flots torrentiels, l'eau recouvrit la plaine et forma l'étang de Biguglia. Ce dernier, d'une superficie de 1 500 ha, était jadis un golfe ouvrant sur la mer où venaient s'amarrer les navires. Il est aujourd'hui séparé de la mer par une étroite bande de terre.

La pirogue rebelle

Lorsque Gênes eut conquis la Corse, elle défendit aux populations locales de pêcher dans l'étang de Chiurlino : d'où de nombreuses plaintes et requêtes, qui amenèrent la République, lassée, à envoyer un commissaire chargé de juger sur place si les barques (*gobali*) et les tridents (*foscine*) des pêcheurs corses étaient susceptibles de porter préjudice à la Superbe. L'envoyé génois voulut essayer d'embarquer sur une pirogue, mais, peu habitué à ce mode de transport, la fit chavirer et tomba à l'eau en s'écriant : *Che peschin pure !* « Qu'ils pêchent ! » Mais un contrat fut dressé entre Gênes et les pêcheurs pour que ces derniers n'emploient pas d'autres instruments que les *gobali* et les *foscine*.

Les dangers de la convoitise

L'étang ne semblait pas plus propice aux Milanais qu'aux Génois. Pietro Cirneo prétend que le gouverneur Battista d'Amelia, représentant en Corse du duc de Milan, appréciait fort le poisson de Chiurlino : il envoyait la nuit ses domestiques pêcher en fraude et piller les filets des pêcheurs. Avare mais aussi avide, il fit mettre à la question un berger de Matra qui aurait eu connaissance d'un trésor caché. Les Corses se soulevèrent et le gouverneur échappa de peu à la pendaison.

BILIA

10 KM O DE SARTÈNE PAR N 196, D 48, D 21 ET D 221

Un remède contre le démon

L'église du couvent de Bilia, aujourd'hui en ruine, a été longtemps vénérée parce qu'elle abritait la sépulture du père Martino della Rocca : on y menait ceux dont le comportement était sous l'emprise d'un esprit malin ; ils s'en trouvaient soulagés et libérés.

La belle inconnue

Un beau visage féminin sculpté dans la pierre, encadré de bandeaux décorés de motifs géométriques, chevrons et cordelières, orne une des maisons du village. Il provient de l'église San Lorenzo, aujourd'hui démolie, située à 200 m au-dessus de Bilia.

BISINCHI

40 KM N DE CORTE PAR N 193 ET D 115

Bisinchi, fille d'Evisa ?

Bisinchi serait une abréviation d'Evisinchi : le village aurait été fondé par des populations originaires d'Evisa. On ne sait quel événement aurait provoqué cette migration lointaine.

L'Incadinadu

Le soir du vendredi saint, la Passion du Christ est vécue par un pénitent anonyme, en cagoule, lourdement enchaîné et pieds nus, qui porte la croix à travers les ruelles étroites du village éclairées de torches, au son des cantiques et du *Perdono mio Dio*. Devant la population rassemblée, soutenu par la Vierge et les saintes femmes, l'Incadinadu est finalement crucifié sur la place de l'église. Moins connue que le *Catenacciu* de Sartène (voir p. 421), la cérémonie, organisée par une confrérie de Bisinchi, conserve une authenticité exceptionnelle.

L'écureuil huppé

À 700 m au-dessus du village, en direction du nord-est, le cimetière occupe l'emplacement de l'ancienne église San Michele. Au pied d'un des murs du cimetière est enchâssé un tympan monolithe orné d'un quadrupède bizarre : muni d'une queue en panache analogue à celle d'un écureuil, il a la tête parée d'une sorte de huppe.

Les pièges de la politique

C'est à Bisinchi qu'est mort, assassiné dans son village natal, l'abbé Vignali, aumônier de Napoléon à Sainte-Hélène, qui avait administré les derniers sacrements à l'Empereur exilé. Ce dernier avait laissé par testament à l'abbé une somme qui lui permit de se faire élever une maison à Bisinchi. Quelle fut la raison de l'assassinat de l'abbé Vignali ? Il s'agirait, dit-on, d'un crime politique : l'abbé en savait trop sur la mort de Napoléon, qui, selon certains, aurait été empoisonné, et sa disparition garantissait son silence... Selon d'autres, cette mort n'aurait pas cette résonance de haute politique. Le père de l'abbé Vignali, élu maire, avait fait contrôler la gestion de son prédécesseur, Jean-Baptiste Canacci, qui appartenait à une famille rivale, et avait convoqué l'ancien maire devant le conseil municipal. J.-B. Canacci attribua l'initiative de l'attaque à l'abbé Vignali, seul homme dans la famille adverse capable d'imaginer une tactique aussi perfide, clama « qu'on lui en avait trop fait » et désigna publiquement l'ecclésiastique *a la mala morte*. Le 14 juin 1836, on découvrait l'abbé assassiné dans sa chambre.

BOCOGNANO

(Bucugnanu)

39,5 KM N-E D'AJACCIO PAR N 193

« Belle cuisse » et « petite jambe »

Fanatiques partisans de Pascal Paoli, les frères Bonelli, de Bocognano, tenaient encore le maquis plusieurs années après la bataille de Ponte-Nuovo. L'un d'entre eux fut tué dans le Fiumorbo. L'autre, Ange Mathieu, dit Zampaglinu, la « petite jambe », dut se rendre en 1774 aux troupes françaises du général de Narbonne et fut interné à la forteresse de Toulon, où de nombreux Corses périrent tant les conditions de détention étaient pénibles. Mais, un mois après, Zampaglinu s'évada et réussit à rejoindre la Sardaigne. Peu après, il débarque à Ajaccio avec une cinquantaine de compagnons. Encerclés à dix contre un, les Corses se divisent et, avec un petit groupe, Zampaglinu se réfugie sur un piton, où il déplace des rochers qu'il dispose en équilibre au sommet du versant. Sous une

Gens de la montagne à Bocognano.

avalanche de pierres, les troupes adverses reculent en désordre et Zampaglinu se dégage avec quelques assiégés. À la marine la plus proche, il s'empare d'un mouton et s'approche d'un pêcheur sous prétexte de le lui vendre : sous la menace d'un couteau, le pêcheur accepte de faire passer en Sardaigne Zampaglinu et ses compagnons. « À toi tout seul, tu as fait plus que Vaux, Marbeuf et Narbonne réunis ; maintenant, il n'y a plus de bandits en Corse », conclut Zampaglinu.

Sauvé par miracle, Zampaglinu resta en exil pendant seize ans, à Londres, auprès de Pascal Paoli. Il ne quitta pas la Corse en 1795, lorsque Paoli fut de nouveau contraint de trouver refuge en Angleterre, mais reprit le combat contre les Anglais, qu'il accusait d'avoir forcé Paoli à abandonner la Corse. Les Anglais réussirent où les Français avaient échoué : Zampaglinu fut assassiné en 1796 dans la forêt de Vizzavona.

Quelques années plus tard, deux autres bandits font parler d'eux : Antoine et Jacques Bonelli. Ils étaient les fils d'un berger qui, en 1811, s'était établi dans la vallée de la Pentica (au nord-est de Bocognano par un chemin muletier). La vallée, extrêmement sauvage, en forme d'entonnoir rocheux, est couverte d'une végétation luxuriante : l'effet est saisissant. Le berger avait séduit trois sœurs qui vivaient avec lui – le ménage à quatre s'entendant parfaitement – et qui lui donnèrent dix-huit enfants, d'où le surnom de Bellacoscia, « belle cuisse », qu'il transmit à ses deux fils aînés, Antoine, né en 1817, et Jacques, né en 1832. Antoine prit le maquis en 1848 après avoir abattu le maire de Bocognano qui avait émis la prétention de reprendre les terres communales de la Pentica. Peu après, accompagné de quatre hommes armés, il tente d'enlever, le 3 novembre 1848, la fille d'un riche propriétaire de Salice, Jeanne Cerati. La jeune fille se cache, le père s'insurge, le frère ameute la population : les bandits doivent battre en retraite, après avoir arraché au père la promesse de mariage. Pourtant, un an et demi après, Jeanne épouse Jean-Baptiste Marcangeli ; les jeunes époux, attaqués le 31 août 1852, échappent par miracle à l'embuscade.

Par la suite, avec son frères Jacques, Antoine Bonelli abattit tous ceux qui les dénonçaient et tentaient de les faire prendre par la police : ainsi ils tuèrent d'un coup de fusil en 1885, au milieu d'un groupe de bergers, Pinelli, qui selon eux jouait le rôle d'indicateur. Leur tête fut mise à prix, mais, malgré la promesse d'une prime de 50 000 F, on ne put mettre la main sur eux : la population ne se soucia pas d'intervenir. Lors de la guerre de 1870, les deux frères furent autorisés à se rendre à Ajaccio pour organiser une compagnie de francs-tireurs : ce beau geste leur valut une visite du préfet de Corse, M. Dauzon. Connus dans le monde entier, ils reçurent le baron Haussmann, la princesse de Saxe-Weimar. Les écrivains Edmond About et Emmanuel Arène vinrent s'imprégner de l'ambiance de la Pentica. Enfin, le 25 juin 1892, Antoine Bonelli se livra à la justice : acquitté, mais relégué à Marseille, il ne tarda pas à rentrer en Corse. Jacques Bonelli, son frère, s'était fait graver au pénitencier de Chiavari (où il avait placé un gendre comme gardien) un sceau dont il timbrait ses lettres :

L'Indépendant
Jacques Bonelli, dit Bellacoscia

Le chasseur maudit

Il y avait jadis, au hameau de Busso, au-dessus de Bocognano, un château habité par le comte de Busso, dont la passion était la chasse. Or, un dimanche que le comte était à une battue de sanglier, la chasse se prolongea bien au-delà de l'heure prévue pour la messe dominicale. Le curé attendit, attendit, puis, lassé, décida de commencer l'office en l'absence du seigneur. Ce dernier, ayant enfin abattu son sanglier, se rendit à l'église, et fut pris d'une violente colère lorsqu'il s'aperçut que la messe était commencée. Fou de rage, il se précipita à l'autel et plongea son poignard dans le dos du curé. Puis il enfourcha son cheval et le lança au grand galop dans la montagne. Mais la bête, fatiguée, n'allant pas assez vite à son gré, le comte lui plante sa dague dans le flanc ; aussitôt le cheval le désarçonne et le précipite sur des rochers où il se brise le crâne et meurt. Depuis, on peut voir parfois la nuit, au hameau de Busso, des flammes horribles, vacillantes, dites *i fochi di u Busso*, « les flammes de Busso » : ce sont les âmes des damnés tenant compagnie au comte de Busso.

BONIFACIO

(Bonifaziu)

142 km S-E d'Ajaccio par N 196 – 170 km S de Bastia par N 193 et N 198

Ulysse au pays des Lestrygons

« Durant six jours, six nuits, nous voguons sans relâche. Nous touchons, le septième, au pays lestrygon, sous le bourg de Lamos, la haute Télépyle... Nous entrons dans ce port bien connu des marins : une double falaise, à pic et sans coupure, se dresse tout

Bonifacio.

autour, et deux caps allongés, qui se font vis-à-vis au-devant de
l'entrée, en étranglent la bouche. Ma flotte s'y engage et s'en va jusqu'au fond, gaillards contre gaillards, s'amarrer côte à côte : pas de
houle en ce creux, pas de flot, pas de ride ; partout un calme blanc.
Seul, je reste dehors, avec mon noir vaisseau ; sous le cap de l'entrée, je mets l'amarre en roche : de troupeaux ou d'humains, on ne
voyait pas de trace ; il ne montait du sol, au loin, qu'une fumée.

J'envoie pour reconnaître à quels mangeurs de pain appartient
cette terre ; les deux hommes choisis, auxquels j'avais adjoint en
troisième un héraut, s'en vont prendre à la grève une piste battue,
sur laquelle les chars descendent vers la ville le bois du haut des
monts. En approchant du bourg, ils voient une géante qui s'en
venait puiser à la source de l'Ours, à la claire fontaine où la ville
s'abreuve : d'Antiphatès le Lestrygon, c'était la fille.

On s'aborde ; on se parle : ils demandent le nom du roi, de ses
sujets ; elle, tout aussitôt, leur montre les hauts toits du logis
paternel.

Mais à peine entrent-ils au manoir désigné, qu'ils y trouvent la
femme, aussi haute qu'un mont, dont la vue les atterre. Elle, de
l'agora, s'empresse d'appeler son glorieux époux, le roi Antiphatès,
qui n'a qu'une pensée : les tuer sans merci. Il broie l'un de mes gens,
dont il fait son dîner. Les deux autres s'enfuient et rentrent aux
navires. Mais, à travers la ville, il fait donner l'alarme. À l'appel, de
partout, accourent par milliers ses Lestrygons robustes, moins

hommes que géants, qui, du haut des falaises, nous accablent de blocs de roche à charge d'homme : équipages mourants et vaisseaux fracassés, un tumulte de mort monte de notre flotte. Puis, ayant harponné mes gens comme des thons, la troupe les emporte à l'horrible festin.

Mais pendant qu'on se tue dans le fond de la rade, j'ai pris le glaive à pointe, qui me battait la cuisse, et j'ai tranché tout net le câble du navire à la proue azurée. J'active alors mes gens. J'ordonne à mes rameurs de forcer d'avirons, si l'on veut s'en tirer. Ils voient sur eux la mort ; ils poussent, tous ensemble, et font voler l'écume... O joie ! voici le large ! mon navire a doublé les deux caps en surplomb ; mais là-bas a péri le reste de l'escadre[1]. »

Cet épisode de *L'Odyssée* était placé par Victor Bérard à proximité des bouches de Bonifacio, au nord de la Sardaigne. V. Bérard avait été frappé par le cap de l'Ours et son aiguade, près de l'anse de Parau, dont les « parages... offrent... toute une suite de mouillages excellents... Ces mouillages fermés sont même une caractéristique de cette côte[2] ». En réalité, pour un familier de la Corse, la description d'Homère évoque avec une précision étonnante le site de Bonifacio. L'analyse du récit de *L'Odyssée*, confrontée aux données de la géographie, a été reprise par M. Louis Moulinier[3]. Le goulet étroit et allongé de Bonifacio, isolé de la mer, offre un abri sûr aux bateaux qui trouvent là un « calme blanc ». Mais, le havre paisible se mue en souricière si une attaque vient de la terre. Site exceptionnel en Méditerranée, les falaises en surplomb de Bonifacio sont décrites avec précision : « Mon navire a doublé les deux caps en surplomb », traduction modifiée ainsi par M. Moulinier : « Mon navire a fui les roches en surplomb. » Amarrés au fond de la marine, les navires pouvaient envoyer leur équipage prendre l'eau à l'une des très rares sources de Bonifacio, la fontaine de Longone. Homère se trouve confirmé par les découvertes des préhistoriens : un sentier descend du plateau du Campo Romanello vers la source de Longone ; ce chemin était suivi par les néolithiques qui avaient occupé le Campo Romanello.

Un drame de la préhistoire

La présence très ancienne de l'homme sur le territoire de Bonifacio est confirmée par la multitude de témoins muets. Charles Ferton, dès 1898, avait découvert des silex taillés, des pointes de flèches, des fragments de hache taillés dans le quartz, la serpentine ou l'obsidienne, datant de l'âge de la pierre polie. On a retrouvé également un squelette humain de la même époque dans un abri sous roche situé sur le vieux chemin de Sartène (D 60) à 100 m de sa bifurcation avec la N 196. À 3 m de son foyer, l'homme avait été tué par un bloc détaché de la voûte qui lui écrasa la partie supérieure du corps.

À 7 km de Bonifacio, par la D 58, un autre site, la vallée de Cala Lunga, qui apparaît à l'ouest de l'étang de Sperone, est connu depuis le XIXe siècle. L'examen d'une amphore à col brisé a fait apparaître un squelette tassé à l'intérieur, inhumé par les Romains. La poterie était fabriquée sur place : on a exhumé des blocs d'argile

1. *L'Odyssée*, texte établi et traduit par V. Bérard, Paris, Les Belles Lettres, 6e édition, 1959.
2. V. Bérard, *Nausicaa et le retour d'Ulysse*, Paris, A. Colin, 1929.
3. L. Moulinier, *Quelques hypothèses relatives à la géographie d'Homère dans l'Odyssée*, Annales de la faculté des lettres d'Aix-en-Provence, n° 23, 1958.

tout préparés et restés inutilisés. Ces poteries comportaient de l'hy-
drate de fer jaune ou rouge avec des paillettes de mica, soit dans la
masse, soit dans la couverture extérieure. L'obsidienne devant être
importée, on a ainsi la révélation d'un commerce à longue distance
déjà actif à l'époque préhistorique.

La doyenne des Corses

À l'entrée même de Bonifacio, peu avant la marine, à gauche de
la N 198, en venant de Porto-Vecchio, un autre abri sous auvent a
été mis au jour par M. Rossi, puis étudié par MM. Weiss et de
Lanfranchi. Un ensemble exceptionnel de foyers préhistoriques
s'étage là sur plusieurs mètres de niveaux sableux issus de la désagrégation de la molasse blanche, qui constitue la roche dominante
à Bonifacio et aux environs. Le site d'Araguina-Sennola s'étage sur
plusieurs mètres et se divise en dix-huit couches. La partie la plus
profonde de la strate inférieure, XVIII b, était occupée par la sépulture de la dame de Bonifacio (voir PEUPLES ET ORIGINES, p. 69). La
partie supérieure de la même strate, XVIII a, a accueilli un foyer
qui signale la première occupation de l'abri. Ce foyer, daté de la première moitié du VIIe millénaire, vers 6750 avant notre ère, est antérieur au néolithique.

Le squelette découvert dans le niveau le plus ancien constitue,
dans ces conditions, le plus ancien vestige de la présence humaine
en Corse. Il appartenait à une femme petite, mais d'une taille très
courante en Europe au néolithique (1,50 à 1,55 m), qui est morte à
l'âge de trente-cinq ans environ, dans un état de décrépitude phy-
sique pénible : la dame de Bonifacio avait la main atrophiée et en
partie paralysée à la suite d'un accident ; elle avait eu l'avant-bras
gauche fracturé. Handicapée par des inflammations articulaires
aux pieds, cette femme devait se déplacer avec peine. De plus, elle
souffrait d'une infection à la mâchoire.

Dans un tel état, la dame de Bonifacio devait subvenir difficilement à ses besoins. Sa survie jusqu'à trente-cinq ans semble même
miraculeuse, si bien que les préhistoriens supposent qu'elle a bénéficié de l'aide du groupe grâce auquel le corps avait été saupoudré
d'une argile rouge, qui provenait de la décomposition du granite.

La citadelle de Bonifacio.

La communauté qui a enseveli la défunte a dû se procurer la poudre
rouge plusieurs kilomètres au nord de Bonifacio, où le granite n'apparaît pas.

Les restes de la dame de Bonifacio ont été recueillis par le musée
de Lévie.

L'ombre de Rome et de la Grande-Grèce

Hérodote avait signalé les relations entre Rhegiôn et une île que
l'on identifiait avec hésitation à la Corse. Mais, une fois de plus,
l'information du vieil historien était exacte : une monnaie grecque
provenant de Rhegiôn a été découverte au pied du Campo
Romanello. De même, dès 1623, on avait exhumé à Santa-Manza (à
8 km de Bonifacio, par la N 198 et la D 58) un grand nombre
de médailles de bronze d'Antonin le Pieux, de Marc Aurèle et de
Septime Sévère, ainsi qu'une très belle médaille d'argent de
Plautilla Augusta, épouse de l'empereur Caracalla.

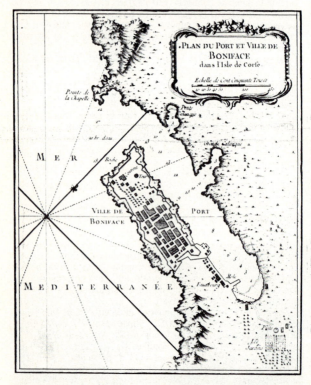

Tour des martyrs

La Toricella, petite tour carrée située sur la falaise, reliée par les
remparts à l'ancien bastion de la ville, aurait, suivant une tradition
locale très ancienne, servi de prison aux chrétiens durant les persécutions des premiers siècles. Par respect pour ce lieu sanctifié par
le sang des martyrs, les prêtres et les anciens de Bonifacio, il y a un

demi-siècle encore, interdisaient aux enfants d'aller jouer sur la plate-forme de la Toricella. Parmi les martyrs suppliciés sur l'ordre du gouverneur romain de Corse, qui se serait appelé Barbarus, figuraient sainte Dévote et sainte Amance.

La croix tue le serpent

La tradition, en Corse, fait de sainte Amance – qui a donné son nom au golfe de Santa-Manza – une jeune vierge martyrisée durant les persécutions. Mais, au martyrologe romain, ne figure que saint Amance, ou Amantius, dont la fête est célébrée le 26 septembre, et qui serait mort vers la fin du VIᵉ siècle. Il est cité dans les *Dialogues* de saint Grégoire qui le décrit comme un prêtre d'une grande simplicité, doué d'un pouvoir guérisseur. Les malades à qui il imposait les mains recouvraient immédiatement la santé. C'était aussi un saint ophioctone : il était capable de foudroyer les serpents rien qu'en faisant le signe de croix.

Deux fondateurs pour une ville : pape ou marquis ?

La ville actuelle aurait été fondée, selon certains, par Boniface, marquis de Toscane, au retour d'une campagne contre les Maures d'Afrique. En effet, nous apprend Pietro Cirneo : « Avec Bertario son frère, et une petite armée composée de Corses et de Toscans, Bonifacio passa en Afrique, en vint quatre fois aux mains avec l'ennemi entre Utique et Carthage, au rapport de Biondo et de Platina, et lui tua tant de monde que les Maures, comme au temps de Scipion, se virent contraints de rappeler leurs troupes de Sicile, pour secourir la patrie menacée. C'est ainsi que la Sicile fut délivrée des Barbaresques. Bonifacio revint d'Afrique en Corse, avec sa flotte victorieuse et un butin considérable ; avec les dépouilles des ennemis, il fonda la ville la plus forte de toute la Corse et l'appela de son nom, Bonifacio. C'était le 14 octobre 883. »

En réalité, les expéditions de Boniface, marquis de la Toscane, en Méditerranée datent de 830 environ. Ce serait donc à cette époque qu'a été édifié le premier camp fortifié destiné à contrôler la navigation à travers le détroit.

« À l'endroit le plus haut, écrit le général A. Serafino, vers le groupe scolaire actuel semble t-il, fut construit un cantonnement rectangulaire en pierres avec une tour, le tout constituant un poste d'observation, un refuge et un point d'appui. Au pied de ce cantonnement et sous sa protection s'installa, au fil des ans, une population composée surtout de gens de mer et de marchands, utilisant comme port l'anse de la Caratola[1]. »

Selon d'autres sources, la fondation de la ville serait l'œuvre du pape Boniface II, sur les ruines d'un village appelé Calcosalto. Dans les deux cas, la ville porterait le nom de son fondateur. Mais, si la première initiative est due à Boniface II, les origines de la ville remonteraient approximativement à 530 de notre ère.

Les Génois s'emparèrent de Bonifacio par surprise en 1181 ; les habitants, tout à la célébration d'un mariage, n'eurent pas le temps de se défendre. Ils furent en 1195 chassés de la ville, et remplacés par des colons génois auxquels la République, pour les fixer sur place, accorda de nombreux privilèges ; ils touchaient six livres par

---

1. A. Serafino, G. Moracchini-Mazel et P. Milleliri, « Les monuments et œuvres d'art de la Corse, Bonifacio », *Cahiers Corsica*, nᵒˢ 93-96, 1981.

an pour assurer le service de garde ; tout enfant mâle y recevait dès sa naissance une pension de douze deniers par jour pour son entretien jusqu'à l'âge de vingt ans, tandis que les filles n'avaient droit qu'à six deniers jusqu'à quinze ans. « Et ce fait le commun de Gênes, nous apprend Templier de Tyr, pour maintenir en habitation ladite ville. »

Saint François vagabond

Saint François d'Assise, se rendant en 1215 d'Espagne en Italie, aurait été contraint de faire escale à Bonifacio. Selon la légende, il serait allé demander l'hospitalité au couvent de Saint-Julien (à 2 km à l'est de Bonifacio par la N 196 et la D 58) alors desservi par des religieux hospitaliers, qui le prirent pour un vagabond et refusèrent de le recevoir. Le saint se retira alors dans une grotte voisine, et à l'aube les moines furent tout étonnés de voir la grotte illuminée par une radieuse clarté.

Dans la grotte se trouve un banc de pierre sur lequel aurait couché le saint : les légères dénivellations qu'on y remarque seraient les traces de son corps. Cette grotte fut utilisée comme sépulture par la famille Portafax de Bonifacio. On y a enterré un membre de cette famille, maire de Bonifacio, qui, en 1830, à la chute de Charles X, se démit de ses fonctions, s'enferma dans sa maison et fit vœu de n'en jamais sortir jusqu'au retour du comte de Chambord ; il y resta cinquante ans jusqu'à sa mort.

L'escalier du roi d'Aragon

De la citadelle, près du cimetière marin, un escalier de cent quatre-vingt-sept marches descend à la mer. Selon la tradition, il aurait été taillé dans le roc en une seule nuit par les troupes du roi d'Aragon, durant le siège de 1420. Les Bonifaciens résistèrent alors héroïquement à Alphonse V, dont le père Jacques II avait reçu du pape la royauté de la Corse. « Mais, commente Prosper Mérimée dans son *Voyage en Corse*, il suffit de considérer la hauteur du rocher, qui s'élève abruptement à plus de deux cents pieds, pour se convaincre qu'un semblable travail était absolument impossible à exécuter en une nuit.

On connaît la disposition particulière du port de Bonifacio dont l'entrée est si étroite qu'on la prendrait pour une rivière débouchant entre deux masses de rochers. Bloquer le port, le fermer était chose facile. Les Aragonais y parvinrent en tendant une chaîne d'un bord à l'autre de la passe. Sans doute les assiégés avaient prévu le danger longtemps d'avance, et s'étaient ménagé le moyen de communiquer avec la mer du côté opposé au port. C'est évidemment dans ce but que fut taillé l'escalier qu'on attribue aux Aragonais. Probablement les courageux Bonifaciens qui vinrent annoncer l'arrivée de la flotte génoise montèrent par ce chemin, au lieu de se faire guider par des poulies, eux et leurs esquifs, ainsi que le prétend Petrus Cyrneus, dans sa relation beaucoup trop poétique du siège de Bonifacio. »

En fait, la ville fut sauvée en 1420 par une série d'événements fortuits. Le roi d'Aragon avait fait fermer le goulet qui commande le port par une chaîne de fer et posté en arrière de celle-ci les cinq plus gros navires de son escadre, la proue tournée vers la mer, attachés les uns aux autres par une sorte de pont. Les navires les plus petits formaient une seconde ligne. La ville ne pouvait donc être ravitaillée ni par terre ni par mer. Comme le pense

Mme G. Moracchini-Mazel, c'est sans doute par l'escalier de la falaise que « sortit l'émissaire envoyé par la ville à Gênes pour demander du secours. On peut également penser que les Aragonais, ayant appris son existence, aient tenté de l'utiliser pour pénétrer par surprise dans la ville d'où le nom d'Escalier du roi d'Aragon ».

Or, la république de Gênes, qui était en guerre avec Milan, parvint à signer la paix et à vendre pour 120 000 ducats d'or la ville de Livourne aux Florentins. Elle put ainsi au dernier moment porter secours aux habitants de Bonifacio. La flotte génoise arriva le 2 décembre. La première galère parvint à briser la première ligne de défense. Au milieu du combat qui suivit, un marin génois, excellent nageur, plongea sous l'eau et alla couper les cordes des ancres des plus gros navires, reliés entre eux comme nous l'avons vu ; l'énorme masse se mit alors à dériver vers le large. Les Génois profitèrent de la stupéfaction des Aragonais pour pénétrer au fond du golfe et ravitailler la ville, puis s'échappèrent vers la mer en lançant devant eux un navire enflammé.

Bonifacio, lithographie de 1858.

Finalement, Alphonse V d'Aragon leva le siège de la ville. En effet, Jeanne II de Naples, « qui avait rempli l'Europe entière du bruit de ses scandales et que le pape Martin V venait d'excommunier pour ses cruautés et ses débauches », cherchait un allié qui la défendît à la fois contre son mari, Jacques de Bourbon, comte de la Marche, et contre Louis d'Anjou qui menaçait de s'emparer de ses États, et s'était allié à Gênes. Elle fit appel à Alphonse V, qui lui proposa de le désigner comme son héritier, en lui offrant comme garantie le duché de Calabre. Devant la perspective d'un tel héritage, le roi d'Aragon quitta Bonifacio pour Naples.

La piste de la source

L'escalier du roi d'Aragon ne serait-il pas beaucoup plus ancien ? Constatant l'existence d'une occupation néolithique sur l'emplacement de la citadelle, à proximité de l'amorce de l'escalier du roi d'Aragon et d'une source d'eau douce au niveau de la mer, la fontaine Saint-Barthélemy, Charles Ferton écrivait en 1909 : « Il est vraisemblable que l'escalier n'a jamais commencé, et qu'il a toujours existé à son emplacement un sentier, utilisé par l'homme pour aller puiser de l'eau à la fontaine Saint-Barthélemy. Cette piste, sans cesse améliorée, a été peu à peu transformée en un large et commode escalier. »

Un sacrifice impérial

Charles Quint, au retour de sa deuxième expédition d'Alger, en 1541, fit escale dans le golfe de Santa-Manza et passa quelques jours à Bonifacio. On voit encore, en haut de l'ancienne rue Longue, la maison (la dernière à droite) où il descendit, chez Philippe Cattaciolo surnommé l'*Alto Bello*. Charles Quint avait débarqué dans le golfe de Santa-Manza, et Cattaciolo lui prêta le plus beau de ses chevaux, pour faire son entrée dans Bonifacio ; puis il abattit l'animal, afin que personne ne puisse plus monter le cheval qui avait servi à l'empereur. La sépulture de Philippe Cattaciolo se trouve dans l'église Saint-François, dans laquelle, si l'on en croit la tradition, se trouve une source cachée communiquant avec certains tombeaux. Le sacrifice du cheval de Charles Quint a été reproduit et mis en scène dans l'une des salles voûtées du bastion de l'Étendard, qui domine la place d'Armes et que l'on visite en été.

En face de la maison où fut reçu l'empereur Charles Quint (31, rue Noël-Beretti), s'élève une demeure qui accueillit un futur empereur : Napoléon Bonaparte, lieutenant-colonel du bataillon des volontaires du département du Liamone, s'était installé là en 1793, pour préparer une expédition vers la Sardaigne. Sa résidence à Bonifacio s'était imposée d'elle-même : la maison de la rue Longue avait figuré, au début du XVIᵉ siècle, dans la dot d'une Cattaciolo, Camille, qui avait épousé François Bonaparte, dont Napoléon descendait en ligne directe. Selon D. D. Milano et X. Serafino, des Bonaparte habitant auparavant près de Porto-Vecchio se seraient établis à Bonifacio au XIIIᵉ siècle.

La carrière de Napoléon aurait pu d'ailleurs s'achever à Bonifacio : attaqué par des marins marseillais près de la place de la Manichella, le jeune officier réussit à s'échapper avec l'aide de deux Bonifaciens et à se réfugier au domicile du procureur de la cité, Don André Portafax. L'incident est aussi évoqué par une reconstitution figurant sur l'une des salles du bastion de l'Étendard.

Inconstante milice céleste

Lorsque les Turcs, alliés aux Français, mirent le siège devant Bonifacio, en 1541, ils furent, dit-on, épouvantés, une nuit, par l'apparition d'une milice céleste resplendissante de lumière. Le phénomène avait pourtant une explication : c'étaient les armes des assiégés postés sur les remparts qui scintillaient à la clarté de la lune.

Inconstante, la milice céleste ne se manifesta pas en 1553, lors du siège mené par les forces alliées du royaume de France et de l'Empire ottoman, parmi lesquelles figuraient des partisans de Sampiero Corso, hostiles à Bonifacio, ville génoise. La nouvelle artillerie, utilisant des boulets métalliques, eut alors raison des défenses médiévales de la ville. La population abandonna Bonifacio, aux trois quarts détruite ; la garnison avait obtenu la vie sauve au cours des négociations qui avaient précédé la fin du siège, mais les Turcs la massacrèrent. Les Français conservèrent Bonifacio jusqu'au traité du Cateau-Cambrésis (1559), mais les Barbaresques poursuivirent l'occupation des îles Lavezzi et de l'île de Cavallo jusqu'en 1588, menaçant sans cesse l'activité maritime de Bonifacio. On comprend ainsi pourquoi de nombreux marins de Bonifacio et de plusieurs autres ports de Corse participèrent à la bataille de Lépante (1574).

La peste exorcisée

La chapelle Saint-Roch (à la sortie de la ville haute, par la vieille porte) a été édifiée à l'endroit où tomba la dernière victime de l'effroyable peste de 1528 dans laquelle périt une bonne partie de la population de la ville. On y dit la messe le 16 août, fête de saint Roch.

Après la messe à la chapelle Saint-Roch, un pique-nique, la *mirenda di San Roccu*, réunissait les enfants sur le Campo Romanello. Depuis un demi-siècle, les grandes personnes ont adopté cette coutume. Mais le goûter n'est plus pris sur place. La *mirenda*, ou *merendella*, est devenue un repas familial qui a lieu soit à l'ermitage de la Trinité (à 5 km au nord-ouest par la N 196, soit à la Tonnara (à 8 km au nord-ouest par la N 196 en face des îles du même nom, entre le port de Stagnolo, au sud, et le golfe de Ventilègne, au nord), soit à Santa-Manza.

La foudre et la tempête

Immédiatement à gauche de l'entrée de la citadelle, l'église Saint-Dominique, la seule église gothique de Corse, est surmontée par un clocher octogonal couronné de créneaux. Elle fut construite par les templiers sans doute de 1270 à 1343. La cloche est ornée d'une crucifixion et de têtes de chérubin ; elle porte cette inscription :

Carbonus Fecit M.D. CC VIII
A Fulgore et Tempestate Libera nos Domine

que l'on peut traduire, en ce qui concerne la deuxième partie de la phrase :

« Délivre-nous, Seigneur, de la foudre et de la tempête. »

Irrespectueuses facéties

À l'entrée de l'église Saint-Dominique, une statue en bois représente saint Barthélemy, impassible sous la main du bourreau occupé à lui arracher la peau. On raconte qu'une mère fort dévote, et encore plus curieuse, venait quotidiennement faire ses dévotions au saint, sans omettre de lui poser de nombreuses questions relatives à l'avenir de sa fille. Amusé par le manège, un plaisantin se cacha un beau jour derrière la statue et, à la question posée, proféra un petit discours où la pauvre femme n'était pas épargnée. Folle de rage, la dévote se mit alors à insulter le saint : « Mauvaise langue, je ne m'étonne pas que les juges t'aient ainsi traité, et s'ils m'écoutaient, ce n'est pas seulement la peau qu'ils t'arracheraient ! » Saint Barthélemy avait perdu une fidèle...

Derrière l'ancien couvent Saint-Dominique, une belle citerne porte une inscription gothique qui atteste qu'elle est l'œuvre d'Abrigho de Pistoia, et qu'elle a été exécutée en 1398. On dit que l'artiste a sculpté au fond de la citerne, par ironie, des figures de moines, qui se trouvent ainsi condamnés à un perpétuel bain forcé.

La mer enchaînée

On conserve à Bonifacio deux fragments de la vraie Croix, dans des reliquaires en argent : l'un appartient à l'église Sainte-Marie-Majeure ; l'autre est détenu par la confrérie de la Sainte-Croix. Ces reliques sont l'objet d'une grande vénération. Selon la tradition, le reliquaire de Sainte-Marie-Majeure aurait été offert à l'église par une princesse qui aurait échappé par miracle à une tempête dans les bouches de Bonifacio. Le reliquaire est enfermé à la sacristie dans une niche creusée dans le mur et close par une grille de fer, dont seuls le curé et le maire possédaient la clef. Lorsqu'une tempête éclatait, une délégation de Bonifaciens allait chercher le maire qui se rendait chez le curé ; on ouvrait la grille et on portait la relique sur la terrasse de Manichella, où le curé implorait la protection divine devant les flots déchaînés.

Des bisons sur la falaise : une fresque naturelle.

Confréries et pénitents

De nos jours encore, la relique de la vraie Croix est promenée processionnellement dans les rues, le soir du vendredi saint, escortée par les cinq confréries de la ville : confréries de la Sainte-Croix, de Saint-Jean-Baptiste, de Saint-Barthélemy, de Sainte-Marie-Madeleine et de Saint-Érasme. Les confrères se réunissent à 9 heures le soir du jeudi saint, le matin et le soir du vendredi saint. Le jeudi saint, la procession, précédée parfois de deux cents pénitents, prend son départ à la lueur des torches. Un pénitent porte le Christ crucifié de la confrérie de la Sainte-Croix, qui a rénové en 1991 l'ensemble de son patrimoine d'ornements rituels. Chaque confrérie porte des châsses en bois sculpté ou des statues de son saint ; celle de la Sainte-Croix pèse une demi-tonne, celle de Saint-Barthélemy 800 kg. Le livret des chants religieux de la semaine sainte, publié par la confrérie de la Sainte-Croix, permet de participer pleinement aux cérémonies.

En dehors de la semaine sainte, ces confréries organisent une ou deux fois l'an des processions solennelles : celles de la Sainte-Croix ont lieu lors des fêtes de l'Invention et de l'Exaltation de la Croix (3 mai et 14 septembre), celles de Saint-Jean-Baptiste les 24 juin et 29 août, celle de Saint-Barthélemy le 24 août, celle de Marie-Madeleine le 22 juillet, celle de Saint-Érasme le 2 juin.

Un apôtre voyageur

Sainte-Marie-Majeure abrite aussi les reliques de saint Boniface, qui sont conservées dans le maître-autel. Longtemps menacée de toutes parts, Bonifacio souhaitait se placer sous une haute protection. Ce désir a été pris en considération par les autorités ecclésiastiques au début du XVIIe siècle. Le 5 octobre 1625, la ville a reçu en grande pompe les reliques de saint Boniface, martyr, qui n'a aucun rapport avec les fondateurs de Bonifacio, mais qui porte le même nom. Madame G. Moracchini-Mazel évoque l'événement : il « donna lieu à des cérémonies considérables : les reliques, débarquées le 7 d'un convoi de cinq galères envoyées par la république de Gênes et selon la volonté du donateur J. B. Calvo, citoyen génois, protonotaire apostolique, à la demande du jésuite Nicolas Botti, furent déposées solennellement à Sainte-Marie, en présence de Mgr Fabiano, évêque d'Ajaccio, du capitaine des galères avec le crépitement des arquebuses et des mousquets, le chant des hymnes ». Saint Boniface, martyr, aurait été apôtre de Germanie et archevêque de Mayence au VIIIe siècle.

Les organistes de Sainte-Marie-Majeure ont peut-être bénéficié de la protection de saint Boniface : décédé en 1991, M. Jean-Baptiste Stacchino a été maître organiste de l'église pendant soixante-dix-huit ans et son père Lazare l'avait été pendant soixante-dix ans.

Lieu de culte et musée, Sainte-Marie-Majeure abrite sous son porche une citerne, aujourd'hui désaffectée, qui recevait l'eau de pluie et la conservait pour l'été et les périodes de siège, fréquentes dans l'histoire de Bonifacio ; un tabernacle proche des fonts baptismaux surmonte un sarcophage de marbre blanc du IIIe siècle de notre ère ; on remarque enfin au registre supérieur de la façade de Sainte-Marie-Majeure quatre rosaces dont l'une est, curieusement, en forme d'étoile à six branches, dite « bouclier de David ».

Le quartier fantôme

La D 58, au-delà du couvent de Saint-Julien et du carrefour de la
D 258, traverse le Piale, un plateau calcaire entièrement aménagé
par les Bonifaciens. Des murs de pierres sèches délimitent de
petites parcelles où subsistent des vignes, des oliviers et des arbres
fruitiers, malgré l'abandon des lieux. Ce quartier rural périurbain,
Casila, a été équipé, comme son nom l'indique, de constructions circulaires, appareillées en pierres sèches empilées en assises de plus
en plus réduites vers le haut, que les Bonifaciens appellent les *bar-*
racun. Ces édifices ont servi de réserves, d'abris et même, temporairement, de logements pour des familles de Bonifacio, au cours de
l'été ou lors de la cueillette des olives. Les *barracun* évoquent les
trulli et les *caselle* des Pouilles, les talayots des Baléares, ou, à une
échelle plus modeste, les bories provençales. On ne sait rien de sûr
à propos de la date de construction des premiers *barracun*, ni sur la
durée d'occupation du Casile. Bien que des techniques similaires à
celles employées sur le Piale soient connues dès le néolithique et
authentifiées en Crète au cours de la première moitié du IIᵉ millénaire avant J.-C., aucune mention de cet habitat n'a été relevée à
Bonifacio avant le XVIIIᵉ siècle.

Une Corse à l'air libre

La visite des grottes marines, que l'on effectue en vedette, en
partant du quai du port, permet de découvrir, dans la grotte du
Sdragonato, vaste salle circulaire et concave, à la voûte, une ouverture naturelle par où passe la lumière du jour, et qui figure exactement le contour de la Corse.

Les autres grottes sont prometteuses : le choix s'offre entre le
Salon des 80 couverts et le Bain de Vénus.

Par la N 196, la D 260 et une VO à droite, on atteint l'extrémité
méridionale de la Corse. Le plateau de Pertusato se prolonge par la
pointe de Saint-Antoine, qui, en réalité, forme une île, car de petites
embarcations peuvent emprunter un passage. Le plateau de
Pertusato, le « plateau percé », doit son nom à une grotte marine
située à quelques dizaines de mètres au nord, l'*orca*, c'est-à-dire la
« jarre », qui affecte la forme d'une jarre renversée. Le fond de la
jarre, qui correspond au plafond de la grotte, est percé d'une petite
ouverture sensiblement circulaire.

Bonifacio, gravure du XIXᵉ siècle.

L'agonie de la « Sémillante »

À 7 km au sud-est de la pointe Saint-Antoine, l'île de Lavezzi abrite le cimetière de la *Sémillante*, décrit par A. Daudet dans les *Lettres de mon moulin*, « avec sa petite muraille basse, sa porte de fer, rouillée, dure à ouvrir, sa chapelle silencieuse et des centaines de croix noires cachées par l'herbe ». Le 15 février 1855, un douanier « aurait aperçu tout près de lui, dans la brume, un gros navire à sec de toile qui fuyait sous le vent du côté des îles Lavezzi ». Un vieux berger raconta que « le jour en question, vers midi, il entendit de sa cabane un craquement effroyable sur les roches. Comme l'île était toute couverte d'eau, il n'avait pu sortir. Ce fut le lendemain seulement qu'en ouvrant sa porte il avait vu le rivage encombré de débris et de cadavres laissés par la mer. Épouvanté, il s'était enfui en courant vers sa barque, pour aller à Bonifacio chercher du monde. Il était presque fou de peur ; et, de l'affaire, sa cervelle en est restée détraquée. Le fait est qu'il y avait de quoi. Figurez-vous six cents cadavres en tas sur le sable, pêle-mêle avec les éclats de bois et les lambeaux de toile... ». En effet la *Sémillante* transportait des troupes de Toulon en Crimée : les sept cent soixante-treize soldats et hommes d'équipage périrent tous lorsque le bateau heurta, en plein midi, sans aucune visibilité, les écueils de Lavezzi. Le naufrage est relaté sur les quatre faces d'une pyramide érigée dans l'île, portant à son sommet une bombe surmontée d'une croix.

On dit en Bretagne que le commandant de la *Sémillante* avait scellé le sort de son navire en oubliant de saluer Notre-Dame de l'Armor-en-Plomeur de plusieurs coups de canon, lorsque la *Sémillante* avait quitté le port de Lorient.

Iles abandonnées

Avant d'attirer les résidences de luxe, l'île de Cavallo, à l'est de Bonifacio et au nord de l'île de Lavezzi, fut longtemps déserte. Pourtant, elle avait été un lieu de passage fréquenté dès les origines du peuplement de la Corse. Une sépulture d'époque néolithique a été découverte en 1849 dans un abri sous roche à l'anse de la Catena : elle contenait une femme très âgée, couchée sur le côté gauche, les genoux repliés, la tête à l'ouest, inhumée sous de la terre rapportée et des pierres plates.

La Cala di Greco et la Cala di Giunco ont livré des objets en obsidienne de l'époque néolithique. L'obsidienne, qui n'existe pas en Corse, pourrait provenir du monte Arci, en Sardaigne, qui en fit grand commerce. Dans les années 1970, M. Agostini a, de plus, exhumé des céramiques, qu'il attribue à une période comprise entre l'âge du bronze moyen et l'âge du fer, mais il a découvert peu d'objets en obsidienne. Il semblerait que les relations par voie de mer se soient progressivement réduites, entraînant ainsi un retard dans l'évolution des techniques mises en œuvre dans l'île de Cavallo et un usage exclusif des roches disponibles sur place. Cet isolement cesse ensuite.

À l'époque romaine, des ateliers de sculpture étaient installés dans l'île : des colonnes, des têtes, parfois seulement ébauchées et rongées par le temps, restent les derniers témoins de cette activité artistique.

Des meules et des colonnes de facture romaine, taillées dans un granite gris, jonchent aussi l'île de San Baïnzo, immédiatement au sud de l'île de Cavallo. L'une des colonnes est longue de 8, 18 m. Son diamètre à la base atteint 1, 24 m et le diamètre supérieur 1 m.

BORGO

(U Borgu)

Razzia dans la nuit

En 1560, sous la conduite d'un renégat originaire de Pino, Mammi Corso, les Turcs débarquèrent sur la plage de Mariana, près de la Punta d'Arco, et à la faveur de la nuit se dirigèrent secrètement vers Borgo. Mais, heureusement, la sentinelle avait l'œil bon et l'oreille fine : prévenus à temps, ses concitoyens se barricadèrent dans leurs maisons fortifiées. Pourtant, une trentaine de personnes, surprises dans leur sommeil, furent emmenées en esclavage.

Purification par le feu

Au début de l'ultime guerre contre les Génois, qui dura quarante ans et aboutit à l'annexion de l'île par la France, tout Corse dont l'hostilité envers les Génois ne s'était pas clairement manifestée était menacé de représailles. Les habitants de Borgo ne semblaient pas tous favorables à la cause de l'indépendance : en 1737, un montagnard du Rustinu, Jean-Jacques Ambrosi, dit Castineta, investit le village avec quatre cents hommes et incendia, en un gigantesque feu de vengeance, les maisons de tous les partisans de Gênes.

L'esprit de résistance de Borgo se manifeste pourtant peu après. À la suite d'un traité d'assistance conclu entre la France et la république de Gênes, un détachement de soldats français, commandé par le général de Boissieu, débarque à Bastia à partir de février 1738. Le général déploie ses troupes dans la plaine entre Bastia et l'estuaire du Golo et occupe Borgo le 7 décembre. La milice nationale corse encercle Borgo, anéantit la garnison et refoule les renforts envoyés par le général de Boissieu. Le massacre de Borgo rappela, cinq siècles plus tard, l'extermination des forces françaises, commandées par Charles Ier d'Anjou, en Sicile, le 30 mars 1282. Par analogie avec ces Vêpres siciliennes, qui avaient commencé à l'heure de l'office du soir, le lundi de Pâques, la bataille de Borgo prit le nom de Vêpres corses.

Borgo n'était vraiment pas propice aux entreprises françaises. Trente ans après les Vêpres corses, le 7 et le 8 octobre 1768, le village entier s'engagea dans une sanglante bataille contre l'occupation française, qui, cette fois, suivit la conclusion du traité qui avait cédé la Corse à la France (15 mars 1768). Ce devait être la dernière victoire des patriotes corses, qui étaient commandés par Clemente Paoli, le frère de Pasquale Paoli. Clemente Paoli avait résolu de s'emparer de Borgo, tenu par le colonel de Ludre, à la tête de sept cents hommes. Le siège fut particulièrement acharné. Clemente Paoli aurait entraîné ses troupes en clamant : « Patriotes, souvenez-vous des Vêpres corses ! » Parmi les partisans de Paoli, des moines et des femmes firent le coup de feu, telle l'héroïque Roxane Serpentini qui se distingua par son courage, et l'abbé Agostini, de Silvareccio, qui transforma une maison en fortin et tint tête, seul, à un détachement ennemi. Le colonel de Ludre dut se rendre.

Clef guérisseuse

L'église Saint-Appien domine le village du haut d'un promontoire qu'on atteint en quelques minutes. Certaines pierres sculptées lui appartenant ont été incorporées à l'église paroissiale : elles sont ornées d'étoiles et d'hélices, et sur un linteau court une frise en dents de scie terminée par deux croix. Il est curieux de constater que les décors de Saint-Appien ressemblent étrangement aux figures qui ornent San Giovanni de Prunelli-di-Fiumorbo. Or, pour des raisons inconnues, un proverbe rassemble les deux villages et Antisanti, dans un même hommage :

> *Della Corsica sono i tre giojelli*
> *Antisanti, Borgo e Prunelli*

La clef de l'église Saint-Appien passe, dans le pays, pour guérir les chevaux, les ânes, les bœufs et autres quadrupèdes domestiques atteints de maladie. Saint Appien, évêque d'Alexandrie et martyr, avait en effet été maréchal-ferrant.

Les chapelets de sainte Dévote

Les grottes de Sainte-Dévote sont un lieu de pèlerinage très fréquenté le matin du 27 janvier, fête de la sainte martyre corse. On trouve en effet dans le sol de ces grottes des anneaux dorés, des perles de verre coloré ou de terre vernissée dont les enfants et les jeunes filles font de petits colliers baptisés *i paternostri di Santa Devota*, « les chapelets de sainte Dévote ». Ces vestiges proviendraient des premiers chrétiens de Mariana, qui durant les persécutions assistaient en cachette dans ces grottes à la célébration du culte.

BRANDO

(Brandu)

12 KM N DE BASTIA PAR D 80 ET D 54

La fée des grottes

La commune de Brando est un groupement de hameaux associant des marines et des écarts perchés. Lavasina, à 7,5 km de Bastia sur la D 80, et Erbalunga, à 10 km au nord de Bastia sur la même route, sont les deux marines.

À 7 km de Bastia, sur la D 80, un chemin à gauche, coupé d'escaliers, mène à la grotte de Brando dont les parois sont sillonnées d'incrustations et les voûtes ornées de stalactites et de cristallisations évoquant une luxuriante végétation de pierre. La grotte serait hantée par une fée aux interventions providentielles. Orlando, Francesco et Mario étaient frères et orphelins. Un jour, en piochant un coin du jardin, Mario mit au jour une cassette pleine d'or ; tout joyeux, il alla montrer sa découverte à ses frères. Ceux-ci, jaloux de sa fortune, décidèrent de le tuer et de se partager le trésor. Mais Mario découvrit leur projet et, terrifié, s'enfuit dans le maquis ; là, il conta sa mésaventure à une pauvre vieille qui l'emmena dans la grotte où elle le cacha. Cependant, Orlando et Francesco, décidés à réaliser leur affreux dessein, s'étaient lancés à la poursuite de Mario. Ils tombèrent sur la vieille, et lui demandèrent si elle n'avait pas vu un jeune garçon, leur frère ; la vieille répondit qu'effectivement elle l'avait vu, et qu'il était entré dans une grotte où elle les mena. Les deux frères s'y précipitèrent : mais aussitôt l'ouverture de la grotte se referma sur eux, et une pluie d'or se mit à tomber de la voûte, sous laquelle ils furent rapidement ensevelis. À l'aube, Mario, qui s'était endormi, vit à son réveil devant lui une ravissante jeune femme qui lui déclara : « La pauvre vieille à qui tu as hier demandé protection, c'est moi : je suis la fée de la grotte. Tu peux rentrer chez toi, tu n'as plus rien à craindre de tes frères[1]. »

La grotte de Brando.

Un tableau miraculeux

Un tableau de l'école du Pérugin représentant la Madone est conservé au sanctuaire de Notre-Dame-de-Lavasina. Il appartenait à l'origine à la famille Danesi, qui faisait le commerce des vins avec l'Italie. Des débiteurs insolvables habitant Rome proposèrent un jour un tableau pour s'acquitter de leur dette. Les Danesi acceptèrent et quel ne fut pas leur étonnement, au moment où ils déroulèrent la toile à son arrivée en Corse, de voir s'en échapper miraculeusement des pièces d'or représentant le montant de leur créance. Pour abriter le tableau, on décida d'édifier une chapelle qui, dès sa consécration en 1671, devint un lieu de pèlerinage très fréquenté, en raison de nombreuses guérisons miraculeuses, en particulier celle de sœur Marie, de l'ordre de Saint-François. La franciscaine était depuis plusieurs années clouée sur son lit par la paralysie. Elle se fit transporter à Lavasina, où elle demanda un peu d'huile de la lampe qui brûlait devant l'autel pour en frotter ses membres ; à peine l'onction était-elle terminée qu'elle put se lever et alla se jeter aux pieds du tableau. Devant l'affluence des pèlerins, Mgr Fabrice Giustiniani décida en 1677 de faire bâtir, en remplacement de la chapelle, l'édifice actuel.

Signalons une autre version du miracle de Lavasina : un vigneron de Brando aurait expédié en Toscane un vin de qualité inférieure, qui fut refusé par l'acheteur. Les tonneaux allaient être

1. A. Trojani, *Contes corses*, Paris, F. Lanore, 1964.

réexpédiés en Corse lorsqu'un aubergiste se déclara prêt à les échanger contre un tableau : en déroulant ce tableau, le viticulteur y trouva le montant de la vente en pièces d'or.

Le chanoine Saravelli-Retali, curé de Lota, a signalé qu'un oratoire était déjà l'objet d'une grande vénération à Lavasina en 1594. Lavasina est encore aujourd'hui un lieu de pèlerinage toujours plus fréquenté, auquel les Corses de toute l'île se rendent le 8 septembre.

Le sanctuaire de Notre-Dame-de-Lavasina abrite, en dehors de nombreux ex-voto de marins ayant échappé à un naufrage, un ex-voto plus original : il a trait à un accident arrivé lors de l'exécution d'une mauresque, danse guerrière qui remonte au IXe siècle et dont la tradition se perpétuait encore il y a trois quarts de siècles. La mauresque était une sorte de pyrrhique corse. Cent soixante danseurs se divisaient en deux camps opposés figurant les armées corse et mauresque et mimaient un combat acharné. Lors de l'accident représenté sur l'ex-voto, les deux partis mirent tant d'ardeur à leur danse que le plancher de la salle s'écroula ; ceux qui échappèrent à la mort en s'agrippant aux poutres offrirent l'ex-voto à la Madone.

Les tours de la rébellion

La tour d'Erbalunga passait pour imprenable. Cependant, Giacomo Gentile, seigneur de Brando, parvint à en déloger, vers 1480, Vinciguerra Gentile, seigneur d'Erbalunga, grâce à un stratagème imaginé par un ingénieur de Sisco, qui eut l'idée de vider la citerne de la tour au moyen d'une canalisation percée dans le rocher ; les assiégés, privés d'eau, se rendirent. Vinciguerra Gentile fut recueilli par Jacques III, seigneur de Piombino.

Toutefois, Filippini raconte les faits autrement : après la mort du duc de Milan, Galéas Sforza, la duchesse, Bonne de Savoie, céda ses droits sur la Corse au Génois Tommasino de Campofregoso. Tommasino voulut réduire la place d'Erbalunga tenue par Vinciguerra Gentile. « Trois des fils de Vinciguerra furent faits prisonniers et, toutes les fois que Tommasino donnait l'assaut, il les mettait en avant, afin de s'en faire un rempart. » Prudent mais déterminé, Vinciguerra se défendait tout en préservant la vie de ses fils. La technique l'emporta finalement : « Tommasino se servit d'une bombarde, arme qui commençait alors à être en usage ; à force de battre la tour et la forteresse, il obligea la place à capituler. »

La tour de Porreto est célèbre par l'héroïque résistance dont firent preuve, en 1556, Altobello et Raphaël Gentile assiégés par trois cents Génois. Ces derniers tentèrent d'abord d'ouvrir une brèche dans la tour, mais, ne pouvant y parvenir, ils accolèrent à la muraille une machine offensive appelée *gatto*, le « chat », d'où ils brisèrent la porte à coups de hache. Mais derrière la porte ils trouvèrent un mur à sec, qui résista au bélier. Finalement, ils jetèrent du haut du *gatto* un baril de poudre entre la porte et le mur. L'explosion fut effroyable : la plate-forme de la tour sauta, quatre hommes d'armes furent tués, Altobello et Raphaël allaient être capturés lorsque l'arrivée inopinée de Sampiero Corso les délivra.

La semaine sainte à Erbalunga

Les cérémonies de la semaine sainte sont célébrées avec solennité à Erbalunga. Les mercredi, jeudi et vendredi saints, l'office des ténèbres se déroule dans l'église Saint-Érasme, patron des marins :

le curé et cinq membres de la confrérie se placent face à face derrière deux longs pupitres sur lesquels brûlent six bougies. L'office est chanté : les paroles sont celles de l'office des ténèbres ; le chant, totalement différent du grégorien, se transmet de père en fils oralement. L'un des trois hommes placés sur un des côtés du chœur se lève et entame la première « leçon des ténèbres », un des trois hommes du côté opposé le relaie, et ainsi de suite. Au fur et à mesure que l'office se déroule, on éteint quatorze des quinze bougies plantées sur un if au milieu du chœur. Puis toutes les bougies placées sur l'autel et les pupitres sont éteintes une à une. Enfin, le curé se saisit de la dernière bougie restant allumée sur un if, psalmodie le *Miserere*, l'*Oremus*. Après l'oraison, il souffle la dernière bougie. Les ténèbres sont complètes. Un vacarme assourdissant retentit alors dans l'église, pour rappeler les phénomènes naturels qui suivirent la mort du Christ. Les enfants du village actionnent des moulinets de bois, sortes de crécelles, des plaques de bois cliquetant à l'aide de charnières, ou frappent le sol avec des branches de palmier débarrassées de leurs folioles.

La *cerca* (*circare* signifie « chercher ») est une procession solennelle à laquelle participent surtout les hommes, le vendredi saint. Elle commence à 7 heures du matin : viennent en tête trois massiers, celui du centre portant une masse surmontée d'une image sainte, ceux qui l'encadrent une masse terminée par une pomme de pin dorée. Suit un homme portant une croix noire drapée par un grand voile blanc. Puis vient la grande croix avec le Christ, pesant environ 50 kg, ornée par les femmes d'une couronne en branches de palmier tressées. C'est le même homme, nu-pieds, qui porte la croix durant toute la procession. De part et d'autre de l'effigie du crucifié marchent six enfants tenant un lampion où brûle une bougie. Derrière la croix, les hommes du village et les membres de la confrérie sont rangés en deux files entre lesquelles circule un massier ; tous sont vêtus d'une longue robe blanche serrée à la taille par une cordelière. Certains portent une cagoule relevée, d'autres des casquettes de marin ou des bérets.

Après les hommes viennent les femmes sur deux colonnes, avec, à leur tête, l'une d'entre elles portant une croix moins lourde que celle des hommes, encadrée de deux porteuses de cierges. Les femmes sont vêtues de la *faldetta*, jupe de dessus en toile de soie bleu sombre qu'elles ont relevée sur la tête.

La procession s'arrête à diverses chapelles et oratoires, devant des reposoirs richement décorés. À chaque station, un homme entonne le *Stabat Mater* sur un air, ici encore, transmis oralement de père en fils, puis toute la procession chante en chœur. Chacun défile à son tour devant un crucifix couché sur un coussin de satin blanc, baise les pieds du Christ et dépose une offrande.

La procession revient à Erbalunga vers 11 heures et se termine dans l'église Saint-Érasme, où le curé prend le saint sacrement au reposoir et le reporte, sous un dais tenu par quatre hommes habillés de blanc, au tabernacle du maître-autel.

La cérémonie de la *granitula*, qui a lieu également le vendredi saint, à 19 h 30, est encore plus impressionnante : les hommes sont vêtus de la tunique blanche, mais seule la femme qui porte la croix a la *faldetta*. Les participants rangés sur deux colonnes sont au nombre de cent cinquante environ, chacun tenant à la main une bougie allumée. Ils partent de l'église, passent en chantant par les vieilles rues et reviennent à la place Piandifora où se forme la *gra-*

nitula (la *granitula* est un petit coquillage en forme de spirale que l'on trouve sur les rochers au bord de la mer). La procession dessine un cercle ayant pour centre le milieu de la place. Puis un des hommes se détache et dirige le début de la spirale, suivi par les autres. Les massiers veillent à ce que chacun prenne bien la direction voulue. La spirale se resserre de plus en plus au point que les lumières forment un bloc scintillant tournant sur lui-même. Sur l'injonction du chef de file, la spirale se déroule brusquement en sens inverse, et les participants se retrouvent en cercle, puis vont vers le petit port, enfin reviennent sur la place pour former la croix latine.

Les massiers et des membres de la confrérie se placent d'une part en quatre points qui formeront les extrémités de la croix latine, d'autre part en quatre autres, au centre de la place, qui constitueront le point d'intersection des bras de la croix. Les hommes et les femmes s'avancent l'un derrière l'autre et, en contournant les massiers du centre, finissent par dessiner une grande croix lumineuse. Puis la croix se disloque, les participants se regroupent en deux colonnes et remontent à l'église où l'on chante le *Stabat Mater*. Enfin, on écoute le sermon du curé, qui termine son homélie en jurant fidélité au Seigneur sur le crucifix, serment auquel les assistants s'associent avec ferveur.

Une procession a également lieu le jeudi saint, au couvent des religieuses bénédictines ; mais elle n'a pas l'ampleur de la *cerca* ni de la *granitula*.

BUSTANICO

(Bustanicu)

21,5 km E de Corte par N 193, N 200, D 214, D 14, D 41 et D 441

Sur la trace de Rome

On avait longtemps cru que les Romains n'avaient pas pénétré à l'intérieur de la Corse, sauf le long de la grande voie Aléria-Ajaccio par Vizzavona. Mais on a retrouvé, en 1956, au col situé au-dessus de Bustanico, sur un terrain appartenant à M. Philippe Orsini, deux sépultures romaines d'où l'on a retiré une pièce de monnaie frappée vers 179-180 ap. J.-C., un poinçon, des anneaux, des fibules de bronze et des vases en terre. Bustanico se trouvait donc sur une voie de pénétration romaine. Cette voie devait avoir son point de départ à Aléria, centre de la domination étrangère dans l'île, et suivre la trace de chemins de transhumance encore utilisés actuellement. Puis, passé le col de Bustanico, elle se dirigeait sans doute vers Ponte-Leccia par Carticasi et San Lorenzo. On a en effet découvert en 1952 une chaussée romaine qui en serait le prolongement joignant Ponte-Leccia à Belgodère et à l'Argentella. D'autre part, une autre voie, partant du col de Bustanico, se rendait peut-être à Castellare-di-Mercurio, qui ne serait autre, selon Ambrosi, que l'oppidum de Talcinum signalé par Ptolémée (mais que Poli situait à Omessa), et qui serait également un haut lieu du culte de Mercure.

Quarante ans de guerre pour un demi-sou

C'est de Bustanico que partit le mouvement de révolte contre la domination des Génois qui devait en 1729 s'étendre à toute la Corse. Le lieutenant de Corte était arrivé au village avec son collecteur d'impôt, et n'y avait trouvé qu'un vieillard, tous les habitants étant partis aux champs. Ce vieillard, Lanfranchi, dit Cardone, fut sommé de verser le montant de ses impôts : mais les récoltes avaient été très mauvaises. Le malheureux rassembla tout son avoir... il lui manquait un demi-sou. Le lieutenant refusa la somme malgré les supplications du vieillard et exigea le versement intégral de l'impôt dans les quarante-huit heures. Rentrés des champs, les habitants de Bustanico furent saisis d'une violente colère au récit de Cardone. Ils se révoltèrent en criant : « *Viva il popolo, viva la libertà !* » La révolte se propagea... Tel fut le point de départ de la guerre de quarante ans qui devait aboutir après mainte péripétie à la cession de la Corse à la France.

D. Où sont vos ambulances, où sont vos médecins ?
R. Nous n'en avons pas. D. Et comment faites-vous ?
R. Nous mourons !!

CAGNANO

(Cagnanu)

32 KM N DE BASTIA PAR D 80 ET D 132

Jeu de patience

Il y a un siècle environ, dans une carrière proche du hameau de Carbonacce, que l'on peut atteindre de Luri par la D 32 ou de Porticciolo par la D 80, la D 132 et la D 32, une explosion mit au jour une sépulture collective. Les ossements, appartenant à un groupe d'une vingtaine de personnes, étaient accompagnés de parures de bronze de très belle facture, de plaques de cuirasses, d'un poignard à lame de fer, de perles et de récipients de céramique. L'ensemble suggère que l'inhumation aurait eu lieu au cours du premier âge du fer, entre 800 et 500 avant notre ère. Une similitude frappante avec des tombes de la péninsule italienne semble indiquer des contacts avec le continent proche. En l'absence de toute intervention des services archéologiques, les objets recueillis à l'époque, qui se seraient élevés à plus de trois cents pièces, ont été perdus ou dispersés. La reconstitution du trésor de Cagnano mériterait d'être envisagée. Qui l'entreprendra ?

CALACUCCIA

36 KM N DE CORTE PAR N 193 ET D 84

Le château rouge

De nombreux habitats préhistoriques sont dispersés dans la commune. L'un d'entre eux est situé sur la rive droite du Golo, au pont de Fontanellu, à 300 m de la D 84 ; on l'atteint par un chemin qui prend à gauche, à l'entrée de Calacuccia.

Deux autres enceintes défensives avaient été édifiées entre Sidossi, à 1, 5 km à l'ouest du village par la D 84, et le castellu Rossu, lui-même fortifié de gros blocs en arcs de cercle.

Les restes d'âge néolithique recueillis sont encore trop rares pour éclairer l'origine de ces très anciens occupants de l'intérieur de l'île. Des traditions orales ont consigné la présence de fortifications dont l'origine avait été oubliée : comme dans d'autres communes du Niolo, les sites préhistoriques portent le nom de *castello* (ou *castellu*). Le castellu Rossu de Calacuccia doit-il son nom à la couleur du granite du Niolo ou à des événements sanglants dont il aurait été le témoin ?

La fiancée du Niolo

Il s'agit de Maria Felice, dont on voit encore la maison de Castellacce en contrebas de Calacuccia, au cœur du bassin du Niolo. La jeune fille, qui vivait en 1817, est l'auteur d'un *voceru* célèbre sur la mort de son frère, un jeune prêtre mort assassiné. Transcrit par divers auteurs, en particulier Mérimée, ce *voceru* est parvenu jusqu'à nous. Désespérée par la mort de son frère, Maria Felice avait supplié son fiancé de le venger : mais ce dernier avait refusé bien qu'il aimât tendrement la jeune fille. Il était parti, comme tous les bergers du Niolo, guider ses troupeaux vers Filosorma *(Falasorma)*. Au bout de quelque temps, saisi d'inquiétude, il revint à Castellacce, au moment précis où l'on portait en terre la malheureuse Maria Felice, morte de chagrin. Accablé, son fiancé ne lui survécut pas.

La forêt de Valdoniello.

Saint Martin, le coq et le diable

Faute de pont, les habitants du Niolo ne pouvaient traverser le
Golo que pendant les périodes de sécheresse. Un inconnu, qui sentait le soufre, proposa un jour de construire un pont. « Je le ferai en une seule nuit, dit-il, en paiement je demande seulement une âme du village. » Le chef du village accepta mais sa fille, qui ne manquait pas d'à-propos, en parla à saint Martin qui gardait ses moutons non loin de là (voir CASAMACCIOLI).

Une nuit, une troupe d'ombres inquiétantes surgit de nulle part et se mit au travail sous la direction du prince des ténèbres dans un tintamarre infernal. Bien avant le lever du jour, le pont s'achevait, lorsque saint Martin, dissimulé à proximité dans le maquis, donna la liberté à un coq qu'il tenait sous son manteau depuis le début de la nuit. Le coq, trompé par les lueurs sataniques éclairant les ouvriers du diable, se mit à chanter. Les travailleurs de l'enfer, devant ce signe évident de l'aurore, disparurent dans le néant, car ils étaient aveugles et le chant du coq signalait pour eux le lever du jour. Satan, de fureur, lança dans les airs son marteau. L'outil alla frapper le capo Tafonato, le traversa de part en part et retomba dans la Balagne. Le pont subsistait encore sur le Golo, à l'entrée occidentale de Calacuccia, avant la mise en eau du barrage de la Scala de Santa Regina en avril 1968.

CALCATOGGIO

(Calcatoghju)

22, 8 KM N D'AJACCIO PAR N 194, D 81 ET D 101

Une mauvaise réputation

Un proverbe affirmait :

> *Calcatoggio, Calcatoggio*
> *Mala cena e peggio alloggio*

que l'on peut interpréter ainsi : « Mauvais repas, et le gîte est pire. »

Village accueillant, Calcatoggio dément aujourd'hui cette réputation offensante dont on ne connaît pas l'origine.

Famille phénix

Les Campinchi, une des familles les plus abondamment repré-
sentées à Calcatoggio, seraient venus s'y réfugier à la suite de la tragique révolte de Campo, au cours de laquelle, en 1614, la famille de Giovan Paolo Raffè de Bozzi, enfermée dans le château, fut anéantie par le feu : une femme enceinte, qui seule avec le curé avait échappé au sinistre, aurait assuré la pérennité des Campinchi. Cependant, les Campinchi sont cités dès le XIᵉ siècle à Calcatoggio : Giovanni della Grossa dit qu'ils ont été les premiers à secouer le joug des Biancolacci. Les réfugiés de 1614 auraient-ils été précédés à Calcatoggio par d'autres Campinchi ? Ainsi s'expliquerait que Calcatoggio ait été la retraite la plus sûre des rescapés de Campo.

Interminable dernier voyage

La plupart des habitants du village étaient inhumés, jusqu'en 1700, en la chapelle Saint-Nicolas, située à la sortie occidentale de Calcatoggio, puis, après cette date, à la Nunziata, l'église paroissiale actuelle. Mais les notables tenaient à être inhumés au couvent de Saint-François de la Mezzana. Après leur mort, leur bière était portée, à épaules d'hommes, en une longue procession funèbre par les sentiers de montagne de la forêt de Calcatoggio jusqu'au couvent que l'on atteignait après plusieurs heures de marche.

Qui vole un bœuf...

Calcatoggio est la patrie du célèbre Nonce Romanetti, le « roi du maquis », mort en 1926 dans son « palais vert » de Lava (voir APPIETTO). Romanetti était boucher. Lors d'une veille de fête, il lui manquait un bœuf pour satisfaire à la demande de ses clients. Sans hésiter, il se rend dans un champ et s'empare de la première bête venue. Hélas, il est vu par le propriétaire de l'animal qui hurle : « Au voleur ! » Romanetti affirmera par la suite qu'il avait immédiatement assuré le compère qu'il reconnaissait fort bien que ce bœuf lui appartenait et qu'il le dédommagerait. Une plainte fut néanmoins déposée. Voyant arriver les gendarmes, Romanetti préféra prendre le maquis. Cependant, il chargea un de ses amis, Santu di Bazali, d'aller offrir au propriétaire le prix de son bœuf plus une prime de 100 F pour qu'il retire sa plainte. Une entrevue est décidée, à Cannelle, au cours de laquelle les deux hommes doivent se réconcilier. Mais Nonce se méfie et délègue Santu... qui tombe sur les gendarmes. Furieux, Romanetti envoie le lendemain soir un message à l'ennemi : « Va dire à ce traître qu'il n'entendra pas la balle qui le tuera... » Quelques jours après, son adversaire, qui regagne le village sous la protection de deux gardes, est tué d'une balle dans le cou. Dès lors, Nonce Romanetti est condamné au maquis.

CALENZANA

(Calinzana)

13 KM S DE CALVI PAR N 197 ET D 151

Célébrations processionnelles

Les commémorations religieuses commencent à Calenzana dès le 17 janvier. Les paroissiens fêtent saint Antoine Abbé, l'anachorète du désert que l'on présente toujours suivi d'un cochon ou d'un marcassin ; ce saint est très populaire en Corse. Après la messe, célébrée généralement au milieu de l'après-midi, la statue du saint est portée en procession autour de la Casazza, ancien édifice religieux, situé en face de l'église, qui est le siège des confréries de Calenzana. À la fin de la cérémonie, les fidèles se partagent les pains bénits.

Le jeudi saint, les confrères de Saint-Antoine Abbé et de Sainte-Restitude se réunissent dans l'église Saint-Blaise pour la messe de fin d'après-midi et le soir, pour l'heure sainte. Deux processions se déroulent les jours suivants : la première, *a Girandula*, le vendredi saint à 21 heures, ressemble aux défilés organisés le même jour à Erbalunga (voir BRANDO), à Calvi ou à Corte ; l'autre, le lundi de Pâques, après la messe à la chapelle Sainte-Restitude accompagne la sortie solennelle des reliques de la sainte.

Obstinée Restitute

L'emplacement sur lequel s'élève la chapelle Sainte-Restitude aurait, selon la légende, été choisi par la sainte elle-même : Restitute, vierge et martyre, qui a été suppliciée selon certaines sources en 225, selon d'autres en 303 et que les Corses désignent sous le nom de Restitude.

Un manuscrit de la Bibliothèque vaticane, datant du XIIe siècle, précise que Restitute avait quitté l'Afrique du Nord pour fuir les persécutions ordonnées par Dioclétien et s'était réfugiée à Calvi en 303 ; elle aurait été martyrisée lors d'une tournée du gouverneur de Corse, qui avait reçu l'ordre d'intervenir contre les communautés chrétiennes. En réalité, c'est en mai 304 que Restitute aurait été torturée sans abjurer et finalement décapitée.

Après la conversion de Constantin, au IVe siècle, ses reliques furent placées dans un magnifique sarcophage avec celles des cinq autres martyrs, les saints Domitius, Veranus, Patmée, Parthé-nopée et Pargoire. Ce sarcophage, en marbre blanc à strigiles, orné d'un chrisme au centre et de figures humaines aux extrémités, n'a été découvert qu'en 1951. Les ossements des six personnes y ont été retrouvés. Ce fait contredit l'affirmation de Tronci qui, dans ses annales de Pise, l'an 1051, prétend que la flotte pisane, envoyée en Corse et en Sardaigne pour en chasser les Sarrasins, aurait empor-té de Calenzana le corps de sainte Restitute, déposé par la suite dans l'église primatiale de Pise...

La chapelle actuelle, érigée à la fin du XIe siècle ou au début du XIIe siècle, s'élèverait à l'endroit même où la sainte et ses compagnons avaient été ensevelis après leur supplice. Les habitants de Calenzana avaient en effet, à l'origine, choisi un autre emplace-ment. Mais, chaque nuit, les matériaux destinés à sa construction étaient, dit-on, miraculeusement transportés sur un chariot traîné par deux grands bœufs blancs à l'emplacement de la chapelle actuelle. Les Calenzanais finirent par comprendre l'obstination de la sainte et obéirent à son vœu.

Des œillets pour l'éternité

La fête de sainte Restitute est célébrée solennellement le 21 mai ; la veille, ses reliques sont portées en procession à travers les rues de la ville. Actuellement, les cérémonies en l'honneur de la sainte sont reportées en fin de semaine et durent souvent du samedi au lundi. Les confréries des villages voisins de Balagne et de Calvi par-ticipent à la procession aux flambeaux, qui se déroule le samedi soir. Une veillée réunit ensuite les paroissiens à la Casazza. Le dimanche matin, une seconde procession se dirige vers la chapelle Sainte-Restitude, où la messe est souvent concélébrée par l'évêque de Corse. À l'issue de l'office, les œillets qui décorent la statue de la sainte sont à la disposition des fidèles ; ils sécheraient sans jamais se faner.

La sanction de l'impiété

Une tradition locale veut qu'au XVIe siècle un évêque, désireux de s'assurer que le sarcophage contenait bien les restes de la sainte, ait fait briser, à coups de marteau, un des angles. Par l'ouverture ainsi pratiquée, le prélat glissa la main. Quand il la retira, elle était desséchée. Coïncidence... le sarcophage retrouvé en 1951 avait un angle brisé et les ossements à cet endroit étaient en désordre, comme s'ils avaient été bouleversés par une main impie.

Une statue-menhir bienfaisante

Une dépendance de la chapelle Sainte-Restitude abrite la statue-menhir de Luzzipeiu ou Luzzipeu, haute de 2, 40 m ; une coutume voulait que les bergers du nord de Marsolino et du Filosorma fissent tourner chaque année le menhir de Luzzipeiu, lorsqu'il occupait son emplacement d'origine, pour avoir de beaux pâturages. Selon la légende, la statue ne serait autre qu'un guetteur qui, lors des invasions barbaresques, aurait donné l'alerte à l'aide de son *colombo* (conque marine servant de trompe) par jeu, pendant la messe, et aurait été changé en pierre. Une ancienne Calenzana, devenue village maure au haut Moyen Âge, aurait occupé la Punta Cordovella (voir MONTEGROSSO).

La statue-menhir de Luzzipeiu à Calenzana.

Lumière pour Bernardin

On voit encore à Calenzana, au centre du village, sur la petite place du quartier Pariggi voisine de l'oratoire de Saint-Antoine, la maison natale du vénérable Bernardin, frère récollet mort en odeur de sainteté en 1653. Le vénérable avait demandé que soit allumée à perpétuité, dans sa chambre, une veilleuse, symbole de la prière perpétuelle. Cette pratique, longtemps observée, a cessé depuis une cinquantaine d'années (voir CATERI).

Le général Ceccaldi à la bataille de Calenzana.

Le cimetière des Allemands

À côté de l'église paroissiale de Calenzana, s'étend le *campo santo dei Tedeschi* où furent ensevelis cinq cents Allemands tués à la bataille de Calenzana le 2 février 1732. L'empereur Charles VI avait en effet mis à la disposition des Génois, commandés par Camille Doria, huit mille mercenaires et trente pièces d'artillerie sous les ordres du colonel de Wachtendonck pour venir à bout des Corses révoltés à Calenzana. Ces mercenaires avaient été loués à la République trente mille florins par mois, et chaque soldat tué devait être remboursé pour cent florins.

Les mercenaires allemands devaient subir une sanglante défaite. Les troupes corses commandées par Ceccaldi avaient été soutenues par la population locale sommairement armée. Les femmes s'illustrèrent au combat : elles précipitaient sur les Génois des quartiers de roches, de l'huile bouillante, des branches de résineux enflammées, des ruches qui avaient été installées sur les terrasses et sur les toits. En même temps, on lâchait sur les assaillants des taureaux enduits de poix à laquelle on avait mis le feu. La légende veut que sainte Restitute elle-même ait pris part à la lutte pour défendre ses concitoyens.

Une ténébreuse affaire

Dans la plaine de Crovani, à 18 km au sud de Calvi, par la D 51, on trouve la résidence de Luzzipeu, élevée en 1852 par le prince Pierre Bonaparte, aujourd'hui abandonnée. Le prince, à la suite d'une polémique de presse, le 10 janvier 1870, dans son hôtel parisien d'Auteuil, tua d'un coup de revolver le journaliste Victor Noir dans des circonstances qui n'ont pas été complètement éclaircies. Y eut-il provocation des ennemis de Bonaparte comme le laisserait supposer le fait que Fonvielle, le compagnon de Victor Noir, ait eu un revolver chargé dans sa poche ? Chose surprenante, quand on se souvient que les deux jeunes gens venaient chez le prince de la part d'un directeur de journal en quête d'informations. Ayant fui, au lieu de défendre son ami sur lequel Pierre Bonaparte venait de tirer, il est naturel que Fonvielle – pour sauvegarder sa réputation – ait prétendu être tombé, avec Victor Noir, dans un guet-apens ourdi par le prince. Il est vrai que Pierre Bonaparte en aurait été bien capable... Quoi qu'il en soit, les funérailles de Victor Noir donnèrent lieu à des manifestations populaires. Le prince fut acquitté par une haute cour siégeant à Tours. La maison construite sur une ancienne tour génoise, la torre Mozza, est hantée, dit-on, par le fantôme d'un vieux commandant qui préféra se faire sauter à la poudre que de se rendre aux pirates barbaresques.

CALVI

93 km O de Bastia par N 193 – 163 km N d'Ajaccio par N 194, D 81 et N 197

Quand les Turcs lèvent le siège

Une inscription, au-dessus de la porte de la citadelle (*Civitas Calvi semper fidelis*) rappelle la fidélité de Calvi à la cause génoise. La ville résista farouchement aux Turcs lors d'un siège mémorable : dans la cathédrale Saint-Jean-Baptiste, le christ noir placé sur l'autel, à droite du chœur, connu sous le nom de christ des Miracles fut, en 1555, exposé sur les remparts de la ville ; la flotte turque, venue appuyer l'expédition en Corse du maréchal de Thermes, leva alors le siège. L'église Saint-Jean-Baptiste, fondée au XIIIe siècle, atteinte pendant le siège, en grande partie détruite par l'explosion de la poudrière de la citadelle, puis touchée par la foudre en 1567, fut reconstruite dans son état actuel en 1590. Près de la porte du sanctuaire, on voit un bénitier de marbre blanc où, au-dessus des armes de la famille de Frate et de celle du cardinal-archevêque Fieschi, se lit cette inscription latine :

HOC OPUS FECIT FIERI MARTINUS DE FRATE FILIUS FRANCISCI
AD LAUDEM DEI ET GLORIOSAE VIRGINIS MARIAE
ATQUE BEATI IOANNIS BAPTISTAE
MCCCCXXXXIII SVB V DIE XXV MADII

que l'on peut traduire ainsi :

« Martin de Frate, fils de François, a fait faire cet ouvrage, à la louange de Dieu et de la glorieuse Vierge Marie, et de saint Jean-Baptiste, 25 mai 1443. »
Ce bénitier était à l'origine la cuve baptismale de l'ancienne église.

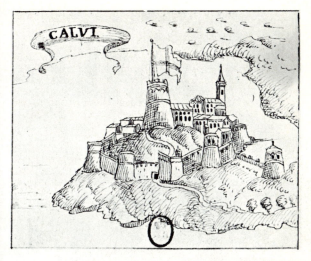

Une Vierge vindicative

On voit également, dans la cathédrale, une Vierge du Rosaire très semblable aux Vierges espagnoles et qui en fait provient de Séville. Elle aurait été offerte vers 1850 par un Calvais qui avait fait fortune au Pérou. Les vêtements de la Vierge sont renouvelés chaque année le 25 mars, le jour de l'Annonciation, et sont changés selon les fêtes : portant une robe bleue le mercredi qui suit les Rameaux, la Vierge est vêtue de noir le vendredi saint et apparaît dans un resplendissant brocart d'or le lundi de Pâques. Nul ne devait soulever la chemise de la Vierge, était-il écrit sur l'étoffe. Poussée par la curiosité, une vieille femme chargée d'habiller la statue voulut connaître la raison de cette interdiction. Elle devint aveugle.

Pestiféré et vivant

Dans la citadelle, l'oratoire de Saint-Antoine est discrètement inséré entre une rue resserrée et le chemin de ronde dominant la baie de Calvi. À l'intérieur, sur l'un des panneaux du mur latéral gauche, daté de 1513, saint Roch désigne de l'index le bubon de peste qui marque sa cuisse droite. Le commanditaire de l'œuvre avait vraisemblablement survécu à l'une des épidémies de peste qui ont affecté Calvi, comme beaucoup d'autres ports méditerranéens. La confrérie de Saint-Antoine s'est dévouée, lors des épidémies, pour assister les malades ; elle organisait aussi des cérémonies religieuses et procédait à des inhumations décentes en cas de décès.

La semaine sainte

Comme dans toute la Corse, la semaine sainte donne lieu à des cérémonies qui atteignent, à Calvi, une ampleur particulière : aussi attirent-elles de nombreux fidèles.

La période des fêtes religieuses s'annonce par la préparation de rameaux tressés auxquels on donne la forme de croix ou de poissons, symboles secrets du christianisme primitif. Le dimanche des

Rameaux, les brins entrecroisés sont complétés par une tige d'olivier, qui concrétise l'espoir de paix.

Les processions commencent dès le mercredi, après l'office des ténèbres, qui se déroule dans l'oratoire de Saint-Antoine. Le jeudi saint, les confrères se rassemblent dans l'église Sainte-Marie-Majeure ; après l'office, ils partent en procession vers la chapelle Sainte-Marie-de-Lorette, puis vers l'oratoire de Saint-Antoine et enfin vers Saint-Jean-Baptiste. Dans l'église Sainte-Marie comme dans l'oratoire, le prieur procède au lavement des pieds des confrères, chacun d'entre eux représentant un apôtre. Les cérémonies s'achèvent avec la bénédiction et la distribution des *canistrelli*, biscuits à l'œuf, parfumés d'anis, très appréciés en Corse.

Le vendredi saint commence dès le matin par les dévotions à Notre-Dame des Douleurs ; la procession *a cerca* représente la quête du fils par la mère. La Vierge du Rosaire précède le cortège, qui fait étape auprès de tous les lieux sacrés de Calvi. De 9 heures à 11 heures, le soir, la procession *a granitula* clôt la journée.

Les membres des confréries de Saint-Antoine et de Saint-Érasme portent sur un brancard une statue grandeur nature du Christ mort et une image de la Vierge en pleurs vêtue d'habits de deuil. Quatre pénitents blancs, dont l'anonymat est protégé par une cagoule, suivent pieds nus, chargés de lourdes croix. La *granitula* a lieu quatre fois, trois fois dans la ville basse et une fois dans la citadelle. Au cours de la *granitula*, dans un mouvement en spirale, le cortège s'enroule et se resserre, puis se déroule et se desserre.

Le samedi, un cierge allumé solennellement sur le parvis de Sainte-Marie-Majeure annonce *u focu novu*, le feu du renouveau.

La procession finale de la semaine sainte, le lundi de Pâques, accompagne la dernière sortie de la Vierge du Rosaire entre Sainte-Marie-Majeure et les remparts de la citadelle.

Feux dans la nuit

La veille de Noël, le 24 décembre, des feux de bois sont allumés devant la cathédrale Saint-Jean-Baptiste et sur le parvis de Sainte-Marie-Majeure pour commémorer le renouveau du soleil, qui est annoncé par le solstice d'hiver, et la naissance du Christ. S'ils durent toute la nuit, les feux de Noël sont considérés comme bienfaisants.

« Ici est né Christophe Colomb »

De ce qui serait la maison natale de Christophe Colomb, il ne reste qu'un pan de mur, rue Colombo, sur lequel on a posé une plaque avec l'inscription suivante : « Ici est né, en 1441, Cristophe Colomb, immortalisé par la découverte du Nouveau Monde, alors que Calvi était sous la domination génoise ; mort à Valladolid le 20 mai 1506. »

Cette épigraphe discrète se réfère à une tradition bien vivante : Calvi a accueilli en 1982 un colloque consacré aux origines de Christophe Colomb ; chaque été, dans la citadelle, un spectacle s'inspire de la vie du navigateur ; une association *Christophe Colomb Calvais* regroupe tous ceux que passionne ce problème ; au cours d'une séance tenue le 22 janvier 1992, le conseil municipal a donné le nom de Christophe Colomb à l'ancien boulevard Wilson et la ville fêta le 500e anniversaire de la découverte de l'Amérique.

Gênes et Savone, en Italie, revendiquent également l'honneur d'avoir vu naître le grand navigateur. Effectivement, les arguments en faveur de l'origine génoise de Christophe Colomb ne manquent pas. Une partie de la famille Colombo est originaire des montagnes qui dominent la côte ligure. Des actes notariés concernant le grand-père de Christophe Colomb, Giovanni, et son père, Domenico, ont été conservés. On sait que Domenico Colombo, se marie en 1445, a été gardien d'une des portes de Gênes, vers 1450 ou 1451, à peu près à l'époque de la naissance de son fils Christophe, et qu'il a été tisserand, aubergiste et commerçant. La présence de Christophe Colomb à Gênes est attestée par des actes de 1470 et de 1479. Beaucoup plus tard, en 1497, Christophe Colomb obtient l'autorisation de transmettre ses titres et ses biens à son fils sous une forme qui les rendait inaliénables et indivisibles et qui était connue sous le nom de majorat ; il précise les circonstances justifiant l'acte qu'il fait établir et, pour une fois, évoque ses origines : « pour l'établissement de mon lignage et pour le souvenir des services que j'ai rendus à Leurs Altesses ; puisque, étant né à Gênes, je suis venu les servir ici en Castille et je leur ai découvert au ponant la terre ferme des Indes ». Plus tard, en 1502, la compagnie de Saint-Georges s'adresse à lui en tant que « bien-aimé concitoyen » et le félicite pour « son amour envers sa patrie d'origine ».

Une cavité naturelle (un taffone) *creusée dans le roc.*

Naissance clandestine

Pourtant, toutes ces pistes n'ont jamais abouti. L'original de l'acte de majorat a disparu et seule subsiste une copie tardive du début du XVIIe siècle. Rien n'indique que cette copie soit fidèle à l'acte authentique, si celui-ci a existé. Le doute est entretenu aussi par le comportement de Christophe Colomb. « Certains pensent que, par calcul ou par simple réserve, il laissait planer sur ses origines et même sur ses explorations outre-Atlantique un doute ou un flou complices[1] ». Le fils de Christophe Colomb, Fernando, et le capitaine Oviedo, qui vécut trente ans aux Indes avant d'écrire son *Historia General y Natural de las Indias*, ont enquêté en vain sur la naissance de l'amiral, qui était déjà une énigme pour ses contemporains. À propos de son père, Fernando note que « maintes gens... cherchèrent à répandre des doutes même sur son origine[2] », signale six lieux de naissance qu'on a attribués à Christophe Colomb parmi lesquels figure Gênes, mais ne conclut pas. Dans son *Historia de las Indias,* Bartolomè de Las Casas n'est pas mieux informé, tout en ouvrant une perspective dans le labyrinthe des faits: « Cet homme, il plut à Dieu de le choisir Génois de nation, quelle que soit la localité de cette République où il est né. » Las Casas serait-il plus informé qu'il ne le laisse croire ? Saurait-il que Christophe Colomb n'est pas né à Gênes même ?

Présomptions douteuses

Effectivement on peut être Génois sans être né à Gênes. Aussi, en l'absence de toute certitude, l'éventualité de la naissance de Christophe Colomb à Calvi n'a jamais pu être totalement écartée. Mais pour étayer cette hypothèse, il faut d'abord écarter les éléments contestables. La rue où était située la maison natale du héros portait autrefois le nom de rue du Fil. Or, le père de Christophe Colomb était tisserand... Mais on peut raisonnablement estimer que ce nom de rue du Fil vient de ce que cette voie qui fait le tour de la citadelle fut tracée au cordeau par les ingénieurs génois quand la ville fut rebâtie au XIIIᵉ siècle. De même, Christophe Colomb aurait placé ses premières découvertes sous la protection de saints particulièrement vénérés en Corse ; mais la plupart de ces saints sont aussi connus à Gênes et dans l'ensemble de la péninsule italienne. Enfin, Christophe Colomb avait donné à des poissons découverts aux Amériques le nom de *toninas*, terme uniquement employé en Corse, d'après l'abbé Peretti ; en réalité, les jeunes thons ont été souvent désignés sous le nom de *toninas* en Italie, en Espagne et au Portugal. Le terme n'a rien d'authentiquement corse. Enfin, en 1886, l'abbé Giorgi découvrit à Monticello une élégie en vers latins dans laquelle le poète, donnant la parole au navigateur, lui fait déplorer d'avoir quitté Calvi, sa ville natale, pour courir les océans. Présentant le manuscrit à l'Académie des inscriptions et belles-lettres, Gaston Paris le datait du XVIᵉ siècle, c'est-à-dire moins d'un siècle après la mort de Colomb. Mais, l'authenticité du texte avait été discutée à l'époque.

Un Génois né à Calvi ?

Pourtant, doit-on ignorer délibérément les convictions qui se sont exprimées en Corse ? Appartenant à Gênes depuis 1278, Calvi est peuplée à la fois de Génois et de Corses. Entre les deux villes, les relations sont si intenses qu'un quai de Gênes porte le nom de *ponte di Calvi.*

Au XVᵉ siècle, la naissance d'un fils de Génois à Calvi n'a rien d'étonnant. À propos des marins génois, Jacques Heers remarque : « Tous ces gens ont connu les périls de l'ennemi embusqué au creux d'une côte, dans les parages de la Corse... » Il ajoute : « s'appuyant

1. J. Heers, *Christophe Colomb*, Paris, Hachette, 1981.
2. *Christophe Colomb raconté par son fils*, Paris, Librairie académique Perrin, 1986.

sur les repaires de Corse, mais encouragés, aidés, intimement mêlés à la vie et aux profits ou intrigues de la métropole, s'étaient établis au temps du jeune Colomb, de véritables États maritimes et pirates[1]. »

Or, Christophe Colomb semblait bien connaître la Corse. Le fils du navigateur, Fernando, a signalé que son père avait embarqué sur ses caravelles des chiens et des chevaux corses : « l'Amiral n'avait avec lui que deux cents Espagnols, vingt chevaux et autant de gros dogues de Corse. » Il décrit la fuite des Indiens « épouvantés par les chevaux, assaillis par les chiens corses », qui aboient, alors que les chiens des îles Caraïbes restaient muets. Plusieurs anthroponymes laissent supposer que des marins de Calvi figuraient parmi les équipages de la première découverte. Ce qui est certain, c'est que des habitants de Calvi ont participé très activement à la conquête de l'Amérique. Les Calvais sont partis « aux Indes » en grand nombre, très peu de temps après la découverte du Nouveau Continent.

Une mère dans l'ombre

Pour approcher de plus près la vérité sur le lieu de naissance de Christophe Colomb, il faudrait en savoir plus sur sa mère. Or, ses origines, son mode de vie, ses déplacements éventuels n'apparaissent jamais dans les actes auxquels elle a participé. Elle s'appelait Suzanna di Fontanarossa ou di Fontanarubeia. Comme l'écrit Jacques Heers : « Ce nom, que les généalogistes n'ont jamais réussi à identifier exactement, fait irrémédiablement penser à celui d'un village ou d'un lieu-dit. » Si la mère n'était pas d'origine ligure, on s'expliquerait plus aisément les difficultés que suscite son identification. Cette femme aux attaches inconnues aurait pu rejoindre sa famille en prévision d'une maternité. Dans cette hypothèse, Christophe Colomb aurait pu effectivement naître en dehors de Gênes et, entre autres, à Calvi qui était un port où Corses et Génois cohabitaient et s'alliaient.

À Calvi même, aucun acte du XVᵉ siècle ne mentionne des familles Colombo ou Fontanarossa. L'étude de la toponymie et de la topographie ont plutôt conduit les érudits curieux vers des villages de Balagne (voir Monticello) ou vers le cap Corse, mais aucune preuve décisive n'a pu être obtenue.

Une rumeur insistante

L'énigme reste entière. Comme au XVIᵉ siècle, des sources très proches se contredisent encore de nos jours. Inaugurant, dans *Le Monde* du 30 juillet 1991, un *Voyage avec Colomb*, Edwy Plenel, d'entrée, écrivait : « Tant pis pour l'orgueil corse, il est bien né à Gênes ». Or, dans le même quotidien, le 8 décembre 1990, en présentant Gênes à la veille des fêtes du 500ᵉ anniversaire de la découverte de l'Amérique, Michèle Champenois estimait que « rien ne prouve de façon formelle que Christophe Colomb soit né à Gênes ».

Le mystère des origines de Christophe Colomb ne sera peut-être jamais élucidé. La rareté des documents exploitables décourage les historiens qui refusent de prendre parti. L'opinion répandue en Corse mériterait qu'elle soit prise en considération ne serait-ce qu'à titre d'hypothèse de travail, comme le remarque Louis Saladini, qui

---

1. J. Heers, *op. cit.*

a rassemblé et critiqué tout ce qui a été écrit à ce sujet[1]. Une belle enquête de sociologie et d'histoire serait à mener pour reconstituer les cheminements et les origines d'une rumeur que Pascal Paoli et Napoléon prenaient en compte, comme les habitants de Calvi.

Arme biologique

Autrefois, les bergers du Niolo descendaient de la montagne avec leurs troupeaux pour hiverner sur les terres basses du territoire de Calvi. Or, au XVIIIᵉ siècle, les habitants de Calvi ont progressivement enclos et mis en culture les propriétés qu'ils avaient concédées auparavant par bail à longue durée. Le mécontentement des bergers s'est manifesté parfois par des initiatives qui montraient une redoutable connaissance des ressources de la végétation insulaire : « le 25 juin 1635, des pénalités de cent livres sont infligées aux Niolins, qui, au moyen d'une plante, le *luppatello*, ont empoisonné les eaux de la Paratella, mettant en péril les pâtures et les terres cultivables qu'elle irrigue autour de Calvi[2] ». Ainsi étaient confirmés les pouvoirs secrets que l'on avait toujours attribués aux bergers.

Le trésor de la citadelle

En 1794, du 16 juin au 5 août, les Anglais et les Corses partisans de Paoli assiègent Calvi, après avoir pris Bastia le 22 mai. Nelson, le futur vainqueur de Trafalgar, qui sert sous les ordres de l'amiral Hood, est blessé et perd l'œil droit le 12 juillet. Au cours du siège, un vaisseau français, qui transporte le général Jacques-Pierre Abbatucci, tente de forcer le blocus. « Des vivres et des munitions ont été chargés sur le navire ainsi qu'une caisse de monnaie d'argent destinée à payer la solde de la garnison. Parvenu à proximité des côtes calvaises, il est vite repéré et pris en chasse par un bâtiment britannique. Devant cette menace, Abbatucci refuse d'abandonner son trésor à l'ennemi, d'autant qu'il s'est aperçu que l'administration des finances lui a remis le solde, non en argent, mais en or ; il décide de répartir sa précieuse cargaison entre ses marins qui passent les lignes anglaises à la nage. » Le général de Casabianca, qui commanda la place de Calvi, « accusera réception des pièces d'or par procès-verbal. Ce trésor fut dissimulé si habilement que, depuis le siège, nul n'en a retrouvé la trace[2]. »

Diabolique Angélique

Pendant le même siège, la résistance de Calvi a été acharnée, les habitants de la ville et les troupes au combat rivalisant d'héroïsme. Incorporée dans l'armée française trois ans auparavant comme fusilier au 42ᵉ Régiment d'infanterie, une jeune femme de vingt-deux ans, veuve Angélique Duchemin, participa à la défense de la ville. Elle s'illustra par sa fougue et son ardeur au combat, pendant une sortie de ravitaillement, puis au cours de la défense d'une position avancée qu'elle commandait, où elle perdit la moitié de ses effectifs, et enfin lors de la défense de la porte de la citadelle. Quatre fois blessée, elle fut déclarée inapte au service après avoir été atteinte par un éclat de bombe à une jambe. Admise aux Invalides, où elle vécut jusqu'à sa mort en 1859, à l'âge de quatre-

---

1. L. Salidini, « Les Origines de Christophe Colomb », *Cahiers Corsica*, nᵒˢ 103, 1983, et 123-124, 1988.
2. M.-J. Loverini et J. F. Galletti, *Calvi*, Édisud, 1991.

vingt-sept ans, elle fut élevée au grade de sous-lieutenant en 1822 et fut plus tard la première femme décorée de la Légion d'honneur : le prince Louis Napoléon, alors président, lui remit la médaille de chevalier et lui décerna la médaille de Sainte-Hélène en 1851.

Un évêque libertin

Une légende prétend expliquer le nom étrange donné à l'étang de Calvi : la *vigna del Vescovo*, la « vigne de l'évêque » (à 3,5 km au S-E de Calvi par la N 197) : on raconte que l'évêque de Sagone, fixé à Calvi, au milieu des fêtes des vendanges, fut séduit par les aga- ceries d'une belle fille qui, voulant éprouver la puissance de ses charmes, lui demanda de lui donner son anneau épiscopal. Mais au moment où le faible prélat allait obtempérer à cette demande et passer au doigt de la coquette l'anneau convoité, celui-ci tomba à terre ; il fut impossible de le retrouver sur le moment. Le lende- main, lorsque l'évêque revint sur les lieux pour poursuivre ses recherches, la vigne avait été remplacée par l'étang actuel.

Vue de Calvi, lithographie de G. Engelmann.

Dauphin pétrifié et veaux marins

À la sortie de Calvi par la D 81, en direction d'Ajaccio, au lieu-dit Galfino, un rocher en forme de dauphin signale le chemin de la grotte, ou palais des veaux marins, qui s'ouvre à 4 km à l'ouest de Calvi, derrière la presqu'île de la Revellata : on y accède par la mer, au moyen de vedettes partant du port de Calvi. La réverbération y produit des effets très curieux. Le fond de la grotte était encore il y a quelques dizaines d'années habité par des phoques moines de la Méditerranée, que les pêcheurs de Calvi venaient massacrer deux fois par an pour limiter les dommages qu'ils causaient à leurs filets.

La *grotta di Mugghio* doit son nom au bruit très particulier que fait la mer en s'y engouffrant. Le mugissement se transmet, dit-on, jusqu'à la grotte de Pietrabella (dans la vallée d'Asco, à plus de

30 km à l'intérieur des terres), ce qui fait supposer que les deux grottes communiqueraient. La grotte du Mugissement est située à 6 km de Calvi, à la base de la presqu'île de la Revellata.

Guerre balkanique

Dans la nuit, vers 1 h 30, le 16 août 1918, le bateau assurant le service du courrier pour la Corse, le *Balkan*, approche de Calvi. À huit milles de la côte, un sous-marin allemand le torpille. Le *Balkan* fait naufrage en moins d'une minute. Le radio n'ayant pu lancer aucun appel, c'est seulement à 10 heures du matin que deux hydravions repèrent les survivants. Finalement, cent deux naufragés sont sauvés sur cinq cents personnes environ participant au voyage. On ne sait si le sous-marin allemand avait eu connaissance de la liaison maritime entre Marseille et la Corse prévue à cette date, ou s'il s'était posté à l'affût près des côtes de Corse au hasard de la navigation. Organisateur du sauvetage, le second mécanicien du *Balkan*, Pierre Anfriani, avait l'expérience des drames de la mer : il avait connu déjà deux autres naufrages, toujours suscités par les torpilles allemandes, le 9 avril et le 28 octobre 1917[1].

CAMBIA

72 km S-O de Bastia par N 193, D 39 et D 15

Chapelles jumelles

Deux chapelles de Cambia, San Quilico (Saint-Cyr) et Santa Maria, s'élèvent isolées au nord de la commune, à l'est du hameau de Corsoli, connu par son château fort, aujourd'hui disparu. On rejoint San Quilico en prenant au hameau de Tribbio (commune de San Lorenzo) le chemin qui se dirige vers le sud.

Pour atteindre Santa Maria, on suit la D 15 à partir de San Lorenzo et, face au hameau de Corsoli, on prend à gauche un chemin long de 500 m environ qui mène à la petite église et à une statue-menhir.

San Quilico et Santa Maria auraient été édifiées en même temps, selon la tradition, par deux maîtres maçons dont l'un aurait été le père de l'autre. « Le père travaillait à San Quilico et le fils à Santa Maria, écrit Mᵐᵉ Moracchini-Mazel ; le père, tout en s'affairant à son propre labeur, écoutait le bruit provoqué par les outils que son fils utilisait pour placer les pierres ; il savait reconnaître, à la seule audition, si celles-ci avaient été posées convenablement ; dans le cas contraire, le père criait au fils ses instructions pour qu'il recommençât sa manœuvre[2]. »

Un combat singulier

Sur le tympan du portail sud de San Quilico, figure un homme, vêtu d'une longue robe serrée à la taille par une ceinture, les deux pieds posés sur un serpent dont il serre le cou de la main gauche, tandis que de la main droite il brandit une épée. (Au tympan du portail ouest, on retrouve le serpent entre Adam et Ève.) Cette figure a été interprétée de diverses manières : M. Jean Alessandri, qui

1. C. Finidori, *Corsica marittima : près de deux siècles d'histoire des liaisons maritimes avec la Corse*, Payan, 1988.
2. G. Moracchini-Mazel, *Les Églises romanes de Corse*, op. cit.

était vice-président de la commission des sites de Corse, a évoqué à ce propos la légende de la *biscia* d'Ostriconi. La *biscia* était un serpent monstrueux qui, dès qu'il entendait les cloches annonçant le service divin, se précipitait dans l'église et dévorait tous les fidèles qui s'y trouvaient rassemblés ; il fut finalement tué par le marquis de San Colombano (voir PALASCA). Il semble cependant qu'à San Quilico le personnage luttant contre le monstre soit saint Michel. M. Lamotte, ancien directeur des archives départementales, signalait à ce propos que la mise à mort du dragon avec une épée n'est pas inconnue : elle est figurée notamment en Allemagne, à Hildesheim.

Cette église intrigue aussi par une contradiction flagrante entre l'architecture et la décoration : de style purement roman, San Quilico est décorée à l'intérieur de fresques qui paraissent dater du XVe siècle et l'on a retrouvé sur le mur nord de la nef, près de l'abside, une inscription signalant que *l'anno 1576 fu fatto le fondatione*, « les fondations ont été faites en 1576 » ; une autre inscription, à l'ex-térieur, sur le mur qui relie le mur sud de la nef au mur de l'abside, mentionne la même date tardive. Or, l'édifice ne semble pas avoir subi de restauration. Dans ces conditions, comme le remarquait M. Lamotte, « on reste confondu par l'archaïsme du style des ornements décoratifs et des sculptures qui reste pleinement roman ».

La jeune fille pétrifiée

La statue-menhir de Santa Maria retient plus l'attention que l'église même. Ce menhir a donné lieu à diverses légendes, toutes relatives à une jeune fille, transformée en pierre en punition de quelque crime. Selon l'une d'entre elles, la jeune fille aurait enfoncé un bâton à minuit dans une tombe ; le mort ou la Mort se serait saisi du bâton, et la jeune fille, ne pouvant le retirer, aurait été pétrifiée de terreur. Selon une autre version, elle se serait rendue à minuit dans une église pour y provoquer un vampire ; un jeune homme, caché dans l'église, aurait répondu à son appel, la clouant sur place. Ou, dit-on encore, au cours d'une veillée, l'assistance aurait défié la jeune fille de plonger une broche à rôtir dans le trou de la serrure de l'église Santa Maria, en criant : « *Si chi si chi so* », « Oui, je suis ici » ; elle tint le défi mais, au moment où elle proférait la formule cabalistique, un écho lui ayant répondu, elle fut pétrifiée de peur.

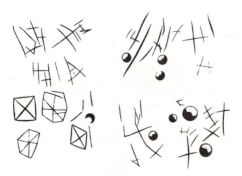

Gravures rupestres de la Petra Frisgiada.

Sur la statue-menhir on relève de nombreuses inscriptions indéchiffrables, à part le mot *anno* ; une croix occupe l'emplacement du nombril. Ces inscriptions semblent dater des débuts de la christianisation de la Corse.

À 150 m du menhir de Santa Maria, un gros rocher plat baptisé la Petra Frisgiada porte des inscriptions rupestres. La Petra Frisgiada présente, outre les motifs rectilignes croisés en échelle, qu'on a trouvés dans d'autres gravures rupestres en Corse, des carrés, des losanges, des motifs curvilignes, des signes en arbalètes, des motifs rayonnés, des cupules, bref une variété ornementale très exceptionnelle. La Petra Frisgiada daterait de la fin du IIe millénaire ou du début du Ier millénaire avant notre ère.

CAMPILE

30 KM S-O DE BASTIA PAR N 193, D 15 ET D 515

Où rôde le diable

Les armes des Gavini, originaires de Campile, sont visibles sur leur maison familiale : elles figurent une queue de cheval, un livre, un chevalier et le diable avec cette inscription : *Semper lo stesso*. La légende raconte qu'un seigneur Gavini rencontra un jour sur sa route un cavalier qui dormait la tête appuyée sur un gros livre. Curieux, il s'empara du livre et poursuivit son chemin, mais entendit soudain derrière lui un bruit effroyable et aperçut le diable qui galopait à sa poursuite. Terrifié, il se précipita vers une église. Mais Satan réussit à saisir la queue de son cheval au moment où il passait le portail et à l'arracher ; la queue du cheval repoussa en fils d'or. Furieux d'avoir perdu le livre qui contenait ses abominables secrets, le diable disparut. Gavini garda toujours chez lui le volume, sans jamais l'ouvrir. Un de ses petits-enfants, ayant tenté de jeter un coup d'œil sur les pages maudites, s'écroula, frappé à mort.

Denis et Sampiero Gavini, principaux représentants de cette famille au XIXe siècle, auraient fait partie des *pinnuti*, républicains organisés en société secrète à l'exemple des carbonari.

CAMPO

(Campu)

38 KM E D'AJACCIO PAR N 196 ET D 83

Un atroce bûcher

Selon une tradition confirmée par les textes, les vassaux de Giovan Paolo Raffè de Bozzi, révoltés contre leur seigneur en 1614, mirent le feu au château de Campo dans lequel il était enfermé avec sa famille et ses serviteurs : tous périrent brûlés vifs, à l'exception d'un prêtre et d'une femme enceinte qui parvinrent à s'échapper et se réfugièrent à CALCATOGGIO (voir ce nom).

CANARI

30 KM N DE SAINT-FLORENT PAR D 81 ET D 80

Ville antique et cailloux magiques

Ptolémée cite en Corse une ville du nom de Kanèlatè. Selon
Berthelot et Ceccaldi, dans leur étude sur les cartes de Corse, cette
ville était située sur le territoire de la commune de Canari, soit vers
la Punta Canelle, soit vers la marine de Canelle. Mais Ascari placerait plutôt Kanèlatè vers Saint-Florent. Il reste à découvrir les
vestiges de cette ville.

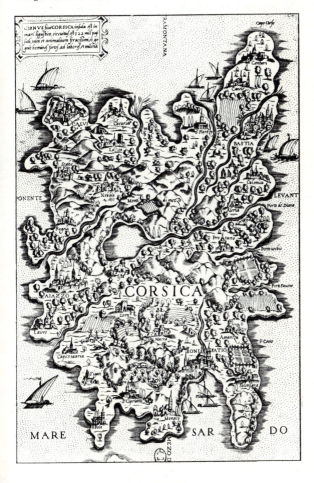

Tout près de Canari, en un lieu appelé Oreglia, on trouve, dans la terre et dans les rochers, une pierre ferrugineuse qui a la singularité de se présenter toujours sous la forme d'un cube parfait, comme un dé : c'est pourquoi on l'appelle en Corse *piedra quadrata*. Le géologue Hollande, qui a étudié durant de longues années la Corse au début du siècle, a identifié la *piedra quadrata* comme étant de la magnétite, connue parfois sous le nom de pierre d'aimant. Cette roche cristallise selon le système cubique. D'aspect métallique, elle se débite en petits cubes lorsqu'elle est soumise à un choc violent. On lui prête à Canari des vertus magiques, comme celle de rendre infatigable. Les voyageurs partant pour un long périple avaient coutume d'attacher une de ces pierres à leur jambe gauche, au-dessous du genou, afin de pouvoir marcher sans se lasser. Mais pour que ces pierres bénéficient de toute leur puissance, il fallait les découvrir soi-même, un vendredi, au clair de lune. Ces *piedra quadrata* se trouvent d'ailleurs dans d'autres régions de Corse, en particulier dans les torrents, et surtout dans le Fium'Alto.

Le château aux trois tours

Située au hameau de Piève, l'église de l'Assomption (Santa-Maria Assunta) paraît occuper l'emplacement d'un édifice plus ancien, peut-être d'un temple païen. De style roman, datant de la fin du XIIe siècle, elle est construite en blocs de schiste vert et décorée d'une corniche soutenue par de petites arcatures. Les façades comportent au bas des murs de nombreuses inscriptions énigmatiques, pour la plupart du XVe siècle, probablement gravées à l'occasion d'inhumations comme il était d'usage en Corse. Sur la façade nord, on voit un petit château à trois tours crénelées, celle du centre étant la plus élevée. On pense qu'il s'agit de la représentation d'un château existant au Moyen Âge, sans doute celui des Gentile, seigneurs de la région. Sur la façade occidentale, on remarque une pierre où sont représentés sommairement deux personnages aux mains ouvertes, d'une dimension disproportionnée ; entre les deux figures, on distingue un disque. De même, des masques ont été réutilisés dans le mur occidental de la chapelle latérale nord ; sur l'un d'eux figure la date de 1455. D'autres pierres sculptées ont été également replacées dans le mur. La décoration comporte également des têtes d'âne, de veau et de bélier.

Sous le parvis de Santa-Maria Assunta serait inhumé Napoléon de Gentile, fils naturel de Vincent de Gentile, qui, à la fin du XVe siècle, avait inclus dans la même seigneurie Sisco, Pietracorbora et Canari. Napoléon avait géré le bien de la famille jusqu'au partage qui eut lieu lors de la majorité de son frère Vincent. Napoléon s'estima désavantagé et en conçut beaucoup d'amertume. D'un coup de poignard, il tua son frère au château de Canari, pendant une partie d'échecs, le 15 août 1491. « Il s'enfuit à Gênes afin de se justifier. Mais le Sénat le fit arrêter, condamner à mort et décapiter sur le lieu même de son forfait[1]. »

---

1. D. Caratini, « Canari, Une vallée du cap Corse, souvenirs de la vie quotidienne », *Cahiers Corsica*, n°s 142-143, 1991.

CARBINI

37 KM N-E DE SARTÈNE PAR N 196, D 69, D 268 ET D 59

Érotisme et hérésie

L'église romane de San Giovanni Battista fut, au XIVᵉ siècle, le lieu du culte et, selon certains, le théâtre des flagellations collectives et des orgies de la secte des Giovannali, qui avait pris naissance en 1365, sous la protection des frères Polo et Arrigo, seigneurs d'Attala (aujourd'hui le Tallano), auxquels s'étaient joints de nombreux seigneurs : « Carbini, écrit Mérimée dans son *Voyage en Corse*, fut le chef-lieu d'une secte religieuse qui comptait de nombreux prosélytes dans toute la Corse. On les nommait Giovannali, peut-être à cause de cette église où ils se rassemblaient ; plus probablement parce qu'à l'exemple d'autres hérétiques ils ne reconnaissaient que l'évangile de saint Jean, ou alors l'interprétaient à leur manière. Si l'on en croit le bon chroniqueur (Filippini), les Giovannali mettaient tout en commun, la terre, l'argent, les femmes même. La nuit, ils se réunissaient dans leurs églises et, après l'office, les lumières s'éteignaient et ils se livraient à des orgies monstrueuses. C'est au reste une accusation banale contre toutes les sectes secrètes, et les premiers chrétiens eurent longtemps à s'en défendre. Quoi qu'il en soit, le pape envoya d'Avignon un commissaire pour excommunier les Giovannali et des soldats avec lui qui les exterminèrent jusqu'au dernier. »

Filippini, cité par Mérimée, présentait ainsi les Giovannali : « Ce fut aussi vers cette époque qu'éclata dans l'île (afin qu'il n'y eût pas un genre de misères qu'elle ignorât) la secte des Giovannali... Leur loi portait que tout serait commun entre eux, les femmes, les enfants, ainsi que tous les biens ; peut-être voulaient-ils faire revivre l'âge d'or du temps de Saturne qu'ont chanté les poètes. Ils s'imposaient certaines pénitences à leur manière ; ils se réunissaient dans les églises, la nuit, pour faire leurs sacrifices, et là, après certaines pratiques superstitieuses, après quelques vaines cérémonies, ils éteignaient les flambeaux, puis, prenant les postures les plus honteuses et les plus dégoûtantes qu'ils pouvaient imaginer, ils se livraient l'un à l'autre jusqu'à satiété, sans distinction d'hommes ni de femmes... »

En réalité, les orgies des Giovannali sont vraisemblablement sorties de l'imagination de populations fanatiques, effrayées par l'excommunication encourue par la secte et soulevées par les sermons de missionnaires au zèle excessif. Il n'est pas exclu que la dissidence des Giovannali, qui se rattache au grand mouvement hérétique du XIVᵉ siècle, soit à l'origine la simple révolte locale d'un tiers ordre franciscain jaloux de ses immunités.

Entre le campanile, légèrement détaché de San Giovanni, et l'église, un dallage et les premières assises de murailles sont les seuls restes de l'église San Quilico, rasée lors de la croisade entreprise contre les hérétiques.

Perfides arrière-pensées

Selon la tradition locale, le campanile de San Giovanni aurait été beaucoup plus élevé autrefois. Il aurait comporté sept étages ouverts d'une baie et aurait atteint 25 m de haut. Ce campanile serait l'œuvre de Maestro Maternato, l'architecte du pont du Rizzanèse (voir ZONZA). Un proverbe assure :

Maestro maternato tre cose in Corsica a lasciato
le ponte di Rizzanese, un ponte di Forciolo
e u campanile di Carbini nominato

que l'on peut traduire ainsi :

« Maître Maternato a laissé trois choses en Corse : le pont du Rizzanese, le pont de Forciolo et le campanile de Carbini. »

À mesure qu'il s'élevait, le campanile de San Giovanni Battista suscitait l'admiration pour son élégance digne des plus belles cités toscanes. Pourtant, la satisfaction de Maestro Maternato se mua bientôt en inquiétude. Observateur par métier, Maestro Maternato comprit que les commanditaires de l'édifice envisageaient de le faire disparaître dès la fin des travaux : il arrivait que l'on procède ainsi pour se réserver l'exclusivité d'un monument. Or, Maestro Maternato ne ressentait aucune vocation pour le sacrifice. Le plan subtil qu'il conçut montre que son habileté ne se cantonnait pas à la construction des ponts et des églises. Il lui fallait compter, toutefois, sur le concours intelligent des habitants de Forciolo, son village d'origine. Il ne fut pas déçu : si l'on ne devine pas le plan de Maestro Maternato, voir à FORCIOLO.

CARCHETO-BRUSTICO

(Carchetu-Brusticu)

58 KM DE BASTIA PAR N 193, N 198, D 506 ET D 71

Lamenti pour le Christ

Dans l'église paroissiale, le chemin de croix, conçu par un artiste corse, met en scène un enfant qui présente les clous destinés au bourreau et des femmes chantant des *lamenti* à la mort du Christ, comme lors des deuils dans les villages corses d'autrefois.

Quand la terreur régnait

Un des hameaux de Carcheto fut, au XIXe siècle, abandonné à la suite des méfaits du terrible bandit François-Marie Castelli. Ce dernier avait contraint une famille ennemie à se barricader dans sa maison, interdisant aux habitants du village de lui apporter le moindre ravitaillement. Les malheureux allaient mourir de faim lorsque la jeune Maria, émue de pitié, eut le courage de leur apporter quelque nourriture. François-Marie tua la jeune fille à bout portant dans la rue du village. Terrifiés, les habitants s'enfermèrent à double tour, laissant la malheureuse agoniser pendant dix-huit heures sans lui porter secours. Lorsque les gendarmes arrivèrent ils durent eux-mêmes confectionner le cercueil de Maria et la mettre en bière. Personne n'osa rompre la conspiration du silence.

Une ronde et un squelette

On voit en haut et à gauche de la façade de la petite chapelle de San Martino, en ruine (à la sortie méridionale de Carcheto, à droite de la D 71), trois curieux petits personnages se donnant la main et qui paraissent participer à quelque cérémonie. Par ailleurs, deux autres petits bonshommes, d'un dessin très enfantin, sont couchés, peut-être pour le repos éternel, car l'un d'entre eux semble bien être à l'état de squelette.

Cargèse.

CARGÈSE

(Carghjese)

52 km N d'Ajaccio par N 194 et D 81

À la recherche des Hespérides

Dès l'arrivée à Cargèse, une singularité attire l'œil : deux églises se font face de part et d'autre d'un vallon profond, dominant la mer. L'une est une église de rite latin et l'autre de rite grec. La fréquence des noms à consonance grecque est aussi frappante. Cargèse est, de fait, l'héritage de la dernière migration des Grecs vers la Méditerranée occidentale, deux millénaires après la fondation des colonies de la Grande-Grèce.

Le 14 mars 1676 débarquaient, sur la plage de Monaci, sept cent trente Grecs du Péloponnèse, originaires de la péninsule de Maïna. Résistant aux Turcs depuis deux siècles, les Maïnotes avaient perdu l'espoir d'échapper à l'esclavage lorsque l'île de Candie (la Crète) fut conquise par les musulmans en 1669. Ils sollicitèrent de Gênes un asile. La République leur offrit le territoire de Paomia, à 4 km au nord-est de Cargèse, accepta de payer les premiers frais d'établissement et s'engagea à respecter les coutumes et la religion des Grecs.

Les descendants des Spartiates

Bien avant l'installation des Grecs à Paomia, les montagnards de Vico avaient exprimé leur opposition à un établissement qui les privait définitivement d'un territoire dont ils avaient été chassés par les Barbaresques et qui servait de parcours hivernal pour les troupeaux transhumants. Le mécontentement des bergers se mua en une farouche hostilité en raison de la fidélité des Grecs à la république de Gênes ; le traité du 18 janvier 1671 stipulait en effet : « Les Grecs s'obligent à servir la République en qualité de soldats ou de marins suivant les exigences des circonstances, comme tous les autres sujets... et devront prêter serment à la sérénissime République et se soumettre aux lois et statuts, impôts et contributions établis et à établir par elle... »

Les bergers de Vico, de Renno, de Letia, appuyés par les Niolins, tentèrent vainement de chasser les Grecs en 1715 et en août 1730. Mais, après avoir résisté à un véritable siège, les Grecs durent quitter Paomia et s'embarquer pour Ajaccio dans la nuit du 29 au 30 avril 1731. Ce n'était que le début d'un long calvaire : Paomia fut incendiée, les récoltes et les arbres coupés, les vignes arrachées. Ajaccio, cependant, fit bon accueil aux immigrés. En 1775, M. de Marbeuf réinstalla les Grecs à proximité du premier site choisi par eux : il fit construire un village à Cargèse, qui reçut cent dix familles grecques.

L'opiniâtreté spartiate des Grecs fut à nouveau mise à contribution en 1789, en 1796, en 1814 et en 1830 : sous la Révolution, maisons et cultures furent de nouveau ravagées et une partie de la colonie s'expatria. Mais un certain nombre de familles s'incrustèrent avec acharnement sur le sol de leur nouvelle patrie et, après des concessions territoriales aux communautés corses de la montagne, purent enfin vivre en paix après cent cinquante ans d'inquiétude. Aujourd'hui, intimement mêlés aux Corses par des alliances répétées, les habitants de Cargèse ne parlent plus guère le grec. Néanmoins, le jumelage de Cargèse et d'Oïtylos, village d'origine des Grecs, anciennement Vitylo, la présence de l'église de rite catholique grec, la persistance de fêtes originales et de grands noms de l'histoire byzantine rappellent les longues péripéties qui aboutirent à la naissance de Cargèse.

Les icônes du mont Athos

La nef de l'église grecque de Cargèse est séparée de l'abside par une iconostase. La cloison en bois sculpté supporte des icônes représentant des saints dans la partie supérieure et, en bas, le Christ, la Vierge et l'enfant, saint Jean-Baptiste et saint Basile.

L'église grecque de Cargèse.

Dans la nef, à droite, contrairement aux traditions des églises de rite grec, un autel de la Madone est orné d'une statue de la Vierge.

Quatre icônes précieuses, qui furent autrefois transportées de Vitylo par les émigrants de 1676, sont visibles sur les murs latéraux du sanctuaire. La principale relique, l'*Epitaphios*, figure parfois dans les processions lors des grandes fêtes. C'est une peinture sur bois du XIIIe siècle représentant la mise au tombeau. Derrière l'autel, une autre icône représente la Vierge et l'enfant, saint Nicolas et saint Spiridon. À droite, sur un triptyque, figurent saint Jean-Chrysostome, saint Basile et saint Grégoire et, à gauche, la dernière icône représente saint Jean-Baptiste. Ces peintures seraient l'œuvre des moines du mont Athos.

Le blé, le riz et le basilic

« La fête patronale de Cargèse est celle de saint Spiridon, personnage considérable en Orient, qui se célèbre le 12 décembre, écrit Élie Papadacci. On célèbre aussi la fête de l'exaltation de la sainte Croix le 14 septembre, qu'on appelle fête du basilic parce que les fidèles apportent tous un bouquet de cette plante qui est béni au cours de la cérémonie. Lors de la fête des morts, célébrée le vendredi qui suit le mercredi des Cendres, chaque famille apporte un plat de blé cuit ou de riz sucré qui est disposé dans une corbeille et béni au cours de la cérémonie. Chaque fidèle en reçoit une poignée à la fin de la messe[1]. »

L'ombre de Byzance

La Corse avait appartenu à l'empire d'Orient du VIe au VIIIe siècle et des gouverneurs de Byzance l'avaient administrée. Par un curieux retour des choses, le petit groupe d'émigrés grecs venus en Corse en 1676 comprenait Constantin Comnène, descendant de l'illustre famille des Comnène dont plusieurs membres s'étaient succédé sur le trône de Byzance. Après la mort de David Comnène, dernier empereur de Trébizonde, tué par Mehmed II en 1442, un de ses fils se réfugia dans la péninsule de Maïna et eut pour descendant Constantin Comnène. L'arrière-petit-fils de ce dernier, Démétrius Stéphanopoli de Comnène, oncle de la célèbre duchesse d'Abrantès, Laure Junot, vit ses droits et son ascendance officiellement reconnus en 1782.

Justice pétrifiée

Mérimée signale, dans l'église San Giovanni, située entre Cargèse et Paomia, « une singularité dont je n'ai pu trouver l'explication. À l'intérieur de l'église en ruine aujourd'hui, on voit, au milieu de l'appareil du mur nord de la nef, un bras sculpté sur le granite, légèrement fléchi, et les doigts ouverts dirigés à 45 degrés. Ce bras, d'ailleurs très grossièrement travaillé, n'a pu appartenir à un bas-relief plus considérable dont un fragment aurait été employé comme simple moellon, car il occupe le milieu d'une dalle et est parfaitement isolé. Aucune autre sculpture ne se voit ni à l'intérieur ni à l'extérieur de l'église. » Mme Moracchini-Mazel émet une hypothèse séduisante à ce propos : San Giovanni est une église piévane ; or, une cour de justice siégeait traditionnellement aux abords

---

1. E. Papadacci, *L'Histoire de Cargèse-Paomia, deux cités grecques en Corse, et de Piana-Ota-Porto*, Paris, chez l'auteur, 1967.

de ces églises, où des sculptures symboliques rappellent quelquefois ces fonctions annexes. Le bras de San Giovanni ne serait-il pas le bras de justice, équivalent du sceptre ?

CASABIANCA

44 km S-O de Bastia par N 193, D 15, D 515 et VO

La vengeance du marquis

Casabianca devrait son origine à une révolte féodale. Selon Filippini, « les marquis de San Colombano se conduisaient dans leur seigneurie en véritables tyrans ; on raconte qu'ils voulaient que les femmes de leur seigneurie qui se mariaient se livrassent d'abord à eux avant de vivre avec leurs maris. Il y avait, sur leur territoire, près de la Croce di Campo, une localité appelée Capannuli. Les Capannulesi, pour se soustraire à une coutume aussi inhumaine et aussi abominable, tuèrent dans un repas trois de ces marquis, sur quatre qu'ils étaient ; mais celui qui échappa fit mourir les Capannulesi avec la plus grande cruauté, à l'exception d'un enfant appelé Santuculo, que sa mère parvint à cacher, et avec lequel elle se sauva à Ampugnani, où elle habita un endroit appelé également Capannuli. Santuculo s'en alla plus tard à Paludo et y construisit une tour qu'il appela la Casabianca, d'où sont sortis les Casabiancacci ».

Le couvent de la révolte

Immédiatement à l'est du carrefour de la D 15, de la D 515 et de la D 237 s'élève le couvent de Saint-Antoine de Casabianca, aujourd'hui en ruine, qui fut, comme le couvent d'Orezza, l'un des hauts

Pascal Paoli.

lieux de l'histoire de la Corse. Les réunions tenues là furent souvent le signal de la révolte. Ainsi que le rappelle une inscription apposée sur la façade du couvent, c'est ici que, le 15 juillet 1755, Pascal Paoli, alors âgé de vingt-neuf ans, fut proclamé *capo generale*, général en chef de la Corse.

Auparavant, le 10 décembre 1730, les notables de la Castagniccia s'étaient réunis pour ordonner le mouvement d'insurrection contre les Génois, amorcé dans la violence au mois de janvier précédent. Un détachement génois avait été cerné et désarmé aux abords du couvent le 17 novembre 1733. Enfin, le 18 avril 1734, une consulte avait désigné Luigi Giafferi et Giacinto Paoli comme chefs suprêmes et commandants du royaume.

Plus tard, les membres du mouvement contre-révolutionnaire de la *Crocetta*, qui s'était propagé en 1798 dans le nord de la Corse se réunirent aussi à Casabianca. Révoltés contre l'autorité du Directoire qui faisait pourchasser les députés suspects, les émigrés et surtout les prêtres réfractaires, ils portaient sur leur bonnet, en signe de ralliement, une petite croix de laine blanche qui donna son nom au mouvement. Ils étaient commandés par Agostino Giafferi, dit le *brigadiere*, fils du chef national de 1729. L'insurrection fut écrasée et Giafferi, capturé, fut fusillé, bien qu'octogénaire, à Bastia. Il refusa l'assistance d'un prêtre assermenté, déclarant : « Il me plaît de quitter ce monde sans trahir ma religion et ma patrie. »

Le rouge et le noir

Casabianca est le berceau de la famille de ce nom, dont les luttes ensanglantèrent la Corse durant plusieurs siècles. La brouille initiale eut lieu en 1463, entre deux frères, l'un brun, l'autre blond ; dès lors la famille se divisa en deux camps : les *Neri*, les Noirs, et les *Rossi*, les Rouges, pour lesquels, petit à petit, l'île entière prit parti. Assassinats, massacres, enlèvements, atrocités sans nombre se succédèrent. Dès le XVIe siècle, les Noirs quittèrent Casabianca et allèrent s'établir à Venzolasca. Cependant, au XVIIe siècle, les choses s'arrangèrent, et la réconciliation fut scellée par divers mariages entre les deux branches. Le dernier des Rouges, dont les aïeux s'étaient installés à Vescovato, fut Raphaël de Casabianca, général, sénateur d'Empire, pair de France à la Restauration : une de ses filles épousa un « Noir » de Venzolasca.

Pavillon haut

Le cousin de Raphaël, Luce de Casabianca, qui avait été membre de la Convention, mourut glorieusement au combat naval d'Aboukir le 1er août 1798. Appelé à remplacer l'amiral Brueys, il fut tué au cours de la bataille. Selon de nombreux récits, il se serait fait sauter avec le navire amiral plutôt que de se rendre et son fils, Giocante, âgé de onze ans, serait mort avec lui, ayant refusé de quitter le navire.

Les marins d'Aboukir ont effectivement fait preuve d'un courage héroïque au cours d'une bataille qui s'acheva la nuit dans une ambiance de fin du monde. La flotte française perdit onze vaisseaux sur les treize engagés et deux frégates sur quatre. Sur 8 000 marins, 1 700 furent tués et 1 500 blessés. Mais le capitaine de vaisseau Luce de Casabianca et son fils n'ont pas choisi délibérément leur destin, comme on le rapporte parfois : « À bord de l'*Orient*, Brueys, deux fois blessé, refuse de quitter son poste et succombe à une troisième blessure, et son capitaine de pavillon,

Casabianca, est tué », les jambes broyées par un boulet. Plus tard, « un incendie éclate sur la dunette de l'*Orient*, gagne la voiture et se propage à une rapidité effrayante sous l'effet du vent... l'*Orient* explose vers 10 heures et demie en couvrant ses voisins d'une masse de débris enflammés[1]. »

En se référant à la correspondance de Bonaparte pendant les campagnes d'Égypte et de Syrie, le baron Jean Thiry, correspondant de l'Institut, précise, de plus, quel a été le destin du jeune Giocante de Casabianca : « Casabianca, capitaine de l'*Orient*, avait avec lui son fils. Quand il vit le feu gagner le bâtiment, il chercha à sauver cet enfant en l'attachant sur un mât de hune qui flottait sur l'eau. Mais il fut englouti pendant que son père était tué à bord du navire[2]. »

Mort auparavant au combat, Luce de Casabianca, n'a pas commandé le sabordage du navire et Giocante, son fils, n'était plus à bord lorsque l'incendie, atteignant une soute à munitions, a provoqué l'explosion qui a détruit l'*Orient*. Moins ordonné et maîtrisé qu'on ne l'a écrit, le déroulement de la bataille ne rend nullement injustifiée la tradition d'héroïsme légendaire laissée par Luce de Casabianca et son fils.

C'est en souvenir de Luce de Casabianca qu'un navire de guerre porte depuis 1799 le nom de *Casabianca* : le 27 novembre 1942, le sous-marin *Casabianca* réussit à s'évader de Toulon ; l'année suivante, il participait activement à la libération de la Corse et débarquait secrètement à Ajaccio des troupes venant d'Afrique du Nord pour épauler les résistants. La tourelle du sous-marin est conservée dans une cour du musée d'Ethnographie corse, qui est installé dans le palais des Gouverneurs, à Bastia.

CASAGLIONE

(Casagliò)

38,5 KM N D'AJACCIO PAR N 194, D 81 ET D 25

Le châtiment des traîtres

À 29,7 km d'Ajaccio par la N 194 et la D 81, et à 0,6 km au sud-est de Tiuccia, sur une colline dominant la mer, subsistent les ruines du château de Capraja, résidence principale de la famille des comtes de Cinarca. Celle-ci compta parmi ses membres Arrigo della Rocca, Gian Paolo d'Istria et surtout Sinucello della Rocca qui, au XIIIᵉ siècle, se rendit maître de presque toute la Corse, et mérita le surnom de *Giudice di Cinarca*, le juge de la Cinarca. Le château de Cinarca aurait été fondé, selon la chronique corse, par le fils même du mystérieux chevalier romain Ugo Colonna (voir p. 75) qui aurait libéré l'île des Maures au IXᵉ siècle. Filippini, reprenant Giovanni della Grossa, écrit : « Ugo avait deux fils, l'un appelé Bianco, [...] et l'autre Cinarco ; il leur donna de vastes seigneuries dans le delà des monts. Bianco fut seigneur de Calcosalto, où se trouve aujourd'hui Bonifacio, et établit sa résidence à Carbini ; Cinarco, seigneur de Saint-Georges, se fixa à Lecce del Loppio. Ce Cinarco bâtit plus tard

1. Amiral Dupont, art. « Aboukir », *Dictionnaire Napoléon*, sous la direction de Jean Tulard, Paris, Fayard, nouvelle édition, 1989.
2. J. Thiry, *Bonaparte en Égypte*, Paris, Berger-Levrault, 1973.

le château de Cinarca, auquel il donna son nom, et fut la souche des Cinarchesi. »

C'est au château de Cinarca que Vincentello d'Istria fit supplicier Pancrace de Poggio et La Cagna, coupables d'avoir livré l'une de ses places fortes, le château de l'Orèse, cédant aux propositions de Giudicello d'Ornano, partisan de Gênes : ils furent écartelés au pied du donjon.

Messages gravés sur la colline

Des cupules, des vasques et des cuvettes alignées sont creusées par centaines dans les rochers du monte Lazzu, qui domine les vallées de la Liscia et du Liamone, à proximité de la baie de Tiuccia (sur la D 25, prendre à gauche à 1 km du carrefour de la D 81). Des meules et des broyeurs avaient été abandonnés non loin de là. Ces multiples cavités semblaient transmettre un message qui est resté longtemps énigmatique. On sait maintenant qu'elles résultent de l'activité d'un village, qui occupait les lieux avant la fin du néolithique. Les habitants traitaient là les produits de leurs récoltes, et entre autres le grain, dont le vannage, au sommet de la colline, était en partie assuré par le vent.

Aux abords du site, ont été découverts des haches en diorite, des pointes de flèches, des poteries perforées ou incisées selon des tracés curvilignes ou concentriques. Certaines céramiques sont décorées de paillettes de mica ou colorées à l'hématite. Des décors semblables ne sont pas exceptionnels en Corse (voir BONIFACIO). Sur le territoire de Casaglione, dans la vallée de la Liscia, entre la plage de Tiuccia et la D 25 qui mène au village, on voit également deux dolmens.

CASAMACCIOLI

(Casamacciuli)

30 KM O DE CORTE PAR D 18, D 84 ET D 218

La forge du diable

Aux confins des communes d'Albertacce, de Casamaccioli et de Corte, le col de Stazzona permet de passer par la montagne de la forêt du Valdo-Niello, au nord, à celle de Campotile, au sud, et du bassin du Golo au bassin du Tavignano. On atteint le col en quittant la D 84 à la maison forestière de Popaja, à 12 km à l'ouest de Calacuccia, et l'on se dirige vers le sud en grimpant parmi les sentiers de forestiers et de bergers à travers la forêt du Valdo-Niello, puis, après les bergeries, parmi les rochers. Le monte Retto, à l'ouest du col de Stazzona, s'élève à 2 009 m. Au-delà du col se déroule une haute plaine parsemée de tourbières, où s'étend le lac de Nino. Là, les bergers du Niolo mènent paître leurs troupeaux en été.

Les roches grises du col de Stazzona sont considérées comme la « forge du diable » : Satan, autrefois, au cours d'une longue querelle avec saint Martin, berger parmi les Niolins, hanta ces lieux. Il était occupé à labourer avec deux grands bœufs noirs d'une taille colossale et une charrue géante qu'il s'était forgée lui-même sur le plateau supérieur de Campotile, près de la Punta Artica (2 329 m), où estivent les bergers de Casamaccioli. Saint Martin parut avec ses moutons, se moqua de lui et lui reprocha de ne pas savoir tra-

Le lac de Nino.

cer un sillon droit. Une dispute s'ensuivit, et le diable, vexé, piqua ses bœufs, bien décidé à donner tort au saint. Mais le soc de la charrue alla buter sur une pierre et se brisa. Fou de rage, Satan jeta au loin le soc, qui perça le capo Tafonato (voir ALBERTACCE). Lorsqu'il se retourna, il était puni de sa colère : saint Martin avait transformé son équipage en un gigantesque banc de roches grises que l'on voit encore au col de Stazzona, figé pour l'éternité.

Mausolées préhistoriques

En quittant Calacuccia vers Casamaccioli, on pénètre sur cette dernière commune en passant le pont sur le Golo. À 200 m à droite, sur la colline de Pianelli un *taffone*, cavité naturelle creusée par l'érosion, est visiblement complétée par deux supports placés par la main de l'homme. La face inférieure concave du *taffone* forme la voûte d'une chambre funéraire préhistorique. Un autre dolmen, Tres Pitta, fait face à Casamaccioli ; il se compose de trois blocs de rochers arrondis dont l'un est posé sur les deux autres. Un mur de pierres sèches ferme au nord la chambre ainsi formée.

L'étoile du miracle

Une statue de la Vierge, entourée d'une grande vénération, est conservée dans une chapelle de l'église de Casamaccioli : c'est la *Santa*. Au cours du XVe siècle, un vaisseau vint à se trouver en perdition dans les eaux de Galéria. Son capitaine implorait la Vierge, étoile de la mer, *Stella Maria*, quand soudain apparut dans le ciel une étoile éblouissante, et les flots s'apaisèrent miraculeusement. En signe de reconnaissance, le capitaine offrit une statue de la Vierge au couvent de la forêt de Filosorma (*Falasorma*), le couvent de la Selva, qui prit le nom de Santa Maria della Stella. Mais les Turcs ravagèrent la région et le couvent fut détruit vers 1450. Les religieux tinrent conseil et décidèrent de transférer couvent et statue dans des lieux plus sûrs, qui seraient choisis par la Vierge elle-même : on chargea la statue sur une mule qui ne connaissait pas le pays et on la laissa aller librement ; la bête se dirigea sans hésiter vers Casamaccioli et s'arrêta net à l'emplacement de l'église actuelle.

Célébrées le 8 septembre, jour de la Nativité de la Vierge, si le calendrier n'impose pas un léger changement de date, les fêtes de la Santa attirent les foules. Après la messe du milieu de la matinée se déroule la procession : la statue de la Vierge, la *Santa*, est précédée par les membres de la confrérie, la *Cunfraterna di a Santa*, vêtus de longues robes blanches et, en principe, escortée par six jeunes filles en costume traditionnel. En suivant les rues du village, la procession gagne le champ de foire, où l'attendent les fidèles. Le cortège s'enroule alors en spirale ; c'est la *granitula*, analogue à celles de Calvi et de Brando. On tire souvent des coups de feu en signe de réjouissance pour la rédemption des pénitents, arrachés aux ténèbres à l'issue de la *granitula*. Dans l'après-midi ont lieu les concours d'improvisation poétique en corse. Animée par les chants, les danses et les jeux, la fête dure trois jours.

Église de Casamaccioli : la Santa.

CASTELLARE-DI-CASINCA

(Castellà di Casinca)

30 KM S DE BASTIA PAR N 193 ET D 106

Saint patron des bandits

 Dans l'église romane à triple abside de Saint-Pancrace, on conserve le corps presque entier du saint, martyrisé en 304 à Rome, durant les persécutions de Dioclétien. Cette relique aurait été apportée d'Italie en 1798 par Beppo Limperani, consul de France à Venise après avoir succédé à Stendhal au consulat de Civitavecchia et qui fut député de la Corse sous la monarchie de Juillet. Saint Pancrace était vénéré par les bandits comme leur saint patron et l'est encore par les bergers.

La fête qui suit l'office dit chaque année lors de la Saint-Pancrace, le 12 mai, était autrefois l'occasion d'une foire de chevaux et, vers le XVIIe siècle, de courses. Les Génois durent même interdire parfois ces réunions qui attiraient une foule de montagnards et risquaient de provoquer un coup de main de pirates barbaresques en quête d'esclaves.

Sauvage nécromancie

 Selon F. Robiquet[1], le village fut attaqué en 1554 par le Génois Spinola, assisté de troupes espagnoles. Après une vigoureuse résistance, les habitants tentèrent de s'échapper du village au début de la nuit, par une passe qui n'était pas gardée par l'ennemi. La plupart y réussirent, mais quelques-uns furent aperçus des Espagnols, qui les tuèrent puis éventrèrent leurs cadavres, espérant trouver de l'or dans leurs entrailles.

CASTELLO-DI-ROSTINO

(Castellu di Rustinu)

50 KM S-O DE BASTIA PAR N 193 ET D 115

La mort d'une nation

 À Ponte-Nuovo (*Ponte-Novu*), sur la N 193, à 38 km au sud-ouest de Bastia, trois arches d'un pont génois sur le Golo apparaissent légèrement à l'amont du pont actuel. Après le pont, en venant de Bastia, au carrefour de la D 115, s'élève une stèle surmontée d'une croix de bois, où figure l'inscription suivante :

Qui casconu
u 9 maghiu 1769
e milizie
di
Pasquale de Paoli
luttendu per
a libertà di patria

que l'on peut lire ainsi : « Ici tombèrent le 9 mai 1769 les milices de Pascal Paoli, luttant pour la liberté de la patrie. » C'est en ce lieu, en effet, que se déroula, le 9 mai 1769, la bataille de Ponte-Nuovo

1. F. Robiquet, *Recherches historiques et statistiques sur la Corse*, Paris, 1835.

La bataille de Ponte-Nuovo en 1769, lithographie de 1863.

qui marqua, à cette époque, la fin de la lutte pour l'indépendance corse.

Fresques en question

À l'ouest de Pastoreccia, à 12 km de Ponte-Nuovo par la D 115, apparaît, isolée sur un éperon dominant la vallée du Golo, l'église Saint-Thomas, que l'on atteint aisément par un chemin muletier à droite, immédiatement après le tournant qui marque l'entrée du village. Le chemin est signalé par une croix. Dans l'église, des fresques magnifiques décorent le fond de l'abside : deux anges jouent de la trompette ; un christ en majesté, entouré par les symboles des évangélistes, porte le livre sacré sur lequel ces mots sont inscrits :

EGO SUM LUX MUNDI ET VIA VERITAS

Le tympan de la porte latérale orientée vers le sud et le fond d'une niche située à l'intérieur dans le mur nord-est portent gravées des inscriptions dont seule la date, 1470, est lisible. Sur une fenêtre de l'abside, à l'extérieur, c'est 1370 qui apparaît. Que conclure ?

Les fresques qui s'écaillent révèlent des croix dans des cercles ; selon Mme Moracchini-Mazel, « elles appartiennent peut-être à un primitif décor, à moins qu'elles ne rappellent une cérémonie de consécration[1] ». Ce décor sommairement esquissé et l'appareil à pierres éclatées semblable à celui de plusieurs églises corses du VIIe au IXe siècle indiquent une origine encore plus reculée que celle fixée par les chiffres contradictoires des différentes parties de l'édifice.

---

1. G. Moracchini-Mazel, *Les Églises romanes de Corse*, op. cit.

Les gorges du Golo.

Souterrains perdus

De la chapelle Saint-Thomas, on découvre une vaste perspective sur les gorges du Golo et sur le massif des aiguilles de Popolasca. La tour de Serravalle qui surveillait le couloir du Golo à l'est des montagnes de Popolasca vers Prato était relayée au sud par le château d'Omessa et au nord par le château du Rustinu, dont les ruines subsistent sur les rochers du Pinzu, à 300 m à l'ouest de Saint-Thomas, et à l'extrémité même de l'éperon où est édifiée la chapelle. La chapelle assurait, vraisemblablement de longue date, le service de la forteresse. Des souterrains, dont l'entrée reste de nos jours inconnue, relieraient la chapelle et le castellu di Rustinu et auraient assuré la sécurité du château en cas de siège.

À l'entrée de Pastoreccia, face à l'amorce du chemin qui mène à la chapelle Saint-Thomas, se trouve à gauche, à 50 m au-dessus de la route, l'ancien couvent de San Stefano. L'évêque d'Accia convoquait parfois des témoins à San Stefano et menaçait de faire afficher leur nom à la porte s'ils ne se présentaient pas. Les fils aînés de la famille qui détient l'ancien couvent dédié à Saint Étienne reçoivent encore souvent, par tradition, le prénom d'Étienne.

CASTIFAO
(Castifau)

56 KM S-O DE BASTIA PAR N 193, N 197 ET D 47

Un évêque impie

Au lieu-dit Santa Dré, aux environs de Castifao, se serait élevée
jadis une chapelle consacrée à sainte Esdra. Filippini reprend à ce
propos une histoire racontée par Giovanni della Grossa : « Giovanni
écrit qu'il y avait dans ce pays une église appelée Santa Esdra ;
cette église était alors en si grande vénération que, lorsque l'évêque
allait guerroyer de ce côté, les paysans déposaient avec la plus
entière confiance leurs effets dans ce lieu pour les sauver, et personne n'osait y entrer pour les prendre. Ce même évêque, dit-on,
pour se moquer des paysans, dont il trouvait la dévotion par trop
naïve, entra en personne dans cette église et pilla tout ce qui s'y
trouvait ; mais, par une sorte de miracle, avant de sortir, il se sentit tout à coup atteint de la pierre ; il retourna donc, en proie aux
plus vives souffrances, à Aléria, où l'on avait reconstruit un château, et, à partir de ce moment, il ne fit plus de guerre. »

CASTIRLA

9 KM N DE CORTE PAR D 18

La pierre d'aigle

La légende veut qu'au col d'Ominanda (à 5 km de Castirla par la
D 18) ait existé une grotte secrète habitée par un ogre. Un jour, une
bergère disparut, enlevée par l'ogre d'Ominanda. Désespéré, son
frère Paolo se lança à sa recherche, armé d'une hache. Sur sa route,
il rencontra près de la chapelle San Michele un vieillard, à qui il
conta sa peine. « Fais une prière à saint Michel, lui dit le vieil
homme, et je vais te dire ce que tu dois faire pour retrouver ta sœur :
sur la pente nord du mont Galgallo il y a des rochers abrupts hantés par les aigles. L'un d'eux se nomme la Sponda ; tu y trouveras
un nid d'aigle et, dans ce nid, une pierre de la grosseur d'une poire.
Cette pierre sonne creux : en effet, à l'intérieur se trouve une autre
pierre plus petite, logée dans la grosse comme une amande dans sa
coque. Apporte-la-moi et nous vaincrons l'ogre. » Paolo, au prix de
mille efforts, parvint à atteindre le nid de l'aigle et en rapporta la
pierre qu'il remit, dans la chapelle, au vieillard ; celui-ci la cassa et
en tira une autre pierre d'un beau vert tirant sur le bleu ; c'était la

pierre d'aigle, qui a le pouvoir de rendre invisible celui qui la possède en prononçant ces deux mots : « *Tamo ! Samo !* » Grâce à la pierre d'aigle, Paolo parvint à surprendre l'ogre et à délivrer sa sœur[1].

Deux cents contre un

C'est dans une grotte des environs de Castirla que le bandit Arrighi soutint un siège célèbre contre la gendarmerie. Il avait eu l'ingénieuse idée d'avoir toujours auprès de lui cinq ou six fusils chargés à la fois, ce qui faisait croire à ses adversaires qu'il n'était pas seul, mais accompagné de cinq ou six hommes. Pour en venir à bout, on fit venir deux cents soldats et vingt brigades de gendarmerie. Le sous-préfet de Corte et le colonel de la 17e légion étaient sur place. Comme tout ce monde n'arrivait pas à déloger Arrighi, on convoqua quinze sapeurs du génie qui creusèrent sous la grotte pour y placer une mine, mais l'opération échoua : alors on amena deux canons. Finalement, Arrighi, blessé lors d'une sortie, fut achevé par un gendarme.

CATERI

(Catteri)

17 KM E DE CALVI PAR N 197 ET D 71

Géométrie préhistorique

À Carcu, à l'est du village, un espace coupé de deux monticules conserve les traces d'une occupation préhistorique. La première colline portait une enceinte extérieure entourant deux vastes cercles bordés d'énormes blocs de pierre, qui étaient des habitations. À l'intérieur de l'enceinte, sur une roche à peu près plate, ont été creusées deux cupules ; au sud du monticule se dresse une pierre oblongue. La deuxième croupe révèle aussi un cercle de gros blocs. Le sol était parsemé de pointes de flèches et de fragments de poterie. M. M.-Cl. Weiss, qui a découvert le site, a reconnu sept strates d'occupation successives, dont les dernières ont été datées de la première moitié du IIIe millénaire av. J.-C.

Sur la colline de Modria, située plus au sud, la population s'est maintenue après le néolithique. Des céramiques à enduit noir indiquent que Modria était habitée à la fin du IIIe siècle ou au début du IIe siècle avant notre ère ; on perçoit progressivement la pénétration des influences romaines dans le groupe insulaire fixé aux abords du village actuel.

L'ancienneté de Cateri est confirmée par les vestiges d'un habitat romain repérés auprès de la chapelle romane de Saint-Césaire, au col de San Cesareo (*San Cesariu*), au croisement de la D 71 et de la D 151.

Des guérisons miraculeuses

Peu après son arrivée en Corse où il avait été envoyé par Pie V comme évêque d'Aléria, saint Alexandre Sauli vint résider à Algajola, effectuant de fréquents déplacements dans la contrée pour évangéliser les populations. Il fut reçu à Cateri par quelques ecclésiastiques qui l'invitèrent à dîner. Les reliefs du repas du saint

---

1. A. Trojani, *Contes corses, op. cit.*

évêque furent recueillis et donnés à manger à des malades qui gué-
rirent miraculeusement.

Un chemin, à l'entrée du village, à gauche en venant de Calvi,
mène au couvent de Marcasso (*Marcassu*) qui a été édifié sur les
ruines d'un château au début du XVIIᵉ siècle. Les restes de
Bernardin de Calenzana, qui se rendit célèbre, au XVIIᵉ siècle, par
sa piété, sont conservés au couvent. Bernardin était entré très
jeune au couvent d'Alziprato (*Alzi Pratu*) malgré l'opposition déter-
minée de son père : caché par les moines, il fut envoyé dans un couvent de la Marana où il fit ses études et fut ordonné. Puis, après la
mort de son irascible père, il revint à Alziprato, où il se distingua
par ses vertus et ses miracles.

En quittant Cateri en direction de Calenzana, la D 151 permet
d'atteindre le couvent d'Alziprato, situé à gauche de la route, à
15,5 km.

*Le pape
Pie V.*

Protection tous azimuts

Quand survenait une catastrophe, les membres de la confrérie de
Saint-Marcel portaient autrefois un lourd crucifix en bois d'olivier,
pieds nus sur les chemins rocailleux, de Cateri à Lumio, soit sur
8 km. Aujourd'hui encore, peu avant Pâques, les confrères chargés
de la garde de la croix la transfèrent et l'exposent à l'église de
l'Assomption. Quelques jours plus tard, le Christ est porté en procession à travers le village ; la cérémonie comporte une bénédiction
des quatre points cardinaux à la sortie de Cateri.

CAURO

(Cavru)

20,5 km E d'Ajaccio par N 193 et N 196

Sinistre prophétie

Depuis un millénaire, l'un des descendants d'Ugo Colonna (voir Corte p. 226) reste révéré en Corse : c'est le comte Arrigo Bel Messere, le beau seigneur, dont l'esprit de justice était, semble-t-il, reconnu de tous.

Saisi d'un différend entre le comte Forte et les seigneurs de Tralaveto, qui dominaient la région de Cauro, Arrigo fut tué d'un jet de javelot par un Sarde faisant partie des hommes d'armes accompagnant les Tralavetani. Selon Giovanni della Grossa, au cours du combat qui suivit, « les sept fils du comte Arrigo, faibles et inexpérimentés, furent pris ; les seigneurs du Tralaveto n'écoutant que leur rage, les noyèrent comme autant de poulets (*polli*) » sous un pont, « ce qui fit toujours appeler cet endroit *pozzo de' sette polli* ».

L'annonce de ces forfaits aurait été propagée à travers l'île par un phénomène surnaturel évoqué par Giovanni della Grossa : « on prétend qu'on entendit alors dans l'air par toute l'île (c'était en l'an mille de la naissance de Jésus-Christ) une voix qui proclamait :

> *È morto il conte Arrigo Bel Messere,*
> *E Corsica sarà di male in peggio.*

Il est mort le comte Arrigo, le beau messire,
La Corse ira de mal en pis.

Ruines expiatoires

Ces crimes ne restèrent pas impunis. D'après Giovanni della Grossa, tous les chefs de l'île, avec leurs partisans, « furent mandés au palais de Venaco par la comtesse qui voulait venger la mort de son mari. Tous avaient envers elle quelque obligation ; ils se rendirent donc à son appel... Les seigneurs de Tralaveto avaient deux châteaux, l'un à Travaleto, l'autre à Cauro ; une partie de ces seigneurs se retira dans le premier château et l'autre partie dans le second. La comtesse alla d'abord assiéger le château de Travaleto qui fut pris grâce à l'habileté de Truffetta de Covasina... On le brûla avec tous ceux qui s'y étaient renfermés. Elle alla ensuite assiéger le château de Cauro, qui capitula ; la comtesse le ruina et laissa la vie à Opizo qui en était le seigneur. Les descendants d'Opizo, appelés aussi Tralavetani, ont toujours vécu depuis dans une condition basse et obscure ».

Le crâne de Sampiero Corso ?

Muré dans une des parois de l'église Sainte-Barbe, on a découvert un crâne humain qui serait celui du célèbre héros Sampiero Corso : le marbrier était en train de poser sur l'église la plaque portant les noms des paroissiens morts pour la patrie, lorsque le crampon de fer destiné à la supporter découvrit une cavité renfermant le crâne. On sait en effet qu'après avoir été assassiné Sampiero Corso (voir Eccica-Suarella) fut décapité et sa tête exposée sur les murs d'Ajaccio. Le sénat de Gênes, à la requête de l'évêque de Sagone, aurait ordonné au gouverneur d'Ajaccio, Fornari, de retirer le chef sanglant « de l'endroit où il est et de le déposer à l'église pour le cas où un ami ou un parent le réclamerait ». Les habitants de Cauro auraient soit enlevé, soit obtenu l'illustre relique, et l'auraient murée dans l'église paroissiale. Cependant, M. Peraldi, maire de Cauro, aurait dit il y a plus d'un siècle à Mgr Casanelli d'Istria que le crâne de Sampiero avait été emporté par une crue car on l'avait déposé, une année de sécheresse, dans le lit d'un ruisseau, afin d'obtenir de la pluie. C'était en effet l'usage à Cauro, pour faire cesser la sécheresse, d'aller déposer en procession un crâne dans un ruisseau asséché ; un enfant de chœur aurait, par erreur, pris celui de Sampiero. Mais des personnes qui assistaient à l'entretien, en particulier M. J.-M. Pietri, avaient contredit M. Peraldi et affirmé que le crâne disparu n'était pas celui de Sampiero, car il avait été pris dans l'*arca*, la fosse commune de l'église.

CENTURI

52,5 km N-O de Bastia par D 80 et D 35

Oppidum romain

Selon Pline, Centurium était un oppidum romain. D'autre part, le hameau de Canelle serait la Kanèlatè citée par Ptolémée ; mais certains auteurs placent Kanèlatè à Canari ou encore près de Saint-Florent. Canelle est situé à 3 km à l'est de la marine de Centuri, sur une VO vers laquelle on tourne à gauche à l'Orche, sur la D 35, en direction de Rogliano. Ville antique devenue village, Centuri donna plus tard naissance à une autre ville : de la marine partirent au XIIIe siècle les Cap-Corsins qui fondèrent Calvi.

À l'ouest de la N 198, à 300 m au sud de l'embranchement de la D 35, apparaît le hameau d'Ortinola, que l'on atteint par un chemin qui s'ouvre au carrefour des deux routes. Le 4 mai 1560, douze galiotes barbaresques attaquèrent les deux tours d'Ortinola dans lesquelles s'étaient réfugiés les habitants du pays. L'attaque était dirigée par un renégat originaire de Pino, Mammi Corso. Zacagnini d'Ortinola résista seul toute une journée dans les unes des tours, et ne se rendit que criblé de blessures après avoir tué de nombreux ennemis. Mammi Corso emmena quarante personnes en captivité et fit brûler toutes les maisons du village à l'exception de l'une d'entre elles, celle du prêtre Andrea de Novella, qui avait fui en abandonnant une table abondamment garnie.

L'homme de fer

Le château de Bellavista a été élevé au XIXe siècle par le général comte Leonetto Cipriani, à la romanesque destinée. Issu d'une ancienne famille florentine, citée par Dante, et réfugiée à Centuri au XVe siècle, le père de Leonetto Cipriani, Matteo, géant de plus de deux mètres, surnommé l'« homme de fer », avait cherché l'aventure et fait fortune aux Antilles et en Amérique du Sud entre 1794 et 1809, avec ses trois frères, Santo, Marco et Domenico.

Santo Cipriani, qui mourut au siège de Santa-Fe de Bogotà, avait un jour avalé seul un mouton rôti, à la suite d'un pari avec Bolivar qui prétendait l'exploit impossible, même pour Santo qui était un colosse.

Aussi fort que ses frères, Marco Cipriani, commerçant à La Guaira, le port de Caracas, chargea un jour un baril sur ses épaules, eut le temps de prononcer les mots : « Je suis mort », et tomba raide.

Pourchassé par une frégate britannique aux abords de Sainte-Lucie, Matteo Cipriani lança contre les canots d'abordage anglais une barque chargée de poudre qui coula, en explosant, toutes les embarcations de l'adversaire. À son retour en Corse, il se rendit pieds nus à la chapelle Notre-Dame-des-Grâces, que l'on voit encore au-dessus de Morsiglia, le village voisin de Centuri.

L'odalisque du guerrier

Âgé de dix-huit ans, en 1830, Leonetto Cipriani, le fils de Matteo, prit part à l'expédition d'Alger. Bien que l'on ait refusé son engagement, il avait rejoint la flotte française à Majorque avec la complicité de son parrain, chef d'état-major du général de Bourmont. Il mena lui-même la première reconnaissance à proximité de Sidi-Ferruch. À Alger, il s'éprit d'une ravissante odalisque d'origine génoise, enlevée par les Barbaresques. Déguisée en jeune garçon, elle accepta de le suivre en Italie dans sa famille. Mais la supercherie fut vite découverte par le père du jeune homme qui exigea une rupture immédiate : de désespoir, la jolie Algérienne se jeta dans la mer. Atteint d'une fièvre cérébrale, Leonetto resta de longs mois entre la vie et la mort. Plus tard, ses aventures se poursuivirent en Amérique, puis en Italie, où il mit son épée au service du grand-duc de Toscane, avant de négocier à Bologne pour Victor-Emmanuel l'union de l'Émilie et du Piémont.

CERVIONE

(Cervioni)

52 KM S DE BASTIA PAR N 193, N 198 ET D 71

Chassés par les Sarrasins

Cervione aurait été fondée par des populations originaires du littoral, venues s'installer en 813 sur les hauteurs de l'arrière-pays pour échapper aux incursions des Sarrasins. Le nom même de la ville serait celui d'un peuple cité par Ptolémée, les Syrbii. D'après Pietro Cirneo, Cervione se serait tout d'abord appelée Serbione, la ville des Syrbii.

Un aventurier à l'évêché

Sainte-Marie-et-Saint-Érasme a été église cathédrale lorsque les évêques d'Aléria, titulaires d'un siège détruit et malsain, s'étaient réfugiés à Cervione. Le palais épiscopal a été aussi, en 1735, la résidence de Théodore Ier, roi de Corse. En réalité, Théodore de Neuhoff, modeste baron de Westphalie, joueur et dépensier, contraint par une vie d'escroqueries à des déplacements constants à travers l'Europe, avait tenté une nouvelle aventure en débarquant à Aléria le 12 mars 1735 et en s'installant peu après à Cervione. On s'est souvent demandé comment Théodore avait pu faire illusion, même pendant une très courte période, dans une île où avocats, magistrats, médecins et militaires se déplaçaient souvent sur le continent, que ce soit dans les villes italiennes ou en France, pour mener à bien leurs études ou exercer leurs activités. Les espoirs éveillés en Corse par tout projet politique susceptible d'affaiblir les Génois ont sans doute suffi pour assurer quelque crédit aux propositions de Théodore de Neuhoff et miser, à tout hasard, sur sa personne ; les interlocuteurs du baron escomptaient obtenir l'appui de l'Empire germanique par son intermédiaire. Aussi, peu après son arrivée à Cervione, le chevalier d'aventure était élu roi de Corse au couvent d'Alesani (voir PIAZZALI).

Lumières dans la nuit

La procession du 15 août, qui a lieu à la nuit tombée, à partir de 21 heures, se déroule depuis 1991 le long de rues illuminées par les fenêtres ouvertes des habitations, toutes éclairées par une centaine de sources lumineuses disposées sur la voie publique et par les cierges et flambeaux portés par les jeunes de Cervione. Cette innovation illustre le succès du mouvement *Paese in luce*, qui s'est manifesté aussi à Nonza et à Penta-di-Casinca.

Le naufrage de la Vierge

Un chemin qui part de la D 71 à la sortie sud de Cervione s'élève vers la montagne en direction de l'ouest et après un trajet de 1,5 km permet d'atteindre la chapelle de Scobiccia (*Scupiccia*) édifiée au milieu du XVIIe siècle sur une crête, couverte d'un maquis de bruyère qui lui a donné son nom, à 770 m d'altitude. La chapelle, dite aussi de la Madone, abrite une belle statue de la Vierge en marbre blanc du début du XVIe siècle. La statue n'était pas à l'origine destinée à Cervione : commandée à Gênes, mais vraisemblablement sculptée à Florence, elle devait, dit-on, orner la cathédrale de Cordoue. Mais le navire qui la transportait fit naufrage, et elle échoua un beau matin, soigneusement emballée, sur la plage de Prunete, à 500 m du hameau du même nom, où s'embranche la D 71 conduisant à Cervione. Les pêcheurs qui la découvrirent la transportèrent dans le sanctuaire où elle se trouve encore aujourd'hui.

CIAMANNACCE

(Ciamannaccia)

65 KM E D'AJACCIO PAR N 193, N 196, D 83, D 228 ET D 28

Walkyrie nue

Au sud de la commune, sur une terrasse parsemée de blocs rocheux de la rive droite du Taravo, une statue-menhir, accompagnée de deux autres stèles, veillait sur un village du début de l'âge du fer. Le lieu porte le nom d'*u Castaldu* ; il évoquait donc une place fortifiée pour les habitants de Ciamannacce. Découverte décapitée, en 1982, la statue est armée et son torse doublement bombé évoque un personnage féminin. Pour certains, la statue d'*u Castaldu* représenterait un guerrier portant une cuirasse, qui accentuerait les muscles pectoraux. En réalité, la statue semble bien porter des seins. Comme le remarque le préhistorien Joseph Cesari, sur les statues cuirassées, « jamais les reliefs de plastron n'excédaient la configuration d'une poitrine masculine bien développée. Les forts reliefs pectoraux de Castaldo s'apparentent bien plus à des seins féminins qu'à une quelconque protection, même fortement marquée d'une cuirasse ».

On rejoint u Castaldu à partir de Ciamannacce en empruntant la D 328 ; 200 m avant le Ponte di u Pinu, on prend, à droite, le chemin de randonnée qui mène à Sampolo, et une centaine de mètres plus loin, à gauche, un sentier qui descend vers le Taravo.

Vierge voilée

Le 8 septembre, la Vierge de l'église de l'Annonciation, habituellement voilée, est découverte pour la journée, après la messe du matin : c'est la cérémonie d'*a scupritura*. Le culte particulier porté à la Vierge à Ciamannacce rappelle un événement que la tradition place au XVIe siècle : une paroissienne en prière vit subitement s'illuminer le mur nord de l'église, auparavant obscur, puis paraître l'image de la Vierge. Quand on souhaite présenter une requête à la Vierge, on lève aussi son voile et on l'invoque par des chants répétés.

Feu à volonté dans l'église

La confiance exprimée par les rites en l'honneur de la Vierge voilée n'a jamais interdit celle, plus immédiate, que l'on peut attendre de l'usage des armes. En 1492, lorsque l'office de Saint-Georges fonda la nouvelle ville d'Ajaccio, le commissaire génois et Alphonse d'Ornano vinrent assiéger les habitants de Ciamannacce, insurgés, qui menaçaient toute la région de leurs incursions. Retranchés au-dessus du village, sur le rocher abrupt de la Pietra di Tutti, les rebelles résistèrent à un siège de vingt jours. Il fut impossible de les déloger.

L'église même est devenue un champ de tir lorsqu'un drame sanglant bouleversa le village de Ciamannacce en 1760. Un certain Leonetti, sans doute furieux d'avoir vu ses avances repoussées, décida de se venger en déshonorant la jeune femme dont il était épris. Cette femme avait pour époux Gabrielli, dit Miloni, bandit de son état. Pour faire croire dans le pays qu'il en avait obtenu les dernières faveurs, Leonetti venait déposer ses souliers à la porte de la maison Miloni chaque matin, après que l'époux avait, dès l'aube, regagné le maquis. Un jour il fut surpris par le frère de la jeune femme, Francisci, qui, furieux, et croyant sa sœur coupable, alla frapper à sa porte : quelle ne fut pas sa stupeur d'y voir son beau-frère. La découverte de la supercherie de Leonetti ne fit que surexciter la haine des Gabrielli. Le curé du village, Hyacinthe Gabrielli, était le frère du bandit. Un jour, durant la messe, Leonetti eut l'imprudence de regarder avec insistance, l'œil brûlant de passion, l'épouse innocente. Fou de rage, le curé, lâchant l'hostie, s'écria, désignant Leonetti et les siens : « Feu sur toute cette canaille ! » Les pistolets jaillirent des poches de Gabrielli, et, un instant après, sept cadavres – dont celui de Leonetti – jonchaient le sol du lieu saint. Les Leonetti survivants quittèrent l'église dans laquelle se barricadèrent les Gabrielli. C'est alors que, d'après la légende, le curé, qui était magicien, invoqua le diable et changea tous les Gabrielli en moutons. La porte fut ouverte, et les assiégeants, étonnés, laissèrent se précipiter au-dehors l'innocent troupeau. Mais ils comprirent vite le maléfice, et tuèrent tous les moutons jusqu'au dernier[1].

1. A. Surier, *Notre Corse*, Paris, Chiron, 1934.

COGNOCOLI-MONTICCHI
(Cugnoculi-Munticchi)

36,5 KM S-E D'AJACCIO PAR N 193, N 196 ET D 303

Furie dans l'église

Dans l'église Saint-Vincent, aujourd'hui en ruine, l'office du dimanche aurait été troublé un jour par une querelle qui se serait achevée par un massacre comme à Ciamannacce (voir p. 216). L'église desservait un village dominé par deux maisons seigneuriales. Les hommes étant morts au cours d'une des multiples guerres qui ont ensanglanté la Corse, les deux veuves, de même rang, étaient en mauvais termes. Arrivée en retard à la messe, qui commençait seulement en présence des deux douairières, la descendante des Calanchi encourut les remontrances publiques de l'héritière des Piazzili. Les fidèles de chaque lignée prenant aussi parti, l'incident se poursuivit par une mêlée générale dans l'église, puis par une longue série de meurtres. C'est ainsi que le village fut définitivement abandonné. Une partie de la population s'installa à Monticchi et l'autre groupe émigra à Sollacaro.

Ce récit, longtemps transmis par voie orale, a été recueilli par M⁰ Casta, notaire, il y a plus de cinquante ans. M⁰ Casta avait rapproché le drame né dans l'église Saint-Vincent d'un événement rapporté par Anton Pietro Filippini dans son *Historia di Corsica* et authentifié par une lettre de Giordano Orsini au roi de France, en date du 13 septembre 1558 : deux frères d'Ornano, Anton Paolo et Anton Guglielmo, qui ne s'entendaient pas et dont les épouses entretenaient l'animosité, s'étaient entre-tués « pour quelques paroles eues ensemble dans une église ». Féru de littérature orale, Carulu Giovone a évoqué les mêmes événements en les plaçant dans une autre église de Cognocoli-Monticchi, Saint-Clément, en les parant de poésie et en introduisant, dans la relation des faits, un de ces épisodes sarrasins, qui ont profondément marqué la Corse[1].

CORBARA
(Curbara)

5,5 KM S-O DE L'ILE-ROUSSE PAR N 197 ET D 151

Pénitents blancs et rites de l'eau

Les pénitents de Saint-Antoine ermite organisent le vendredi saint une impressionnante procession. Elle a lieu sur la place de l'église à 21 heures. La file des participants dont chacun tient un cierge allumé à la main s'enroule et se déroule en spirale : c'est la *ranidula* (bigorneau), variante de la *granitula* qu'on pratique en d'autres villes corses, notamment à Erbalunga (voir BRANDO).

De nombreuses fontaines jalonnent la N 197 et la D 151. Les deux fontaines des saules, Salicastri, portent diverses inscriptions anciennes. Sur un panneau en marbre sculpté où figure en relief la Vierge à l'enfant, on lit :

1. O. Jehasse, « De la légende à l'histoire, un épisode méconnu de l'histoire de l'Urnanu », *Études corses*, 10ᵉ année, nᵒˢ 18-19, 1983.

1590 Ave fons salutis Maria

que l'on peut traduire ainsi : « Je vous salue, Marie, fontaine de salut. »

D'autres dates sont inscrites : 1710 sur la première fontaine, 1856 sur la seconde. Autrefois, à Salicastri, les jeunes gens attendaient leur promise en portant sur la tête un seau en bois de genévrier (*secchia*), rempli d'eau. Pour quelle raison ? Faut-il voir une explication dans le cartouche qui, sous la voûte de la fontaine de la Leccia (le chêne vert), présente cette inscription énigmatique :

M.P.A.VL.O.X.

La base des deux piliers est décorée par une cruche en forme de vase ancien portant l'inscription :

1559 P.A.N.L.

Les armoiries des Guido en l'église de Corbara.

La fontaine Bollaro (bouillonnante) coule impétueusement les jours de pluie et à peine quelques jours après. Son capricieux débit est à l'origine de la locution proverbiale : « Lui aussi boira de l'eau du Bollaro », c'est-à-dire lui aussi mettra de l'eau dans son vin.

Enfin, à la fontaine des Poverelli, tous les mendiants de la Balagne se réunissaient autrefois la veille de la fête patronale, avant d'aller quêter.

La prophétie de Paoli

Au manoir de Guido qui aurait été fondé en 816 par le Romain Guido Savelli, devenu comte de Balagne après sa victoire sur les Sarrasins, André Savelli, podestat major de la *pieve* d'Aregno, reçut le 15 avril 1758 Pascal Paoli avec les « quatre d'Algajola », les Bagnara, Castagnola, Giuliani et Padroni. Paoli désirait obtenir de ces derniers la cession du port d'Algajola. Mais, craignant les représailles génoises, les notables d'Algajola refusèrent d'obtempérer à cette demande. C'est alors que Paoli, leur montrant, de la terrasse de la maison, la plage d'Île-Rousse, s'écria : « Vous voyez ces cabanes de pêcheurs, bientôt il surgira de cet endroit une ville qui s'élèvera sur vos ruines. » La prophétie devait se réaliser (voir L'Île-Rousse).

Arbre de vie et sceau de Salomon

En quittant Corbara vers Algajola par la N 197, après 4 km, on prend à gauche vers un chemin menant à la chapelle Saint-Cyprien, à 200 m de la route. Mystérieux à plus d'un titre, le lieu-dit San Ciprianu aurait fait partie, selon le comte Savelli de Guido, de l'antique Balania (voir AREGNO). Des processions rassemblent la population de Corbara à la chapelle le lundi de Pâques et le 16 septembre, fête de saint Cyprien. Au cours de la messe, le nouveau prieur de la confrérie de Corbara reçoit, sur son habit blanc de pénitent, le camail rouge brodé d'or, insigne de sa dignité.

À l'intérieur de la chapelle Saint-Cyprien, dédiée aussi à saint Corneille, pape, les quatre corbeaux qui soutiennent la toiture sont sculptés de motifs bizarres : une figure d'homme barbu, une croisée de routes, une main droite ouverte dont on voit la paume, un arbre de vie gardé par deux lions. Ce seraient les quatre symboles du Christ sous ses aspects d'homme, de roi, de Dieu et de Rédempteur.

On a trouvé près de la chapelle Saint-Cyprien, dans une sépulture, trois pièces portant à l'avers le sceau de Salomon et au revers l'inscription *Anochi Israel,* que le comte Savelli de Guido traduit ainsi : « Je suis d'Israël. » On présume que des esclaves juifs, déportés en Corse après la destruction du temple de Jérusalem par les Romains, moururent en Corse et furent ensevelis près de Saint-Cyprien.

Selon une tradition populaire, la chapelle Saint-Cyprien abriterait un trésor : la tradition semble avoir son origine dans un texte de Pline relatif à la catochite, pierre fabuleuse, que l'auteur prétendait être située autour de la cité de Balania. A. Chevet d'Angoulême, dans sa *Cosmographie du Levant* (1554), la place dans la chapelle de Saint-Cyprien. La catochite aurait servi autrefois de parure magique et aurait des noms mnémoniques, qui lui auraient valu son nom de « pierre de mémoire ».

La D 151 mène à la Madone de Lazio, à 1,8 km au sud de Corbara, à droite de la route. Sous les fenêtres des bas-reliefs représentent divers animaux symboliques, entre autres un serpent surmonté d'une étoile : la Vierge, étoile du matin, domine le serpent de la Genèse. Une tête de couleur noire est encastrée dans le mur extérieur. Cette tête de Maure ornait jadis la fontaine de Salicastri, et a donné naissance à la locution : « Tu es aussi noir que le Maure de Salicastri. » Le 2 juillet, on célèbre à la Madone de Lazio la fête de Notre-Dame des Grâces. Cette fête fut fondée pour remercier la Vierge de Lazio d'avoir préservé Corbara d'une tornade qui ravagea toute la région environnante. Le sanctuaire est également le but d'un pèlerinage très fréquenté les 15 août et 8 septembre.

La sultane corse

Une *Casa dei Turchi,* sur la place de Corbara, conserverait le souvenir d'une des nombreuses aventures que les Corses ont connues en Afrique du Nord. Cette maison aurait été construite à l'initiative de Davia Franceschini pour sa famille. Davia a inspiré une légende fort romancée, embellie par la tradition populaire, qui la place sur le trône du Maroc et l'élève au rang d'impératrice. Les rebondissements fabuleux de récits qui comportent de nombreux ornements surajoutés font intervenir une musulmane d'origine inconnue, perdue en Corse, une main de Fatma et un naufrage.

En réalité, la destinée de Davia Franceschini n'est guère différente de celle de la plupart des Corses enlevés par des pirates, si ce n'est qu'elle a effectivement vécu dans l'intimité d'un sultan du

Le manoir de Guido.

Maroc. Selon Jacques Caillé, qui a suivi la famille de Davia à la trace dans les archives, Jacques et Maria-Silvia Franceschini auraient été capturés à Corbara en 1754. Une petite Marthe serait née à Tunis en 1756 et aurait eu deux frères, nés aussi en terre d'islam. La mère et la fille, libérées, sont reprises et échouent sur le marché aux esclaves de Marrakech en 1764. La petite Marthe, devenue Lalla Daouia, puis, plus tard, Davia pour les Corses, est choisie pour entrer au sérail, puis dans le harem du sultan. Elle serait devenue l'une des épouses favorites de Muhammad ibn 'Abd Allah.

Dès le début du XIXe siècle, l'existence de cette Corse qui avait pénétré dans les arcanes d'une cour musulmane inspire écrivains et voyageurs épris d'orientalisme, qui ont tendance à surenchérir dans le sensationnel à son propos. Il est vrai qu'un frère de Davia, Vincent Franceschini, né aussi à Tunis, avait été chargé d'une mission commerciale au Maroc, qui pouvait être le prétexte d'une activité diplomatique confidentielle ou secrète. Or, à la fin du XVIIIe siècle et au début du XIXe siècle, le Maroc s'ouvre aux échanges avec l'Europe et libéralise sa juridiction consulaire. Les négociateurs maîtrisant l'arabe sont alors précieux, plus qu'une femme, même respectée, que la tradition musulmane tient à l'écart du pouvoir politique.

Davia Franceschini serait morte de la peste à Larache, en 1799, sans avoir jamais connu la Corse[1].

1. J. Caillé, *Une Corse sultane, Davia Franceschini et sa famille*, Paris, Éditions Pedone, 1968.

CORSCIA

26 km N-O de Corte par N 193, D 18, D 84, D 718 et D 618

L'hymne du berger

C'est à la chapelle Saint-Marc, proche de l'actuelle église parois-siale, que fut chanté pour la première fois, le 25 avril 1730, le *Dio vi Salvi Regina* qui devait devenir l'hymne national corse. Il avait été composé par un berger du village, Sauveur Costa, qui vivait entre Corscia et la plage de Toga près de Bastia où il menait ses troupeaux l'hiver. Mais les Génois – avec qui il avait eu maille à partir – ayant mis sa tête à prix, il dut se retirer dans la bergerie isolée de Ceppu Foscu, à 1 km environ de Corscia sur la rive gauche du Golo. C'est là, dans le silence du maquis, qu'il composa le *Dio vi Salvi Regina*. Il mourut presque centenaire au milieu d'une nom-breuse descendance.

Dans la Scala di Santa Regina, sur la D 84 à 5 km à l'ouest de Ponte Castirla, près d'une fontaine, subsistent les ruines de l'église Santa Regina, dédiée à la Vierge Reine, à laquelle Sauveur Costa rendit hommage par le *Dio vi Salvi Regina*.

Le culte de la Vierge Reine, tardif, avait succédé à celui de Santa Laurina (voir Aléria). Au XVIe siècle, le desservant de l'église San Salvatore de Corscia était chanoine de Santa Laurina. La famille Albertini qui habite à proximité conservait de génération en géné-ration une statuette de marbre provenant de l'église et que l'on savait représenter sainte Laurine : chaque soir, une bougie illumi-nait la sainte. De même, une effigie de sainte Laurine, provenant aussi de l'ancienne église de la Scala, est posée au-dessus de la fon-taine de Piana, hameau de Corscia. Mais le serpent et le croissant associés à l'effigie évoquent des attributs habituels de la Vierge et indiquent une confusion de deux cultes. Pour Mme Moracchini-Mazel, nous aurions là, « avec ce sanctuaire, un témoignage pré-cieux de la survivance, au XIe siècle, d'un culte paléochrétien très antique, jadis si en honneur à Aléria même[1] ».

Saint Martin et le Malin

La Scala di Santa Regina – l'escalier de sainte Reine – est un des sites les plus beaux, les plus sauvages de la Corse : le Golo y coule entre deux murs de rochers à pic, dominé par l'ancien chemin du Niolo dont les dix-sept lacets très serrés et abrupts ont donné son nom à la Scala (la route actuelle, réalisée en 1889, est taillée dans le roc). Cette Scala aurait, si l'on en croit la tradition populaire, une origine miraculeuse. Saint Martin aidait un jour un pauvre labou-reur, Petru-Maria, qui avait reçu une grosse pierre sur le pied, à labourer son champ. Survient le diable, ivre de rage, hurlant que le champ lui appartient, et ordonnant à saint Martin de décamper. Il se saisit de la charrue, la fait tournoyer en l'air, et la jette au loin : aussitôt les éléments se déchaînent, une tempête fait rage, la foudre tombe sur le massif montagneux qui éclate et se transforme en un amas d'énormes rochers chaotiques, au milieu duquel coule le Golo dans un cirque désolé, inaccessible, au fond duquel gît la charrue désarticulée. Saint Martin reconduit chez lui Petru-Maria, sain et sauf, puis revient sur les lieux, se prosterne et implore la Vierge de réparer cette catastrophe. À peine a-t-il relevé la tête que,

1. G. Moracchini-Mazel, *op. cit.*

le long du sillon creusé par la charrue, les blocs monstrueux se dressent bien rangés au-dessu du Golo et forment un défilé : tel serait l'origine de cet escalier que saint Martin, en reconnaissance à la Sainte Vierge, appela Scala di Santa Regina. Un pèlerinage y a lieu le 8 septembre.

La Scala di Santa Regina.

CORTE
(Corti)

83 KM N-O D'AJACCIO PAR N 193 – 70 KM DE BASTIA PAR N 193

Le fils du roi des Troyens

Filippini, dans son *Histoire de la Corse*, reprenant la chronique de Giovanni della Grossa, écrit qu' « il y eut un chevalier troyen, appelé Corso, fils du duc Neupor, lequel était lui-même fils de Caro de Troie, roi des Troyens, et père de Laomédon. Ce Corso, après la ruine de Troie, accompagna avec deux vaisseaux Énée, lorsqu'il s'éloigna de ces contrées avec sa flotte ». Corso eut un fils, Aiazzo, qui « régna quatorze ans et eut pour successeur son fils Corto ; celui-ci bâtit au milieu de l'île, en lui donnant son nom, la ville de Corte ». Trop flatteuse, cette anagogie est tombée en désuétude. Pour des esprits plus rationnels, Corte devrait son nom à une cour de justice instituée par Vincentello d'Istria, vice-roi de Corse pour le roi d'Aragon, lorsqu'il eut en 1419 conquis la ville, après avoir écrasé les Génois à Biguglia. Mais Corte est citée dans les textes bien avant le XVe siècle...

À l'origine de la troisième guerre punique ?

Selon le chroniqueur Giovanni della Grossa, la troisième guerre punique aurait commencé par une bataille livrée à proximité de Corte entre Marcus Vivolus, général de l'armée romaine, et l'armée carthaginoise commandée par Ciambrino. Le roi corse Brunoro aurait pris imprudemment le parti des Carthaginois et, durement puni par les Romains, vainqueurs, aurait en représailles rasé Ajaccio et Sagone. Quoi qu'il en soit, les témoignages de l'intégration de Corte et de ses environs au monde romain ne manquent pas. Des pièces de monnaie avaient été recueillies vers 1770, au cours des travaux entrepris par l'armée française pour l'édification des remparts. En 1983, au cours de l'aménagement du jardin du Dr Mary, qui s'étend entre l'avenue du Président-Pierucci et le Tavignano, des restes de maçonnerie sont apparus à 0, 40 m de profondeur ; Mme Moracchini-Mazel a identifié une piscine et les bases du système de chauffage qui lui était associé. La construction semble dater du IIe siècle de notre ère. De même, d'autres indices de l'établissement de Romains ou d'une population romanisée ont été découverts en 1991 près de l'ancien cimetière Saint-Marcel, au cours de travaux entrepris pour l'extension de l'université de Corte.

On connaît aussi depuis longtemps les vestiges antiques situés aux alentours de la chapelle Santa Mariona (au col de Pencone, à 1,5 km au nord de Corte par la N 193). Les *bagni* di Santa Marione sont sans doute des bains romains appartenant à la cité de Talcinum, connue de Ptolémée, dont le nom s'est perpétué puisque la pieve qui s'étendait au nord de Corte a porté le nom de Talcini. À 1,5 km au sud-est de Corte, à droite de la N 200 qui mène à Aléria, le site de l'ancienne Venicium, dont le nom annonce celui de Venaco, est aussi riche en souvenirs romains que celui de Talcinum : fibules, perles de pâte de verre, monnaies, tessons de céramiques sigillées, tuiles à crochets ont été découverts en abondance ; Mme Moracchini-Mazel a repéré les restes d'une construction romaine au lieu-dit Villa.

Vue générale de Corte.

Le palais d'Ugo Colonna

La vallée du Tavignano, en aval de Corte, est décrite par la chronique de Giovanni della Grossa, consacrée à la libération du joug musulman au IXᵉ siècle. « Les Maures possédèrent la Corse pendant cent soixante-six ans sous cinq rois qui se succédèrent dans l'ordre suivant : Lanza Incisa, Musi, Ferrrandino, Scalabro et enfin Hugolone. Cet Hugolone vécut au temps de Charlemagne, à l'époque où il s'éleva à Rome une querelle entre le pape Léon III et le peuple. Le principal personnage du parti contraire au pape était le comte Ugo della Colonna, avec lequel étaient Guido Savelli et Amondo Nasica, qui appartenaient à la première noblesse de Rome. Après la mort du pape Léon, ces seigneurs firent longtemps la guerre au pape Étienne IV, son successeur. À la fin, redoutant les forces de Charlemagne, qui n'entendait pas que l'Église fût opprimée, ils se soumirent. Le pape leur pardonna à la condition qu'ils iraient reconquérir la Corse. Ils passèrent donc dans cette île avec mille fantassins et deux cents cavaliers... Ugo resserra la ville de Corte et la tint assiégée depuis le mois de juillet jusqu'au mois de février suivant. Comme l'hiver était mauvais et qu'il tombait beaucoup de neige, les assiégés sortirent afin de prendre des mouflons que la neige obligeait de descendre dans les parties basses. Ugo, voyant la ville presque sans habitants, ne crut pas devoir négliger plus longtemps la magnifique occasion qui se présentait ; il fit partir tout à coup Bianco, son fils, qui entra à Corte et tua Candabor. Ugo s'empara ainsi de la ville, la mit à sac, chassa la garnison, ruina le château et réduisit la population en servitude. Il construisit ensuite un palais à Venaco à l'endroit appelé *il Poggio*, pour en faire sa résidence. »

Or, à 1,5 km de Corte par la N 193, la N 200 et une VO orientée vers le sud que l'on suit sur 1 km, on atteint l'église San Giovanni-Battista et un baptistère isolé. Le mode de construction et l'architecture de l'église rappellent les constructions semblables du IXᵉ siècle[1].

À 100 m à l'ouest de la façade de San Giovanni-Battista, s'élève une éminence connue sous le nom de *Poggio*, comme l'indiquait Giovanni della Grossa, ou encore de *Punta di u Palazzu*, la colline du Palais.

Sur ce piton, au milieu d'un maquis épais et de vieux chênes, Mᵐᵉ Moracchini-Mazel a découvert une maison forte de plan rectangulaire qui a été considérée comme un ancien palais par les habitants de Corte. Cet édifice devait être plutôt, à l'origine, une résidence de notable ou un lieu où l'on rendait la justice. Les murs les plus anciens datent de l'époque romaine. Tombés en ruine, ils ont été consolidés et même doublés plusieurs siècles plus tard. Mᵐᵉ Moracchini-Mazel avait écrit, dès les premières fouilles : « curieusement nous nous retrouvons d'accord avec la chronique de Giovanni della Grossa qui faisait de ce Palazzo la demeure du semi-légendaire Ugo, le héros de la croisade contre les Maures dans la première moitié du IXᵉ siècle. Nous parions bien que la légende a raison[2]. »

1. G. Moracchini-Mazel, *Corse romane*, La Pierre-qui-Vire, Éd. Zodiaque, 1972.
2. G. Moracchini-Mazel, *op. cit.*

L'esprit des lieux

Au cours d'une nouvelle campagne de sauvegarde et de recherche, les archéologues de la FAGEC ont constaté l'abondance de pierres bien taillées, remployées au cours de la construction du baptistère et ont « repéré au sol une précédente abside ». Le mortier et les tuiles à crochets, provenant d'anciennes tombes détruites, ont confirmé l'existence d'un sanctuaire primitif d'élaboration beaucoup plus soignée. Ce premier baptistère, qui pourrait dater du IVe siècle, a été détruit, puis remplacé par le baptistère actuel, reconstruit vraisemblablement au VIe siècle ; l'église a été édifiée en dernier, vraisemblablement au IXe siècle[1]. Enfin, d'après Mme Moracchini-Mazel, le site « est non seulement romain mais aussi probablement préhistorique ». Des menhirs existent aux environs immédiats, et il semble que le sommet de la colline du Poggio dello Palazzo soit couronné d'une enceinte antérieure à la pénétration romaine. Une section de menhir, incluse dans les murs romains du Palazzo, et la stèle à l'équidé, récupérée et scellée par Mme Moracchini-Mazel dans l'église San Giovanni, confirment l'ancienneté de l'occupation de la vallée du Tavignano aux environs de Corte.

Le rassemblement sur un espace restreint de monuments de la préhistoire, d'un établissement romain, d'un baptistère et d'une église révèlent la permanence de l'intérêt porté à certains lieux, qui apparaissent ainsi comme privilégiés.

L'association du palais, représentatif du pouvoir politique, et de deux édifices religieux rappelle que l'Église a soutenu les derniers bastions de l'ordre établi, ou les a remplacés, lors de la crise de l'Empire romain. La restauration des édifices du pouvoir et du culte, après chaque destruction, montre que la population connaissait leur destination, était attachée à leur présence et se transmettait leur souvenir de génération en génération. La continuité historique a eu d'autant plus de prix qu'elle assurait la filiation avec l'antique Aléria. Les menaces réitérées sur la ville de la côte orientale avaient conduit les survivants à se replier vers le cœur de l'île par la vallée du Tavignano. On ne peut assurer que cette migration ait encouragé la reconstruction des lieux de vie publique aux environs de Corte. Mais on sait que les évêques d'Aléria ont résidé à Corte au XIIe siècle et que saint Marcel, patron de l'église d'Aléria, a été ensuite celui de l'église de Corte. Jusqu'au milieu du XVIIIe siècle, les Cortenais ont été baptisés dans l'église Saint-Marcel, qui a été détruite en 1836.

Les tombes et le sang

Les drames nés de l'insécurité qui a gravement affecté la Corse après la chute de l'Empire romain se sont multipliés dès la première expansion musulmane, comme l'indiquent, malgré leurs imprécisions et leurs exagérations, les chroniques évoquant Ugo Colonna et ses pairs. À Corte, le Palazzo a été aussi considéré comme la *Tomba a i Mori* ; il a suscité « maintes légendes de trésors enfouis et de princesses enterrées..., légendes encore vivaces aujourd'hui dans le souvenir populaire[2] ».

1. G. Moracchini-Mazel, R. Boinard, J. Pietri, « La piévanie de Venaco à Corte (Corse) », *Cahiers Corsica*, n° 45, 1974.
2. G. Moracchini-Mazel, R. Boinard, J. Pietri, « Le palazzo de Venaco à Corte », *Cahiers Corsica*, n° 57-58, 1976.

Le passage des musulmans aurait laissé un autre témoin sur le territoire de Corte. Un maquis bas, à 1 km au nord de la ville sur la N 193, est connu sous le nom de Campo Sanguesaio (ou *Campu Sanguisaghju*), le « champ du sang », en raison d'une terrible bataille qui aurait opposé Corses et Sarrasins.

Précipice fatidique

Construite par Vincentello d'Istria en 1420, la citadelle de Corte coiffe un rocher isolé, au bord d'un précipice qui domine le Tavignano. Des remparts, il suffisait de pousser les prisonniers dans le vide pour s'en débarrasser. Les Génois ne se sont pas privés d'exploiter ce qu'ils devaient considérer comme une commodité des lieux. Si la mort ne suivait pas immédiatement la chute, la garnison génoise lâchait ses chiens sur les blessés. C'est ainsi qu'a été achevé en 1563, et en partie dévoré, ce Padovano qui avait survécu, mais en piètre état, à la torture, puis au grand saut.

C'est pourtant du côté de l'abîme que s'évadaient parfois les Corses incarcérés dans les cachots : la famille Gaffori s'échappa ainsi, à l'aide de cordes, au début de la Révolution.

Cible vivante

La maison de Gian Pietro Gaffori, héros de l'indépendance corse avant Paoli, porte encore (place Gaffori) la trace des balles dont elle fut criblée, en 1745 : les Génois, qui occupaient la citadelle de Corte, avaient cru que Gaffori et ses partisans les attaquaient.

Les Génois avaient pressenti à juste titre que leur position était menacée. Le siège de la forteresse eut lieu effectivement dès l'année suivante. Il fut marqué par le premier acte de l'épopée des Gaffori. Le fils de Gian Pietro Gaffori, Francesco, âgé de treize mois, avait été enlevé par les Génois. Ces derniers, enfermés dans la citadelle, n'auraient pas hésité à élever l'enfant « en l'air, précisément au-dessus de la partie du Château contre laquelle le canon portait[1] », pour amener Gaffori et ses hommes à cesser le feu. Il n'en fut rien. La mère, Faustina Gaffori, se serait précipitée pour encourager les attaquants, et Gaffori, « avec la résolution d'un Romain, se mit à leur tête, ordonna de continuer le feu[2] ». La citadelle fut prise et l'enfant miraculeusement épargné.

L'enlèvement de l'enfant a bien eu lieu : la capture du fils de Gaffori avait été minutieusement préparée par les Génois et exécutée en octobre 1745. Mais le jeune Francesco n'était plus aux mains de ses ravisseurs lors du siège de la citadelle de Corte, qui se déroula en 1746. Il avait été restitué un mois après le rapt par de nouveaux représentants de la république de Gênes chargés de négocier avec Gaffori. La légende a pris corps vraisemblablement à la suite de plusieurs déclarations, très fermes, de Gian Pietro Gaffori, comme celle qui figure dans une lettre du 9 novembre 1745 citée par Fernand Ettori : « J'ai assez de vertu pour accepter de voir sacrifier aussi cette victime innocente au salut de ma patrie[3] ».

---

1. J. Boswel, *État de la Corse*, Londres 1759 ; Marseille, Laffitte Reprints, 1977.
2. *Id.*, *ibid.*
3. *Le Mémorial des Corses*, sous la direction de F. Pomponi, tome II, Ajaccio, 1981.

*La statue
et
la maison de
Gani Pietro Gaffori.*

La menace de la poudre

La geste héroïque des Gaffori se poursuivit dès l'année suivante. En 1746, en l'absence de Gaffori, sa femme soutint un siège en règle contre des Corses alliés de Gênes, dont elle sortit victorieuse grâce à son courage. Ses compagnons, effrayés par la supériorité de l'ennemi, parlaient de se rendre. Faustina Gaffori descendit alors dans une salle basse, une mèche allumée à la main, qu'elle approcha d'un baril de poudre, menaçant de faire sauter toute la maison si on lui parlait encore de reddition. (La scène est représentée sur le piédestal de la statue de Gaffori devant la maison.)

L'espace maudit

À la mort de son mari assassiné par des séides de Gênes, les Romei, en octobre 1753, Faustina Gaffori conduisit à l'église son plus jeune fils âgé de douze ans et lui fit jurer de venger son père.

Préparé de longue date par Giovan Giacomo Grimaldi, commissaire de la république de Gênes en Corse, le meurtre de Gaffori avait été décidé à Gênes même ; comme il était de tradition, il suffisait de transmettre le message, d'assurer l'impunité à des ennemis de Gaffori, et de prévoir une prime. Depuis longtemps en litige avec Gaffori, la famille Romei était toute désignée pour réaliser l'opération.

Entouré de nombreux parents et amis, Gian Battista Romei abat Gaffori le 2 octobre 1753. Les Romei quittent immédiatement Corte et, après une longue marche à travers la montagne, atteignent Calvi le 4 octobre et embarquent pour Gênes, où ils reçoivent le salaire de leur crime et commencent une vie nouvelle. À Corte, les cinq maisons appartenant à la famille Romei furent rasées. Les ruines subsistent et leur emplacement est encore considéré de nos jours comme un espace maudit (*sito maladetto*).

Une stèle commémorative avait été érigée autrefois au pied du gibet qui avait été dressé sur ces ruines frappées de réprobation. Elle a été transférée dans le Palais national. Visible dans la bibliothèque de l'Institut d'études corses, elle porte l'inscription suivante :

Qui era la casa di Giambattisto detto Piscaïnu, che corroto dal danaro dei Genovesi di octobre 1753 assassino Sig Gio Pietro Gafforio generale, protettore e padre della patria. Epero la Nazione in una generale assemblea ordino que esse posta une lapide sopra un pilastro delle forche inalzate in questo luogo e di poi rimosse per la troppo viccinanza al Publico Palazzo. Ed in vece si e sustituita questa colonna monumento eterna infamia per il traditore. 1763.

« Ici était la demeure de Jean-Baptiste, dit le Petit-Poisson, qui, corrompu par les deniers des Génois, a assassiné le 2 octobre 1753 Gian Pietro Gaffori, général, protecteur et père de la patrie. Aussi, la Nation a décidé en assemblée générale qu'une plaque serait posée sur un pilier du gibet dressé en ce lieu, qui a été déplacé depuis à cause de la proximité du Palais national. Et, à sa place, a été substituée cette stèle, éternel monument d'infamie pour le traître. 1763. »

Tragédie familiale

Accusé de complicité, parce qu'on le considérait comme un partisan des Génois, le frère de Gian Pietro Gaffori, Anton Francesco, fut arrêté et interné dans la citadelle peu après le meurtre. Certains assuraient qu'il avait eu l'occasion de dérégler les armes des gardes du corps de Gian Pietro Gaffori et que, de sa maison, il avait assisté à la mort de son frère sans intervenir. Ces assertions n'ont jamais été authentifiées. Mais, elles ont été fatales à Anton Francesco : à l'issue d'un complot, il est tué à coups de barre de fer dans l'enceinte même de la citadelle. Le crime provoque une panique générale, prisonniers et gardiens prenant la fuite pour éviter d'être mis en cause. Les deux frères Gaffori disparurent ainsi en moins d'un mois.

On s'est demandé si Faustina Gaffori n'avait pas prêté attention à ces rumeurs et si elle n'avait pas cherché à nuire à Anton Francesco. Le frère de Faustina, Mario Emmanuele Matra, est intervenu dans les débats et les décisions concernant Anton Francesco lors d'une consulte générale qui s'est tenue le 24 octobre 1753. Mais rien ne prouve que c'était à l'initiative de Faustina. Matra entretenait des relations avec les autorités génoises et n'avait sûrement pas intérêt à une confrontation avec Anton Francesco Gaffori ; il pouvait être tenté de faire taire définitivement un témoin gênant.

Le châtiment des Érinyes

La détermination dont avait fait preuve Faustina Gaffori n'était pas exceptionnelle au XVIIIe siècle. La résolution des Cortenaises s'est alors collectivement affirmée face à la domination génoise : les filles de Corte avaient fait vœu de ne pas se marier avant que leur pays ait recouvré son indépendance, « ne voulant pas donner le jour à des esclaves ».

Intraitables dans l'amour comme à la guerre, les Cortenaises se sont parfois comportées en farouches Némésis. En 1865, trois d'entre elles étaient internées à la prison de Corte : elles s'étaient concertées pour tuer l'amant infidèle qui avait bénéficié de leurs faveurs. L'une d'elles, Fiordispina, inspira à une compagne de captivité un *lamentu* célèbre.

Colonnes emblématiques

En face de la maison Gaffori, l'église de l'Annonciation est l'un des plus anciens édifices de Corte. Les quatre fausses colonnes qui décorent sa façade rappelleraient les armes de la famille Colonna, dont le souvenir reste partout présent à Corte. Effectivement, l'église de l'Annonciation a été construite à l'initiative de Mgr Ambroise Colonna, connu aussi sous le nom d'Arrighi d'Omessa, qui a été évêque d'Aléria de 1412 à 1464[1] (voir OMESSA).

Les scrupules de frère Théophile

Corte a vu naître, le 30 octobre 1676, Blaise de Signori, frère Théophile dans l'ordre de Saint-François, canonisé en 1930. Issu d'une famille de notables, où les membres du clergé ne manquaient pas, il entre dans les ordres en 1693, poursuit des études de théologie en Italie et semble être destiné à l'enseignement et à la prédication. Mais un accident devait l'orienter vers une autre destinée : il se brise la jambe, et met à profit sa convalescence pour se plonger dans la méditation. Le courant de pensée qui prône le retour à la vie solitaire et errante dans la pauvreté, depuis la seconde moitié du XVIe siècle, doit alors l'inspirer. Boiteux, les pieds en sang, on le voit errer sur les chemins, quêtant sa subsistance, approfondissant son expérience mystique.

À partir de 1730, il exerce aussi son action en faveur d'établissements de retraite où l'on appliquerait les règles initiales adoptées par les Franciscains et, malgré une audience limitée, il réussit à fonder un couvent conforme à ses vœux à Zuani.

Doté de pouvoirs surnaturels, frère Théophile se serait illustré par de nombreux prodiges, recensés au siècle dernier par le chanoine Casanova et rappelés récemment par M. Jean Suberbielle[2]. L'un de ces hauts faits, rapporté par M. Paul Voivenel, évoque la demeure de la famille de Signori, dont on voit encore les restes à Corte, sur la place Saint-Théophile, à côté d'un oratoire dédié au saint. On dit que la maison natale de frère Théophile fut habitée, après son départ, par un vieillard, *Ziu* André (Ziu est en Corse un terme par lequel on désigne les hommes âgés), brave homme, un peu paresseux, et aimant la bouteille. Un jour que Ziu André était sur le pas de sa porte, le verre à la main, par un chaud après-midi d'été, il vit passer un vieux moine, claudicant, misérable, sale, mais au regard

1. J. Suberbielle, *Histoire de Corte et des Cortenais de la préhistoire à l'annexion française*, La Marge Édition, 1989.
2. *Id., ibid.*

doux et bienveillant : « Alors, mon frère, la poussière est bien amère aujourd'hui », déclara André, en avalant un coup. « Tu en mâcheras bien davantage, et plus amère en demeurant ici : il y a un coup de vent qui arrive. Il sera si fort que ta maison croulera », répartit le moine. Étonné, Ziu André traversa la rue et alla trouver ses compères à qui il voulut raconter cette étrange conversation. Mais à peine allait-il commencer son récit, qu'un bruit formidable se fit entendre, tandis que sa maison s'écroulait dans un nuage de poussière : le saint – saint Théophile, car le vieux moine, c'était lui – n'avait pas voulu que la demeure, autrefois sienne, tuât un chrétien, même ivrogne, en s'effondrant.

Inquiétant labyrinthe

Face à la citadelle s'élève le Palais national, qui abrite actuellement l'Institut d'études corses et accueille des expositions. Ce bâtiment massif et sans grâce avait été construit, à la fin du XVIe siècle, pour le lieutenant représentant la république de Gênes à Corte ; c'était alors le Palazzo della Signoria. Lors de la révolution de Corse, au XVIIIe siècle, le Conseil d'État et, provisoirement, l'Université se sont installés dans le palais, qui est devenu aussi la résidence de Pascal Paoli. Depuis cette époque, l'édifice est considéré comme le Palais national (*Palazzu naziunale*).

Siège de l'autorité publique, le palais a servi aussi de prison, d'abord dans les combles, puis au rez-de-chaussée, où les cachots étaient prolongés par « une sorte de souterrain appelé prison secrète[1] ». Dans ce dédale, on pouvait disparaître sans laisser de traces. Il semblerait que les « exécutions discrètes et sans jugement dans l'ombre de la prison de Corte[2] » n'aient pas été exceptionnelles au XVIIIe siècle.

Mal entretenu, humide et insalubre, le Palais national se dégrade progressivement au XIXe siècle. Déjà, en 1796, un plancher s'était effondré « au cours du règlement de la solde des volontaires, ... causant plusieurs morts et une centaine de blessés[3] ». Le tribunal, qui occupait l'entresol, doit être évacué en 1813. En 1847, un grondement nocturne provenant du palais délabré suscite l'anxiété dans le quartier ; au petit matin, on constate que des crevasses courent le long de deux des murs. En 1887, les pluies provoquent des infiltrations et l'eau monte d'un mètre dans certaines cellules[4]. Les prisons de Corte étaient alors célèbres, à la suite de la visite de l'économiste Jérôme-Adolphe Blanqui, auteur d'un *État économique et moral de la Corse*, paru en 1841, où le frère du révolutionnaire écrivait : « La prison de Corte, composée de deux étages de caves, ne reçoit de lumière que par un soupirail... Une fosse d'aisance contiguë à ce repaire en recevait de l'air déjà vicié, qu'elle leur renvoyait déjà méphitique. Mais ce qui passe toute croyance, et ce qui me semble digne d'attention dans un rapport sur l'état moral du pays, c'est que la chambre, ou plutôt le caveau de détention des femmes, ne reçoit de l'air, aussi, que de ce foyer d'infection, dont il n'est séparé, ainsi que du dépôt des hommes, que par une grille de fer à claire-voie... On se figurerait difficilement la composition de cet enfer... Que peut-on devenir en sortant d'un tel gouffre ? »

1. J. Suberbielle, *op. cit.*
2. F. Ettori, « La révolution de Corse (1729-1769) », *Histoire de la Corse*, sous la direction de P. Arrighi et A. Olivesi, Toulouse, Privat, nouvelle édition, 1990.
3. J. Suberbielle, *op. cit.*
4. J. Pulicani, « Historique du Palais national », *Études corses*, n° 11, 1978.

Coiffés de la cagoule

La ville entière est, le jeudi et le vendredi saint, illuminée par
des bougies que les habitants de la ville placent sur les balcons de
toutes les fenêtres. Une première procession a lieu le jeudi : suivis
à distance par la foule, les pénitents des diverses confréries partent
pour l'église Sainte-Croix vêtus de blanc et coiffés de la cagoule
pour une lente procession qui se déroule pendant deux heures. Le
cortège s'arrêtait autrefois à chaque église ou chapelle de la ville.
Les *battutuli* (pénitents) en corps constitués allaient se recueillir
derrière celui qui portait la croix dans les reposoirs dressés par
chaque confrérie. Après des prières, l'ensemble des pénitents, visiteurs et visités, formaient la *granitula*, se resserrant et se desser-
rant en spirale. Pour les uns, ce mouvement symboliserait l'union
des chrétiens, pour d'autres, il représenterait la recherche du
Christ par Judas parmi les apôtres. À Corte, la *granitula* a aussi
porté le nom de *girandula* ou de *ferendola*.

Actuellement, la procession quitte Sainte-Croix pour la chapelle
Saint-Antoine où a lieu la première station. De retour à l'église
paroissiale, la procession forme la *granitula* sur le parvis. Ensuite
le cortège se dirige vers la place Paoli près de laquelle s'élevait
autrefois l'église Saint-Marcel et revient par le cours Paoli vers
Sainte-Croix. Au cours de la procession du vendredi rythmée par
des litanies et des chants d'imploration lancinants, *Perdono mio
Dio, Mi Pento Signore*, six pénitents portent sur leurs épaules le
Christ au tombeau ; la statue du Christ mort conservée à Corte
depuis le XVᵉ siècle est couchée sur une civière, le *catalettu*, et des
bougies illuminent son visage ; ce premier groupe est suivi par un
pénitent qui porte dans ses bras une image de la Vierge de douleur,
l'*Adolorata*, vêtue du costume traditionnel des femmes de Corte et
tenant à la main un mouchoir de batiste.

Fêtes en chapelet

De nombreuses autres fêtes religieuses sont célébrées à Corte.
Une semaine après la Fête-Dieu, la procession du Saint-Sacrement
se déroule en grande pompe dans les rues de la cité, au cours d'un
périple marqué par de nombreux arrêts destinés au recueillement.
Saint Joseph est honoré le 19 mars ; la procession, guidée par les
menuisiers et les ébénistes, se dirige vers la forteresse, qui est au
cœur du quartier portant le nom du saint. Le 13 mai, c'est la chapelle Saint-Pancrace, au nord de la ville, qui attire la foule : une
messe est célébrée à l'aube dans la chapelle consacrée au saint ; une
seconde messe, plus solennelle, est dite à l'air libre, dans la matinée, sur l'esplanade Saint-Pancrace, et, enfin, le saint est porté en
procession autour de la place. La vénération que suscite saint
Théophile, protecteur de la ville, est entretenue par l'active
Cunfraterna di San Teofalu ; elle s'exprime par une neuvaine pré-
paratoire et, le 18 mai, à partir de 21 heures, par une procession qui
se déroule entre l'église paroissiale et la place dédiée au saint, le
long de rues où balcons et fenêtres sont illuminés. Le 16 août, saint
Roch reçoit à son tour l'hommage des Cortenais, qui se manifeste
par une procession, à 18 heures, et par une messe rassemblant
ensuite les fidèles dans l'église Sainte-Croix.

Jeux de nymphes

L'une des fontaines de Corte porte le nom de fontaine des Douze-
Cailloux : son eau en effet est si froide qu'on ne peut en retirer plus
de douze cailloux sans avoir la main gelée.

L'eau fraîche et claire du Minesteglio s'écoule ou se tarit pour des raisons inconnues. Quand elle est abondante, elle se déverse dans une vasque d'une seule pièce, en marbre de Corte, qui, dit-on, est une ancienne baignoire romaine.

*Motif
sur un mur
à Corte.*

CUTTOLI-CORTICCHIATO

(Cuttoli-Cortichjatu)

18 km N-E d'Ajaccio par N 194, N 193 et D 1

Brigade de saints

Bien que la paroisse soit dédiée à saint Martin, Cuttoli-Corticchiato célèbre la Saint-Jean, en se rassemblant pour déguster beignets et biscuits, et fête aussi saint Prosper et saint André les 29 et 30 novembre. Au cours de ces deux journées, les enfants d'abord, puis les aînés, le second jour, se déplacent à travers le village de maison en maison, réitérant, des siècles plus tard, le passage, autrefois fréquent, des pèlerins recherchant le gîte et le couvert au terme de l'étape quotidienne. En ces jours consacrés au partage, un accueil avenant et empressé est réservé à tous les visiteurs.

ECCICA-SUARELLA

La mort de Sampiero Corso

C'est dans un vallon resserré, à 400 m au nord de Prunelli, que Sampiero Corso mourut, les armes à la main, le 17 janvier 1567.

Ennemi juré des Génois, Sampiero avait, à soixante-neuf ans, échappé aux périls d'une vie de combats. Mais, depuis qu'il avait étranglé sa femme, la belle et frivole Vannina d'Ornano, en 1563, il était poursuivi de la haine implacable des frères Ornano. Fornari, le gouverneur génois d'Ajaccio, Raffè Giustiniani, capitaine commandant la cavalerie génoise de la garnison d'Ajaccio, Michel-Ange d'Ornano, Ercole d'Istria, dont Sampiero avait fait emprisonner la femme et les enfants, avaient monté une véritable conspiration contre le vieux condottiere. L'écuyer de Sampiero, Vittolo, auquel Raffè Giustiniani aurait promis la charge de capitaine, signala au début de janvier 1567 les intentions de son maître à ses ennemis qui se mirent en embuscade en contrebas d'Eccica. Surpris par le corps d'arquebusiers, de cavaliers et de soldats rassemblés par les Ornano, les compagnons de Sampiero refluèrent vers le Prunelli. Isolé, Sampiero eut le temps d'ordonner à son fils de prendre la fuite. Mais les versions diffèrent sur la suite des événements. Selon certains, Sampiero se jeta sur Jean-Antoine d'Ornano et le blessa d'un coup de mousquet ; mais, atteint dans le dos d'un coup d'arquebuse tiré par Vittolo, il glissa de son cheval. Selon d'autres témoins, Michel-Ange d'Ornano se précipita sur Sampiero, dont l'arquebuse s'enraya et qui se défendit à coups de crosse. Jean-François d'Ornano se joignit à la mêlée et frappa Sampiero à coups de poignard. Les deux frères auraient renversé Sampiero de sa monture.

Dès lors, ce fut la curée. Un compagnon des Ornano, Baptiste Basterga, trancha une jambe de Sampiero et l'emporta, toujours revêtu de sa chausse. D'autres levèrent en triomphe des lambeaux de chair à la pointe de leurs lances. Le beau-frère de Michel-Ange d'Ornano décapita le cadavre et remit la tête au gouverneur Fornari qui la fit exposer sur une pique à l'entrée d'Ajaccio. Le reste du corps, dépecé, fut pendu par morceaux sur les remparts.

Complot pour un meurtre

 La mort de Sampiero serait aussi l'aboutissement d'une vengeance préparée de longue date et conforme aux traditions corses.

Certes, les frères d'Ornano, cousins de Vannina, ont été à la pointe du combat décisif, mais les Génois avaient mis en place un réseau d'informateurs efficaces, n'ignoraient rien des mouvements de Sampiero et tenaient en réserve un détachement d'hommes d'armes pour cerner leur adversaire[1]. L'intervention des frères d'Ornano n'était pas vraiment indispensable à la réussite de l'opération, mais leur participation active a donné l'impression d'une vengeance familiale, qui était susceptible d'être admise par les Corses à l'époque ; elle laissait dans l'ombre la conjuration génoise, que beaucoup d'observateurs ont ignorée.

Le traître

Les récits populaires colportés en Corse ont aussi insisté sur le rôle tenu par l'écuyer de Sampiero. L'une des versions de la mort du condottiere attribue à Vittolo le coup d'arquebuse décisif, qu'il n'aurait pas tiré de face, assumant ainsi sa vocation de traître. Certains l'ont accusé aussi d'avoir saboté l'arquebuse à feu de Sampiero.

Effectivement, il semble que Vittolo ait abusé de la confiance de Sampiero : il avait rencontré le capitaine Giustiniani avant l'échauffourée d'Eccica-Suarella ; au cours des trois escarmouches qui ont précédé la rencontre finale, il n'a tiré aucun avantage de la supériorité numérique dont il disposait ou s'est retiré sans combattre. Or, ce sont les coups de feu du troisième engagement qui ont attiré Sampiero sur le terrain où l'ennemi l'attendait. Enfin, après l'assaut, Vittolo aurait rejoint Ajaccio avec les vainqueurs.

La collusion entre l'écuyer de Sampiero et les Génois semble donc acquise. Néanmoins, les témoins immédiats ne signalent pas l'intervention de Vittolo au cours de l'ultime combat, contrairement à ce qu'affirme l'une des versions de la bataille rapportée par la chronique de Filippini. Honnête, l'historien avoue être incapable de démêler la vérité. Enfin, Vittolo « n'apparaît pas... dans la distribution des récompenses accordées par les Génois aux meurtriers de Sampiero[2] ». Pour Pierre Antonetti, le dernier biographe de Sampiero, l'apparition de Vittolo « dans la version "la plus commune et universelle" (pour reprendre les termes de Filippini), le rôle abject qu'on lui a attribué dans la mémoire collective corse, faisant, pendant longtemps, de son nom le synonyme de « traître », sont un produit de l'imagination populaire[3] ».

Mais, l'on ignore toujours pourquoi Vittolo est passé dans le camp des Génois : l'ambition, puisqu'il est devenu officier au service de Gênes ? Une rancune ou une revanche à prendre ? Comme Sampiero, Vittolo était originaire de Bastelica, où le condottiere n'était pas unanimement apprécié ; des litiges anciens, oubliés ou sous-estimés par Sampiero, ont-ils entretenu l'hostilité cachée de l'écuyer ? L'opinion publique a jugé, mais l'histoire reste ouverte.

1. R. Emmanuelli, *Gênes et l'Espagne dans la guerre de Corse*, Paris, A. et J. Picard, 1964.
2. P. Antonetti, *Sampiero Corso, Soldat du roi et rebelle corse (1498-1567)*, Éd. France-Empire, 1987.
3. *Id., ibid.*

Épitaphe apocryphe

Une stèle a été érigée en 1891 à l'endroit où eut lieu le combat.
En venant de Suarella, on suit la D 103 jusqu'au pont du Prunelli.
Là, on revient sur ses pas et on aperçoit à 100 m environ, dans le
premier tournant à coté d'un ponceau, un sentier accidenté mais
entretenu, qui monte vers la gauche à flanc de vallon. Après
quelques centaines de mètres de marche, on atteint la stèle où l'on
peut lire l'inscription suivante, dont la date est contredite par les
sources historiques :

SAMPIERO CORSO
EST MORT ICI
pᵣ LA PATRIE
LE 27 JANVIER
1567
ÉRIGÉ
PAR LES SOINS
DU Dᵣ COSTA
DE BASTELICA
1891

ERSA

50 km N de Bastia par D 80

Escale apostolique

Un récit, colporté de siècle en siècle à Ersa, à Rogliano et à
Tomino, fait état de l'évangélisation du cap Corse par saint Paul.
Au cours de son troisième voyage missionnaire, en l'an 60, saint
Paul vécut à Rome, où il conçut ses épîtres les plus célèbres. Selon
une tradition qui n'est pas unanimement acceptée, l'Apôtre des
gentils aurait entrepris un ultime périple, qui l'aurait mené en
Espagne, entre 63 et 66. Si cette relation s'avérait exacte, saint
Paul aurait pu prêcher dans le Cap, où le menaient les voies maritimes les plus fréquentées à l'époque, comme l'indiquent une épave
antique échouée dans les parages d'Ersa et les sites archéologiques
proches (voir Rogliano). Le cap Sacré, évoqué par les textes de
l'Antiquité, mériterait ainsi amplement son nom.

Spiritualité conviviale

Renouant avec le passé sacré du Cap, le hameau de Poggio fête
de nouveau saint Joseph le 19 mars. Après la messe, comme l'aurait sans doute apprécié le modeste charpentier devenu patron de
l'Église universelle, la population se rassemble sur la place proche
de la chapelle, récemment rénovée, échange des considérations
joyeuses et déguste les gâteaux confectionnés par les paroissiennes,

en buvant un doigt de muscat du cap Corse. Pour atteindre Poggio, on prend la D 153 à Boticella, et, à 2 km, une VO à droite.

ÉVISA

72 km N D'AJACCIO PAR N 194, D 81, D 70 ET D 84 – 98, 5 km S DE CALVI PAR N 197, D 51, D 81 ET D 84

Massacre pour une idylle

À San-Cipriano, près du cimetière d'Évisa, qui borde la D 84 en direction de Porto, un énorme rocher domine la Spelunca, gorge vertigineuse qui entaille la montagne jusqu'à la mer. Des marches permettent d'atteindre le sommet. Face à la Spelunca, la Grotta a i Signori est comme suspendue au-dessus de l'abîme. Le rocher aurait porté autrefois le château des Leca, selon une tradition orale très répandue. Mais aucun reste ne témoigne sur les lieux de l'ancienne présence du château de la Spelunca.

Pourtant, le souvenir des Leca s'est perpétué et la ruine de leur dynastie est rapportée avec des précisions qui intriguent. D'après Girolami-Cortona, qui était originaire d'Évisa, les seigneurs seuls pénétraient dans la chapelle de San-Cipriano, qui est visible encore dans le cimetière. Les autres paroissiens se tenaient à l'extérieur pendant les offices. Un jour, au début du XVIIe siècle, Mannone de Leca remarque, au passage dans la foule, Gloria, une jeune fille d'une grande beauté. Il l'enlève. Mais Gloria est délivrée par des bergers du Niolo. À la Toussaint, le père de la jeune fille rassemble parents et amis, qui viennent suivre l'office de l'extérieur comme de coutume, mais tous armés. Dès l'*Ite missa est*, et malgré les interventions du curé, un feu roulant éclate, puis les poignards achèvent les survivants. Peu après, le château était incendié. Ce fut la fin des seigneurs de la Spelunca.

La Spelunca

FARINOLE

(Feringule)

21 km O de Bastia par D 81 et D 333

Des gauchos dans le maquis

Les désaccords suscité par les ventes de bétail ont été souvent réglés en Corse de manière radicale, mais ils ont rarement provoqué des conflits prenant une ampleur internationale. Pourtant, à la fin du siècle dernier, à Farinole, un litige de ce genre a mobilisé ses protagonistes jusqu'au bout du monde.

À la suite d'un marché dont les termes n'auraient pas été respectés, un maquignon est tué. Les mois passent, quand une rumeur se répand : deux hommes masqués rôdent dans la montagne. On pense que ce sont les frères du mort, émigrés en Amérique du Sud, revenus pour le venger. Les tueurs anonymes pistent un intermédiaire qui avait participé aux transactions sur le bétail et dont le rôle était jugé douteux ; par erreur, les justiciers abattent son oncle. Peu téméraire et comprenant vite, le mandataire survivant prend le premier bateau pour le continent, et, pour plus de sûreté, agit en parfaite logique : il s'expatrie en Amérique du Sud que ses adversaires viennent de quitter et où l'on disparaît aisément dès que l'on débarque.

La suite des événements donna raison à cet homme prudent. Les acheteurs de bétail, qui étaient deux, sont tués peu après. Sans l'avoir vraiment souhaité, le second entre dans l'anthologie du tir sur cible vivante : la balle qui l'abat sans bavure épargne le bébé qu'il porte dans ses bras. Cette réussite égale le coup double de Jérôme Rocca-Serra, qui inspira Mérimée (voir Fozzano).

Bien plus tard, on apprit que la nécrologie de Farinole avait été enrichie prématurément de trois morts pour une affaire qui n'avait rien à voir avec la vente du bétail. Le premier meurtrier était un homme oublié de tous, qui, lui, n'avait pas oublié : condamné au bagne et libéré, il était revenu à Farinole pour régler ses comptes, avant de repartir, lui aussi, en Amérique du Sud, vers cette Guyane où il avait purgé sa peine et dont il ne gardait pas, finalement, un si mauvais souvenir.

FELCE

(Felge)

74 KM S DE BASTIA PAR N 193 ET D 71

Vocation incertaine

Le 9 novembre 1447 naquit à Felce Pietro Felce, dit Pietro Cirneo, auteur de *De rebus corsicis*, histoire de la Corse depuis les temps les plus obscurs jusqu'aux environs de 1500. Si l'on en croit Pietro Cirneo, sa naissance aurait été l'occasion d'un miracle. Son père, Piccino, se trouvant à Campoloro, avait cru voir en songe un personnage de fort belle allure, richement vêtu, qui s'adressa à lui en ces termes : « Lève-toi, ô Piccino, car il t'est né un fils. Tu lui donneras le prénom de Pietro. » S'étant réveillé sur ces paroles, Piccino s'interrogea sur cette vision, lorsqu'il se rappela qu'en quittant Felce il avait laissé sa femme enceinte. Il se mit aussitôt en route et, arrivé à Felce, il trouva un nouveau-né que l'on s'apprêtait à baptiser Salvatore. Piccino raconta alors sa vision, et l'enfant fut nommé Pietro.

Le père de Pietro Cirneo étant mort très jeune, le patrimoine de l'enfant fut confié à des parents peu scrupuleux qui le dilapidèrent. Cependant, à l'âge de dix ans, il put partir pour l'Italie où il fit ses humanités à Ravenne. Il revint au pays natal à vingt ans, mais ne tarda pas à être soumis à toutes sortes de vexations par une famille rivale. Exaspéré par les horribles calomnies que ses ennemis colportaient sur son compte, et peu confiant en la justice du temps, il décida, dit-on, de se faire justice lui-même. Mais ni sa formation ni ses études ne lui avaient donné l'expérience de la vendetta. Il décida de demander conseil à Galvano de Chiatra, bandit d'honneur chevronné, et alla lui conter ses griefs. Après avoir tenté tout d'abord de le dissuader, Galvano consentit à lui servir de mentor. « Mais, dit-il, on se trouvait alors dans la vigile de saint Pancrace, patron des bandits, et il avait fait vœu de ne tuer, ni de ne laisser tuer personne durant cette période. » Il mettrait ce délai à profit pour entraîner Pietro à la dure vie du maquis. Lorsqu'il le jugea suffisamment aguerri, il décida qu'ils iraient coucher, une nuit, près d'un champ où venaient habituellement travailler les ennemis de Pietro Cirneo : le lendemain matin sonnerait l'heure de la vengeance. Le pauvre Pietro passa une nuit atroce : il s'imaginait avec horreur ce que serait, après cela, sa vie errante. Les remords vinrent l'assaillir à l'idée du crime qu'il allait commettre... Bref, à l'aube, il avoua à Galvano son intention de renoncer à sa vengeance. « Comment, tu veux reculer ! s'écria Galvano, tu as voulu être l'ami d'un bandit, tu connais tous mes secrets ; tu ne t'éloigneras pas de moi vivant. » Alors le jeune homme jeta à terre ses armes et déclara : « Me voilà sans défense : tue-moi si tu le désires ; car jamais tu ne me contraindras à réaliser mon infâme souhait. J'ai décidé de consacrer ma vie à Dieu ; je ne tuerai point. – Dieu soit loué, dit l'autre, j'ai gagné, j'ai accompli une bonne action. Ce délai que je t'ai imposé durant l'octave de saint Pancrace, c'était pour t'empêcher de commettre un homicide. J'étais sûr que tu y renoncerais. » Pietro entra dans les ordres et Galvano, également touché par la grâce, quitta la Corse avec le père Guillaume de Speloncato qui œuvrait pour le rachat des captifs corses prisonniers des Barbaresques.

FELICETO
(Filicetu)

19 KM S DE L'ILE-ROUSSE PAR N 197, D 151 ET D 71

Les chevaux de saint Roch

Plusieurs traditions, abandonnées auparavant sans être oubliées, revivent à Feliceto. Disparue depuis quatre-vingts ans, la Cunfraterna di Sant' Antone, fondée au XVIIᵉ siècle, s'est reconstituée en 1990 et regroupe désormais une trentaine de membres ; elle se manifeste, entre autres, lors de la Saint-Nicolas, le 6 décembre, en l'honneur du patron du village, et à la Saint-Roch le 16 août. Protecteur des troupeaux, saint Roch parraine aussi, à Feliceto, les chevaux et les cavaliers, qui se rassemblent et reçoivent la bénédiction de l'Église le 16 août. C'était à cheval que l'on se rendait autrefois à l'oratoire de San Parteo (voir PIOGGIOLA). La piste qui menait au mont San Parteo est aujourd'hui coupée. Elle se serait « effondrée sous des éboulements gigantesques, lors d'un tremblement de terre[1] ».

FIGARI

18,7 KM DE BONIFACIO PAR N 196 ET D 859

La multiplication des nefs

Selon une tradition locale, on pouvait autrefois à Figari assister aux vêpres treize fois en un seul dimanche. Effectivement, Mᵐᵉ Moracchini-Mazel a identifié six églises ou chapelles sur le territoire de la commune actuelle.

De plus, une chapelle romane, découverte sur la commune de Pianottoli-Calderello, au bord de la baie de Figari, figurait vraisemblablement parmi les treize églises décomptées par les Anciens. Six autres sanctuaires seront-ils un jour exhumés du maquis ? Comme la municipalité de Figari a adopté un programme de restauration en 1990, on pourrait alors rêver d'entendre de nouveau treize églises carillonner en même temps...

Dès maintenant, trois édifices religieux sont aisément accessibles à partir de Figari. Pour atteindre la chapelle San Quilico, qui desservait vraisemblablement le castello de Montalto, on emprunte la D 859 vers Sotta sur 4 km, puis on tourne à droite vers Montilati. En quittant San Quilico, on reprend la D 859, à droite, sur 1,2 km, puis on tourne à gauche vers la D 22 en direction du hameau de Pruno ; là, au pied de l'Uomo di Cagna, s'élève l'ancienne église piévane San Giovanni-Battista. À 1 km au sud-ouest de Pruno, toujours sur la D 22, la chapelle de Tarrabucetta aurait servi en même temps de tribunal.

Coffres mortuaires

Des sépultures dont l'époque n'a pu être précisée ont été fréquemment découvertes sur le territoire de la commune, sous la forme de coffres de pierre. Si l'on en croit Saint-Germain, qui écrivait en 1869, des sarcophages formés de dalles de granite longues

---

1. G. Moracchini-Mazel, « Les églises cimétériales de San Parteo », *Cahiers Corsica*, nᵒˢ 146-148, 1992.

de 2,50 m et larges de 0,80 m auraient été trouvés dans la tour de
Figari, qui date du XIIIe siècle. Dépourvus d'or, ces coffres semblent
conçus pour accueillir des géants et conservent seulement des squelettes.

Terre de fièvre

Églises médiévales et sépultures préhistoriques donnent l'impression d'un territoire considéré comme accueillant à certaines
époques. Pourtant, au début du XIXe siècle, le poète Ugo Peretti, originaire de Levie, écrit :

> *E Figari sarà qual sempre e stato*
> *Dei deboli e dei forti sepoltora*[1].

> « Figari restera ce que toujours il fut
> Des faibles et des forts la triste sépulture. »

L'hécatombe évoquée provient de la recrudescence du paludisme.
Le relèvement du niveau marin, qui s'est poursuivi jusqu'au Moyen
Âge a été incriminé. Mais nul ne sait comment les anophèles d'une
région saine autrefois sont devenus porteurs des plasmodes qui
contaminent l'homme.

FOCE

8 km E de Sartène par D 65 et VO

Le château des cercueils

À 2,5 km au sud de Foce, derrière la *punta* de la Petra d'Arca, à
520 m d'altitude, les ruines du château de Baricini, ou castello de
Baricini, dominant la vallée de l'Ortolo, font face à l'Uomo di
Cagna. On aperçoit le château de la D 50 entre le hameau de la
Mola et le pont de l'Ortolo, à 12 km de Sartène. Le château, qui
s'appelait à l'origine Castel-Novo, avait été édifié au XIIIe siècle par
Guglielmo de Cinarca, père de Sinucello della Rocca, plus connu
sous le nom de Giudice de Cinarca. Guglielmo périt assassiné par
ses neveux alors qu'il se rendait de Castel-Novo à Cinarca. Sa
femme périt au château, empoisonnée, avec toute sa maison, à la
suite d'un accident malheureux : elle « mourut avec toute sa famille
empoisonnée par le venin d'un crapaud qui se trouva dans le seau
où l'on portait l'eau pour boire. Comme tous les membres de cette
famille furent emportés morts de Castel-Novo dans différentes
bières (*bare*), on changea le nom du château et on l'appela
Baricini ». La forteresse fut par la suite conquise par Vincentello
d'Istria grâce à un subterfuge : il donna mission de se présenter
comme transfuges à deux soldats espagnols, qui, une fois admis
dans la place, poignardèrent les assiégés. Au XVe siècle, Paolo della
Rocca prit le château et le renforça pour lutter contre les Génois qui
déléguèrent Nicolosuccio d'Ornano en négociateur : Paolo della
Rocca le fit mettre à mort. Giudice, fils de Paolo, au contraire, avait
juré fidélité à la république de Gênes : vers Propriano, il captura un
jour son père, s'empara ensuite de Baricini « où, selon Filippini, il
traita de manière cruelle et barbare certains partisans de son

1. F. Ettori, « De la place forte génoise à la cité du tourisme, cinq siècles de l'histoire de Porto-Vecchio », *Porto-Vecchio tempi fá*, Cacel de Porto-Vecchio, Amis de
la bibliothèque et du bastion, 1992.

père ». Giudice conquit alors tout le sud de la Corse, ses adversaires craignant de subir le sort qui menaçait ceux qui étaient transférés au château de l'épouvante.

FORCIOLO

(Furciolu)

43,5 KM S-E D'AJACCIO PAR N 193, N 196, D 83 ET D 26

Langage ésotérique

Les sculpteurs qui ont décoré la chapelle de San Pietro de la Panicala (*San Pietru di u Panicale*) semblent avoir cherché à engager le dialogue avec les fidèles et les visiteurs du sanctuaire à l'aide de représentations dont le sens s'est perdu. Sur la corniche de l'abside se succèdent des têtes de bovin et de bélier et le visage d'une femme portant une coiffure à mentonnière et bandeau frontal, très prisée au XIIIe siècle ; un treillis s'inscrit dans un cercle et une croix de Saint-André. Ce grimoire de pierre n'a jamais été déchiffré[1].

Illustration extraite de La Vendetta ou la Fiancée corse, *drame en trois actes de Victor Ducange (1831).*

À malin, malin et demi

Les habitants de Forciolo ont pourtant fait preuve, en d'autres occasions, de leur perspicacité. L'un des leurs, Maestro Maternato, qui vivait au XIIIe siècle, savait construire à merveille les ponts et les églises. Achevant un campanile, élevé à proximité d'une église dédiée à San Giovanni Battista (voir CARBINI), Maestro Maternato pressent un danger latent : il savait que l'on sacrifiait parfois sans scrupules un maître d'œuvre trop habile pour l'empêcher d'exercer son talent en d'autres lieux.

Maestro Maternato ralentit la cadence du travail et réclame un outil oublié chez lui. La communauté de Carbini envoie à Forciolo quelques-uns de ses membres pour lui donner satisfaction. Par un

1. G. Moracchini-Mazel, *Corse romane, op. cit.*

message sibyllin, incompréhensible pour ceux qui le transmettaient, Maestro Maternato fit comprendre à sa famille qu'il fallait
se saisir des hommes de Carbini et les séquestrer pour garantir sa
liberté. Ce qui fut fait. Les émissaires de Carbini restèrent sous
bonne garde jusqu'au retour de Maestro Maternato. Sauvé par sa
présence d'esprit et satisfait du devoir accompli, Maestro
Maternato put se retirer en paix à Forciolo.

FOZZANO

(Fuzzà)

19,5 KM N DE SARTÈNE PAR N 196, D 268, D 119 ET D 19

Au pays de Colomba

C'est à Fozzano que naquit, le 7 mai 1775, Colomba Carabelli,
qui servit de modèle à Mérimée pour sa célèbre nouvelle. On y voit
encore sa maison, celle de ses ennemis, les Durazzo, et la chapelle
qu'elle avait fait construire en 1834, où elle est enterrée.

L'histoire de la vendetta attisée par Colomba est un peu différente de la version romancée qu'en a donné Mérimée – ne serait-ce
que par l'âge de Colomba qui, au moment du drame, en 1833, avait
cinquante-huit ans et était mariée depuis 1796 à Antoine Bartoli.
Les Carabelli étaient depuis toujours les ennemis des Durazzo et de
leurs alliés, les Paoli. En 1830, un Paoli refusa d'épouser une jeune
fille qu'il avait compromise. Le 26 juin 1830, trois hommes furent
tués, dont deux Carabelli. Dès lors, Colomba ne rêva plus que de
vengeance. Elle dresse contre les Durazzo toute sa famille et en
particulier son fils ; le 30 décembre 1833, dans une embuscade,
quatre hommes sont frappés à mort : d'un côté Jean-Baptiste et
Ignace Durazzo ; de l'autre Antoine-Michel Bernardini et François
Bartoli, le fils de Colomba. Ce drame provoqua une telle émotion en
Corse que le gouverneur de l'île, le général baron Lallemand et
l'évêque d'Ajaccio, Mgr Casanelli d'Istria, décidèrent de s'entremettre et n'eurent de cesse que les deux partis aient renoncé à leur
vendetta. Un traité de paix en bonne et due forme fut signé « au
nom de Dieu, de la Patrie et du Roi des Français », en l'église de
Sartène et déposé chez le notaire royal. « Après l'allocution de
M. le lieutenant général aux habitants de Fozzano et à tout l'arrondissement, un *Te Deum* d'action de grâces a été chanté pour
rendre encore plus solennel et sacré ce présent traité de paix. »

Le refus du pardon

Colomba mourut en 1861, à Olmeto. « Le 6 décembre, écrit M^e de
Moro-Giafferi, aux environs de midi, la vieille dame, près de la
fenêtre où elle avait coutume de passer ses journées, eut un frisson
nouveau, son regard cessa de distinguer les détails du paysage
familier ; elle se sentit mal à l'aise, voulut gagner son lit tout proche
et tomba par terre. Elle poussa un grand cri et ce fut une stupeur,
car jamais ses lèvres n'avaient consenti l'aveu d'une crainte ou
d'une faiblesse. Mais elle avait quatre-vingt-six ans et elle comprit
qu'il fallait mourir. Elle se confessa dévotement, répondit avec fermeté aux formules romaines, et ne parut hésiter un peu que lorsque
le prêtre l'invita à pardonner. Alors elle serra les dents. On l'entendit murmurer le nom de son fils, puis elle ferma les yeux, laissa
retomber sa tête... »

*Illustration
extraite
d'une édition de
Colomba
de Mérimée.*

Témoins immuables des guerres privées du passé, les tours des Carabelli et des Durazzo sont toujours debout. Destinée inattendue : la tour des Carabelli est devenue un centre culturel.

Le coup double

Mérimée, qui, en tant qu'inspecteur des monuments historiques, avait effectué une tournée en Corse en 1839, avait rencontré Colomba ; lorsque la nouvelle parut, avec un énorme succès, quelqu'un évoqua cette visite auprès de la vieille dame irascible, qui rétorqua, vexée : « Je m'en souviens, c'était un grand diable, assez drôle, avec des bras et des jambes sans fin ; il aimait assez les femmes, mais ne m'en dit jamais rien. »

D'autre part, l'histoire du fameux coup double d'Orso della Rebbia (le frère de Colomba dans la nouvelle) a été inspiré par une autre vendetta, qui opposa, à Sartène, en 1833, les Pietri et les Roccaserra. En février 1833, Jérôme Roccaserra rencontre les deux fils Pietri ; on fait feu des deux côtés. Un bras atteint, Roccaserra épaule et abat coup sur coup ses deux adversaires. La famille des victimes nia le coup double, et prétendit que Jérôme Roccaserra avait préparé une embuscade contre les Pietri, mais Roccaserra bénéficia d'un non-lieu. Ici encore le gouverneur de la Corse, le lieutenant général Lallemand, intervint auprès des deux familles et leur fit signer en 1834 un traité de paix « au nom de Dieu, de la Patrie et du Roi ». Cependant, un des membres de la famille Pietri, l'abbé Jean-Marie Pietri, refusa de sortir désormais de chez lui. Après neuf ans de solitude, en 1843, le hasard lui fit lire *Colomba*. Mérimée avait pensé que le lecteur imputerait le coup double à l'imagination du romancier. Il avait ajouté en note : « Si quelque chasseur incrédule me contestait le coup double de M. della Rebbia, je l'engagerais à aller à Sartène, et à se faire raconter comment l'un des habitants les plus distingués et les plus aimables de cette ville se tira seul, et le bras cassé, d'une position au moins aussi périlleuse. » Le vieil abbé fut exaspéré par cette confirmation littéraire de la thèse du coup double. Roccaserra ayant, selon lui, rompu le traité de 1834, il ne pensa plus qu'à sa vengeance. Le 24 novembre 1843, Jérôme Roccaserra était abattu. Nul ne vit ses assassins. Mais le vieil abbé ouvrit ses fenêtres, fermées depuis neuf ans.

Une Vierge obstinée

La Vierge de la chapelle de l'Annonciade, placée au milieu de l'église, prend la tête des processions durant les périodes de sécheresse, lorsque les habitants de Fozzano forment des vœux pour obtenir la pluie. La tradition veut que la statue, à la suite d'une violente tempête, ait échoué sur une plage du golfe de Valinco. Les paysans qui la découvrirent décidèrent de la transporter dans l'église la plus proche, mais, malgré tous leurs efforts, ils ne purent arriver à la déplacer. Survinrent deux vieillards de Fozzano qui s'en retournaient au village après leur journée de travail. Consultés, ils se mirent en prière, puis essayèrent à leur tour de soulever la statue : miracle ! ils y arrivèrent.

FRASSETO

(Frassetu)

41,5 KM E D'AJACCIO PAR N 193, N 196 ET N 850

Un cœur pendu aux branches

Les trois frères Antona qui firent régner la terreur dans le canton d'Ornano pendant quinze ans (1831-1846) étaient originaires de Frasseto. Ennemis des Franceschi, les Antona entreprirent la destruction systématique de cette famille, en commençant par enlever une jeune fille qui fut violée et tuée. Adultes et enfants suivirent. Le 13 janvier 1845, on découvrit trois cadavres mutilés dont le cœur et les poumons sanglants avaient été arrachés et pendus aux branches. Les frères Antona avaient outrepassé les règles tacites de la vengeance : abandonnés par leurs parents, pourchassés par la gendarmerie, ils furent abattus, le 14 octobre 1846.

GALÉRIA

Alalia ou Calaris ?

Contrairement au témoignage d'Hérodote, la première fondation phocéenne en Corse, ordonnée par un oracle, ne serait pas Alalia, qui devint Aléria, mais Kalaris (Calaris, Caralis ou Caralès), que l'on pourrait identifier avec Galéria. « Le Père de l'Histoire, écrit Girolami-Cortona (qui n'est pas exempt d'erreurs), donne à tort le nom d'Alalia à la ville fondée par les colons phocéens en 570. Diodore de Sicile l'appelle avec raison Calaris, dont on a fait Galéria, nom du village élevé sur les ruines de l'ancienne ville. »

Une colonie qui n'aurait pas eu un destin aussi éclatant qu'Aléria aurait pu être effectivement fondée au VIᵉ siècle av. J.-C., peu avant Alalia. Mais, pour O. Jehasse, Diodore de Sicile « parle de la cité de *Kalaris*, fondée par les Phocéens... donc très certainement d'Aléria[1] ». La discussion reste ouverte... Ce qui est certain, c'est que Galéria est établie sur un site occupé par les Romains : « Nous avons repéré, en bordure du rivage, écrit Mᵐᵉ Moracchini-Mazel, de nombreuses céramiques antiques, notamment des fragments d'Arezzo (*Arretium*) correspondant sans doute à l'emplacement du port antique de Caralès nommé dans la carte de Ptolémée[2]. » La barre transversale d'une ancre de marine, en partie en bronze, a été détectée en plongée, au cours de l'été 1992.

Pierres gravées et enceintes cyclopéennes

De la marine de Galéria, un chemin se dirige vers le capu Porcolicatu, à l'ouest. Un parcours de 2 km permet d'atteindre la crête qui entoure la vallée de Partiche. Les pierres gravées de Stazzalellu, de Culleta Ghjlormu, au sud-est du ruisseau de Partiche, de Furcadu, au nord-ouest, entre le Partiche et la mer, et de Vaglia, au-dessus de la confluence du ruisseau de Chiumi et du Fango, montrent des cupules, des traits rectilignes, des croix et des

---

1. O. Jehasse, *Corsica classica, op. cit.*
2. G. Moracchini-Mazel, *op. cit.*

signes quadrillés, qui datent de la préhistoire mais dont ni la signification ni l'époque n'ont pu être éclaircies.

Des inscriptions similaires ont été observées aussi à Olmeta-di-
Capocorso, à la Pietra Frisgiada (voir CAMBIA) et dans plusieurs
autres sites de Méditerranée occidentale, où elles ont été attribuées
au chalcolithique ou à l'âge du bronze.

Un autre chemin, que l'on prend à l'extrémité occidentale de
Galéria, s'oriente vers le sud-ouest et, laissant à droite l'embranchement qui s'élève vers la croix de Porcolicatu, atteint, après 2 km,
le hameau de Calca. Au-dessus du hameau, un mur d'enceinte
barre un éperon à la ligne de faîte plate dominant des versants
abrupts. Le même site d'habitat et de défense est visible à l'Ambiu,
à 1 km au sud-est du village, à mi-pente entre Galéria et le capu
Tondu.

Un dernier site mérite la visite : a Pulbaraghja ; il est toutefois
difficile d'accès et éloigné de Galéria (17 km). Pour s'y rendre, on
prend la D 351, la D 81, on traverse le pont du Fango (4,4 km de
Galéria) et on tourne immédiatement à droite jusqu'aux bergeries
de Marsolinu (15 km), d'où l'on oblique vers l'est en s'élevant sur le
versant de la montagne jusqu'à la *Bocca a u Castellacciu* (584 m) :
là s'étend une vaste terrasse dont un des côtés porte encore un mur
d'enceinte préhistorique aux blocs cyclopéens.

Ruines dans le désert

Les vastes espaces dépourvus de présence humaine qui s'éten-
dent autour de Galéria surprennent tous les visiteurs, d'autant
plus qu'ils contrastent avec les terroirs soigneusement aménagés
de la Balagne heureuse, entre Calvi et l'Ostriconi, où villages et
cultures se succèdent à distances rapprochées.

En réalité, la Balagne déserte ne l'a pas toujours été. Le départ
de la population a été provoqué par une succession de drames historiques. Les corsaires musulmans, au XIVᵉ et au XVIᵉ siècle, ont
brûlé plus de quatre-vingt-dix villages, qui ont été définitivement
abandonnés, et emmené en esclavage plusieurs milliers de prisonniers. Favorisées par ces désordres, des épidémies catastrophiques
se sont propagées en 1330 et en 1582. Il semblerait que le mal de
Naples, ou mal galant, qui se répandit en Europe au XVIᵉ siècle, ait
aussi fait des ravages. Enfin, les luttes entre Corses et Génois ont
été très violentes. Vivant les armes à la main, les habitants étaient
d'autant plus déterminés que les prêtres n'étaient pas les derniers
à agir : on rapporte qu'en 1489, le curé titulaire de la piévanie de
Chiumi, « le premier à se révolter, est mort au maquis[1] ». Déjà ten-
due à la fin du XVᵉ siècle, la situation s'est aggravée au cours de la
seconde moitié du XVIᵉ siècle, lors de la tentative de reconquête
menée par Sampiero Corso (voir ECCICA-SUARELLA). Devenus
maîtres des lieux après avoir été pourchassés, les bergers niolins
ont interdit, au début du XVIIIᵉ siècle, les dernières tentatives de
mise en valeur entreprises par le gouvernement génois, qui encourageait les investisseurs à exploiter des domaines concédés par bail
à longue durée.

1. Mᵐᵉ Moracchini-Mazel, *op. cit.*

Le défilé de l'Inzecca, à l'est de Ghisoni.

GAVIGNANO

(Gavignanu)

38 km N-E de Corte par N 193, D 39 et D 139

La peau jetée sur l'épaule

Un ensemble de fresques d'aspect archaïque, qui datent pourtant du XVᵉ siècle, orne l'église Saint-Pantaléon située à Borgo, à 1 km en contrebas du village, au nord de la D 139. Les douze apôtres, hauts de 1,40 m, sont représentés sur l'abside vêtus d'une longue tunique rouge retroussée sur le bras à la manière des toges romaines. Saint Barthélemy, qui périt écorché vif, porte sa peau jetée sur l'épaule. Sainte Catherine d'Alexandrie, avec la roue de son supplice, et saint Pantaléon, dominant le donateur de l'église dont le visage est camouflé d'un capuchon noir, apparaissent sur le mur méridional qui relie la nef à l'abside.

Pour se rendre à la chapelle San Cervone, on emprunte la D 15 puis, à la sortie du hameau de Poggio, un chemin qui s'élève vers l'est (2,5 km). Isolée à 1 200 m d'altitude, la chapelle San Cervone était confiée à un ermite qui faisait carillonner la cloche en cas de besoin. Par deux fois, l'ermite, qui s'ennuyait, avait sonné sans raison. La troisième fois, les habitants de Gavignano laissèrent le carillon s'égrener sans se déplacer. Quand on revint plus tard à San Cervone, l'ermite était mort.

Une glose incidente ajoute que le moine aurait été tué par un ours. La moralité de l'histoire est trop belle : l'ermite, par sa légèreté, n'aurait pas été digne de Cerbonius, évêque de Populonia au VIᵉ siècle, devant lequel l'ours féroce s'était couché (voir Poggio-d'Oletta). Depuis ce miracle, Cerbonius, canonisé, est révéré en Corse sous le nom de San Cerbone ou de San Cervone.

Le Kyrie-Eleison vu de Ghisoni.

GHISONI

42 KM S DE CORTE PAR N 193 ET D 69

Le souvenir des hérétiques

À 8 km de Ghisoni, par la F 10 et la F 10 A, qui mène à Pietroso,
les ruines de l'église préromane de San Giovanni-Battista se dressent à gauche de la F 10 A sur la colline de Piève, au milieu de vieux
oliviers. Des vestiges de céramique d'Arezzo du Iᵉʳ siècle ap. J.-C.
ont été découverts sur les lieux. Piève pourrait être le site de
Cenestum, l'une des trente-trois cités décrites par Ptolémée.

Les magnifiques escarpements rocheux hauts respectivement de
1 535 m et de 1 260 m, dont les aiguilles dominent Ghisoni au sud-
est, portent les noms insolites de Kyrie-Eleison et de Christe-
Eleison. D'après la tradition, c'est au pied de ces montagnes qu'un
groupe des derniers Giovannali (voir CARBINI) aurait été exterminé
et brûlé. Au moment où les bûchers allaient s'éteindre, un vieux
prêtre eut pitié des hérétiques et entonna l'office des morts. La
foule qui assistait au supplice reprit les dernières paroles de la prière, *Kyrie eleison* et *Christe eleison*, et l'écho les fit retentir dans
toute la vallée, comme répétées par les montagnes qui leur doivent
leurs noms.

GIUNCHETO

(Ghjunchetu)

11,5 KM S DE SARTÈNE PAR N 196 ET D 165

La croix et le croissant

Au-dessus d'une des fenêtres d'une maison du quartier Saint-
Antoine, un bas-relief représente un croissant dentelé supportant
dans son champ une croix. La signification en demeure mystérieuse : est-ce le croissant vaincu par la croix ? Est-ce au contraire
le symbole d'un mariage entre chrétiens et musulmans ? On sait
seulement qu'en 1584 les Barbaresques détruisirent de nombreux
villages de la région.

La tradition veut que le couvent de Sampolo (à 1 km au nord-
ouest du village) ait été fondé par saint Paul. Il n'en reste aujour-
d'hui que les fondations, mais la pierre d'autel s'est conservée intacte.
Le monastère aurait été ruiné par les Sarrasins. La croix du couvent, échappée au pillage, aurait été placée dans un ancien oratoire
de Saint-Antoine, également disparu aujourd'hui. Selon la légende,
cette croix, mécontente de son nouveau domicile, disparaissait
régulièrement, et on la retrouvait toujours dans les ruines du couvent. S'agit-il de la croix que l'on voit dans l'église paroissiale de
Giuncheto ? On ne peut l'affirmer avec certitude : c'est une croix de
forme grecque, en bronze, dont un bras est ébréché et qui porte les
marques dues au feu.

Cinq F pour la « strenna »

Tous les ans, entre Noël et le 1ᵉʳ janvier, on confectionne la *stren-*
na, gâteau en forme d'amphore, symbole du Verseau. Souvent
figurent sur la *strenna* cinq F, pour : *fortuna, farmi, fare, felice, fine*.
Les petits pains bénits préparés à la Saint-Roch étaient autrefois
distribués au bétail.

Jusqu'au milieu du XIXᵉ siècle, on avait coutume, à Giuncheto, d'ensevelir les morts dans les *sapare*, grottes formées de roches vives surmontées de pierres tabulaires, situées aux alentours du village, aux lieux-dits Orio, Cellara, Punta Maggiore. On ignore si ces grottes sont d'époque préhistorique, ou si l'on a copié à une époque plus tardive des monuments préhistoriques nombreux dans la région, tels que la Pietra Pinzuta, à Sartène, ou ceux de Grossa. D'autres traditions funéraires se sont maintenues plus tardivement : les cercueils n'étaient pas cloués, et l'on ouvrait la bière avant d'ensevelir le mort pour le baiser au front. Lorsque quelqu'un mourait à la marine, on remontait son cadavre jusqu'à Giuncheto à dos de mulet, sur une civière. Ceux qui l'accompagnaient partaient la nuit et faisaient une halte à Spunitoghiu, près du ruisseau de Valdu. Là, ils attendaient le lever du soleil pour reprendre leur marche et, à 8 heures, toute la population du village accueillait sur la place l'arrivée du convoi funèbre.

La veuve noire

La fameuse araignée *Latrodecte malmignate*, qui n'est pas sans ressemblance avec la veuve noire d'Amérique du Sud, apparaît souvent sur le territoire de Giuncheto, bien qu'elle ait été évoquée aussi par Pierre Benoît dans *Les Agriates*. Son corps, velu et noir, est marqué de trois rangs de taches rouges. Son abdomen rond est renflé à la partie supérieure et tacheté de quatre points noirs en carré. Pour soigner sa morsure, très dangereuse, on cautérisait autrefois la plaie à la flamme. Un autre arachnide, qui ressemble à une tarentule, la *ragnu arrabiatu*, est également très redouté : sa piqûre provoque une vive agitation et oblige à pratiquer des exercices violents.

GROSSA

11 KM O DE SARTÈNE PAR N 196, D 48 ET D 21

Terres en désuétude

À 1,5 km à l'est de Grossa, l'église romane de San Giovanni-Battista, construite au XIIᵉ siècle, fut le principal lieu de culte de l'ancienne *pieve* de Bisogeni. Les habitants de Bisogeni sont souvent nommés dans les actes du XIIIᵉ siècle conservés à Bonifacio ; Giovanni della Grossa, qui passa sa première enfance dans la paroisse, évoque l'existence de la *pieve* au XVᵉ siècle. La présence de tuiles romaines et la proximité de nombreux monuments mégalithiques, tel le menhir de Vaccil-Vecchiu, à 3 km au sud de Grossa, attestent une très longue continuité de l'occupation humaine. Pointes de flèches, fusaïoles, meules et blocs à cupules ont été récoltés en abondance ; un fragment de lampe néolithique, dont les bords sont brûlés par un long usage, a été extrait de la grotte de Saparaccia.

Or, le territoire de Bisogeni, qui s'étendait entre Grossa et la baie située entre le cap Senetosa et le port de Tizzano, est aujourd'hui totalement désert. Les événements qui ont désolé cette région restent inconnus, mais il est certain que les ravages perpétrés par les pirates turcs ont ruiné Bisogeni et que nul n'osait plus, à partir du XVIᵉ siècle, s'aventurer seul et sans armes au-delà de Sartène.

Déesse-mère et dieu-taureau

Une statuette actuellement déposée au British Museum a été découverte en 1905 à Campofiorello. M. Grosjean[1] la décrit ainsi : « La tête avec sourcils, yeux, nez et bouche bien marqués, sur le côté, indication de coiffure ou de chevelure ; la partie intermédiaire rehaussée d'une gravure en triangle, pointe en bas ; une ceinture la sépare de celle inférieure qui porte l'indication du triangle pubien féminin prolongé par une gravure médiane longitudinale semblant la diviser en deux moignons. Mais la partie inférieure pourrait être également interprétée comme une représentation phallique (en retournant la statuette), tandis qu'en position normale le symbole féminin figurerait sur la partie centrale ; dans ce dernier cas, la statuette serait donc hermaphrodite.

Telle qu'elle est, cette curieuse petite sculpture en ronde bosse est rituelle du culte de la fécondité et de la déesse-mère. Son type est peu connu en Méditerranée occidentale et il faut aller vers la Méditerranée centrale pour en retrouver de forme avoisinante ; c'est ainsi que les statuettes qui s'en rapprochent proviennent des IIIᵉ et IIᵉ millénaires de Malte, où la représentation de la tête est similaire. »

Une statuette de bovidé en terre cuite, longue de 12,5 cm et haute à la tête de 8 cm, a été mise au jour en 1956 par MM. A. Graziani et R. Grosjean. Couché les pattes repliées, l'animal a les oreilles dressées et les cornes dans le prolongement de la tête, le dos s'inclinant régulièrement vers l'arrière-train. L'allure générale rappelle les dieux-taureaux égyptiens ou une déesse-vache telle Hathor. Des figurines semblables sont connues en Méditerranée orientale et certaines ont été découvertes lors des fouilles de Çatal Hüyük, en Anatolie. Mais, on sait que R. Grosjean était friand de ce genre de rapprochements, qui laissent subsister beaucoup d'incertitudes.

Le cavalier de Grossa.

1. R. Grosjean, « Mobilier pré- et protohistorique de Corse », *Corse historique*, nᵒˢ 9-10, 1963.

Une statuette de bronze représentant un cavalier et sa monture (12,5 cm de haut, 9,6 cm de long et 4,7 cm dans la plus grande largeur) a été extraite du sol sur la propriété du Dr Guerrini en 1942, à proximité d'un dolmen. Les rênes sont torsadées, la selle relevée en bec à l'arrière. Le cavalier porte un casque conique à bandes parallèles semblable à celui que portaient les cavaliers de l'époque minoenne ou protomycénienne. Mais, selle et étriers, imités des Scythes, n'apparaissent pas avant le ve siècle av. J.-C.

Enfin, des têtes humaines au faciès négroïde, l'une au menton effacé et l'autre prognathe, modelées la première en serpentine et l'autre en stéatite (6,4 x 3,4 cm) ont été découvertes dans des grottes proches de Grossa. On ne sait si ces œuvres sont anciennes ou contemporaines. Doit-on les prendre pour des amulettes liées à des actes magiques ? Rappellent-elles la présence d'esclaves noirs parmi les équipages barbaresques ou sont-elles l'œuvre récente de bergers ?

GROSSETO-PRUGNA

(Grussetu Prugna)

35 KM E D'AJACCIO PAR N 193 ET N 196

Une tour contre un marécage

Les habitants de Bastelica auraient, affirme la légende, décidé d'enlever aux Ajacciens un bien précieux entre tous : la tour de Capitello. Ils se rendirent au pied de la tour qu'ils entourèrent de solides cordages, et cherchèrent à la déplacer en tirant de toutes leurs forces sur ces liens. Ameutés, les Ajacciens se précipitèrent et, afin d'éviter toute effusion de sang, proposèrent aux assaillants, en échange de leur tour, le territoire inculte et marécageux compris entre la Gravona et le Prunelli, où s'élève aujourd'hui Bastelicaccia.

Selon un autre récit, la tour aurait d'abord appartenu aux Bastelicais. Sa construction aurait été conseillée vers 1245 par un habitant de Bastelica féru d'astrologie, maître Matteo, lors du passage d'une comète favorable aux projets de la communauté. Aussitôt dit, aussitôt fait : travailleurs acharnés, les Bastelicais auraient édifié la tour de Capitello en une semaine ; mais, ils n'avaient pas prévu que la ville d'Ajaccio estimerait que la forteresse s'élevait sur son propre territoire. C'est alors que se placerait la tentative de déplacement de la tour, restée vaine par suite de la résistance de l'édifice. Selon les conteurs relatant la dernière version, la controverse entre Ajaccio et Bastelica aurait été réglée par une intelligente transaction : pour disposer de la tour, la riche cité d'Ajaccio aurait accepté de dédommager les Bastelicais en monnaie sonnante et trébuchante et les deux communautés d'Ajaccio et de Bastelica se seraient ensuite partagé la garde du fortin.

La tour servit de refuge à Bonaparte, assiégé par les paolistes révoltés contre la Convention. Il y resta enfermé trois jours, se nourrissant de la viande d'un cheval. Il parvint cependant à s'échapper après avoir essayé de faire sauter la tour qui resta fendue mais ne céda pas.

La tour de Capitello est située au bord du golfe d'Ajaccio immédiatement au sud de l'embouchure du Prunelli, à 15 km de la ville par la N 193, la N 196 et la D 55. La plaine entre le Prunelli et Porticcio appartient à Grosseto-Prugna, bien que le village soit situé à 26 km à l'est sur la N 196.

La tour de Capitello.

La porte du trésor

Les rumeurs colportant le souvenir de trésors cachés auraient peut-être dû orienter la compétition suscitée par la tour de Capitello vers d'autres lieux proches. Dans le maquis, entre la côte et la D 302, se dressent encore deux autres tours, près du village abandonné de Frasso. La plus ancienne de ces forteresses, réduite à des murs de 2 m de haut en pierres taillées, date vraisemblablement du XIᵉ siècle. Sur un chaos rocheux, une autre tour, plus récente et mieux préservée, a fait face aux attaques turques qui se sont multipliées au XVᵉ et au XVIᵉ siècles autour du golfe d'Ajaccio.

Malgré cet effort de défense, la population a commencé à quitter Frasso à partir de 1584 et a définitivement déserté le village avant la seconde moitié du XVIIᵉ siècle. Ce site délaissé, reconquis par le maquis, mais conservant la trace d'une longue présence humaine, a exalté l'imagination des habitants des villages proches. Après une visite à Frasso en 1883, Mᵍʳ de la Foata, évêque d'Ajaccio, a évoqué, avec la prudente réserve qui s'impose à un prélat, les récits parvenus à sa connaissance à propos de Frasso et de son église : « Nous ne citons qu'à titre de légende certaine tradition d'après laquelle les cloches et le trésor de cette église auraient été enfouis à vingt pas sous terre devant la porte principale de l'église, et recouverts d'une pierre[1]. » Après cette ultime précaution, les derniers habitants de Frasso se seraient repliés à Bastelica et à Frasseto, où vivraient encore leurs descendants.

1. F. Zarzelli, G. Moracchini-Mazel, J. Pietri, « La torre di Frasso à Grosseto-Prugna », *Cahiers Corsica*, nᵒˢ 69-70, 1977.

GUAGNO

(Guagnu)

72 km N-E d'Ajaccio par N 194, D 81, D 70 et D 23

« Satan, mon maître »

Un jour que le berger Orso Maria gardait ses troupeaux, il vit apparaître un étrange cavalier à la chevelure d'un roux ardent, aux yeux verts et étincelants, monté sur une jument blanche, qui lui demanda l'hospitalité. Il le fit entrer dans sa bergerie, et conduisit à l'écurie la jument : mais quel ne fut pas son étonnement lorsqu'il entendit la bête proférer les paroles suivantes : « Chrétien, méfie-toi de mon maître, c'est Satan ; moi je suis Bianca a Turtugliola, de Guagno, folle fille de mon vivant. En punition de mes péchés, me voici le coursier de Satan et, cette nuit, nous devons emporter en enfer les chrétiens qui négligent leur foi. Surtout n'oublie pas de faire le signe de la croix avant de partager avec lui tes châtaignes et ton lait de brebis. » Mort de terreur, Orso Maria s'en revint vers le diable, et, en lui présentant son modeste repas, ne manqua pas de se signer. Satan entra alors dans une effroyable colère : ses yeux lançaient des éclairs dans son visage blême, ses cheveux semblaient de flamme. « Ah ! Bianca, rugit-il, garce sans cervelle, tu m'as trahi ; je vais te donner la plus belle course de ta vie éternelle. » Et, enfourchant la cavale, il lui laboura les côtes de ses éperons, lui déchira la bouche et la lança dans un galop échevelé. Puis le couple monstrueux grandit, un orage effroyable se déchaîna : les *lagramenti*, les génies des tempêtes, sifflaient et traînaient des chaînes ; les *mazzeri*, âmes des magiciens et des sorciers, les *streghe* aux ailes de chauve-souris suivaient le couple dans sa course folle. La malheureuse Bianca bondissait à travers les pinèdes, renversant les arbres, pulvérisant les rochers : un de ses sabots s'enfonce dans une pierre plate du torrent et donne naissance au lac du Diable, noir et profond, où, pour tout l'or du monde, aucun montagnard ne se baignera jamais. D'un saut prodigieux l'animal franchit un escarpement rocheux, laissant dans la falaise du Lancone l'empreinte de sa cuisse qu'on y voit encore. Puis elle s'élance à l'assaut du mont Tritore, si violemment qu'il se fend en trois tours de granite gris telles qu'on les voit encore aujourd'hui, avant de disparaître avec Satan dans un immense éclair[1]. Le mont Tritore (1 502 m), situé à la pointe sud-ouest de la commune de Guagno, domine et limite les communes de Guagno, de Poggiolo, de Salice et d'Azzana.

La croix et le fusil

Les bergers du Tritore révèrent encore le curé qui desservit Guagno de 1760 à 1768, Dominique Leca, dit Circinellu. Après la réunion de la Corse à la France, Circinellu refusa de prêter serment à Louis XV et prit la tête d'un groupe de partisans. Il erra pendant trois ans dans les montagnes, de la Cinarca au Fiumorbo, et disparut un jour. On retrouva son cadavre, serrant d'une main son fusil et de l'autre la croix qu'il portait, dans une grotte isolée, près d'Ania (voir Serra-di-Fiumorbo).

---

1. T. Murzi, *Revue de la Corse*, 1928.

Théodore Poli, le roi de la montagne

Guagno est la patrie du plus célèbre des bandits corses, Théodore Poli. Un incident mineur décida de sa carrière : ayant tiré un mauvais numéro qui l'obligeait au service militaire, il accueillit le verdict du sort sans amertume ; mais un de ses ennemis alla trouver la gendarmerie et prétendit qu'en réalité Poli préparait sa désertion. Arrêté et transféré menottes aux mains et garrotté à Casaglione, il réussit à s'échapper et déclara dès lors une guerre farouche à la gendarmerie. Il abattit le brigadier qui l'avait arrêté, prit le maquis et mena l'assaut contre plusieurs brigades de gendarmerie. À maintes reprises, il échappa de justesse aux poursuites et sa renommée ne cessa de grandir. Membre de la société des carbonari, qui le secourut, il fut aidé par de nombreux Corses qui voyaient en lui le défenseur de l'indépendance insulaire ou l'incarnation du bonapartisme irréductible, opposé à la Restauration. Les hors-la-loi et des bandes constituées vinrent se regrouper autour de lui ; Brusco, qui ne le quitta plus, les frères Multedo, de Calcatoggio, enfin son plus célèbre lieutenant, Jean Antonmarchi, dit Gallochio, d'Ampriani. La constitution d'Aitone le nomma « roi de la montagne » et lui accorda le droit de vie et de mort : la mesure avait été votée lors de la plus grande réunion de bandits corses qu'on ait connue, qui se tint en forêt d'Aitone.

Théodore Poli frappa alors le clergé et les notables d'un impôt que nul n'osa refuser. Le percepteur de Poli se présentait chaque mois et donnait une quittance en règle. Le trésorier payeur général de la Corse, M. Pozzo di Borgo, qui refusait de participer au financement de la république d'Aitone, échappa miraculeusement à deux attentats. Les informateurs des gendarmes étaient jugés par contumace. Une cour martiale se réunissait dans la forêt d'Aitone et la sentence était notifiée à l'accusé en ces termes : « Par arrêt de (telle date), tu as été condamné à mort, pour (tel crime), ainsi prends garde à toi ; signé : THÉODORE. » Le condamné avait fort peu de chances d'échapper à la justice du roi de la montagne. Après le supplice d'un bandit guillotiné à Bastia, Poli et les siens capturèrent le bourreau et le fusillèrent à l'aube, à 300 m d'une caserne, et réussirent à se soustraire aux poursuites de la troupe.

L'ampleur du mouvement finit par inquiéter le gouvernement, qui, par l'ordonnance du 23 novembre 1822, décida d'organiser en Corse un corps de voltigeurs ; la bande de Poli fut contrainte de se disperser. Théodore Poli se trouva bientôt seul avec Brusco, son frère Borghello, et un de ses oncles, Uccelloni. Ils se seraient réfugiés dans une grotte de la montagne de Sorru, entre Poggiolo et Murzo. La discorde se mit bientôt dans le petit groupe et, au cours d'une violente dispute, Ucelloni tua Brusco. Poli fit pendre son oncle. Finalement, il aurait été dénoncé, selon les uns par une jeune fille qui lui aurait plu, selon les autres, par le mari d'une ancienne maîtresse, dont il aurait eu plusieurs enfants. Cerné dans la cachette où il se terrait, le roi de la montagne fut blessé à mort.

Comme il arrive souvent pour les héros entrés dans la mythologie, les circonstances de la mort de Poli sont rapportées de manière contradictoire ; selon P. Bonardi[1], sentant sa fin prochaine, il rechargea son arme, la posa entre ses genoux, le canon braqué devant lui, glissa son doigt sur la gâchette... puis il mourut. Le premier voltigeur qui voulut saisir la carabine tomba foudroyé à bout

1. P. Bonardi, *Les Rois du maquis*, Delpeuch, Paris, 1925.

portant, la main glacée du bandit ayant fait partir le coup. La nouvelle du décès se répandit de village en village, mais beaucoup refusaient d'y croire, et on transporta son cadavre à Vico, où il fut exposé quarante-huit heures, devant une foule immense. M. Privat[1] prétend que Théodore Poli aurait été victime d'une traîtrise encore plus perfide : il aurait mangé une pomme imprégnée de cyanure de potassium. Les gendarmes n'auraient fusillé que son cadavre. La frayeur qu'inspirait Théodore Poli était telle que certains allèrent jusqu'à continuer de payer à son fils la taxe qu'il leur avait imposée. Une ancienne maîtresse de Poli composa, à propos de sa mort, deux magnifiques *lamenti*.

Vico

1. M. Privat, *Bandits corses*, Neuilly, 1932.

L'Ile-Rousse.

ILE-ROUSSE (L')

(Isula Rossa [L'])

24 km N-E de Calvi par N 197

La lumière vient d'Orient

Ce charmant port tire son nom d'un groupe d'îlots de granite rouge à une encablure de la côte. Ils avaient déjà attiré nos ancêtres les plus lointains. Les hommes du début du néolithique ont abandonné sur l'ancienne île de la Pietra des tessons de céramiques gravées à l'aide de coquillages, un fragment de vase décoré de chevrons emboîtés et plusieurs centaines d'armatures tranchantes taillées dans la rhyolithe, dont les affleurements sont aisément accessibles.

La ville actuelle s'élève sur l'emplacement de la cité romaine de Rubico Rocega (le rocher rouge). En effet, dans les fouilles effectuées lors de la construction de la ville actuelle, au XVIIIe siècle, il semble qu'on ait découvert les restes d'anciennes maisons, des urnes funéraires, des monnaies de cuivre et d'argent dont quelques-unes portaient l'effigie de Dioclétien, si l'on en croit le père

L'Ile-Rousse.

Bonfiglio Guelfucci, secrétaire du fondateur de la ville moderne,
Pascal Paoli. On aurait également extrait des vases étrusques servant d'urnes cinéraires, disposés en ligne, l'ouverture tournée vers
l'Orient.

Énigme sous la mer

La fortune de la ville antique devait certainement beaucoup à
son port. Signalé par des îlots facilement identifiables, il offrait un
ancrage rassurant. Pourtant, les drames de la mer ne l'ont pas
épargné.

Dans un épais herbier à posidonies, M. Louis Ambrogi, l'un des
pionniers de l'archéologie sous-marine en Corse, avait repéré un
navire naufragé, des amphores et des dolia, ces énormes récipients
de poterie utilisés, à l'époque romaine, pour la conservation et le
transport du grain, du vin ou de l'huile. Rendu urgent par les habituelles tentatives de pillage, le sauvetage du gisement a livré les
pièces d'un véritable rébus en cours de déchiffrement : les céramiques portent des marques au tampon, entre autres un phallus
parfaitement reconnaissable ; une inscription sur une dolia évoque
un *C. Piranus primus* dont on ne sait rien ; des caractères gravés
sur un lingot de plomb semblent faire référence à l'empereur
Caligula. Recueilli aussi sur le lieu du naufrage, un curieux appareil semble avoir été une pompe de cale, destinée à évacuer les eaux
de rejet qui s'accumulaient dans la sentine du bateau[1]. On suppose
que le bâtiment a coulé au Ier siècle de notre ère, au cours d'un voyage entre l'Espagne et l'Italie, mais on ne sait par quelle mauvaise
fortune il a été perdu si près d'une escale réputée sûre.

« Delenda est Calvi »

Abandonné depuis l'Antiquité, le site de l'Ile-Rousse est resté
très longtemps inoccupé et son approche redoutée : les corsaires
ancraient souvent leurs navires entre les îles et la côte.

---

1. L. Ambrogi, « I dolia di l'Isula Rossa, un site du Ier siècle de notre ère », *Bulletin
de la Société des sciences historiques et naturelles de la Corse*, n° 656, 1989.

En 1758, Paoli, héros de la lutte contre la domination génoise, fonda l'actuelle Ile-Rousse pour faire concurrence à Algajola et à Calvi, comme il l'avait annoncé au manoir de Guido (voir CORBARA). Devant les premières maisons de la petite ville, Paoli s'écria qu'il avait planté les potences pour y pendre Calvi : « *Ho piantato le forche per impiccar Calvi !* » C'était un acte politique destiné à combattre l'influence génoise qui avait fait de Calvi le centre de son expansion. L'Ile-Rousse devait d'abord s'appeler Paolina, du nom de son fondateur ; pendant quelque temps elle s'appela Vaux, en l'honneur du comte de Vaux qui avait en 1768 terminé la conquête de la Corse.

ISOLACCIO-DI-FIUMORBO

(Isolacciu-di-Fiumorbu)

86,5 KM DE BASTIA PAR N 193, N 198, D 345, D 45 ET D 245

Traquenard dans une église

Plusieurs *lamenti* composés à Isolaccio-di-Fiumorbo vouent une haine éternelle au général Morand, commandant la 23e division militaire sous le premier Empire. Ce soldat de l'Ancien Régime, passé au service de la Révolution, avait monté tous les échelons de la hiérarchie militaire depuis son engagement. La connaissance des hommes qu'il avait acquise au cours de cette longue carrière ne le portait pas à la mansuétude : il préférait l'ordre à la diplomatie, même s'il fallait le rétablir avec férocité.

Après l'attaque du couvent de Prunelli-di-Fiumorbo, où logeait un détachement militaire, dans la nuit du 20 au 21 mai 1808, le général Morand confie la recherche des coupables, qui sont connus, au commandant Bonelli, de Bocognano. À défaut des rebelles, disparus dans le maquis, le commandant Bonelli rassemble les personnes présentes à Isolaccio-di Fiumorbo dans l'église Saint-Roch pour un contrôle d'identité. Cent soixante-sept habitants pénètrent dans l'église... et ressortent prisonniers et enchaînés. Neuf sont condamnés à mort et exécutés à Bastia. Les autres, transférés sur le continent, sont incarcérés dans la forteresse d'Embrun où ils vivent dans des conditions sanitaires épouvantables. Quatre-vingt-quatre prisonniers sont déjà décédés, quand leur grâce est obtenue. D'autres meurent plus tard, au cours de leur séjour dans le Midi, où ils sont assignés à résidence. Finalement, aucun banni d'Isolaccio-di-Fiumorbo ne revit la Corse. Une plaque, scellée sur l'église Saint-Roch, commémore le souvenir des déportés de 1808.

L'eau et la lumière

Les eaux chaudes et sulfureuses de Pietrapola (à 7 km d'Isolaccio-di Fiumorbo par la D 245, la D 45 et la D 145), connues depuis les Romains pour leur efficacité contre les douleurs rhumatismales, soigneraient aussi d'autres affections. Les habitants du Fiumorbo dont la vue baisse baignent leurs yeux dans le creux d'un rocher formant œillère, l'*Ucchjera*, à l'entrée de Pietrapola. Il convient auparavant de se signer et d'implorer sainte Lucie, dont la fête, le 13 décembre, annonce l'allongement du jour et le retour de la lumière.

LAMA

Périlleuses cabrioles

Maîtres des personnes comme des biens sur les terres soumises à leur juridiction, les seigneurs de Mont'a Purrettu (à 0,3 km au sud de Lama) auraient exercé avec vigueur et assiduité le droit de cuissage sur les jeunes filles s'apprêtant à se marier ; ils n'étaient d'ailleurs pas les seuls en Corse (voir Sotta). Le respect pointilleux de cette coutume n'était pas toujours dépourvu de danger. À Mont'a Purrettu, le chancelier chargé de l'administration du château avait soumis sa future épouse à la règle commune. On ne sait si le tête-à-tête intime fut considéré comme une épreuve par la jeune personne ; mais le chancelier, lui, avait sous-estimé la passion qu'il porterait à son épouse : obsédé par la jalousie, il remâchait une rancune dissimulée, mais tenace, envers le châtelain.

Il trouva un allié de choix auprès du marquis de San Colombano, qui prêtait intérêt à tout ce qui pouvait affaiblir son voisin le plus proche. L'action concertée du marquis et du chancelier aboutit à une conclusion radicale. Le marquis envoya un jour des hommes d'armes à cheval aux abords de Mont'a Purrettu. Cet événement inhabituel suscita une agitation propice à l'aboutissement du complot. « Le seigneur, et d'autres habitants du lieu, s'inquiétaient de savoir quels étaient ces chevaux, et comme le seigneur était à sa fenêtre, le chancelier, qui était à ses côtés, lui donnait des indications du doigt et lui disait : "Ces chevaux pourraient appartenir à un tel ou à un tel, et se trouver en tel endroit." Et comme le seigneur se penchait au-dehors un peu au-delà de la taille, le chancelier le prit par dessous et, le poussant avec vigueur, le fit tomber de la fenêtre sur les rochers qui se trouvaient au moins à 50 empans plus bas. Et le marquis, se précipitant avec ses gens dans le village, soumit à son pouvoir toute cette population[1]. »

Il n'est pas exclu que le seigneur de Mont'a Purrettu ait été victime de cette vengeance décrite avec précision dans un manuscrit de 1680 ; mais, la coutume invoquée semble un fallacieux prétexte, dans la mesure où l'on estime désormais que le droit de cuissage est une fable[2].

1. A. Franzini, *Lama dans l'Ostriconi, Pouvoirs et Terroirs en Corse au Moyen Âge*, Gênes, Sagep, 1992.
2. A. Boureau, *Le droit de cuissage, la fabrication d'un mythe (XIIIᵉ-XIXᵉ siècle)*, Paris, Albin Michel, 1995.

LANO
(Lanu)

31 KM N-E DE CORTE PAR N 193, D 39 ET D 139

La messe du trépassé

Au XVIIIᵉ siècle, un curé de Lano est le héros d'une histoire qui
serait très morale si le rôle de l'homme d'Église n'y était pas un peu
ambigu : le père Falone, partisan farouche de Paoli, était un solide
gaillard qui avait de nombreux amis et auquel on prêtait quelque
faiblesse pour certaines de ses pénitentes, en particulier pour la
femme du paysan Faggianu. Or, il advint que celui-ci, par la bouche
de son meilleur ami Ferru-Caldu, apprit la chose. Noël approchait
et Faggianu, encouragé par son compère, décida que le curé devait
être puni avant la célébration de la messe de minuit. Ils se pos-
tèrent donc derrière le moulin de Lano sur le trajet que devait
suivre le père pour se rendre à l'église. Mais pendant qu'ils attendaient leur victime, dans le tumulte de l'eau bondissante, une voix
sortit du torrent criant : « Malédiction, malédiction ! » À peine les
deux hommes eurent-ils le temps de se signer et de rassembler
leurs esprits qu'ils virent surgir de l'ombre le curé qui se rendait à
la messe ; ils le visent, tirent, l'homme tombe, Ferru-Caldu et
Faggianu s'enfuient. Dans le désir sacrilège de se sanctifier, sans
doute, les deux hommes se rendent à la messe de minuit.

Il faut croire que l'accusation d'adultère était une calomnie ou
qu'il y eut des grâces divines pour les faiblesses ecclésiastiques,
toujours est-il que les deux complices voient avec horreur se retour-
ner l'officiant pour bénir les fidèles : c'est le curé Falone ! Et celui-
ci, les apercevant dans la foule, les désigne du doigt en criant :
« Assassins, assassins ! malédiction ! » Épouvantés, les deux amis
s'enfuient et on ne les revit jamais. Le lendemain matin, près du
moulin, on releva le cadavre du jeune Marco, desservant du village
voisin de Rusio, que le père Falone avait invité à réveillonner avec
lui.

LAVATOGGIO
(Lavatoghju)

15,5 KM E DE CALVI PAR N 197 ET D 71

Les oranges du saint ermite

La population se rassemble le 24 décembre près de l'église
autour du feu de Noël, qui crée une ambiance de fête et permet de
griller les *figatelli*. Dès le 17 janvier, ou le dimanche le plus proche,
la commémoration de saint Antoine, patron de la confrérie et de
nombreux habitants, réunit de nouveau les paroissiens. La statue
du saint est solennellement promenée dans le village. Sur la place
de l'Église, les oranges nouvelles sont bénies, peut-être pour rappeler que l'anachorète de la Thébaïde souffrit de la soif dans le désert.
Les unes sont consommées sur place, les autres, conservées en lieu
sûr, auraient le don de protéger les maisons où elles sont abritées.

D'un coup de javeline

Dans l'église paroissiale se trouve une chapelle de sainte Ursule
surmontée des armoiries de la famille Savelli. Sainte Ursule est

allemande et la vénération inattendue dont elle est l'objet à Lavatoggio trouverait son explication dans les origines germaniques des seigneurs de Covasina, dont la fille, Ursule, avait épousé, aux environs de l'an mille, le fondateur du château de Bracaghju, Malafede Savelli de Balagne.

Les ruines du château de Bracaghju se dressent à 2,5 km à l'ouest du village sur une croupe orientée vers Lumio, le capu a Bracaghju. Construit en pierres de taille, sur un site déjà occupé à l'époque préhistorique, flanqué de quatre tourelles, le château était dominé par une haute tour qui communiquait par une fente du rocher avec une grotte ouvrant sur la campagne en un endroit secret. Malafede Savelli Pinasco, qui construisit le château, descendait de Pino Savelli, fils d'un compagnon d'Ugo Colonna, mort pendant la reconquête de la Corse contre les musulmans. La lignée des Pinaschi était renommée pour son caractère bouillant et son esprit agressif. Devenu vieux, Truffetta, le fils de Malafede, ne supportait pas la moindre contradiction au point qu'il tua d'un coup de javeline son propre fils simplement parce que celui-ci lui avait conseillé de cesser par prudence de monter un trop fougueux cheval. Fuyant cette famille inquiétante, la population aurait abandonné les terres dépendant de Bracaghju et se serait repliée à Moncale.

Plus sereine de nos jours, la montagne de Bracaghju accueille, le 8 septembre, au pied de ses premières pentes, le pèlerinage annuel à Notre-Dame de la Stella. Il est regrettable que la même ferveur n'ait pas contribué, dans le passé, à tempérer le comportement impulsif des Pinaschi.

LECCI

13 KM N DE PORTO-VECCHIO PAR N 198

Tour des moines et port des Romains

Pour se rendre à la presqu'île de Benedetto, on quitte la N 198 à 5 km au nord de Porto-Vecchio, à la Trinité, et on prend la route de Cala Rossa ; on tourne à droite peu avant (6 km). Là subsistent une citerne et des pans de mur de 4 m de haut, révélant une ancienne cour carrée ; celle-ci appartenait sans doute à un ancien prieuré, dont les moines auraient été chargés de surveiller le golfe de Porto-Vecchio. Non sans raison : la tour a été brûlée par les Turcs en 1650.

Le souvenir des Romains est vivace autour de l'entrée du golfe de Porto-Vecchio. Dans le maquis, au port de San Ciprianu, on rencontre des murs écroulés par blocs. Ce sont les restes d'une ancienne église, probablement paléochrétienne, dédiée à saint Cyprien. D'ailleurs, le fond du golfe de San Ciprianu, et particulièrement l'embouchure d'un petit cours d'eau, l'Osu, sont parsemés de briques, de céramiques et de tuiles à rebords, traces d'occupation humaine révélant l'installation des Romains. De même, à 200 m à l'est du hameau de Nevatoli (13 km au nord de Porto-Vecchio, par la N 198 et par un chemin que l'on prend à droite à Lecci), au lieu-dit San Paolu, on découvre aussi des traces d'occupation romaine.

LEVIE

101,5 KM S-E D'AJACCIO PAR N 193, N 196 ET D 268 – 27, 5 KM N-E
DE SARTÈNE PAR D 69 ET D 268

Au service de Dieu et du diable

La sacristie de l'église de Levie recèle un christ d'ivoire qui aurait été donné au village par le pape Sixte Quint, dont le pontificat se déroula de 1585 à 1590. La présence de cet objet de belle facture s'expliquerait, si l'on en croit la tradition conservée à Levie : Sixte Quint, qui se nommait Félix Peretti, serait issu d'une branche des Peretti, nombreux à Levie, qui aurait émigré en Italie. D'autres Peretti auraient connu une notoriété moins honorable. Gracieux Faure, auquel toutefois on ne peut accorder qu'un crédit réservé, signale à Levie la maison du terrible Marc Antonio Peretti qui se serait fait tellement redouter que personne ne pouvait sortir de Levie sans un passeport signé de lui. La frayeur populaire aurait attribué à sa demeure le nom de « maison du diable ».

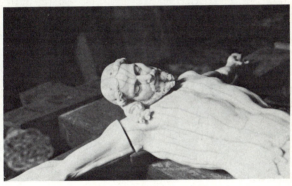

Le Christ de Sixte Quint à Levie.

Mieux que Lucrèce

Au XVIᵉ siècle, au cours des combats contre les Génois, la région de Levie fut témoin d'un exemple de vertu plus que romaine. Pendant la campagne menée par Nicolo Doria, dans la vallée du Taravo, en 1503, l'épouse d'Ambroglio Peraldi, connue depuis sous le nom de Lucrezia delle Vie, avait sauvé du massacre un officier génois qui lui prodigua ensuite des avances empressées. Plutôt que de céder à un désir coupable, elle se perça le cœur avec des ciseaux, battant ainsi, si l'on peut dire, « d'une longueur dans le marathon de la vertu la Lucrèce romaine qui se contenta de ne pas vouloir survivre à un déshonneur consommé[1]. »

Sauvée d'une seconde mort

Au musée départemental de Levie, la dame de Bonifacio semble présider au déroulement de huit millénaires d'histoire de la Corse, évoqués par des objets dont l'origine s'échelonne du prénéolithique au XVᵉ siècle. Après avoir été affectée par de multiples maux pendant sa courte vie (voir BONIFACIO), l'aïeule des Corses a été mena-

1. J. Grégori, *Nouvelle Histoire de la Corse*, Paris, Jérôme Martineau, 1967.

cée récemment par des attaques bactériennes, comme l'ont été les momies égyptiennes. La vénérable ancêtre a subi en 1991 un traitement qui a permis de sauvegarder ses restes.

Cette présentation didactique du passé de la Corse est complétée par l'évocation rétrospective des traditions et des mentalités, proposée, tous les étés à des dates variables, par les *Rencontres culturelles de l'Alta Rocca*, auxquelles participe aussi le village voisin de Mela. Des débats animés ont été ainsi consacrés aux rites funéraires et aux fêtes.

Le site de Cucuruzzu.

Le monde perdu

Un chemin de randonnée, s'amorçant au nord du village, traverse le plateau de Levie (*Piano de Levie* ou *Pianu di Livia*), qui domine, à 900 m d'altitude, les vallées du Rizzanese et du Fiumicicoli. Cette voie balisée mène à San-Gavino-di-Carbini ou à Serra-di-Scopamène ; à 1,5 km de Levie, un autre chemin, à gauche, conduit vers Cucuruzzu. En voiture, on accède à Cucuruzzu par la D 268, qui mène à Sainte-Lucie-de-Tallano, et par une voie que l'on prend à droite, à 3, 5 km de Levie, jusqu'à un parc de stationnement. Une promenade d'un quart d'heure permet d'accéder à Cucuruzzu.

En cheminant sur le Pianu di Livia, on entre comme par magie dans la préhistoire. Sous des chênes laissant filtrer une lumière diffuse, au milieu de chaos de rochers granitiques exhumés de l'arène, le contact s'établit progressivement avec ceux qui nous ont précédés dans ce dédale naturel, à l'écart du reste du monde.

Appelé *castellu Cucuruzzu* par les anciens Corses, qui identifiaient globalement les sites préhistoriques à des forteresses léguées par un passé inconnu, Cucuruzzu est un éperon barré d'une solide enceinte avancée, ceinturant une citadelle, un monument cultuel et un village fondé par les Torréens (voir PEUPLES ET

ORIGINES, p. 71), au cours de la seconde moitié du IIe millénaire avant notre ère. La citadelle est très élaborée. Les particularités du site sont utilisées avec précision : l'enceinte s'appuie sur des rochers dont l'escalade posait de redoutables problèmes à l'époque préhistorique ; l'accès est limité à un étroit passage en chicane, ouvert entre les deux sections d'un bloc de granite fendu et la muraille s'articulant avec le rocher. Le mur fortifié est renforcé par des casemates et équipé d'archères. À l'est de la forteresse, la tour qui dominait le *castellu* s'ouvre par deux portes à linteaux massifs, d'une seule pièce ; elle conserve sa voûte d'origine. Au pied de la citadelle, un village, qui avait organisé sa propre défense, a été habité de la fin du néolithique à l'âge du fer.

Roger Grosjean estimait que ces fortifications avaient été édifiées lors d'un affrontement entre les anciens Corses, vivant de longue date dans l'île, et les peuples de la mer pénétrant en Corse à partir des côtes. Bien que la Corse ait été effectivement abordée par de nombreuses populations en mouvement, l'interprétation et les rapprochements avec des sites méditerranéens éloignés proposés par René Grosjean sont désormais abandonnés.

Ossuaire préhistorique

Un abri sous roche proche du *castellu* Cucuruzzu a servi de nécropole à l'âge du fer. Les cendres conservées sur place attestent que des foyers ont été allumés dans le tombeau, mais aucun indice ne permet de savoir si les feux étaient destinés à l'éclairage de la grotte, à la préparation de repas funéraires ou au déroulement d'un rite. « Les corps étaient déposés sur le sol… Pour faire la place au dernier défunt, les os du squelette précédent étaient repoussés en un endroit de l'abri qui devenait une sorte d'ossuaire[1]. » Ce monument funéraire semble annoncer la sépulture collective des églises corses, l'*arca*, où s'accumulaient, au cours des temps, les restes de tous les morts d'une paroisse.

La tour aux menhirs

À 2 km de Levie, sur le chemin de randonnée qui mène à San-Gavino-di-Carbini, et à 0,5 km au nord de la voie qui conduit à Cucuruzzu, s'élèvent la chapelle romane de San Lurenzu et les ruines du *castellu Capula*, dont la fondation est imputée par les chroniqueurs aux Biancolacci. La tour de Capula est aussi présentée souvent comme un *castellu sarracinu,* sans que l'on puisse assurer que les Sarrasins aient réellement occupé le château.

L'attribution du *castellu Capula* aux premiers seigneurs corses est beaucoup plus convaincante. Des remparts s'appuyant sur des rochers et deux ouvrages de pierres sèches, renforcées de pierres taillées, rappellent, par la technique de construction, les édifices que les familles encadrant la société insulaire ont multipliés au cours du Xe et du XIe siècle.

À l'époque où vivaient les chroniqueurs du Moyen Âge, les origines beaucoup plus lointaines de Capula étaient oubliées. Pourtant, des linteaux de la tour de Capula sont en réalité des menhirs réutilisés par les maçons du Moyen Âge. Un abri sous roche situé au sud-ouest du *castellu* a été occupé de l'âge du bronze à l'époque médiévale. Des cuvettes de broyage avaient été creusées, à la fin du néolithique ou au chalcolithique, comme au monte Lazzu

1. E. Bonifay, A. Gauthier, M.-Cl. Weiss, G. Camps, J. Cesari et F. de Lanfranchi, *Préhistoire de la Corse*, Ajaccio, CRDP, 1990.

(voir CASAGLIONE); des moules qui avaient servi à la fusion de métal étaient abandonnés sur place, ainsi qu'une statue-menhir, actuellement érigée au pied du rempart, qu'elle semble garder.

Actuellement, lors de la fête de saint Laurent, le 10 août, ou le dimanche le plus proche de cette date, les paroissiens de Levie et des villages voisins se réunissent à proximité des ruines de Capula, dans la chapelle San Lurenzu. Ils prolongent ainsi une tradition très ancienne : achevé au cours de la Première Guerre mondiale, ce sanctuaire rustique a succédé à une église du XIIIᵉ siècle, dont il ne reste aujourd'hui que les fondations. Après les cérémonies religieuses, cloturées par une procession autour de la chapelle, l'après-midi est consacré à un repas en plein air, suivi de chants traditionnels.

LINGUIZZETTA

62 KM S DE BASTIA PAR N 193, N 198, D 17, D 142 ET D 42

Les deux faces de la fortune

De Linguizzetta, posté sur les premières pentes de la montagne, la vue s'étend largement sur la plaine de la Bravone, qui a été défrichée au cours des années 60. De nombreux secrets, protégés auparavant par un maquis dense, ont été révélés après sa disparition. Des restes de volumineuses jarres en terre cuite d'époque romaine ont donné la certitude que des productions de la plaine, grain ou huile, étaient rassemblées près de la marine de Bravone, au sud de la D 167 ; on suppose qu'un entrepôt avait été édifié auprès d'un port aujourd'hui colmaté.

Sur le plateau voisin, à 300 m de la mer, subsiste une exceptionnelle accumulation de ruines : une agglomération romaine pourvue de thermes, un monument religieux antérieur au christianisme, un baptistère du IVᵉ siècle, une église longtemps oubliée, Santa Maria de Barcaja, et une chapelle funéraire associée à l'église. Ce site déserté conservait l'un des très rares témoignages des relations établies entre la Corse et les Lombards : vraisemblablement émises à Pavie, des monnaies d'argent portaient les monogrammes des rois Pectarit (671-688) et Cunipert (688-700). La prospérité passée révélée par les monuments de Bravone surprend d'autant plus qu'elle prélude à un millénaire d'abandon.

Sur la piste du premier métal

Entre Tox et Linguizzetta, un bâtiment abandonné, évoquant une maison hantée, apparaît à un tournant de la D 42, à droite. Il s'agit du siège d'une entreprise minière. Au milieu du XIXᵉ siècle, le minerai de cuivre a été exploité aux alentours et Pascal Paoli s'était déjà intéressé au gisement de Linguizzetta. Les minières qui subsistent encore aux abords de la D 42, un peu au-dessus de la route, sont peut-être beaucoup plus anciennes. Dès la fin du IVᵉ millénaire avant notre ère, les hommes de Terrina savaient déjà fondre le minerai et fabriquer des objets de cuivre comme l'attestent les fours et les creusets exhumés récemment (voir ALÉRIA). Selon Gabriel Camps, « le minerai » de Linguizzetta « présente les mêmes impuretés que celles reconnues dans les creusets et le métal de Terrina[1] ».

1. G. Camps, *Préhistoire d'une île. Les origines de la Corse*, Paris, *op. cit.*

LOPIGNA
52,5 km N d'Ajaccio par N 194, D 81, D 25 et D 125

Le « tigre de la Cinarca »

Sur la D 1, entre Arbori et Lopigna, on passe le Liamone sur le pont de Trughia, qui serait le pont des bandits repentis. On peut se demander si le pont était très fréquenté, car Lopigna était entre 1922 et 1932 le fief de Caviglioli le borgne et de Spada, le « tigre de la Cinarca ».

La carrière de Caviglioli est courte ; il prend le maquis lorsque son frère est tué au cours d'une rixe, le 6 décembre 1928. Il se taille un fief dans les vallées du Liamone et du Cruzzini et interdit la chasse sur le territoire qu'il contrôle, réservant les armes pour le seul gibier de choix : l'homme. Il terrorise Guagno-les-Bains, arrête en une matinée vingt-quatre voitures sur la N 199, la D 81 actuelle, mais Spada, excédé de ses excentricités, lui interdit de séjourner à Lopigna. Il passe outre un soir et Spada, qui avait l'œil partout, lui fracasse la mâchoire d'un coup de feu. Caviglioli, guéri, provoque la gendarmerie à Balogna et est abattu le 31 octobre 1931.

Le 8 octobre 1922, on fêtait à Sari-d'Orcino la *Santa Liberata*. Une dispute s'envenime, un homme est tué. Arrêté, un nommé Rutili appelle Spada à l'aide. Spada tue deux gendarmes et prend le maquis. Mais, sûr de lui, il n'hésite pas à s'installer à La Punta (voir ALATA) et à pénétrer parfois dans Ajaccio. Il devient l'amant de la sœur de Caviglioli, mais la jeune fille s'enfuit avec un rival à Poggio-Mezzana ; Spada s'embusque et abat par méprise deux autres personnes. « Je venais, dit-il plus tard, de commettre la plus formidable erreur de ma vie. » Il rançonne ensuite le concessionnaire du service postal entre Lopigna et Ajaccio ; ayant reçu un premier avertissement sous la forme d'un coup de feu qui le blesse à l'épaule, le concessionnaire partage avec Spada la subvention annuelle. Spada voulut ensuite reprendre lui-même le service postal par personnes interposées, mais le maire de Lopigna était aussi candidat. Par vengeance, Spada attaque le véhicule, le brûle, abat le frère du maire et trois gendarmes convoyeurs.

La chasse à l'homme commence alors et la légende s'empare de Spada : on le croit moine à Bonifacio, on le reconnaît à Calvi, où il serait déguisé en femme, on le signale en Sardaigne, voire en Espagne, on assure qu'il est mort de froid au cours d'un hiver dans les hautes montagnes de la vallée du Cruzzini. De fait, après un rude hiver passé dans des grottes, son frère Bastien l'abandonne et se livre : « Nous ne nous entendions plus, lui et moi, écrit Spada dans ses *Mémoires*, au sujet du respect dû à la religion. » Spada réapparaît en 1932, reçoit la presse parisienne dans le maquis, écrit aux autorités et conclut lorsqu'on annonce l'ultime expédition qui devait clore l'époque du « palais vert » : « Ce n'est pas trop tôt qu'on débarrasse la Corse de ces sales bandits ! » Celui qui se présentait comme le dernier « bandit d'honneur et de vengeance » marcha à la guillotine seul, le sourire plus énigmatique encore qu'à l'habitude, le 21 juin 1935.

LORETO-DI-CASINCA

(Loretu di Casinca)

38 km S de Bastia par N 193, N 198, D 37, D 237 et D 6

Monolithe et ex-voto

Au sud-est de la *piana*, la place communale, s'ouvre une rue qui laisse à gauche l'église et aboutit au campanile, clocher construit sur une terrasse à pic, à côté d'un gros monolithe dont on n'a pu déceler ni l'histoire ni le symbolisme.

La sacristie de l'église Sant'Andrea conserve un bloc de terre cuite gravé qui provient de la façade de la chapelle Santa Maria, détruite au début de ce siècle. C'est la dévotion à la Vierge qui a inspiré cette inscription :

MCCCCLXXX
S. M. DILA
PACE

Laissons parler le chroniqueur Monteggiani : « Ces événements se passèrent en 1480, année où se manifesta à Loreto-di-Casinca une dévotion admirable envers la glorieuse Vierge, Mère de Dieu, laquelle guérissait de maladies de toutes sortes ceux qui allaient avec humilité et dévotion visiter une petite chapelle qui lui était dédiée. Le bruit de ces guérisons se répandit, et on vit les populations accourir à cette chapelle non seulement de Corse et de Sardaigne, mais encore de divers pays de terre ferme. Les ex-voto suspendus dans cette chapelle étaient en nombre infini ; les dons étaient considérables et servirent à construire une autre église plus belle avec un hôpital fort convenable... » Mais, on ignore quel événement provoqua subitement, vers la fin du XVᵉ siècle, cette dévotion et l'apparition d'un Lourdes corse.

Supplicié après sa mort

La ferveur que manifestaient les habitants de Loreto-di-Casinca à la fin du Moyen Âge n'a pas toujours inspiré leurs descendants. Au début du XVIIIᵉ siècle, une guerre de clan oppose les Gavini et les Vinciguerra. Le gouverneur génois, Alessandro Saluzzo, recense alors, dans ce seul village, vingt-trois bannis condamnés à mort, qui poursuivent sans souci leurs occupations habituelles. Insaisissables, de nombreux révoltés de Loreto parcourent le maquis et se cachent dans les couvents, qui les accueillent volontiers : Saint-François de Venzolasca en abrite plusieurs. Pour rétablir leur autorité, les Génois rasent les maisons des hors-la-loi, incendient leurs terres et abattent leurs arbres fruitiers. En 1727, Fabio Vinciguerra et ses hommes se retranchent dans l'église de Loreto-di-Casinca et tirent sur la compagnie génoise qui les recherche. Après deux jours de combat, les révoltés sont enrôlés dans les troupes génoises. Échappé de la place forte de Savone, Fabio Vinciguerra participe au pillage de Bastia, en 1730, et meurt peu après, victime de la vendetta.

Ayant appris la mort du rebelle, les Génois ne le tinrent pas quitte de ses exploits passés. Escorté de deux cents hommes armés, le cadavre fut acheminé de Loreto-di-Casinca à Bastia, et exhibé dans les rues de la ville au cours d'une funèbre parade. Le mort fut décapité, dépecé en quartiers et ses restes exposés à la population. Lors de l'attaque de Bastia, Vinciguerra s'était comparé à Sampiero

Corso. Effectivement, il fut traité à Bastia comme Sampiero l'avait été à Ajaccio (voir ECCICA-SUARELLA). Vinciguerra aurait-il eu le pressentiment de sa destinée posthume ?

LOZZI

32 KM N-O DE CORTE PAR D 18, D 84 ET D 218

D'Inde et de Pologne

L'église de Lozzi est dédiée à saint Jacques que l'on fête le 25 août. Si cette église s'est choisi ce patron que l'on trouve rarement en Corse, c'est afin de rappeler qu'aux Indes Jacques Acquaviva, un enfant du village, quatrième général des jésuites, fut martyrisé. De plus, cette église abrite une statue du Sacré Cœur de la Vierge, dont la dévotion, peu commune en Corse, a son origine en Pologne : elle fut instaurée à Lozzi par l'abbé Acquaviva, précepteur d'un prince polonais.

Crime et urbanisme

Le palazzu Acquaviva où Letizia Bonaparte, enceinte de Napoléon, a séjourné deux mois après la bataille de Ponte-Nuovo (*Ponte-Novu*), en 1769, est facilement repérable. En effet, les maisons de Lozzi sont construites de telle manière qu'elles forment de longues façades : l'une de ces façades mesure plus de 100 m ; seules les portes permettent aux habitants de reconnaître leur demeure. Or, le palazzu Acquaviva se trouve séparé de 30 cm de la maison voisine et plus haut d'un mètre. Cette particularité n'est pas, comme il pourrait sembler, due à l'orgueil d'une famille mais à une sombre histoire.

Un certain Marzu Acquaviva tua un de ses oncles au cours d'une querelle de partage. Pendant que la famille murait la pièce du crime, Marzu s'enfuit dans le maquis et, afin de confirmer un si beau début, il fit régner la terreur dans le Niolo. Le massacre de trois cents chèvres en une nuit dans la forêt de Filosorma et l'enlèvement d'un jeune garçon qu'il consentit à grand-peine à rendre après le versement de sa rançon furent des exploits qui restent encore dans les mémoires. D'autres oncles de Marzu, prêtres, étaient partis pour Pise ou pour Gênes afin d'y exercer leur ministère. À leur retour, quarante ans plus tard, ils estimèrent qu'il serait peu conforme à leur état sacerdotal de s'installer dans la maison du crime. Aussi décidèrent-ils de se construire une nouvelle demeure. Selon la tradition, ils demandèrent à un certain Andrei de juxtaposer leur future maison à la sienne. Celui-ci, qui avait eu à souffrir des exactions de Marzu, refusa péremptoirement. Les Acquaviva édifièrent donc leur *palazzu* à 30 cm de ce voisin rancunier et, sans doute pour se venger du refus, ils le surélevèrent d'un mètre.

La fée des sources

La légende veut que le roi du hameau de Calasima, à 5 km à l'ouest, désirant trouver pour ses troupeaux des points d'eau, ait entrepris l'ascension du Cinto (le plus haut sommet de la Corse, 2 710 m, à 7 km au nord-ouest de Lozzi et à sept heures de marche environ), afin de scruter les pays environnants. Il arriva au sommet épuisé, mourant de soif, sans parvenir à découvrir la moindre source, le moindre ruisseau. Désolé, il se tenait la tête dans les mains lorsqu'une bonne fée, prise de pitié, lui apparut et lui dit : « Grand roi des montagnes, viens apaiser ta soif », et, écartant un rocher, elle révéla une grotte, tout étincelante de diamants ; mais bientôt le soleil darda ses rayons sur la grotte et les diamants se transformèrent en autant de fontaines qui donnèrent naissance au lac du Cinto (à 1,2 km au sud-ouest du sommet).

LUCCIANA

21,5 KM S DE BASTIA PAR N 193 ET D 107

La Canonica

Sur la N 193, immédiatement avant le carrefour de la D 107 qui monte vers Lucciana, vers l'ouest, deux routes se présentent à gauche, en direction de la mer : la première, celle de l'aéroport de Poretta, la D 507 ; la seconde prolonge la D 107, au même carrefour, qui est aménagé vers la Canonica, située à 5,5 km, sur le bord de la route à gauche.

La Canonica veille, isolée, sur la plaine de la Marana. Cette église qui se détache de loin sur la plaine a une allure imposante par l'ampleur et l'harmonie de ses proportions, plus que par ses dimensions (32 m x 12 m), ou par la recherche architecturale : c'est une basilique très simple, comportant trois nefs supportées par deux alignements de sept piliers. Appelé la Canonica pour avoir été une résidence canoniale, ce sanctuaire fut en réalité la cathédrale Santa Maria Assunta, siège de l'évêché de Mariana. Des récits du Moyen Âge rapportent qu'il aurait été édifié en 850, lors de la libération de la Corse par Ugo Colonna. « Le comte Ugo, écrit Giovanni della Grossa, descendit à Mariana et mit le siège devant cette ville. Elle était défendue par Marasco, qui y commandait pour Hugolone. Ce capitaine, plein de confiance dans sa force, fit savoir au comte Ugo qu'il désirait se mesurer en combat singulier avec un de ses chevaliers. Il désarçonna l'un après l'autre un certain nombre de Romains et les fit prisonniers ; mais, à la fin, s'étant mesuré avec Bianco, fils du comte Ugo, il fut vaincu. Lorsqu'il se fut rendu, il se fit chrétien et tous les habitants de la ville reçurent le baptême. Ce fut alors que l'on construisit en l'honneur de la glorieuse et bienheureuse Vierge Marie une église que l'on appelle aujourd'hui la Canonica. » Mais, au IXe siècle, on bâtissait en Corse des édifices beaucoup plus modestes. En réalité, la Canonica porte la marque des architectes pisans qui pénétrèrent dans l'île beaucoup plus tard, vers la seconde moitié du XIᵉ siècle. D'ailleurs, Santa Maria Assunta fut consacrée par l'archevêque de Pise en 1119. La résidence épiscopale disparue a été retrouvée, lors des fouilles entreprises à partir de 1959, par Mᵐᵉ Moracchini-Mazel. Cette demeure ecclésiastique, séparée de la cathédrale par une cour intérieure, était située à 20 m au sud.

L'archivolte de la porte occidentale de la Canonica comporte un curieux bestiaire composé de gauche à droite d'un lion, de deux griffons ailés face à face, d'un agneau portant la croix menacé par un loup furieux, d'un cerf pourchassé par un chien et de nouveau de deux griffons ailés à queue de sirène ou le serpent en position enroulée précédant la détente.

Quelques décors inattendus sont disposés sans ordre : sur la façade sud, trois dalles à décors géométriques, la plus longue ornée de cercles concentriques alternativement en creux et en relief ; et deux autres, posées plus bas, proches du carré, où figurent des cercles à damiers et à étoiles à quatre branches courtes ; sur le mur latéral nord un homme menant un cheval ; sur le même mur, à l'intérieur, on distingue un animal au corps souple et un serpent rampant. Ces signes seraient, dit-on, des repères désignant la voie à suivre pour atteindre un trésor caché.

Fortune fantôme

Aucun trésor, en réalité, n'a été découvert aux abords de la Canonica et de l'ancien palais épiscopal. Le site a livré plutôt des objets de la vie quotidienne, qui laissent supposer un renouveau des échanges après les désordres de l'Antiquité tardive et des débuts du Moyen Âge : Mariana, on le sait, a survécu jusqu'en 1284, date du départ du dernier évêque résidant.

Des vases, dont la panse rebondie porte des pétales ou des écailles, semblent issus d'un atelier romain qui travaillait vers le VIIIᵉ siècle de notre ère. Des écuelles à croix vertes, fabriquées au XIIIᵉ siècle, proviennent de Toscane et de Ligurie. D'autres poteries vernissées de la même époque, décorées d'anneaux ovoïdes bordés d'émail, divisés en quartiers blancs et verts par des croix, rappellent, par leur ornementation, des productions issues d'ateliers espagnols ou égyptiens. Des terres cuites polychromes, agrémentées de tresses et de volutes, imitent des fabrications arabes.

Plus modestes que ne l'assurent des rumeurs insistantes, ces vestiges enfouis témoignent que la Corse était, au milieu du Moyen Âge, un « carrefour ouvert aux apports méditerranéens, italiens et surtout islamiques[1] ».

« Ils mangeront la paille ensemble »

À 20 m au sud de la Canonica, en partie sous la résidence épiscopale, les fouilles entreprises depuis 1959 ont permis d'exhumer une basilique paléochrétienne (40 x 18 m), édifiée vers la fin du IVᵉ siècle ou au cours de la première moitié du Vᵉ siècle de notre ère. Au fond de la nef, un podium trapézoïdal (6,60 m x 4,60 m x 4,40 m) portait l'autel qui était surélevé de 0,55 m. Une mosaïque recouvrait le podium. L'autel était précédé d'entrelacs de cinq torsades délimitant vingt et une rosaces et quatre espaces octogonaux, dont l'un est occupé par un dauphin. Au-delà de l'autel, à l'est, figure sur

1. G. Demians d'Archimbaud, « Les fouilles de Mariana (Corse), 3, les céramiques médiévales », *Cahiers Corsica*, n° 17, 1972.

un rectangle (3,20 m x 0,90) un bovidé à droite d'une mangeoire ; un animal, esquissé à gauche, n'est plus visible par suite de la destruction de la mosaïque. On relève l'inscription suivante :

ALEAS MANDVC

En se référant à la Bible et à des textes sacrés, Mᵐᵉ Moracchini-Mazel a pu proposer la restitution suivante :

LEO ET BOS SIMUL PALEAS MANDUCABUNT

que l'on peut lire ainsi : « Le lion et le bœuf mangeront la paille ensemble. »

Entre les rosaces et les scènes des animaux assagis, on remarque à gauche un panneau où semble être esquissée une poule en train de picorer, qui s'intègre aussi au thème de la paix des animaux. Un récit local assure de plus qu'une poule en or et ses poussins auraient figuré dans le trésor disparu de la basilique.

Très oriental, le thème des animaux assagis par Dieu, qui serait d'origine juive selon M. Grabar, est fort rare en Europe occidentale. Les représentations les plus connues se localisent en Palestine et en Cilicie turque. Pour Mᵐᵉ M.-J. Volelli, « la scène qui orne le podium de la basilique... *leo et bos simul paleas manducabunt* » évoque « la paix retrouvée entre les chrétiens après les déchirements de la crise arienne[1] ». Le nouveau sanctuaire aurait illustré l'aspiration à l'unité de l'Église, à la fin du IVᵉ siècle, après une longue période de crise. Son décor exprimerait la politique pontificale d'apaisement après le concile de Constantinople (381), à l'époque de Damase (382-386), et la pensée de saint Jérôme, qui, alors, avait été appelé à Rome pour réviser le texte de l'Ancien Testament. Cette réflexion a conduit Mᵐᵉ M.-J. Volelli à poser cette question audacieuse : l'évêque de Mariana n'aurait-il pas demandé conseil à saint Jérôme lors de la construction de la basilique ? Si cette hypothèse se vérifiait, les restes de l'ancienne église de Mariana seraient l'un des témoins les plus précieux de l'évolution du christianisme aux approches du Vᵉ siècle.

L'eau lustrale

À quelques mètres au sud-est, la basilique est complétée par un baptistère situé à 0,80 m en contrebas. Au centre, deux cuves baptismales à gradins, superposés, ont été exhumées. Mais, c'est surtout le pavement en mosaïque qui retient l'attention : son décor présente un passionnant symbolisme graphique. Des motifs triangulaires cernent un cerf près d'une source, des dauphins et des poissons. Adulte par ses bois, jeune si l'on en croit ses taches, le cerf est l'emblème de l'éternelle jeunesse, celle des nouveaux baptisés. Comme pour le cerf à la recherche des sources, l'eau lustrale est pour eux la source de vie. Les dauphins qui sauvent les noyés représentent l'immortalité, et les poissons, comme dans toute l'Antiquité chrétienne, sont la marque du Christ.

Aux angles du carré tracé au centre de l'édifice, les dauphins réapparaissent associés à des figures humaines barbues. Cette allégorie évoque les quatre fleuves du paradis que la Genèse décrit dans le jardin d'Éden ; le thème apparaît au cours de la seconde moitié du IVᵉ siècle. Dans les absidioles, deux canards complètent cet ensemble consacré à l'eau purificatrice.

1. M.-J. Volelli, « Étude de la sculpture du baptistère », *Cahiers Corsica*, n° 92, 1981.

Des ténèbres à la lumière

Un baldaquin surmontait la piscine du baptistère. À partir de restes très disparates, une très subtile reconstitution, réalisée par Mme Moracchini-Mazel[1], a révélé l'extrême richesse symbolique du monument, qui était composé de huit colonnes et entablements supportant une coupole. À l'entrée, orientée à l'ouest, les architraves portent des rinceaux de feuilles de lierre et, vers l'intérieur, un ciel étoilé. Cette représentation imagée rappelle qu'avant le baptême, on vit dans la nuit, évoquée par le ciel étoilé, ou dans l'ombre, où pousse le lierre. Dans ces ténèbres, l'espérance est introduite par le monogramme du Christ, répété deux fois ; un autre chrisme, disparu, devait figurer dans le ciel de la coupole, l'ensemble illustrant la sainte Trinité. Venant du monde de l'obscurité, le catéchumène faisait face au soleil levant, symbole de la joie, de la vie et de la renaissance de l'homme par le baptême. Aussi, le baptistère était vraisemblablement ouvert vers l'est, où « commence le domaine du jour, symbolisé par la frise extérieure ornée de fleurs épanouies dans un rinceau de feuillage[2] », qui courait sur quatre des huit architraves.

Architecture cosmique

Cette vision de la destinée transformée par le baptême est complétée par une riche géométrie emblématique inspirée par les conceptions concernant la place du chrétien et de l'Église dans le monde. Les entablements du baldaquin formaient un octogone où s'inscrivait la base circulaire de la coupole. L'octogone rappelle les huit jours qui mènent à la résurrection, à laquelle s'assimile la cérémonie du baptême. Au sol, ce sont la croix et le carré qui sont représentés : le carré figure les quatre parties du monde, que l'on associe fréquemment à la croix pour marquer l'universalité de l'Église.

Comme dans la basilique, on retrouve dans le décor et l'architecture du baptistère « toutes les questions que se sont posées les Pères de l'Église et toutes les réponses qu'apportèrent ceux dont les écrits servirent de base aux architectes et aux artistes qui transposèrent en termes figuratifs des thèmes théologiques et métaphysiques[3] ».

San Parteo

En prenant vers l'ouest, à la Canonica, le chemin qui suit la rive droite d'un canal, on parvient à l'église jumelle de Santa Maria, San Parteo (0,5 km). Cette église est une basilique pisane à nef unique (20 m x 8,50 m) qui semble dater, comme la Canonica, du début du XIIe siècle. Toutefois certains éléments, l'abside et des pans de murs latéraux, plus anciens, semblent avoir été élevés vers le milieu du XIe siècle. Des fragments de colonnes provenant de la basilique paléochrétienne proche de la Canonica sont insérés dans l'abside et une pierre funéraire du Ier siècle de notre ère est encastrée dans la façade occidentale.

La porte latérale orientée au sud-est est surmontée d'un linteau de 0,78 m où deux lions, les mâchoires puissantes entrouvertes, la queue redressée passant sous le train arrière, se font face de part et d'autre d'un arbre. Cet arbre pourrait être l'arbre de science, l'un des deux arbres du jardin d'Éden, dont les fruits, selon la Genèse,

1. G. Moracchini-Mazel, « La reconstitution du baldaquin de la piscine baptismale (les fouilles de Mariana, 8, le décor sculpté du baptistère paléochrétien) », *Cahiers Corsica*, n° 92, 1981.
2. *Id., ibid.*
3. J.-M. Volelli, *op. cit.*

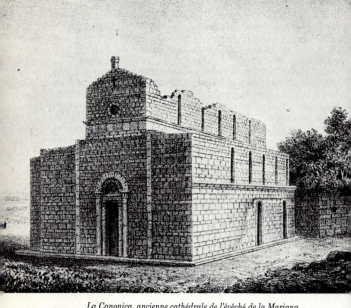

La Canonica, ancienne cathédrale de l'évêché de la Mariana.

ne peuvent être consommés par l'homme. La sculpture pourrait aussi évoquer l'arbre guérisseur de Chaldée, dont le renom s'étend de l'Orient à l'Europe occidentale vers le XIIᵉ siècle. Les lions semblent monter la garde auprès de ces arbres précieux, interdisant leur approche. Fréquente dans l'Empire sassanide (IIIᵉ-VIIᵉ siècle ap. J.-C.), cette imagerie d'origine orientale a atteint Mariana après un long périple, dont les étapes restent inconnues.

San Parteo recouvre une chapelle primitive et une nécropole païenne et paléochrétienne, où sont juxtaposées des tombes à faîte de tuiles triangulaires et des jarres funéraires. Deux sépultures voisines, apparemment individuelles, communiquaient en réalité entre elles en profondeur. L'église et la nécropole ont été abandonnées après le VIIᵉ siècle, mais les ruines et le souvenir de saint Parthée, ancré dans la mémoire collective, ont justifié la reconstruction de San Parteo au XIᵉ siècle.

Dédoublement de personnalité

San Parteo pose une énigme qui n'a jamais été résolue. L'hagiographie médiévale et des historiens de l'époque moderne, dont les sources sont inconnues, présentent san Parteo comme le premier évêque de Mariana ; on estime souvent que, comme de coutume, cette affirmation était destinée à honorer la basilique de Mariana d'un patronage édifiant.

Pourtant, des traditions orales, préservées dans plusieurs paroisses, affirment que san Parteo aurait béni la Balagne en l'année 285 de notre ère, lors d'une visite diocésaine poursuivie jusqu'au sommet d'une montagne, qui, à 1 680 m d'altitude, domine les bassins du Regino et du Tartagine. La montagne porte le nom de San Parteo depuis cette époque ; on conserve encore le souvenir des récoltes miraculeuses qui auraient suivi la bénédiction épiscopale.

San Parteo aurait été martyrisé au début du IVe siècle, sous le règne de Dioclétien, donc entre 300 et 305, lors d'une vague de persécutions commandées par les autorités romaines (voir p. 281, Blanche colombe pour sainte Dévote). Si ces assertions étaient vérifiées, san Parteo pourrait être effectivement le premier évêque de Mariana et son ministère aurait même été antérieur à la construction de la basilique paléochrétienne.

Un autre san Parteo apparaît dans l'histoire de la Corse un siècle et demi plus tard. Après la prise de Carthage, survenue en 439, les Vandales exilèrent en Corse vingt-huit dignitaires de l'Église d'Afrique, parmi lesquels figurait un évêque portant le nom de Parthée, qui se serait établi dans l'île auprès de la très ancienne église Sainte-Marie de Calvi. Cet évêque, qui aurait vécu en Corse entre 439 et 476, a été martyrisé, puis sanctifié, avec ses compagnons Pargoire, Parthénopée et Restitute (voir CALENZANA). Contrairement au premier Parthée, ce second évêque aurait pu célébrer le culte dans la basilique de Mariana, si elle n'était pas déjà détruite.

Le nom de Parthée aurait-il été porté successivement par deux martyrs de la foi chargés de responsabilités ecclésiales ? Ou un seul Parthée, presque oublié, aurait-il subi le martyre à une époque devenue floue dans la mémoire collective ?

La migration des suppliciés

Aux interrogations que suscite la vie de saint Parthée s'ajoute l'énigme que pose la diffusion de son culte posthume. San Parteo a été honoré par des sanctuaires portant son nom, qui jalonnent une voie de montagne fréquentée, dans un lointain passé, entre la Balagne et Mariana. Ces églises donnent un sens à une histoire miraculeuse rapportée par un codex de la Bibliothèque vaticane : portant leurs têtes après leur supplice, Parthée, Pargoire et Parthénopée se seraient dirigés vers Mariana, *ad praedestinatum locum, qui vocatur Mariana*[1]. Le déplacement somnambulique des suppliciés à travers la montagne pourrait être une version, propre à frapper les foules, du transport des martyrs vers la côte tyrrhénienne et le continent à une époque d'invasions et de menaces contre la foi. Ce transfert, commun à de nombreuses reliques et dépouilles sacrées des côtes atlantiques et méditerranéennes, ne se serait-il pas achevé dans la péninsule italienne proche ? L'ancienne cathédrale de Noli, en Ligurie, qui est dédiée à san Parteo et à trois autres saints, abriterait le corps du saint. Or, sur une place, une vieille tradition assure que les saints patrons auraient été martyrisés en Corse.

La ville des morts

Surprenant au premier abord, l'isolement de la Canonica et de San Parteo ne l'est plus lorsque l'on se rend compte que ces sanctuaires perpétuent depuis bientôt un millénaire une vocation au sacré beaucoup plus ancienne encore, révélée par les basiliques enfouies et par des sépultures antérieures à l'ère chrétienne. Des témoins discrets mais reconnaissables signalent une forte présence

---

1. « Les églises cimétériales, San Parteo », *Cahiers Corsica*, n°s 146-148, 1992.

Carte de la Corse dressée en 1768.

humaine qui élargit la signification du site : les constructeurs de
l'abside de la basilique ont utilisé des tuiles, des briques déjà usées
ou cassées, des briques triangulaires destinées normalement à des
colonnes. Dégagées lors des fouilles, les bases de plusieurs colonnes
romaines sont visibles dans la basilique et dans le baptistère de la
Canonica. Aux alentours de la Canonica, d'autres témoins de
l'Antiquité romaine évoquent une activité intense : une rue à por-
tiques antérieure à la basilique, des vestiges de thermes, des sections d'aqueduc et de canaux, les piles d'un pont sur le Golo, les
entrepôts d'un ancien port fluvial, des maisons de campagne, parfois équipées de canalisations en plomb.

Les nécropoles, nombreuses et étendues, confirment l'existence
d'une agglomération active pendant plusieurs siècles. Un mausolée
de brique, le Palazzetto, qui doit dater du IVe siècle après J.-C., se
dresse encore immédiatement à gauche de la D 107, quand on se
dirige vers la mer, au sud-ouest des pistes de l'aéroport de Poretta.

Les restes d'un mausolée du Iᵉʳ siècle de notre ère et des tombeaux enfouis entourent le Palazzetto ; d'autres sépultures sont rassemblées 150 m au nord, sur la parcelle de Murotondo. Autour de la Canonica et de San Parteo, des sillons de débris rougeâtres sont couramment tracés par les engins agricoles ; dès que la terre est retournée à plus de 0,30 m, on écrête des caveaux surmontés de tuiles disposées en triangle. Des cimetières oubliés réapparaissent parfois : la nécropole d'I Ponti avait été enfouie à l'époque romaine sous les alluvions du Golo, qui déborde ici presque tous les ans. En sapant ses propres alluvions anciennes, le Golo a exhumé les tombes, proches d'une voie et d'un pont romains.

Ces nécropoles ont révélé les rites pratiqués avant la christianisation. Dans des tombes munies de cheminées élaborées à l'aide de cols d'amphore les corps subissaient une combustion lente. Des tubes à libations en fer semblent avoir été destinés à distribuer de la nourriture aux défunts. Des noix, des noisettes, des pignons de pin, des figues et même des dattes étaient disposés à proximité des morts et des pièces de monnaie étaient insérées dans leur

mâchoire pour payer leur passage vers l'au-delà. Parfois, une
découverte livre une information inattendue sur les activités et les
connaissances des habitants de la Corse à l'époque romaine. Un
médaillon portant une figure humaine dotée d'oreilles d'éléphant,
surmontée d'une trompe entourée de défenses, montre que l'Afrique
n'était pas inconnue, sans que l'on sache s'il faut attribuer les relations que l'on soupçonne au commerce, aux guerres ou aux migrations.

Forces occultes

Découvert dans plusieurs tombes de Mariana, l'anneau d'oreille
unique annonce une pratique qui s'est perpétuée en Corse jusqu'à
nos jours. Cet anneau est en réalité une « amulette prophylac-
tique », posée pour protéger l'enfant de certains maux, et, entre
autres, pour préserver sa vue. D'autres filiations avec la société
corse et ses traditions se sont peut-être constituées à Mariana dès
l'époque romaine : rappelant que le recours à la magie était fréquent dans le monde méditerranéen antique[1], une lamelle de plomb
porte des imprécations commençant par l'expression *Vindica te* ;
elle semble prôner déjà la vengeance qui s'est si souvent manifestée
en Corse au cours de l'histoire...

Par le fer et par le feu

L'évêché de Mariana, qui fut maintenu jusqu'en 1801, et la plaine de la Marana ont perpétué au cours des siècles le nom de l'agglomération antique de Mariana, encore enfouie, mais dont on décèle
les traces dans un espace carré de 450 m de côté. La *Colonia
Mariana a Caio Mario deducta* avait été fondée en 93 av. J.-C. par
Marius, le rival de Sylla et l'oncle de César.

Cette ville fondée par Marius semble avoir été entièrement
rasée. Les travaux consacrés récemment aux monuments chrétiens
confirment en partie la tradition orale qui transmet le souvenir de
la destruction de la ville par le fer et par le feu. Les piliers de la
basilique étaient réduits à des moignons de 0,40 m de haut et ont
été restaurés avec des moyens d'une extrême pauvreté qui révèlent
l'état pitoyable de la Marana après les invasions. Des murs intérieurs soutiennent la construction. Le podium de la basilique est
recouvert de terre et de briques. La reconquête évoquée par
Giovanni della Grossa est celle d'un édifice proche de la ruine. Et
d'ailleurs, après 902, aucun acte ne mentionne plus la basilique de
Mariana. Selon les chroniqueurs corses, les Sarrasins seraient responsables de la disparition de Mariana. Effectivement, il semble
bien que les ravages dus à des incursions musulmanes répétées
aient abouti à la désertion de la ville.

Pourtant, l'ultime destruction semble avoir été précédée d'une
série de tragédies qui se sont déroulées bien avant l'expansion de
l'islam. Auparavant déjà, les sanctuaires avaient été bouleversés :
des piliers avaient remplacé les colonnes de la basilique dont la
base subsiste ; des sculptures en éclats sont noyées dans ces piliers.
Les mosaïques dégradées du podium sont masquées par un mortier
épais de 0,20 m. La catastrophe serait-elle à mettre au compte des
envahisseurs que Grégoire le Grand rend en 591 responsables de la
disparition de Taina (voir SANTA-LUCIA-DI-MORIANI) ? Il n'est même
pas impossible que ces barbares, peut-être lombards, aient été pré-

---

1. A. Bernand, *Sorciers grecs*, Paris, Fayard, 1991.

cédés par d'autres envahisseurs : peu après la construction de la
basilique, les mosaïques ont été prématurément brisées et pour les
consolider on dut couler une mince chape de mortier rose qui fut
recouverte plus tard par l'épais crépi déjà signalé ; ce mortier scel-
le une couche de cendres épaisse accumulée lors d'un grave incendie. Les dernières monnaies recueillies sur place datent de
Valentinien III, empereur de 423 à 435. Mariana aurait donc subi
sa première destruction quelques décennies seulement après l'édification de la basilique. Or, les Vandales, qui ont conquis l'Afrique
romaine entre 429 et 439, pénètrent alors dans les îles de la
Méditerranée occidentale et détiennent nominalement la Corse
vers la fin du Vᵉ siècle. Peut-être ont-ils laissé là leur empreinte ?

Blanche colombe pour sainte Dévote

À quelque distance de Lucciana, s'ouvrent des grottes qui
auraient été fréquentées par les premiers chrétiens (voir Borgo).
Au lieu-dit Nepiticcia les grottes de Santa Devota (celle qui est
vouée à Dieu) auraient été un lieu de réunion où l'on célébrait les
saints mystères. Sainte Dévote figurait dans la petite communauté
et, dit-on, venait aussi prier en cachette aux bains dits *Marmorana*.

La personnalité de sainte Dévote reste entourée d'ombre. Les
uns assurent qu'elle était la fille d'un officier romain originaire de

Le martyre de sainte Dévote.

La Turbie ou de Nice, qui aurait suivi son père en Corse, mais une
tradition orale insistante veut qu'elle soit née à Quercio, entre
Mariana et Lucciana, à 3 km à l'ouest du site de la ville antique.
Les circonstances qui l'ont menée au martyre sont aussi discutées.
On assure parfois que la future sainte aurait été dénoncée comme
chrétienne et livrée aux autorités romaines par la famille d'un pré-

tendant éconduit. Selon une hagiographie plus édifiante, la pure Dévote refusait de sacrifier aux dieux de Rome et Barbarus, magistrat romain chargé du gouvernement de la Corse, la voua au martyre. Traînée sur des rochers, ligotée et exposée sur un chevalet, la jeune fille aurait supporté son supplice sans une plainte. Lorsqu'elle expira, on vit sortir de sa bouche une blanche colombe qui s'envola vers le ciel et une voix mystérieuse s'écria dans les airs : « Aujourd'hui, Jésus te proclame patronne de la Corse. » Le lendemain, le corps de Dévote avait disparu.

Voyage après la mort

Deux membres de la communauté chrétienne auraient emporté secrètement le corps de la martyre et l'auraient dissimulé pour lui éviter la crémation, avant de le confier à la mer. Le bateau, d'autres disent un radeau, poussé par la tempête, se serait échoué en 304 dans la baie de Monaco. D'autres narrateurs prétendent qu'une embarcation sans équipage, dans laquelle reposait miraculeusement le corps de Dévote, avait pris le large, guidée par la colombe sortie de sa bouche au moment de son martyre. Elle aurait rejoint les côtes d'Italie mais, devant un accueil malveillant, la colombe aurait dirigé la barque vers Monaco où Dévote fut enterrée.

Une version contradictoire localise à Nice la mort de sainte Dévote[1]. Pourtant, les *Acta Sanctorum* des bollandistes mentionnent *Sancta Devota Virgine Martyre in Corsica*. Le franciscain Salvatore Viale, qui publia à Florence en 1639 sa *Chronica sacra sanctuario di Corsica*, place aussi dans l'île le martyre de sainte Dévote et la congrégation des rites a proclamé sainte Dévote patronne de la Corse le 23 mai 1820. Enfin, le souvenir de la sainte est toujours resté extrêmement vivace parmi les populations corses : sainte Dévote fut déclarée protectrice de l'île en 1731 ; les Génois furent expulsés, au XVIIIe siècle, aux cris de : « *Santa Devota !* » par les hommes de Gaffori, qui demanda d'ailleurs à Paoli, en 1760, de faire coudre sur les drapeaux de la Corse l'effigie de la sainte.

La thèse de la mort de Dévote à Nice ne devrait-elle pas son origine à une confusion avec l'ancienne cité insulaire de Nikaia ou de Niceae, que l'on identifie soit à Mariana, soit à l'agglomération qui occupait les rives du Fium'alto (voir PENTA-DI-CASINCA) ?

Sainte Dévote reste encore très populaire. La confrérie qu'elle patronnait autrefois revit depuis 1993. Une messe est célébrée chaque année à la mémoire de la sainte, à la fin du mois de janvier, à une date qui varie selon le calendrier de l'année. Les paroissiens illuminent le village et un feu de joie est allumé sur la place. Le martyre de sainte Dévote est aussi commémoré à la Canonica le lundi de la Pentecôte. Lors de cette fête, la messe solennelle et la procession attirent même les habitants de Borgo et des Bastiais soucieux de manifester leur attachement à sainte Dévote. Cette seconde cérémonie date de la fin du XIXe siècle, mais l'initiative prise à l'époque renouerait avec une tradition beaucoup plus ancienne. On ne connaît pas la cause de ce long oubli ni les raisons qui ont conduit à fixer au lundi de la Pentecôte l'hommage rendu à sainte Dévote.

---

1. *Guide de la Provence mystérieuse*, Les Guides noirs, Tchou, 1965 et 2e éd. 1992.

Tuerie pour un étang

Le souvenir de sainte Dévote ne suffisait pas à apaiser les mœurs d'une population agressive même dans les lieux sacrés. Au XIIe siècle, la guerre de clans qui opposait Giovanni de Bagnaggia, seigneur de Borgo et de Biguglia, et Orlando de Pietra all'Arretta, dans le Nebbio, eut un dénouement sanglant dans l'enceinte même de la Canonica. Giovanni della Grossa raconte l'histoire ainsi : « Les partisans d'Orlando et ceux de Giovanni, prétendant avoir des droits sur l'étang de Chiurlino, en vinrent à une contestation. Orlando et Giovanni, qui désiraient arranger l'affaire, convinrent de se trouver, à un jour qu'ils fixèrent, à la Canonica de Mariana, afin d'entendre les raisons des deux partis, et de rendre ensuite une sentence équitable... Les débats étaient à peine commencés que les Bagnaninchi se jetèrent en masse sur Orlando et le tuèrent. Orlando laissait des enfants et un frère nommé Giovanninello ; celui-ci, au détriment de ses neveux tout jeunes encore, prit pour lui toute la seigneurie, et, avec le temps, vengea d'une façon terrible la mort d'Orlando. Il tua Giovanni de Bagnaggia et un grand nombre de ses parents, et fit périr, soit pendant la paix, soit dans des luttes, ceux qu'il soupçonnait d'avoir concouru à la mort de son frère. »

Le trésor de Rommel

Le 18 septembre 1943, les troupes allemandes rassemblent six lourdes caisses cerclées de métal, pesant plus de dix tonnes, sur les quais du port de Bastia, quand l'aviation alliée bombarde la ville. Chargée de ces caisses, une embarcation de service, qui n'est pas destinée à naviguer en haute mer, réussit à sortir du port, mais coule au large de l'embouchure du Golo, à l'est de Lucciana.

Cinq ans plus tard, un ancien S.S., scaphandrier, Peter Fleig, prétend que les caisses disparues contenaient de la monnaie et des lingots d'or, des pierres précieuses et des objets d'art. Il aurait convoyé avec ses camarades le trésor de guerre constitué par l'*Afrika Korps* au cours de ses campagnes. Le pillage des banques aurait alors été organisé systématiquement par un corps spécial, le *Devisenschutzkommando*, qui aurait transféré les richesses réunies en Afrique de Bizerte à La Spezzia, où à Castellamare, près de Naples, puis à Bastia.

Malgré les doutes qu'ont toujours entretenu les récits imprécis et contradictoires de Peter Fleig, les services des Ponts et Chaussées ont fait entreprendre des recherches en mer aux abords du Golo. Les témoins qui ont connu Peter Fleig, entre autres le bâtonnier Dominique Rinieri, chargé de sa défense lors d'une sombre affaire de vol, montée peut-être de toutes pièces, estiment que Peter Fleig était effectivement détenteur d'un secret de guerre, mais qu'il a constamment déformé les informations qu'il consentait à donner. Le trésor de Rommel a inspiré un film, tourné dans le cap Corse, à Porticciolo, qui a été diffusé par TF1 en 1993, lors du cinquantième anniversaire du bombardement de Bastia.

LUMIO
(Lumiu)

10 KM E DE CALVI PAR N 197

Des confrères pour un solitaire

À côté de l'église Sainte-Marie, la Casazza, siège de la confrérie, revit depuis peu. Fondée en 1859, la confrérie de Saint-Antoine, qui avait disparu depuis quarante ans, a repris ses activités, rajeunie, en 1994. De nouveau, le dimanche le plus proche du 17 janvier, la statue de saint Antoine, la barbe fleurie, comme il se doit pour un ermite qui a vécu cent cinq ans, méditant sur un livre saint, protégé par un baldaquin à colonnes torsadées, quitte l'église et circule familièrement dans Lumio. Saint Antoine est porté par huit confrères, vêtus de l'aube blanche et de la cape d'épaules rouge. Après la présentation du saint aux quatre points cardinaux, qui assure sa protection à l'ensemble du territoire paroissial, la cérémonie est clôturée, comme à Aregno et à Lavatoggio, par la bénédiction des oranges.

Temple de Jupiter ?

À 1 km du village, au sud vers Calvi, au milieu du cimetière de Lumio, s'élève l'église romane San Pietro et San Paolo. Ses décors, répartis sur les murs extérieurs, illustrent une inspiration vagabonde, dont le sens nous échappe : cercles et losanges, sous les arcatures de l'abside, oiseaux ressemblant à des hiboux ou à des colombes, lions montrant leurs crocs et visages à face de lune.

Construite au cours de la seconde moitié du XIᵉ siècle, l'église a peut-être été élevée sur l'emplacement d'un temple consacré à Jupiter comme le laisseraient penser certaines sculptures antiques ou inspirées de l'antique, telles que les palmes de la façade orientée au midi. Mais le temple n'aurait-il pas plutôt été dédié à Apollon, dieu du Soleil, ce qui justifierait le rapprochement du nom du village, Lumio, avec *lumen* ?

L'antichambre de la mort

Sous le pavement de l'ancienne église de Lumio se trouve un caveau fermé par une dalle et empli d'ossements. On explique leur présence d'une manière assez macabre : à une époque indéterminée, une épidémie aurait décimé la population et, pour enrayer le mal, on aurait décidé de jeter dans la fosse toutes les personnes atteintes qu'on ne savait guérir. Elles périssaient asphyxiées.

Seigneur du désert

À 2,5 km de Lumio, sur la D 71, le promeneur curieux verra sur sa droite, dominant la route, les ruines du village aujourd'hui désert d'Occi, patrie de saint Niulo dont le corps repose dans l'église de Lumio, où il est honoré chaque année. Le dernier habitant d'Occi, Félix Giudicelli, mort en 1927, se prétendait dix-neuvième comte d'Occi. Une étude généalogique permet de constater que cette prétention, en fait, n'était pas exagérée étant donné que le nombre de générations mis en avant par ce seigneur ignoré correspondrait effectivement à la création du village.

Morse avant l'heure

Sur la N 197, en direction de L'Ile-Rousse, 0,4 km après le car-refour de la D 71, on prend à gauche un chemin qui mène au *monte d'Ortu*. Ce site dominant (213 m) permet de surveiller un espace étendu sans s'éloigner de la côte. Son intérêt n'avait pas échappé aux hommes de l'âge du bronze : un foyer rectangulaire, dans un fond de cabane, porte la marque des Torréens ; des céramiques décorées de chevrons, de triangles affrontés, de points et de traits, semblables à un message télégraphique, rappellent des décors de la culture apenninique, qui s'était épanouie à l'âge du bronze dans la péninsule italienne.

Stèle oubliée

À la sortie méridionale de Lumio, une route mène vers la mer, qu'elle atteint à la *punta Caldanu* ; les Génois ont construit ici une tour qui surveillait l'entrée du golfe de Calvi. Ils avaient été précé-dés sur ce promontoire par les Corses de la préhistoire. Couchée au sol, une épaisse et pesante stèle de granite, large de 1,20 m et longue de 2,7 m, semble, pour l'éternité, fixer le ciel de ses yeux morts, représentés par des cavités circulaires. Ce monolithe, qui n'a jamais été dressé sur place, a probablement été préparé pour être transporté ailleurs. Non loin de là, d'autres rochers où l'on dis-tingue des ébauches de sculpture donnent l'impression d'un chan-tier abandonné. Rien n'indique pourquoi le travail des tailleurs de pierre de la préhistoire a été subitement arrêté.

Le trésor de l'abbé

On dit à Lumio que, vers le milieu du XVIIIe siècle, l'abbé Ignace Colonna de Leca, effectuant des fouilles à la Punta Corduella (voir Montegrosso), aurait trouvé le trésor enterré au moment de sa fuite par le dernier roi maure de Corse. Une chose est certaine : cet abbé, renommé par sa piété et son érudition plus que par sa fortu-ne ou son sens des affaires, acquit rapidement des terres impor-tantes et fit élever à Lumio, près de sa maison, un bâtiment desti-né à servir d'école, pour les enfants de la région. Mais sa mort, au lendemain de la conquête française, interrompit les travaux quoique, dans son testament, Ignace ait affecté le revenu de cer-taines terres à l'achèvement de l'immeuble d'abord, à l'entretien des moines chargés d'assurer la marche de l'établissement, ensuite. Le bâtiment appelé *carrubo* — on ignore si ce nom lui vient de sa forme cubique ou d'un caroubier voisin — menaçait ruine quand il fut vendu en 1962 par les petits-neveux de l'abbé. Les nouveaux propriétaires ont restauré cet imposant édifice en pierre de taille qui domine de sa masse le village de Lumio.

LURI

33,5 N de Bastia par D 80 et D 180

La cité de Vulcain

Sur une croupe qui domine la mer à l'est de Luri, le *Castellu* conserve de nombreux pans de murs de 1,50 à 2 m de haut, épais de 0,50 m environ. Un réseau dense de fortifications et d'habitations s'étendait sur plusieurs niveaux, reliés entre eux par des escaliers dallés. Des céramiques d'origine romaine ont été utilisées par la population du *Castellu* entre le IIe siècle av. J.-C. et le Ier siècle de notre ère. D'autres poteries, chargées d'amiante, aux décors en peignes, ont été élaborées sur place ; ces restes et des résidus de fusion attestent que les travaux des mines ou des carrières et la technique des fours étaient maîtrisés dès le deuxième âge du fer. L'abondance de la production laisse supposer un courant d'exportation.

Le *Castellu* de Luri aurait-il gardé la trace des activités des Vanacini, qui ont été considérés comme le peuple le plus évolué de Corse dans l'Antiquité ?

La tour de Sénèque

C'est le nom que l'on donne à une tour imposante édifiée sur le rocher qui domine d'une centaine de mètres le col de Sainte-Lucie au sud. Selon la tradition populaire, Sénèque aurait en effet passé dans le Cap les huit ans de son exil en Corse, de 41 à 49, et y aurait rédigé la *Consolation à Helvie*. L'ortie qui croît aux environs de la tour est appelée *ortica di Seneca* : les paysans corses auraient fustigé de ces orties le philosophe stoïcien, coupable d'avoir lutiné quelques jolies filles des environs.

Pourtant, rien dans la construction de la tour qui rappelle l'époque romaine. Il s'agit d'une construction médiévale destinée à la défense : la forteresse était, dit-on, rendue inaccessible par un enduit de suif dont on recouvrait le rocher sur le seul côté où l'escalade était possible. Que les abords soient ou non recouverts de suif, l'accès de la tour est très difficile. De plus, elle n'a pas de porte, mais seulement une petite fenêtre élevée de 3 à 4 m par où l'on montait avec une échelle. Pour l'historien Filippini, la tour serait le *castello dei Motti* construit au XVe siècle par Giovanni da Mare.

La tour de Sénèque.

Le château de l'amiral

Par son architecture, la tour de Sénèque semble effectivement dater de la fin du Moyen Âge. Mais, elle ne peut être identifiée au *castello dei Motti*, qui est cité bien auparavant. Ansaldo da Mare, amiral de la flotte impériale à l'époque où régnait Frédéric II (1220-1250), avait acheté ce château à la très vieille famille cap-corsine des Peverelli. On soupçonne que le *castello dei Motti* occupait un emplacement beaucoup plus accessible que la montagne de Ventiggiole, où se dresse la tour de Sénèque. Les vestiges de l'ancien château ne seraient-ils pas incorporés dans les fondations du couvent de Saint-Nicolas, en contrebas de la tour ?

En vigie sur la montagne

Au cours des années 1970, des murs fortifiés, élevés parfois de plusieurs mètres, ont été exhumés aux abords de la tour de Sénèque. D'abondantes céramiques vernissées, accumulées au pied de l'enceinte et dans une citerne proche, ont révélé que les lieux ont été habités de manière continue au XIIIᵉ siècle et au début du XIVᵉ siècle. Ces ruines seraient celles d'un poste d'observation avancé du *castello dei Motti*, qui permettait de percevoir plus tôt l'approche d'un ennemi venu de la mer et de donner l'alerte à temps. Ce fortin de montagne serait la *torre dei Motti*, dont le souvenir persiste encore dans le Cap. Dégradée, peut-être détruite, la *torre dei Motti* a été remplacée par la tour de Sénèque à la fin du XVᵉ siècle ou au début du XVIᵉ siècle, en toute certitude avant 1524, date de la première mention de la nouvelle tour dans les textes, soit mille cinq cents ans environ après l'exil de Sénèque en Corse.

Le mémorial de l'exil

Mérimée avait déjà fait remarquer combien était hypothétique le séjour de Sénèque dans la tour car, ajoute-t-il, « la commune de Luri n'est pas la seule qui se glorifie d'avoir reçu Sénèque. Sur le territoire voisin de Pietra-Corbara, on montre une autre tour, de tout point semblable à la première, et qu'on nomme également *torre di Seneca*, ou même *Seneca* tout court ». Mais si la tour n'a jamais accueilli Sénèque, le séjour du philosophe à Luri ou dans la région n'est pas inconcevable. Lurinum aurait été l'une des trente-trois cités de la Corse romaine selon Pline, un bas-relief romain représentant deux couples défunts a été exhumé à Luri et les ruines du *Castellu* révèlent une activité artisanale et commerciale intensive.

Comme l'écrit J.-P. Sermonte, « il devait y avoir une construction sur ce sommet dès l'époque romaine… et il est fort possible que Sénèque ait particulièrement apprécié la promenade jusqu'à ce belvédère d'où la vue est extraordinaire[1] ». Les lamentations de l'exilé laissent un doute sur l'intérêt qu'il portait au paysage insulaire, mais, au terme d'une escalade de la montagne, il pouvait avoir l'impression réconfortante d'être plus proche de l'Italie et de Rome : de la tour de Sénèque, on découvre un vaste espace maritime et, parfois, on entrevoit le continent au loin.

Un frère de la Côte

« Dans cette maison est né le 28 août 1834 Dominique André Cervoni, navigateur et grand aventurier. Il y mourut le 27 juillet 1890. Il fut l'ami et le compagnon de route du célèbre écrivain

---

1. J.-P. Sermonte, « La torre dei Motti à Luri », *Cahiers Corsica*, nᵒˢ 65-67, 1977.

anglais Joseph Conrad, 1857-1924, qui l'immortalisa en faisant de lui le héros de ses romans. » Cette inscription est portée sur une habitation du hameau de Campu (à 3,5 km de Santa Severa par la D 180 et la première route à droite). Une autre plaque signale la maison de César Cervoni, neveu de Dominique, que Conrad a aussi rencontré.

Ces rappels de l'épopée de la marine à voile et du mouvement littéraire qui l'a évoquée intriguent : comment se sont croisés les destins d'un marin corse et d'un romancier originaire d'un village ukrainien, où la mer était connue seulement par des récits de voyageurs ? Rêvant d'évasion, le jeune Korzemiowski, qui allait devenir Conrad, a su déceler très tôt sa vocation maritime. Celle de Dominique Cervoni allait de soi : il était né à proximité de ce cap Sacré, connu dès l'Antiquité, où les hommes ont toujours navigué de génération en génération.

La rencontre eut lieu à Marseille en 1876, lorsque Conrad embarque sur un brick-goélette, le *Saint-Antoine*. Conrad a dix-huit ans ; engagé comme maître d'hôtel, il assiste en réalité les officiers de pont ; premier lieutenant à bord, Dominique Cervoni a déjà navigué depuis de longues années. L'impression profonde laissée par Dominique Cervoni dans la mémoire du romancier provient d'abord de cette différence d'âge et d'expérience. Mais, elle ne suffit pas à justifier le souvenir obsessionnel que Conrad conserve des deux ans de navigation en compagnie de Cervoni : évoqué sous son propre nom dans *Le Miroir de la mer*, Dominique Cervoni transparaît aussi dans le personnage central de *Nostromo*, figure dans *La Flèche d'or*, donne vie à Peyrol dans *Le Frère de la Côte* et ressemble à Attilio dans *Suspens*.

Après une lecture attentive de Conrad, il est évident que Dominique Cervoni réunissait un bon nombre de traits de caractère qu'ont en commun les marins cap-corsins, tout à fait propres à susciter l'étonnement et à frapper vivement ceux qui l'approchaient. Conrad campe à merveille le personnage, lorsqu'il évoque « sa lente et imperturbable gravité », « une ironie parfaitement impitoyable », « un Méridional d'un type concentré, résolu », et le décrit, sur le pont, scrutant l'horizon : « enveloppé d'un vieux caban, … avec sa grosse moustache et ses yeux farouches que faisait ressortir l'ombre du capuchon profond, il avait l'air d'un pirate et d'un moine, et sombrement initié aux mystères les plus redoutables de la mer ».

Pirate, peut-être ; mais, Dominique Cervoni n'était pas un pillard des mers comme ceux dont la Corse a tellement souffert. « Fertile en stratagèmes impies » contre « l'institution de la douane », il savait, à l'occasion, acheminer clandestinement des armes dans des cargaisons d'oranges pour les rebelles qui prétendaient renverser les régimes politiques en place.

Malgré de longues années passées sur les mers lointaines, figure emblématique de marin des îles, Cervoni reste Corse. Au terme d'une vendetta assumée par son frère, il reçoit « la charge de son neveu, César, « avec une mission d'en faire un homme ». Joseph Conrad avait bien écouté Dominique Cervoni, quand il commente ainsi cette obligation familiale : « en Corse, vos morts ne vous laissent jamais en paix[1] ».

---

1. J. Conrad, *Le Miroir de la mer*, Gallimard, 1946.

MANSO

(Mansu)

45 KM S DE CALVI PAR N 197, D 251, D 51, D 81, D 351 ET VO

Les ponts du désert

L'église San Pietro a été le centre religieux de la piève de Chiumi de la fin du Xe au XVe siècle. On atteint les ruines de cette église par des chemins que l'on peut emprunter à partir de la D 351, en traversant le Fango au Ponte vecchiu, à 1 km à l'est du carrefour de la D 81. Le sentier monte vers la Punta Ginaparellu, sur 1,5 km, puis, à droite, une autre voie, au nord de la côte 506, mène à l'église.

San Pietro de Chiumi et ses abords éveillent la curiosité tant est vif le contraste entre le désert actuel et les traces perceptibles d'une longue histoire. Des tuiles à crochets et des briques cuites au soleil, englobant de la paille, indiquent la présence d'une villa romaine oubliée. Des dalles taillées de roche verte sont insérées dans les murs de granite rouge de San Pietro : un sanctuaire plus ancien, source de matériaux de récupération, aurait-il précédé l'église du Xe siècle ? Des claveaux dispersés, taillés dans des blocs rocheux charriés par le Fango, ont été réunis et se sont agencés selon un arc surbaissé de 7 m : « Ne proviendraient-ils pas d'un pont antique ayant existé sur le Fango à l'emplacement du pont actuel dit Ponte vecchio[1] ? »

L'ours ou l'enfer

Aux environs du hameau de Monte Estremo, à 3 km au sud-est de Manso, en remontant la vallée du Fango, une caverne est connue comme la *tana di l'Orsu*, la tanière de l'Ours. D'autres l'appellent la *grotta di l'Infernu*, la grotte de l'Enfer. Effectivement, l'archéologue anglais Forsyth Major avait découvert des ossements d'*Ursus arctos praearctos*. Mais on ne sait si ces restes proviennent d'un refuge de ces animaux ou d'un abri préhistorique dans lequel les ours auraient été sacrifiés et consommés par les hommes de la préhistoire.

1. F. Flori, R. Boinard, G. Moracchini-Mazel, *Cahiers Corsica*, n° 63, 1977.

MARIGNANA

71,5 km N d'Ajaccio par N 194, D 81, D 70 et D 24

Les seigneurs de la montagne

À mi-chemin entre Marignana et le capu Pulmunaccia, à l'ouest du village, s'élevait la chapelle de Santa-Degna. On ne sait plus pourquoi le souvenir de cette sainte, très ignorée, persécutée au début du IVe siècle, s'est perpétué à Marignana ; sainte Degna est connue seulement en Italie, à Todi, où elle est fêtée le 11 août.

À proximité des murs aux moellons bien équarris, gisait une pierre portant deux masques anciens et le visage d'une femme portant mentonnière et résille comme au XIIIe et au XIVe siècle. Ces visages n'ont pas été identifiés. Un chemin de crête, dallé autrefois, aurait relié la chapelle au village d'Azani, depuis longtemps déserté. Des seigneurs ou des personnages respectés auraient emprunté cette voie aujourd'hui à l'abandon ; l'une des lignes de faîte de la montagne porte le nom d'*A Cuntessa*. Des monnaies conservées sur place authentifient des relations à grande distance : les pièces proviennent de Pise, Gênes, Viterbe, Cagliari, Avignon et l'une d'entre elles représente Charles VI, roi de France entre 1380 et 1422. Comment des habitants de montagnes en apparence isolées avaient-ils noué des relations avec ces villes lointaines ? Bien sûr, tous les chemins mènent à Rome...

Pierre à double face

À Marignana, on raconte la même histoire que rapportait Mérimée à propos de la statue-menhir d'Apricciani (voir Vico) ; mais, ici, au lieu de *Girami, e vedrai... il rovescio*, la pierre à double inscription aurait porté la mention : *Voltami chi viderai*, et, au dos, *Ava chì vultatu mi ai, chì guadantu ai*.

MATRA

78 km S de Bastia par N 193, N 198, D 17, D 117 et D 16

Caricature de pierre

À l'est de Matra sur la route D 16, en direction de Moïta, on aperçoit une fontaine dans le ravin de Santa Maria. Il y aurait eu là une église, aujourd'hui disparue, dédiée à santa Maria et à san Giovanni, qui devait être préromane. Dans les murettes entourant la fontaine, on remarque parmi les pierres de remploi une figure humaine très caricaturale, probablement un corbeau de porte ou un modillon de corniche provenant de l'abside.

À coups de hache

À la fin du XVe siècle, Colombano della Rocca, trompé lors d'une conspiration ourdie par Tommasino de Campofregoso, fut assassiné dans une maison de Matra dont il était l'hôte. « Invité à passer à Matra, écrit le chroniqueur Pier-Antonio Monteggiani, et à s'y reposer le soir, pour y avoir un entretien sur beaucoup de choses secrètes, il accepta et laissa ses gens près de là, au village de Tox ; puis, comme le voulait son destin, il partit avec ses nouveaux amis et alla loger dans la maison de Lanfranco. On y servit à souper puis les fils de Lupacciuolo et Lanfranco, soit pour se conformer aux instructions de Tommasino, soit de leur propre mouvement pour se venger de quelque injure personnelle, laissèrent passer une partie de la nuit, et n'eurent pas honte de se jeter tout à coup sur Colombano, et de le tuer à coups de hache et de couteau ; le cadavre fut jeté par la fenêtre sur la voie publique. »

MAUSOLEO

(Musuleu)

43 KM S-E DE L'ILE-ROUSSE PAR N 197 ET D 963

La clairière des Romains

Isolé dans un dédale de hautes vallées, entre les montagnes d'Asco et le monte Grosso, Mausoleo semble à l'écart du monde. Pourtant, le village serait l'un des plus anciens lieux habités de Balagne. Précédant les Génois, qui ont laissé trois ponts, les Romains auraient construit une voie dallée qui ouvrait encore, au siècle dernier, le seul passage accessible vers l'extérieur. L'exploitation du bois pour la marine semble seule justifier l'intérêt des Romains pour ce bout du monde. Sur cette frontière lointaine, détachements romains ou Corses autochtones ne devaient guère être impressionnés par les malédictions qui menaçaient, selon Apollonios de Rhodes, les bûcherons insensibles aux prières des Dryades des forêts.

Mouflon doré et chasseur maudit

Le *tufone di a Regha*, le gouffre de la Rega, qui communique avec une rivière, est un lieu que l'on dit hanté. Un chasseur acharné de Mausoleo, Ors'Anton, y tint un jour au bout de son fusil un mouflon en or. Saisi, il ne tire pas et rentre chez lui. Mais la nuit portant conseil, il retourne le lendemain sur le lieu de l'étrange rencontre : le mouflon, toujours doré, est encore là ; cette fois, Ors'Anton tire et le tue. Or il a l'impression que le curieux animal, au lieu de tomber, reste suspendu dans le vide. Avant qu'il n'ait eu le temps de s'en assurer, une femme à longs cheveux blancs, vengeresse, apparaît : « Tu as tué le seul mouflon doré qui me restait, crie-t-elle, tu en seras puni ! » et, lui montrant le vide, elle ordonne : « Saute ! » Ors'Anton, fasciné, saute en hurlant d'épouvante et, avant de s'écraser, il a le temps de voir, au fond du gouffre, la femme aux cheveux blancs s'en aller, le mouflon doré dans les bras. Les gens du village ne retrouvèrent que le fusil d'Ors'Anton. Depuis lors, les audacieux qui s'approchent du gouffre maudit entendent le hurlement d'épouvante du malheureux chasseur.

À l'est de Mausoleo un curieux monolithe présente une de ces facéties par lesquelles la nature aime parfois mystifier l'homme : on peut facilement l'ébranler, mais, disent les villageois, « aucune puissance humaine ne peut le renverser ». La foudre même n'en est pas venue à bout : touchée de plein fouet, la pierre magique s'est fendue, mais n'a pas cédé.

MOCA-CROCE
(Macà Croci)

56 KM S-E D'AJACCIO PAR N 193, N 196 ET D 757

La crypte des cendres

À la pointe de Balestra, à proxipité du hameau de Ceppone, à
2 km à l'est de Petreto-Bicchisano, au sud-est de la D 757, un souterrain s'amorcerait, dit-on, dans les ruines d'une église. Un tertre
circulaire de 22 m de diamètre et de 3 m de haut, qui, en réalité, ne
correspond en rien aux ruines d'une église, fouillé en 1957 par
M. Grosjean, a révélé plutôt un monument circulaire d'une hauteur
originale de 5 ou 6 m abritant une chambre centrale et deux
chambres latérales ou fond en abside d'une hauteur de 1,95 m sous
le linteau. Parsemée de céramique romaine, la couche supérieure
du sol repose sur une argile comportant des cendres et des fragments d'os. Le tertre de Balestra serait donc une sépulture à incinération ou un lieu de culte où les Torréens pratiquaient l'holo-
causte ou des crémations d'offrandes.

Le monument torréen de Balestra.

Un hibou sacrilège

Moca-Croce peut se vanter d'avoir eu un enfant terrible d'un
genre particulier. En effet, en 1838, ce village vivait sous la coupe
d'un garçon de dix-huit ans, *Il Cioccio,* « le Hibou », qui le terrifiait.
L'abbé Susini, trouvant abusif qu'un adolescent puisse troubler à ce
point la vie du village, essaya de persuader ses paroissiens de
secouer ce joug humiliant. Le jouvenceau, que rien ne faisait reculer, envoya à l'abbé une lettre rédigée dans les termes suivants :
« Vous verrez dans huit jours que le bandit Cioccio est plus redou-

table que vous ne le croyez. » L'abbé Susini estima nécessaire de prendre quelques précautions et appela pour sa défense personnelle six voltigeurs d'Ajaccio. Ayant ainsi retrouvé sa sécurité, il déclara : « Je ne le crains pas, il ne peut me tuer qu'à l'autel. » Phrase malheureuse s'il en fut, qui devait prendre une allure de provocation. Six jours plus tard, à l'élévation, le terrible jeune homme abattit de quatre coups de feu le prêtre trop sûr de lui. À coups de stylet, le Cioccio se tailla un passage parmi les femmes qui voulaient le retenir et s'enfuit. Il ne fut arrêté que quelques mois plus tard.

L'évêque d'Ajaccio, Mgr Casanelli d'Istria, frappa l'église d'interdit pendant un an et publia une lettre pastorale qui devait être lue dans toutes les églises du diocèse. Mais plusieurs curés, craignant le redoutable Cioccio, se refusèrent à lire en chaire la lettre pastorale ordonnant les prières et cérémonies de réparation. Un des curés écrivit même à l'évêque. A Moca-Croce, le meurtrier avait répété que l'imprudent qui lirait le mandement épiscopal serait condamné à mort. Mgr Casanelli d'Istria décida alors de procéder en personne à la cérémonie de réparation. Contrairement à l'attente, Il Coccio ne se manifesta pas. L'évêque parti, le bandit lui envoya une lettre lui disant qu'il n'avait pas voulu le tuer. À l'appui de ses dires, il précisait à quel tournant du chemin Mgr Casanelli avait sorti son mouchoir dont il indiquait la couleur. « Caché là, derrière un arbre, avec mon fusil, écrivait-il, j'étais sûr de mon coup. Mais je me suis abstenu de tirer, car sachez-le, monseigneur, ce n'est pas la coutume en Corse de tuer les évêques ! »

Le coup de pied de l'âne

C'était il y a des siècles... Au hasard de ses pérégrinations habituelles, l'âne de Jules Giuly pénètre dans un jardin bien tenu, offrant à profusion une nourriture fraîche et variée, plus savoureuse que celle que l'on rencontre le long des sentiers rocailleux. L'âne ayant fait bombance, le propriétaire du jardin, Joseph Susini, se plaint des dégâts. Giuly règle le problème de manière radicale : il tue Susini le 11 novembre 1954.

Condamné à cinq ans de prison, puis rapidement libéré, Giuly part pour le continent, où il meurt en paix quatre ans plus tard. Dans ces circonstances, un enterrement devient une cérémonie qui n'est pas dépourvue de danger. Au passage du cortège, des membres de la famille Susini expriment publiquement leur hostilité par des paroles peu amènes. Au retour du cimetière, une fusillade éclate. Bilan : un mort et cinq blessés. On en est resté là.

MOÏTA

73,5 KM S DE BASTIA PAR N 193, N 198, D 17 ET D 117

La litanie de la mort

Une des plus célèbres sérénades de la Corse fut composée au XIXᵉ siècle dans la région de Moïta. Elle fut chantée par un jeune homme qui se fit bandit d'honneur par dépit d'amour. Béatrice, au lieu de bien accueillir sa cour, avait fermé sa fenêtre en adressant à l'amoureux importun le cri traditionnel : « *Scùcculu !* » Le jeune homme, blessé dans son honneur, reprend de strophe en strophe, dans les deux derniers vers, des menaces de mort :

I

Béatrice, fa riflessu,
Asti me'versi piétosi ;
Amu a tè piu ch'a me stessu,
E tu mai ti ne riposi,
Tu questu miò cor pussiedi,
Per te mòru e tu nun credi.

I

« Fais attention, Béatrice,
À ma plainte douloureuse :
Je t'aime plus que moi-même,
Et tu ne t'en préoccupes guère.
Tu possèdes mon cœur,
Pour toi je meurs et tu ne le crois
[pas.

II

Ma pero sentu discore
Chi cun l'altri fai l'amore

II

Et cependant j'entends répéter,
Que tu fais l'amour avec d'autres.

IV

E se un altru n'ha pussessu,
Moru e nun mi ne confessu

IV

Ah ! si quelque autre te possède,
Je mourrai, et je mourrai sans
[confession.

VI

Chi ti sposa, o dea gradita,
Piè nun conti su la vita

VI

Que celui qui t'épousera, ô déesse
[respectée,
Ne compte plus sur sa vie.

VII

E ti vogliu, o cara diva,
Morta, se non possu viva

VII

Je te veux divine chérie,
Morte, si je ne puis t'avoir
[vivante. »

Malgré ces menaces, le jeune homme, rencontrant Béatrice sur la place du village, se serait contenté de lui couper les cheveux, mais aurait pris le maquis comme il l'avait annoncé[1].

MOLTIFAO

(Moltifau)

56,5 KM S-O DE BASTIA PAR N 193, N 197 ET D 47

Du pain, du vin et saint Martin

Aux cris de « *San Martinu panu e vinu* », les enfants de Moltifao défilent dans le village au cours de l'après-midi du 11 novembre. Pour honorer saint Martin, qui avait su, très jeune, donner l'exemple du partage, les adultes se montrent généreux le jour de sa fête et distribuent aux enfants des fruits, des friandises et des pièces de monnaie.

Grotte infernale

À 3,6 km de Ponte-Leccia, sur la D 47, un chemin d'environ 500 m mène vers le sud à la grotte de Pietralbella (ou Pietralbellu), longue d'une centaine de mètres, profonde de 47 m et haute de 6 à 7 m. L'ouverture évoque la configuration des côtes de la Corse ; on retrouve la même curiosité naturelle à Bonifacio. La grotte n'est pas sans danger lorsqu'on la visite sans précautions et c'est sans doute une des raisons pour lesquelles de nombreuses légendes entourent Pietralbella. Connue sous le nom de trou de l'Enfer, la grotte serait le lieu de pratiques infernales ou communiquerait avec l'enfer. On assurait naguère que la caverne abritait un lac souterrain auquel on attribuait une longueur de 50 km. On prétend même encore qu'elle communiquerait avec une grotte du golfe de Calvi. Une légende veut qu'une chèvre, qui avait pénétré dans le souterrain, soit ressortie quelques jours plus tard dans la forêt de Filosorma.

MONACIA-D'AULLÈNE

(Munacia d'Auddè)

117 KM S-E D'AJACCIO PAR N 193, N 196 ET D 50 — 36 KM S-O DE PORTO-VECCHIO PAR N 198, N 853, N 196 ET D 150

Les solitaires de la mer

La Monacia a été l'un de ces monastères qui ont pris en charge la sécurité des communications maritimes, après la chute de l'Empire romain, et diffusé la civilisation en Corse. Le rôle de ces moines montant la garde face à la mer est confirmé par la Punta di Monaco, qui se dresse à 1 293 m d'altitude, à 10 km au nord de Monacia-d'Aullène, et par les îles des Moines, au large de Roccapina.

La Monacia a été de tout temps le point de ralliement des bergers d'Aullène, qui transhumaient jusqu'à la mer en hiver. Une fontaine et une chapelle, où les ancêtres des habitants actuels ont été inhumés ensemble, dans une *arca* creusée sous l'autel, sont dédiées

1. X. Tomasi, *Les Chansons de Cyrnos, anthologie de la chanson populaire de l'île de Corse*, Marseille, F. Detaille, 1932.

à sainte Monique, que les bergers avaient choisie comme protectrice. Le patronage de la mère de saint Augustin est peut-être un lointain souvenir des relations entretenues entre l'Église d'Afrique du Nord et la Corse au cours du VIᵉ siècle.

L'homme de pierre

À 7 km à vol d'oiseau au nord-est de Monacia-d'Aullène, se dresse la montagne de Cagna (1 217 m), énorme rocher figurant un homme coiffé d'un chapeau connu sous le nom d'*Uomo di Cagna*. Inquiétant pour les uns par sa présence obsédante, l'Homme de Cagna est rassurant pour d'autres : autrefois, les pêcheurs de corail se guidaient sur l'*Uomo di Cagna*, que l'on voit de fort loin en mer, et cessaient de pêcher dès qu'ils le perdaient de vue.

MONCALE

(Mucale)

14 KM S-E DE CALVI PAR N 197, D 151 ET D 51

L'école de la patience

Comme dans plusieurs autres villages corses, on évoque à Moncale le comportement désinvolte des épouses de seigneurs que l'on devait attendre pour commencer la messe et qui étaient régulièrement en retard. Ces épreuves dominicales ont menacé particulièrement les paroissiens de Moncale, qui dépendaient de trois châteaux.

À partir du XIIIᵉ siècle, la population a été libérée de ces sujétions, lorsque les Darii, qui détenaient le château de Scopoline, ont commencé à construire à Moncale et donné le signal de l'abandon des châteaux. La première maison de village édifiée par les Darii, devenus les Dary, subsiste encore aujourd'hui.

MONTEGROSSO

(Montegrossu)

13,5 KM E DE CALVI PAR N 197 ET D 451

Le berceau de Don Juan

L'intérêt de Montemaggiore, l'un des trois villages composant la commune de Montegrosso, dépasse de loin son site qui domine le golfe et la ville de Calvi, puisqu'il s'agit du berceau de la famille de Don Juan. La filière remonte une fois de plus à Ugo Colonna et les preuves de l'histoire semblent convaincants. Peut-on, toutefois, parler de preuves en évoquant les vieilles chroniques où la légende et l'imagination viennent à tout moment relayer l'histoire proprement dite ? Ugo Colonna a-t-il existé ? Les prétentions des nobles corses qui le revendiquent comme ancêtre sont-elles justifiées ? Mais, nonobstant les confusions de dates, les révélations des vieilles chroniques corses sont apparues exactes bien des fois.

Au IXᵉ siècle, la Corse était sous le joug des Maures ; le pape Étienne IV, voulait délivrer l'île sur laquelle il estimait avoir des droits anciens. Il aurait suscité une expédition à la tête de laquelle il aurait placé un noble romain, Ugo Colonna (voir p. 75). Après de victorieuses campagnes contre les infidèles, Ugo Colonna aurait reçu le gouvernement de l'île et le titre de comte. Les descendants d'Ugo Colonna, nombreux, auraient essaimé dans la plupart des grandes familles corses. L'une des plus importantes est celle des Leca dont fait mention, entre autres, le nobiliaire d'Espagne d'Alfonso de Haro publié en 1622 : « Une des plus hautes lignées qu'il y ait eu en Corse, c'est celle des Leca qui descend de la très illustre famille Colonna. » À plusieurs reprises, les Leca et les Anfriani, qui devaient s'allier pour donner naissance à Don Juan, firent établir les preuves de leur noblesse et de leur parenté avec la famille princière des Colonna de Rome. Ainsi, en 1634, Tomaso Magnara di Leca et son beau-frère, Antonio Anfriani, de Calvi, demeurant tous deux à Séville, firent confirmer par la chancellerie du sénat de Gênes « qu'eux, leurs ancêtres et leurs descendants sont nobles […] et que la famille Leca d'où sortent Tomaso Magnara et Francesco Anfriani Vincentelli est la plus illustre de l'île de Corse ».

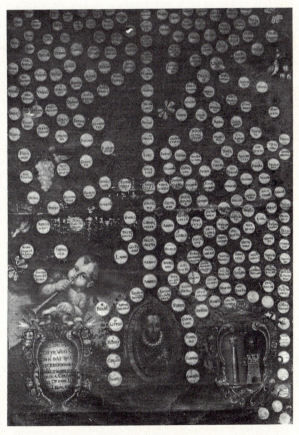

L'arbre généalogique de Don Juan dans la maison Colonna d'Anfriani.

Or c'est dans une maison portant le blason de la famille Leca —
« Sous cet emblème tu vaincras » — que le 3 mars 1627 naquit à
Séville don Miguel de Leca y Colona y Magnara y Vincentello, fils
de don Tomaso Magnara di Leca et de donna Geronima Anfriani. Et
don Miguel, c'est Don Juan.

Don Juan, bien que né à Séville, avait donc avant tout du sang
corse et, peut-être, le mélange explosif entre l'austérité janséniste
de ses origines et le libertinage extrême des mœurs de sa ville natale explique l'extraordinaire destin de cet homme devenu plus une
légende qu'une réalité et qui, à la fin de sa vie, devait finir dans la
sainteté la plus farouche.

« Cœur d'amour épris »

Si l'histoire suivante est vraie, elle représente évidemment la
manifestation la plus poussée de la psychologie de Don Juan : son
père avait eu une fille au cours d'une liaison ; la jeune fille vivait à
Montemaggiore sous la garde d'un oncle. Don Juan apprit la chose
et sentit monter en lui le plus diabolique de tous les désirs qui
l'avaient jamais habité : celui de séduire sa demi-sœur. Sous un
nom d'emprunt, il se rendit à Montemaggiore avec une lettre d'introduction.

Instantanément séduit par la grâce de la jeune fille, il entreprit
de lui faire une cour comme seul il savait le faire ; la malheureuse
provinciale confite en dévotion et ignorant tout des lois du monde
ne tarda pas à tomber éperdument amoureuse du beau seigneur
élégant et charmeur. L'oncle ne considérait pas l'idylle d'un mauvais œil et encourageait sa nièce à accepter la promesse de mariage que Don Juan avait vite évoquée. Subjuguée, la jeune fille voyait
chaque jour moins de raisons de refuser à son séducteur la
suprême faveur. Lorsque enfin le jour fatidique arriva, la vertu de
la jeune innocente ne fut sauvegardée que grâce à l'insurmontable
orgueil de Don Juan ; dès le premier baiser, celui-ci révéla à son
amante pâmée quels étaient leurs vrais liens : « Tu es ma sœur, dit-
il, et tu m'aimes, et tu es à moi. » S'il avait voilé ses desseins, Don
Juan n'aurait pas jugé sa conquête digne de lui. Mais la réaction de
sa sœur fut d'une violence incroyable ; elle s'arracha des bras du
séducteur incestueux et appela à grands cris son oncle. Celui-ci
tenta de s'opposer à la fuite de Don Juan mais ne fut pas de taille
à croiser le fer et fut atteint d'un coup d'épée. On voit encore le passage voûté par lequel l'assassin put se dérober aux poursuites. On
dit qu'à la suite de ce drame Don Juan aurait éprouvé du repentir
et se serait converti, mais rien n'est moins sûr.

Rébus sans clef

Saint Rainier n'est pas un saint honoré couramment en Corse.
Or, au XIIe siècle, une foire fréquentée par les marchands pisans se
tenait le 17 juin autour de l'église Saint-Rainier (à 2 km au nord de
Montemaggiore par la N 151 et une voie à droite). Comme son
patron était d'origine pisane et que son culte fut très populaire dès
sa mort (1161), on peut penser que l'église de Montemaggiore perpétue, dans un site d'ailleurs parsemé de briques romaines, la présence, considérée comme bénéfique, des Pisans. Des signes ou
motifs en relief peu compréhensibles sont bizarrement placés sur
les murs de l'église. Des pieds, des traces de pas semblent suivre
une piste, à l'extérieur, au-dessus de la fenêtre centrale de l'abside,
et, à l'intérieur, vers le milieu de la nef, sur le mur orienté au nord.
Sur les archivoltes des fenêtres de ce mur, une tête hilare fait face

à un visage furieux. À l'intérieur de l'abside, on aperçoit un cheval qui se cabre. Ces symboles n'ont pas été déchiffrés.

De Montemaggiore, un chemin que l'on prend à partir de la D 451, à droite, à 1 km du village, atteint le lieu-dit San Martinu, où un ancien maire de Montemaggiore, Jean-Mathieu Giudicelli, avait découvert les restes d'une chapelle pisane et une nécropole où les tombeaux se sont accumulés pendant un millénaire : certains sont antérieurs à l'époque chrétienne et les plus récents datent de l'époque pisane. San Martinu serait l'un de ces lieux sacrés où les sanctuaires se sont succédé. Le chemin de San Martinu passe au pied de la Punta Cordovella, ou Corduella, qui fut peut-être une ville maure fortifiée.

La seconde Cordoue

Malgré la référence toponymique à Cordoue, les Maures n'ont pas laissé de traces indiscutables de leur passage. En réalité, la Punta Corduella a été occupée du néolithique au début de l'époque moderne. Au sommet, on reconnaît encore la base d'une tour quadrangulaire qui surveillait l'arrière-pays du littoral au Moyen Âge. Des murs subsistent autour du faîte de la butte et des céramiques de toutes époques parsèment les pentes. Les objets exhumés, très abondants, ont été déposés à Calvi, au musée de l'oratoire Saint-Antoine.

Ptolémée signale deux cités dans l'actuelle Balagne : Kersounon et Rhopikon. Il semble que la Punta Corduella ait pu être le site de Rhopikon. Un millier de sépultures occupent un espace de 3 ha entre le sommet de la colline et San Martinu. Dans cette nécropole, on a découvert, entre autres, un sarcophage du IVᵉ siècle taillé dans un bloc de granite rose contenant un squelette en position repliée, qui donne du poids à l'hypothèse concernant l'existence d'une cité romaine, sans la confirmer formellement. Pour certains, les ruines de Corduella, qui comportent des éléments manifestement préromains, auraient pu être les restes d'une cité étrusque. Il nous faut rappeler à ce propos que l'historien corse Limperani situe la ville étrusque d'Agylla, traditionnellement placée entre l'Arno et le Tibre, au hameau d'Agillone.

Mais la destinée de l'agglomération se serait poursuivie à l'époque des invasions musulmanes d'après les chroniqueurs corses : les Maures auraient transformé l'ancienne cité romaine en un véritable camp retranché. « Hugolone, écrit Giovanni della Grossa, partit secrètement pendant la nuit, et passa à Cordovella, qui était un château situé près de l'endroit où se trouve aujourd'hui Calvi. De là, il envoya en Barbarie demander du secours aux rois d'Afrique, et particulièrement au roi de Tunis. » Effectivement, on désigne encore la colline sous le nom de *capo ai Mori* ; la Punta Corduella serait un avant-poste insulaire de Cordoue, dont l'émir finança, au début du IXᵉ siècle, les campagnes navales contre la Corse. À l'examen, le site convient fort bien à des envahisseurs venant de la mer : il est aisé à atteindre à partir du rivage ; il peut être fortifié sans peine excessive ; la plaine du Fiume Secco assure des réserves de vivres. Cela n'empêcha pas le roi maure, dit-on, de brûler la place et « ayant rappelé des vaisseaux qui avaient échappé, il s'embarqua avec tous ses trésors et passa en Afrique… » Tous ses trésors ? On le conteste à Lumio.

MONTICELLO
(Munticellu)

26 KM N-E DE CALVI PAR N 197 ET D 63

Assurance tous risques

Menacé par les Barbaresques au XVᵉ siècle et au XVIᵉ siècle, Monticello s'est entouré de fortifications, mais s'est aussi ménagé de hautes protections, celle de saint Roch, invoqué lors des guerres, des catastrophes naturelles et de la peste, et celle de saint François-Xavier, qui avait su parler aux infidèles et mener à bien la conversion des populations des terres les plus lointaines.

Chaque année, le 16 août, la statue de saint Roch, abritée habituellement dans la chapelle de saint François-Xavier, est portée en tête d'une procession, qui s'achève par l'offrande des petits pains. Après la cérémonie, les habitants du village et leurs hôtes dégustent la *minestra*, une soupe de pois chiches préparée par les maîtresses de maison du village. Dans le passé, les fidèles des paroisses du voisinage venus honorer saint Roch étaient invités à se restaurer avant de prendre le chemin du retour.

Saint François-Xavier est aussi fêté ; le 3 décembre, une procession se déroule autour du sanctuaire qui lui est dédié et qui avait été édifié à son intention en 1663.

Le château de la mort violente

Les ruines du castellu d'Ortica, ou de Vortica, occupent un sommet qui domine Monticello et une partie de la côte de Balagne. La montagne a porté un château dès le XIᵉ siècle : un Amundello de Vortica est cité dans un acte de 1092. Les moignons de trois tours et les murailles, réduites à 1 ou 2 m de haut, proviennent plutôt du château édifié au XIIIᵉ siècle par Giudice de Cinarca.

À cette époque, les plus puissants seigneurs de l'île étaient reçus à l'Ortica lors de la fête de Pâques. L'esprit de conciliation qui aurait dû présider à ces réunions n'était pas toujours respecté. Selon Giovanni della Grossa, Giovanninello de Pietr' all' Arretta du Nebbio, « qui était d'un caractère naturellement orgueilleux et implacable », et qui avait déjà tué auparavant un de ses neveux, se disputa avec Giudice de Cinarca pour une raison restée inconnue. Alors, commença une guerre de quatre ans, « quatre années de meurtres et de destructions », qui s'achevèrent par l'exil de Giovanninello.

Un peu plus tard, vers 1276, le château d'Ortica fut encore le théâtre d'un autre drame : homme de confiance de Giudice de Cinarca, le gouverneur du château fut tué par les quatre fils de Giudice, qui avaient pris ombrage de la faveur dont il bénéficiait.

Suzanne à la fontaine

Le mystère de la naissance de Christophe Colomb (voir CALVI) pourrait-il être élucidé à Monticello ? Contrairement à la lignée paternelle du navigateur, la mère de Christophe Colomb, Suzanna de Fontanarossa, reste encore une inconnue. Selon Jacques Heers, le meilleur connaisseur de l'histoire de Gênes, aucune mention des origines de la jeune femme ne figure dans les actes où elle est citée. Pour Jacques Heers, « ce nom de Fontanarossa, que les généalo-

gistes n'ont jamais réussi à identifier exactement, fait irrémédiablement penser à celui d'un village ou d'un lieu-dit[1] ».

Or, une source, ou une fontaine, proche de Monticello aurait
porté le nom de Fontanarossa, qui aurait désigné aussi une famille
résidant près de Speloncato, à 10 km au sud de Monticello. Ces
observations avaient été présentées par une érudite d'origine corse
émigrée en Uruguay, qui avait été intriguée par les incertitudes
concernant les origines de Christophe Colomb[2].

Dernier fait troublant : peu connue en Ligurie et en Corse, sainte Suzanne est vénérée à Monticello le 11 août. A une lieue au sud-
est de Monticello, une église, aujourd'hui en ruine, était dédiée à
sainte Suzanne ; ce sanctuaire très ancien, qui figurait en 1095
parmi les donations accordées par l'évêque d'Aléria au monastère
de la Gorgone, était encore fréquenté au XVe siècle.

La mère de Christophe Colomb serait-elle originaire de Balagne ?
Ainsi s'expliquerait l'échec de toutes les tentatives visant à localiser la famille Fontanarossa à Gênes ou à proximité. Et, si la mère
de Christophe Colomb était corse, elle aurait pu être tentée de revenir dans sa famille peu avant la naissance du futur découvreur de
l'Amérique...

La Signora du Palazzo

Les liens de l'insaisissable Suzanne de Fontanarossa avec
Monticello restent controversés. Un souvenir tout aussi empreint
de mystère persiste autour d'une autre femme, qui, elle, a indiscu-
tablement vécu à Monticello, plusieurs siècles après Suzanna de
Fontanarossa, et qui a même connu Santa-Suzanna, puisque son
père est mort dans la ferme du même nom, proche de l'église.

Née en 1818, petite-fille d'un Allemand engagé dans les armées
du roi de France, affecté à Calvi, et d'une Corse appartenant à une
vieille famille de Balagne, Louise Herckenroth avait passé une partie de sa jeunesse sur le continent, mais prenait un vif plaisir à
revenir régulièrement « dans ses solitudes corses », à Monticello,
« le seul endroit de la terre où je me trouve bien », écrit-elle. Mariée
en 1836 à un Cap-Corsin né à Trinidad, Dominique Mattei, elle a
habité, à Monticello, le Palazzo, une vaste maison du XVIIe siècle,
austère et monumentale, située à l'entrée du village. Séparée de
son époux dix ans de mariage, malgré la naissance de trois
enfants, elle mène une vie indépendante, s'habille à la dernière
mode à Paris et voyage beaucoup : elle faisait « la Signora Mimina »,
disent encore les habitants de Monticello, qui avaient été vivement
frappés par ce genre de vie si différent du comportement des mères
de famille corses du milieu du XIXe siècle.

Observée quotidiennement à Monticello, cette femme libérée se
fondait dans l'anonymat des grandes villes, dès qu'elle quittait la
Corse pour le continent. Bien qu'elle ait rencontré beaucoup d'écrivains, de journalistes ou d'artistes en vogue, elle est restée, pour la
plupart, une inconnue. On savait que Théophile Gautier avait été
inspiré entre 1849 et 1854 par une femme venue d'ailleurs, rencontrée par hasard à Londres, qu'il appelait la Signora, ou parfois
l'Italienne. Séduit d'emblée par le charme et l'élégance de la
Signora, Théophile Gautier semble avoir apprécié sa vivacité d'esprit et sa culture, et il a aussi été intrigué, et attiré, par la liberté

1. J. Heers, *Christophe Colomb, op. cit.*
2. E. Paoli-Cesarini, *Christophe Colomb identifié corse*, Nice, l'Éclaireur, 1932.

d'allures qu'elle affichait. Portant le gilet et fumant le cigare, aimant le timbre grave des contraltos, la Signora était peut-être elle-même dotée de ce

> « Son double, homme et femme à la fois,
> Contralto, bizarre mélange
> Hermaphrodite de la voix »

que Théophile Gautier célèbre dans l'un des poèmes d'*Émaux et Camées*.

Jusqu'à une époque récente, les exégètes de Théophile Gautier n'avaient jamais identifié l'égérie de l'écrivain, qui a pourtant laissé une abondante correspondance amoureuse, où se mêlent l'intelligence et la passion. Maxime du Camp était le plus précis : présentant *Émaux et Camées*, il rapporte que la jeune femme était venue de Corse pour rejoindre Théophile Gautier à Venise en 1850. Une centaine de lettres destinées à Théophile Gautier, mais aussi à son ami Louis de Cormenin, avaient été recueillies par le vicomte de Lovenjoul à la fin du siècle dernier. Oubliées à tort, elles révélaient que l'amoureuse enflammée, mystique, mais aussi réfléchie, de Théophile Gautier, très admirée par le poète, s'appelait Marie Mattei et vivait en Corse, à Monticello[1]. Marie et non Louise : cette descendante aux yeux bleus de Corse et d'Allemand n'était pas dépourvue de religion, malgré une vie agitée ; née la veille du 8 décembre, fête de l'Immaculée Conception, elle se vouait à Marie, sûre, sans doute, d'une grande indulgence. C'est beaucoup plus tard que les secrets de Louise, devenue Marie Mattei, ont été percés. Son existence, où alternent séjours en Corse et voyages sur le continent européen ou au Proche-Orient, a été reconstituée. Les deux milieux semblaient nécessaires à l'épanouissement de la Signora. L'amie de Théophile Gautier vivait déjà pleinement l'émancipation féminine à l'époque même où elle s'amorçait. Il était plus facile de tirer parti de cette liberté nouvelle sur le continent ou dans les pays lointains qu'elle visitait. Pourtant, Marie Mattei revenait régulièrement au Palazzo, sans craindre l'isolement. Le calme de la vie à Monticello, la solidité des structures familiales et des amitiés locales l'apaisaient peut-être en lui permettant d'oublier les peines qu'elle portait en elle et de mesurer la vanité de la vie qu'elle menait ailleurs.

Passion meurtrière

Refuge préféré de Marie Mattei, le Palazzo a été, pour d'autres, une demeure maudite. En indivision, comme beaucoup de grandes maisons corses, le Palazzo était aussi habité par une autre branche de la famille, groupée, à l'époque, autour d'Antoine-Jean Pietri, avocat et conseiller général. L'une des cousines de Marie Mattei, Vittoria Pietri, avait épousé Mucius-Jean Malaspina, issu de cette famille de Balagne que l'on dit descendre des marquis de Toscane et de Corse.

En septembre 1849, Antoine-Jean Pietri croit de son devoir d'accueillir l'un des nombreux républicains d'origine italienne réfugiés en Corse, Giustiniano Bazzani. Vittoria Malaspina, qui approche de la quarantaine, est déjà mère de six enfants. On l'imagine d'une beauté rayonnante, car Bazzani, qui a vingt-six ans, s'éprend d'elle, ressent une passion de plus en plus exigeante et se déclare en décembre 1849. Dépourvue de tout penchant pour les égare-

---

1. Marie Mattei, *Lettres à Théophile Gautier et à Louis de Cormenin* (éditées par Eldon Kaye), Genève, Librairie Droz, 1972.

ments de la passion, mère de famille respectant des règles de vie strictes, Vittoria informe son époux et son père. Le départ de l'hôte importun est décidé. Trop tard : le 20 décembre, dans le calme de l'après-midi, plusieurs détonations retentissent. Dans le désordre laissé par une lutte violente, on découvre Vittoria poignardée, achevée de deux balles dans la tête, et, non loin de là, Bazzani, qui s'est tué d'un coup de fusil.

On dit que Vittoria, peu après sa mort, se serait manifestée auprès de Mucius-Jean Malaspina et lui aurait enjoint de garder en souvenir une mèche de sa chevelure. Plusieurs reliques du meurtre sont encore conservées précieusement au Palazzo.

Le tombeau de Pascal Paoli à Morosaglia.

MOROSAGLIA
(Merusaglia)

60 KM S-O DE BASTIA PAR N 193 ET D 71

Le souvenir de Pascal Paoli

Morosaglia est le bourg natal de Pascal Paoli (1725-1807), élu général en chef en 1755 et mort à Londres en exil. La maison où il est né a accueilli ses cendres ramenées de Londres, déposées selon son désir dans un caveau de la chapelle du rez-de-chaussée en 1889.

Détail de la chapelle où est enterré Pascal Paoli.

M. Francheschini-Pietri, arrière-petit-neveu de Pascal Paoli, propriétaire de la maison, fit don de celle-ci au département de la
Corse qui la transforma en musée. Réhabilité et aménagé depuis
1987, le musée Pascal-Paoli s'est enrichi récemment de plusieurs
portraits du Père de la Patrie, dont un provenant de Londres, peint
par sir Thomas Lawrence.

L'église Santa Reparata, où fut baptisé Pascal Paoli, domine
Morosaglia. On s'y rend par un court chemin en pente raide. La
porte occidentale est surmontée d'un tympan orné seulement de
deux serpents entrelacés qui se mordent la queue. Entre les crocs
des serpents, une date : 1550. Elle précise l'époque d'une des restaurations : de nombreuses pièces sculptées ont été réintégrées
sans ordre dans le mur extérieur de l'abside ; la plus ancienne des
inscriptions funéraires est datée de 1490.

L'esprit souffle au col

Depuis les origines de la propagation du christianisme en Corse,
saint Pierre est le protecteur de la montagne qui fait face à la mer
Tyrrhénienne, entre l'Alesani et le Golo, et qui culmine au San
Pedrone, à une altitude de 1 767 m. Visible des îles toscanes, où
s'étaient installés les monastères qui ont soutenu l'action de l'Église
en Corse, et particulièrement de Monte-Cristo, la montagne du San
Pedrone était considérée comme sacrée dès le VIe siècle.

La fête de Saint-Pierre-aux-Liens rassemblait le 1er août une
foule venue de loin au col de Prato, la *Bocca di u Pratu*. Le col ouvre
la seule voie de passage fréquentée à travers la montagne (à 3 km
au sud-est de Morosaglia, sur la D 71). La foire qui se tenait à l'occasion de la fête était en déclin, mais elle a été ranimée par une
association dynamique. « Exclusivement corse », elle dure actuellement deux jours. Conformément à la tradition, le col de Prato n'accueille pas seulement un rassemblement consacré aux productions
agricoles et artisanales. C'est aussi un lieu de rencontre de
conteurs, de poètes, de chanteurs de *paghjelle* et d'improvisateurs
prompts à la repartie, qui dialoguent au cours des joutes de *chjami
è respondi*. Le dimanche matin, le bétail présenté à la foire est béni,
à l'issue d'une messe chantée dans la chapelle San Petrucolo, qui
occupe une position dominante au sud du col et qui perpétue le souvenir de San Pietro d'Accia (voir QUERCITELLO).

MORSIGLIA

(Mursiglia)

56 KM N-O DE BASTIA PAR D 80

Village aux neuf tours

À Pruno, hameau principal de Morsiglia, que de hautes falaises
en hémicycle rendaient imprenable, de fortes tours, rondes ou carrées, attestent le danger permanent que représentaient les pirates
barbaresques dont les incursions étaient suffisamment fréquentes
pour justifier ces forteresses familiales qui abritaient les habitants
pendant les chaudes alertes. L'une de ces tours, carrée, porte gravées à son entrée les armoiries d'une famille de navigateurs, les
Gaspari : d'azur à fleur de lys d'argent et trois étoiles. L'insécurité
prolongée qui obligea les Corses à se replier vers la montagne ne
détourna jamais les Cap-Corsins de la mer. Ils fréquentaient même

les côtes d'Afrique du Nord et conclurent des accords avec les musulmans.

Au XVIᵉ siècle, Antoine Lenci, qui appartenait à une famille de Morsiglia, où il était né, dirigeait une compagnie d'exploitation de corail en Afrique du Nord. Devenu deuxième consul de la ville de Marseille, il prit parti à l'époque de la Ligue pour le roi contre le premier consul de la ville. En 1582, il est tué en essayant de prendre d'assaut l'hôtel de ville. Les ligueurs, afin d'intimider les royalistes, découpèrent son corps en morceaux qu'ils déposèrent devant la porte de son palais.

MURACCIOLE

24 KM S DE CORTE PAR N 193 ET D 343

De l'enfer au paradis

De Muracciole, le chemin muletier qui mène à Arca, vers le nord, conduit à un rocher abrupt et à l'église Sainte-Marie qui se font face (0,6 km). Le rocher serait le « château du Diable ». Si diable il y a, l'enfer n'est pas loin. Et, en effet, à quelques mètres, un lieu à décor chaotique porte le nom d'Enfer. Entre l'église, le château du Diable et l'Enfer, se trouve une caverne profonde où est aménagé un autel : la grotte Sainte-Marie. À côté, un petit domaine : l'enclos de Fiordalice. On raconte que vers la fin du Vᵉ siècle, à une époque de persécutions, une famille chrétienne vivait dans la caverne : deux hommes et une petite fille, Fiordalice, à qui la Vierge serait apparue.

Malédiction et calembour

Sur le seuil de l'église Sainte-Marie, une pierre funéraire, qui recouvrait la tombe du médecin Pantalacci, porte une inscription qui n'est pas incompatible avec le code d'honneur des bandits : *Maledizione a colui che uccide in agguato il prossimo suo ; e tutto il popolo dica maledizione !* « Malédiction à celui qui tue traîtreusement son prochain, et que tout le monde dise : Malédiction ! » Si le bandit corse a la gâchette légère, il ne tue pas par traîtrise.

À Muracciole, s'élèvent les ruines d'un *castello dei Mori*. Une victoire des habitants sur les Maures est à l'origine d'un calembour local évoquant quatre lieux-dits de la région :

> *A Parato i parono, a Piccia l'appricciono,*
> *A Finosa il finino, a Castello l'incastellono*

que l'on peut interpréter ainsi :

> « À Parata ils les repoussèrent, à Piccia ils les abordèrent,
> à Finosa ils les défirent, à Castello ils les enfermèrent. »

MURATO

(Muratu)

23 KM S-O DE BASTIA PAR N 193, D 82 ET D 5

L'échiquier de pierre

À 1 km au nord de Murato, à l'est du carrefour de la D 5 et de la D 162, l'église romane San Michele, qui date du milieu du XIIᵉ siècle, mérite une visite. L'extérieur présente un appareil de pierres blanches et vertes alternées, comme à Sienne, avec des dalles de

L'église San Michele de Murato.

marbre rouge. À l'est, la façade est précédée d'un clocher-porche rectangulaire qui repose sur deux grosses colonnes cylindriques où l'alternance des blancs et des verts est respectée. Aujourd'hui, l'église San Michele n'est ouverte au culte que le 8 mai.

Au milieu de la façade occidentale, la triple arcature attire l'attention : des animaux en marche ornent les consoles ; à l'extrémité méridionale, un homme nu tient à bout de bras un bâton. La console qui supporte l'arc méridional porte un fauve montrant ses crocs et une tête de bélier ou de mouflon. Deux paons se font face sous le tympan de l'arc central et entourent un homme qui étend les bras.

D'autres motifs animaux sont incrustés sur le mur latéral orienté au sud : deux serpents entrelacés rampent vers des oiseaux ; les yeux rouges des serpents et des oiseaux brillent comme des escarboucles. À la base de la façade un bandeau présente douze cercles en chaîne cernant des motifs disparates : des cercles, des étoiles à huit pointes, des gerbes, des oiseaux. L'association de planètes, d'oiseaux et de récoltes pourrait rappeler la création du monde.

Au jardin d'Éden ?

Le symbolisme animal se poursuit sur le mur latéral orienté au nord. Au bas de la fenêtre située vers l'ouest, un bandeau représente l'agneau tenant la croix entre deux animaux à l'aspect féroce, rappelant la victoire de la foi sur les puissances du mal et peut-être en même temps la victoire de la croix sur l'islam. Sur la fenêtre la plus orientale, Ève, nue, cachant son sexe de sa main droite, tend sa main gauche vers la pomme présentée par le serpent tentateur lové dans un arbre. Au bas de la fenêtre, un ange portant des raisins montre du doigt une vigne. À droite, un homme montre aussi le cep avec sa main gauche tout en brandissant un couteau de l'autre main. La scène représenterait-elle le jardin d'Éden où l'homme est exilé et gardé par les chérubins ? D'autres motifs sont encore plus curieux : sur les modillons de la corniche méridionale, deux mains présentent un parchemin enroulé ; une sirène retient sa queue bifide à deux mains ; la corniche septentrionale porte un homme nu, un couteau dans une main et une corne dans l'autre.

Le décor de San Michele rappelle parfois que les églises piévanes de Corse jouaient un rôle judiciaire : les mains coupées et les ciseaux évoqueraient les sanctions menaçant voleurs et dénonciateurs. Selon l'usage, les rouleaux de parchemin représenteraient la loi.

La machine infernale

Le 28 juillet 1835, Louis-Philippe et sa suite se dirigeaient vers la Bastille pour commémorer la révolution de Juillet. Une fusillade éclate, suivie d'une explosion. L'attentat est sanglant : dix-huit morts et vingt-quatre blessés gisent sur le boulevard. Le maréchal Mortier figurait parmi les victimes.

Dans un immeuble proche, on découvre les restes d'une machine infernale. L'habile constructeur de l'engin est vite connu : il s'agissait de Joseph Marie Fieschi, un ancien militaire des armées napoléoniennes, l'un des derniers fidèles de Murat, lors de sa tentative de reconquête du royaume de Naples, en 1815. Engagé volontaire en 1808, Fieschi était né à Murato en 1790, dans une famille de bergers originaires de Vico et de Renno.

La presse nationale stigmatise à l'époque la persistance de l'esprit de vengeance parmi les Corses. Mais, quelle vengeance ? Sans ressources et vivant misérablement, malgré de longs états de services dans l'armée, Fieschi aurait pu devenir un membre actif de ces « classes dangereuses » qu'ont évoquées les historiens. Or, il semble bien que Fieschi n'ait pas manifesté d'opinions politiques affirmées, contrairement à de nombreux militants républicains de son quartier, qui multipliaient les déclarations subversives et prônaient l'utilisation de la violence.

Fieschi fréquente ces milieux, mais ne leur consacre pas l'essentiel de son temps. Ancien berger et chômeur désœuvré, il aime la méditation solitaire et donne volontiers libre cours à son imagination. Fidèle à son passé militaire et passionné par les armes, comme la plupart des Corses, il se serait attaqué, selon ses confidences, au problème posé par la défense d'une place forte avec des effectifs réduits. Il aurait alors conçu une machine à canons multiples et à tir simultané susceptible de repousser efficacement des vagues d'assaut. La conception était différente de celle qui allait faire la fortune de la mitrailleuse, mais le résultat obtenu était le même. Peut-être Fieschi connaissait-il le déroulement du siège soutenu par Jacques Casella, en 1768, dans la tour de Nonza ? (Voir NONZA, Des fusiliers fantômes.)

Démuni de tout, sauf d'idées, Fieschi est fier de son invention et se montre flatté de l'intérêt que lui portent ses amis. S'il accepte de passer à l'acte, c'est plutôt pour expérimenter sa machine et atteindre la notoriété. Lors de son procès, il avait compris qu'il avait été manipulé et n'a pas exprimé grande estime pour ceux qui l'avaient aidé, et, plus encore, exploité. Un enchaînement de circonstances fortuites, où le hasard tient une grande place, mène parfois à des drames sanglants sans que nul n'ait le pouvoir d'arrêter la succession des événements, qui s'agence selon un processsus inexorable. Fieschi est exécuté le 19 février 1836. On n'imaginait pas alors que les frères Maxim et Kalachnikov apporteraient des contributions plus décisives que celle de leur précurseur corse au problème, vieux comme l'humanité, de l'hécatombe de masse.

Deux Corses pour une République

Discrète, la *casa Leoni* a abrité une famille dont un rameau s'est détaché vers l'Amérique, comme on en rencontre souvent en Balagne et dans le cap Corse. La maison sort de l'anonymat en 1963, lorsque se dénoue, au Venezuela, une mémorable campagne présidentielle, qui entre dans l'épopée des Corses d'outre-mer. Cette élection avait opposé Raùl Leoni, originaire de Murato, et Arturo Uslar Pietri, qui descendait de familles corses enracinées à Ersa et à Stazzona. Raùl Leoni l'emporte et devient président de la République du Venezuela. Avocat, fondateur, avec Romulo Betancourt, du Parti démocratique national, puis de l'Action démocratique, il était le fils de Clément Leoni, né en 1874 à Murato, qui s'était embarqué en 1896 à Bastia sur un bateau assurant la liaison avec La Guaira. Du mariage, heureux, de Clément Leoni et d'une Doña Carmen d'Upata, aux confins de l'Orénoque et des savanes du haut Caroni, naît une lignée américaine alliant la Corse et l'Espagne, qui s'illustre dès la première génération. Attaché à la Corse, qu'il ne connaissait pas, Raùl Leoni est venu en pèlerinage à Murato en 1970, deux ans avant sa mort.

MURO

(Muru)

22,5 KM E DE CALVI PAR N 197 ET D 71

Les impondérables de la grâce

Dans l'église de l'Annonciade, le crucifix des Miracles est exposé à la contemplation des croyants sur un autel doré, dans une niche tapissée de velours. Ce christ fut porté dans l'église en 1733 à la suite d'un miracle accompli trois ans plus tôt. Auparavant, le crucifix, qui date de 1659, était placé dans la chapelle de la confrérie de Santa Croce, sur le banc du prieur. Le christ présentait à la foule deux aspects selon qu'il était regardé à gauche ou à droite : à gauche, il était douleur ; à droite, résignation. Les confrères de la Sainte-Croix qui arrivaient en retard à l'office du dimanche devaient faire publiquement amende honorable en récitant cinq *Pater* en l'honneur des cinq plaies, en le baisant et en disant : « Miséricorde, ô Jésus, pour les âmes du purgatoire. » Ce qui ferait penser que les âmes du purgatoire devaient souhaiter la fréquence de ces retards qui étaient l'occasion d'intercessions en leur faveur. Or, en 1730, le jour de la fête des Cinq Plaies, au moment du *Te Deum*, une vive lumière jaillit du christ pendant qu'une voix s'écriait : « Venez et voyez mon martyre. » Les fidèles s'approchèrent et virent que le visage du christ était inondé de sang. Depuis, guérisons et grâces ne cessent d'être dispensées à ceux qui viennent prier auprès du christ des Miracles. Le jour de la fête, le vendredi qui suit la mi-carême, les pèlerins recueillent soigneusement une huile, bénite pendant la grand-messe, qui est employée en onction lors des maladies. Néanmoins, la protection céleste n'est certes pas un blanc-seing accordé en permanence ; le jour des Cendres, le 4 mars 1778, la voûte de l'église s'effondra sur les fidèles pendant l'office : soixante femmes furent tuées.

Les saints du voyage

Aucune catastrophe naturelle n'a égalé à Muro l'hécatombe qui sanctionna la messe du jour des Cendres. Pourtant, les montagnes qui dominent Muro, hautes de près de 2 000 m, n'étaient pas dépourvues de dangers. Pour assurer leur protection, bergers et voyageurs avaient volontiers recours à un saint familier. Sur la crête s'élèvent entre Muro et Zilia, des pierres équarries, rappelant celles qui étaient employées dans les constructions de l'Antiquité tardive, jonchent les abords du col de San Parteo, à 763 m d'altitude. Selon les habitants de Muro, ces vestiges seraient les restes d'un sanctuaire dédié à ce saint bien connu en Corse (voir LUCCIANA ET PIOGGIOLA).

De nos jours, la population de Muro se prémunit plutôt contre les risques de mer. Comme de nombreux habitants se sont engagés dans la marine, la vie du village a été souvent affectée par les drames ou les aventures qui surviennent au cours des navigations lointaines. Un navire où des Muraschi étaient embarqués a même subi une attaque à main armée menée par l'un des premiers Soviets de la mer Noire. Aussi, après avoir célébré le *Santissimu Crucifissu*, puis dirigé la *granitula*, le soir du vendredi saint, la confrérie de Santa Croce accompagne, le dernier dimanche de juillet, les marins de Muro, qui parcourent le village, précédés de la statue de saint Jacques. Patron des pèlerins, saint Jacques le Majeur étendrait sa protection à tous les voyageurs. Serait-il à l'origine de la réussite des expatriés en Amérique, qui fait aussi partie de l'histoire à la fois authentique et mythique de Muro ?

MURZO

(Murzu)

56,5 KM N D'AJACCIO PAR N 194, D 81, D 70 ET D 23

Le cœur et la pierre

À Murzo, on suit la D 23 sur 1,5 km en direction de Guagno, et on emprunte ensuite vers le sud-est un chemin accidenté qui s'élève vers la montagne de la Sposata, l'« épousée », qui doit son nom à une légende. Une pauvre veuve vivait avec sa fille, Maria, qui était belle, mais d'un caractère farouche, dur, exigeant. Elle attira, par sa beauté, l'attention d'un jeune seigneur qui, très amoureux, décida de l'épouser : Maria voyait ses rêves les plus fous réalisés. Mais elle ne voulait pas arriver les mains vides dans l'opulente demeure de son époux. Aussi contraignit-elle sa mère à lui faire don de tous les rares et misérables meubles, hardes et ustensiles que contenait la maison familiale ; elle les fit charger dans des paniers, soigneusement recouverts, pour qu'on ne puisse voir ce qu'ils contenaient. Le jour du mariage, tout ce bel équipage se mit en route. Mais au bout de quelques lieues, Maria, escortée de son fiancé, s'arrêta soudain, et son visage prit une expression de vive contrariété : elle avait oublié le racloir du pétrin. Le jeune promis se moqua tendrement d'elle, lui assurant qu'elle n'en aurait guère l'usage dans sa nouvelle vie. Mais Maria, obstinée, exigea qu'on envoyât un page le quérir. Lorsque la malheureuse mère vit arriver le page et l'entendit lui demander le seul objet qui lui restait, elle fut saisie d'une violente colère et s'écria : « Tu sera punie, fille au cœur de pierre ! » Au même moment, un orage terrible éclata, le cortège nuptial fut entouré d'éclairs et de brume. Lorsque le calme fut revenu, Maria et son cheval étaient changés en pierre : la Sposata, statufiée, domine Murzo pour l'éternité. Le terrain maudit d'U Scuntumatu a la même origine (voir Tasso).

NESSA

(Nescia ou Nesce)

27 km E de Calvi par N 197, D 71 et VO

Avenue de la Chine

On respire à Nessa un inattendu parfum d'Extrême-Orient. Le souvenir de l'ancienne Indochine se perpétue parfois discrètement dans les intérieurs familiaux, mais l'avenue Hui Bon-hoa officialise l'attachement du village à la destinée de certains de ses concitoyens, qui s'est déroulée à l'autre bout du monde. Plusieurs familles de Nessa ont dirigé des entreprises et exercé des fonctions civiles ou militaires en Indochine. Appréciant ses amis corses de Nessa, Hui Bon-hoa, homme d'affaires d'origine chinoise installé à Cholon, avait financé l'aménagement de la rue qui porte son nom et réglé les frais d'adduction d'eau engagés par Nessa avant la Seconde Guerre mondiale.

NOCETA

(Nuceta)

23 km S-E de Corte par N 193 et D 43

Une branche pour cinq pendus

Jusqu'en 1840, on voyait encore, sur la place de l'église de Noceta, le chêne des pendus et l'énorme branche qui avait supporté cette frise macabre. Farouchement opposé à la république de Gênes, Noceta était toujours exclue des amnisties. À l'époque de Sampiero Corso, le père Arrighi et ses quatre fils furent capturés et condamnés à mort par les Génois. Or, ceux-ci, en veine de générosité, décidèrent de gracier les condamnés. Ce pardon fut considéré comme une insulte par les cinq *desperados* qui exigèrent d'être exécutés : « Un Arrighi n'accepte pas la grâce de Gênes[1]. »

---

1. M.-R. Marin-Muracciole, *L'Honneur des femmes en Corse du XIIIᵉ siècle à nos jours*, Paris, Cujas, 1964.

Le château du blasphème

À 1 km au nord de Noceta, s'élèvent les ruines d'un château attribué aux seigneurs de Lupo par Filippini. Il témoigne de la désunion des Corses et des tortueuses machinations qu'ils se complaisaient à monter les uns contre les autres. Écoutons Filippini : « En retournant dans sa seigneurie (Guglielmo de Cinarca) passa par Noceta, où était Ugo Cortinco da Gaggio, qui sortait de la même famille que Guglielmo de Pietr'ellerata et Orlando de Patrimonio. Il feignit devant lui d'attacher peu d'importance à ce qui s'était passé, parla de choses et d'autres, et le détermina à passer avec lui à Cinarca. Il lui donna à entendre que, s'il faisait cette démarche, on négocierait pour que Rinieri de Cozzi, leur parent commun, fût mis en liberté. Ugo ajouta foi aux paroles de Guglielmo et passa avec lui à Cinarca ; mais il y fut à peine arrivé qu'il fut jeté en prison et mis à mort. Ce forfait de Guglielmo de Cinarca fit trembler ses voisins. »

NONZA

32,5 km N-O de Bastia par D 81 et D 80

Des fusiliers fantômes

Détachée du village, à l'ouest, la tour de Nonza domine la mer, qui bat une petite marine cachée par un versant abrupt. Attaquée en 1768 par douze cents Français, la tour fut défendue par Jacques Casella. Mais, au cours du siège, les soldats abandonnèrent leur capitaine. Ramassant tous les fusils, Casella les plaça aux créneaux de la tour et courant d'une arme à l'autre, criant des ordres, il fit croire aux Français que la tour était défendue par une solide garnison. Quand, enfin, il fut obligé de se rendre, il sortit appuyé sur des béquilles, à cause d'une ancienne blessure. Le capitaine français demanda où était le reste de la troupe. « La voilà toute en moi », répondit fièrement Casella.

La tour de Nonza, qui semble décidément avoir engendré le courage, fut aussi le théâtre d'une évasion spectaculaire à la même époque. Paoli y avait fait incarcérer l'abbé Saliceti, héros de la conspiration d'Oletta (voir p. 319) et futur médecin de Pie VI. Or pendant que les soldats étaient à la messe — aimable ironie — le prêtre, qui avait réussi à rompre les fers, se jeta sur les deux gardes qui restaient, sortit de la tour sans que l'on ait bien su par où il était passé et gagna l'Italie. Il avait le goût de la liberté mais non de la trahison : à plusieurs reprises, il refusa les offres d'emploi des Génois et, quand Paoli lui fit savoir qu'il pouvait rentrer sans danger, il revint en Corse.

La fontaine des Mamelles

Un chemin en pente abrupte taillé en escalier mène du village à la marine. À peu de distance en contrebas du village et de l'église Sainte-Julie, on accède à la fontaine du même nom, appelée aussi : fontaine des Mamelles. Son origine tient du prodige. Au Ve siècle de notre ère, un marchand oriental installé à Carthage avait pris la mer vers la Provence. Il fit escale en Corse et aborda près de Nonza le jour d'une fête païenne. Ébloui par la beauté d'une des esclaves du négociant, Julie, le gouverneur de la région proposa de l'échanger contre quatre autres esclaves, mais le Carthaginois refusa. Le gouverneur magnanime invita alors l'imprudent marchand à sa table et l'enivra ; une fois qu'il se fut endormi, on s'empara de Julie et on se débarrassa du marchand. Mais Julie était chrétienne et ne tarda pas à donner du fil à retordre à ses ravisseurs. Lassés de sa résistance et de sa fidélité au monothéisme, les Romains infligèrent torture sur torture à ce corps rebelle, lui coupèrent les seins et précipitèrent ceux-ci sur un rocher. Instantanément, deux fontaines jaillirent, dont les eaux ne tardèrent pas à être déclarées miraculeuses.

Victime des Romains ou des Vandales ?

Ce récit légendaire, transmis de siècle en siècle à Nonza, n'est pas incontestable. Une première variante introduit un doute sur le lieu du martyre. Une sainte Julie fut martyrisée à Carthage lors des persécutions de Dèce (IIIe siècle). Il n'est pas exclu, dans ces conditions, que l'épisode du marchand carthaginois soit un apologue destiné à placer dans l'île le martyre d'une sainte populaire en Corse, et, ainsi, à renforcer la dévotion qu'elle suscitait. Les reliques de la sainte ont peut-être suivi dans leur émigration vers la Corse les évêques africains chassés par les Vandales (voir SAINT-FLORENT), avant d'être transportées à l'île de la Gorgone, puis à Brescia au VIIIe siècle. Livourne, qui vénère aussi sainte Julie, a pu être une étape de ce transfert.

La relation très précise des *Acta sanctorum* semble absoudre les Romains et fait porter l'entière responsabilité du drame sur les Vandales. Capturée lors de la conquête de Carthage en 439, Julie aurait été victime en Corse de l'intolérance d'un chef vandale, Félix le Saxon, vraisemblablement adepte de l'arianisme[1].

Il semble effectivement que le culte de sainte Julie soit très ancien à Nonza : Salvatore Vitalis, dans sa *Chronica sacra*, écrit que les Sarrasins détruisirent en 734 le sanctuaire élevé sur le lieu du martyre où des foules venaient de la Corse entière implorer des guérisons. De nos jours encore, sainte Julie est considérée comme l'une des saintes patronnes de la Corse. Sa fête est toujours célébrée avec ferveur à Nonza le 22 mai. L'église est décorée de fleurs et illuminée le soir ; les reliques de la sainte sont exposées et sa statue préside à la procession, qui se déroule entre l'église et la fontaine.

Fécondité œcuménique

Sources inépuisables, les seins de la martyre irriguent désormais les jardins de Nonza de leur précieux liquide. La beauté des cédratiers de Nonza ne serait pas sans rapport avec les mérites surnaturels de l'eau de la fontaine Sainte-Julie. Le cédrat, variété de citron que l'on mange surtout sous forme de confiserie, était, jadis, vendu sous le nom de *vittima* aux Israélites, au moment où ils célébraient la fête des Tabernacles.

Les mirages du rêve

Nonza semble propice à l'épanouissement de l'imaginaire. Aux abords mêmes du rivage, dans les cellules du couvent, Léonor Fini a dessiné et peint ses rêves pendant de longues années, en compagnie d'une cohorte de chats hiératiques. Les décors oniriques conquièrent l'ensemble du village au cours de la soirée du 15 août, à l'issue des *Rencontres culturelles* qui se déroulent chaque été. Dans les ruelles et sur les places illuminées, la population s'est sou-

---

1. *Le Mémorial des Corses*, sous la direction de F. Pomponi, tome I, Ajaccio.

vent mobilisée pour animer des scènes vivantes, qui ont évoqué à la fois le village et le monde, le passé et le présent, la vie et la mort, la foi et les activités profanes. On a même vu un faisceau laser effleurer un miroir placé sur la plage, caresser la mer et se darder vers l'espace. Le retour à la réalité ne s'opère pas sans un certain vertige.

NOVELLA

(Nuvella)

71 KM S-O DE BASTIA PAR N 193, N 197 ET D 12

Miracle à domicile

L'église du village contient un tableau représentant la Vierge. Des témoignages assez nombreux ont accrédité la légende selon laquelle la Vierge pleurait miraculeusement. Mais le miracle n'a jamais été homologué, si bien que, pour les habitants, la Vierge continue de pleurer, mais pour eux seuls.

La guerre et la peste

À 1 km à l'ouest du col de San Colombano, un chemin s'écarte de la N 197 et se dirige vers l'est en direction de la *bocca alla Croce* et de Novella (5 km). À 2 km, il passe à proximité des ruines du village de Cruschini dont on ignore pourquoi il fut totalement déserté. Les luttes entre Cruschini et les seigneurs de San Colombano seraient, dit-on, une des causes de l'abandon du village. Mais, la peste de 1348 ne fut peut-être pas étrangère au départ définitif ou à l'extinction des habitants.

Après avoir mené campagne pour Gênes au cours de l'année 1347, Gottifredo de Zoaglia s'était installé pour l'hiver à Cruschini. À l'annonce de l'épidémie de peste, Zoaglia aurait levé le camp du jour au lendemain, sans avoir préparé son départ. Il aurait abandonné un trésor composé de son butin de guerre et de sa fortune personnelle. Cette rumeur est à l'origine de nombreuses fouilles clandestines. Impressionnés par l'insistance des habitants des villages proches, les ingénieurs chargés de la construction de la ligne de chemin de fer entre Ponte-Leccia et Calvi ont même accepté de procéder à des sondages très officiels en 1882. En vain.

Il n'est d'ailleurs pas assuré que Cruschini ait été déserté définitivement dès le XIVe siècle. Selon certains témoignages, c'est vers 1640 que les dernières familles du village seraient parties[1].

1. A. Franzini, *Lama dans l'Ostriconi, Pouvoirs et Terroirs en Corse au Moyen Age*, op. cit.

OCANA

23 KM E D'AJACCIO PAR N 193, N 196 ET D 3

Pour les vivants et pour les morts

Le jour de la Saint-André, avant 1939, les jeunes gens du village se rassemblaient joyeusement. Puis, en groupe, ils allaient de porte en porte, de préférence celles de maisons où habitaient des jeunes filles, en chantant :

Apriti ! Apriti !
A Sant'Andria
Chi vene da lunga via
Ai pedi cugialati :
E a bisogno di ristaldato
D'un buon bichier' di vino.

Ce qui veut dire :

> « Ouvrez ! Ouvrez !
> À saint André
> Qui vient de loin
> Les pieds gelés :
> Il a besoin d'être réchauffé
> Avec un bon verre de vin. »

Les habitants ouvraient au cortège et offraient avec empressement vin, fruits et biscuits.

Les jeunes gens n'étaient pas les seuls à Ocana à bénéficier d'offrandes comestibles. Les morts participaient aussi à des agapes. Lorsqu'un homme mourait, les femmes lui portaient, après son enterrement, plusieurs jours de suite, des vivres les plus variés : œufs, pain, fromage, vin, gâteaux, fruits, et même du tabac et un peu de monnaie. Le tout était déposé sur sa tombe accompagné d'un amical : « Bon appétit ! » La coutume est tombée en désuétude pendant la Seconde Guerre mondiale.

Un charnier bavard

Au début du XIXe siècle, les morts étaient encore jetés dans un charnier situé à 50 m de l'église. Seul le curé du village, quand il mourait, avait droit à quelques égards : il était pieusement revêtu de ses habits sacerdotaux et conduit au bord de la fosse ; deux hommes vigoureux autant que peu impressionnables se jetaient dans le charnier, et on descendait le prêtre que l'on installait assis sur une chaise afin qu'il entame l'éternité en compagnie de ses ouailles mortes. Vers 1869, une femme accourut hurlant dans le village : « Des revenants sont dans le charnier ! les morts crient ! » On la traita de folle, même de sorcière, mais elle parut si convaincante dans l'expression de sa terreur qu'on finit par la suivre et en effet une voix lamentable montait de la fosse : « *Aiuto, aiuto !* », « Au secours ! » Les gens affolés lui clamèrent : « Qui es-tu ? » La voix tremblotante répondit : « Je suis Monica, la bonne du curé. » Rassurés, des hommes se dévouèrent pour la sauver, mais, quand on voulut lui demander qui avait bien pu la mettre là, elle refusa obstinément de répondre, déclarant qu'elle avait fait vœu de se taire si elle sortait de cet endroit funèbre ; ce qui ne l'empêcha pas de mourir trois jours plus tard, rejoignant ainsi rapidement la compagnie qu'elle avait goûtée quelques heures[1].

Le bûcher du déshonneur

L'église San Michele est située à 0,6 km au sud du village ; un chemin y mène directement. Une nuit, dit-on, lors de la construction de l'église, des ouvriers — qui faisaient chauffer le four pour cuire les tuiles destinées au toit — virent trois ombres arriver à cheval ; s'arrêtant à leur hauteur, elles scrutèrent le feu avec un vif intérêt. C'était deux hommes et une jeune fille ; les deux hommes entamèrent une tractation avec les ouvriers pendant que la jeune fille manifestement tremblait. Les palabres achevées, les deux hommes s'emparèrent de la jeune fille et la jetèrent dans le four ; deux frères, ainsi, lavaient la tache déshonorante apposée à leur nom par leur sœur[2].

1. Alphonse-Duval, *Ocana*, Sélestat, 1947.
2. *Id., ibid.*

Entre Ocana et la Punta Perruchia, à l'est du village, à 0,7 km, se trouve la chapelle de l'Annunziata. Saint Antoine est associé au patronage de l'Annonciation pour qu'il puisse empêcher que se reproduise un fléau ancien : avant la construction de la chapelle, tous les enfants tombaient et se noyaient dans le Prunelli. Lors de la treizaine de saint Antoine, les pèlerins montaient autrefois vers la chapelle en priant et en mangeant traditionnellement un oignon.

Un pont génois.

Hécatombe sans merci

À 9 km au sud-ouest d'Ocana, sur la D 203, le pont de la Pietra-Palmento, anciennement *ponte della Pietra*, parce qu'il était en pierre et non en bois selon l'usage de l'époque, rappelle aussi une noyade en série dans le Prunelli. En l'an mille, le comte Arrigo Bel Messere et le comte Forte de Cinarca se querellèrent à propos d'une terre mitoyenne. Le comte de Cinarca, appréciant l'efficacité des grands moyens, assassina Bel Messere qui passait le pont, entouré de ses fils. Pour faire bonne mesure, on noya dans le fleuve les sept fils, « comme des poulets », ajoute la légende.

On nomma alors le pont *ponte de sette polli*, et on se lamenta :

> *E morto il conte Arrigo Bel Messere*
> *e Corsica sarà di male in peggio !*

que l'on peut traduire :

« Le comte Arrigo Bel Messere est mort
et la Corse ira de mal en pis ! »

L'écho de cette prophétie s'est répété des siècles durant. Près du pont auraient été retrouvés des caveaux et des constructions. Abritaient-ils les restes du comte et de ses enfants ?

Le bal des sorcières

Entre Ocana et Cuttoli, au nord du village, à 1 200 m d'altitude, une chapelle en ruine, celle de San Pietro, était jadis un lieu de pèlerinage, mais que les pèlerins, peut-être pauvres, n'entretenaient pas. Elle tomba donc en ruine. Les Cuttolais emportèrent un tableau dont on n'a pas dit ce qu'il représentait. Pour ne pas être en reste, les Ocanais en prirent un également sur lequel on voyait saint Pierre aux pieds de la Sainte Vierge. C'est pourquoi on dit que saint Pierre a quitté la montagne et qu'il a été remplacé par une société de sorcières qui, parfois, dans la nuit, mènent un sabbat terrifiant.

La parole et l'oubli

À 1,5 km au sud-est d'Ocana, sur la Punta degli Mazzoni (645 m), se dressent les ruines du château de l'Orese. La tradition populaire maintient que ce château n'eut qu'un seul seigneur : le comte Oresio. Il avait droit de cuissage, comme le seigneur de Mont'a Purrettu (voir LAMA) et Orso Alamanno (voir SOTTA). Il apprit, un jour, qu'un de ses jeunes chevriers refusait obstinément de se marier. Intrigué par cet excès de chasteté, le comte alla demander au jeune homme ses raisons. « C'est, répondit le chevrier, que je n'entends pas qu'un autre ait eu ma femme avant moi. » Le comte promit alors de ne pas user de son droit avec la fiancée que choisirait le jeune homme. Celui-ci entreprit donc de se marier et choisit une fiancée digne de lui. Mais, le soir du mariage, le comte, oublieux de sa parole, vint visiter le lit conjugual du jeune marié. Celui-ci s'empara du comte et le jeta dans un ravin. Histoire fausse sans doute comme semble le confirmer cette inscription sur la montagne de l'Orese :

MCCCLXXVLONOBI
LEPOSENTESAVIOSI
GNOREG-ILFCIODEOR
NANOFIG-LODE MESER
LUPOFECIA BITO PRIMA
ORE SIDEOLINIDIABE

c'est-à-dire : « En 1375, le noble, puissant, sage seigneur Ghilfucio d'Ornano, fils de messire Lupo, fit, habita le premier l'Orese. Que Dieu lui fasse du bien. » Il n'est pas question du seigneur Oresio.

Ghilfucio mourut en 1410, massacré par son fils Guglielmo pour des raisons inconnues.

Oletta.

OLETTA

19 KM S-O DE BASTIA PAR N 193, D 264, D 81 ET D 38 — 8,5 KM S-E
DE SAINT-FLORENT PAR D 81, D 82 ET D 38

Mens sana in corpore sano

Sur un vitrail de l'église d'Oletta, saint André subit le martyre,
ligoté sur une croix. Patron de la paroisse, très populaire dans le
Nebbio, il attire à Oletta, le 30 novembre, ou le dimanche le plus
proche, les fidèles de Saint-Florent, de Murato et des villages qui
s'échelonnent sur la D 62 jusqu'à Santo-Pietro-di-Tenda. La spiritualité n'étant pas incompatible avec l'entretien du corps et avec la
convivialité, les participants à la cérémonie se restaurent dans
l'église même, après la messe.

L'étau, la corde et la roue

À Oletta est né un médecin de Pie VI, l'abbé Saliceti, surnommé
Peverino, qui veut dire Petit Poivre. Ayant eu quelques démêlés
avec Paoli — celui-ci l'avait incarcéré à Nonza — Peverino réussit
à s'échapper et à s'enfuir à Rome, où il devint médecin du pape.
Mais Paoli, peu rancunier et connaissant la valeur militaire de l'abbé Saliceti, sollicita son aide pour participer à la guerre contre les
Français. Ayant vaincu ceux-ci à Borgo, les troupes de Paoli entreprirent le siège d'Oletta. Afin de forcer la place, Paoli conçut un
plan qui intéressait les partisans de l'intérieur, parmi lesquels
Peverino, don Pietro, Santamaria, Cermolacce, les deux frères
Guidoni et Leccia. Don Pietro devait démurer la porte de sa cave et
Santamaria faire entrer les paolistes par sa maison. Mais le plan
fut éventé, les Français et leurs propres partisans attendaient les
paolistes. Dans le combat qui suivit, Peverino fut blessé et mourut
quelques jours plus tard ; les autres conspirateurs furent découverts, jugés et condamnés à la pendaison. Mais avant l'exécution,
ils devaient faire amende honorable « devant la porte principale de
la cathédrale de Bastia, ainsi que devant la principale église
d'Oletta, y être conduits et menés nus en chemise, tenant chacun en
leur main une torche de cire ardente du poids de deux livres, et là,

à genoux, dire et déclarer à haute et intelligible voix que, méchamment et proditoirement, ils avaient conspiré contre l'État, les troupes du roi et les sujets de Sa Majesté dont ils se repentaient en demandant pardon à Dieu, au Roi et à la justice. Ce fait, être conduits sur la principale place d'Oletta et sur un échafaud qui y sera dressé à cet effet, avoir les bras, jambes, cuisses et reins rompus vifs, par l'exécuteur de la haute justice, ensuite mis sur une roue la face tournée vers le ciel pour y demeurer aussi longtemps qu'il plaira à Dieu de leur conserver la vie, et leurs corps morts être exposés ensuite dans le grand chemin qui conduit de Bastia à Oletta, sur des roues dressées à cet effet, biens, meubles et immeubles confisqués et avant exécutions appliqués à la question ordinaire et extraordinaire ». La question ordinaire dite des « canettes » qui consistait à leur serrer les doigts dans un étau de fer, et la question extraordinaire dite de la « corde », c'est-à-dire être pendu, ligoté les mains derrière le dos avec de lourds poids aux pieds, leur furent donc appliquées sans qu'on ait pu leur faire dire le nom de leurs complices. Ils furent exécutés à 4 heures du matin à Oletta le 25 septembre.

L'un des condamnés, Leccia, avait une fiancée, Maria Gentile Guidoni, qui ne put tolérer qu'il restât sans sépulture à la vue de tous. Aussi l'ensevelit-elle en cachette dans l'église Saint-François. Les parents de Leccia, soupçonnés, ayant été arrêtés, elle se dénonça au comte de Vaux, commandant des forces françaises, qui lui fit grâce.

Le triptyque du prodige

Au hameau de Romanacce, un cultivateur possédait un tableau, un triptyque peint sur bois, représentant une Vierge devant laquelle la famille priait. Un vendredi saint, très exactement le 15 avril 1734, la femme du cultivateur préparait la fournée de pain. Occupée par son travail, elle entendit soudain une voix lui dire : « Marie, ton enfant brûle ! Sauve-le ! » La mère laissa précipitamment son pain et bondit dans la chambre où dormait son enfant ; une bûche rougie, glissant du foyer, enflammait le berceau. La femme arracha l'enfant du brasier et s'écroula à genoux devant le tableau pour prier ; levant les yeux et voyant le visage de la Vierge couvert de larmes, elle compatit et s'enhardit jusqu'à essuyer le visage avec ses doigts. Depuis, le triptyque, sur lequel on peut encore voir la trace du pouce de la paysanne, est promené lors des processions.

Exposé dans l'église Sant'Andrea depuis la première moitié du XIXᵉ siècle, le tableau est l'objet d'une grande vénération. Au centre, la Vierge à l'Enfant est assise sur un trône, encadrée de deux anges, avec à sa gauche saint Jean-Baptiste et à sa droite sainte Réparate. Le triptyque est surmonté de trois triangles dans lesquels s'inscrivent à gauche l'ange Gabriel, au milieu le Père éternel, et à droite la Vierge de l'Annonciation.

Tous les trois ans, le second dimanche après Pâques, la Vierge, reconnue comme Notre-Dame de la Pitié, est remerciée en grande pompe de son intervention, sous la présidence d'une marraine élue dans une famille du village et, souvent, en présence de l'évêque de la Corse. Précédée du tableau miraculeux, la procession chemine au cours de l'après-midi sur 2 km, revenant à l'église Sant'Andrea après avoir fait le tour complet du village. La maison du miracle est signalée par une plaque de marbre.

OLIVESE

53,5 KM E D'AJACCIO PAR N 193, N 196, D 83, D 126, D 26 ET D 757

Pierres qui volent

Des débris de dolmens sont dispersés un peu partout sur le territoire d'Olivèse. Ces pierres funéraires ont été déplacées et ont perdu leur fonction initiale. Elles sont désormais prisonnières dans les murs des maisons et des jardins. De même, les Sarrasins auraient laissé derrière eux les tombes de leurs compagnons morts lors des razzias menées dans le sud de la Corse.

Dans un hameau d'Olivèse, le Valdu, d'étranges événements ont décidé de l'emplacement actuel de l'église Saint-Georges. Les anciens du village avaient désiré une nouvelle église, mais quand on décida de poser la première pierre les blocs préparés par le maître maçon avaient disparu. Les habitants du Valdu, croyant au vol ou à la plaisanterie, font une battue, explorent le maquis et découvrent les fugitives 500 m plus haut. On les redescend et on décide de remettre au lendemain la cérémonie. Le lendemain, plus de pierres : on les retrouve au même endroit que la veille. Après les avoir de nouveau charriées vers le hameau, on décide de faire le guet pour surprendre les farceurs. Dans la nuit, la lueur des étoiles éclaire vaguement le maquis ; on attend, en scrutant l'ombre, longtemps. Puis une lueur au loin apparaît, grandit, se dirige vers le lieu où reposent les pierres, causes de tant d'inquiétude ; la lueur s'arrête, semble s'affairer, puis repart vers le maquis, passe devant les paysans stupéfaits de voir des êtres drapés de blanc immaculé, parlant d'une voix suave, conduisant des bœufs qui irradient une vive lumière. Ils transportaient à nouveau les pierres vers l'endroit où on les avait trouvées. Les habitants du Valdu, se soumettant à une volonté si manifestement surnaturelle, construisirent l'église là où elle est aujourd'hui.

OLMETA-DI-CAPOCORSO

(Olmeta-di-Capicorsu)

35 KM N-O DE BASTIA PAR D 81, D 80 ET D 433

Crypte à décrypter

Une cavité naturelle proche de la mer, la *Grotta scritta*, porte sur ses parois douze peintures à l'ocre rouge, de 7 à 20 cm. Un triangle hachuré et deux lignes ondulées voisinent avec « quatre motifs représentant la stylisation progressive d'un personnage humain [1] », qui évoquent aussi des mammifères ou des oiseaux. D'autres esquisses, plus foncées, mettent en scène des hommes debout, l'un portant des cornes, ou des formes chenillées à multiples jambages. En l'absence de toute trace d'occupation ou de sépulture, aucun indice ne précise l'origine de cette manifestation d'art pariétal, rarissime en Corse. Les variations des couleurs et les superpositions des dessins indiquent seulement que la *Grotta scritta* n'a pas été décorée d'un seul jet ; elle a inspiré plusieurs groupes qui ont marqué leur passage par des inscriptions échelonnées dans le temps. Si ces peintures sont réellement contemporaines des autres œuvres similaires élaborées dans le monde méditerranéen, elles

1. F. de Lanfranchi et M. Cl. Weiss, *La Civilisation des Corses, les origines*, Ajaccio, Éd. Cyrnos et Méditerranée, 1973.

pourraient avoir été réalisées vers le début du IIIᵉ millénaire avant
notre ère.

OLMETA-DI-TUDA

20 KM S-O DE BASTIA PAR N 193 ET D 82

Malédiction originelle

Des pierres bien taillées provenant de l'ancienne église Santa
Maria de Rosolo auraient été incorporées dans plusieurs immeubles
d'Olmeta-di-Tuda. Cette pratique a été de tout temps réprouvée.
Selon une opinion largement répandue, ces édifices, entachés d'une
faute originelle, ne présentaient aucune garantie de longévité. Des
ruines attestent que la croyance populaire ne serait pas sans fondement : une maison du village et une construction proche du col
de San Stefanu, sur la D 82, en direction de Bastia, du côté gauche
de la route, auraient été ainsi condamnées à l'avance.

Imprudemment dépouillée, Santa Maria de Rosolo est située à un
quart d'heure de marche au nord-ouest d'Olmeta-di-Tuda ; on l'atteint
par un chemin se présentant à gauche, sur la D 82, près du village de
vacances. Autour de la vieille église, qui a peut-être suppléé la cathédrale de Nebbio, menacée lors des périodes d'insécurité du XVᵉ et du
XVIᵉ siècle (voir Saint-Florent), le maquis cachait des céramiques
romaines, des claveaux d'arcs décorés de palmiers et d'oiseaux, des
fragments de fresques montrant l'auréole d'un saint anonyme et des
dalles décorées d'étoiles et de croix d'origine préhistorique.

Olmeto.

OLMETO

(Olmetu)

64 KM S-E D'AJACCIO PAR N 193 ET N 196

Massacre dans l'église

Le jour de Pâques 1812, le forgeron d'Olmeto se place à l'église à
côté d'une demoiselle de Sollacaro. Ennemi du forgeron, le parent
qui avait accueilli la jeune fille à Olmeto sort son stylet et frappe le
forgeron qui meurt devant l'autel. Dans l'église, s'engage alors un
combat furieux ; plusieurs morts jonchent bientôt les dalles ensan-
glantées.

Au-dessus de la route, à droite en venant d'Ajaccio, dans le village, s'élève encore la maison où mourut à quatre-vingt-six ans Colomba Bartoli, qui avait déclenché la vendetta décrite, très romancée, par Mérimée dans *Colomba* (voir Fozzano et Sartène).

Le château maléfique

Sur le versant qui fait face à Olmeto, à l'est, se dressent les ruines du *castellu di a Rocca*. Au début du XIVe siècle, Sinucello, seigneur de la Rocca, âgé de plus de quatre-vingt-dix ans et respecté comme juge, était plus connu sous le nom de Giudice de Cinarca. Luttant encore contre la république de Gênes, il tomba près d'Olmeto dans une embuscade préparée par son fils Salnese et mourut captif dans les geôles de la Malapaga, la plus sinistre prison de Ligurie (voir Propriano). Son petit-fils Arrigo della Rocca, proclamé comte de Corse, mourut de maux d'estomac dont on soupçonne qu'ils furent provoqués par un empoisonnement.

Des Sarrasins campés près de la Rocca, où fut édifié plus tard le château, seraient venus participer à la Saint-Jean, attirés par les feux de joie. Une jeune fille aurait disparu après une rixe provoquée par le serment qu'elle avait échangé avec l'un des Maures. Devenue mère en captivité, elle aurait réussi à s'échapper avec l'aide d'un de ses frères de longs mois après. Mais l'enfant fut immolé par le frère qui l'avait sauvée sur la *petra sarracina* que l'on montre encore de nos jours à peu de distance du village.

Ces récits rappellent les dangers encourus par les habitants du village le plus proche du golfe de Valinco, où les corsaires ont souvent fait escale : en 1617 encore, une cinquantaine d'habitants d'Olmeto ont été enlevés et vendus comme esclaves.

L'allée couverte

Trois menhirs ont été identifiés, l'un à Vallechiara et deux autres, brisés, à Fiurita. De plus, à 150 m environ du tumulus de Musolo, l'allée couverte de Caudiano comprend trois dalles formant toit, posées d'une part sur un énorme rocher naturel à surface plane et aux côtés verticaux, d'autre part sur un bloc monolithe de 4 m de long et de section triangulaire. Une large et profonde gravure en arc de cercle s'inscrit sur le rocher plat. À l'ouest d'Olmeto, une hache de bronze a été découverte au monte Barbatu, que l'on atteint par Sollacaro, en prenant une piste orientée vers le sud-ouest.

Refuge du bout du monde

À 1 km de la N 196, la D 257 mène aux bains de Baracci, dont les eaux sont chaudes et sulfureuses. À proximité de la source, le *Grand Hôtel* se dresse, somptueux mais abandonné, comme un décor de *L'Année dernière à Marienbad* transféré aux abords du golfe de Valinco. Cet édifice aux nobles proportions paraît insolite, loin de la plage, en des lieux déserts une grande partie de l'année.

À l'écart du monde, en apparence, les bains et l'hôtel ont séduit pourtant des visiteurs venus de loin. Des princes russes, exilés après la révolution de 1917, ont trouvé ici un asile que personne n'est venu menacer. Bien longtemps auparavant, des Romains de l'Antiquité avaient satisfait leur goût des bains à Baracci. Les Russes ont laissé des fresques dans l'hôtel et les Romains, par hasard ou par vœu, une médaille de l'empereur Hadrien dans une piscine des thermes.

OLMI-CAPPELLA

36,5 KM S-E DE L'ILE-ROUSSE PAR N 197 ET D 963

Les tombeaux du roi Midas

Dans la proche vallée du Francioni, au lieu-dit *castello di Mori* et autour d'Olmi-Cappella, l'amateur de préhistoire trouvera des vestiges de l'âge du bronze et, en plus grand nombre, de l'époque de la pierre polie : la cuvette d'un rocher plat qui donne aujourd'hui accès à la propriété de la famille Renucci recueillait peut-être le sang des sacrifices ; quatre dolmens : l'un à une cinquantaine de mètres du rocher plat, deux autres sur une hauteur dominant Olmi-Cappella et, entre autres, un grand monument avec excavation pour sacrifices ; deux cromlechs à Pietra-Moraccia. En face de Mausoleo, dans le massif des Pinzoli, sur la rive droite du Francioni, on retrouve la trace de deux autres cercles de pierres verticales qui ont été en partie détruites. En effet, la légende affirmait que des trésors étaient cachés à leur pied ; les recherches pour trouver le pactole furent nombreuses mais vaines.

Le château des complots

Au col de San Colombano (682 m), à 26 km de Ponte-Leccia et à 22 km de L'Ile-Rousse, par la N 197, on découvre un immense paysage aux confins de la Balagne et du désert des Agriates. Au nord-est de la N 197, apparaissent sur un rocher les vestiges du château de San Colombano. Construit par Malaspina de Massa, chef des galères pontificales, gouverneur de Corse au XIᵉ siècle, le château fut le témoin des luttes entre les grandes familles de la Balagne. En effet, Malaspina, encouragé par les Savelli de Sant'Antonino, s'empara d'une partie des possessions des Savelli de Speloncato, preuve que le cousinage n'est pas toujours de tout repos. Peu après la réunion de la Corse à la république de Gênes (1347), le terrible Gottifredo de Zoaglia, qui fit pendre Orlando Cortinco et décapiter Orlando d'Ornano, ourdit un complot machiavélique contre les seigneurs de San Colombano : il réussit à lancer contre le château les paysans de la région qui l'incendièrent et le pillèrent. En contre-partie, il aurait fait couper le nez à une femme de mœurs légères qui aurait séquestré la fille de l'un des seigneurs pour la livrer à celui qui la convoitait.

OLMICCIA

18,5 KM N-E DE SARTÈNE PAR D 69 ET D 268

La vouivre du Rizzanèse

Le *tufone della Fata*, le trou de la Fée, dans la vallée du Rizzanèse, fut, dit-on, le théâtre d'une curieuse histoire. Poli aimait se promener sur les berges de la rivière ; un jour, il remarqua une jeune femme qui venait faire sa toilette au bord de l'eau, puis se coulait comme une couleuvre dans une fente creusée par les tourbillons. Après avoir surveillé plusieurs fois son manège, Poli sentit qu'il ne pourrait pas continuer à vivre sans posséder cet être mystérieux.

Habile pêcheur, il réussit enfin à retenir la baigneuse prisonnière dans ses filets et lui demanda de l'épouser. « J'accepte, répondit-elle, mais à la condition que tu ne te préoccupes jamais de savoir si je mange ou si je bois. » Étonné de cette curieuse requête, Poli accepta néanmoins et s'en trouva fort bien. Pendant vingt ans, ils vécurent heureux et eurent trois garçons et trois filles. Pendant les repas, la femme assise à la table commune regardait sa famille manger et boire sans absorber elle-même aucun aliment. Tenaillé par la curiosité, Poli ne put résister un jour à regarder par le trou de la serrure ce que pouvait bien faire sa femme après chaque repas, enfermée dans sa chambre. Et il eut alors la révélation d'un étrange phénomène : son épouse se nourrissait bel et bien, mais introduisait les aliments dans une ouverture qu'elle avait dans le dos et dont Poli n'avait jamais soupçonné l'existence.

Malheureusement pour lui, sa femme s'aperçut que son secret était percé et, sortant de sa chambre, s'écria : « Tu as fait notre malheur à tous car à présent nous ne pourrons plus vivre ensemble ; partageons nos enfants entre nous et je te quitterai pour toujours ! » Le pauvre Poli, abasourdi, demanda à garder les trois garçons. Son épouse accepta et disparut en emportant les trois filles. Au moment de franchir le seuil, elle fit à Poli la prédiction que jamais, jusqu'à la septième génération, la progéniture des Poli ne comporterait plus de trois héritiers mâles. Et c'est ce qui arriva.

Proche de Mélusine, qui présida à la destinée de la famille de Lusignan, la vouivre du Rizzanèse appartient à un cycle de récits apparus au XIIᵉ siècle, qui ont été élaborés ou colportés dans les îles Britanniques et dans la France de l'Ouest, mais qui sont aussi représentés en Provence, et, selon Geoffroi d'Auxerre, en Sicile.

OLMO

(Olmu)

29 KM S DE BASTIA PAR N 193, N 198 ET D 10

Les trois Parques

Olmo subit à plusieurs reprises les affres de la guerre, si l'on en croit le témoignage de la fontaine des Maures, des ruines de deux châteaux élevés par Giudice della Rocca, le Castellari et le Castelluccio, et des souvenirs laissés par les luttes contre les Génois. Guidé par un petit berger du village, Sampiero Corso prit en embuscade les Génois qui tentaient de passer le Golo ; mais, peu après, le village fut mis à feu et à sang en guise de représailles. Quelques années plus tard, les habitants tentèrent de repousser des Allemands recrutés par les Génois qui voulaient se procurer par la force du ravitaillement dans le village et tuèrent leur lieutenant : Olmo fut incendié sur-le-champ par les troupes du Génois Stefano Doria.

La lutte des Corses contre les Génois provoqua même des drames familiaux dont on se souvient encore à Olmo. Une jeune fille du village, qui avait un frère et deux sœurs, était la fiancée d'un officier corse travaillant en secret pour l'occupant. La date du mariage avait été choisie lorsque le frère de la fiancée fut assassiné. Les soupçons s'orientèrent sur l'officier. On l'accusa d'avoir voulu ainsi s'assurer l'héritage intégral du patrimoine de sa future femme. Sa position était déjà fâcheuse, lorsqu'on découvrit qu'il appartenait à l'armée génoise. Avant que la justice ait eu le temps d'intervenir, les trois sœurs s'emparèrent de lui, lui coupèrent la tête et l'exposèrent pendant une semaine dans la mangeoire de la place du village.

Le feu de Noël

La veille de Noël, selon une antique tradition que respectent encore quelques paroisses corses, un grand feu est allumé sur la place du village, avant la distribution des jouets aux enfants et des friandises destinées aux anciens.

Détail du tombeau des évêques Colonna d'Omessa.

OMESSA

16 km N de Corte par N 193 et D 818

La seconde après Rome

Enserrée par les maisons du village, l'église Sant'Andrea aurait été, à l'origine, un établissement hospitalier fortifié de deux tours. Cet édifice, appelé le *Rione*, a été transformé en église en 1460 et consacré par l'évêque d'Aléria, qui était originaire d'Omessa. Le nom de *Rione* rappellerait l'origine romaine de l'ancien hospice, qui aurait été fondé par le légendaire Ugo Colonna, libérateur de la Corse au IXe siècle et ancêtre des Colonna de l'île. Le *Rione* évoquerait l'un des sept quartiers de Rome, les *Sette Rioni*, le quartier dont Ugo Colonna aurait été originaire. C'est cette filiation qui aurait inspiré ce dicton latin que l'on cite à Omessa :

> *Roma caput mundi*
> *Omessa secundi*

ce qui laisse entendre qu'Omessa serait la seconde cité après Rome.

Triade épiscopale

L'église Sant'Andrea abrite les tombeaux des évêques qui seraient issus de la descendance d'Ugo Colonna. En effet, Omessa a vu naître trois évêques portant ce patronyme prestigieux : Giovanni, titulaire du siège de Mariana de 1389 à 1428, Ambrogio, évêque d'Aléria de 1412 à 1440, et Antonio, appelé à Accia en 1451. L'évêque de Mariana avait pris la tête d'un soulèvement contre Gênes, en 1411, et participé, avec ses hommes d'armes, à cette « guerre terrible », selon Giovanni della Grossa. Le deuxième évêque, Ambroise Colonna, célébrait la messe, pendant l'occupation génoise, avec, sur l'autel, un pistolet à portée de la main. D'humeur fantasque et belliqueuse, il prenait tantôt le parti de Gênes et tantôt le parti de la résistance corse. On assure même qu'il aurait été assiégé dans le Rione à un moment où Sambucuccio d'Alando le poursuivait de sa vindicte ; cette rencontre semble pourtant hypothétique, dans la mesure où Sambucuccio d'Alando semble avoir disparu complètement après 1370. L'intervention attribuée à Sambucuccio d'Alando pourrait être le souvenir déformé d'un autre événement, qui ne concernerait pas Ambrogio, mais son frère Giovanni, l'évêque de Mariana : au retour de la guerre de 1411, Vincentello d'Istria, abandonné par ses alliés, s'est attaqué, en vain, à Giovanni Colonna en le cernant dans sa tour d'Omessa, avant de reprendre le chemin de l'au-delà des monts.

Les funérailles de l'un des évêques d'Omessa pourrait être à l'origine de cette sentence : *Trentasei barrette rosse in piazza Omessa*, que l'on peut traduire ainsi : « Trente-six bonnets rouges sur la place d'Omessa. » Trente-six évêques seraient venus à Omessa pour l'office funèbre. Mais une autre version interprète l'aphorisme de manière différente : il y aurait eu à Omessa pendant la Révolution de nombreux porteurs de bonnets phrygiens.

Moines exorcistes

Riche en vocations ecclésiastiques, Omessa recevait aussi la visite de moines, qui, peut-être plus que les évêques, savaient se rendre utiles à la population rurale : à l'occasion des quêtes, ils ne manquaient pas de réciter des prières qui immunisaient les récoltes contre l'avidité des rongeurs et des insectes.

Famille cosmique

Au-dessus d'Omessa, s'élèvent les ruines d'un château qui fut édifié dans les circonstances suivantes d'après Giovanni della Grossa : « Une famille de Vallerustie s'établit sur une roche qui domine l'endroit où se trouve aujourd'hui Omessa ; ils y construisirent un château appelé la Ferraiuola et l'occupèrent longtemps. Plus tard, un de ces gentilshommes laissa en mourant ce château aux mains d'un vassal, qui avait été son *balio* (père nourricier de

ses enfants). Les fils du *balio* conservèrent la possession du château et se contentèrent toujours du rang de *popolani* (gens du peuple). C'est d'eux qu'est descendue la famille d'Omessa. Quelques anciens cependant professent une opinion différente sur l'origine de cette famille. Ambrogio d'Omessa, piévan de Giovellina, qui a dépassé sa quatre-vingtième année, est encore vivant ; il avait pour père Arrigo, qui, à sa mort, avait environ quatre-vingt-dix ans. Le père d'Arrigo était Ambrogio, évêque d'Aléria, qui mourut également dans un âge très avancé. Ce piévan d'Omessa dit avoir entendu raconter à son père, qui le tenait de l'évêque, comment le gentilhomme qui sortait de Corsoli s'était fixé à la Ferraiuola et avait eu grand nombre d'enfants : que, devenu vieux et peu respecté de ses fils et de leurs femmes, il avait, dans son dépit, donné le château à un berger, appelé Peloso, d'Ellerato, localité voisine, lequel comptait dans sa famille dix-huit fils ou petits-fils, et que le gentilhomme voulut qu'une de ses propres filles, que Peloso avait élevée, épousât un fils du *balio*. » Pour M. Aimès, le mythe du berger à la

Une grotte dans la montagne corse.

nombreuse famille cache en réalité un symbolisme cosmique. La Ferraiuola n'est pas la seule forteresse ancienne d'Omessa, qui, par sa position, commande le passage entre les vallées du Golo et du Tavignano. Entre le pont de Francardo et Caporalino, la N 193 passe devant deux énormes rochers : ce sont les Strette d'Omessa, défilé dans lequel Sampiero Corso arrêta et vainquit les troupes génoises. À côté des rochers, sur un piton calcaire qui domine Caporalino, subsistent les ruines de la tour de Supietra, célèbre au Moyen Âge, édifiée par les Amondaschi, qui en furent chassés par Giudice de Cinarca. Dans la Stretta della Tinella, à 4 km au nord d'Omessa, Sambucuccio d'Alando aurait aussi défait les Génois, deux siècles avant Sampiero Corso.

Une grotte à double fond

À 1,5 km de Caporalino, un sentier quitte la N 193, passe sous la voie ferrée et monte vers la *Bocca a u Tribbiu*. Là, on prend le chemin le plus à droite : 500 m plus loin une grotte s'ouvre dans le calcaire. À la suite d'une salle qui s'enfonce en pente douce, s'amorce un couloir sinueux qui mène à une seconde salle. Au fond de celle-ci, à 24 m au-dessous de l'entrée, on se heurte à une paroi, mais les bergers de la région prétendent que l'on peut se rendre par des galeries souterraines à la grotte de Castiglione, située à 6 km de là. La jonction reste à faire...

ORTIPORIO

(Ortiporiu)

41 km S DE BASTIA PAR N 193 ET D 15

Nuit d'apocalypse

À l'intérieur de l'église Saint-Augustin, une plaque funéraire énumère trente-sept noms. La litanie des morts s'achève pas neuf noms d'une même famille, comportant les parents et sept enfants. Cette longue nécrologie n'est pas le bilan d'une guerre. Comme l'indique l'inscription qui précède, elle a été dressée « à la mémoire des morts de la catastrophe du 3 février 1934 ». Au milieu de la nuit, à 3 h 20, un grondement sourd réveille les habitants d'Ortiporio ; un homme s'écrie : « le village s'en va ». Cette perception immédiate démontre une rare lucidité : une partie du versant de la montagne qui domine Ortiporio a été emportée par une avalanche. Le village est enseveli ; la couverture de neige atteint 6 m. Ortiporio est coupé de tout. Au matin, par un froid glacial, avivé par un vent violent, le cordonnier, sur des skis de fortune, réussit à atteindre la N 193 et Barchetta, à une quinzaine de kilomètres de là. Alors, les secours s'organisent. Il fallut attendre une dizaine de jours pour rendre hommage aux victimes. Des tranchées avaient dû être creusées dans la neige pour accéder à l'église et aligner les cercueils devant sa façade, sur la place.

ORTO

(Ortu)

84 km N-E D'AJACCIO PAR N 194, D 81, D 23, D 123 ET D 223

La rançon des deux prêtres

Le bandit Il Cioccio (voir MOCA-CROCE) avait écrit à Mgr Casanelli d'Istria qu'il n'était pas d'usage en Corse de s'attaquer aux évêques, encore que Santa-Lucia n'ait pas respecté cet interdit. La coutume ne s'étendait sans doute pas aux simples curés, puisque les frères Massimi, qui desservaient vers 1823 Orto et Poggiolo (3 km au sud-ouest d'Orto par la D 223), durent se soumettre, après avoir tenté de résister, à Théodore Poli et déposer dans le maquis une rançon de six cents livres. Théodore Poli aurait écrit, au témoignage de Robiquet : « Nous exterminerons tout sans aucun égard... nous vous saluons et nous tiendrons parole. Le temps expire aujourd'hui. » Mais cet acte sacrilège fut fatal au bandit : ce fut sans doute une jeune fille d'Orto, ou, selon d'autres, le mari d'une femme que

Théodore Poli avait connue à Orto, qui dévoila sa retraite secrète (voir GUAGNO).

À 3 km au nord-est d'Orto, le lac de Creno est le repaire du diable (voir SOCCIA). Mais rien à craindre : un saint homme, plus habile que les frères Massimi, exorcisa un jour le lac à la demande des habitants de Soccia, désespérés d'être perpétuellement tourmentés par Satan.

OSANI

60,3 KM S DE CALVI PAR D 81 ET D 424

La tombe du céladon

En partant du col de la Croix, à 1 km du carrefour de la D 81 et de la D 424, un sentier conduit à Girolata (5,5 km au nord-ouest d'Osani) dont le *campo santo*, le cimetière, a une particularité touchante : on y voit une tombe plus coquette que les autres, en granite blanc pailleté d'éclats roses datant de 1803. C'est la dernière demeure d'un jardinier d'Osani, Lorenzo.

Lorenzo était l'amoureux de Calixta depuis son plus jeune âge et les jeunes gens devaient se marier. On ne les voyait jamais l'un sans l'autre. Or, un jour, alors qu'une épidémie décimait la région, Calixta, aussi dévouée que belle, partit avec les religieuses soigner les malades. Lorenzo, pressentant que sa bien-aimée ne reviendrait pas, ne résista pas à la séparation et mourut le soir même du jour où Calixta quitta le village.

Une preuve aussi violente d'amour émerveilla les habitants du village qui décidèrent de donner au pauvre jardinier une sépulture digne de lui. Ils se cotisèrent donc et Lorenzo eut la plus belle tombe du cimetière. Mais la tombe de Calixta demeura introuvable, en dépit des recherches effectuées en 1903 par la confrérie de Saint-Matthieu, qui désirait ramener à Girolata la dépouille mortelle de la jeune fille. Cependant la légende, qui aime les histoires d'amour, assure que, pendant les nuits d'été très claires, une silhouette apparaît sur la montagne, le regard tourné vers la mer : c'est l'âme de Lorenzo qui attend Calixta. Un jour, sûrement, elle reviendra et, alors, on n'apercevra plus le matin dans le *campo santo* de Girolata des gouttes de rosée grosses comme des larmes… les larmes de Lorenzo.

La tour du destin

Au cours de la première moitié du XVIe siècle, les Barbaresques ont jeté l'ancre si souvent dans le golfe de Girolata que les aventures individuelles les plus inattendues se sont déroulées aux abords de ses rivages, comme si le destin se jouait ici. C'est ainsi que les gardiens de la tour de Girolata ont eu un jour la surprise de voir sortir du maquis un homme vêtu comme un Turc, mais parlant l'italien comme un Vénitien : originaire de Villafranca, ce Verrano, pris à l'âge de huit ans, était resté vingt-six ans en captivité, avant de réussir à s'échapper du bateau où il gardait d'autres esclaves.

Pourtant, le golfe de Girolata n'a pas été toujours la porte ouverte sur la liberté. Le corsaire turc Dragut se rappela longtemps le douloureux revers de fortune qui l'accabla au large de Girolata : pris en 1540, après la destruction de sa flotte par les Génois, il fut condamné à mener la vie des galériens. Heureusement pour lui, le

pacha d'Alger, Khayr al-Din Barberousse, le racheta trois ans plus
tard.

Sur les pistes du Far West

Pendant la Révolution, Jean Chrysotome Ceccaldi, le commandant de la garnison de la tour de Girolata, fut dévalisé par un groupe de bergers qui lui prirent la paie de ses hommes, alors qu'il revenait de Calvi par le col de Marsolinu. Dès qu'il fut de retour à
Girolata, il demanda des volontaires et, grâce à sa connaissance du
maquis, réussit à repérer et à cerner le campement des bergers
dans la forêt de Filosorma. Ses hommes et lui passèrent la nuit à
préparer leur attaque. L'un des soldats tua silencieusement leur
sentinelle. Réveillés en sursaut, les bergers se trouvèrent dans l'in-
capacité de fuir ou de se défendre. Alors, l'aumônier de la garnison,
pour éviter d'envoyer les voleurs en enfer, leur fit de loin réciter la
prière des morts et leur donna l'absolution. Du même geste, il
donna aux soldats le signal du feu en abattant lui-même le chef des
bergers. Pas un seul ne survécut.

Route génoise à la Spelunca.

OTA

84,5 KM S DE CALVI PAR D 81 ET D 124 — 87,5 KM N D'AJACCIO PAR N 194, D 81 ET D 124

« **Ota ! Ota ! attenti à la Cota !** »

Ce joli village où beaucoup de maisons ont conservé leur escalier extérieur est dominé par le capo d'Ota (1 220 m) dont le pic central est un bloc énorme évoquant un sphynx égyptien. Cette tête mystérieuse communique au paysage un aspect inquiétant et y fait planer une sorte de menace. Menace d'autant plus forte que ce monstrueux rocher serait, dit-on, branlant : d'où le dicton : « *Ota ! Ota ! attenti à la Cota !* » Sur ce rocher, on raconte bien des légendes. L'une affirme que les habitants d'Ota, superstitieux, allaient à certaines époques de l'année lier le bloc de pierre avec des ligaments de chanvre et l'arroser d'huile afin qu'il ne tombât pas sur le village. Une autre légende prétend que le capo d'Ota oscillait mais que tout danger fut conjuré grâce à l'intervention de bons moines du couvent voisin qui garrotèrent la tête damnée avec des liens en poil de chèvre. Ces moines demeuraient tout exprès là-haut pour retenir ces liens. Des femmes leur portaient des victuailles la nuit. Rassurons-nous cependant, la légende dit aussi qu'Ota ne verra jamais la roche se détacher[1].

1. E. Papadacci, *L'Histoire de Cargèse-Paomia, deux cités grecques en Corse, et de Piana-Ota-Porto, op. cit.*

Quatre hameaux composaient la commune d'Ota dès le Moyen
Âge : Ota, Curzo, Astica et Pinito. Astica seul a disparu à partir du
XVIIIe siècle, mais au lieu-dit on ne trouve plus aucune ruine, ce qui
paraît tout à fait invraisemblable. Près d'Ota, autre mystère : à
Santaja, des sarcophages de terre cuite contenaient encore des
ossements, mais de crânes point. On ne sait si cette anomalie est
due à des pratiques rituelles ou à des décapitations à l'arme
blanche au cours des guerres. Dernière énigme : pourquoi les habitants d'Ota soutiennent-ils que les ruines de Niello sont celles de
leur ancien village, alors que tous les textes prouvent que c'est là
une erreur ? Mais il semble qu'un mauvais sort s'acharne sur Ota
puisqu'on s'obstine à lui appliquer un ancien proverbe : *Ota, Ota,
maladetu senza stacchu ne canteratu*, « pays maudit sans balance ni
tamis », proverbe qui en réalité concerne Vistale, hameau situé à
1 km à l'ouest de Piana.

Magie blanche et magie noire

À 2 km à l'est d'Ota, sur la D 124, après le pont sur le Porto, un
chemin mène à Évisa par la Spelunca, gorge du Porto profondément
creusée dans des granulites rouges aux abrupts vertigineux.

Une charmante vieille sorcière d'Ota, Zia Maria Anton', férue de
magie blanche, sentit que la mort allait venir la prendre. Elle se

coucha et fit demander à ses amis de venir la voir. Le plus vieux d'entre eux, Francè d'Évisa, qui avait longtemps pratiqué avec elle la sorcellerie, décida de se rendre aussitôt à Ota. Il partit à la tombée du jour et, chemin faisant, rencontra, allant comme lui rendre une dernière visite à la moribonde, une amie de Zia, la sorcière Gioa dont la spécialité était d'apprendre aux chats-huants à ululer. Ils poursuivirent leur route de conserve, croisant par-ci par-là des esprits voletant dans la nuit. Au moment où ils s'apprêtaient à traverser le torrent, dans les gorges de la Spelunca, un taureau noir aux cornes en forme de lyre leur barra le passage. Enveloppés de lueurs phosphorescentes, ses sabots faisaient jaillir des cailloux des gerbes d'étincelles, de la fumée et des flammes sortaient de ses naseaux monstrueux, et son corps dégageait une telle chaleur que le maquis brûlait sur son passage. « Va-t'en, homme, dit-il s'adressant à Francè, ce chemin m'appartient. — Ami, répondit tranquillement le vieillard, les sorcières et les esprits sont mes frères. — Ha ! ha ! comment peux-tu, misérable, m'associer à ces faibles gnomes : fuis donc avant de roussir comme cette herbe ! » Francè, voyant qu'il n'y avait pas moyen de faire entendre raison à ce grossier démon, marmonna une formule magique et le taureau disparut... La vieille Zia mourut peu après et le repas de funérailles fut d'une abondance telle qu'on en parle encore à Ota[1].

Le « roi de la Balagne »

Ota est le pays natal de Serafino d'Ota, bandit surnommé Serafinone, ou Serafino le Grand, qui se fit aussi appeler le « roi de la Balagne ». Il lui arriva pour son malheur de tomber amoureux de la sœur du curé d'Ota. Il l'enleva et ils vécurent heureux. Mais un bandit rival, Massoni, peut-être soudoyé par le curé, entreprit un jour de les traquer avec sa bande. Serafino fut obligé de renvoyer sa femme et ses enfants pour leur propre sécurité, mais, jaloux de Massoni, humilié par son échec, il s'évertua à faire retomber sur son adversaire ses propres crimes passés et à venir. Cette politique ne lui porta pas bonheur. Peu de temps après, il fut tué par un de ses propres hommes, Rostolano, alors qu'ils campaient dans le maquis. Ni le mariage ni l'amitié n'avaient réussi à Serafino le Grand.

PALASCA

19 KM S-E DE L'ILE-ROUSSE PAR N 197 ET D 163

Le serpent sanguinaire

 À 8 km environ de la mer et à 450 m d'altitude, le village de
Palasca domine la vallée du Lozari et son territoire s'étend jusqu'à
la pointe de l'Alciolo (ou de l'*Acciolu*), dans les Agriates, au-delà de
l'embouchure de l'Ostriconi. À 16 km à l'est de L'Ile-Rousse, la D 81
atteint la plaine qui borde l'embouchure du petit fleuve côtier. À
100 m à l'ouest du pont de l'Ostriconi, un chemin d'exploitation
mène, à 200 m, à l'ancienne église Santa Maria Assunta. Un serpent, avec une tête d'oiseau, des fleurs et des gravures dont le sens
échappe, est sculpté sur le linteau de la porte occidentale de l'église.
Ce serpent évoquerait la légende locale de la *Biscia*, qui trouve un
écho en Toscane, où d'autres récits mythiques se rapportent à la
couleuvre, désignée parfois sous le nom de *biscia*.

Sur la plage de l'Ostriconi, s'élevait autrefois un petit port,
Parajola, Peraïola ou Piraghiola, alors au centre d'un finage riche
et fertile. Mais, ses habitants vivaient sous la malédiction d'un animal effroyable, la *Biscia*, immense serpent assoiffé de sang humain.
Le monstre avait établi son repaire dans le marais de Cannuta, au
pied d'une vieille tour aujourd'hui enfouie dans le sable. La *Biscia*
ne pouvait supporter d'entendre le carillon de l'église Santa Maria :
chaque fois que les cloches sonnaient, la *Biscia* sortait en furie du
marécage et tuait tous ceux qu'elle rencontrait sur son chemin.
Terrorisés, les habitants firent appel aux seigneurs de la tour qui
refusèrent leur aide. Le seigneur de San Colombano, dont le château se dressait à trois lieues de là, accepta de combattre l'animal.
Dès le lendemain, il se rendit au village, s'enferma dans l'église
avec son cheval et fit tinter les cloches. La *Biscia* accourut à travers
le village désert, et, trouvant la porte de l'église fermée, essaya de
la forcer. Quand le seigneur de San Colombano sentit que le
monstre relâchait son attention, il ouvrit la porte et, après une lutte
acharnée, tua la bête. Mais il ne savait pas que le sang de la *Biscia*
était empoisonné, alors que son épée en était tout imprégnée. Dès
qu'il toucha la lame, la mort fondit sur lui. Il était à cheval à ce

moment-là et sa monture, obéissant à un obscur instinct, se dirigea toute seule, portant son maître mort, mais toujours en selle, jusqu'au hameau de Mona où son corps fut retrouvé plus tard. La mort de ce nouveau saint Georges affecta beaucoup les villageois et leur tristesse se mua en colère contre les seigneurs qui n'avaient pas voulu participer à l'extermination du monstre. Le meurtre de l'un d'eux entraîna une farouche vendetta, au cours de laquelle le village de Cruschini (voir NOVELLA) aurait été détruit. Il ne resta plus de la région et du village d'Ostriconi que des ruines fumantes, là où se dressait, selon une très ancienne tradition, l'antique Ropikon (voir MONTEGROSSO). Depuis ce jour, la *pieve* d'Ostriconi est déserte.

L'hydre du Styx

Selon d'autres récits, le désert qui annonce les Agriates dès que l'on quitte la vallée du Lozari en direction de l'Ostriconi serait dû à la libération de forces malfaisantes. Nonobstant les variantes qui méritent d'être notées, l'étang et le monstre apparaissent encore, ce qui laisserait croire à l'origine commune de ces deux mythes bien en rapport avec la disposition des lieux. Près du port de Piraghiola, un étang aux eaux claires et poissonneuses était une des principales ressources des habitants. Mais le sable chassé par les tempêtes et par les vents venus de la mer submergea au cours des temps le port et la cité : on voit à l'est de la plage de l'Ostriconi le versant des Agriates saupoudré de sable partant à l'assaut de la montagne. L'eau se tarissant, les habitants quittaient un à un l'Ostriconi. Or, un jour, un inconnu proposa de faire jaillir de nouvelles sources si on lui cédait l'étang avec l'exclusivité de la pêche. Ce qui fut fait, mais un pêcheur mécontent tua l'étranger. Un hurlement effrayant fit accourir les habitants : pris dans les mâchoires d'une crevasse, l'assassin était immobilisé et enterré vivant. L'eau de l'étang s'avançant l'engloutit alors qu'une flamme infernale montait vers le ciel. À ce moment une hydre géante dressa une triple tête hideuse. Dans la nuit, on vit l'hydre parcourir l'étang bouillonnant, dardant trois langues fourchues et phosphorescentes avant de disparaître. Dans un grondement de tonnerre, une tempête d'Apocalypse se déchaîna tandis que la foudre mettait le feu à Piraghiola, ne laissant qu'une terre aride et stérile. Si l'on s'aventure, aujourd'hui, sur la plage de l'Ostriconi, en bordure de mer, personne ne s'approche de l'étang, devenu un marécage aux eaux mortes.

Corses contre corsaires

Les Palascais ont eu sans doute le caractère trempé par le voisinage de la Biscia et de l'hydre de Piraghiola. Ils ne se sont pas repliés vers la montagne lorsque leur village a été ravagé par les Barbaresques au début du XVIe siècle. Maîtres de la contre-attaque et solidement unis, les habitants de Palasca ont fait front. L'historien Filippini décrit ainsi l'un de leurs faits d'armes : « un matin, les Turcs descendirent de deux galiotes avec lesquelles ils avaient abordé à l'Agriata, et se mirent en route pour aller exercer leurs pillages sur la plage d'Ostricone. Les habitants de Palasca, l'ayant su, prirent les armes, et descendant de ce côté, ils rencontrèrent les pirates, les attaquèrent résolument et les mirent en fuite en leur faisant quinze prisonniers. Quelques jours après, d'autres corsaires étant venus dans les mêmes lieux, les Corses les attaquèrent également, leur firent dix-huit prisonniers et poursuivirent les autres jusqu'au bord de la mer… ».

PALNECA
(Palleca)

71 KM E D'AJACCIO PAR N 193, N 196, D 83, D 757, D 69 ET D 28

Le vengeur des quinze pendus

Autrefois, dès qu'un enfant était né, on plaçait dans le fond de son berceau un stylet à la poignée en croix et un livre de messe. Le poignard devait effrayer les sorcières et le livre de messe écarter les démons. Tant qu'il n'avait pas percé sa première dent, on ne laissait jamais le bambin seul, les jours de brouillard. Pour assurer aux garçons une éducation virile, on les berçait encore sous la Restauration par une *nanna* exaltant le sentiment de la vengeance et la fierté du bandit d'honneur[1].

Quandu sareti grandoni	« Quand vous serez grand
Purtareti li vostr'armi	Vous porterez vos propres armes
Un'bi farrani paura	Ne vous feront peur
Bultisciori ne giandarmi	Ni les voltigeurs ni les gendarmes
E si vu' st'inzirmitu	Et lorsque vous serez en rage
Sareti un fieru banditu	Vous serez un fier bandit
Ogna donna di la razza	Aucune femme de la famille
Tridici anni nun francava	Ne franchissait treize ans sans [mari
Parchi quidru'mpartinenti	Car tout impertinent
Chi la scufia li tuccava,	Qui lui touchait le bonnet
S'edr'un li mittia l'annedru,	S'il ne lui mettait l'anneau
Dui simani nun scampava	Ne passait pas la quinzaine
Tutti li vostr' antinati	Tous vos ancêtres
Eran' omini famosi	Étaient renommés
Erani lesti e gagliardi	Ils étaient lestes et gaillards
Sanguinarj e curaghiosi...	Sanguinaires et courageux...
Quindici funu impiccati	Quinze furent pendus
Tutti quanti a mezza piazza	Tous au milieu de la place
Omini di gran valori	Hommes de grand courage
Lu fior di la nostra razza	La fleur de notre race
Forse saristi o Satonu	Peut-être es-tu, ô Toussaint
Per fanne la vindicanza.	Celui qui doit les venger. »

Le magicien des urnes

Sur le fronton d'une demeure de Palneca, on pouvait lire, alors qu'elle servait de mairie :

> *Joseph Bartoli di Manetta*
> *Maire*
> *1882*

Les fonctions électives remplies par les édiles de Palneca méritaient d'être inscrites dans la pierre : elles étaient souvent obtenues à l'unanimité. Il faut dire que l'art électoral n'avait pas de secrets pour Joseph Bartoli, dit Manetta, la petite main. Petite, mais habile. Illettré et néanmoins élu maire en 1878, Joseph Bartoli a

---

1. A. Fée, *Voceri, Chants populaires de la Corse*, Paris, Victor Lecou, 1850.

été un prestidigitateur des bureaux de vote hors de pair. Aux élections de 1881, dans le canton de Zicavo, le républicain Emmanuel Arene l'emporte sur Charles Abbatucci par le seul vote de Palneca, où Arene a obtenu tous les suffrages et son adversaire aucun. Au cours d'une polémique déclenchée après la mort d'Emmanuel Arene, en 1908, Manetta protestait de sa bonne foi dans une lettre au *Journal de la Corse* : « on m'a prêté des tours qui ont fait de moi l'Arsène Lupin de la politique ». On ne prête qu'aux riches.

Comment tomba le seigneur de Marmano

Vivant dans la maison située en face de celle de Manetta, son petit-fils, qui s'appelait aussi Joseph Bartoli, a été à bonne école. Pourtant, il dédaignait les urnes et préférait prendre le pouvoir par les armes.

Né le 17 janvier 1902, Bartoli s'engage à dix-huit ans dans l'infanterie coloniale. Il commet son premier meurtre à Toulon, s'enfuit au Maroc, puis rentre à Palneca en 1927. Le 28 mai 1928, il prend le maquis après un second meurtre. La jalousie le dresse contre Spada, autre bandit célèbre (voir LOPIGNA), et, après de multiples pièges et embuscades évités de part et d'autre, Bartoli est blessé par Spada en 1931. Bartoli doit rejoindre Ajaccio pour être soigné d'urgence, mais la gendarmerie, prévenue, dresse des barrages sur toutes les routes. Caché au fond d'une voiture, Bartoli réussit à passer, est opéré et revient bientôt à Palneca. Seigneur et maître de la haute vallée du Taravo, il promulgue de véritables ukases :

— Interdiction de sortir du village après 9 heures du soir.

— Obligation pour les cafetiers de tenir leurs carreaux bien nettoyés et sans rideaux afin que, de l'extérieur, l'intérieur soit toujours visible.

— Interdiction de vendre, de louer, d'acheter ou d'exploiter un commerce sans l'avertir.

— Interdiction pour les gendarmes de circuler dans la région autrement qu'en portant le mousqueton en bandoulière.

Il mit à l'amende le vice-consul d'Italie et le consul d'Angleterre et menaça le préfet dans une lettre qui concluait : « À Ajaccio, si vous êtes préfet, moi je suis gouverneur du canton de Zicavo et de Santa-Maria-Siché en Corse. » Mais, le 6 novembre 1931, le cadavre de Bartoli était découvert au bord de la route du col de Verde, à

l'ombre de la forêt de Marmano, son domaine. La D 69 traverse la
forêt de Marmano entre le col de Verde (18 km au nord de Palneca)
et Ghisoni (35 km).

Il existe plusieurs récits sur sa mort : un Bastiais qui exploitait
la forêt de Marmano et subissait les exigences de Bartoli l'aurait
rencontré alors qu'il s'exerçait au tir. Le forestier aurait été plus
rapide que le bandit. Une autre version prétend qu'une femme
aurait servi d'appât pour faire sortir Bartoli de son repaire.
L'exploitant forestier et un policier se seraient trouvés à point
nommé pour rencontrer le bandit, comme par hasard. Après des
libations qui auraient endormi sa méfiance et ses réflexes, Bartoli
aurait été abattu sans autre forme de procès dans une voiture que
l'on retrouva incendiée non loin de son cadavre. Enfin, certains estiment que le meurtrier est un individu non identifié et que la voiture détruite au col de Verde près de l'endroit où l'on trouva Bartoli
aurait été la proie d'un incendie de forêt.

Autre bandit célèbre, Paul Perfettini appartenait à la même
bande que Joseph Bartoli. Les efforts des autorités, pour s'emparer
de Perfettini, s'étaient révélés vains. Mais Perfettini avait un ennemi de longue date, un cousin qui était gendarme en Syrie. En congé
à Vezzani, son village natal, le gendarme, embusqué derrière une
tombe, aurait abattu Perfettini de deux balles dans la tête. Une
autre version, semble-t-il romancée à l'excès, veut que le gendarme,
ayant rencontré son parent, l'ait embrassé en lui tirant à bout portant une balle qui traversa le cœur. On ne saurait assurer, comme
on l'affirme parfois, que l'autorité publique ait rappelé sciemment
le gendarme qui aurait été en mission officieuse. Toujours est-il que
le redresseur de torts reprit sans difficulté son poste au Levant.
Quinze jours plus tard, il tombait sous une balle mystérieuse.

La rue du Far West

   Palneca aurait été fondé par deux frères, Barthélemy et
Toussaint, qui auraient donné naissance aux Bartoli et aux
Santoni, patronymes les plus représentés dans le village.
Dominique Santoni fut le lieutenant de Joseph Bartoli, mais l'ini-
mitié sépara parfois les deux branches du clan. Le 20 juin 1967,

Pierre Bartoli et Paul Santoni remontaient face à face la rue principale de Palneca et, arrivés à bonne distance, dégainèrent d'un même geste et au même instant. Aimé Pietri écrivit dans *France-Soir* du 22 juin 1967 : « Les revolvers crachèrent le feu. Pierre Bartoli, frappé de huit balles de 9 mm, s'effondra, mort. » Paul Santoni avait été atteint de trois balles dans le ventre. « Alors que Santoni gisait à terre, un cousin de Bartoli survint, arracha son arme au blessé et l'assomma à coups de crosse. Puis il attendit les gendarmes. Quand ceux-ci arrivèrent, le mort avait disparu. C'est chez les Bartoli que le corps avait été transporté. La famille faisait cercle autour du jeune homme foudroyé. Les femmes pleuraient bruyamment. Et chez les hommes on jurait déjà que la vengeance serait impitoyable. »

Cachet authentique du bandit J. Bartoli.

PANCHERACCIA

91,5 KM S DE BASTIA PAR N 193, N 198, N 200 ET D 14 — 38 KM S-E DE CORTE PAR N 193, N 200, D 214 ET D 14

Miracle sur la montagne

Accrochée à la montagne, une chapelle blanche est consacrée au culte marial : ce serait le seul endroit de Corse où la Vierge serait apparue. Venue à l'aide d'une fillette égarée, elle aurait, d'un geste, fait jaillir une source pour la désaltérer et l'aurait guidée vers le village, en la chargeant de demander aux habitants de Pancheraccia de construire une chapelle sur les lieux de leur rencontre. Ce qui fut fait. Une vasque reçoit les eaux de la source qui ne tarit jamais. Le miracle se serait déroulé au XVIIIe siècle. Plus tard, un malade, qui était couvert d'une sorte de lèpre, après s'être lavé dans l'eau de la source la plus proche et avoir passé une nuit en prière à la chapelle, fit constater qu'il était guéri.

Une statue modeste, de l'époque du miracle, a été remplacée par une Vierge en marbre blanc, sculptée en 1846. Le chanoine Cristiani, doyen honoraire de la faculté catholique de Lyon, raconte que les témoins de la fête d'inauguration virent jaillir des éclairs autour de la statue congédiée. Livrée au feu, l'ancienne Vierge ne s'est pas entièrement consumée ; la main et la couronne épargnées ont été déposées dans une châsse conservée dans l'église de Pancheraccia.

Chaque année, le 8 septembre, la statue de la Vierge est portée en procession à la chapelle du miracle, puis reprend sa place dans l'église, au cœur du village. Cette cérémonie se déroule parfois la veille, dans la soirée, avant une messe de minuit. La chapelle est située à 0,5 km au sud de Pancheraccia ; on l'atteint par la D 14 et un chemin qui se détache de la route vers la droite.

PATRIMONIO

(Patrimoniu)

17 KM O DE BASTIA PAR N 93, D 264 ET D 81

Vieille de trente siècles

Alors que l'on défonçait un terrain pour planter une vigne dans la propriété de M. Antoine Gilormini, on découvrit en 1964 sur le territoire de la commune de Barbaggio, au lieu-dit Nativu, une statue-menhir brisée en quatre morceaux qui date de trente siècles environ. Seule statue corse en calcaire, elle mesure 2,29 m et porte sur le thorax une gravure en T renversé dont le sens n'a pas été élucidé. Souligné par des arcades sourcilières proéminentes, le regard de l'homme de pierre, remarquablement vivant, pèse d'une manière inquiétante sur qui le contemple. La statue, restaurée par M. Bosdure, marbrier à Bastia, est installée dans un jardin contigu à l'église.

Une tour carrée presque rasée est le seul reste du château des Cortinchi qui dominait le village de Patrimonio. Cette tour, la Tozza, ou *torra Cortinca*, ressemblait au château de Lumito de Scata qui datait du IXᵉ ou du Xᵉ siècle. L'un des seigneurs de Patrimonio, Orlando Cortinco, fut pendu sur les ordres du maréchal génois Gottifredo de Zoaglia, qui s'empara du château au milieu du XIVᵉ siècle.

PENTA-DI-CASINCA

32,5 KM S DE BASTIA PAR N 193, N 198 ET D 6

Prédiction irréfutable

« Si la mort n'est pensable ni avant, ni pendant, ni après, quand pourrons-nous la penser ? » écrivait Vladimir Jankélévitch, l'un des philosophes qui ont consacré une partie de leur vie à scruter la mort[1]. À Penta-di-Casinca, le problème ne se pose pas. Lors des enterrements, nul n'ignore sa destinée : le cortège qui accompagne le défunt au cimetière lit sur la voûte d'un aqueduc ce message laissé aux vivants : *Oghje a me*, « Aujourd'hui, c'est à moi » ; après l'inhumation, de retour au village, une autre inscription complète utilement la première : *Dumane a te*, « Demain, ton tour viendra ».

Tour génoise et voie romaine

À 1,3 km au nord de l'embouchure du Fium'alto, s'élève la tour génoise de San Pellegrino, dont subsiste seulement la base. On peut se rendre à la tour en prenant à Folelli la D 506 en direction de la mer, à gauche en venant de Bastia. Une église aujourd'hui disparue donna son nom à la tour de San Pellegrino et aussi à un fort considéré comme imprenable au XVIIIᵉ siècle.

Des traditions locales mentionnent avec insistance une « voie impériale », entre la N 198 et la mer, et parallèle à la route actuelle. On a effectivement exhumé, lors de défrichements, des traces de voie dallée romaine et, près de la mer, au nord de l'embouchure du Fium'alto, des vestiges d'édifices de même époque où étaient encore scellés des anneaux. À Mausoleo, où la tradition plaçait un ancien

1. V. Jankélévitch, *La Mort*, Flammarion, 1966 ; 2ᵉ éd., 1977.

cimetière, une maison romaine a été exhumée en 1972. Des monnaies enfouies sur place représentent des empereurs qui ont gouverné entre le début du IIe siècle et le IVe siècle. Une fois de plus, une tradition, fidèle dans son ensemble quoique imprécise dans ses détails, révèle des lieux et des faits devenus obscurs. L'abondance des restes d'origine romaine et la localisation entre le Golo et le Fium'alto permettent de se demander si les historiens corses anciens n'avaient pas raison lorsqu'ils prétendaient trouver là le site de la ville de Nikaia, signalée par Ptolémée. L'embouchure du Fium'alto, qui servait encore de port au XIXe siècle, avait sans doute été aménagée pour l'accueil des flottes romaines.

La guerre de Trente Ans

Nous sommes en 1789. Les Frediani sont attachés à l'ancien ordre. En face d'eux, les Viterbi s'instituent les défenseurs des idées nouvelles et on vient de loin pour les écouter parler de revendications, de liberté, d'égalité. Les Viterbi ont beau jeu devant les Frediani dont les dieux chancellent.

1790 : le 12 mai, les citoyens de la région sont réunis dans l'ancien couvent de Venzolasca. Ils doivent élire une nouvelle municipalité. Les deux factions sont réunies, et au-dehors les fils de Simon-Paul Viterbi, Pierre et Luc-Antoine, rameutent les gens qui, partis de loin, arrivent en retard. Dans la salle, l'agitation est à son comble, l'enjeu est important et les invectives nourries des deux côtés. Une voix demande l'expulsion des Frediani. Un tumulte accueille cette proposition, couvert par la voix du père Viterbi, Simon-Paul, qui appuie l'exclusion. Il est violemment contredit par Pierre-Jean Serpentini, de Sorbo, du parti des Frediani. Simon-Paul réplique : « Je suis étonné qu'un lâche comme toi ose élever la voix dans cette enceinte. »

Traiter un Corse de lâche n'est pas précisément politique. L'insulte à peine lâchée, Viterbi tombe, blessé d'un coup de stylet. C'est un moment de stupeur lourde. Les fils du blessé, dehors, sont prévenus. Ils entrent et voient un homme penché sur leur père : c'est André-François Frediani, qui, bien que du camp adverse, est en train d'étancher la blessure de Simon-Paul avec un mouchoir. Luc-Antoine ne prend pas le temps de juger, il se précipite et André-François s'écroule, mort. Luc-Antoine niera toujours par la suite ce crime, mais l'opinion publique ne le réfuta jamais. Il n'y eut pas de poursuites judiciaires, mais en Corse le sang se paie par le sang. Une terrible vendetta était commencée, qui durera trente ans.

Quatre mois plus tard, une petite troupe armée entre dans la maison de Venturino Suzzarini, qui habite en face de Viterbi, et appartient notoirement au parti des Frediani. Quand les hommes sortent, une fusillade nourrie les accueille, qui fait un mort et plusieurs blessés, dont Suzzarini. Le médecin Louis Totti, qui s'est précipité, y laisse également sa vie. Un grand silence suit la fusillade et, en fait, il est impossible de dire d'où provenaient les coups de feu.

Cinq mois après, passant devant la maison des Frediani, Pierre Viterbi reçoit une balle dans l'épaule. Les deux partis semblent se calmer quand Paoli rentre en Corse. Tout le monde apparemment vibre à l'unisson sous le drapeau de la Révolution française. Mais les choses changent, les hommes aussi, et Paoli, qui après vingt ans d'exil en Angleterre avait pu apprécier les mérites d'une constitution libérale, fonda bientôt ce qu'on a appelé le « parti anglais ». Ce fut une scission complète entre les Corses. Les Anglais, appelés, accoururent évidemment et Luc-Antoine Viterbi, qui s'était fait remarquer à Montebello (le Directoire lui avait décerné un sabre d'honneur), doit s'exiler à Toulon avec sa famille quand les Anglais se rendent maîtres de l'île. Les Frediani, qui sont bien entendu du côté anglais, en profitent pour brûler les maisons et ravager les propriétés des Viterbi.

DEDICATION

TO

PASCAL PAOLI

GENERAL OF

THE CORSICANS.

SIR,

DEDICATIONS are for moſt part the offerings of intereſted ſervility, or the effuſions of partial zeal; enumerating the virtues of men in whom no virtues can be found, or predicting greatneſs to thoſe who afterwards paſs their days in unambitious indolence, and die leaving no memorial of their exiſ-

a

Dédicace du Journal *de voyage en Corse de James Boswell.*

Mais la domination des Anglais est de courte durée : ils doivent partir en 1796. Lors, les Viterbi rentrent et citent les Frediani devant les tribunaux, pour obtenir réparation des dommages causés. Le vieux Frediani tente une réconciliation en offrant l'union d'un de ses petits-fils à une des filles de Luc-Antoine. Le vieux Simon-Paul Viterbi accepte la proposition et se rend au chef-lieu de juridiction, La Porta d'Ampugnani, pour arrêter les poursuites. Un ami des Frediani, qui interprète mal sa démarche, le tue à son retour. Luc-Antoine Viterbi, à la tête de la gendarmerie, réussit à arrêter tous les Frediani et les fait envoyer aux galères pour une durée de dix ans. Seul Charles Frediani en réchappe. Il meurt d'ailleurs peu après d'une blessure dans les ravins de la *pieve* de Tavagna. Les adversaires de Luc-Antoine affirment que celui-ci transperça de plusieurs coups de stylet le cadavre exhumé.

En 1798, Luc-Antoine est nommé chef du parquet. La charge est difficile. Elle prend fin le jour où il refuse de voter l'élévation de celui qui n'était autre que Bonaparte au trône impérial. Le général Berthier l'emprisonne alors qu'il s'était retiré dans son village, signalé par le général Morand pour ses opinions républicaines. Il est mis en liberté en 1814, revient au pays, et tue très probablement Donato Frediani avec la complicité de son fils Paul-Ours. Quoi qu'il en soit, ils sont accusés du meurtre et s'enfuient à Borgo, sous le coup d'une condamnation à mort. Ils sont pris, emprisonnés à Bastia, puis relâchés.

Or, après les Cent-Jours, la composition de la cour de Bastia change. L'assassinat de Donato Frediani est remis en cause. Paul-Ours Viterbi s'enfuit sur le continent, mais sûr de son innocence, ou peut-être pour la prouver, Luc-Antoine se laisse à nouveau incarcérer. Il est condamné à mort.

Nous sommes le 22 septembre 1821. Dès la sentence rendue, le fier Luc-Antoine Viterbi ne songea plus qu'à se soustraire à la honte d'une exécution publique. Il se procura de l'opium, puis se laissa lentement mourir d'inanition. Il survécut dix-huit jours et n'expira que le 20 décembre 1821, s'écriant : « Je suis prêt à laisser le monde ! » À la nouvelle de sa mort, six cents paysans restés fidèles quittèrent Penta-di-Casinca et les autres villages pour ramener son corps à Penta. En arrivant à Bastia, ils apprirent que la chaux vive avait fait son œuvre sur les restes de Luc-Antoine et ils essayèrent, mais en vain, d'exhumer le corps.

Durant sa détention, Luc-Antoine avait écrit vingt-trois poésies, ainsi que le *Journal des derniers moments*.

PERELLI

72 KM S DE BASTIA PAR N 193, N 198, D 71, D 217, D 17 ET VO

Armé de sa parole

La réputation d'un modeste colporteur de Perelli, redouté pour son esprit mordant et ses reparties vives, persiste encore en Corse deux siècles après sa mort. Pietro Giovanni avait été surnommé Minuto, le maigrichon ; avec l'âge, il était devenu Minuto Grosso, puis par une inversion imposée progressivement par la tradition orale, Grosso Minuto.

Grosso Minuto est populaire parce qu'il ne se prend pas au sérieux. Un parent lui conseille de fermer sa porte à clef. Avec un grand bon sens, Minuto lui réplique : « *Che hanno di piglià i ladri di notte in casa mia ? ... Io, che so più pratigo, non ci trovo nulla in giorno !* » « Qu'est-ce que les voleurs pourraient prendre la nuit ? Moi qui connais ma maison, je ne trouve rien, même le jour. »

Grosso Minuto plaît aussi parce qu'il compense sa faiblesse par l'astuce. De retour d'une tournée, il est mis en joue au col de Vizzavona par un brigand qui le dépouille de sa recette, de ses chaussures et de son pantalon. Généreusement, Minuto offre aussi sa veste en échange de celle, très usée, de l'homme des bois. Ayant ainsi récupéré son argent et, en prime, le produit des rapines de son agresseur, Grosso Minuto reprend la route sans plus tarder.

Enfin, Minuto, commentateur infatigable de la vie quotidienne des villages, exprime sur la place ou la voie publiques ce que tout le monde pense sans oser le dire, ou sans avoir la présence d'esprit de le dire au bon moment et de clore ainsi toute controverse. Sur le chemin de la plaine, lors de la pause de midi, Minuto échangeait quelques plaisanteries lestes avec des jeunes de Perelli. Une jeune femme qui avait accordé ses faveurs à un garçon de Novale, connu sous le prénom de Mathieu, passe devant le groupe et interpelle Minuto : « *O Minù..., spiegate il Vangelo, che ?* » « Oh, Minuto..., tu expliques l'Évangile ? » Et Minuto réplique : « *Si, il Vangelo secondo Sammateo.* » « Oui, l'Évangile selon saint Matthieu. »

Enfin, les réflexions de Minuto prennent pafois un tour philosophique. Relevant de maladie, il est accueilli de manière prévenante dans un village voisin : « *Averamo creduto di piangervi.* » « Nous avons cru te pleurer. » Et Minuto, conscient de sa destinée, remarque : « *Sono più fatto per far ridere, io, che per far piangere.* » « Je suis plus fait pour provoquer le rire que les pleurs[1]. »

1. Felice Matteo Marchi, *Motti, risposte et burle del celebre Minuto Grosso*, Clichy, imp. Maurice Loignon, 1866 ; Ajaccio, la Marge, 1978.

PERI

21 km N-E d'Ajaccio par N 194, N 193 et D 229

L'eau et le feu

À Peri et dans la piève de Celavo, les petites filles reçoivent souvent à leur naissance le prénom de Barbara. Cette sainte, martyrisée au IIIe ou au IVe siècle, aurait assuré une protection contre le feu, la foudre ou une mort subite. La mémoire locale a conservé le souvenir d'une chapelle dédiée à sainte Barbe et « entourait... cet endroit d'un voile de superstition et de légendes[1] ». Les ruines de l'oratoire avaient été envahies par le maquis. Habituée à maîtriser le feu, santa Barbara l'aurait-elle commandé et soumis à ses fins ? Toujours est-il que, paradoxalement, c'est un incendie qui a ouvert de nouveau l'accès à la chapelle Santa Barbara et assuré son retour dans le patrimoine collectif.

Santa Barbara occupe un tertre proche de la Gravona, où les tuiles romaines et les restes de menhirs abondent. Située à flanc de coteau, une enceinte mégalithique ne semble pas répondre à un souci de défense. « Mais que pouvait-elle protéger ? Ne s'agit-il pas plutôt d'un lieu de culte très ancien, solaire peut-être car l'ensemble fait face au couchant et a pu être utilisé comme cadran... ou bien s'agit-il d'un sanctuaire des eaux, une source distante de cent mètres à peine ayant pu y être canalisée[2] ? »

Repaires de rebelles

Le hameau de Salasca perpétue le nom de la très vieille famille des Salaschi, qui domina le Celavo du IXe au XIIIe siècle, jusqu'à la confiscation de ses biens, ordonnée en 1260 par Giudice di Cinarca, après une révolte[3]. La lignée des Salaschi remonterait à Salasco, fils de Dardano, qui aurait été un compagnon d'Ugo Colonna, le mythique vainqueur des Sarrasins. Salasco aurait reçu le Celavo peu après la reconquête de l'île contre les Maures. Il aurait construit le castellu di Pipella, dont les ruines subsistent encore, très dégradées, sur la Rocca vecchja, qui porte aussi le nom de Castiddacciu, vers 800 m d'altitude, au-dessus du village.

Ce repli vers la montagne n'étonne plus si l'on considère que la menace sarrasine n'avait pas complètement disparu. Santa Barbara aurait été abandonnée lors d'une nouvelle attaque. Le trésor caché par les moines avant leur départ a suscité des convoitises qui se sont manifestées jusqu'à une époque récente.

Un autre sommet de Peri, Rocca nova, porte les ruines d'un château que Sampiero Corso aurait occupé. Cerné par les Génois, il aurait dû s'échapper précipitamment et aurait laissé sur place une selle et des étriers d'or[4].

1. D. Polacci, « Abbayes primitives et monuments du haut Moyen Âge en Corse, XII, la Chapelle Santa Barbara à Peri », *Cahiers Corsica*, n° 132, 1990.
2. *Id.*, *ibid.*
3. F. Zarzelli, « Le canton de Celavo-Mezzana », *Cahiers Corsica*, n°s 73-74, 1977.
4. *Id.*, « Le castello di Pipella », *Cahiers Corsica*, n°s 106-111, 1984.

PERO-CASEVECCHIE

(Peru Casevechje)

45 km S de Bastia par N 193, N 198, D 230, D 330 et D 130

Les pierres et la spirale

Jusqu'au XIXᵉ siècle, les habitants de toutes les paroisses voisines se réunissaient sur la place du couvent pendant la semaine sainte et les fêtes des Rogations. Une fois rassemblés, ils formaient la *granitula* (voir Brando). Ils s'alignaient en spirale à plusieurs cercles concentriques, en respectant un ordre traditionnel : en tête, les confréries avec leurs bannières, puis les hommes, portant des torches, enfin les enfants et les femmes. La spirale se déroulait ensuite et la procession, l'extrémité du cercle central en tête, défilait au son des chœurs et des hymnes religieux. Parvenue au sommet d'une montagne appelée le « Calvaire », la procession s'arrêtait au pied d'une croix dressée au-dessus du couvent (aujourd'hui en ruine, à 1 km au sud-est de Pero-Casevecchie, à 150 m à l'est de la D 130). Là, après avoir récité des prières, un prêtre, monté sur un piédestal, bénissait, selon le chanoine Casanova, des petites pierres métalliques dont le sol était couvert. Les pèlerins les conservaient dans leur maison ou les jetaient dans leurs champs, car on les considérait comme miraculeuses. La coutume disparut après que le couvent eut été brûlé en 1800 sur les ordres du conventionnel Saliceti.

PETRETO-BICCHISANO

(Pitretu Bicchisgià)

49 km S-O d'Ajaccio par N 193 et N 196

Libations dans le fortin

À 1 km de Petreto-Bicchisano, en direction de Propiano, la N 196, d'abord orientée vers le sud, contourne un vallon creusé par un affluent du Taravo et reprend la direction du nord pour quelques centaines de mètres. À 200 m au sud-ouest du tournant, se dressent l'enceinte en demi-cercle et le dolmen, bien conservé, de Settiva. Le monument et les objets qu'il abritait sont très proches de réalisations similaires que l'on rencontre en Sardaigne. Settiva était vraisemblablement un bastion avancé vers le nord de cette civilisation commune qui semble avoir rapproché, parfois, le nord de la Sardaigne et le sud de la Corse. Le site a livré des tasses tronconiques munies d'anses d'une facture étonnamment moderne. On ne sait à quel breuvage elles étaient destinées. L'hydromel, peut-être : le miel corse, chargé d'une certaine amertume, était déjà célèbre dès la plus haute antiquité…

PIANA

92 km S de Calvi par D 81 — 71 km d'Ajaccio par N 194 et D 81

Calanques du diable

Maupassant décrit ainsi les calanques de Piana, extraordinaire dédale de rochers creusés de *taffoni*, qui tombent à pic dans la mer, dominé par la Pianetta (973 m) et le capo d'Oro (1 306 m) : « Je m'arrêtai d'abord stupéfait devant ces étonnants rochers de granite rose, hauts de quatre cents mètres, étranges, torturés, courbés, rongés par le temps, sanglants sous les derniers feux du crépuscule et prenant toutes les formes comme un peuple fantastique de contes féeriques, pétrifié par quelque pouvoir surnaturel. J'aperçus alternativement deux moines debout, d'une taille gigantesque ; un évêque assis, crosse en main, mitre en tête ; de prodigieuses figures, un lion accroupi au bord de la route, une femme allaitant son enfant et une tête de diable curieuse, cornue, grimaçante, gardienne sans doute de cette foule emprisonnée en des corps de pierre. »

Aux alentours de Piana.

Les calanques ont la réputation d'être l'œuvre du diable. Satan était tombé amoureux d'une bergère qui avait eu l'audace non seulement de ne pas céder à sa criminelle passion, mais même de le frapper et de le chasser en appelant son époux à l'aide. Écumant de rage, mais impuissant à punir ces deux cœurs purs, Satan décida de laisser dans les amoncellements rocheux d'alentour la trace de sa colère : il se fit sculpteur et à grands coups d'éclairs, de soufre et de maléfices campa les silhouettes de ses ennemis : la bergère et le berger représentés en géants et tout un bestiaire fantastique, autour du chien que l'on voit faire le guet, au-dessus de la D 81.

Lorsque le diable eut fini, il s'en alla en maudissant les hommes, et les habitants de la région contemplèrent avec une admiration mêlée de crainte cette œuvre sauvage et grandiose.

Il advint que saint Martin, attiré par le vacarme diabolique, vint se rendre compte par lui-même de ce qui s'était passé. Frappé de frayeur devant le paysage fantastique, il le bénit et tomba en prière, oubliant cette fureur figée dans la pierre. Saint Martin avait l'oreille du ciel car, surgissant des profondeurs de la mer, une immense vague vint baigner le bas des rochers et forma le golfe de Porto dont les eaux limpides transformèrent la cité du diable en un paradis de fraîcheur d'une grandiose beauté.

Le trésor de guerre des Leca

En suivant la D 81, à 3 km à l'est de Piana, on passe, avant de traverser les calanques, le col de Geneparo ou de Giunepro ; sur la crête qui domine les Roches bleues et qui s'élève vers l'est jusqu'à la Pianetta (973 m), sont conservées les ruines du château de Giunepro, qui figure dans la séquence des chansons de geste de la Corse, où l'épopée de Roland, le preux chevalier, trouve un écho lointain. D'après Giovanni della Grossa, le château de Giunepro aurait été édifié par un neveu d'Ugo Colonna, le chevalier romain vainqueur des Maures. Le fondateur du château, l'un des premiers qui aient été construits en Corse, aurait porté le nom de Rolandino.

Les calanques au clair de lune, dessin de Gaston Vuillier.

À 1,5 km au sud-est de la Pianetta, dans un site sauvage et peu accessible, les restes du château de la Foce d'Ortu dominent la vallée de Piazza, qui se dirige vers les calanques de Piana, et la vallée du Porto. Dans ce château, Giovan Paolo de Leca, au cours d'une ultime guerre contre les Génois, enferma son épouse, « qui était d'un caractère viril », écrit Monteggiani, et celles de ses compagnons avec quelques défenseurs déterminés et une partie de leur trésor de guerre pour être mieux à même de résister aux Génois dans la Cinarca. « Ce fort, élevé par Giovan Paolo et construit avec beaucoup d'habileté, écrit le chroniqueur, devait être imprenable au jugement d'un grand nombre... Mais ce jour-là, soit que les ennemis aient été trop nombreux, soit que la discorde ait éclaté parmi les assiégés, le fort de Foce d'Orto était destiné à être le théâtre d'un événement qui devait le rendre tristement fameux pendant de longues années. Malgré une résistance vigoureuse, l'assaut fut si terrible qu'en moins de deux heures le fort était emporté et la garnison faite prisonnière. Micaello et Giudicello s'échappèrent seuls ; tous les autres furent massacrés sans pitié. Les femmes furent traitées avec plus d'égards ; on respecta scrupuleusement leur honneur. Elles furent envoyées à Leca, puis rendues à leurs familles avec beaucoup de courtoisie. On dit qu'Alfonso d'Ornano, soit pour venger d'anciens griefs, soit pour se rendre plus cher aux Génois, se déshonora ce jour-là par des actes d'une barbarie sauvage, et se baigna avec un plaisir incroyable dans le sang des Leca. »

À la suite de ce drame, une tradition s'instaura selon laquelle on supposait qu'un trésor était enfoui dans un endroit secret du fort de Foce d'Ortu. La seule chose qu'on semble y avoir découverte jusqu'à présent est un anneau d'or.

Anagalla invente la sphéromagie

À 4 km au sud de Piana par la D 81, on atteint le col de San Martinu. Un chemin orienté vers l'ouest mène aux ruines de l'ancien village de Salogna (0,5 km). Salogna aurait vu naître «Anagalla, vierge corse, ornée de toutes les vertus », d'après Girolami-Cortona, qui cite l'*Athénée des hommes et des femmes illustres* d'Oldoini. Passionnée de grammaire, elle aurait écrit un recueil de syntaxe grammaticale et inventé « la sphéromagie ou jeu

du ballon », d'après le même auteur. Or, l'église San Pietro e Paolo de Piana, qui devint au XIXe siècle le tombeau de la famille Ceccaldi-Nessa, aurait abrité un bas-relief en marbre représentant une femme tenant une plume à la main. Mais les pierres de l'église ayant servi à la construction de terrasses et de murets, la sculpture a disparu. « Qui sait, écrit E. Papadacci, si cette femme, avec une plume à la main, ne représenta pas la légendaire Anagalla... cette trouvaille extraordinaire pourrait peut-être confirmer qu'Anagalla a existé[1]. » Toutefois, pour certains, Anagalla ne serait pas originaire de Corse, mais de Corcyre, l'actuelle Corfou.

1. E. Papadacci, *op. cit.*

Les calanques de Piana.

PIANOTTOLI-CALDARELLO

(Pianottuli Caldareddu)

31 KM S-E DE SARTÈNE PAR N 196 — 20 KM N-O DE BONIFACIO PAR N 196

Ptolémée a-t-il dit vrai ?

Dans le chaos de rochers où s'est logé Caldarello, les anciens abris des bergers d'Aullène et de Zerubia, utilisés désormais comme annexes des exploitations agricoles, conservent l'aspect rustique des haltes de transhumance. Or, de multiples observations donnent à penser qu'une vie plus élaborée a animé, bien auparavant, les rivages de Pianottoli-Caldarello. Un port romain a vraisemblablement utilisé l'anse s'étendant au nord-est de la pointe de Capineru, occupée de nos jours par des marais. Des monnaies, frappées au IVᵉ siècle de notre ère, proviennent de villes marchandes de l'Orient méditerranéen. Des briques et des fragments de poteries romaines ont été recueillis à proximité de San Giovanni Battista qui signalait autrefois l'entrée du golfe de Figari.

Or, Ptolémée mentionne le port de Ficaria parmi les cités connues dans l'île au Iᵉʳ siècle ap. J.-C. Une tour génoise permet de repérer le site vraisemblable de la ville. Pour atteindre la tour, il faut quitter la N 196 à Pianottoli et prendre la D 122 ; on traverse le hameau de Caldarello, et, après avoir parcouru 1 km, on tourne à droite. La tour est à 2 km de ce dernier carrefour. La localisation exacte de la cité antique reste inconnue et l'on ne sait pas dans quelles circonstances elle a disparu. Seul, le nom de Figari, cité dès le XIIIᵉ siècle, rappelle encore la Ficaria de Ptolémée.

Cimetières marins

Des murs enfouis dans un épais couvert de lentisques d'oléastres et des restes de constructions au niveau même de la mer, repérés au cours des dernières décennies, ont donné un certain crédit aux vieilles traditions orales qui faisaient état d'un ancien village aux abords de l'église San Giovanni, édifiée au XIIᵉ siècle entre la tour de Caldarello et la pointe occidentale du golfe de Figari. On n'a pas encore découvert de village, mais des édifices religieux construits ou restaurés avec obstination entre le IVᵉ et le XIIᵉ siècle.

A 400 m de la tour de Caldarello, en suivant la mer vers le sud, on rencontre les vestiges d'un baptistère paléochrétien, antérieur à la fin du IVᵉ siècle, restauré au XIᵉ siècle, puis, 300 m plus loin, les ruines d'une chapelle datant aussi de la fin de l'Antiquité. À l'entrée même du golfe, au bord de la mer, une église romane de style pisan, édifiée vers le début du XIIᵉ siècle, a longtemps servi de repère aux marins. Comme les abords des sanctuaires « recèlent dans le sol de nombreuses sépultures », Mᵐᵉ Moracchini-Mazel pense que « le lieu possède un caractère essentiellement funéraire, face au soleil occidental et au grand large[1] ».

---

1. « Le site de Ficaria à Pinottoli-Caldarello (Corse du Sud) », *Cahiers Corsica*, nᵒˢ 125-127, 1988 ; nᵒ 141, 1991.

PIAZZALI

72 KM S DE BASTIA PAR N 193, N 198, N 197, D 217 ET VO

La Vierge à la cerise

À 0,5 km à l'ouest de Piazzali, s'élève le couvent d'Alesani, qui avait été fondé au XIIIᵉ siècle en hommage à saint François d'Assise. De nos jours encore, le couvent est très animé au cours de la première semaine de septembre, lors de la préparation de la fête consacrée à la nativité de la Vierge.

Un panneau peint au XVᵉ siècle, représentant la Madone offrant une cerise à l'Enfant Jésus, serait doté de pouvoirs miraculeux. La « Vierge à la cerise » est portée solennellement en tête de la procession qui se déroule devant le couvent, le 8 septembre en fin d'après-midi.

Théodore Iᵉʳ, roi de Corse

Le couvent fut témoin de la fondation du royaume de Corse. L'un des plus singuliers aventuriers du XVIIIᵉ siècle, Théodore, baron de Neuhoff, bénéficiant de la situation extrêmement troublée dans laquelle se trouvait alors la Corse, réussit à se faire couronner roi de l'île. La cérémonie d'investiture eut lieu le 15 avril 1736. On assure que vingt mille Corses s'étaient rassemblés sur l'esplanade du couvent. Le roi parut coiffé d'un tricorne à plumes blanches et vêtu d'un grand manteau de pourpre ouvert sur un habit blanc brodé d'or. Il avait à ses côtés Hyacinthe Paoli et Giafferi ; il était entouré du clergé et des dignitaires. Parvenu sur l'estrade, le roi écouta un discours de Paoli qui suscita acclamations et salves d'armes à feu ; Giafferi lut la convention engageant le roi et le peuple corse. Le roi reçut ensuite l'hommage des principaux personnages représentant la Corse et l'assistance prêta serment. Selon Ambrogio Rossi, Théodore Iᵉʳ aurait reçu des mains de Paoli une couronne de laurier ; le vice-consul de France à Bastia évoque une couronne de feuilles de châtaignier, plus modeste, mais plus authentiquement corse.

Baron et aventurier

Théodore Iᵉʳ, qui avait rendu l'espoir à un peuple épuisé par la guerre, avait réussi le coup de dés dont ont rêvé maints aventuriers de la politique. Peu importe que le roi Théodore ait abandonné son trône dès l'automne (voir SARI-SOLENZARA) et erré ensuite misérablement des Pays-Bas en Angleterre à la recherche d'un soutien qu'il n'obtint jamais...

Comment ce baron westphalien avait-il ainsi imaginé de ceindre une couronne, et surtout d'aller la chercher en Corse ? Certes, à Gênes il avait connu quelques exilés corses qui lui avaient parlé de leur patrie, alors en révolte générale contre la république des Doges. Et, à Rome, il avait rencontré deux religieuses passionnées pour la liberté de la Corse. Mais de là à conquérir un trône...

En réalité, l'aventure corse de Théodore de Neuhoff s'amorce de manière fortuite à Livourne. Au hasard de pérégrinations en Europe, Théodore, ruiné, comme beaucoup, par Law, se réfugie en Toscane. Il rencontre à Livourne des Corses qui conspiraient depuis plusieurs années contre Gênes. On ne sait rien de leurs entretiens, mais des engagements durent être pris car le baron entreprend dès lors de quêter des appuis et de rassembler les moyens nécessaires pour intervenir en Corse.

Théodore fut aidé par un autre aventurier, le fameux Bonneval, gentilhomme limousin devenu haut dignitaire de l'Empire ottoman, grâce auquel le bey de Tunis lui procura un navire, des hommes et des armes. Mais derrière le bey de Tunis qui manœuvrait ? Les Anglais pour faire pièce aux Génois alliés de la France ? le roi de Sardaigne ? l'Empereur ? les Espagnols désireux de reprendre pied en Italie d'où ils avaient été chassés en 1713 ? Le gouvernement britannique semble avoir été le plus constant à accorder une aide discrète, mais mesurée : longtemps emprisonné pour dettes, Théodore est mort misérablement à Londres, vingt ans après son couronnement, en taisant son secret...

LE BARON DE NIEWHOFF,
Soi-disant
Grand d'Espagne, Lord d'Angleterre, Pair de France, Baron du St Empire, et Prince du Trone Romain; & *reconnu* Roi *par les* Corses.
Sous le Nom de
THEODORE I.

PIEDICORTE-DI-GAGGIO

(Pedicorti)

29,5 KM S-E DE CORTE PAR N 193, N 200, D 314 ET D 14

Faune féroce

Dans le campanile de Santa Maria, un monstre ailé, un griffon et des loups inquiétants rappellent les dangers qui menacent l'homme. Ces sculptures proviennent d'un sanctuaire disparu, que l'actuelle église a remplacé.

Le château des sept frères

À 1,8 km au nord-ouest du village, au sommet de la Punta Callacaggio, la Culla di Gaggio (1 061 m), subsistent les ruines du château de Gaggio. Ce château, fief au Moyen Âge de la famille des Cortinchi de Gaggio, aurait été édifié à la suite d'une discorde familiale, qui date de l'époque de Giudice de Cinarca : « Lorsque Orlando, évêque d'Aléria, était devenu infirme, la seigneurie des Cortinchi était passée aux mains de ses deux frères, Ugo et Guglielmo. Guglielmo eut trois fils ; Ugo en eut sept. Après la mort des pères, la discorde éclata entre les fils ; et comme, lorsque le courage est égal de part et d'autre, l'avantage appartient au nombre, les sept frères chassèrent les trois frères de Pietr'ellerata. Après leur expulsion, les fils de Guglielmo firent aux sept frères une guerre acharnée pendant laquelle ils reprirent, au moyen d'un complot, le château de Pietr'ellerata. À la fin, un accord fut conclu, Pietr'ellerata resta aux trois frères et les sept frères eurent Gaggio. »

L'un des descendants des fondateurs, Giudicello de Gaggio, reprit le château de Pietr'ellerata (voir ZUANI) qui lui fut concédé en 1465 par le duc de Milan à une condition dont les clauses bizarres n'ont jamais été expliquées : « Notre commissaire a remis en notre nom, en fief d'honneur, noble et de gentilhomme, au noble homme Giudicello des Cortinchi de Gaggio, aussi bien pour lui que pour ses fils et descendants, le château de Pietr'ellerata de notre île de Corse avec toute sa juridiction de quelque nature qu'elle soit, et avec tous ses droits et tout ce qui lui appartient, avec une pension annuelle de cent livres, à la charge, par lui, de nous donner et de donner à nos descendants un chien corse (*canem unum corsum*), chaque année, en signe de fidélité et de vraie soumission. »

PIEDICROCE

(Pedicroce)

52,5 KM S DE BASTIA PAR N 193, N 198 ET D 506

Le couvent de la révolte

À 1 km au nord de Piedicroce, sur la D 71, on entrevoit les ruines du célèbre couvent d'Orezza. À partir du XVIIIe siècle, des assemblées consultatives se tinrent dans ce lieu pour rechercher une issue aux affrontements entre Corses et Génois. Ainsi, les théologiens corses réunis à Orezza, le 4 mars 1731, conseillent au gouvernement génois la voie de la réforme et aux Corses l'union. Les Corses engagés dans la lutte contre Gênes ont interprété l'avis prudent des théologiens dans un sens favorable à leurs objectifs. Ils ont ainsi propagé l'idée que ces théologiens d'Orezza avaient décrété à l'unanimité que la cause des Corses insurgés était sainte et juste.

Le 8 janvier 1735, une autre assemblée d'Orezza abolit les lois et statuts élaborés par la république de Gênes et annonce « l'éternelle séparation des Corses et des Génois et de la Corse de Gênes ». Ce texte a été considéré en Corse comme une déclaration d'indépendance. Dans le compte rendu des délibérations de la consulte de 1735 jugé désormais authentique, l'Immaculée Conception n'est pas proclamée patronne de la Corse. Pourtant, à partir de cette époque, le peuple corse prit l'habitude de se placer sous la protection de la Vierge, et le *Dio vi Salvi Regina* fut adopté comme hymne national (voir CORSCIA). Cette sanctification de la cause insulaire n'interdit pas les manifestations martiales. Le préambule d'un des textes apocryphes diffusés après l'assemblée d'Orezza précisait : « Le royaume choisit pour sa protectrice l'Immaculée Conception de la Vierge Marie dont l'image sera peinte sur ses armes et ses étendards. On en célébrera la fête dans tous les villages avec des salves de mousqueterie et de canon. »

PIED'OREZZA

(Ped'Orezza)

56 KM S DE BASTIA PAR N 193, N 198, D 506 ET D 71

Le saut de la mort

À 0,7 km au nord-ouest du village, le hameau de Campodonico, qui domine les environs de 300 m, est le « champ du seigneur » : lors des guerres ou des grandes épidémies, comme la peste de 1348, on précipitait les cadavres, au lieu de les enterrer, du haut du versant abrupt ; on dit même que les morts ne furent pas les seuls à être jetés dans le vide…

PIETRACORBARA

(Petracurbara)

26 KM N DE BASTIA PAR D 80 ET D 232

Mer maléfique

À 19,5 km au nord de Bastia, la D 80 atteint la marine de Pietracorbara, qui s'annonce, à l'ouest de la route, du côté de la montagne, par la *torre dell'Aquila*, la tour de l'Aigle. Perchée sur une colline qui tombe à pic sur la mer, cette tour a été édifiée par la famille Gentile. L'abbé Galletti, qui écrivait au milieu du XIXe siècle, la nommait la *torre dell'Osso*, car ses fondations recelaient une grande quantité de squelettes humains. D'autres tours, habitées depuis toujours, rappellent la menace que la mer fit peser pendant plus d'un millénaire sur les communautés du cap Corse : ces constructions sont encore visibles dans les hameaux d'Orneto et d'Oreta, où l'on se rend par la D 232. La crainte des Sarrasins contraignit à édifier des églises, comme l'ancienne San Cesareo, très loin du rivage en des lieux d'accès incommode.

La mer même s'était déjà, à une époque plus ancienne, révélée comme un funeste voisinage. La ville d'Ampugna ou Ampuglia, établie à la marine actuelle de Pietracorbara, où le nom s'est perpétué sous la forme Ampollia, aurait disparu, à la suite d'un cataclysme dont on ne sait s'il prit la forme d'un tremblement de terre ou d'un raz de marée.

Par la D 232, on parvient au hameau de Cortina. Des grottes auraient été habitées et auraient abrité des cultes païens. Les premières communautés chrétiennes ont repris vraisemblablement la coutume des célébrations souterraines, car l'ouverture des cavernes est parfois à proximité immédiate des églises. On pénètre dans l'une de ces grottes par une entrée de 1 à 3 m de diamètre qui mène à une salle éclairée d'une lueur diffuse, approximativement circulaire, de 15 m de diamètre, sous une coupole de 4 m de haut, d'où pendent des stalactites.

L'office des ténèbres

Autrefois, les Corbarais se faisaient un devoir, pendant la semaine sainte, de vivre le plus possible les événements de la Passion. Afin de rappeler l'obscurité et le tonnerre qui accompagnèrent la mort du Christ, on célébrait, le soir tombé, l'office des ténèbres, et à la fin de la cérémonie, sur un signe du prêtre, les fidèles exécutaient un terrifiant tapage en tambourinant à tour de bras sur les chaises, les bancs ou les estrades des autels latéraux.

Le vendredi saint était impressionnant dans son déroulement : une procession débutait dès 8 heures du matin, avec la participation de tous les habitants. Les pénitents blancs, masqués de leur cagoule, portaient croix et lampions ; le cortège, qui chantait l'interminable et obsédant cantique *Perdono mio dio,* parcourait toute la paroisse, s'étirant, monotone et lugubre, le long de la vallée, où résonnait un gémissement évoquant une douleur qui ne s'arrête pas. La croix était portée par celui qui se sentait le plus pécheur et qui était le plus généreux. En effet, plusieurs hommes du village désirant chaque année être chargés de la croix, cet honneur était mis aux enchères, *a carga*. Une croix plus petite était réservée aux femmes. Cette procession devait s'arrêter et présenter la croix à toutes les chapelles de la commune pendant que l'on distribuait du vin et des beignets pour soutenir les forces défaillantes. Au retour, le cortège traversait le maquis ; la foule cueillait le romarin en souvenir des aromates qui avaient embaumé le Christ. À l'issue de la procession, une ronde extrêmement complexe, *a caragola*, se formait sur la place de l'église ; puis, le porteur de la croix, progressant à genoux, pénétrait de nouveau dans l'église pour déposer sa charge au pied de l'autel. De nos jours, la procession du vendredi saint se déroule à 21 heures, à partir de l'église Saint-Clément.

La pénitence ou l'enfer

Dans l'actuelle église paroissiale, consacrée à saint Clément, sur l'autel du Sacré Cœur, un tableau représente la Vierge en compagnie de saint Clément et de saint François d'Assise et un bateau battant pavillon génois. Une inscription mentionne :

Pat. Marcho Damiani F. F. (1666)

que l'on peut traduire :

« Marc Damiani l'a fait faire. »

La famille Damiani, souvent citée dans l'histoire du cap Corse, avait fait don aussi à une autre église d'un tableau miraculeux (voir Sisco).

Saint-Clément fut à plusieurs reprises le théâtre d'événements surnaturels. Le 7 octobre 1732, la foudre tombe sur l'église : l'autel est bouleversé, comme par une main sacrilège, le baptistère fracassé et la façade fendue du haut de la croix à la dalle d'entrée. Le curé tira en chaire les conséquences de ce coup de semonce : « Nous ne respectons pas suffisamment la maison du Seigneur, il n'y a pas assez d'union et de paix dans le village et nous ne sanctifions pas assez la fête du très saint Rosaire. »

En 1885, lorsqu'on décida d'ériger un clocher, la discorde pénétra dans le village. Les uns souhaitaient que le clocher fût en position dominante, au *poggio*, près des hameaux, les autres préféraient la marine, où un terrain était offert par les familles Massei et Franceschi. Devant ces passions, le curé proposa une forme originale de consultation publique : les paroissiens iront chercher le plus grand nombre possible de pierres qui serviront à la construction du clocher et iront les porter à l'endroit de leur préférence. Là où il y aura le plus de pierres, là sera bâtie l'église. Une journée frénétique commença et les pierres s'entassèrent au *poggio* et à la marine. A minuit, dans la clarté des étoiles, un groupe furtif s'affairait silencieusement : le curé et ses partisans étaient très occupés à transporter, en faisant la chaîne, une partie des pierres amassées au *poggio* vers la marine. Le curé obtint gain de cause mais chaque année, à la veille de la fête de saint Clément, on aperçoit à minuit des ombres aller et venir : le curé et ses hommes lourdement chargés expient leur ruse impardonnable.

La chronique des faits divers de Saint-Clément semble justifier la menace immanente inscrite sur les deux confessionnaux de l'église :

O Penitenza o inferno 1740

c'est-à-dire :

« La pénitence ou l'enfer. »

PIETRA-DI-VERDE

(A Petra-di-Verde)

70 KM S DE BASTIA PAR N 193, N 198 ET D 17

Un sphinx corse

Non loin du village, une grotte était autrefois le repaire obscur d'un cruel génie : il frappait à mort les inconscients ou les téméraires qui se risquaient aux alentours de ces lieux inquiétants, après leur avoir proposé une devinette dont ils ne trouvaient jamais la solution. Mais, un jour, un enfant découvrit le sésame et une fée, libérée par cet exploit, écrasa la tête du gnome et jeta son corps du haut de la montagne.

À l'ouest du village, près de la source du ruisseau du Cavo, émergent de la végétation des pans épais de murs en pierre de taille. Les habitants de Pietra-di-Verde estiment qu'il s'agit des restes d'un monastère de Saint-Benoît. À l'appui de cette tradition orale, il faut rappeler qu'à l'époque de Grégoire le Grand les bénédictins de San Mamiliano de Monte-Cristo avaient fondé un certain nombre de monastères en Corse. Au début du Xe siècle, trois foyers de rayonnement bénédictins dépendent de l'abbaye de Monte-Cristo : le Cavo d'Aléria, Morosaglia et Venaco. Le premier de ceux-ci, San

Sur la côte orientale du cap Corse.

Benedetto e San Zenobus del Cavo d'Aléria, était situé non loin de Novale d'Alesani. Or les ruines du Cavo sont justement situées aux confins des communes de Pietra-di-Verde et de Novale. De plus, la Punta Castello, à 2 km au sud du village, aurait été occupée par une forteresse qui avait accueilli Béranger II, roi d'Italie au milieu du Xᵉ siècle. La montagne de Pietra-di-Verde, proche de la plaine, mais peu accessible aux barbares, a sans doute été le refuge des habitants d'Aléria, pris d'effroi à l'idée d'un retour de ces envahisseurs qui avaient commencé à ruiner la plaine orientale depuis le VIᵉ siècle (voir ALÉRIA, LUCCIANA ET SANTA-LUCIA-DI-MORIANI).

PIETRALBA

(Petralba)

58 KM S-O DE BASTIA PAR N 193, N 197 ET D 8

Danseurs de pierre...

À la base de l'arcade extérieure qui porte la cloche de l'église Santa Maria Assunta, au bord de la D 8, à 1 km au sud de Pietralba, on aperçoit une pierre sculptée où apparaissent des silhouettes animées. Ce curieux relief, qui paraît représenter un couple de danseurs, provient, semble-t-il, d'une église antérieure qui pourrait être préromane. D'autres pierres de schiste montrent des quadrupèdes et des oiseaux.

... et bélier qui vole

Un jour, un berger qui menait paître son troupeau voit son bélier se mettre à voler joyeusement dans l'espace. D'abord effrayé, il va chercher les gens du village qui ne peuvent que constater l'étrange phénomène. Remis de sa frayeur, notre berger songe à tirer parti de son bélier volant et le met aux enchères. L'acquéreur part hiverner dans le désert des Agriates avec son troupeau. Pour obliger son bélier à manifester à nouveau son pouvoir surnaturel, il le jette dans le vide. Un bêlement de frayeur accompagne la chute vertigineuse de l'animal. Empli d'horreur, le berger rejoint son troupeau : toutes les brebis étaient changées en pierre ! Elles sont toujours dans le maquis, immobilisées pour l'éternité, au Campo Piano, sur la D 8, près du col d'Alzia (14 km au nord-ouest de Pietralba), sur le territoire de la commune d'Urtaca.

PIETRASERENA

(Petraserena)

95 KM S DE BASTIA PAR N 193, N 198, N 200 ET D 14 — 31,5 KM S-E DE CORTE PAR N 200, D 314 ET D 14

La pierre sereine

Un comte de Gaggio et une jeune fille nommée Serena se seraient juré fidélité éternelle sur le seuil de l'église Santa Lucia, dont les ruines subsistent sur le territoire de Giuncaggio (à 3,5 km au sud-est de Pietraserena par la D 14 et la D 414), au sud du village, non loin du mont Torricella (745 m). Mais une vendetta entre deux villages ravagea la *pieve* de Rogna et Serena dut se réfugier dans une grotte non loin du château de Gaggio (voir PIEDICORTE-DI-GAGGIO). Tremblant d'inquiétude, le comte de Gaggio retrouva sa belle indemne : tout à sa joie, il accorda une charte de libertés à ceux qui s'établiraient autour de la *pietra* qui avait abrité Serena. Pietraserena était née.

D'autres interprétations ont été proposées : la *pietra serena* serait un gros rocher brillant qui se dresse au milieu du village. En Toscane, architectes et sculpteurs connaissent bien une roche semblable, qu'ils désignent précisément sous le nom de *pietra serena*. La *pietra serena*, le rocher merveilleux, d'où émane une aura de calme et de sérénité, ne serait-elle pas la pierre de la paix ou l'abri dans la tourmente, comme le laisserait croire la légende ?

PIEVE

31 KM S-O DE BASTIA PAR N 193, D 305, D5, D 162 ET D 62

Mégalithes en famille

Les statues-menhirs de Pieve jalonnent les pistes de transhumance depuis le IIe millénaire avant notre ère. L'une d'entre elles est un monolithe de schiste de 3 m de haut, de 0,45 m de large et de 0,15 m d'épaisseur. Dans la tête, qui seule rappelle les formes humaines, on distingue nettement deux yeux et le nez à peine formé. Cet homme de Pieve présente des traits de famille accusés avec l'homme de pierre de Patrimonio. Une tête taillée dans un bloc de granite de 0,50 m de haut, exhumée à Capu Castincu (voir SANTO-PIETRO-DI-TENDA) et baptisée *u Frate* comme la pierre dressée de Sartène, a été recueillie à Pieve.

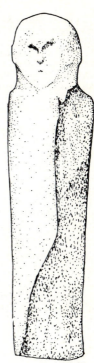

Un berger du monte Grossu...   *... et une statue-menhir de Pieve.*

Fréquentés par les bergers et les troupeaux depuis la préhistoire, le massif du monte Grossu (1 084 m) et le col de Tenda semblent avoir été de hauts lieux de culte, où se déroulaient les cérémonies rituelles des premiers âges. On atteint ces sites par un chemin orienté vers le sud, qui part de la D 62 à 0,7 km au sud de Pieve ; on atteint le col de Tenda, situé à 8 km, en tournant franchement à l'est à 2 km de Pieve. Le baptistère du col (voir Sorio) a été précédé de monuments cultuels ou funéraires plus anciens qui jalonnent la montée au col : tombeaux à cistes de Pietra di Natu, à 1,5 km du monte Grossu, dalles de sépulture dressées en abri sous la roche de la Costa di Muro, où l'on trouve des ossements brassés et des traces de calcination, statues-menhirs comme celle de Bucentone (ou Buggientone), découverte à 2,5 km à l'est du col de Tenda, à proximité de la fontaine de Chiaraggiu.

PIGNA

8 km S-O de l'Ile-Rousse par N 197 et D 151

Chaque âge a ses plaisirs

Fondé, dit-on, en 816, Pigna serait, avec Sant'Antonino, l'un des plus anciens villages de la Corse. Forte de cette authenticité, la commune est devenue, au cours des dernières décennies, un véritable conservatoire des traditions corses, qu'elles soient artisanales ou culturelles, à l'initiative de la *Corsicada* et de *E Voce di u Cumune*. Selon un programme variable, le visiteur peut participer à des réunions consacrées aux contes et à des dîners à la veillée, où l'on peut accéder à l'inépuisable fonds des récits merveilleux élaborés dans l'île ; des ateliers et des concerts permettent de s'initier aux plus anciens instruments de musique corses : la guitare à neuf cordes, la *cetera*, mais aussi le chalumeau (*cialamella*), la flûte en roseau (*pirula*) ou en corne de chèvre (*pivana*).

Le sel de la repartie

Malgré le dépeuplement de la Corse rurale, l'improvisation poétique reste bien vivante. Les fervents de *chjami è respondi* se réunissent régulièrement à la *Casa musicale* de Pigna entre Noël et le nouvel an. Le jeu est lancé chaque année par un ancien chevronné auquel est confiée l'annonce de la réunion. Voici un extrait de l'invite de Roccu Mambrini, de Zilia, *A chjama a i pueti*, destinée à inciter la réponse de ses pairs en 1992 :

Svegliati qui a mio musa
N'un di ché tu si fatigata
Perchè n' un' he tempu di scusa
In questa fina d'annata

...

Fà torna una chjamata
Che tu facci tutti l'anni
A pueti d'ogni contrata

...

Pigna ci aspette in pacenza
E ci offre ripastu è lucale
Cume sempre per questa circunstanza
Ritruvacci a la casa musicale
Allora senza tanta rivarenza
Venite à fà cantu nustrale

Réveille-toi ici ô ma muse
Ne dis pas que tu es fatiguée
Parce que ce n'est pas le moment des excuses
En cette fin d'année

...

Lance à nouveau un appel
Comme tu le fais chaque année
Aux poètes d'autres contrées

...

Pigna vous attend avec patience
Et vous offre repas et gîte
Comme toujours en cette circonstance
Retrouvons-nous à la maison de la musique
Alors sans manières
Venez improviser nos chants

Trompe-la-mort trompé

C'est près de ce curieux village, construit sur un rocher, que fut édifié le premier sanctuaire de la Madona del Lazio. Il aurait été fondé vers 120 par un Romain qui s'était réfugié en Corse. On y vient en pèlerinage le 15 août et le 8 septembre. Cette évangélisation précoce ne fut pas suffisante pour introduire la paix à une

époque de mœurs violentes, si l'on en croit les annalistes corses.
Vers 1360, un vassal des seigneurs Savelli de Sant'Antonino,
Adaldo Consalvi, cherchait à acquérir une indépendance pleine et
entière. Lors d'un mariage à Pigna, le fils d'Adaldo Consalvi,
Giraldo, caracole dans le village et nargue les trois fils du comte
Arrigo Savelli, Buono, Mannone et Mannuello. Les gens de la famille Savelli, humiliés, le tuent. Immédiatement après, Adaldo marie
sa fille unique à Aldrovando, gentilhomme de l'Ostriconi : la lutte
commence entre Pigna et Sant'Antonino, implacable. Pour mieux
surveiller Sant'Antonino, Aldrovando fait construire au sommet du
mont Sant'Angelo un fortin dont on trouve encore les traces. Mais
Adaldo et sa fille meurent de la peste, amenant Aldrovando à
demander la paix. Les trois fils Savelli donnent leur sœur en mariage
à Aldrovando et lui accordent le commandement de la région de
Corbara.
    La fatalité s'acharne et la peste frappe à nouveau. La deuxième
femme et le fils d'Aldrovando meurent à leur tour en 1370. Celui-ci
refuse alors de rendre Corbara, et, pour marquer ses intentions,
commence même la construction d'un château sur l'un des deux
sommets du mont Guido, la pointe de la Corbaja. Il ne peut en profiter longtemps : Buono de Savelli, lors d'une partie en mer, le poi-
gnardera sur la plage de Barcale.

PILA-CANALE

(Pila-Canali)

43 KM S-E D'AJACCIO PAR N 193, N 196, D 55, D 202 ET D 2

La pointe de l'Ogre

    À 4 km au sud, après la fontaine de Pruno, la D 302 est dominée
à 0,5 km à l'ouest par la Punta di l'Orcu (328 m), qui serait l'antre
de l'ogre, du géant, comme à Serriera et à Santo-Pietro-di-Tenda.
La pointe de l'Ogre évoquerait-elle un habitat mégalithique ? Une
statue-menhir annonce le village, au nord, et, dans une maison de
Pila-Canale, quatre têtes de dolmens sont encore reconnaissables...

Une acropole géante

    Ce passé lointain que l'on soupçonnait à la pointe de l'Ogre et à
Pila-Canale a été confirmé par la découverte d'un site qui révèle
plus clairement les secrets de la préhistoire. À 7,5 km au sud
de Pila-Canale, la D 302 coupe, à Calzola, la D 757. Une centaine
de mètres avant le croisement, un chemin, à gauche, mène à
Castellucciu. Ce *castellu* doit son origine à un village néolithique.
Les habitants, qui pratiquaient l'agriculture et la chasse, vivaient
dans des cabanes de plan rectangulaire, aux angles arrondis, qui
occupaient une terrasse dominant une confluence. En arrière du
village, une construction, qui s'appuie sur des rochers laissés en
place, impressionne par son ampleur. La chambre centrale est la
plus vaste que l'on connaisse parmi les monuments torréens corses ;
les murailles, en appareil cyclopéen, se dressent encore jusqu'à 5 m
de haut. Une enceinte double ou triple protégeait la communauté.
Le monument central et l'enceinte ont été édifiés tardivement, à la
fin du chalcolithique ou au début de l'âge du bronze. Bien que
Castellucciu ait été détruit et abandonné un millénaire environ

avant notre ère, le site a été encore occupé entre 700 et 300 av. J.-C. et fréquenté de manière discontinue sous le Bas-Empire romain.

Voltigeurs en déroute

Le 13 février 1843, une escouade de voltigeurs approchait des bergeries de Carbonacciu. Soudain un homme s'enfuit, que les militaires s'apprêtent à poursuivre. Mais c'est oublier la présence d'une population acquise aux membres de la communauté : sortant des bergeries, le bandit Bartoli et huit hommes armés ordonnent aux soldats d'arrêter la poursuite ; les femmes lapident les voltigeurs et excitent des chiens contre eux. La soldatesque dut rebrousser chemin.

Mais les années se suivent et ne se ressemblent pas : cinq ans après, la peur régnait au village. Par crainte du bandit Maestroni, plus de la moitié des familles étaient cloîtrées dans leurs maisons et la vie arrêtée. On pensa faire appel aux services d'un tueur à gages. Une subvention fut bien demandée à l'administration pour compléter une souscription publique mais le grand nombre de cas similaires ne permit pas au préfet d'allouer une somme suffisante.

PINO

(Pinu)

44 KM N-O DE BASTIA PAR D 80 ET D 180

Signes pour un trésor

Jadis, les seigneurs de Pino vivaient à la Barbalinca, dont il ne reste que des ruines. Les pêcheurs, accablés de corvées et de dîmes, jurèrent la perte de leurs suzerains. Des cachettes discrètes recelèrent des armes jusqu'au jour de la révolte. Le château tint peu de temps et les féodaux furent massacrés dans la mêlée. Mais le pillage fut décevant car nul n'avait songé à arracher aux occupants du château le secret de leur fortune. Selon la tradition, le trésor des seigneurs de Pino serait toujours caché dans les ruines de la chapelle, mais le diable le garde avec vigilance. Le trésor ne pourrait être atteint que durant la nuit de Noël. Autour des vestiges de la Barbalinca, les rochers sont couverts de croix dont le sens reste à interpréter. Nul ne sait si les signes gravés dans le roc mèneraient à la fortune tant convoitée.

Ces ressources cachées existaient-elles vraiment ? On peut en douter, car les seigneurs de Pino avaient volontiers distribué les biens qu'ils avaient acquis. Un Lanfranco de Pino avait accordé son soutien au mouvement bénédictin et figurait, dès le XIe siècle, parmi les donateurs de l'abbaye toscane de la Gorgone.

La ruée vers l'or

Toujours en quête de richesses, les marins de Pino ont d'ailleurs délaissé les trésors dissimulés sur place, trop dérisoires pour mobiliser leurs forces. Prêts à tout, certains ont réussi en terre d'islam : le fameux Mami Corso était originaire du village. D'autres ont préféré voguer vers l'Amérique et l'Eldorado. Avant les Leoni (voir MURATO), un habitant de Pino, Antoine Liccioni, a fait fortune au Venezuela, au milieu du XIXe siècle, en exploitant des mines d'or entre le delta de l'Orénoque et le Brésil.

PIOGGIOLA

(Pioggiula)

39,5 KM S-E DE L'ILE-ROUSSE PAR N 197, D 963 ET D 63

Le temple de l'harmonie

Seul village corse disposant de quatorze carillonneurs, Pioggiola préserve le déroulement traditionnel de la vie quotidienne, rythmé par les cloches de l'église Santa Maria, dont chaque tintement prend une signification particulière. Depuis 1985, les *campanari* corses, auxquels se joignent parfois des invités sardes, se réunissent à Pioggiola aux approches du 15 août. Ce jour-là, avec le seul battement du bourdon (*a ciccona*) et les sonneries des deux autres cloches (*a mezzana* et *a ghjuca*), les carillonneurs réunis à Pioggiola réussissent à introduire l'harmonie entre l'église du village et les montagnes environnantes.

Moisson miraculeuse

On se souvient encore en Balagne des récoltes merveilleuses qui suivirent au Ve siècle le passage de saint Parthée. Un oratoire fut édifié plus tard à l'endroit où le saint avait béni la Balagne, à 1 680 m d'altitude et à deux heures de marche au sud-ouest de Pioggiola, sur une voie ancienne qui reliait la Balagne à la plaine orientale (voir LUCCIANA, Dédoublement de personnalité). La chapelle San Parteo a disparu ; une parcelle désignée sous le nom de *a chjesola* (la petite église) et une croix gravée sur un rocher proche du col de Monacu sont les seules traces laissées par cette antique construction.

Le sacré et le profane

Jusqu'en 1935, une procession réunissait à San Parteo, le lundi de Pâques, les habitants de Muro, de Feliceto et de Pioggiola. Auparavant, Nessa et Speloncato participaient aussi au pèlerinage annuel vers l'oratoire.

Dès l'office précédant la procession, les fidèles faisaient face à la montagne de San Parteo. Ensuite, commençait la longue marche vers le col, qui était coupée d'une pause auprès d'une source, où l'on se restaurait, la *merendella* étant de tradition en Corse le lundi de Pâques. Puis, la procession se poursuivait jusqu'à la ligne de crête, où l'oratoire occupait une position dominante.

Le souvenir de San Parteo était tellement vivant aux alentours de Pioggiola que, lors des longues sécheresses, les bergers invoquaient le saint pour provoquer la pluie, en un lieu où les eaux convergeaient habituellement, non loin du col de Monacu.

Des réjouissances profanes animaient parfois les abords de l'oratoire dédié à San Parteo. À 1 km du col, une clairière, portant le nom évocateur de Ballatoghju, accueillait les fêtes et les danses en plein air.

Autre originalité de Pioggiola : on va en pèlerinage, à la Saint-Pancrace, à l'église Sainte-Marie. Le jour de cette fête, le 12 mai, la procession s'achève par la bénédiction des quatre points cardinaux. La montagne environnante est ainsi intimement associée à la vie de la communauté.

POGGIO-DI-NAZZA

(U Poghju-di-Nazza)

103 km S de Bastia par N 193, N 198 et D 244 — 72 km N de
Porto-Vecchio par N 198 et D 244

Poggio-di-Nazza City

Comme tout village du Fiumorbo il y a un ou deux siècles,
Poggio-di-Nazza n'était pas peuplé de citoyens de tout repos. Un
nouveau curé, dès sa première messe, mit les choses au point : « Je
sais, dit-il, que vous êtes d'assez mauvais chrétiens, mais j'ai de
quoi vous mettre dans le bon chemin. » Puis, posant son fusil contre
l'autel : « Voici le Père ! » ; plaçant son pistolet sur l'autel : « Voici
le Fils et, si cela ne vous suffit point, voici le Saint-Esprit », ajouta-
t-il en tirant son stylet.

Qui trop embrasse mal étreint

Sous le premier Empire, Thomas Sabini avait tout pour réussir :
notable nanti de Poggio-di-Nazza, gérant de l'ancien domaine
génois de Migliacciaro, chef de bataillon des Chasseurs corses, il
avait la confiance, difficile à capter, du redoutable général Morand,
qui commandait la 23e division militaire. Selon des bruits malicieu-
sement colportés, il se serait aussi montré empressé auprès de
l'épouse du général. Sûr de son crédit, il crut pouvoir placer sous sa
protection et soustraire aux recherches un ami qui avait attaqué,
en 1808, une compagnie de gendarmerie cantonnée dans le
Fiumorbo (voir Isolaccio-di-Fiumorbo). Il avait mal mesuré la portée de cette double imprudence. Convoqué à Vivario, Sabini est
désarmé, enchaîné et déféré à Corte devant le conseil de guerre.
Condamné à mort, il est exécuté sans délai. Une fois de plus, la justice, devenue proverbiale, du général Morand, la *giustizia moran-
dina*, s'était exercée.

POGGIO-DI-VENACO

(Poghju-di-Venacu)

9,5 km S-E de Corte par N 193 et D 40

Grotte des Maures et palais fantôme

Les habitants prétendent que la *grotta dei Mori* aboutit à la tour
qui est située au milieu du village. La grotte aurait-elle été un refuge lors des invasions sarrasines ou un poste fortifié des Maures ? Il
n'est pas impossible aussi qu'un réseau de galeries souterraines ait
existé autour du *poggio* de Venaco, lors de la contre-attaque chrétienne que les chroniqueurs attribuent à Ugo Colonna et à ses compagnons. « Ugo construisit, écrit Giovanni della Grossa, un palais à
Venaco, à l'endroit appelé *il poggio*, pour en faire sa résidence. » Le
lieutenant d'Ugo Colonna, Bianco, lors d'une nouvelle invasion sarrasine, se serait réfugié au *poggio* de Venaco. Le chef arabe, présenté par les chroniqueurs sous le nom d'Hugolone, doublet d'Ugo,
« se retourna contre Poggio del Palagio, où était le comte Bianco, et
alla établir son camp de ce côté. Après de nombreuses et inutiles
attaques, il songeait à employer les machines de guerre pour réduire
le château mais, le jour où devait se donner l'assaut, les comtes
Bianco et Cinarco, n'écoutant que leur courage, et afin de mettre de

leur côté l'avantage qu'a toujours celui qui attaque, sortirent du château pour aller à la découverte avec une poignée d'hommes. Avant que Hugolone se fût aperçu de rien, ils l'assaillirent, le tuèrent avec Masina après une lutte terrible, et retournèrent dans le château sans être inquiétés. » La mention d'un palais, qui n'était peut-être qu'une maison forte dotée de quelque confort, revient sans cesse à propos du *poggio*, c'est-à-dire d'une butte ou d'une colline. Or, Mme Moracchini-Mazel croit avoir retrouvé le palais d'Ugo Colonna près de l'église San Giovanni dans la vallée du Tavignano, plus au nord (voir CORTE). Comment, dans ces conditions, interpréter le texte des vieux chroniqueurs ? Le mystère sera peut-être élucidé un jour, si l'on parvient à établir les liens qui ont pu exister entre le palais de la vallée et la position fortifiée en retrait sur le *poggio*, tout proche, mais beaucoup plus difficile d'accès et susceptible d'une défense aisée en période d'insécurité.

De Titus au Titien

Romain d'origine, Ugo Colonna aurait-il été tenté de restaurer un site déjà aménagé plusieurs siècles auparavant par les pionniers de Rome ? Les ruines de Tizzani (que l'on écrit aussi Tisani, ou encore Tusani), à 4,5 km au sud de Corte, à l'est de la N 193, semblent provenir de bains romains. D'autres vestiges parsèment encore ces lieux. Le neveu d'un évêque d'Ajaccio aurait choisi Tizzani pour édifier un château. L'évêque, d'origine britannique, aurait vécu au XIIe siècle. Or, la liste des évêques d'Ajaccio, très incomplète pour cette époque, ne permet pas de contrôler les assertions de chroniqueurs parfois naïfs ; de plus, aucun nom d'origine anglaise n'apparaît parmi les titulaires du siège d'Ajaccio au Moyen Âge.

D'autres sources font intervenir en Corse un évêque portant le nom de Tiziano, mais, cette fois, au VIIIe siècle. Ce prélat aurait procédé à un transfert de reliques de la Corse vers Trévise. Les dépouilles d'évêques africains exilés en Corse lors des persécutions vandales, saint Florent et saint Vendémial, auraient été convoyées vers le continent pour les protéger des incursions musulmanes. De tels déplacements sont attestés en d'autres lieux et pour d'autres saints (voir CALENZANA, LUCCIANA ET SAINT-FLORENT). L'évêque de Trévise ne serait-il pas venu en Corse quand le *poggio* de Venaco était une base avancée des chrétiens face aux Maures occupant Corte ? N'aurait-il pas laissé, par la toponymie, la trace de son passage à Tizzani ? Cette longue histoire a pris fin lors de la répression génoise.

Pendu par personne interposée

Le dernier château de Tizzani a été détruit à la fin du XVIe siècle : il appartenait alors à Leonardo de Corte, qui prit le nom de Casanova. Ce patriote avait combattu aux côtés de Sampiero Corso. Tombé aux mains des Génois, il fut incarcéré, en 1568, dans la prison de Bastia en attendant de passer en jugement et d'être exécuté. Un de ses fils, Antoine Padouan, parvint à pénétrer dans le cachot déguisé en femme. Là, il supplia son père de changer avec lui de vêtement, et le fit évader en prenant sa place. Il n'avait alors que seize ans : il fut pendu.

POGGIO-D'OLETTA

(Poghju-d'Oletta)

17,5 KM S-O DE BASTIA PAR N 193, D 264, D 81 ET D 38

La conversion de l'ours

Dans l'église dédiée à San Cerbone, un tableau représente un évêque et un ours, qui lèche les pieds du prélat. La scène illustre la vie de Cerbonius, évêque de Populonia, sur la côte toscane, qui vécut au VIᵉ siècle. À cette époque, l'Italie était envahie par les Ostrogoths. Leur roi, Totila, avait donné l'ordre d'emprisonner Cerbonius et de le livrer aux ours de sa ménagerie. À l'étonnement de tous, l'évêque fut épargné par le fauve féroce lâché sur lui. La persécution des serviteurs de Dieu ne porta pas chance à Totila : alors que son nom, en langue gothique, le vouait à l'immortalité, il fut vaincu peu après son passage à Populonia et mourut au cours de sa fuite, en 552. Entouré de respect, Cerbonius lui survécut paisiblement jusque vers 575 et fut canonisé.

La destinée de Cerbonius avait vivement frappé ses contemporains. Connu en Corse sous le nom de San Cerbone ou de San Cervone, le saint homme ami des ours a reçu le patronage d'une vingtaine de sanctuaires à la fin du VIᵉ et au début du VIIᵉ siècle.

La caverne des banquets

La plaine de Poggio-d'Oletta est dominée en direction de la mer par un escarpement de molasse blanchâtre qui culmine à 855 m au monte Sant'Angelo et que l'on atteint par la D 238. À Scaffa Piana, dans une grotte profonde de 15 m, où les conditions de conservation ont été exceptionnelles, les vanneries les plus anciennes d'Europe, datant du IVᵉ ou du début du IIIᵉ millénaire avant notre ère, ont été découvertes, parmi des céramiques décorées de chevrons et de spirales ou perforées en ligne. Près de ces corbeilles servant de réserves, des restes de coquillages, de poissons, des os de *Prolagus* et des noyaux d'olives sauvages révèlent l'alimentation des habitants. Le plan d'occupation du site est esquissé par des pieux et des piquets en arc de cercle.

La grotte des morts

Un chasseur avait signalé un squelette, entrevu sur le versant oriental du monte Silva Mala, qui se dresse sur les confins occidentaux de la commune, au sud de la D 238. Cette indication a conduit à la découverte, en 1972, de la grotte sépulcrale de Morsaja. Dans un abri naturel de 8 m de long et de 6 m de large, sous une voûte de 1,40 à 2 m, gisaient deux groupes de restes humains, accompagnés d'anneaux porcelainiques blancs, de tessons de céramique rouge ou noire, importée, et de débris de céramiques à fibre d'amiante fabriquées en Corse. Datée de l'âge du fer et utilisée parfois par des bergers, la grotte de Morsaja n'a jamais été habitée.

Un Sarrasin corse

À l'est de Poggio-d'Oletta, un chemin muletier dessert deux cols : le plus élevé et le plus éloigné est dédié à saint Antoine et le plus proche, gardé par une tour et par des fortifications ruinées, porte le nom de Saracino. Ce face-à-face géographique intrigue. Loin d'évoquer un Sarrasin anonyme, le col de Saracino conserverait le souvenir du fondateur de la tour. Ce Saracino appartenait à une puissante famille du Nebbio. Reste à savoir pour quelles raisons des seigneurs corses portaient le nom d'ennemis abhorrés. Certains d'entre eux auraient-ils fait souche en Corse ? Prenait-on le nom des ennemis que l'on avait combattus pour s'approprier leur force ?

Teramo contre Vincentello

Vers 1512-1513, un affrontement sanglant, prélude aux vendettas du XIXe siècle, opposa deux clans de la famille Casta, originaire de Casta, dans les Agriates (sur la D 81, à 11 km à l'ouest de Saint-Florent). « Cette famille, écrit Pier Antonio Monteggiani, dans ses *Annales*, reprises par Filippini, était grande et considérable, mais ses dissensions intestines lui portèrent un coup funeste. Cette inimitié maudite, qui infecta l'île entière, éclata entre les fils Teramo, héritiers de Luciano, et les fils de Vincentello, descendants de Barnabô ; la voix du sang ne put rien sur eux. Ce furent les fils de Teramo qui commencèrent les hostilités ; se trouvant inférieurs en force à ceux de Vincentello, ils s'étaient retirés à Poggio-d'Oletta. Un jour, poussés par une véritable haine, ils attaquèrent un fils de Vincentello, Giudicello, qui allait à Bastia pour ses affaires ; beaucoup d'autres, appartenant à l'un ou à l'autre parti, accoururent, et après une longue lutte Orlando, fils de Teramo, jeune homme plein de bravoure, fut tué d'un coup d'arquebuse. Teramo était alors à Gênes. À son retour, il forma les projets les plus funestes. L'année suivante, sous le gouvernement de Girolamo de Rapallo, il se mit un jour en embuscade avec ses gens et tua un fils de Vincentello, Giocante, homme plein de bravoure et jouissant d'une grande réputation dans le pays, au moment où il se trouvait au pied d'une tour qu'il possédait à Montagione, près des maisons de Teramo.

À la suite de cette mort, une assemblée générale de tous les hommes de la terre de commune attachés au parti des fils de Vincentello, alors très puissant, fut convoquée ; tous les membres des principales familles s'y trouvèrent. Ils prirent les armes sans perdre de temps, et investirent Teramo avec trois de ses fils et plusieurs neveux dans une tour qu'il possédait à Poggio-d'Oletta, avant que lui et ses parents, qui n'étaient pas moins nombreux que ceux des fils de Vincentello, connussent leurs intentions. En effet, sous prétexte d'aller pleurer la mort de Giocante et de se lamenter sur son cadavre, comme cela se pratique dans l'île, ils se donnèrent le mot pour partir. Quand ils furent réunis, afin d'apaiser l'âme irritée de Giocante en lui offrant Teramo comme victime, ils le tuèrent, brûlèrent la tour et, s'abandonnant à toute leur cruauté, ils tuèrent encore deux de ses fils, Imperio et Padovano, et un de ses neveux, Filippo Maria. Giovan Ferrando fut sauvé secrètement ; tous les autres qui étaient dans la tour, au nombre de vingt-cinq environ, furent brûlés, ou, s'ils échappèrent au feu, périrent par le fer. La colère du parti vainqueur ne se serait pas arrêtée là, si le gouverneur ne l'eût aussitôt réprimée en prononçant le bannissement perpétuel contre un grand nombre des principaux assaillants. »

POGGIO-MARINACCIO

(Poghju-Marinacciu)

40 KM S DE BASTIA PAR N 193, D 515 ET D 405

Un beffroi dans la châtaigneraie

Une tour carrée, haute d'une dizaine de mètres et large de 5,5 m environ, se dresse parmi les châtaigniers, au sud de la D 515, entre le hameau de Lutina et Giocatojo. Visiblement très ancienne, elle date au plus tard du Xᵉ siècle. Sa position et son architecture ne semblent pas la destiner à la défense ; était-ce un poste de guet, un lieu de péage ou une résidence destinée à accueillir les représentants du pouvoir en tournée ? Le nom même de l'édifice, la tour des Zenninchi, est aussi énigmatique. La *zenna* désigne souvent le faîte d'un toit ou d'une montagne. Plusieurs interprétations tenant compte de cette donnée ont été proposées, mais toutes restent conjecturales. La tour abritait peut-être, en hiver, des familles venues d'un niveau plus élevé de la montagne. On peut aussi estimer que les habitants de la tour étaient les seuls, à l'époque, dans l'Ampugnani, à bénéficier d'un véritable toit.

POPOLASCA

57 KM S-O DE BASTIA PAR N 193 ET D 18

Un OVNI dans les aiguilles ?

Que s'est-il passé le 11 juin 1911 dans les aiguilles de Popolasca, qui se dressent entre le Golo et l'Asco ? Un berger de Prato-di-Giovellina, affolé, abandonne son troupeau en montagne et revient au village, hagard et tenant des propos incohérents. Il réussit à s'expliquer plusieurs semaines après : il a vu un objet volant semblable à un oiseau de grande taille, entendu en même temps un bruit assourdissant, puis une explosion. Complètement choqué, le berger croyait avoir assisté à un combat entre Dieu et le diable.

Plus tard, on fit la relation avec un drame dont le déroulement n'a jamais été reconstitué : ce 11 juin, le lieutenant Édouard Bague avait décollé de l'aérodrome de la Brague, près de Nice, sur un avion construit par Blériot pour tenter de rejoindre Calvi. Nul ne revit le lieutenant Bague.

PORTA (LA)

(Porta [A])

52 KM S DE BASTIA PAR N 193, D 71 ET D 515

La porte du mythe

La Porta est la porte ou le défilé qui ouvre l'Ampugnani, vieille *pieve* corse. L'Ampugnani aurait été fondé par l'un des curieux personnages de la mythologie médiévale corse, Guglielmo da Cortona, qui, pour les uns, serait issu des Boniface, princes souverains de Toscane et de Corse et, ainsi, allié à la dynastie de Charlemagne, et, pour d'autres, le neveu d'un évêque d'Aléria, originaire d'Italie, peu après la reconquête sur les Maures. Guglielmo da Cortona, dit Cortinco, serait la souche de la grande famille des Cortinchi.

La Porta.

Giovanni della Grossa écrit : « Guglielmo, vers la fin de sa vie, alla habiter Ampugnani où il se fit seigneur, et construisit un château à Lumito. Il y mourut, laissant un fils qui établit encore son autorité sur Moriani et Tavagna, et bâtit un château dans chacune de ces *pieves.* Un autre fils de Guglielmo resta à Pietr'ellerata. » Or, si rien n'éclaire réellement les origines de Guglielmo da Cortona, un Guglielmo, seigneur de Lumito, est cité dans des actes du Xe siècle conclus avec l'abbaye de Monte-Cristo. L'Ampugnani conserve d'ailleurs le souvenir légendaire d'une comtesse Mathilde, épouse de Guglielmo, qui demandait que l'on fleurisse les chemins lorsqu'elle se rendait aux différentes chapelles de l'Ampugnani où elle pratiquait ses dévotions. Cette suzeraine romantique est la châtelaine de Lumito (voir Scata) dont le nom figure dans des actes de 936 et de 951. Sa tombe serait située dans ou aux abords de l'église Santa Maria de Canovaria (voir Pruno).

PORTO-VECCHIO

(Porti Vechju)

143 km S de Bastia par N 193 et N 198 — 27 km N de Bonifacio par N 196 et N 198

Coqs de carnaval et feux de joie

À mardi gras, les enfants viennent à l'école avec des coqs, qu'ils libèrent à l'intention du corps enseignant. Ensuite, ils prennent congé pour la journée. Autrefois, les coqs, ornés de rubans, étaient offerts au cours de la semaine précédant mardi gras ; les élèves jugeaient parfois leurs maîtres, qui, bon princes, les invitaient à une abondante collation.

Porto-Vecchio est aussi en liesse au début de l'été. Le 24 juin à partir de l'église Saint-Jean-Baptiste, une procession parcourt la haute ville. Compères et commères échangent des vœux, des épis de blé sont distribués et, le soir, on saute au-dessus du feu de la Saint-Jean allumé sur la place de l'église. Des hameaux dispersés sur la très vaste commune de Porto-Vecchio entretiennent le même rite.

Le golfe des Argonautes

Le promontoire de la Chiappa, à la pointe méridionale du golfe de Porto-Vecchio, serait le site décrit en ces termes par Apollonios de Rhodes dans ces vers célèbres des *Argonautiques* : « Le vent qui enfle les voiles porte bientôt le vaisseau à la vue d'une île couverte de fleurs et d'aspect riant. Elle était habitée par des sirènes, si funestes à ceux qui se laissent séduire par la douceur de leurs chants. Les Argonautes, entendant leurs voix, voulaient s'approcher du rivage, mais Orphée, prenant en main sa lyre, charma tout à coup leurs oreilles et les empêcha ainsi d'aborder. » Mais la Colchide est bien lointaine...

Porto-Vecchio.

Les coffres à l'homme mort

Sur les rivages lointains de la mer Tyrrhénienne, à la recherche de la Toison d'or, les Argonautes ont pu découvrir ces coffres à l'homme mort dont sont friands les récits de marins et d'aventuriers en quête de trésors. Dans un court rayon autour de Porto-Vecchio, on ne compte plus les grands coffres funéraires enterrés, repérables au sol par des cercles de pierres et par des menhirs. À courte distance de ces tombeaux, des pointes de flèches, parfois dotées d'ailerons, des bracelets de pierre et des céramiques à perforations linéaires rappellent que les hommes du néolithique ont vécu là. L'abondance des traces d'occupation passée a parfois inquiété les populations locales et toujours stimulé leur imaginaire.

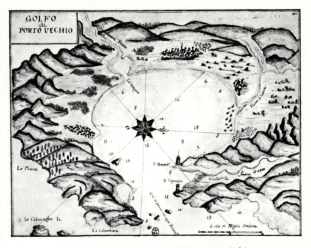

Porto-Vecchio, gravure d'Israël Silvestre (XVIIe siècle).

La nécropole des serpents

Un terrain de la vallée du Stabbiacciu, en amont de Porto-Vecchio, est entouré de protections occultes : c'est le *campu guardatu*, le champ tabou gardé par les esprits. Là s'étendait la nécropole de Tivolaggiu, dans laquelle on découvrit un menhir-stèle et une sépulture rectangulaire entourée d'un double parement circulaire (2,20 m x 1,80 m ; 0,60 m à 1 m de profondeur). Les tombeaux étaient veillés par des serpents. On ne pouvait cultiver le *campu guardatu* sous peine de voir les bœufs s'emballer et disparaître en furie dans le maquis.

Le golfe de Porto-Vecchio.

Le zodiaque du printemps

Arrachés aux cachettes secrètes du maquis, les sites d'occupation ancienne entrés dans le légendaire poétique de la Corse laissent encore en suspens bien des interrogations.

À 7,5 km de Porto-Vecchio, en direction de Bonifacio, on atteint Tappa par la N 198 et la D 859. À gauche de la route, aux confins de Porto-Vecchio et de la commune de Sotta, des habitations et deux monuments étaient protégés par une enceinte. Dans l'édifice le mieux conservé, des niches et des couloirs s'ordonnent autour d'une chambre centrale. À l'opposé, à 7 km au nord de Porto-Vecchio, la deuxième route à droite, après la Trinité, mène à Torre, un fortin aux murs cyclopéens, s'ouvrant sur un simple couloir, adossé à un rocher. Pour Roger Grosjean, Torre était le modèle des édifices dressés lors des invasions des peuples de la mer.

En réalité, il est prouvé maintenant que les communautés de Torre et de Tappa ont vécu de nombreux siècles avant les migrations maritimes qui ont semé le désordre en Méditerranée mille cinq cents ans avant notre ère. Ces foyers de peuplement étaient même installés, vraisemblablement, avant l'âge du bronze. Les habitants de Torre et de Tappa seraient-ils les descendants de la dame de Bonifacio ? Soutenus par l'instinct prolifique des mères et par un esprit guerrier dont témoigne leur habitat fortifié, les premiers Corses auraient-ils été, en bons éleveurs, sous la double influence du Bélier et du Taureau ?

Une ville dans le maquis

À la fin de la préhistoire, de Solenzara à Figari, les terres basses s'étendant entre la mer et la montagne semblent avoir été densément peuplées. Malgré l'abondance des traces d'occupation ancienne, les débuts de l'histoire restent peu connus. Ptolémée évoque un *Portus syracusanus* dont les coordonnées sont proches de celles de Porto-Vecchio, une voie romaine a été reconnue et des traces de cadastration, au maillage régulier fondé sur des centuries de près de 50 ha, ont été relevées[1].

Mais, ce sont les incendies de maquis récents qui vont probablement permettre d'accéder aux secrets de l'Antiquité : des cercles de pierres et des alignements de murs couvrent un espace de 25 ha, jonché de tessons d'amphores du IIIe ou du IIe siècle de notre ère, à proximité de l'estuaire de l'Osu. Cette agglomération, dont l'existence a été révélée seulement en 1992, pourrait-être la *Rhoubra* citée par Ptolémée.

La malédiction des eaux stagnantes

Selon une sentence corse, qui s'applique aux habitants de Porto-Vecchio, *a frebba li tumba e l'acqua l'ingrisgia*, « la fièvre les tue et l'eau les vieillit », Porto-Vecchio fut effectivement une ville où la mort frappait en masse. Fondée en 1540, Porto-Vecchio a dû être abandonnée en 1564 et détruite sur l'ordre du gouvernement génois l'année suivante ; réédifiée en 1578 par les immigrants ligures, qui lui donnent le nom de Ventimiglia la Nuova, la ville est de nouveau désertée en 1580. Il est certain que les ressources alimentaires étaient précaires à cette époque, l'aide de Gênes comptée et les Barbaresques toujours menaçants. Mais, souvent, ce sont les

---

1. J. Jehasse, « Le grand Porto-Vecchio dans l'Antiquité », *Porto-Vecchio tempi fà*, Cacel de Porto-Vecchio, Amis de la Bibliothèque et du Bastion, 1992.

fièvres paludéennes, extrêmement pernicieuses, qui ont contraint les survivants au départ.

Ce drame démographique résulterait de la transgression marine qui a contribué, lors de la déglaciation, à étendre les terres basses et les marais littoraux. Néanmoins, il semble que les anophèles n'aient pas toujours été porteurs en Corse des hématozoaires vecteurs de la maladie. D'où proviendraient alors les plasmodies responsables des fièvres mortelles ? Nul ne le sait. La pensée logique s'oriente, pourtant, vers les terres où le paludisme est endémique.

Mateo Falcone

La montagne et la forêt de l'Ospedale dominent le golfe de Porto-Vecchio. La D 368 mène, à 19 km de Porto-Vecchio, au hameau de l'Ospedale. L'église Santa Maria comporte une annexe où figure une inscription :

Hospitium 1762

Cette construction, qui a donné son nom à l'Ospedale, était un lieu de repos estival pour les habitants de la plaine affaiblis par les fièvres.

Mérimée mit en scène *Mateo Falcone* dans la montagne de l'Ospedale. Voici ses conseils : « En sortant de Porto-Vecchio et se dirigeant au nord-ouest, vers l'intérieur de l'île, on voit le terrain s'élever assez rapidement et, après trois heures de marche par des sentiers tortueux, obstrués par de gros quartiers de rocs, et quelquefois coupés par des ravins, on se trouve sur le bord d'un maquis très étendu... Si vous avez tué un homme, allez dans le maquis de Porto-Vecchio, et vous y vivrez en sûreté, avec un bon fusil, de la poudre et des balles ; n'oubliez pas un manteau brun garni d'un capuchon, qui sert de couverture et de matelas. Les bergers vous donnent du lait, du fromage et des châtaignes, et vous n'aurez rien à craindre de la justice ou des parents du mort, si ce n'est quand il vous faudra descendre à la ville pour y renouveler vos munitions. »

La statue du Commandeur

Comme les *stantari* élevés par les Torréens au passage des cols et des gués, la statue-menhir qui se dresse à l'entrée du tunnel d'Usciolu, en montant de Sotta vers le col de Bacinu par la D 59, garde l'une des voies qui mènent au cœur de la Corse. Solidement ancrée dans le sol, taillée dans l'indestructible granite d'Illarata, la stèle, symbole de continuité historique, a été érigée en 1993 en souvenir de la dernière guerre. Entre le tunnel d'Usciolu et le col de Bacinu, les *Macchiaghjoli* de la montagne de Cagna ont tendu vingt et une embuscades à la *Sturmbrigade SS Reichsführer* entre le 15 et le 17 septembre 1943 : un convoi de cinquante-cinq camions transportait douze cents hommes, soutenus par quatre chars et trois autres véhicules blindés. Tirant profit de l'action retardatrice entreprise par les maquisards de Cagna, un autre groupe de résistants a pu faire sauter l'un des ponts de la D 59 et arrêter ainsi la progression de la colonne allemande. Objectif immédiat de l'ennemi, Levie, dont le sort aurait pu devenir dramatique, a été préservée.

Ci après : le golfe de Porton, vu du large.

PRATO-DI-GIOVELLINA

(U Pratu-di-Giovellina)

58 KM S-O DE BASTIA PAR N 193 ET D 118

La tour des Amondaschi

Entre Prato-di-Giovellina et Piedigriggio, à 1 km à l'ouest du carrefour de la D 18 et de la D 418, le castellu de Serravalle, perché sur une butte, domine la vallée d'un affluent du Golo. Une tour carrée, construite selon les techniques en cours à la fin du Xe ou au début du XIe siècle, est entourée d'une enceinte circulaire, dont les murs, atteignant jusqu'à 6 m de haut, doivent avoir été édifiés au XIVe siècle. Selon Giovanni della Grossa, le castellu de Serravalle a été édifié par les Amondaschi, qui figuraient parmi les plus anciennes familles de Corse : cités dès le XIe siècle dans un texte relatant une assemblée judiciaire et même peut-être au Xe siècle dans un acte de vente, les Amondaschi seraient les descendants d'Amondo Nasica, auquel Ugo Colonna aurait accordé le bassin du Golo, au IXe siècle, après la reconquête de la Corse sur les musulmans. Pendant longtemps, on a accordé peu de crédit à Giovanni della Grossa, seul chroniqueur de cette époque reculée, qui écrivait plusieurs siècles après les événements. Pourtant, des familles de la Giovellina portent encore le nom de Nasica.

PROPRIANO

(Prupià)

72,5 KM S-E D'AJACCIO PAR N 193 ET N 196

Piège dans la nuit

La plage de Propriano fut à la fois le théâtre de l'embarquement de Giudice de Cinarca, capturé par les Génois au début du XIVe siècle, et du débarquement de Sampiero Corso qui venait en 1564 reconquérir l'île avec une petite troupe de cinquante hommes. Giudice de Cinarca fut capturé par les Génois alors qu'il était déjà un patriarche, et le vieux *condottiere* ne fut pris que trahi par son fils : « Guglielmo de Pietr'ellerata, écrit Giovanni della Grossa, franchit les monts avec deux mille hommes. Les Génois lui envoyèrent deux mille soldats commandés par un Spinola. Ces troupes débarquèrent à Baracchi. Salnese (fils de Giudice de Cinarca) alla trouver Spinola et obtint de lui deux cents hommes. Avec ce détachement, il alla se mettre en embuscade dans un endroit où il pensait que Giudice devait passer pour se sauver d'Istria, où il était, à Attala. Salnese ne se trompait pas ; Giudice, qui était parti à cheval pendant la nuit sans soupçonner le piège où il allait tomber, fut pris par le détachement embusqué et conduit au commandant génois. On dit qu'arrivé à la côte où se trouvaient les galères génoises, Giudice, tombant à genoux sur le sable, donna sa malédiction à Salnese et à tous ses descendants. Le commandant fit monter Giudice sur une galère puis, passant à Istria, il s'empara de ce château et le donna à Salnese. Cela fait, après avoir, par la prise de Giudice, supprimé toute cause de guerre, il retourna à Gênes avec son prisonnier, qui fut présenté aux magistrats de la République, puis emprisonné dans la Malapaga, où l'illustre vieillard rendit son âme à Dieu, au bout de quelques jours. »

Quelques jours qui furent sans doute quelques années si l'on en croit la plupart des historiens.

Espérant peut-être un soutien de sainte Julie, honorée par l'abbaye de Santa Giulia de Tavaria, proche de Propriano, Sampiero Corso débarqua sans peur sur la plage où s'était scellé le destin de Giudice de Cinarca. Aux inquiétudes de ses compagnons, il se contenta de répliquer selon la légende : « Notre salut est dans nos épées. » Il ne se doutait pas que le sort le condamnait déjà, comme Giudice de Cinarca, à tomber victime de la trahison.

Vue de Propriano.

La mer exorcisée

Menacée par les Barbaresques, les côtes du golfe de Valinco sont restées longtemps désertes. Au XVIIe siècle encore, dans la nuit du 30 au 31 mai 1617, trois cents Turcs avaient débarqué et pillé les environs. Ces malheurs du passé, souvent en provenance de la mer, ont-ils inspiré une réaction spontanée de la part de la population de Propriano ?

Dès l'accession de cet ancien hameau de Fozzano au statut communal, en 1860, les pêcheurs se sont groupés sous la protection de saint Érasme ; en 1872, un concitoyen émigré à Marseille leur a offert la statue qui préside désormais aux fêtes de la mer et des marins. Au début de juin, saint Érasme est conduit jusqu'au port, où les bateaux sont décorés et fleuris. À la fin de l'après-midi, une embarcation portant le saint prend la mer, suivie de toute une flottille. Au milieu du golfe de Valinco, la mer est bénie, et les fleurs abandonnées à la houle, en mémoire des pêcheurs disparus.

Miséricorde et pénitence

À Propriano, le cycle des fêtes religieuses est préparé et suivi avec ferveur comme dans les villes corses les plus chargées d'histoire. De jeunes Proprianais ont fondé en 1978 la *Cunfraterna Santa Croce*, qui anime les principales manifestations religieuses tout au long de l'année. Notre-Dame de la Miséricorde, patronne de Propriano depuis 1841, est honorée le 18 mars et dans la soirée du 14 août. La confrérie de Sainte-Croix veille aussi au déroulement de la procession du vendredi saint : à 21 h 30, le pénitent rouge, en cagoule, se met en marche, portant la croix à travers la ville illuminée ; il est suivi par six pénitents noirs, pieds nus et enchaînés, qui accompagnent le christ gisant, et par deux files de confrères portant le camail noir et tenant une torche.

Cette volonté de pénitence, qui se manifeste désormais chaque année, prolonge et amplifie un rituel funèbre plus ancien. Il était de tradition, à Propriano, d'accompagner parents et amis vers l'au-delà au cours de cérémonies d'une grande dignité ; des chants poignants imprégnaient la messe des morts d'une solennité grave. Progressivement délaissés, ils ont été récemment reconstitués et sauvés de l'oubli.

PRUNELLI-DI-CASACCONI

27 km S de Bastia par N 193, N 198 et D 110

Guerre de clan

Vers 1820, l'échafaud était dressé en permanence sur la place du village qui était depuis six ans le théâtre de l'une des plus sanglantes vendettas que la Corse ait connues. La famille Filippi avait été anéantie par les Agostini ; les veuves même n'avaient pas été épargnées. Les frères Agostini, les Prunellacci, se jouaient d'un détachement de gendarmerie mis sur le pied de guerre spécialement contre eux. À la suite d'un nouveau meurtre, en 1821, un corps de troupe fut installé à demeure au village, aux frais de la commune et vingt et une personnes, parentes et alliées des Agostini, incarcérées à Bastia. Cette guerre de clan qui s'était muée en guerre civile avait été déclenchée par deux brebis innocentes qui s'étaient introduites indûment dans une vigne.

PRUNELLI-DI-FIUMORBO

(I Prunelli-di-Fiumorba)

105 km S de Bastia par N 193, N 198, D 145, D 345 et D 45

Une colonne voyageuse

Le fronton de l'église Santa Maria montre une colonne galbée, formée de strates de pierre, de 4 m de haut, qui ne s'intègre pas à l'ensemble de l'édifice. Cette colonne proviendrait d'une église, voire d'un hameau détruit, dont les ruines, dites de la Cursa, étaient envahies par le maquis, à 200 m au nord de la D 345, et à 4 km à l'ouest d'Abbazia.

On ignorait jusqu'en 1974 que ces vestiges appartenaient à San Giovanni-Battista, l'ancienne église de la piève de Cursa. La colonne ornant le fronton de Santa Maria figurait auparavant parmi celles qui encadraient la piscine baptismale de l'église piévane, selon une disposition propre aux premiers sanctuaires paléochrétiens.

La filiation dans le passé remonterait plus loin, si l'on en croit le témoignage d'érudits locaux qui ont recueilli des traditions orales ancienne. Les colonnes de la Cursa proviendraient, à l'origine, d'un temple romain consacré à Jupiter Stator, ordonnateur des victoires des armées romaines. L'existence de ce temple n'a pas été confirmée. Mais, un habitat de l'époque romaine a été reconnu. La Cursa repose sur les assises d'un édifice antérieur ; sur le site, ont été recueillis deux fragments d'inscription latine sur marbre et une monnaie frappée sous l'empereur Maxence, au début du IV siècle.

Du sang dans les myrtes

Si près d'Aléria, les traces de la présence des Romains ne surprennent pas. Au début de la pénétration romaine, la population insulaire s'est montrée parfois hostile et a révélé dès cette époque l'état d'esprit indépendant et frondeur dont le Fiumorbo a fait preuve tout au long de son histoire.

En 231 avant notre ère, de retour d'une expédition fructueuse en Sardaigne, un corps de l'armée romaine commandé par C. Papirius Naso est dépouillé par les Corses du butin qu'il transporte. Les Romains contre-attaquent et sont vainqueurs *in campis murteis*. Jean Jehasse est « tenté de fixer cette bataille au pied du Fiumorbo, à Morta[1] » (à 1,5 km à l'ouest de la N 198, sur la D 345, entre Migliacciaru et Abbazia). Bien que certains érudits aient cru reconnaître le champ des myrtes dans le Nebbio (voir SAINT-FLORENT), le retour d'une armée de Sardaigne vers la péninsule italienne semble très logiquement passer par la plaine orientale de la Corse, si l'on souhaite réduire la durée et les risques du transport par mer.

Les Romains, imprudents, ont poursuivi les Corses en s'engageant dans la montagne. Souffrant de la faim et de la soif, peu à l'aise sur ce terrain inconnu, les Romains ont craint le pire : la victoire du champ des myrtes aurait pu tourner à la catastrophe. La découverte fortuite d'une source abondante fut alors considérée comme miraculeuse (voir ROSPIGLIANI). Les Corses du Fiumorbo étaient déjà habiles à l'embuscade… Conscients du péril auquel ils avaient échappé, les Romains n'ont pas célébré la victoire à Rome même : le triomphe eut lieu sur le mont Albain, C. Papirius Naso créant ainsi un précédent souvent imité par la suite. Un temple de la Source fut consacré en même temps près d'une des portes de Rome.

Jumelage sacré

Le maquis recelait d'autres ruines postérieures aux Romains que l'on peut approcher par la D 244, à 6 km au nord-ouest de Migliacciaru. Il s'agit de l'église San Giovanni Evangelista qui s'apparente aux plus archaïques sanctuaires de Corse. Son décor sculpté proposait une série de symboles sibyllins : disparu depuis quelques années, le linteau de la porte occidentale montrait une croix, une rosace, la colombe, un bras et une main aux doigts repliés dont on ne sait s'ils représentent le signe de la bénédiction, le bras de justice ou la main de Dieu. Un fer à cheval portant cinq clous était gravé sur une pierre isolée. À proximité immédiate de San Giovanni Evangelista, s'élève une maison en forme de tour, dont les parties les plus anciennes ont été vraisemblablement construites en même temps que la chapelle.

---

1. *Histoire de la Corse*, publiée sous la direction de Paul Arrighi, Toulouse, Privat, 1971 ; nouvelle édition, 1990.

Or, non loin de là, à 2 km au sud-est, le nom du hameau d'Abbazia éclaire l'origine de San Giovanni Evangelista et de sa tour. Abbazia commémore le souvenir de l'*abbadia* de Petrapola, l'un de ces foyers monastiques qui relayèrent, vers le VIᵉ siècle, le pouvoir romain, devenu incapable de protéger les populations insulaires contre les invasions barbares. Les moines devaient loger dans la tour, qui occupe une croupe dominant la plaine, et surveiller la côte. Ils célébraient le culte dans la chapelle toute proche. Prudemment, vers le Xᵉ siècle, l'église piévane de la Cursa a été édifiée en retrait, vers l'ouest, tout près de la montagne. Pendant longtemps, lors des fêtes religieuses, les processions se déroulaient entre San Giovanni Evangelista et l'église de la piève de Cursa, San Giovanni Battista.

Rêve d'Orient

À l'ouest de l'*abbadia*, un village, aujourd'hui déserté, portait aussi le nom de San Giovanni. La famille Pieri, dont la maison familiale était située à San Giovanni, se disait originaire d'Antioche et de Séleucie de Piérie, le port d'Antioche, au nord de l'embouchure de l'Oronte. Aujourd'hui partagée entre la Turquie et la Syrie, l'antique Piérie a dominé une partie du bassin de l'Oronte. Dispersés après la ruine de Séleucie, lors des invasions perses et arabes, au VIᵉ siècle de notre ère, des habitants de la Piérie auraient-ils émigré jusqu'en Corse ? L'hypothèse semble audacieuse, malgré la persistance de récits que l'on se transmet de longue date. On admettrait plus aisément que des ancêtres des Pieri aient participé aux croisades et qu'ils aient voulu rappeler leurs faits d'armes en adoptant le nom d'une région où ils s'étaient illustrés. Et, de manière plus prosaïque, la connaissance de la géographie ancienne, autrefois très largement diffusée en Corse parmi les intellectuels lisant le latin, n'aurait-elle pas suggéré à l'un d'entre eux un rapprochement hasardeux fondé sur l'homonymie ?

Inexpugnable Fiumorbo

Lors de la Restauration, le commandant Poli, vétéran des campagnes de l'Empire, inquiétait beaucoup les représentants du pouvoir royal en Corse, qui ont multiplié les provocations à son égard. La population prit parti pour le commandant (voir Sari-Solenzara). À l'issue du soulèvement du Fiumorbo, un traité en bonne et due forme fut conclu entre le commandant Poli et le chevalier d'Angibeau, aide de camp du gouverneur de la région militaire. La maison où furent échangés les paraphes de l'accord est toujours debout, à Migliacciaru, sur la voie qui mène au cimetière.

Ancré dans le caractère des citoyens du Fiumorbo, l'esprit de révolte s'est aussi manifesté avec éclat lors de la Seconde Guerre mondiale. Dans le village de Prunelli-di-Fiumorbo, une plaque, apposée place de la Résistance, commémore les combats pour la libération de la Corse, qui se déroulèrent à Abbazia et à Agnatellu en septembre 1943. L'arrivée des armes expédiées aux résistants était annoncée à la radio de Londres par un message sibyllin, emprunté à La Fontaine, n'évoquant guère la détermination farouche des destinataires : « Deux pigeons s'aimaient d'amour tendre. »

Le musée Mnemosina, qui occupe les caves de l'immeuble communal de Prunelli-di-Fiumorbo, rassemble les souvenirs de l'histoire, agitée, du Fiumorbo.

PRUNO
(U Prunu)

Des tapis pour la comtesse Mathilde

À 1,5 km à l'est de Pruno, l'église Santa Maria de Canovaria s'élève, à droite de la D 36, en position légèrement surélevée. Selon une tradition orale, une châtelaine dont le souvenir persiste depuis le Xᵉ siècle, la comtesse Mathilde, serait inhumée dans le sanctuaire ou à proximité. Cette assertion ne serait pas inexacte : parmi les chartes de l'abbaye de Monte-Cristo, souvent apocryphes, mais riches d'indications se révélant véridiques, figure un acte citant « *Domina Matelda… Dei gratia Comitissa* », qui daterait de 936 ; en tête de son testament, la même dame Mathilde prévoit, en 951, d'être inhumée à Santa Maria. L'architecture de l'église confirme les récits locaux et les actes notariés : l'appareil irrégulier, composé d'éléments de petite taille, visible à la base du mur méridonal, révèle une technique semblable à celle qui a été utilisée pour la construction de plusieurs églises de Corse au cours du Xᵉ siècle.

Un millénaire après sa mort, la comtesse Mathilde a laissé dans l'Ampugnani un souvenir empreint d'émotion et de respect. Il semble que la population ait su gré à cette grande dame d'être restée simple et aisément accessible. Les habitants de l'Ampugnani se rappellent encore que l'on déroulait les tapis à l'entrée des églises ou que l'on décorait les chemins de fleurs lors des visites de la comtesse Mathilde.

Pruno : ici survit le souvenir de la comtesse Mathilde.

Les Sette Nave, *les Sept Iles.*

QUASQUARA

43 km E d'Ajaccio par N 193, N 196, N 850 et D 326

Ils étaient sept petits navires...

La commune de Quasquara possède une plage, c'est-à-dire une annexe pour les troupeaux en hiver, très loin du village, sur la côte méridionale du golfe d'Ajaccio. Là, s'avance vers la mer, fermant au sud le golfe d'Ajaccio, la pointe des Sette Nave, ainsi nommée parce qu'elle est précédée au nord par sept petits îlots. Ces îles seraient sept galères barbaresques pétrifiées à la demande fervente de la population d'Ajaccio qui, au cours d'une procession solennelle, avait présenté la statue de saint Roch à la mer pour attirer sur les infidèles le châtiment céleste.

Au nom de la rose

Sainte Rita est fêtée à Quasquara le 28 août. La procession s'accompagne d'une distribution de fleurs, en souvenir de la rose et des figues, intactes en plein hiver, que la sainte fit cueillir dans son jardin, en 1457, peu avant sa mort.

QUENZA

86 km S-E d'Ajaccio par N 193, N 196 et D 420 — 47 km N-O de Porto-Vecchio par N 198, D 368 et D 420

L'église de l'an mille

L'église Santa Maria est située à 200 m au sud du village, légèrement en contrebas. Une inscription gravée il y a deux siècles au plus indique que l'église a été construite en l'an mille. L'édifice porte effectivement la marque des constructeurs pisans. La date apposée tardivement serait-elle un témoignage que d'anciens habitants, au courant des annales de Quenza, auraient voulu léguer définitivement à la postérité ? La chronique locale assure que l'église a été construite bien avant la fondation du village. Protégée, malgré son isolement, des incursions maures qui menaçaient la région, Santa Maria désignait un site marqué de signes bénéfiques : la date de sa consécration a pu être conservée soigneusement de génération en génération.

À 3,5 km au sud de Quenza, sur un chemin qui permet de rejoindre Levie, l'église Sant'Antonio, dont il reste seulement des pierres éparses, dominait jadis le confluent du Rizzanèse et du ruisseau de Criviscia. Le site, qui a livré des traces d'occupation romaine, est proche des *Caldane*, où des bains chauds auraient pu être équipés par les Romains. Une anecdote locale prétend que les sources furent un jour colmatées avec une balle de laine pour interdire le rassemblement des bergers qui répandaient des fièvres contractées dans la plaine de Porto-Vecchio. Les sources chaudes auraient ainsi émigré vers le sud, à 12 km, par un mystérieux mouvement d'hydraulique souterraine, au sud de Sainte-Lucie-de-Tallano, sur la rive gauche du Fiumicicoli.

Une garnison de bergers

Rien n'indique à Quenza que le village ait joué un rôle en Corse au-delà des montagnes qui l'entourent. Pourtant, les habitants de Quenza et quelques vieilles familles de la Rocca ont toujours revendiqué des droits ancestraux sur Porto-Vecchio et les plaines littorales proches. Cette insistance n'est vraisemblablement pas sans fondement : à Quenza s'est conservé le souvenir de l'époque où la plaine était peuplée, avant le repli à l'intérieur des montagnes provoqué par les exactions des envahisseurs.

Les Génois, qui ont suscité la création de Porto-Vecchio et d'un domaine de colonisation agricole, au XVIᵉ siècle, n'ont pas pris ombrage des prétentions des habitants de Quenza. Comme les bergers de ce village s'installaient à Porto-Vecchio pendant la transhumance d'hiver, Gênes s'assurait leurs services en les rétribuant pour défendre la forteresse contre les attaques des Barbaresques.

Aussi, Quenza fut l'une des rares communautés corses qui aient soutenu les Génois jusqu'à leur départ de l'île.

QUERCITELLO

(U Quercitellu)

52 km S de Bastia par N 193, D 71 et D 515

Le sanctuaire des cimes

Du col de Prato, la *Bocca di u Pratu* (974 m), sur la D 71 à 3 km de Morosaglia, on aperçoit au sud, à 800 m, une église en ruine qui aurait été une cathédrale. La pauvreté et l'isolement de l'édifice laissent incrédule. Or, une autre tradition orale contredit la précédente et place la cathédrale plus loin et plus haut encore dans la montagne. De fait, les restes de la seconde église sont visibles à 4 km au sud du col de Prato, à proximité du sommet du San Pedrone ou San Pietro (1 766 m), dont la cime est un point de repère visible de très loin en mer par temps clair.

Mais pourquoi une cathédrale aurait-elle été édifiée en un lieu désert au sommet d'une montagne ? On sait seulement que San Pietro d'Accia a été fondée à la suite de la bulle *Justus dominus* (1133). L'évêché avait été créé afin d'accorder à Gênes et à Pise un nombre égal d'investitures épiscopales en Corse. De l'archevêque de Pise dépendaient les évêchés d'Ajaccio, de Sagone et d'Aléria ; de l'archevêque de Gênes ceux de Mariana et du Nebbio. Pour donner satisfaction à Gênes, le diocèse d'Accia fut créé de toutes pièces en

Au col du Prato.

détachant l'Ampugnani et le Rustinu de leurs diocèses antérieurs et la cathédrale fondée à la limite des deux *pieve*. On ne sait pourquoi toutefois la cathédrale fut édifiée au sommet du San Pedrone, qui est bloqué par les neiges en hiver et n'a jamais été fréquenté que par les troupeaux et leurs bergers en été.

L'église du col (San Pietro ou, selon la tradition locale, San Petrucolo) était un modeste oratoire : sa voûte laisse apparaître un blocage de petites pierres plates éclatées fréquent dans les sanctuaires très primitifs. San Petrucolo évoque plutôt les églises de mission fondées en Corse au début du Moyen Âge pour évangéliser les populations des montagnes. D'après les historiens corses et les fouilles archéologiques, cet édifice serait d'une vénérable ancienneté : San Petrucolo serait l'église fondée par Grégoire le Grand dans la montagne de Nigeuno, « en l'honneur du bienheureux chef des apôtres Pierre et du martyr Laurent », à propos de laquelle il donne ses instructions dans des lettres datées de 596 et de 597. Il s'agissait d'évangéliser des populations qui adoraient encore « la pierre et le bois ». Or, des murs cyclopéens, que l'on peut comparer aux édifices mégalithiques fréquents non loin de là dans la montagne de Tenda, subsistent à proximité du col.

Selon Mgr Giustiniani la ville d'Accia aurait été située près de l'église du col de Prato. Or les ruines de la ville sont introuvables, au point que Jacobi, pour résoudre le mystère, prétend, dans son *Histoire générale de la Corse*, qu'Accia avait été construite en bois. En réalité, il n'y eut sans doute jamais de ville au col de Prato. Soucieux de résider dans son évêché en application des décisions du concile de Trente, l'évêque d'Accia chanta sa première messe devant la porte extérieure de la cathédrale ou de l'église du col sans pouvoir y pénétrer (1560-1561) et dut repartir le soir même, car il n'y avait pas de maison à Accia. Il dut se réfugier à la Casabianca. Un siècle plus tard, vers 1646, la messe n'était dite que deux ou trois fois l'an à San Pietro.

L'église de San Pietro.

RAPALE

26,5 km S-O de Bastia par N 193, D 82 et D 62

Vertes et blanches

Par un chemin qui s'élève vers le sud, on se rend du village à la chapelle romane de San Cesariu, isolée au milieu des châtaigniers. L'édifice, construit en blocs de pierres vertes et blanches comme l'église Saint-Michel de Murato, est dans un état de total abandon. La corniche de l'abside, en partie tombée à terre, associe d'étranges motifs de décoration : un dragon à deux têtes au corps en spirale, prêt à lutter contre un quadrupède, des serpents, des oiseaux et une tête humaine dans des cercles.

Victimes propitiatoires

Une grotte mise à jour en 1961, entre Piève et Rapale, était comblée de cendres d'ossements animaux, sans doute les restes de victimes immolées lors de sacrifices rituels. Des vases et des pierres rondes portant des inscriptions, trois tombeaux, ainsi que des habitations ont été découverts à côté de la caverne. Mérimée avait déjà signalé l'existence de stations mégalithiques à proximité et des fouilles récentes ont révélé la trace des hommes de la préhistoire dans le massif du Tenda (voir Pieve, Santo-Pietro-di-Tenda et Sorio).

Parés pour un siège

Un chemin se dirigeant vers un gué de l'Aliso mène, à 1,5 km au nord-est du village, vers des murailles qui s'appuient sur des pierres dressées. Ces remparts semblent garder les accès d'un escarpement coupé de terrasses. La plate-forme sommitale est précédée de plusieurs enceintes. Les habitants de Rapale ont donné à juste titre le nom de Castellari à ce site soigneusement équipé pour la défense. Les pierres taillées, les fragments de haches parsèment ces lieux indiquent que Castellari a été occupé de la fin du néolithique à l'âge du fer. Déjà, l'art de la fortification avait atteint un degré d'avancement remarquable. Mais, on ne sait pourquoi les hommes de la préhistoire s'étaient astreints ici même à ces travaux monumentaux.

Claustrothérapie

À 2 km de Rapale, sur un chemin qui part du village en direction du nord, on atteint un col et les ruines de Santo Pietro Veçchio, qui faisait office d'église piévane pendant le haut Moyen Âge. Aux abords de Santo Pietro Vecchio, des monnaies de la première moitié du IVe siècle de notre ère, des tuiles romaines et des fragments de grandes jarres, qui ont dû contenir de l'huile produite sur place, témoignent d'une occupation antique intensive, sur un espace aussi vaste qu'à Cersunum (voir Saint-Florent). Ces vestiges pourraient appartenir à la cité de Lurinum, répertoriée dans les environs par Ptolémée. Une construction, que l'on désigne à Rapale comme une prison ou un tribunal, semble correspondre, en réalité, à des thermes romains. La destination initiale du bâtiment n'aurait-elle pas changé au cours d'une longue histoire ? Après une époque de prospérité et de loisirs, l'évolution des mœurs a peut-être nécessité une plus stricte application des rigueurs de la loi.

RENNO

(Rennu)

57 km N d'Ajaccio par N 194, D 81, D 70 et VO

Grenouilles pour un soleil

Dans un passé lointain, les habitants de Renno ont eu la réputation de maîtriser par des pratiques secrètes la lumière et les eaux.

Les bergers, illustration tirée de L'Histoire de la Corse *de l'abbé Galletti, 1863.*

Auraient-ils été aidés par les hôtes du *pozzo di Fate*, le « puits aux Fées » ? Il semblerait en réalité que cette renommée ne soit pas sans lien avec l'esprit subtil dont ils auraient fait preuve à l'occasion de démêlés avec un hameau de Vico, Chigliani (à 3 km au nord de Vico sur la D 156). Les habitants de Chigliani furent un jour plongés dans un brouillard glacé venu de la Catena, qui coule en contrebas du village. Des volontaires furent désignés pour chercher la cause de cet inquiétant phénomène naturel.

Au-dessus de la chapelle Saint-Roch (à gauche de la D 70, 3 km avant Renno en venant d'Ajaccio, juste après le carrefour de la D 156), au Pianu di Calinca, qui leur appartenait, les Chiglianesi trouvèrent installés sous un chaud soleil les bergers de Renno qui leur tinrent le discours suivant : « Nous vous avons dérobé le soleil ; laissez-nous ici avec nos troupeaux profiter de ces beaux pâturages, sinon votre village ne verra plus jamais la lumière. » Les habitants de Chigliani cédèrent. Mais par la suite, au marché de Sagone, ils pâlirent d'envie devant le magnifique bétail des bergers de Renno, engraissé sur le Pianu di Calinca, tandis que le leur était d'une maigreur squelettique. Ils décidèrent de se venger et, une nuit, ils lâchèrent sur le plateau de Calinca des milliers de grenouilles, de crapauds et de bêtes immondes qu'ils avaient recueillis dans tout le pays. Les bergers de Renno en perdirent le sommeil, et, à leur tour, entreprirent de se venger : à coups de pioche, en abattant des arbres, en creusant des canaux, ils détournèrent le cours du torrent de Silvani, l'obligeant à se jeter dans la Catena, dont les flots, ainsi grossis, rejoignent le Liamone par la cascade de Balta, si bruyante qu'elle trouble encore le sommeil des habitants de Chigliani. La limite des territoires de Renno et de Chigliani est bordée par une arche naturelle géante, l'*arca della Catena*, située dans la vallée de la Catena, affluent du Liamone, aux confins des territoires occupés traditionnellement par les habitants de Letia, de Renno et de Vico.

Honneur et patrie

La chapelle Saint-Roch abrite un christ de pierre fort ancien, auteur d'un étonnant miracle. De retour, marié, après de nombreuses années de guerre de l'époque napoléonienne, un jeune homme de Vico était accusé par une jeune fille de Renno d'avoir failli à la promesse de l'épouser ; il jurait qu'il n'en était rien, lorsque le bras du Christ se détacha de la croix et se tendit dans le geste du serment. L'infâme était déjoué. Le lendemain, son cadavre percé de coups de poignard fut retrouvé dans la forêt.

Un demi-siècle auparavant, « la veuve de Renno » avait déjà montré que la population du village ne transigeait pas avec le devoir. Marguerite Paccioni, qui avait eu deux fils tués à la guerre, avait présenté le troisième à Paoli, en 1763, « pour qu'il venge ses frères ou meure comme eux en héros[1] ».

Après la peste, l'abondance

Les manifestations qui attirent les foules à Renno plusieurs fois dans l'année accordent la primauté aux éleveurs. Dès le mois de février, l'abattage du porc, *a tumbera*, occupe un samedi et un dimanche. La foire des éleveurs d'ovins et de caprins, *u Scuntru di a pastori*, fait revivre au printemps la gastronomie corse et s'achève par la tonte à l'ancienne, *a tundera*.

1. P. Arrighi, *La Vie quotidienne en Corse au XVIIIᵉ siècle*, Paris, Hachette, 1970.

Ces réunions profanes, où les ressources des terroirs de l'île se répandent à profusion, ne sont pas incompatibles avec les dévotions ancestrales. Appréciée depuis les épidémies de peste du XIVᵉ siècle, qui n'avaient pas épargné la Corse, la protection de saint Roch est toujours sollicitée. Un office est célébré dans la chapelle dédiée au saint le dimanche de la *tumbera* et le 16 août ; ensuite, la statue de saint Roch prend la tête de la procession. Le 16 août, au retour de la cérémonie, les fidèles se partagent les rubans qui ornent la crosse du saint, avant de prendre part à une foire qui dure trois jours.

REZZA

52,5 KM N D'AJACCIO PAR N 193, D 4 ET D 104

Des cloches exquises

Si l'on a le courage de s'aventurer, la nuit de Noël, à minuit dans la pinède de Rezza, on entend, dit-on, des cloches d'une tonalité exquise sonner dans l'obscurité. Ce sont les cloches du hameau de Scanafaghiaccia (à 500 m au sud-est de Rezza, au-dessus de la rive droite du Cruzzini), jadis placées dans le clocher de l'église et qui faisaient l'orgueil du pays, car elles étaient coulées dans un bronze merveilleusement sonore. Durant l'occupation génoise, les habitants de Scanafaghiaccia se révoltèrent contre leurs oppresseurs et en abattirent quelques-uns. En représailles, la République envoya quelques mercenaires à sa solde avec mission de châtier les insurgés. Ces derniers s'empressèrent de cacher leurs biens ; deux paysans eurent l'idée de décrocher les cloches et d'aller les dissimuler dans des rochers en un endroit connu d'eux seuls. Malheureusement ils furent tués tous deux, emportant leur secret dans la tombe. Les cloches ne purent jamais être retrouvées...

ROGLIANO

(Ruglianu)

41,4 KM N DE BASTIA PAR D 80 ET D 53

Amphores sous-marines

On a retiré plusieurs centaines d'amphores gréco-romaines d'une épave située à 45 m de fond à quelques encablures de la côte orientale du cap Corse entre l'île de la Giraglia et Macinaggio, la marine de Rogliano (sur la D 80). Fabriquées en Grande-Grèce, ces amphores, rangées au fond d'une galère, contenaient du vin et de l'huile.

Cette découverte, qui n'est pas la première, confirme les relations – affirmées par la tradition orale – entre le cap Corse et la péninsule italienne à l'époque romaine : le chemin qui mène de Centuri à Rogliano par San Colombano porte encore le nom de *strada romana*. D'ailleurs, des restes romains ont été identifiés de longue date en plusieurs points de la commune (Iageto, Montana, Casersa) ; entre la rade de Santa Maria et la baie de Capendola, un poste de guet, protégé par une enceinte fortifiée, veillait sur la circulation maritime entre le IIᵉ siècle avant J.-C. et le Iᵉʳ siècle de notre ère. Le village de Rogliano est vraisemblablement l'héritier du *Pagus Aurelianus*. Mais les premières vignes de Rogliano, situées au hameau d'Olivo, seraient d'origine carthaginoise.

L'ombre de saint Paul

La tradition veut que saint Paul ait porté la bonne parole en
Corse et aurait prêché à Rogliano. De plus, aux IIe et IIIe siècles, des
missionnaires partis du nord de l'Italie seraient venus pour obtenir
des conversions au christianisme, à Santa Maria della Chiappella,
où une inscription romaine a effectivement été découverte vers
1950. La chapelle est située dans un site sauvage à 3, 5 km au nord
de Macinaggio (*Macinaghju*).

Santa Maria della Chiappella, petit édifice roman, très restauré
au XVIIIe siècle, conserve une curieuse abside double. Cette architecture paraît révéler une double dédicace, comme pour l'église de
Valle-di-Campoloro. L'un des saints patrons serait tombé dans l'oubli. Malgré le double patronage dont elle aurait bénéficié, Santa
Maria della Chiappella dut être protégée au Moyen Âge contre les
attaques venues de la mer. En 1549, on construisit la tour de Santa
Maria, que l'on voit aujourd'hui en ruine à 500 m au nord-ouest de
la chapelle. Trois étages voûtés communiquaient entre eux par des
trappes : on montait de l'un à l'autre au moyen d'échelles mobiles.
La tour serait reliée, dit-on, par des souterrains à celles d'Agnello
et de Finocchiarola.

La galerie des ancêtres

La chapelle, aujourd'hui en ruine, de San Sisto, à l'est de la D 53,
sur une colline, servait, suivant la tradition, de refuge lors des
attaques sarrasines. Le site avait été fortifié à l'époque préhistorique : des vestiges d'enceintes cyclopéennes ont été retrouvés
autour de la chapelle et une colline porte le nom de *Stanti*, qui
signale en Corse les vestiges de la préhistoire. Curieusement, le
corps de garde qui surveillait la mer au Moyen Âge se tenait sur les
Stanti, comme les hommes de la préhistoire.

On soupçonne que l'arrivée de ces premiers hommes remonte à
une époque extrêmement lointaine. « Le plus ancien site paléonto-
logique corse bien daté[1] », remontant à soixante ou soixante-dix
mille ans, a été reconnu dans la grotte de la Punta di a Coscia, à
1 km au nord de Macinaggio. Cet abri profond pourrait receler des
foyers aménagés au cours de la dernière glaciation, probablement
« entre cinquante mille et neuf mille ans avant le présent[2] ». Si cette
observation était confirmée, « le premier indice d'une présence
humaine en Corse pendant le paléolithique[3] » aurait été conservé
près de Rogliano.

Le « mauvais château »

On appelle ainsi Castellacciu, le château ruiné de San
Colombano, qui fut élevé au XIIe siècle au-dessus de Vignale par
Ansaldo da Mare. La puissante famille da Mare, qui domina longtemps tout le cap Corse, était venue de Gênes, dont elle était vas-
sale. La haine des populations locales contre leurs seigneurs s'explique, car elles n'étaient pas ménagées. Le vol était, à Rogliano,
puni de la manière suivante : la première fois, amende de trois
livres de Gênes ; en cas de récidive, le coupable avait un membre
coupé ; à la troisième fois, il était pendu par la bouche. Malgré ses

---

1. E. Bonifay, « La préhistoire », *Histoire de la Corse*, sous la direction de
P. Arrighi et A. Olivesi, *op. cit.*
2. *Id., ibid.*
3. *Id., ibid.*

attaches génoises, Giacomo Santo da Mare commit l'imprudence de se rallier en 1553 à Sampiero Corso. L'année suivante, le *Castellacciu* fut démantelé, en représailles, par les Génois.

Non loin de San Colombano, au bout de la route de Magna Sottana, on trouve la grosse tour carrée de Barbara da Mare, fille de Giacomo da Mare, le partisan de Sampiero. Barbara avait nommé gouverneur un Génois honni, qui fut vite pris pour un de ces tyrans *che hanno fatto piangere mezza Corsica*, selon l'expression corse, « qui ont fait pleurer la moitié de la Corse ». Il fut assassiné dans la tour par Agostino d'Ortinola.

L'agneau et le lion

L'église de Bettolace est dédiée à saint Agnel. Ce saint peu connu était respecté au Moyen Âge, aux abords de la mer Tyrrhénienne, pour son engagement contre l'islam. Les marins et les marchands de Rogliano ont vraisemblablement entendu parler de saint Agnel lors de leurs séjours à Lucques. Cette ville avait accueilli le culte d'un abbé Agnello, qui s'était retiré, au VIe siècle, dans un monastère napolitain fondé par l'un des évêques chassés d'Afrique par les Vandales. On lui attribue des initiatives miraculeuses lors de l'attaque de Naples et de Sorrente par les Sarrasins. Le zèle des hagiographes relatant les mérites d'Agnello est excessif, puisque le saint abbé était mort avant Mahomet. Mais, les Vandales et les Sarrasins ont été souvent confondus par les mémorialistes vivant longtemps après les invasions.

Quelle que soit la réalité des faits, Agnello illustrait une volonté de résistance inconnue auparavant et ses succès comportaient une leçon symbolique qui a dû plaire aux habitants de Rogliano, confrontés constamment aux dangers de la guerre de course en Méditerranée. Cette leçon a été si bien comprise que les Roglianais répondirent à l'appel de Pie V peu après l'invasion de Chypre par les Turcs. Sans doute inspirés par les pavillons flottant sur les galères vénitiennes, les marins de Rogliano combattirent comme des lions lors de la bataille de Lépante, le 7 octobre 1571.

L'autel de l'amour malheureux

Dans l'église Saint-Agnel, deux inscriptions latines sont gravées, l'une sur le retable, l'autre sur la table de l'autel de la chapelle de Saint-Antoine. On peut les traduire : « Louange à Dieu ! Ange-François Lovigi de Rogliano par dévotion a fait ce don en l'an 1660 », et « La cause de cet autel est Marguerite. » Selon une tradition recueillie par le chanoine J. Flori, une idylle romanesque et malheureuse serait à l'origine de ce don. Ange-François, ayant quitté Rogliano pour Florence, serait tombé amoureux d'une jeune fille très belle, appartenant à une famille noble et riche, dont il aurait demandé la main. Le père de l'élue accepta cette proposition si le prétendant faisait don à l'église où il avait été baptisé d'un autel de marbre dédié à saint Antoine de Padoue. Ange-François fit donc élever l'autel, et, lorsqu'il fut terminé, alla trouver celui qui aurait dû être son beau-père et lui déclara : « Votre fille Marguerite ne sera jamais mon épouse, car les Corses n'ont pas l'habitude de marchander l'amour d'une jeune fille, si riche et si bien née qu'elle soit. » Le tableau du retable représente le mariage mystique de sainte Catherine d'Alexandrie. Devant l'autel, une petite grille ayant la forme d'un écusson italien porte en son centre une roue flanquée à dextre et à senestre de deux têtes couronnées. S'agit-il des armes de la famille de Marguerite ? La roue pourrait être celle du supplice de sainte Catherine.

Une tempête providentielle

Rogliano détient le privilège d'être desservi par une route impériale. Il s'agit en réalité du chemin de l'Impératrice, emprunté en 1869 par Eugénie, l'épouse de Napoléon III. De retour d'Égypte, le bateau qui transportait l'impératrice jette l'ancre dans le port de Macinaggio pour se protéger d'une tempête menaçante. Invitée à passer la nuit à Rogliano, l'impératrice Eugénie, accompagnée de sa suite, dut parcourir à pied le chemin de chèvres qui menait de Macinaggio au village. Pour remercier la municipalité de l'accueil chaleureux qu'elle avait reçu, sa Majesté impériale accorda les fonds nécessaires pour construire une route qui a été vivement appréciée.

Cap vers l'Amérique

Les tombeaux monumentaux et les constructions de prestige, qui campent un décor singulier dans plusieurs hameaux de Rogliano, ne doivent rien aux libéralités de l'impératrice. Comme le maître-autel en marbre blanc de l'église Saint-Agnel, provenant de Carrare, ces édifices authentifient la réussite des « Américains » émigrés à Porto-Rico et au Venezuela, qui restent toujours viscéralement attachés à leur île d'origine.

ROSPIGLIANI

(Ruspigliani)

24,5 KM S-E DE CORTE PAR N 193 ET D 43

Le miracle de la source

Située sur un versant de la Punta alla Paglia, près de la D 343, à 3,5 km à l'ouest de Vezzani, la fontaine de Padula est entrée dans l'histoire en 231 avant notre ère. Les Corses avaient dérobé le butin de l'armée romaine, qui revenait d'une campagne en Sardaigne. Après une bataille qui se déroula vraisemblablement en plaine orientale (voir PRUNELLI-DI-FIUMORBO), un détachement romain, commandé par Caius Papirius Naso, poursuivit ses adversaires en montagne. Isolé en pays inconnu, menacé par les embuscades et souffrant de la soif, il fut vite confronté à une situation périlleuse. La découverte inattendue d'une source abondante permit aux Romains de reprendre des forces et de s'échapper sans pertes. L'examen des textes latins et de la topographie de l'île conduit à localiser l'événement à Padula. Sauvé alors que tout semblait perdu, Caius Papirius commémora à Rome sa campagne dans les montagnes corses en consacrant le Temple de la source[1].

1. J. Jehasse, *op. cit.*

RUTALI

23 km S-O de Bastia par N 193 et D 305

Le salut dans la fuite

Des villages abandonnés occupent deux sites proches de Rutali : U Coru, dont l'existence est attestée de l'âge du fer au Moyen Âge, situé à 200 m de la chapelle San Sari, et Turrenu, à l'ouest de Rutali. Les événements qui ont conduit la population au départ ne sont pas connus avec certitude. Les habitants ont fui vers le XVᵉ siècle, alors que les Génois pourchassaient des groupes armés corses dans les environs ; mais, à la même époque, les habitants de Rutali ne se sont pas éloignés de leur village. Des récits recueillis sur place attribuent la désertion de Turrenu à une invasion de fourmis. L'humeur batailleuse d'une armée de fourmis aurait-elle fait plus que les soudards redoutés des compagnies génoises ?

Des émigrants ayant tout quitté définitivement seraient aussi à l'origine du village actuel. Rutali aurait été fondé au XIIᵉ siècle par des Toscans venus de Volterra. Les premières familles qui ont peuplé Rutali ont-elles été chassées par les glissements de terrain affectant leur ville d'origine ? L'esprit d'entraide, entretenu par le souvenir des calamités passées, expliquerait ainsi le bon accueil réservé aux réfugiés provenant des villages voisins de Rutali.

Rituel rustique

San Cesario et San Parteo, vénérés à U Coru et à Turrenu, sont désormais oubliés. Mais, Rutali bénéficie, à lui seul, d'une double protection. Le patron du village, saint Vitus, fêté le 15 juin, est un guérisseur expert des morsures de chiens et de serpents. Les paroissiens honorent aussi sainte Claire, le 11 août, en montant en procession à la chapelle qui domine Rutali, à 800 m d'altitude, au bout d'une piste de 3 km qui s'amorce à l'est du village.

Dans cette paroisse où prédominait l'activité agricole, les représentants de l'Église savaient intervenir judicieusement pour aider leurs ouailles. Le 16 août, à la Saint-Roch, les troupeaux étaient bénis sur la place de l'église. En retour, la population n'oubliait pas ses prêtres. Le 15 et le 16 août, on rassemblait les dons en nature au fond de l'église et on les vendait aux enchères, *a Argha*, le soir, avant la procession. Les sommes recueillies étaient destinées à l'entretien du clergé, qui, le 2 novembre, recevait aussi des châtaignes, à charge de prier pour les âmes du purgatoire[1].

1. Chanoine J.-Th. Flori, *U Vecchju Rutali, Traditions orales*, chez l'auteur, s.d.

SAINTE-LUCIE-DE-TALLANO

(Santa-Lucia-di-Tallà)

19 KM N-E DE SARTÈNE PAR D 69 ET D 268

Une famille décimée

Dans l'église du couvent de Saint-François, qui domine Sainte-Lucie, une inscription sur le mur latéral du chœur indique : *Questo monasterio de Santo Francisco han facto fare lo magnifico Signor Rinuccio della Rocca filius quondam Judice pro sua divotione l'anno Domini* MCCCCLXXXII, *Die V. Madii.* Cette inscription est gravée sous les armes de la famille della Rocca, qui comportent deux tours superposées portant des balances. Sous le maître-autel, un tombeau représente en gisant une dame les bras croisés sur la poitrine, tenant dans la main droite un chapelet et dans la gauche une aumônière. Une inscription la désigne comme Serena della Rocca, épouse de Rinuccio, fondateur de l'église en 1492 : *Madonna Serena, Moglieri del Magnifico Signor Rinuccio della Rocca, Morta l'anno* MCCCXCVIII, *die V dicembris.*

La construction du couvent fut l'un des derniers actes de la famille : deux fils de Serena et de Rinuccio et un neveu furent pris comme otages par les Génois. Andrea Doria fit trancher la tête au premier fils et au neveu et menaça le second fils du même sort si le père ne se soumettait pas à la république de Gênes. Rinuccio della Rocca, qui « ne se battait pas pour la liberté de son fils, mais pour celle de tous les Corses », fut pourchassé par les Génois, cerné dans la tour de Roccapina et contraint au suicide (voir SARTÈNE).

La peste noire

Sainte-Lucie et, plus particulièrement, le hameau de Sant'Andrea, au nord-est du village, furent ravagés en 1348 par la peste noire qui sévissait alors en Corse. La terrible épidémie fut propagée dans le Tallano par des marchands venus de Bonifacio à qui les Sartenais refusèrent l'entrée de la ville. Venus chercher asile à Sant'Andréa, ils abandonnèrent un ballot de drap rouge qui infecta tout le village. On dit que les moribonds allaient d'eux-mêmes se placer au bord du caveau de la chapelle Saint-Roch (à

1 km à l'est du village, sur la D 268), poussant dans la fosse les
cadavres de ceux qui les avaient précédés, poussés eux-mêmes par
ceux qui les suivaient. La population entière de Sant'Andrea aurait
péri au cours de l'épidémie. On dut faire appel, pour repeupler la
paroisse, à des habitants de Sorbollano, de Mela, d'Olmiccia,
d'Altagène et de Levie. Les derniers mourants avaient fait don de
leurs propriétés à l'Église qui les concéda aux immigrants moyen-
nant une redevance, l'*alivetu*.

Bestiaire de pierre

Environnée de chênes-verts et d'oliviers, l'ancienne église de la
piève d'Attalà, San Giovanni-Battista, se dresse, isolée, sur un chemin muletier, à 1,5 km de Sainte-Lucie-de-Tallano, au nord-ouest
du hameau de Poggio. Édifiée vraisemblablement sur le modèle de
l'église de Carbini, pendant la première moitié du XIIᵉ siècle, elle
attire l'attention par des décors saugrenus associant l'homme, sous
la forme de figures et de masques, et les animaux, représentés par
des têtes de bœufs et de porcs, ou de sangliers, rappelant la vie rustique menée par les fidèles à l'époque de la construction. San
Giovanni-Battista conserve aussi des bols de céramique aux couleurs chatoyantes, qui illuminent l'édifice lorsque les rayons du
soleil les atteignent.

La loi du hors-la-loi

Vers 1820, les Poli et les Giacomoni, familles rivales, s'engagent
dans une lutte à mort. Les meurtres sont d'abord épisodiques, mais
selon J.-B. Quilichini[1], dont on ne connaît pas les sources, une jeune
fille compromise aurait provoqué la crise. Le 18 janvier 1834, à
Fontanella, près du couvent de Saint-Roch, c'est la bataille rangée :
deux Giacomoni sont tués, un Giacomoni et un Poli blessés. Au
début de l'année 1839, les querelles reprennent ; Jacques-Antoine
Giacomoni, exaspéré, menace le meurtrier de son frère sur la place
même de Sainte-Lucie : « Tu veux faire le brave ? Va donc à
Fontanella[2]. »

Ce n'est pas à Fontanella que le compte se règle, mais sur la
route de Levie, le 1ᵉʳ avril : Jacques-Antoine abat Pierre Poli et son
cousin Jacques Quilichini. De faux témoignages accusent le père de
Jacques-Antoine et un cousin, l'abbé Santa-Lucia.

Alors entre en scène l'inexorable Antoine Santa-Lucia, cousin
des Giacomoni, qui prend l'affaire en main. Il condamne à mort tous
les faux témoins. Il les prévient. Il commence le massacre le
27 juillet 1840 sur la route d'Altagène. Un membre de la famille
Poli, par exception, eut la vie sauve, mais Santa-Lucia lui planta
son stylet dans les yeux et laissa sur sa veste l'avis suivant : « *Cosi
si trattano i testimoni che giurano il falso* », « Qu'ainsi soient traités les faux témoins. » Un autre membre de la famille Poli, réfugié
à Ajaccio, croit échapper à la vindicte : il est abattu sur la place de
la citadelle le 15 août 1842. Santa-Lucia entre bientôt dans la
légende. Il règne sur son canton : il interdit toute culture sur les
terres des Poli. Il menace le préfet, l'évêque, assiste à une représentation théâtrale à Ajaccio dans la loge du maire, aurait enlevé la
fille du consul d'Angleterre et même serait intervenu à Paris pour
son cousin, l'abbé Santa-Lucia, condamné à la réclusion. Les

1. J.-B. Quilichini, *Revue de la Corse*, 1936.
2. X. Versini, *Un siècle de banditisme en Corse, 1814-1914, op. cit.*

rumeurs auraient-elles eu un fondement de vérité ? L'abbé eut sa peine réduite puis fut gracié. Alors, Santa-Lucia disparut...

Le talisman des vendanges

Deux branchettes disposées en croix, que l'on appelle les branchettes de saint Martin, sont plantées sur le dernier tas de grappes avant son transport au pressoir. Toute personne qui entre dans la vigne dit alors : « San Martino ! » et prend une grappe.

Lors des fêtes de la Saint-Jean, jeunes gens et jeunes filles se rassemblaient autrefois et devenaient compères et commères, comme à Ajaccio, à Calvi, à L'Ile-Rousse et à Santa-Reparata-di-Balagna. Mais une particularité distinguait la cérémonie de Sainte-Lucie. Chaque couple devait sauter au-dessus du feu de la Saint-Jean et récitait ensuite un serment d'amitié éternelle.

Le dernier jour de l'année, ce sont les enfants qui se manifestent. Criant *o barabo !* sur le parvis de l'église et dans les rues, ils suscitent les offrandes du sacristain et des habitants, qui leur lancent les pièces de monnaie dont ils attendent une abondante récolte. Le cri énigmatique des enfants serait la survivance d'un passé révolu : autrefois, ils recevaient surtout des fruits séchés, et plus particulièrement ceux provenant du *baracuccu*, l'abricotier du verger familial. Le *baracuccu* de Sainte-Lucie a emprunté vraisemblablement son nom, dans des circonstances inconnues, à l'*al-barquq* des Arabes. Ceux-ci ont assuré la propagation de l'abricotier à partir de l'Arménie, qui l'avait reçu de Chine. Tous les chemins mènent à Sainte-Lucie...

SAINT-FLORENT

(San Fiurenzu)

23 KM O DE BASTIA PAR D 81

Le champ des myrtes

Ce serait, d'après la tradition, le lieu d'une bataille qui aurait opposé aux Corses les troupes romaines commandées par Caius Papirius. Aucune inscription ni aucun texte ne confirment cette tradition locale. L'affrontement se serait déroulé plutôt en plaine orientale, peut-être aux abords de Morta (voir PRUNELLI-DI-FIUMORBO). Mais une ville romaine, Cersunum, avait été édifiée sur une petite éminence à 1 km à l'ouest de la cité actuelle de Saint-Florent. Les chroniqueurs corses, qui donnent ensuite le nom de Nebbio à la ville, suggèrent qu'elle existait encore au début des incursions musulmanes. Giovanni della Grossa affirme que le mythique roi arabe Hugolone se serait fortifié à Nebbio lors de sa retraite devant Ugo Colonna, au IXe siècle (voir ALÉRIA et CORTE).

Les reliques aiment voyager

Saint Florent faisait partie des évêques africains exilés en Corse par le roi des Vandales Hunéric. Certains pensent qu'il aurait pu être évêque de Nebbio. Il semble plus logique de croire que son nom a été donné à une ancienne cathédrale de Nebbio à la suite de son exil en Corse. Le corps de saint Florent, ainsi que celui d'un autre évêque africain, saint Vindémial, n'est pas resté en Corse : il aurait été transporté à Trévise par l'évêque de cette ville, Titien, pour le soustraire aux attaques des Sarrasins. Les restes de saint Florent

Cathédrale de Nebbio : les reliques du saint inconnu.

ont été remplacés par d'autres reliques conservées à la cathédrale Sainte-Marie-de-l'Assomption dans une châsse de cèdre doré, «toute moderne, au dire de Mérimée, envoyée de Rome et contenant un squelette revêtu d'un habit de guerrier romain (vrai style d'Opéra), tout couvert de mauvais oripeaux et de verroteries ». En fait on ignore l'identité réelle de ce saint : sa dépouille fut trouvée dans les catacombes, à Rome, avec une fiole de son sang attestant qu'il avait été martyrisé. Le pape Clément XIV décida de le baptiser Florus, sans doute parce que l'héroïsme des martyrs était la fleur de toutes les vertus ; il en fit don à Mgr Guasco, évêque de Nebbio, qui l'amena en Corse en 1771, dans la châsse que l'on voit encore et qu'il avait fait faire à Rome. La relique fut débarquée à l'étang de Biguglia le lundi de la Pentecôte, portée à dos d'hommes, et accompagnée d'une foule nombreuse jusqu'à Saint-Florent par la vieille route romaine et le sentier à peine praticable qui reliaient la côte orientale de l'île à la baie de Saint-Florent par le col de San Stefano. La fête de saint Flor est célébrée tous les trois ans le lundi de la Pentecôte. Alors, la châsse de saint Flor, précédant la foule des fidèles, est transportée en grande pompe à l'église Sainte-Anne, où elle est exposée à la lueur des cierges. Le soir du même jour, saint Flor reprend le chemin de Sainte-Marie. La prochaine cérémonie se déroulera en 1997.

Une odeur de violette

À 1 km à l'ouest de Saint-Florent, la cathédrale de Nebbio, Sainte-Marie-de-l'Assomption, qui est citée dès 1138, occupe le site de la ville romaine, qui avait probablement succédé elle-même à un habitat préhistorique. L'édifice recèlerait des secrets et pose aussi quelques énigmes. Selon les chroniqueurs corses, des fouilles menées au XVIᵉ siècle auraient révélé, sous le clocher, une cloche millésimée en 700 ; depuis cette époque, le sous-sol n'a plus été sondé.

Une préférence curieuse a été accordée à deux motifs animaux lors de la construction de l'édifice pour des raisons qui restent inconnues. Des serpents lovés figurent sur le chapiteau surmontant le pilastre de droite du portail occidental et sur le quatrième chapiteau de la file de colonnes orientées au sud à l'intérieur de l'église. Sur le chapiteau du pilastre gauche de la façade, les serpents sont remplacés par un quadrupède au cou strié qui ressemble à un lion, les stries stylisant la crinière ; la queue rabattue sous la patte arrière gauche rappelle les représentations traditionnelles du lion en Orient. Le lion, la gueule ouverte et la queue ramenée sous la patte arrière, apparaît aussi sur le sixième chapiteau de la file méridionale des colonnes situées à l'intérieur de l'édifice.

La cathédrale exhale parfois une merveilleuse odeur de violette : « Au nord de l'église, écrit Mérimée, on me fit remarquer trois trous qui traversent le mur irrégulièrement... Ces trous sont en grande réputation. Tous les ans, le jour de la Sainte-Flor, ils exhalent une odeur de violette. » Mais, Mérimée, esprit fort, se plaint de n'avoir rien senti.

Dernier sujet d'étonnement que provoque cette cathédrale : à cause de leur titre de comte, les évêques de Nebbio avaient le droit de porter l'épée et d'officier avec deux pistolets posés sur l'autel.

La cathédrale de Nebbio.

Mécanique céleste erratique

 Armés pour se garder des humeurs belliqueuses de leurs ouailles, les évêques de Nebbio savaient aussi maîtriser les calamités naturelles. Des paroissiens curieux du ciel prétendaient avoir observé le mouvement insolite d'une étoile qui arrêtait sa trajectoire au-dessus du golfe de Saint-Florent. En examinant le rivage à la verticale du phénomène céleste, on découvrit une urne de marbre immergée à peu de distance de la côte. L'expérience montra que cette urne était dotée de pouvoirs surnaturels et que le prodige astronomique se prolongeait par un miracle météorologique. Les années de sécheresse, quand les récoltes étaient menacées, clergé et fidèles partaient en procession, croix en tête, vers la plage : lorsque la croix touchait l'urne, la pluie survenait. Le privilège de ce miracle semble réservé à Saint-Florent, puisque le désert des Agriates commence immédiatement à l'ouest de la ville.

La maison hantée

La maison d'Angélis, habitation du XVe siècle, située sur la place de Saint-Florent (à droite en regardant la poste), passe pour être hantée par un fantôme, un *fulletto*. Peu avant la guerre de 1870, un soir que le propriétaire était venu de Bastia, où il résidait habituellement, à Saint-Florent, il pria un de ses neveux de passer la nuit avec lui dans la maison solitaire. Le jeune homme portait, selon la mode de la fin du XIXe siècle, des manchettes amovibles empesées, véritables cylindres fort durs qu'il posa, en se déshabillant, sur une chaise : mais à peine avait-il éteint sa bougie qu'un bruit étrange le fit la rallumer : les manchettes étaient tombées sur la plancher. Il les remit en place sur la chaise, éteignit à nouveau, pour les entendre de nouveau choir. Et le phénomène se reproduisit... Le fantôme s'est manifesté pour la dernière fois en 1949 : la maison était alors habitée par une vieille dame et par sa gouvernante. Un soir du mois d'août, les deux femmes entendirent comme un crépitement provenant d'un incendie : elles firent le tour de la maison, n'aperçurent aucune trace de feu, mais remarquèrent qu'un des murs du salon était brûlant – bien qu'aucun conduit de cheminée ne traversât le mur. Le lendemain, elles apprirent qu'une propriété éloignée de la famille, plantée d'oliviers, avait brûlé dans la nuit et constatèrent que le mur brûlant se trouvait dans la direction de cette propriété ; le fantôme avait-il voulu les avertir de cette catastrophe ?

Une tradition familiale veut également que saint Pancrace vienne, trois jours avant le décès d'un membre de la famille, frapper trois coups au pied de son lit pour l'avertir de se préparer à une pieuse mort.

Enfin, le puits de la maison d'Angélis passe pour receler un trésor, caché là par les Anglais lors de leur départ de Corse en 1796. Au début du siècle, des recherches furent entreprises, mais durent être abandonnées parce que trop coûteuses. Le puits est aujourd'hui comblé.

Golfe de sang

La citadelle de Saint-Florent semble, de nos jours, insolite, aux abords d'un golfe voué, l'été, aux plaisirs de la mer. Le Torrione, lourd édifice circulaire, aux flancs renforcés par une petite tour carrée et par deux demi-lunes, que protègent les remparts, pourrait être pris, maintenant, pour un décor de théâtre. Pourtant ses ouvertures, parcimonieusement réparties, semblent toujours surveiller avec vigilance les approches du port.

La construction de cette forteresse, entreprise par les Génois au XVe siècle, a été amplement justifiée par la suite : Saint-Florent a été maintes fois attaqué, entre le XVIe et le XVIIIe siècle, assiégé et même bombardé par la flotte de l'amiral Nelson, bien avant Trafalgar, en 1794. Ce passé tumultueux a laissé des traces qui restent difficiles à déceler. On raconte que plusieurs épaves gisent encore dans les fonds sous-marins du golfe. L'une d'entre elles, celle du *Ça ira*, devenu navire-hôpital britannique, incendié, puis coulé en 1794, a été repérée en 1989.

Aux confins des Agriates, à l'entrée occidentale du golfe, la pointe de Mortella a servi de vigie lors des affrontements qui ont duré neuf siècles entre les Maures et les défenseurs de la Corse. Selon Giovanni della Grossa, le comte de Barcelone, à l'appel du pape Pascal Ier (817-824), attaqua « trois galères mores... à l'improviste et les prit à Mortella, qui est le point où commence le golfe ». Peu après, les Sarrasins, menacés de toutes parts, auraient incendié et abandonné Corduella (voir MONTEGROSSO). Les Génois établirent sur la pointe avancée de Mortella un poste de guet fortifié. La tour de Mortella, restaurée récemment, monte toujours la garde, en prévision d'une hypothétique attaque, réplique, en bord de mer, d'un fortin du désert des Tartares. Elle a eu pourtant son heure de gloire et a même été un modèle, envié et copié, de défense maritime. Elle a résisté longuement aux assauts des Anglais, à l'époque où ils soutenaient le royaume anglo-corse (1794-1796). Inspirée par cette épreuve inattendue, l'amirauté britannique décida plus tard de protéger ses propres côtes en édifiant des tours conçues comme celle de Mortella.

D'autres drames n'ont pas laissé de vestiges, mais leur souvenir reste aussi présent. On s'interroge encore sur le déroulement aberrant des manœuvres navales de 1907 : un contre-torpilleur, conformément à sa vocation, mais contrairement aux plans, avait éventré la cuirasse d'un torpilleur, qui s'était échoué, à la honte de la marine nationale.

Les événements fastes ont été rares au cours de la longue histoire militaire de Saint-Florent. Néanmoins, il en est survenu parfois. En 1593, une galiote jette l'ancre et débarque un nommé Filippo de Lota, qui avait été capturé par les Barbaresques vers 1560. Il n'avait pas été oublié et ce fut la fête...

SAN-GAVINO-DI-CARBINI

(San-Gavinu-di-Carbini)

31,5 KM N-E DE SARTÈNE PAR D 69 ET D 268

Saint Gavin

La fête de saint Gavin est célébrée avec ferveur à San-Gavino-di-Carbini le 25 octobre. Pourtant, l'existence même de saint Gavin, ou saint Gabin, n'est pas formellement établie et le martyrologe romain l'ignore. Ce saint méconnu serait mort en 130 d'après des sources catholiques qui ont enregistré son martyre à la date du 30 mai. Une autre tradition voudrait que saint Gavin ait été un officier romain supplicié en 305, à Porto-Torres, en Sardaigne, lors des persécutions de Dioclétien. Gavin aurait refusé d'exécuter deux chrétiens et aurait été décapité le 25 octobre, comme on le croit en Corse. La cathédrale de Porto-Torres est encore dédiée à saint Gavin.

La vénération de ce saint peu connu aurait pu s'éteindre, malgré l'estime qu'on lui portait. Au contraire, l'attachement à saint Gavin a été si vivace qu'il a suscité des initiatives inattendues. Au cours des dernières années, les paroisses corses que patronne saint Gavin sont entrées en relations avec d'autres communautés protégées par le saint en Toscane, en Campanie et en Sardaigne. Des visites ont été échangées et le saint fêté en commun. Les paroisses vouées à saint Gavin tissent désormais un nouveau réseau de dévotion original entre les rivages de la mer Tyrrhénienne.

Le roi inconnu

L'église même de San-Gavino-di-Carbini étonne par certaines singularités ; on ne sait ce que représente une tête humaine aux yeux fixes, en apparence couronnée, qui figure sur le fronton de la façade. De même, les trois sections de colonnes monolithiques de 1,20 m de haut qui sont déposées devant cette façade sont d'origine et de destination inconnues.

Rebelles à perpétuité

Le refus de l'ordre établi s'est manifesté à San-Gavino-di-Carbini par la fréquence des mouvements d'opposition pacifiques ou des soulèvements armés, pendant la révolte des Giovannali (voir GHISONI), au cours des luttes contre la domination génoise, puis, sous l'Empire, contre l'armée du général Morand (voir ISOLACCIO-DI-FIUMORBO), et enfin lors des actions de résistance qui ont marqué la Seconde Guerre mondiale. La participation du village à la Libération est commémorée, à l'entrée du cimetière, par les stèles en l'honneur de Don Jacques Martinetti et de Marcel Nicolaï, par une plaque apposée sur la maison où est né Jean Nicoli et par un monument de granite érigé devant l'habitation du commandant François-Marie Pietri.

Alignements mégalithiques

Entre San-Gavino-di-Carbini et Pacciunituli, au nord de la D 67, subsistent plusieurs restes d'alignements de menhirs, malheureusement en partie détruits, du mégalithique II (du milieu du IIIe millénaire au milieu du IIe millénaire).

De plus, R. Grosjean a, en 1967, dégagé et fouillé un oppidum cyclopéen de l'époque torréenne (milieu du IIe millénaire avant

A proximité de l'enceinte mégalithique de San-Gavino-di-Carbini.

notre ère) : le *castellu d'Araggiu* (on écrit aussi *Araggio, Arragiu, Araggiu, Araghiu* ou *Araghju*). Situé à l'extrémité orientale de la commune de San-Gavino-di-Carbini, le hameau d'Araggio est plus commodément atteint à partir de Porto-Vecchio par la N 198, que l'on suit vers le nord jusqu'au-delà de la Trinité et ensuite par la D 759. L'ensemble présente l'aspect d'une enceinte circulaire fortifiée de près de 40 m de diamètre, large de 2 à 10 m et haute parfois de plus de 4 m, avec deux entrées monumentales couvertes de grosses dalles. À l'intérieur, des foyers ont été mis au jour. Le castellu d'Araggiu ne comportait aucune habitation, les foyers signalent seulement la présence des guetteurs. L'espace intérieur dégagé était destiné à servir de refuge aux hommes et au bétail en cas de péril. Le village protégé par le castellu d'Araggiu, situé à un quart d'heure de marche, était parfaitement visible de la forteresse. Puissamment gardé par son enceinte équipée de casemates, d'un chemin de ronde et d'une tour, le castellu d'Araggiu est « la plus spectaculaire des forteresses corses de l'âge du bronze[1] ». À cette époque où les armes deviennent redoutables et la population nombreuse, des conflits, dont on ne sait rien, ont dû se multiplier et contraindre chaque groupe à prévoir des défenses sûres.

SAN-GAVINO-DI-FIUMORBO

(San-Gavinu-di-Fiumorbu)

102 KM S DE BASTIA PAR N 193, N 198, D 145 ET D 445

Le maquis de la terreur

Jean Antoine Colombani, chef de bande qui terrorisa le Fiumorbo à la fin du siècle dernier, était originaire du village. Il réussit à imposer sa loi de 1894 à 1896 sur un canton entier que la gendarmerie ne contrôlait plus et que le juge de paix dut déserter.

L'un des ennemis de Colombani, Jean-Paul Chiari, fut capturé par les bandits sur le territoire de Prunelli-di-Fiumorbo, le 23 avril 1895. Chiari fut attaché à un arbousier et, pour l'exemple, on lui creva les yeux et on lui coupa la langue et le nez. Colombani fut abattu par la gendarmerie en juillet 1896 et sa bande détruite peu après.

SAN-GAVINO-DI-TENDA

(San-Gavinu-di-Tenda)

32 KM S-O DE BASTIA PAR N 193, D 305 ET D 62

La trompe de l'Alciolo

À mi-chemin entre L'Ile-Rousse et Saint-Florent, au pied du mont Iffana, point culminant du désert des Agriates, une grotte maritime inaccessible de la terre, près de la pointe de l'Alciolo (la *Punta di l'Acciolu*), recèle le souvenir d'une sombre vengeance.

Sangallo venait de L'Ile-Rousse jeter ses filets devant la grotte qui était son terrain de pêche réservé. Or, un jour, cette prérogative lui fut disputée par deux Sardes qui le tuèrent. Inquiets de ne pas le voir revenir au bout de quelques jours, les amis de Sangallo

---

1. G. Camps, *Préhistoire d'une île, les Origines de la Corse, op. cit.*

décidèrent d'aller à sa recherche. Devant la grotte, ils retrouvèrent son corps, mais, au moment où ils s'apprêtaient à l'emporter, une voix sortit des profondeurs de la caverne : « Vengeance, vengeance, criait-elle, ce sont les Sardes qui m'ont tué ! » Aussitôt remis de leur frayeur, les amis du pêcheur organisent une chasse à l'homme, découvrent les deux Sardes, les empoignent, les emmènent à la grotte et les tuent sur le lieu de leur crime et en présence de leur victime. Et c'est depuis ce jour que, dans la vallée du fleuve Ostriconi qui se jette non loin de la grotte, chaque fois que la tempête se déchaîne, on entend dans la rafale le hurlement du mort... c'est la trompe de l'Alciolo[1].

SAN-GIOVANNI-DI-MORIANI

(San-Ghjuvanni-di-Muriani)

56 KM S DE BASTIA PAR N 193, N 198, D 34 ET D 254

Amulette néolithique

À l'ouest de Serrale, au-delà d'un vallon, s'élève à 682 m d'altitude le Castel Vecchio, où ont été découverts une grande jarre néolithique et de nombreux éclats de verre. À 900 m d'altitude, vers le sud-ouest, en direction de la Croce di Zuccaro, on a dégagé à la base d'un chaos de roches une esplanade de 25 à 30 m² et, 50 m plus bas, une grotte. Des fouilles ont alors livré des haches, des morceaux de cristal de roche, d'obsidienne, des pointes de quartz, de la céramique et une pierre de schiste micacé que l'on peut considérer comme une amulette. À la partie la plus étroite est creusée une rainure circulaire qui paraît avoir été faite par un lien d'attache. À la hauteur de cette rainure, sur les deux principaux côtés, deux petites cavités de 2 cm de profondeur. À l'autre extrémité sont gravés quelques signes alphabétiques.

Gardiennes du feu sacré

Le hameau de Cioti, situé au bout de la D 254, est dominé à l'ouest par un mont (782 m) où s'élève la chapelle San Mamiliano, qui aurait été fondée en 936. Le personnage, qui figure sur le tableau du maître-autel en robe blanche recouverte d'une cape rouge et qui écrase la gueule du démon de sa crosse, est sans doute san Mamiliano. Il y a une quarantaine d'années, deux vieilles femmes observaient encore une tradition autrefois suivie par tous les habitants de la *pieve* de Moriani, mais aujourd'hui disparue : elles se rendaient à pied à l'oratoire de San Mamiliano, le 15 septembre, jour de la fête patronale du saint, et allumaient un grand feu, à côté de l'abside, signal auquel les villages d'alentour répondaient jadis par d'autres feux. Le feu de San Mamiliano, dans le passé, devait aussi, au même moment, être allumé à l'île d'Elbe, où existe une chapelle dédiée au même patron, et à l'île de Monte-Cristo, où était située l'abbaye qui avait fondé toutes ces églises. Ce feu de joie était aussi parfois un signal de détresse, lorsque les îles se prévenaient par le signal du feu de l'arrivée des Sarrasins ou des Barbaresques.

1. A. Trojani, *Contes corses, op. cit.*

SAN-MARTINO-DI-LOTA

(San-Martinu-di-Lota)

9 KM N DE BASTIA PAR D 80 ET D 131

Les palmes du vendredi saint

Chaque année, les villageois de San Martino et de Santa-Maria-di-Lota fabriquent, à l'aide de palmes, des modèles réduits de tabernacles ou d'édifices religieux de style baroque. La chapelle Sainte-Croix, qui appartenait autrefois à une confrérie de pénitents, devient alors un vaste atelier. Les objets de palmes sont portés solennellement lors de la procession du vendredi saint qui part à 8 heures de San-Martino et fait le tour de la *pieve* de Lota ; le chef-d'œuvre de l'année est placé sur la croix. Les palmes de l'arbre choisi pour la confection des ornements de l'année suivante sont liés dès le mois d'août, pour les empêcher de jaunir. D'autre part, on fabrique toujours des gâteaux le jeudi saint, les *fugaccie*.

Les coutumes du mariage à San-Martino-di-Lota.

Coutumes matrimoniales

Les habitants du village, comme ceux de Santa-Maria-di-Lota, conservaient encore à la fin du siècle dernier de curieuses traditions : lors d'un mariage, après la remise de la dot de la jeune fille, le jeune homme partait à Bastia avec un *sportello*, corbeille de fabrication locale. Il achetait des rubans de toutes couleurs et les attachait à sa corbeille, qu'il remplissait de cadeaux. En même temps, il ornait de rubans la quenouille destinée à sa future épouse. De son côté, la jeune fille préparait aussi des présents : blague à tabac ou bourse de perles. A une date fixée d'avance, tous les parents se rendaient à la maison de la fiancée où avait lieu l'échange solennel des cadeaux.

Un immense ossuaire

La place de l'église est un immense ossuaire, lieu sacré encore appelé *u sacraziu*. En effet, lorsque l'*arca*, la fosse commune placée dans l'église, était pleine, on en retirait les ossements qu'on enterrait sous cette place.

L'*arca*, toute proche, aurait-elle inspiré la symbolique macabre d'un tableau de l'église San Martino ? Au premier plan d'une Crucifixion, où le Christ, gris de souffrance, est assisté par Marie en prière, un crâne rappelle la précarité de la destinée.

Le rocher de l'embuscade

Les habitants du village de Farinole avaient, dit-on, pris l'habitude de s'attaquer au hameau de Mucchiete aux heures où, les hommes étant aux champs, il ne restait au village que les femmes, les enfants et les vieillards : il leur était donc facile de forcer les portes des caves et de faire ample provision de l'huile contenue dans les grandes jarres. Un jour, les gens de Lota, excédés, firent le guet à tour de rôle et s'embusquèrent en bonne position à Mucchiete. Peu après, les habitants de Farinole parurent, mais furent accueillis à coups d'arquebuse. Le rocher de Ventigliola conserve le souvenir de cette rencontre : c'est par dizaines qu'on compte les croix gravées dans le roc[1].

SANTA-LUCIA-DI-MERCURIO

(Santa-Lucia-di-Mercuriu)

15,5 KM N-E DE CORTE PAR N 193 ET D 41

Tragédie sans héros

À Corte, en 1737, Giovan Battista Cervoni, dit Schizetto, commandant de la piève de Talcini à l'époque du roi Théodore, joue de la *cetra*, fenêtre ouverte. Imprudence fatale : il est tué d'une balle tirée d'une maison voisine. Une commère aux aguets a tout enregistré : l'assassin est pris, condamné, exécuté et son corps exposé le soir même pour l'exemple. En réalité, le meurtre avait été ordonné par un nommé Vincenti, habitant de Santa-Lucia-di-Mercurio, dont la maison avait été incendiée par Schizetto, après une réunion de sympathisants de Gênes. Attiré dans un traquenard avec un de ses parents, « Vincenti fut condamné à mort ; quant à son compagnon, on lui offrit le marché infâme de périr également ou de donner la mort à son cousin, et, comme il n'avait pas l'âme d'un héros, il tua Vincenti[2] ».

1. Chanoine Saravelli-Retali, *Histoire d'une pieve, Lota*, Nice, 1965.
2. J. Suberbielle, *Histoire de Corte et des Cortenais de la préhistoire à l'annexion française, op. cit.*

SANTA-LUCIA-DI-MORIANI

(Santa-Lucia-di-Muriani)

55 KM S DE BASTIA PAR N 193, N 198, D 34 ET D 330

Sur la trace de Taina

Grégoire le Grand, dans sa correspondance, évoque en Corse, outre Nebbio, Ajaccio et Sagone, une quatrième cité, Taina, dont la localisation était, depuis, tombée dans l'oubli. Le nom même de la ville était transcrit sous des formes très variées : Limperani, dans son *Istoria della Corsica*, parue à Rome en 1779-1780, l'appelle Taitanes, Tainates ou Tanaten. L'abbé de Germanes, dans l'*Histoire des révolutions de Corse* (Paris, 1771-1776), écrit Taina, Tamina et Tamita. On a suggéré que Tomino, dans le cap Corse, était l'héritière de Taina. Il semble, en réalité, que la trace de Taina se retrouve dans la *pieve* de Tavagna. L'agglomération aurait été située aux alentours de l'église San Marcello, qui, d'après Mᵐᵉ Moracchini-Mazel, succéderait à une basilique paléochrétienne. De nombreuses pierres de taille ont été exhumées du plateau de San Marcello, que l'on atteint par la N 198 et, à 3 km, par le chemin du moulin de Petrignani qui prend à l'ouest, vers la montagne, à 0,7 km au nord du carrefour de Moriani-Plage. En 591, lorsque Grégoire le Grand écrit, la cité épiscopale avait été détruite par un ennemi si féroce qu'on avait perdu tout espoir de la restaurer. À une telle date, on peut présumer que la destruction de Taina est l'œuvre des Lombards.

SANTA-MARIA-DI-LOTA

10 KM N DE BASTIA PAR D 80, D 31 ET D 431

Une procession rouge et blanche

La chapelle Saint-Jean, située à 911 m d'altitude, à la *bocca d'Antilli*, sur les crêtes séparant les deux versants du cap Corse, domine toute la commune. La jeunesse monte en pèlerinage à la chapelle le 6 mai et, à cette occasion, les hommes du hameau de Mandriale endossent encore ce jour-là le costume de la confrérie de Sainte-Croix, *manteletta* rouge sur *cappa* blanche.

Au hameau de Mandriale, la fête de Notre-Dame du Mont-Carmel, le 16 juillet, était marquée autrefois par une distribution d'*abitini* (scapulaires). La confrérie de Notre-Dame du Mont-Carmel a disparu, mais, à Figarella, une autre confrérie, dédiée à saint Vincent, participe aux manifestations religieuses.

Les habitants de Santa-Maria-di-Lota se joignent à ceux de San-Martino-di-Lota pour confectionner les ouvrages de palmes destinés à la procession du vendredi saint (voir SAN-MARTINO-DI-LOTA).

Sampiero Corso.

SANTA-MARIA-FIGANIELLA

(Santa-Maria-Figaniedda)

18 km N de Sartène par D 69, D 119 et D 19

Péril jaune

Santa-Maria-Assunta provoque parfois un véritable envoûtement. Infatigable exploratrice des trésors de la Corse, Dorothy Carrington a été impressionnée par le « monde magique de ces sculptures, ce monde où plantes et hommes, bêtes et dessins géométriques s'interpénètrent, se masquent, se déguisent et échangent leurs identités »... Sur les supports des corniches, parmi les « barres parallèles, rectangles, triangles et cercles », les « têtes de béliers et serpents entrelacés », « des têtes humaines... en forme de masques ou de type mongol »[1] intriguent au plus haut point.

Ces visages, figés dans la pierre pour l'éternité, semblent représentés dans le dessein d'exorciser l'approche des hordes redoutées. Mais, comment les sculpteurs auraient-ils connu les traits de ces cavaliers des steppes qui n'ont jamais abordé la Corse au cours de leurs pérégrinations ? Des Mongols incorporés par les Turcs dans la marine ottomane ont peut-être participé à des opérations en Corse et même ont pu être capturés. Néanmoins, les ressemblances que nous percevons sont peut-être fortuites : Santa-Maria-Assunta ne serait-elle pas décorée simplement de caricatures issues de l'imagination pleine de verve que les artisans de la pierre ont souvent déployée en Corse ?

1. D. Carrington, *Corse, île de granit*, Paris, Albin Michel, 1980.

SANTA-MARIA-POGGIO

(Santa-Maria-Poghju)

47 km S de Bastia par N 193, N 198, D 34 et D 330

Cryptes angoissantes

Plusieurs récits décrivent des grottes et des gouffres inquiétants qui communiqueraient à travers la montagne non loin de Santa-Maria-Poggio. La population conserverait ainsi, sans s'en douter, le souvenir de cultes chtoniens anciens, refoulés par le christianisme dans l'inconscient collectif. Est-ce pour répondre aux craintes immanentes suscitées par ce labyrinthe souterrain où l'on se perdrait facilement que les patronages sacrés ont été multipliés ?

Saints apaisants

Bien que l'église du village soit consacrée à sainte Marie, saint Étienne est considéré comme le patron de la paroisse et on s'adresse aussi volontiers à saint Pancrace. Saint Étienne était fêté naguère le 1er janvier. Statue en tête, une procession se dirigeait vers la Torra di Doss' Altu, dont un seul mur subsiste encore. Une bénédiction donnée de cette position dominante laissait espérer des récoltes fructueuses. La montée vers la tour se serait perpétuée parce qu'une chapelle vouée à saint Étienne aurait desservi la forteresse[1].

Saint Pancrace, comme saint Étienne, est révéré depuis un millénaire au moins, si l'on en croit une charte du Xe ou du XIe siècle citant déjà les églises qui leur étaient consacrées. Le 12 mai, ou un jour proche, la population se rassemble dans la chapelle Saint-Pancrace, sur la route menant à la mer, à 1,5 km du village, à droite. La cérémonie s'achève par une *merendella*, le repas champêtre qui accompagne souvent les fêtes du printemps en Corse.

Cette trilogie de saints est complétée par saint Sébastien. La *Cunfraterna di San Bastianu*, de nouveau active, participe, avec l'école de chant, à la renaissance des traditions locales. Les confrères, vêtus de blanc, portant une cape rouge, soulignée d'un liseré jaune, animent toutes les fêtes depuis 1992.

SANTA-MARIA-SICHÉ

35,5 km E d'Ajaccio par N 193, N 196 et D 83

La maison de Vannina

On trouve, au hameau de Vico d'Ornano, au sud, la maison natale de Vannina d'Ornano, épouse du grand Sampiero Corso, qui la tua de ses propres mains pour des raisons qui n'ont pas été complètement éclaircies. N'a-t-on pas soutenu que c'est parce que, dans un médaillon offert par son mari, Vannina aurait glissé le portrait de Gabriele, son jeune ami d'enfance ? Meurtre politique ou jalousie d'un mari trop orgueilleux... le dossier reste ouvert (voir Bastelica). Non loin de là s'élève une maison fortifiée, en ruine, que Sampiero s'était fait construire en 1554 ; une inscription y est apposée : « Cette maison a été habitée par le grand patriote Sampiero, né en 1501, mort en 1569, héros de l'indépendance corse,

---

1. D. Giry-Vidi, « La Torra di Doss' Altu à Santa-Maria-Poghju », *Cahiers Corsica*, nos 106-111, 1984.

allié de la France, ennemi des Génois oppresseurs de son pays. » Il est admis pourtant que Sampiero est né en 1498 et mort en 1567. Doit-on penser que la plaque de Santa-Maria-Siché se réfère à des documents authentiques connus sur place ou l'inscription est-elle erronée ?

Des baguettes contre l'orage

À la fin du siècle dernier, dans le canton de Santa-Maria-Siché, les fidèles rassemblés à l'église fêtaient Pâques par un joyeux tumulte mené à l'aide de baguettes, de sifflets, voire de cors de chasse. On recueillait parfois les débris des baguettes que l'on conservait toute l'année pour s'assurer une protection lors des orages ou en cas de maladie. Pendant les trois derniers jours de la semaine sainte, le bruit était entretenu par les enfants qui jouaient avec la *prapagna*, planchette munie de deux ailes mobiles, et avec la *ragana*, crécelle en forme de moulinet.

SANT'ANDRÉA-DI-BOZIO

(Sant'Andria-di-Boziu)

20 KM E DE CORTE PAR D 14, D 215 ET D 15

L'ombre des Cortinchi

La façade de la petite chapelle de Santa Maria Nunziata, au hameau de Rebbia, présente deux singularités : une pierre réemployée sculptée d'une croix en relief, encadrée de petits cercles spiralés et une inscription datée de 1461 citant Antoine Cortinco.

Selon une tradition orale, l'église Saint-André serait construite sur la sépulture même de la famille des Cortinchi dont le fief principal était situé à Sant'Andréa-di-Bozio. Les Cortinchi de Pietr'ellerata jouissaient encore, au début du siècle, de distinctions particulières de la part des ecclésiastiques lors de la remise des cierges, à la Chandeleur. Du passé oublié de cette famille subsiste un blason de gueules à la tour d'argent surmontée d'une balance du même métal, mouvante du chef, avec un serpent d'or rampant contre la porte avec la devise *Virtus et Prudentia*. L'origine du serpent reste une énigme.

SANT'ANTONINO

(Sant'Antuninu)

13,5 KM S-O DE L'ILE-ROUSSE PAR N 197, D 151 ET D 413

Inquiétant nid d'aigle

Dominant la mer du sommet d'une colline de 500 m d'altitude, Sant'Antonino est l'un des fiefs de la famille Savelli, qui descendrait de l'un des chevaliers romains compagnons d'Ugo Colonna (voir CORBARA). Les rapines de seigneurs de Sant'Antonino ont défrayé la chronique. Le village appartint à Malaspina, l'un des trois neveux d'Arrigo de Cinarca. « Les descendants de ces trois cousins, écrit Filippini, eurent toujours une triste réputation ; l'un d'entre eux, nommé Truffetta, dont les mœurs étaient d'ailleurs horriblement dissolues, tua même un jour de sa main son propre fils. » Plus tard, les seigneurs de Sant'Antonino se seraient partagé les biens d'Adaldo de Castiglione, de la *pieve* voisine de Pino, après avoir tué son fils et son gendre. Pis, vers 1260, soixante cavaliers de Giudice de Cinarca « furent reçus par les seigneurs du pays avec beaucoup de fausses caresses, logés le soir dans les maisons voisines et tués pendant la nuit, jusqu'au dernier sans qu'il en échappât un seul ».

Dans la chambre du moine

Dans l'opuscule qu'il consacre au père Bernardin (voir CALENZANA), le R. P. Petrignani relate le miracle suivant : « La noble famille Savelli, de Sant'Antonino, avait coutume de donner l'hospitalité au père Bernardin, quand il allait quêter dans ce village. Il arriva qu'un soir, avant l'heure du dîner, le capitaine Horace Savelli, désirant s'entretenir avec le saint religieux, alla frapper à la porte de sa chambre. Quel ne fut pas son étonnement en le trouvant débordant de joie et entouré d'une lumière resplendissante. Il voulut en savoir la raison. Ne pouvant résister davantage aux demandes réitérées de son hôte, l'humble fils de saint François répondit : "Entrez et adorez ici présents l'Enfant Jésus et sa mère". Le capitaine Savelli ne fut pas admis à contempler la céleste vision mais il huma un parfum délectable[1]. »

SANTA-REPARATA-DI-BALAGNA

(Santa-Riparata-di-Balagna)

6 KM S DE L'ILE-ROUSSE PAR D 13

Énigmatique Réparate

Un comte de Toscane, Boniface, aurait fondé en 823 la première église dédiée à sainte Réparate. L'origine de ce culte est entourée d'obscurité. Sainte Réparate, qui est toujours fêtée le 10 octobre, aurait été martyrisée à Césarée de Palestine, où, pourtant, aucune trace de son culte n'a été retrouvée. Honorée à Florence et à Naples

---

1. François-Marie Petrignani, O.F.M., *Le Vénérable Bernardin de Calenzana*, Aubanel, Avignon, 1953.

dès le début du Moyen Âge, sainte Réparate est évoquée seulement par un martyrologe du IXᵉ siècle, de provenance germanique, déposé à la Bibliothèque vaticane, que reprend la liste de Baronius. Le dernier martyrologe des bénédictins ne peut que conclure : « Sainte Réparate reste un mystère. »

Tours et duels

Au lieu-dit *campo dormito*, « le champ du sommeil », de nombreux duels auraient eu lieu entre les membres de diverses familles notables de la région : Savelli, Orticoni, Fabiani, Leoni, Fondacci, Liccia. Chacune de ces familles avait édifié, à Santa-Reparata et aux environs, des tours carrées, fortifiées, dont les ruines subsistent encore.

Les compères de la Saint-Jean

Au début du siècle, à la Saint-Jean, jeunes gens, jeunes filles et enfants arrachaient des chèvrefeuilles fleuris dont ils faisaient de grandes couronnes, des baudriers, des ceintures, des queues qui traînaient derrière eux sur le sol, voire même une parure complète. La jeunesse allait cueillir ces chèvrefeuilles en chantant la « chanson de Saint-Jean ». On entendait également souvent dire « X... est mon compère de Saint-Jean », c'est-à-dire que ces deux habitants de Santa Reparata s'étaient juré amitié éternelle devant le feu de la Saint-Jean.

Peu avant la Saint-Jean, la population fête encore saint Antoine. Il arrive que l'assistance soit si nombreuse qu'une partie des fidèles doit suivre l'office sur la place de l'église, avant d'accompagner le saint, fleuri, dans son tour de ville, ponctué de salves tirées en son honneur.

Étrusque ou phénicienne ?

Un des hameaux de Santa-Reparata, Occiglioni, à 1,5 km au nord du village par une VO, serait l'ancienne cité étrusque d'Agila, Agilla ou Agylla, d'après les auteurs du XVIIIᵉ siècle, dont l'historien corse Limperani. Les premiers habitants d'Occiglioni seraient venus d'une ville de la péninsule italienne portant le même nom. Certains prétendent toutefois qu'Agila était en réalité d'origine phénicienne : telle est l'opinion d'Hérodote qui mentionne la magnificence des jeux dédiés à Apollon célébrés dans la ville phénicienne d'Agila.

Bénéficiant de la protection de sainte Réparate, mais soucieux de préserver son identité, Occiglioni honore aussi son propre patron. Le 16 août, ou le dimanche le plus proche, la statue de saint Roch, un jeune homme portant collier de barbe et longue chevelure, parcourt les ruelles du hameau. Des chants en langue corse, souvent interprétés par le groupe balanin *A Filetta*, accompagnent la cérémonie religieuse.

SANTO-PIETRO-DI-TENDA

(Santu-Petru-di-Tenda)

16 KM S DE SAINT-FLORENT PAR D 81 ET D 62

Bande dessinée de pierre

À 1 km au nord-est du village, l'église dédiée à San Pietro occupe la partie inférieure du versant emprunté par la D 62, à droite, en direction de Saint-Florent. Isolée et à l'abandon, cette ancienne église piévane, édifiée à la fin du XIIᵉ ou au début du XIIIᵉ siècle, reste encore imposante par ses proportions. Sur la façade occidentale, l'imagination des sculpteurs s'est donné libre cours. Leur message est parfois compris sans peine : sous le faîte du fronton, la croix s'inscrivant dans une fleur est un symbole évident ; les figures du couple ornant le médaillon le plus proche, à droite, rendent hommage, vraisemblablement, aux commanditaires de l'église, dont l'identité reste cependant inconnue. Le sens caché des autres décors est plus difficile à décrypter : cinq masques humains, aux yeux profondément creusés et aux oreilles décollées, révèlent une inspiration frondeuse ou critique ; à ces décors anthropomorphes s'ajoutent des ornements végétaux, des représentations animales, oiseaux prenant leur vol, serpent ondulant, tête de bélier, et des figures géométriques, spirales et rosaces. Dans les arcatures de l'abside, une main tend un rouleau de parchemin.

L'antre de l'Ogre

On appelle *casa dell'Orcu* et *di l'Orca* les dolmens du mont Revincu et *valle dell'Orcu* la rivière de Vaghio. Le mont Revincu (354 m) est situé à la limite des communes de Santo-Pietro-di-Tenda et de Saint-Florent, à 2 km à l'ouest de la VO qui prend à droite sur la D 81 vers le phare de Fornali, juste après le carrefour de la D 82 et le pont de l'Aliso. Un chemin plus long mais plus aisé permet d'atteindre le mont Revincu : orienté vers le nord-est, il part de Casta, sur la D 81, à 11 km de Saint-Florent. La rivière de Vaghio, à l'ouest du mont Revincu, s'écoule en hiver et au printemps vers le golfe de Saint-Florent, qu'elle atteint entre la *punta del Cepo* et la pointe de Mortella.

Selon la légende, les habitants de la région étaient terrifiés par un ogre et une ogresse, sa mère, dont ils ne parvenaient pas à se défaire. Un jour, cependant, un berger plaça à l'entrée de leur antre, formée de cinq lourdes dalles de granite, une botte géante enduite à l'intérieur de poix. L'ogre, curieux, la chaussa ; ses adversaires s'emparèrent aussitôt de lui : « Laissez-moi la vie sauve, déclara l'ogre, et je vous donnerai la recette du *broccio* » (le fromage corse frais), et il ajouta : « Je vous apprendrai aussi à fabriquer de la cire avec le petit-lait. » Mais, l'ogre et l'ogresse furent massacrés par les petits hommes et enterrés dans des tombeaux édifiés à l'aide d'énormes blocs de pierre : ce seraient les dolmens du mont Revincu.

La piste des neuf têtes

L'ensemble mégalithique situé au sommet du capu Castincu se composait à l'origine de neuf statues distantes de quelques centaines de mètres à quelques kilomètres. Il n'en reste que l'admirable tête dite de Capu Castincu, qui a été déposée à Pième. La tête de Capu Castincu a donné lieu à diverses hypothèses : Renan y

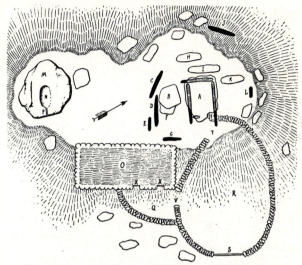

Plan du dolmen et de la bergerie du Mont Revincu, tiré du Rapport sur
les monuments mégalithiques de la Corse d'A. de Mortillet, 1893.

voyait le couvercle d'un sarcophage anthropoïde. Certains historiens de l'art antique sont tentés de la situer au Ve ou au VIe siècle
av. J.-C., tandis que des spécialistes actuels de la préhistoire la
placent autour du Xe siècle av. J.-C., comme toutes les autres statues-menhirs du nord de la Corse.

L'oiseau totem

Une plaque circulaire de roche verte de 4 à 5 cm d'épaisseur, de
18 cm de diamètre, pesant près de 4 kg, fut découverte à Casta ; elle
suscita la curiosité des spécialistes mais fut détruite en 1910.
Ch. Ferton, qui étudia la préhistoire corse entre 1890 et 1910, écrit,
dans le *Bulletin de la Société préhistorique de France*, que le cercle
était « divisé en quatre secteurs égaux, par deux diamètres perpen-
diculaires, et, dans chacun de ces segments, un oiseau a été figuré.
Les quatre dessins sont symétriques deux à deux, les bêtes s'oppo-
sant l'une à l'autre par la tête ou par la queue, suivant le diamètre
considéré... Chez deux des oiseaux, les pattes sont à trois doigts ;
chez les deux autres, la patte supérieure est à trois doigts, la patte
inférieure à quatre... M. le Dr Patroni, professeur d'archéologie à
l'université de Pavie, qui l'a examinée, pense qu'elle date de l'ère
chrétienne. Je ne puis rien dire de l'usage, ni de la signification de
l'objet, la seule hypothèse que je pourrais avancer à ce sujet avec la
plus grande hésitation est qu'on a voulu représenter un oiseau-
totem ».

Une croisade avant l'heure ?

Dans la montagne de Tenda, Maures et chrétiens se seraient
affrontés au cours d'une bataille féroce, dont l'issue, décisive, a
contraint les musulmans à renoncer à la Corse. Giovanni della
Grossa prétend qu'à l'appel du comte Bianco, le pape aurait solli-

cité l'intervention du comte de Barcelone, qui est confirmée par des textes : « Ces deux seigneurs... gravirent la montagne de Tenda, occupée par de nombreux Mores... Ils les battirent et les poursuivirent jusqu'à la montagne d'Accia » (voir QUERCITELLO). « Quatre mille Mores périrent dans cette journée ; les autres se retirèrent dans leurs forteresses sur les plus hautes montagnes... Ceux-ci comprirent que leur puissance était à jamais ruinée... C'est ainsi que Bianco resta maître de l'île entière. »

Aucune preuve matérielle ne permet d'authentifier le récit du chroniqueur. Il est certain seulement que les attaques musulmanes, menées d'abord à partir de la péninsule Ibérique, se sont multipliées au début du IXe siècle. Le mouvement des combattants signalé par Giovanni della Grossa suit d'anciennes pistes muletières entre le golfe de Saint-Florent, le col de Tenda, Santa-Maria de Riscamone, Morosaglia et le col de Prato.

Insoumis à perpétuité

Les survivants de ces batailles sanglantes auraient-ils fait souche et amorcé cette lignée de têtes brûlées que Mgr Giustiniani décrit, bien plus tard, au XVIe siècle, alors qu'il était leur évêque : « Les gens du Nebbio sont turbulents, factieux, très intrigants et querelleurs, surtout les habitants de San Pietro qui, se sentant couverts par la protection de leurs Caporaux, ont toujours été disposés à mal faire, à commettre de graves excès et surtout des vols... » Il doit y avoir une part de vrai dans ces observations, puisque au XVIIIe siècle une opinion similaire est exprimée dans un livre publié à Venise en 1747, où le capucin Bernard de Bologne dépeint « une population ardente, encline à la violence, prompte à tirer vengeance » et des « conflits soulevés par l'affrontement des haines »[1]. Il est vrai que, dans le même ouvrage, Bernard de Bologne faisait l'éloge du P. Mariano, originaire de Santo-Pietro-di-Tenda, qui fonda la province corse des Capucins et le couvent Saint-Antoine de Bastia. Il faut de tout pour faire un monde...

Désert vivant

Les déprédations suscitées par cet esprit d'insoumission, et les ravages exercés par les musulmans ont peut-être contribué, avec les incendies provoqués par les bergers, à transformer en désert les terres s'étendant entre le massif du Tenda et la mer. Plusieurs indices laissent soupçonner que les Agriates, comme leur nom l'indique, ont été cultivées et même habitées.

Avant que le feu n'ait détruit les très vieux oliviers de Casta, à 11,5 km à l'ouest de Saint-Florent, les femmes récoltant les olives se signaient toujours en passant devant le lieu-dit *Chjesa* : le souvenir très vague d'une église dédiée à san Salvadore persistait encore. Or, les restes de cette église ont été dégagés récemment. Les murs les plus anciens avaient été élevés dès l'époque paléochrétienne et la population, très attachée à son sanctuaire, a procédé à des restaurations réitérées lorsque l'édifice a été dégradé ou détruit. Pourvue de piscines baptismales, San Salvadore est même devenue centre de pieve vers le Xe siècle. Le vaste domaine que desservait l'église devait être très ancien : aux abords de la D 81, des tombes coffrées ou de section triangulaire, des aires à blé et les ruines de

1. I. et A. Popoff, *Histoire du couvent Saint-Joseph et de Santo-Pietro-di-Tenda*, Lyon, Imprimerie des Beaux-Arts, S.A.J. Tixier et fils, 1975.

Salone témoignent de l'existence d'une exploitation agricole à l'époque romaine.

Le diable et le sanglier

Le pont qui permet à la D 81 de franchir le torrent de Cabanaccia, à 19,8 km à l'ouest de Saint-Florent, doit son nom à une étrange légende. Un soir, un chasseur à l'affût voit sortir du maquis un sanglier. Il tire, la balle atteint son but, mais le sanglier reste immobile et profère ce seul mot : *Fulmine !* « Que la foudre s'abatte sur toi ! » Pris d'effroi, le chasseur fuit à la course, mais, arrivé au pont de Cabanaccia, tombe raide mort. A quelques pas, se tenait le sanglier dont la gueule dardait des flammes. Deux autres chasseurs connurent la même terrifiante aventure. On comprit dès lors que le sanglier était le diable. Personne n'osa plus emprunter la nuit le pont de Pizzolajo, que l'on appelle depuis le pont du Diable.

SANTO-PIETRO-DI-VENACO

(Santu-Petru-di-Venacu)

8,5 KM S DE CORTE PAR N 193

Guerre pour sant'Eliseo

Située en pleine montagne, à 1 537 m d'altitude, à 3 km à l'ouest de Santo-Pietro-di-Venaco, la chapelle Sant'Eliseo n'occupait pas à l'origine cet emplacement, d'après la légende rapportée par J.-M. Salvadori. Elle se trouvait en territoire cortenais, à 5 km de là à vol d'oiseau, près des bergeries de Formicuccia, à l'ouest de la Punta Latticiccia, qui domine Santo-Pietro-di-Venaco à l'ouest et

Les bergers émigrants, dessin de Gaston Vuillier.

qui s'interpose entre les vallées du Tufo et de la Restonica. Les bergers de Corte étaient alors heureux : leurs bêtes florissaient, leur fromage était réputé, tandis que les bergers de Venaco se désespéraient de la maigreur de leurs troupeaux. Un jour, un vagabond à l'allure étrange survint aux bergeries de Pradelle (2,5 km à l'ouest de Santo-Pietro), qui déclara mystérieusement : « Le saint peut vous sauver. » Pour les bergers, le saint susceptible de les aider ne pouvait être que sant'Eliseo. Aussi n'eurent-ils plus qu'une idée : s'approprier la statue du saint conservée dans la chapelle de Formicuccia. Ils s'en emparèrent en effet secrètement la nuit, mais les Cortenais la découvrirent près des bergeries de Santo-Pietro-di-Venaco, érigée sur un autel champêtre ; malgré les protestations des voleurs, qui prétendaient que la statue était venue chez eux de son plein gré, miraculeusement, ils s'en emparèrent et la ramenèrent à sa chapelle. Les Venacais parvinrent à la voler une seconde fois, mais les gens de Corte la reprirent à leur tour, à l'issue d'une sévère bataille. Tout semblait donc rentré dans l'ordre, lorsqu'un berger de Corte aperçut un jour une scène qui le glaça de terreur : les bergers venacais faisaient le tour d'un sillon, torche en main, proférant des formules magiques et déclarant : « Vengeons-nous ! Détournons de leurs cours les eaux du Tavignano et de la Restonica. » Effrayés, les Cortenais, pour conjurer le mauvais sort, remirent la statue tant convoitée à leurs adversaires qui lui élevèrent la petite chapelle. Depuis, la prospérité règne à Venaco, grâce à la protection du saint. Par reconnaissance, les habitants du village se sont longtemps rendus en procession à la chapelle, le 29 août, vers 2 heures du matin, pour remercier sant'Eliseo.

SARI-D'ORCINO

(Sari-d'Orcinu)

30 KM N D'AJACCIO PAR N 194, N 193, D 1 ET D 301

Un oppidum insaisissable

L'*Urcinium oppidum* cité par Ptolémée, que l'on place parfois à Ajaccio, aurait été situé dans l'Orcino, selon une hypothèse émise par le Pr Cosimi. La signification d'Orcino est aussi controversée que la localisation de la place forte romaine : Urcinium serait le lieu où l'eau pouvait être puisée à pleine cruche (du latin *urceus*, la «cruche») ; d'autres pensent que le nom d'Urcinium proviendrait plutôt des amphores remplies de vin que la région aurait expédiées vers Rome ; enfin, Urcinu, Orcino évoquaient plutôt à Carulu Giovone la légende de l'ogre (*orcu*), fréquente en Corse.

À feu et à sang

La Cinarca, ou pays d'Orcino, dont Sari-d'Orcino est le centre, a donné naissance à la grande famille des comtes de Cinarca, d'où est sorti en particulier Sinucello della Rocca, dit Giudice de Cinarca, le juge de Cinarca. Les seigneurs de Cinarca prétendaient descendre du légendaire Ugo Colonna : « Ugo, écrivent les chroniqueurs corses, anéantit la loi de Mahomet dans l'île, qu'il soumit à son autorité. La guerre avait duré trente-six ans... il avait deux fils, l'un appelé Bianco, dont nous avons déjà parlé, et l'autre Cinarco ; il leur donna de vastes seigneuries dans le delà des monts. » Les Cinarchesi mirent souvent la Corse à feu et à sang, tantôt pour défendre leurs intérêts, tantôt pour conserver à l'île son indépendance. Aussi, l'histoire des Cinarchesi est un enchaînement de violences de ce genre : « Guglielmo se rendit à Cinarca pour gémir et pleurer la mort de son frère, comme c'est l'usage en Corse. Mais il n'y fut pas plutôt arrivé que les fils de Guido, ses neveux, poussés par je ne sais quelle pensée diabolique, le jetèrent en prison avec une chaîne au cou, et le firent mourir cruellement au bout de trois jours. » L'épouse de Guglielmo mourut ensuite dans des circonstances tragiques (voir FOCE).

SARI-SOLENZARA

48,5 KM N DE PORTO-VECCHIO PAR N 198 ET D 68

Lasso pour un marquis

À Sari-di-Porto-Vecchio, vivait après la chute de l'Empire le commandant Poli, qui était un fidèle de la famille impériale et l'époux de la fille de la nourrice de Napoléon. Le marquis de Rivière, gouverneur de la Corse au début de la Restauration, considère le commandant Poli comme un ennemi public. Le bandit Cosciotto, qui avait son repaire dans le Fiumorbo, est sollicité d'abattre Poli contre cinq mille pièces d'or ; le bandit, homme d'honneur, refuse. Le poison aurait été essayé ensuite. Finalement, en désespoir de cause, on lance les troupes royales sur le Fiumorbo. Marchi fils aîné, qui publia l'*Histoire de la guerre du Fiumorbo* en 1855, écrit : « Les paysans travaillaient la terre ayant près d'eux leur carabine : les pâtres étaient tous armés. Il n'y avait pas un signe au ciel, sur les montagnes, sur la mer qui ne fût pas à l'instant même rapporté par cinquante bouches, aux chefs militaires du canton. » Lorsque les troupes royales débouchent à l'embouchure de la Solenzara, de distance en distance les bergers se renvoient le cri aux modulations lentes des montagnards : « *In sella, in sella, la colonna a calata a Solenzara !* » Repoussé, le marquis de Rivière décrète la levée en masse et huit mille hommes cernent la montagne. Mais tout le Fiumorbo combat, hommes, vieillards, femmes et curés (voir ISOLACCIO-DI-FIUMORBO). Il était prévu de capturer le marquis de Rivière au lasso, mais, comme il avait changé son cheval blanc contre un noir, on prit un officier général corse qui était là bien malgré lui. Le marquis, prisonnier lui-même pendant quelques instants, fut libéré par les gendarmes et faillit ensuite se noyer dans le Fiumorbo. Achevée par la déroute de l'armée royale, l'insurrection du Fiumorbo coûta son poste au marquis de Rivière, qui n'était pas l'homme de la négociation. Son successeur conclut un traité de paix avec le commandant Poli le 26 mai 1816.

Échec au roi

À Solenzara, le 12 novembre 1735, une petite troupe embarque furtivement vers l'Italie. Une escorte réduite à une dizaine d'hommes accompagne en exil Théodore Iᵉʳ, roi de Corse. Accueilli avec enthousiasme lorsqu'il avait débarqué dans le plus grand apparat à Aléria, le 12 mars précédent (voir PIAZZALI), Théodore quitte l'île huit mois plus tard, jour pour jour, dans l'indifférence générale. Arrivé à Livourne, le roi sans couronne, redevenu Théodore de Neuhoff, est prêt pour de nouvelles aventures. Le baron vagabond renoue avec la misère, mais il a acquis une notoriété qu'il n'aurait jamais connue s'il n'avait tenté l'aventure qui l'avait mené en Corse. Avant de se réfugier à Londres, il séjournera, entre autres, à Venise, où Voltaire place sa rencontre avec Candide, plus vraie que la réalité :

« Il restait au sixième monarque à parler. "Messieurs, dit-il, je ne suis pas si grand Seigneur que vous ; mais enfin j'ai été Roi tout comme un autre. Je suis Théodore ; on m'a élu Roi en Corse ; on m'a apellé Vôtre Majesté, et à présent à peine m'apelle-t-on Monsieur. J'ai fait fraper de la monnoye, et je ne possède pas un denier ; j'ai eu deux Secrétaires d'État, et j'ai à peine un valet. Je me suis vu sur un Trône, et j'ai longtemps été à Londres en prison, sur la paille. J'ai bien peur d'être traité de même ici, quoique je sois venu comme Vos Majestés passer le Carnaval à Venise."

Les cinq autres Rois écoutèrent ce discours avec une noble compassion. Chacun d'eux donna vingt sequins au roi Théodore pour avoir des habits et des chemises ; et Candide lui fit présent d'un diamant de deux mille sequins[1]. »

SARROLA-CARCOPINO

(Sarrula-Carcupinu)

18 KM N-E D'AJACCIO PAR N 194 ET D 1

L'amphore à l'enfant mort

Chaque terroir de Sarrola-Carcopino recèle un message caché laissé par les générations passées. Dominant une « vallée sombre » (Valle Bughja), un lourd dolmen occupe une butte située au sud du ruisseau de Pantano, à l'ouest de la N 193. Non loin de là, aux abords de la D 361, les canalisations que l'on atteint en retournant le sol, les vases, les tessons de céramiques et l'amphore, qui a suffi à recueillir les restes émouvants d'un enfant, accréditent les récits concernant l'implantation romaine dans la plaine de San Petru. Dans un milieu favorable à l'exploitation horticole, les Romains auraient-ils élevé un temple consacré à la déesse des jardins, comme on l'affirme parfois ? Plus probablement, ces amateurs de bains ont dû fréquenter Caldaniccia, que l'on peut atteindre, à l'extrême sud de la commune, par la N 193, au carrefour de la D 72.

Le corsaire de la terreur

La chapelle Santu Stefanu et l'ermitage de l'énigmatique San Lusorio jalonnent les pistes de montagne. L'appel à San Lusorio pour veiller sur un col entre Sarrola-Carcopino et Sari-d'Orcino semble étrange. En réalité, ce saint et martyr sarde, fêté le 21 août, est reconnu par l'Église sous le nom de saint Luxor et vénéré en Corse à Vignale, à Zicavo et dans des paroisses où on l'associe volontiers à saint Gayin. La garde des chemins muletiers et pastoraux confiée à saint Étienne et à saint Luxor est assurée aussi par la *Torra*, sur la D 1, à l'entrée de Sarrola, par les habitations-tours de Carcopino et par la *Rocca* fortifiée sur un sommet proche. Ces dispositions prudentes n'auraient pas empêché Dragut, le féroce corsaire turc, de piller et de brûler les hameaux de Sarrola et de Carcopino en 1540.

1. Voltaire, *Candide ou l'optimisme*, éd. critique par Christopher Thacker, Genève, Droz, 1968.

Sartène.

SARTÈNE

(Sartè)

86 km S-E d'Ajaccio par N 193 et N 196

Jérusalem et Séville

Intensément vécue par la population, la semaine sainte débute comme dans la Jérusalem antique. Avec des rameaux d'olivier et de buis, les fidèles présentent des palmes à la bénédiction, vivant de nouveau, chaque année, la *Dominica in ramis Palmarum* décrite par saint Jean. Le jeudi saint est marqué par une procession, comme à Bonifacio, et par une veillée nocturne qui réunit, dans l'église Sainte-Marie, les confrères de la *Compagnia del Santissimo Sacramento* et les paroissiens.

La procession du vendredi saint est la plus impressionnante de toutes les solennités qui se déroulent ce jour-là en Corse. L'ordonnance de la cérémonie emprunte sa pompe aux traditions du Moyen Âge. Dans la nuit du vendredi saint, l'ambiance qui règne dans la ville, brillamment illuminée, rappelle celle qui entoure les dévotions de la semaine sainte à Séville.

Le « Catenacciu »

En tête de la procession vient le « grand pénitent », nu-pieds, en robe rouge et coiffé d'une cagoule, car son identité est inconnue du public, qui cherchait parfois à la découvrir en le faisant tomber. Le rôle de grand pénitent est très recherché et les candidats s'inscrivent auprès du curé plusieurs années à l'avance. Les volontaires souhaitent obtenir la réalisation d'un vœu, remercier pour une grâce qui leur a été accordée, plus souvent expier leurs fautes ou même, simplement, accomplir un acte de foi. Désigné depuis plusieurs mois, l'inconnu du vendredi saint est isolé pendant deux jours dans une cellule du couvent Saint-Damien, puis transféré à l'église Sainte-Marie, où la cérémonie commence à 21 h 30. Le grand pénitent porte la croix, à l'imitation du Christ, et à son pied droit est fixée une lourde chaîne, la *catena*, qui a donné son nom à la procession du *Catenacciu*.

Les pénitents du vendredi saint, dessin de Gaston Vuillier.

Cagoules et pénitents

Le grand pénitent est soutenu par le pénitent blanc, également anonyme, qui joue le rôle de Simon de Cyrène dans la Passion. Suivent les huit pénitents noirs, eux aussi en cagoule, portant le « Christ mort », statue de bois protégée par un dais noir. Puis viennent le clergé, en ornements noirs, et les fidèles. Dans le dédale des rues de Sartène, à la lueur vacillante de milliers de bougies, le cortège se fraie lentement un passage dans la foule, au rythme des chants ponctués par la répétition lancinante de la prière *Perdono mio Dio*. La procession dure près de trois heures ; elle part de l'église Sainte-Marie, traverse la cité et revient à l'hôtel de ville, qui représente le palais de Ponce-Pilate ; ensuite, la marche vers l'église Saint-Sébastien évoque la montée vers le calvaire. Le grand pénitent chute devant les oratoires de Sant'Anna, de Santa-Lucia et au pied de l'église Santa Maria Assunta, où la procession s'achève. Le sermon, prononcé en plein air, sur la place Porta (place de la Libération), clôt le *Catenacciu*.

Les fleurs de saint Antoine

La tradition, scrupuleusement respectée, a chargé le calendrier de Sartène d'une multitude de célébrations, qui mêlent fêtes religieuses et rites profanes. Immédiatement après la semaine sainte, très prenante, de nombreux habitants s'échappent de la ville et fêtent le lundi de Pâques par un repas champêtre, la *merendella*. À cette époque aussi, le clergé, pendant trois semaines, entreprend un tour de ville pour bénir les maisons des fidèles. Un peu plus tard, le 13 juin, saint Antoine reçoit l'hommage de la population dans une ambiance printanière. Cueillies la veille aux environs de Sartène, des pâquerettes, tressées en couronnes et en colliers, décorent la statue du saint lors de la procession. Après la bénédiction, les fidèles se partagent les fleurs et les conservent précieusement comme gages de l'intervention du saint, réputé pour veiller sur les enfants, soulager les parents atteints de lumbago et protéger les bergers et leurs troupeaux. D'autres cérémonies honorent saint Marc, le 25 avril, à Serragia (à 18 km au sud de Sartène par la N 196 et une VO) et, à Sartène même, saint Jean-Baptiste le 24 juin, saint Christophe le 31 juillet, saint Côme et saint Damien le 27 septembre, saint François d'Assise le 4 octobre. La foi n'interdisant pas les initiatives facétieuses, une course d'ânes anime les rues de Sartène le 13 juillet.

La clé des champs

Les bergers de Sartène conjuraient les maléfices qui menaçaient leurs troupeaux en jetant sur les bêtes, lors de la transhumance annuelle, la clef du cloître de San Damiano. Mais tous les animaux touchés par la clef étaient sacrifiés séance tenante. Ensuite, les débris et la poussière recueillis sur les murs de l'église étaient répandus sur le troupeau. Cette tradition aurait-elle été inspirée par les talents que l'on prêtait à saint Côme et à saint Damien ? Les bergers jugeaient peut-être que ces médecins exemplaires, réputés pour soigner sans réclamer d'argent, étaient aussi capables de veiller bénévolement à la santé des troupeaux et de désigner les bêtes malades...

Abritant une communauté de franciscains, le couvent de Saint-Damien est situé à la sortie de Sartène, sur la N 196, en direction de Bonifacio.

Meurtres en tout genre

À Sartène, au XIXe siècle, une bonne partie de la population était constamment sur ses gardes. « Son aspect respire la guerre et la vengeance », écrit Valéry, en 1837. Les deux quartiers de la ville, le Borgo et Santa-Anna, furent, de 1830 à 1840, divisés par de féroces dissensions politiques, qui donnaient lieu en permanence à de sanglants affrontements. Mais aux luttes politiques s'ajoutaient les guerres de clans. Une vendetta provoquée par un chien se serait achevé par la disparition de deux familles qui se seraient entre-tuées : le dernier représentant des deux clans aurait été guillotiné sur la place Porta (aujourd'hui la place de la Libération). La vendetta de Colomba eut des prolongements sanglants à Sartène (voir FOZZANO). À la suite du traité de paix conclu entre les Roccaserra et les Pietri, l'abbé Pietri resta cloîtré neuf ans dans sa maison du Borgo, qui « était une des plus fortifiées et ne recevait de jour que par la petite partie du haut des fenêtres qui n'était point garnie de briques ».

Quand Jérôme Roccaserra fut assassiné, le vieil abbé, soulagé, fit abattre les barricades qui condamnaient les fenêtres de sa maison. Le cortège funèbre aurait été détourné pour lui interdire la satis-faction de le contempler de sa demeure ; on le considérait en effet comme meurtrier par personne interposée.

Lorsqu'un homme était assassiné, raconte Andréi dans ses *Étapes d'un touriste en France*, l'épouse se rendait sur les lieux du crime, accompagnée de ses enfants. Elle leur faisait mettre le doigt dans la plaie du cadavre, leur traçait sur le front un signe de croix avec le sang de leur père et, avec des imprécations terribles, leur faisait jurer de le venger.

On aurait trouvé sur le cadavre du bandit Pietri, tué le 4 avril 1886, un recueil de *lamenti* écrit de sa main, tantôt avec de l'encre, tantôt avec son sang.

Environs

La forge du diable

Le plus beau dolmen de Corse est situé à Fontanaccia (ou *Funtanaccia*), sur le plateau de Cauria, à 17 km au sud de Sartène par la N 196, la D 48 et la D 48A. La chambre funéraire mesure 2,60 m x 1,60 m, elle est haute de 1, 80 m. La dalle de couverture, longue de 3,40 m et large de 2, 90 m, est creusée de trois cuvettes réunies par des rigoles. Ce dolmen, qui date du IIe millénaire avant notre ère, fut découvert et décrit pour la première fois par Mérimée dans son *Voyage en Corse*.

La croyance populaire veut que les mégalithes corses servent la nuit à des pratiques infernales : ainsi le dolmen de Fontanaccia est dit la *stazzona di a Diavulu*, la « forge du Diable », tandis que les vingt-cinq menhirs, dits *i Stantari*, disposés en alignement, à une distance de 300 m, sont considérés comme les gibets des victimes de Satan. Une autre série de menhirs (Rinaiu, Renaggiu ou Rinaghju) s'aligne à proximité immédiate, au pied du rocher de Cauria (qua-rante-six menhirs debout et six renversés). Au nord-ouest du pla-teau de Cauria, une vingtaine de menhirs occupent la Punta d'Apazzu, au nord de la D 48, à 2,5 km de Tizzano.

Parfois, la localisation des monuments tient compte de l'observa-tion du ciel ; ils sont alors orientés selon les coordonnées astrono-miques. Placé dans l'axe des parallèles, alors que les *Stantari* s'alignent en position méridienne, le dolmen de Fontanaccia fait face aux rayons solaires qui l'illuminent jusqu'au fond lors du solstice d'hiver.

Le Frère et la Sœur (u Frate e a Suora).

Palais ou mausolées ?

Les menhirs seraient destinés à la glorification éternelle d'un mort « héroïsé » ou divinisé. « Les Ibères, écrit Aristote, peuple belliqueux, élevaient autour de leurs tombeaux autant d'obélisques que le défunt avait tué d'ennemis de son vivant. » Pourtant, les menhirs ne sont pas toujours associés à des sépultures. À ces pierres dressées se rattachent souvent des légendes : ainsi, les deux menhirs situés à 9 km de Sartène, par la N 196, entre la route et le Rizzanèse, sont baptisés *u Frate e a Suora*, « le frère et la sœur », et seraient les figures pétrifiées d'une religieuse et du moine qui l'aurait séduite et enlevée. De même, le site de Palaggiu (Pagliaju ou Pagliaiu), que l'on atteint par le D 48 et un chemin de 2 km qui part vers le nord-ouest au pont d'Avena, à 3 km de Tizzano, a frappé l'imagination populaire : cette réunion exceptionnelle de sept alignements, composés de deux cent cinquante-huit monolithes datant de 2000 à 1500 av. J.-C., était considéré comme un « palais » hérité d'un passé lointain, ou, parfois, comme le *Campu di u morti*, ou encore le « cimetière des Turcs » (*Campu di i Turchi*).

Le rocher des magiciens

Non loin de ces sites, des gravures restent si impénétrables qu'elles n'ont suscité aucune interprétation légendaire. Dominant la Bocca Albitrina, où se situe le carrefour de la N 196 et de la D 48, un rocher de la Punta di Marato est couvert d'un réseau de traits rectilignes et curvilignes, polis ou incisés, dont la signification reste inconnue. Un préhistorien de Sartène, Paul Nebbia, a envisagé que ces gravures énigmatiques aient été tracées « selon un rituel magico-religieux[1] ».

Un choix abondant d'objets laissés par la population qui vécut dans le Sartenais au cours des derniers millénaires avant notre ère est rassemblé au musée de la Préhistoire corse, qui occupe l'ancienne prison de Sartène, à l'est du Borgo.

Sartène et l'Égypte

Dans la couche supérieure d'un gisement néolithique, aux environs de Sartène, gisait un coléoptère en serpentine mesurant 26 mm de long et 17 mm de large. Il s'agit sans doute d'une copie faite en Corse d'un modèle égyptien importé. M. Serafini, professeur au collège de Sartène, possédait, d'autre part, une statuette en bronze d'Isis et Horus, découverte à quelques centaines de mètres de Sartène. De fabrication égyptienne, la statuette date vraisemblablement de la période ptolémaïque (IIe-Ier siècle av. J.-C.).

Titianos la disparue

On dit à Sartène qu'une ville aurait autrefois occupé l'emplacement de San Giovanni-Battista, à 19 km au sud-est de Sartène par la D 50 que l'on suit sur 13 km jusqu'au pont du moulin de Curgia et par un chemin qui s'oriente vers le sud pendant 3 km et vers l'est pendant 3 autres kilomètres, avant d'atteindre le site de San Giovanni, au pied du Canione (489 m). Mais, là, aucune empreinte laissée par une agglomération n'apparaît nettement. S'il existe une cité morte sur le territoire de Sartène, ce serait plutôt aux environs de Tizzano, à 19,5 km au sud-ouest de Sartène, par la N 196 et la D 48. A 150 m de la marine, des céramiques romaines ont été découvertes et à Vignola, à 0,8 km au nord-est de Tizzano, une sépulture en amphore a été exhumée en 1961. Or Ptolémée signale une cité du nom de Titianos, qui pourrait être identifiée à l'actuelle Tizzano.

Malgré ces antécédents lointains, l'édifice le plus ancien de Tizzano est un fort génois du XVe et du XVIe siècle, en partie ruiné, dont le donjon semble avoir été détruit par une explosion. Surveillant l'entrée occidentale de la partie la plus resserrée du golfe de Tizzano, ce fort est situé à 7 km du hameau principal par voie de terre.

L'exil, le suicide et le poison

Au col de Coralli, sur la N 196, à 20,5 km de Sartène, on prend à droite un chemin qui mène à la tour de Roccapina (3 km).

C'est à cause de cette tour que Giovanni della Grossa, le plus ancien chroniqueur corse, qui était originaire de Grossa, à 14 km de Sartène, par la N 196, la D 48 et la D 21, dut fuir en pleine nuit en 1426. Il s'était opposé à un complot mené par Vincentello d'Istria pour la conquête de la tour de Roccapina, qui appartenait alors aux

---

1. J. Cesari, *Corse des origines*, Paris, Imprimerie nationale Éditions, 1994.

Une rue à Sartène.

Bonifaciens. Vincentello avait voulu contraindre le frère de Giovanni, Ugolino, à solliciter la trahison des nombreux amis qu'il comptait dans la garnison. Menacé de représailles par Vincentello, Giovanni della Grossa dut se réfugier de 1426 à 1430 auprès de Simone da Mare, seigneur de San Colombano (voir ROGLIANO).

Au début du siècle suivant, la lutte pour l'indépendance se poursuivait. Un corps de fantassins et de cavaliers dirigés par le capitaine génois Niccolo Doria s'approchait de Roccapina. « Là, écrit Filippini, ses soldats mangèrent en salade une certaine herbe semblable à la chicorée, et qui pousse de ce côté au bord des cours d'eau ; cette herbe, que les paysans appellent *occhiriscio*, est très vénéneuse, et vingt-cinq soldats environ moururent après en avoir mangé. »

En quelques années, les Génois renforcèrent leurs positions. Rinuccio della Rocca, dont la famille avait été décimée par les Génois (voir SAINTE-LUCIE-DE-TALLANO), tenta une dernière fois en 1510 de reconquérir l'indépendance. Il débarque à Solenzara, mais personne ne veut plus se rallier à sa cause. Isolé, poursuivi sans cesse, il se réfugie finalement à la tour de Roccapina. Sur le point d'être pris, il se serait précipité le 12 avril 1511, selon Girolami-Cortona, dans un gouffre appelé le *Trapentatajo*, en souvenir de cette fin tragique.

À 2 km du col de Coralli, sur la N 196, au niveau de la maison cantonale, la tour est visible de loin. Le Lion de Roccapina, taillé dans le granite rose, semble garder la tour. À l'est de la *Cala di Roccapina*, la Tête de l'Éléphant se dresse face au Lion.

Le désert des Turcs

Le golfe de Roccapina est précédé au nord par le golfe de Murtoli, où s'enfonce la *Cala Barbarina*, longtemps fréquentée par les Barbaresques, qui auraient contraint Sartène à se fortifier et transformé à plusieurs époques toute la région en désert. Selon la tradition locale, des ruines d'habitations sarrasines subsisteraient aux alentours du *castellu di Barese*, à 9 km de Sartène, à gauche de la N 196, en face des menhirs dits *u Frate e a Suora*. Les Turcs seraient responsables du vol des cloches de l'église San Cosimo et San Damiano, qui existait à la place du couvent des franciscains situé à la sortie sud de Sartène, sur la N 196. En 1583, des pirates venus d'Alger emmenèrent en esclavage plus de quatre cents habitants ; après leur départ, il restait seulement une quinzaine de Sartenais dispersés dans le maquis. Un jeune Corse, né à Sartène en 1642 et enlevé par les Barbaresques à la *Tegghia dei Turchi*, le « rocher des Turcs », serait devenu Ali Orsini et son fils aurait été proclamé bey de Tunis en 1705. Cette aventure, qui n'est pas unique (voir TAVERA), ne rassurait nullement les Corses qui vivaient dans la crainte de perpétuelles razzias. Comme, si l'on avait voulu exorciser la menace turque, des édifices mégalithiques sont devenus le « cimetière des Turcs ».

Les diamants de la reine

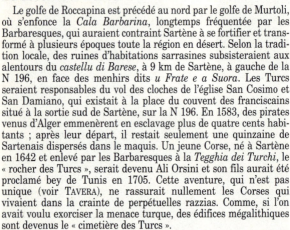

Le 17 avril 1887, par une nuit sombre, qui laisse pourtant visibles les éclats lumineux des phares, le *Tasmania*, superbe navire de la *Peninsular and Oriental Line*, en provenance de Bombay, s'éloigne des bouches de Bonifacio et met le cap sur Marseille. Serrant la côte de trop près, il s'échoue sur les écueils des Moines, au large de la Roccapina. On était à la veille du jubilé de la reine Victoria. Le navire transportait dans une malle « une collection de pierres précieuses offertes par les Rajahs de l'Inde à la Reine[1] ». À elle seule, cette malle valait huit fois plus que le navire. Surprenant une conversation, l'un des sauveteurs devina que le navire contenait des objets de très grande valeur. Pendant un siècle, le trésor du *Tasmania* a ainsi suscité rêve et convoitise à Sartène et dans ses environs. En réalité, la malle aux bijoux fut récupérée dès le 5 mai par le *Stella*, qui devait être coulé à son tour le 8 juillet de la même année au large du Frioul, près de Marseille. Une partie des richesses du *Tasmania* aurait-elle échappé à la vigilance des offi-

1. Ch. Finidori, *Le Tasmania, de Bombay aux récifs des Moines à trois milles de Roccapina*, Ajaccio, Éditions Alain Piazzola, 1993.

ciers du *Stella* ? Bien que l'épave, encore en partie émergée, ait été surveillée par un garde-côtes, le bandit Barrittonu, qui se réfugiait souvent dans les *taffoni* proches du Lion de Roccapina, aurait découvert une cassette de bijoux et l'aurait cachée dans le maquis avant d'être envoyé au bagne. Selon Ch. Finidori, qui a reconstitué le drame du *Tasmania*, « la tradition orale veut qu'il s'en rendit possesseur lors du naufrage du vapeur anglais » et « l'origine du crime dont on l'accuse semble se perdre dans la nuit du naufrage »[1]. La cassette n'a jamais été retrouvée, mais on en parle encore, les soirs d'hiver, lorsque les Sartenais prennent le temps d'évoquer les rumeurs qui courent.

Jeux d'esprits

A lama bughja, la vague sombre, une solide maison de deux étages, aux toits à quatre pans, aux ouvertures béantes, se dresse sur la N 196, entre Propriano et Sartène, aux abords du Rizzanèse. Les habitants de Sartène ne s'attardent guère sur ce tronçon de route. Datant de 1850, cette construction, destinée à l'exploitation d'un vignoble, a été endommagée par l'inondation de 1892, transformée en relais routier, plus tard laissée à l'abandon et mise à sac. Son isolement et le passage furtif d'inconnus lui ont valu une sinistre réputation. Des crimes et des règlements de comptes auraient été perpétrés dans le secret des murs massifs d'*A lama bughja*, et des visiteurs de passage ont été intrigués par des froissements et des murmures étranges que les plus impressionnables identifient aux allées et venues de revenants et que d'autres, à la recherche d'une explication rationnelle, attribuent à un écoulement d'eau souterrain, que justifierait la proximité du Rizzanèse. D'autres témoins auraient aperçu parfois une « dame blanche » circulant entre la maison et le fleuve. La restauration entreprise par un propriétaire peu sensible aux messages de l'au-delà a été arrêtée après deux accidents incompréhensibles... En désespoir de cause, l'inquiétante maison hantée a été léguée à la commune de Sartène.

Mieux qu'au loch Ness

Pour éviter les crues du Rizzanèse, l'exploitation agricole qui a abandonné *A lama bughja* s'était installée au sud de la N 196, à Ghjumenta Rossa. Les maléfices des rives du Rizzanèse se seraient-ils étendus à la plaine et aux collines environnantes à la suite de ce transfert ? En 1993, un ouvrier agricole connu depuis de longues années, sain d'esprit, sobre, d'âge mur et auparavant peu porté sur les fantasmes de l'imagination, vit se dresser devant son tracteur un serpent géant, qu'il estime long de 4 à 5 m et qui atteindrait 25 cm de diamètre. Boa pour les uns, python pour les autres, le serpent malencontreusement dérangé n'a pas reparu... Selon les souvenirs des anciens, il aurait été l'animal favori de routards qui l'auraient perdu très jeune, il y a maintenant un quart de siècle, près d'un carrefour heureusement protégé par la Madone.

SCATA

47 km S de Bastia par N 193, N 198, D 506, D 236 et D 36

La roche Tarpéienne

C'est le nom qu'on donne à un énorme rocher sur lequel se dressait autrefois, dit-on, le gibet où étaient pendus les condamnés à mort. Le rocher est à mi-chemin entre le château de Lumito, aujourd'hui en ruine, et la chapelle San Martino de Lumito, autrefois oratoire de la comtesse Mathilde d'Ampugnani. La chapelle de la comtesse est située au carrefour de la D 38 et de la voie qui mène à Scata, à droite en venant de Bastia. Les ruines du château se dressent à l'ouest de la chapelle, à 250 m environ.

SERMANO

(Sermanu)

15 km E de Corte par D 14 et D 41

Cerfs sans cornes

Lors de la construction de l'église de l'Annunziata, on a utilisé un grand nombre de pierres provenant d'un édifice plus ancien, l'église San Giovanni-Battista, qui devait être située au-dessus du village. Certaines de ces pierres portent des décors animaux : sur le linteau de la porte latérale nord, des quadrupèdes boivent dans un calice. Malgré l'absence de ramures sur la tête de ces bêtes, la scène représente peut-être le vieux thème des cerfs s'abreuvant à la source de vie, thème qui remonte aux âges paléochrétiens[1]. Un autre animal étrange semble être doté d'un bec de canard et porter une queue d'écureuil. Un linteau analogue, comportant deux quadrupèdes de part et d'autre d'une croix, orne la chapelle San Pietro de Piazzole.

Venu de Majorque

Sermano était l'un des derniers villages où l'on chantait la messe *a paghiella* (ou *paghjella*), vieux chant corse à plusieurs voix d'hommes. « La *paghiella* eut Majorque pour pays d'origine. En Corse, elle s'applique à tout poème que l'on chante. C'est un chœur à trois ou quatre voix, où, à part la tierce, les autres parties vont à l'unisson. Les sérénades, les complaintes et les *lamenti* d'amour peuvent se chanter sous la forme de la *paghiella*[2]. » Depuis une décennie, on assiste en Corse à une véritable renaissance de la *paghjella*. À Sermano, la filiation avec le passé n'a jamais été rompue.

La chapelle des défunts

Une fois par an, la *paghjella* résonne dans la chapelle San Nicolao, habituellement silencieuse. L'unique office annuel est réservé au jour des morts. Dans ce sanctuaire discret, tapi dans les cyprès, proche d'un cimetière rustique, l'hommage rendu aux défunts prend une solennité inattendue, à l'écoute de chants polyphoniques envoûtants. Un impressionnant décor de fresques, s'ordonnant autour d'un christ en majesté, concourt à cette ambiance

---

1. G. Morrachini-Mazel, *Les Églises romanes de Corse*, op. cit.
2. X. Tomasi, *Les Chansons de Cyrnos, Anthologie de la chanson populaire de l'île de Corse*, op. cit.

de recueillement. Deux personnages représentés sur l'abside et le mur méridional révèlent l'attachement du village pour ses patrons : saint Nicolas, vieillard chenu, vêtu d'une robe blanche, tenant sa crosse épiscopale, et saint Eustache, connu sous le nom de Sant'Ostasgiu, qui resterait anonyme si les habitants de Sermano ne l'identifiaient aisément. On atteint San Nicolao en un quart d'heure à pied en prenant en haut du village, vers la droite, un chemin qui descend[1].

SERRA-DI-FERRO

(A Sarra-di-Farru)

72,5 KM S D'AJACCIO PAR N 193, N 196, D 757 ET D 155

L'ogre et le paladin

Près du Paladin, menhir haut de 2, 91 m, pesant une tonne et demie et qui représenterait un chef de guerre, M. Pierre Lamotte, alors directeur des Archives départementales de la Corse, avait découvert, en 1952, le petit dolmen de la *bocca della Stazzona* et deux menhirs couchés (2,27 m et 3 m). Le dolmen, en granite porphyroïde rose, haut de 1,20 m, se compose d'une chambre formée par deux supports recouverts d'une dalle. Un troisième support est toujours debout tandis que son vis-à-vis et la seconde dalle de couverture sont effondrés. Le fond de la chambre est fermé par un rocher. Situé à proximité du sommet d'une colline, le dolmen domine la vallée du Taravo. Le Paladin se dresse à 1 km de Favalella, entre la D 757 et la D 355 ; le dolmen est accessible en quittant la D 757 à Suara et en prenant à gauche un chemin qui monte vers la cote 102.

Non loin de Porto-Pollo, au bout de la F 5, le lieu-dit Orchesu rappelle à Carulu Giovone la légende de l'ogre, fort répandue en Corse, qui évoque peut-être en réalité des populations de haute taille anciennement installées en Corse.

Symboles géométriques et solaires

En tournant à gauche, sur la D 757, 2 km après Favalella, en direction de Petreto-Bicchisano, on se dirige vers Basi. Un chaos de blocs de granite au dédale protecteur, offrant des abris sous roche, avait attiré une petite communauté dès le VIe millénaire avant notre ère. Les hommes fréquentant Basi au néolithique moyen savaient déjà fabriquer des poteries et les décorer d'empreintes de pétoncles, de coques ou de moules. Les motifs dominant sont des chevrons et des rangées de triangles autour d'une bande vierge, ou un décor inversé, comportant une bande chargée d'impressions et d'incisions. Le « symbole solaire » est « suggéré par une série d'impressions cardiales rayonnantes[2] ». Cette céramique, décorée en appliquant dans la pâte la tranche d'une valve de *cardium*, est très proche de celle qui a été élaborée à la même époque en Toscane. Basi serait à la périphérie d'une aire de diffusion de techniques jalonnée par les sites de Barbaggio et d'Aléria et animée par des échanges entre la côte tyrrhénienne de l'Italie et la Corse.

---

1. J. Orsolini, *L'Art de la fresque en Corse de 1450 à 1520*, Gênes, Parc naturel de la Corse et Sagep, 1989.
2. G. Camps, *Préhistoire d'une île, les origines de la Corse, op. cit.*

SERRA-DI-FIUMORBO

(A Sarra-di-Fiumorbu)

67,5 KM N DE PORTO-VECCHIO PAR N 198, D 145 ET D 45

L'antre du rebelle

Autour du Castellu, près du hameau d'Ania, des grottes s'ouvrent sur des couloirs souterrains qui ont souvent offert des refuges cachés très sûrs. Ce dédale rocheux a servi d'habitat aux hommes de la préhistoire et d'ultime retraite au curé de Guagno, Dominique Leca, dit Circinellu, dont la sœur vivait non loin de là. Insoumis après la bataille de Ponte-Nuovo, qui avait mis un terme à la résistance contre les troupes françaises, Circinellu tint le maquis jusqu'à la fin de sa vie. Les bergers d'Ania le découvrirent mort, en 1771, tenant son arme et la croix. On atteint Ania par la D 145 et par la D 945, que l'on emprunte à gauche, peu avant Pietrapola.

SISCO

(Siscu)

20 KM N DE BASTIA PAR D 80 ET D 32

La grotte sacrée

« Autrefois, nous apprend Mérimée, tout le cap Corse portait le nom de "promontoire sacré", nom singulier dans un pays où, suivant un poète romain de mauvaise humeur, on niait les dieux. » Mais la tradition reconnaît effectivement de nombreux lieux sacrés. Immédiatement à l'est de la D 80, à 2 km au sud de la marine de Sisco, sur le territoire de Brando, le cap Sagro s'avance vers la mer. À Sisco même, entre la marine et le couvent de Sainte-Catherine, s'ouvre une grotte où l'on entre par un porche de 12 m de haut sur 4 m de large. Cette grotte aurait servi de refuge aux premiers chrétiens lors des persécutions. Avant son martyre, saint Venerius aurait vécu là pendant quarante jours. Silencieuse et sombre, la caverne est considérée comme un lieu hanté.

Comme à Jérusalem

Le couvent de Sainte-Catherine s'élève à 500 m au nord de la marine de Sisco, immédiatement à l'ouest de la D 80. L'église Sainte-Catherine est ornée d'une curieuse fresque associant, sur sa façade occidentale, des fleurs de lys, des trèfles, des rosaces, des roues, des étoiles, une main fermée présentant la croix, des têtes humaines. Les têtes apparaissent aussi à l'intérieur de l'abside. Sous l'église, une crypte en forme de rotonde est creusée dans le roc. L'accès est assuré par deux escaliers, dits *tomboli*. La crypte abritait au XVe et au XVIe siècle des reliques provenant de Terre sainte. La dédicace à sainte Catherine et la nature même des reliques rappellent l'influence des cultes d'origine orientale consécutive aux pèlerinages : l'église de Sisco est placée sous la même protection que le couvent du Sinaï. Le dôme de la crypte évoque une disposition architecturale étrangère à la Corse au XVe siècle. Mme Moracchini-Mazel a suggéré à ce propos que « la rotonde se rattacherait au très ancien culte du Saint-Sépulcre de Jérusalem et

L'entrée de la grotte du couvent de Sainte-Catherine.

serait une tentative d'imitation du célèbre monument en rotonde de cette ville[1]. »

Doigt d'Enoch et fil de la Vierge

Les reliques de sainte Catherine seraient, en effet, extraordinaires, si l'on en croit Valéry[2] : « L'église Sainte-Catherine de Sisco, sur le bord de la mer, prétend posséder parmi ses nombreuses reliques, déposées dans la chapelle souterraine dite *tombolo*, deux des plus anciennes que l'imagination du catholicisme espagnol ou italien ait enfantées ; ce sont des amandes du paradis terrestre et un peu de la terre qui servit à former notre premier père, Adam. Les autres principales reliques sont : la verge avec laquelle Moïse divisa les eaux de la mer Rouge, celle d'Aaron qui fleurit dans le tabernacle, et un morceau de la manne du désert. » À cette liste, l'abbé Galletti ajoute avec superbe « un doigt d'Enoch et le fil de la Sainte Vierge ».

1. G. Moracchini-Mazel, *Les Églises romanes de Corse, op. cit.*
2. M. Valéry, *Voyage en Corse, à l'île d'Elbe et en Sardaigne*, Paris, L. Bourgeois-Maze, 1837.

Reliques en détresse

Les circonstances dans lesquelles ces reliques arrivèrent en Corse ne sont pas moins étonnantes, si l'on en croit la tradition populaire, relatée non sans une pointe d'ironie par Mérimée dans son *Voyage en Corse* : « Un vaisseau revenait du Levant avec une bonne provision de reliques renfermées dans une caisse (les reliques étaient alors l'objet d'un commerce lucratif) : à hauteur du cap Corse il fut assailli d'une si furieuse tempête que le capitaine fit vœu, s'il échappait au naufrage, de donner ses reliques à la première église qu'il rencontrerait. Par prévision, cependant, se jetant dans sa chaloupe avec son équipage et sa précieuse caisse, il prit terre au pied du rocher de Sainte-Catherine. Aussitôt la tempête s'apaisa. Soit que notre capitaine n'eût point vu la chapelle, soit qu'il eût déjà oublié son vœu, suivant l'usage des marins, il regagna son navire et voulut continuer sa route avec son trésor. Mais voici la tempête qui recommence et qui redouble de fureur jusqu'à ce que, repentant, le capitaine débarque de nouveau et dépose les reliques dans l'oratoire de Sainte-Catherine. » Sainte-Catherine devint dès lors un lieu de pèlerinage très couru.

Sainte Catherine.

Le coffre aux trois clefs

Certaines de ces reliques furent perdues ou volées en 1570. Alors qu'elles étaient conservées auparavant à Sainte-Catherine, dans la crypte, elles furent déposées en 1588 à Saint-Martin, l'église paroissiale actuelle. En 1780, on les plaça sous le maître-autel de marbre de cette même église, comme en témoigne une inscription qu'on y voit encore : *Hic sunt reliquiae populi sisci*, « Ici sont déposées les reliques appartenant au peuple de Sisco. » Les précieux restes étaient enfermés dans un coffre de bois qu'on ne pouvait ouvrir que grâce à un jeu de trois clefs dont chacune était confiée à un procurateur. L'accès aux reliques était subordonné à une autorisation épiscopale. Elles sont toujours conservées dans l'église, certaines d'entre elles dans des châsses d'ivoire, analogue aux petits coffrets de fabrication musulmane qui figuraient dans les collections des rois normands de Sicile.

Selon une inscription peinte sur un retable de l'église Saint-Martin, « *Leva ergo orationem pro reliquis quae reperte sunt Anno MCCLV* », les reliques auraient été reçues à Sisco en 1255, donc peu après le séjour de Saint Louis et de ses croisés en Orient (1250-1254). La recension exhaustive des objets composant le trésor a été réalisée en 1980. Cet inventaire donne l'impression que les saints vestiges ont été rassemblés au cours d'un voyage en Orient. Le pèlerin semble avoir visité Constantinople, d'où proviendrait le reliquaire de saint Jean Chrysostome, l'île de Chypre, où il aurait découvert une côte de saint Barnabé, Antioche, Tortose, Nazareth, le mont Thabor et le mont Carmel, le Sinaï et la Sicile[1].

SOCCIA

(A Soccia)

81,5 KM N D'AJACCIO PAR N 194, D 81, D 70, D 23 ET D 123

Le lac de Satan

Le lac de Creno (à deux heures de marche au nord-est de Soccia, au nord du mont Sant'Eliseo, sur la commune d'Orto) aurait, selon la légende, une origine diabolique : les habitants de Soccia ayant décidé de chasser de la vallée du Liamone le Malin, ce dernier, d'un furieux coup de marteau, creusa une vaste excavation qui se remplit d'eau, dans laquelle il se réfugia ; c'est le lac de Creno, dont le fond communiquait, dit-on, avec la fournaise infernale. Cependant, les habitants, que le diable continuait de tourmenter durant leur sommeil, eurent recours à un pieux anachorète expert dans l'art de l'exorcisme. Le saint homme se rendit au bord du lac accompagné d'un berger, et tous deux se mirent en prière : peu à peu, le lac se vida de son eau, tandis que de magnifiques moutons blancs émergeaient pour tenter le berger. Mais ce dernier continua imperturbablement ses oraisons. Alors surgirent du lac des manteaux de pourpre, des chasubles d'or, des mitres étincelantes de diamants qui vinrent s'entasser au pied de l'anachorète ; celui-ci, impassible, continua ses exorcismes, tandis que le niveau des eaux baissait toujours. Quand le lac fut enfin à sec, Satan apparut, les yeux brillants, agitant des ailes de chauve-souris enduites de vase et une crinière de serpents. « Jésus ! Marie ! » s'écria le berger terrifié... Aussitôt tout disparut comme par enchantement et le lac retrouva son niveau normal. Mgr Giustiniani parlait d'ailleurs du « lac de Creno que l'on ne visite pas sans éprouver une sorte d'effroi à cause de son bois ténébreux ».

---

1. G. Moracchini-Mazel, « les Reliques de Sisco (Haute-Corse) », avec la collaboration de J. Pietri, J. Dubois, C. Dufour-Bozzo, M.J. Volelli, *Cahiers Corsica*, n°s 160-161, 1994.

Inquiétants tropismes

Le trouble de Mgr Giustiniani aurait peut-être été accru, si le prélat avait su reconnaître les rossolis, brillant de gouttelettes imitant la rosée au soleil, qui prospèrent sur les berges du lac. Armées de poils glandulaires rabattables, ces plantes, appartenant à la famille des Droséracées, sont armées pour capturer les insectes et les digérer. L'abord trompeur des Drosera et leurs particularités biologiques, qui contribuent à l'ambiance maléfique du lac de Creno, n'appellent plus d'exorcisme : occupant seulement quelques biotopes en Corse, les Drosera sont désormais protégées, malgré leurs alarmantes capacités.

SOLARO

(U Sulaghju)

54 KM N DE PORTO-VECCHIO PAR N 198 ET D 845

Le repaire des paladins

Portant le nom d'*I Paladini*, une grotte de Solaro était peut-être, dans le passé, précédée par un alignement de pierres levées : impressionnés par les aventures des chevaliers errants à la recherche de coups d'éclat, telles que Dante et l'Arioste les ont décrites, les Corses ont souvent identifié les statues-menhirs à des paladins. Pour la population de Solaro, les paladins seraient « de grands hommes ayant habité la montagne, incapables de plier les genoux et qui ne pouvaient plus se relever s'ils venaient à se coucher. Ils devaient donc dormir debout adossés aux arbres. Il suffisait de couper ces derniers pour venir à bout des Paladini[1] ». Il est certain que les terres de Solaro ont été occupées dès la préhistoire : non loin de la caverne des paladins, des bracelets, des pendeloques et une fibule de belle facture ont été recueillis dans la grotte de l'Ordinaccio.

De nombreux indices montrent que l'héroïsme quotidien, à l'image de celui que déployaient les paladins, a été indispensable à Solaro pour lutter contre les exactions de toutes origines. Des tours ont été dressées en série : celle qui garde l'église San Giovanni porte une inscription qui, selon la lecture choisie, donne la date de 1093 ou de 1593 ; une autre, la Torra d'i Saracini, fut édifiée en 1543, et l'on n'a pas eu le temps d'achever la troisième. Après la disparition des Barbaresques, le coup de grâce est donné par la peste, qui décime les hameaux de Solaro en 1797 ; pour éviter la propagation de l'épidémie, le village est incendié « sans trop se préoccuper du sort de ses habitants[2] ».

Une ligne de sang

« Sous le premier Empire français, écrit l'abbé Galletti, dans son *Histoire de la Corse*, une certaine agitation se produisit dans le Fiumorbo. Nul cependant ne pouvait prévoir quelles en seraient les funestes conséquences. Un soir, les bergers s'assemblèrent sur le mont Asinao, au sud-ouest du village. Un chevreau fut immolé, dont l'augure explora l'omoplate, et ces lamentables paroles vinrent

---

1. Ch. Luzi, « La piévanie de Trafiumine à Solaro (Haute-Corse) », *Cahiers Corsica*, n° 121, 1987.
2. F. Pomponi, *Histoire de la Corse*, Paris, Hachette, 1979.

contrister les habitants : "Une ligne de sang s'étend depuis ces montagnes jusqu'à Bastia. Nos femmes sont en pleurs. Que de pères de famille vont pour toujours quitter leurs enfants !" Ce triste présage ne se réalisa que trop : quelques jours après, un dimanche, à l'heure de la messe paroissiale, sous de faux prétextes, le général Morand, dont l'histoire a flétri la conduite, fit arrêter et conduire à Bastia plusieurs habitants du Fiumorbo ; les uns subirent le dernier supplice, d'autres allèrent expier dans les murs de Toulon un crime imaginaire. »

La plage des sous-marins

À l'embouchure du Travo, le silence de la nuit était troublé seulement par le ressac. Pourtant, ce 1er avril 1943, le ruissellement de l'eau le long d'une coque et, à terre, un cheminement furtif signalent une double présence insolite. Le *Trident*, un sous-marin de la marine britannique, émerge à portée de canon. Le capitaine Paulin Colonna d'Istria, qui allait devenir général, débarque, et, en quelques mois, réussira à coordonner les mouvements de résistance corses. Le commandant De Saule, à l'issue d'une mission de quatre-vingt-sept jours en Corse, repart clandestinement vers Alger. Une stèle, érigée en 1993 sur la plage de Solaro, rappelle les rendez-vous et les livraisons d'armes connus seulement de quelques initiés familiers de cette côte alors déserte[1].

SOLLACARO

(Suddacaro)

28,5 km N de Sartène par N 196 et N 851

L'oppidum des premiers âges

À Filitosa, sur la D 57, à 6 km de Sollacaro, un chemin long de 300 m mène à une butte surplombant deux cours d'eau et leur confluence. Des murs en appareil cyclopéen entourent un espace parsemé de rochers, long de 130 m et large de 40 m. Cet éperon domine de 60 m le Taravo (ou *Taravu*), qui coule plus à l'ouest, en direction du golfe de Valinco. Un monument central, large de 12 à 15 m, circulaire, ouvert sur un large couloir menant à une chambre, a été élevé sur la plate-forme dont les accès sont protégés, à l'est, par un édifice en partie disparu et, à l'ouest, par un autre monument circulaire, comportant deux chambres, sur deux niveaux, et des couloirs. Les monuments et l'enceinte fortifiée ont été élevés au cours de la seconde moitié du IIe millénaire avant notre ère. Un habitat de pierres sèches occupait la façade méridionale de la butte, qui a attiré le peuplement près de six mille ans av. J.-C.

Les statues-menhirs de Filitosa

Des statues-menhirs sont dressées aux abords du monument central et à l'ouest de l'oppidum au-delà du ruisseau de Barcajolo ; une autre, Filitosa V, haute de 2,95 m, portant épée et poignard, annonce l'entrée du site, à l'est du chemin d'accès au monument oriental. La disposition actuelle des stèles ne correspond plus à l'aménagement initial, tel qu'il avait été réalisé par les construc-

1. F. Gambiez, *Libération de la Corse*, Paris, Hachette, 1973.
   P. Silvani, ... *Et la Corse fut libérée*, Ajaccio, La Marge, 1993.

teurs. Lors de leur découverte, les statues étaient dispersées et souvent couchées. Certaines avaient été fracturées transversalement, et leurs fragments ont été incorporés dans le monument central, tête tournée vers le sol. Selon les récits locaux, ces statues-menhirs représentaient d'anciens paladins. Révélés aux préhistoriens par Jean Cesari, cousin de Charles-Antoine Cesari, propriétaire des parcelles où l'on rencontrait les paladins, ces monuments ont été reconnus et étudiés par Roger Grosjean à partir de 1954. Dix-huit statues-menhirs ont été recensées de manière certaine, mais leur nombre était probablement plus élevé. L'une d'entre elles, Filitosa IX, est considérée comme le « chef-d'œuvre de l'art mégalithique occidental ».

Le mythe des Shardanes

En recherchant une interprétation cohérente des vestiges observés à Filitosa, le premier archéologue familier du site, Roger Grosjean, a imaginé un drame historique qui aurait aisément pu prendre place parmi les récits de la mythologie antique. La reconstitution de R. Grosjean était si séduisante et si évocatrice qu'on a eu beaucoup de regret à l'abandonner lorsque les observations postérieures et les réflexions nouvelles ont contraint de réviser la théorie initiale.

Les énigmes posées par le site ont donné le point de départ au mythe. Pourquoi les alignements mégalithiques ont-ils été

Filitosa VI

détruits ? Pourquoi les stèles ont-elles servi de matériau de construction pour les monuments circulaires ? R. Grosjean avait donné une réponse ingénieuse à cette question : entre 1200 et 1000 av. J.-C., les monolithes auraient été « systématiquement détruits par des étrangers dans le but d'effacer toutes les traces que leurs prédécesseurs avaient laissées sur ce haut lieu ». Ces enva-hisseurs étrangers, auxquels on a donné le nom de Torréens, auraient été les constructeurs des *torre* (tours) connues depuis long-temps des Corses. Certains menhirs portent une arme évoquant une épée, ou, parfois, un poignard. Pour R. Grosjean, les nouveaux arrivants, les Shardanes, qui provenaient de Méditerranée orientale, avaient l'avantage d'un armement perfectionné : ils disposaient d'armes de bronze, alors que les Mégalithiques autochtones utili-saient encore des armes « presque exclusivement lithiques avec une prédilection pour l'obsidienne ».

Les guerriers cornus

Des cornes de bovidés étaient parfois fixées à la tête des statues. Ces représentations cornues rattachent la Corse à un ensemble eurasiatique où le culte des divinités cornues était fréquent au cours de la préhistoire et de la protohistoire. À Mycènes, les cornes de consécration étaient liées au culte de la déesse mère. Des repré-sentations de ce genre apparaissent à Tell Khalaf dès le IVe millé-naire av. J.-C. Ces symboles semblent liés au culte lunaire. Ils ornent des sceaux royaux de Crète, figurent sur des monnaies de Chypre et sur les casques gaulois. Il est curieux de constater que les figures aux cornes boulées sont situées dans la vallée du Taravo, que Carulu Giovone estime être la « vallée du Taureau » (du grec *taûros*), auquel la rivière aurait été consacrée.

La Guerre et la Paix

L'affrontement violent entre populations autochtones et enva-hisseurs venus de la mer, décrit par R. Grosjean, n'a pas été confir-mé par les observations ultérieures. La plupart des *torre* et des *cas-telli* étaient déjà édifiés quand les peuples de la mer sont interve-nus en Méditerranée orientale, entre 1370 et 1190 avant notre ère. Aucun fait précis ne suggère leur départ vers les îles lointaines de l'Occident méditerranéen, et, entre autres, rien ne corrobore leur passage en Corse. La fracturation et l'insertion des statues-men-hirs dans de nouvelles constructions ne sont plus attribuées à une confrontation violente entre deux peuples. Un simple changement des mentalités ou des conceptions religieuses suffit à rendre compte du sort des statues-menhirs. Il y aurait eu désaffection à l'égard de monuments ayant, au fil des temps, perdu l'intérêt qu'on leur por-tait à l'origine ; la signification initiale attribuée aux statues-men-hirs n'était plus perçue ou était rejetée.

D'autres propositions de Roger Grosjean ont aussi été abandon-nées. On croyait que le monument central de Filitosa était destiné à un culte funéraire et servait à des incinérations et à des créma-tions d'offrandes. Les restes des foyers rituels étant très rares, on estime parfois que les *torre* servaient plutôt à abriter des réserves alimentaires et que les foyers, disposés comme le *fucone* corse, étaient utilisés pour la vie quotidienne. Les populations insulaires n'étaient pas si désarmées qu'on l'assurait auparavant : avant l'époque torréenne, une épée avait déjà été déposée dans le coffre funéraire de Pagliaiu (voir SARTÈNE). Il n'est même plus assuré que

La statue Filitosa XIII, partie du monument central.

Filitosa IV : statue-menhir armée.

les cupules des statues-menhirs aient été destinées à insérer des cornes, comme sur les casques portés en Crète ou à Chypre.

La cité des vénérables ancêtres

La démythification de Filitosa ne réduit en rien l'intérêt que mérite ce site d'exception, qui tient à sa longévité et à l'abondance des statues-menhirs. Plutôt que par des ruptures majeures, consécutives à des crises hypothétiques, on est frappé maintenant par la très longue destinée historique de l'agglomération. Choisi de manière perspicace, habilement aménagé, l'oppidum de Filitosa a été fréquenté pendant plusieurs millénaires ; à l'âge du fer, vers 700 av. J.-C., une communauté vivait encore là. La moitié des statues-menhirs armées connues en Corse sont rassemblées autour de Filitosa, alors qu'ailleurs la plupart d'entre elles sont isolées. De plus, comme le remarque Gabriel Camps, qui a publié l'étude la plus raisonnée de la préhistoire corse, « c'est seulement à Filitosa que la rencontre entre statue-menhir et monument torréen est décelable[1] » et que l'on peut deviner ainsi une évolution du comportement des hommes de la préhistoire.

Asile dans le chaos

À 3,5 km de Filitosa, sur la D 57, en direction de la mer, on tourne à gauche sur un chemin de terre qui se dirige vers une colline. À travers une oliveraie et un chaos de granite, on atteint, 1 km plus loin, I Calanchi-Sapar'alta. Des abris sous roche sont disséminés sur 8 ha. La butte est dominée par des murailles massives délimitant un espace en forme de trapèze, où se dresse un monument circulaire. Fréquenté dès le Ve millénaire avant notre ère, le site était encore occupé au début du XVIIIe siècle. Ignoré des préhistoriens, connu seulement dans les villages proches, il a été redécouvert et étudié par Joseph Cesari depuis 1982[2].

Les premiers habitants se sont installés dans les Calanchi à la même époque que leurs voisins de Basi (voir SERRA-DI-FERRO) ; ils utilisaient la même poterie décorée de cordons. Leurs successeurs du terrinien, à la fin du IIIe millénaire et au IIe millénaire, ont agrémenté leur céramique de perforations en ligne et de chevrons, en remplaçant les récipients hémisphériques par d'autres à fond plat. Les hommes des Calanchi ont utilisé les abris naturels provenant de la désagrégation du granite. Les Torréens de l'âge du bronze ont ensuite construit de vastes habitations sur un plan rectangulaire ; ce sont les plus anciennes que l'on connaisse en Corse. Les *taffoni* les plus exigus avaient été délaissés dès la fin du néolithique et réservés aux défunts qui étaient incinérés. Le *Taffonu di u Diavulu* abritait une sépulture collective. Ces tombeaux révèlent parfois un aménagement étonnamment soigné. G. Camps décrit ainsi l'un d'entre eux : « les parois furent tapissées par des murets en pierre sèche qui colmataient les dépressions et délimitaient un espace à peu près circulaire. Le sol était constitué d'un pavement malheureusement presque détruit par les pillards... Originellement, l'ouverture naturelle avait été réduite par la mise en place de blocs qui lui donnèrent une forme triangulaire ; en avant avait été établi un dallage dans lequel avait été planté un petit menhir[1] ».

1. G. Camps, *Préhistoire d'une île, les Origines de la Corse*, Paris, *op. cit.*
2. J. Cesari, « Nouveaux monuments préhistoriques de la vallée du Taravu (Corse du Sud) », *Bulletin de la Société des sciences historiques et naturelles de la Corse*, nos 1-3, 1986.

Les plus vastes anfractuosités rocheuses d'I Calanchi n'ont
jamais été complètement abandonnées. Un chrisme et la date de
1632 sont encore gravés sur l'un de ces abris sous roche que l'on
désigne sous le nom d'*orrii* dans le sud de la Corse. Des moines
ayant fait vœu de vie solitaire occupaient encore les Calanchi à
l'époque moderne et les *orrii* ont aussi servi de refuges pour les bergers et les bandits.

Les charmes de Sibilia

Souvent cité dans l'histoire de la Corse, le château d'Istria est
encore visible à 1 km de Sollacaro. Mais il est depuis longtemps en
ruine, perdu parmi d'immenses blocs de roches granitiques.
Mérimée le visita : « L'un des descendants de Vincentello, qui porte
le même nom, le fils de M. Colonna d'Istria, maire de Sollacaro,
avait bien voulu me servir de guide dans cette rude ascension. Il me
fit remarquer la seule inscription qu'on ait trouvée dans ces ruines.
Elle est tracée sur une pierre dont il ne reste qu'un fragment, et
qu'à sa forme on juge avoir servi de linteau de porte. On lit :

> *HOC OPVS FABricavit*
> *MAGnificus Dominus VINCENTEllus...* »

Le château aurait été édifié par le commandant génois Luciano
de Franchi : la forteresse devait assurer un point d'appui permanent face au château de Rocca di Valle tenu par les seigneurs corses
(voir OLMETO). À l'époque de Giudice de Cinarca, écrivent les
chroniqueurs corses, « Istria était au pouvoir de Sibilia, restée
veuve du fils du Génois Luciano de Franchi qui, comme nous
l'avons dit, avait bâti ce château. Cette femme, sous prétexte de
prendre pour mari Giudice, qui l'aurait épousée volontiers, tant
parce qu'elle était fort belle que parce qu'elle possédait Istria, le fit
venir un jour dans son château et le fit emprisonner la nuit suivante. Mais Giudice resta peu de temps en prison ; il gagna une servante de Sibilia qui lui ouvrit les portes et il fit aussitôt révolter la
garnison ; après quoi, pour se venger de l'affront qu'il avait reçu, il
mit Sibilia dans un lieu moins qu'honnête ». On raconte aussi que
Sibilia, parfois Savilia, aurait provoqué Giudice non sans perversité : elle se serait présentée tous les soirs, nue, devant la cellule de
Giudice, en se vantant d'être trop belle pour un homme aussi laid.
On ne sait où se trouvait le lieu « moins qu'honnête » évoqué par les
chroniqueurs. On rapporte parfois que Sibilia aurait été, au pilori
ou dans une cage, livrée publiquement à la soldatesque. Elle serait
morte d'épuisement.

C'est encore une liaison amoureuse qui mena à sa perte un autre
seigneur d'Istria, Vincentello, qui avait réussi à dominer la Corse.
Déjà âgé, il s'était enflammé à Biguglia pour une jeune fille qui
s'était refusée à lui. Il l'enleva. Mais la population, qui avait de plus
accumulé d'autres griefs contre Vincentello, se souleva en masse.
Le seigneur d'Istria dut fuir. Pris par les Génois, il fut décapité
(1434).

Messages de l'autre monde

Deux frères habitant le village s'étaient juré, dit-on, de rester unis à la vie et à la mort. Ils auraient signé, avec leur sang, l'engagement suivant : le premier d'entre eux à passer de vie à trépas promettait d'apparaître à son frère survivant. Trois mois plus tard, un des frères fut tué : au même moment, il apparut à son frère, qui le revit une seconde fois à la veille de sa propre mort. Depuis cette époque, les apparitions se renouvellent au moment de la mort d'un des descendants, ou lorsqu'un événement important doit avoir lieu dans la famille. Mais seuls les mâles bénéficient de ce privilège. Ce thème a été repris par Alexandre Dumas dans son roman *Les Frères corses*.

SORBO-OCAGNANO

(Sorbu-Ocagnanu)

28 KM DE BASTIA PAR N 193, N 198 ET D 406

Épave miraculeuse

Comme Bastia (voir le Christ des miracles, p. 139), Sorbo vénère un crucifix des miracles, abrité dans la chapelle Sainte-Croix, récemment restaurée, face à l'église située en haut du village. La croix portant un christ noir se serait échouée sur la plage, à la Marina di Sorbo. Le 14 septembre, *u Crucifissu di i miraculi* rassemble la foule des fidèles autour de lui ; il est porté en procession avant de revenir pour un an dans son oratoire.

SORIO

(Soriu)

21,5 KM S DE SAINT-FLORENT PAR N 199 ET D 62 — 29 KM S-O DE BASTIA PAR N 193, N 843 ET D 62

Rites de la montagne

Le col de Tenda, à 1 200 m d'altitude et à 7 km au sud-ouest de Sorio par des chemins de bergers, est annoncé par la silhouette d'un édifice octogonal de 9 m de diamètre, dont ne subsistent que des restes s'élevant à 2 m environ au-dessus du sol. Ces ruines sont celles du baptistère de San Giapicu, Iabicu, ou Seapicu, déformations locales de San Giacomo ; la cuve baptismale a été exhumée en 1956 par Mᵐᵉ Moracchini-Mazel. Ce monument semble intimement lié à la vie traditionnelle des bergers de la montagne de Tenda. Situé à la limite des anciens diocèses de Nebbio et de Mariana, et aux confins de nombreuses paroisses, à un carrefour de chemins muletiers et en un lieu où passaient les troupeaux transhumants, le baptistère de San Giacomo aurait été édifié au col à l'époque pisane (XIIᵉ siècle), pour procéder à des baptêmes collectifs. Les bergers du Nebbio n'étaient pas encore rassemblés au col le 24 juin pour la fête de saint Jean-Baptiste, patron coutumier des rites chrétiens de la montagne. Il est vraisemblable que c'est pour cette raison que saint Jacques, acolyte de saint Jean-Baptiste, a été choisi comme patron pour une fête qui devait se dérouler le 25 juillet.

Les fouilles du col de Tenda ont livré des objets associés généralement à un lieu de culte préhistorique. Le rocher tout proche, où une chaire a été taillée pour le sermon annuel, faisait sans doute partie d'un ensemble révéré à l'époque mégalithique comme les rochers de Pinzu à Verghine (voir Barrettali).

La grotte du rat à plumes

La grotte d'*i Topi pinnuti* ou du *Topo pinnuto*, c'est-à-dire du
« rat à plumes », un des nombreux noms que l'on donne en Corse à la chauve-souris, abritait les réunions clandestines de la société des *pinnuti*, l'équivalent corse des carbonari. On prétend qu'un coq, lâché au fond de cette grotte, en serait sorti par le ravin de Briagale. Il y aurait donc une issue secrète, ce qui expliquerait le choix des *pinnuti*. Autrefois, les jeunes gens du pays avaient coutume de se rendre à la caverne des *pinnuti* avec des torches et des lanternes le lendemain de la Chandeleur. Selon la légende, la grotte aurait été l'antre d'un personnage fabuleux, au visage noir, enfanté par une truie.

SOTTA

10,5 km S-O de Porto-Vecchio par N 198 et N 859

Quand le ciel et la terre s'aimaient

La nécropole mégalithique de Vascolacciu, où l'on a découvert
des coffres funéraires bien conservés, aurait recelé un trésor. Des lingots d'or auraient été masqués par une pierre bleue et, pour conjurer les esprits, « une vie humaine devait être sacrifiée dès la découverte du premier lingot au-dessous d'une couche de cendre ». Ce trésor aurait été trouvé au XIIIe siècle par les Templiers, et aurait servi, selon les uns à élever l'église Saint-Dominique de Bonifacio, selon les autres à construire l'escalier du roi d'Aragon dans cette même ville. Les sépultures de Vascolacciu sont appelées en Corse *bancali*. Une ancienne légende affirme : « Au temps où ces *bancali* furent construits, la terre était une femme et le ciel un homme et lorsqu'il pleuvait c'est que le ciel et la terre s'aimaient. » Les *bancali* sont situés à 2,5 km à l'ouest de Sotta. On les atteint par la D 259, la D 59 et un chemin muletier long de 150 m qui part du hameau de Salvadilevo. Par les mêmes routes départementales, on atteint d'autres *bancali*, qui occupent le site de Çervaricciu (près de la cote 179 de la carte de l'IGN au 1/25 000). À 200 m au sud de Sotta, entre la D 859 et la D 959, la Punta di a Campana était occupée par un village préhistorique qui était peut-être à l'origine du réseau de sépultures dispersées autour de Sotta.

Sous la garde des esprits

Des forces surnaturelles s'exerceraient sur le monte Rotondu,
près de Petralonga Filippi, à 6 km au nord de Sotta, par la D 59 et la D 159. Cette éminence dominant la vallée de l'Orgone est un *Campu vardatu*, un lieu gardé. Cette croyance locale prémunit de toute malveillance une tombe entourée d'un cercle de pierres qui s'ouvre vers l'entrée d'un dolmen. Autour de la sépulture, des dalles semblent appartenir à des coffres destinés à recevoir des offrandes, qui comprennent, entre autres, des éclats d'obsidienne en abondance et des céramiques débitées en multiples morceaux, comme si les déchets de la production artisanale de l'époque ou les rebuts

après usage étaient réservés aux morts. Proche d'une voie de passage, le dolmen du monte Rotondu est pourtant à l'écart des lieux alors habités. À la fin du IVᵉ millénaire ou au début du IIIᵉ millénaire avant notre ère, les espaces consacrés aux défunts commencent à être séparés des lieux d'habitation, contrairement à la tradition antérieure[1].

L'ours allemand

À l'est de Sotta, la Punta de Castello, où l'on se rend en cinq minutes à pied, porte des vestiges de fortifications médiévales. Serait-on en présence du sinistre château d'Orso Alamanno ? Pour les habitants de Sotta, Orso Alamanno était turc et musulman. Cette opinion est peu crédible, si l'on se réfère au nom de ce seigneur. Elle est, de plus, contredite par le chroniqueur Giovanni della Grossa.

Selon lui, les gens de la *pieve* de Freto prirent un jour pour chef Orso Alamanno, « descendant de cet Orso qui, lors de la mort du comte Arrigo, était, comme nous l'avons dit, juge de Freto, et s'était rendu complètement indépendant des Biancolacci...

« Il proposa aux habitants de sanctionner une loi cruelle et abominable ; c'était que, toutes les fois que l'un d'eux prendrait pour femme une jeune fille, la mariée passerait avec le seigneur la première nuit de noces. Cet exécrable usage dura de longues années, au grand déplaisir de ces malheureuses populations. À la fin, un homme de ce pays, nommé Piobetta, qui désirait prendre femme et connaissait cette loi honteuse, résolut de mourir ou de délivrer ses concitoyens d'un tribut aussi impie et aussi monstrueux. Il savait à merveille prendre les animaux au lacet, usage qui se pratique encore de ce côté de l'île. La veille de son mariage, il harnacha, comme pour le faire parader, un cheval très beau et très agile, qu'il voulait, disait-il, donner au seigneur le lendemain matin, suivant la coutume. Il avait attaché solidement, au bois de la selle, une longue corde formant lacet. Il s'approcha d'Orso Alamanno et, pendant que celui-ci était occupé à examiner la bête, il lui mit le lacet autour du cou, puis, donnant de l'éperon, il l'étrangla en le traînant au sol.

À cette vue, la population accourut, pleine de joie, ne sachant comment remercier son libérateur ; afin d'assouvir la haine furieuse qu'elle nourrissait contre le tyran, elle prit les armes, et ce jour même, elle prit d'assaut et rasa le château d'Orso Alamanno, appelé Montalto. Son corps fut enterré après avoir été l'objet des plus grands outrages, et ses gens furent mis à mort sans pitié. »

Tués par la mouche

« Au bout d'un an, poursuit le chroniqueur, on alla ouvrir le tombeau d'Orso Alamanno pour voir s'il y avait quelque chose dedans (car on le prenait pour un vrai diable de l'enfer), et il sortit du tombeau une mouche, laquelle devint, avec le temps, si grosse qu'au bout de dix ans elle avait la taille d'un bœuf ; elle tuait tous ceux qui s'approchaient, non seulement avec ses ongles cruels, mais encore avec son haleine fétide ; car la puanteur de son souffle était si infecte que, quand le vent la portait de quelque côté, elle desséchait jusqu'aux arbres. Ceux qui avaient abandonné leurs maisons

---

1. F. de Lanfranchi, « La nécropole mégalithique de monte Rotondu à Sotta », *Bulletin de la Société des sciences historiques et naturelles de la Corse*, n° 656, 1989.

« Costume des habitants », illustration tirée de J. Lavallée,
Voyage en France, *1801.*

mouraient dans les cavernes, malgré leur éloignement. Enfin
Piobetta, grâce au concours d'un médecin pisan, parvint, au moyen
de certains engins, à tuer cette mouche ; il échappa avec quelques
hommes seulement. Mais, ayant oublié de se frotter avec certaines
liqueurs précieuses dont le médecin lui avait prescrit l'usage pendant une semaine entière, il mourut à son tour. Freto resta alors à
peu près désert ; et les Bonifaciens, avec les populations voisines,
firent aux quelques hommes qui restaient une si rude guerre, qu'ils
les obligèrent à quitter le pays. Conca fut le seul village où il resta
des habitants. » Ceccaldi, reprenant la chronique de Giovanni della
Grossa, ajoute : « Cette histoire de la mouche paraît fabuleuse à
tout homme de bons sens, et je la tiens pour telle, tout le premier.
Cependant, aujourd'hui encore, on trouve, au milieu de ces montagnes escarpées, dans les grottes solitaires, des ossements
humains ; les habitants sont convaincus et affirment comme une
chose indubitable que ces ossements sont ceux des hommes tués
par la mouche. » La « puanteur... infecte » de la mouche géante rappelle l'odeur pestilentielle des marais littoraux en été. La mouche
d'Orso Alamanno serait-elle, en réalité, un anophèle porteur de
fièvres, rendu colossal par un imaginaire collectif stimulé par la
peur ?

Enfer et damnation

Un abri sous roche, l'*orriu* de Chera (à 7,5 km au sud de Sotta
par la D 959 et la D 59), fut la première habitation des bergers de
Serra-di-Scopamène et de Sorbollano qui venaient hiverner dans la
plaine de Sotta. Selon les anciens, l'esprit de l'*orriu* serait hostile à
l'église, qui lui a succédé comme lieu de spiritualité. L'ancien refuge
des bergers attirerait les puissances maléfiques : par les nuits
sombres, une chèvre portant des sabots ferrés, abritant l'âme d'un
damné, visiterait l'*orriu* ; au cours de ses allées et venues fréné-
tiques, elle aurait tordu la croix fixée à la pointe de l'*orriu*.

D'autre forces occultes exerceraient des influences malfaisantes.
Des créatures sanguinaires, les *culpadori,* poursuivraient les âmes
isolées et sans défense pour les déchiqueter. Inquiets de cet envi-
ronnement diabolique, les habitants de Sotta savaient se prémunir

contre les atteintes pernicieuses des émanations du mal : on n'entrait pas dans la maison que l'on venait de construire sans l'avoir immunisée en sacrifiant un bouc, dont le sang était répandu aux quatre coins de l'édifice.

Vendetta dans les ténèbres

L'*orriu* de Chera aurait émis des grondements lors de la maladie d'un enfant de la famille Culioli. Une *acciaccadora* de Saparelli (à 1 km au sud de Chera par la D 59), experte dans la chasse aux âmes, perçut intuitivement la cause de ces manifestations surnaturelles : les esprits d'une famille ennemie partaient en guerre contre les Culioli. Elle proposa d'agir : « Culioli, les Frangudini attaqueront nos âmes la nuit prochaine et nous détruiront jusqu'au dernier, si ce soir vous ne lancez pas la dernière chasse afin que s'achève la vengeance entamée, voilà un siècle et demi, dans la montagne vers Sorbollano... Que le rimbeccu vous poursuive jusqu'en enfer si vous ne savez plus conduire votre honneur à la façon des Corses[1]. » L'appel fut entendu. Armés de ceps de vigne, courant entre l'*orriu* et le maquis, les hommes de la famille menacée chassèrent toute la nuit les esprits hostiles. « Ils ne s'arrêtèrent qu'avec l'apparition des premiers rayons du soleil... Au fond du village apparut une procession. Les femmes sortaient de l'église, dans laquelle elles s'étaient enfermées la nuit durant[2]. »

L'orriu de Chera.

1. G. X. Culioli, *La Terre des seigneurs, Un siècle de la vie d'une famille corse*, Paris, Lieu Commun, 1986.
2. *Id. ibid.*

SPELONCATO

(Spiluncatu)

33 km E de Calvi par N 197, D 71 et D 663

Pierre percée...

Les grottes sont nombreuses à Speloncato. L'une d'entre elles, la *pietra tafonata*, la « pierre percée », située à 2 km du village, est en fait une galerie longue de 8 m. Cette grotte (*spelunca*) serait à l'origine du nom de Speloncato. D'autres grottes se trouvent dans le pic de la Cima, en particulier celle sur laquelle serait construite l'église Saint-Michel, qui servit à plusieurs reprises, durant les guerres, de refuge aux femmes et aux enfants du pays. On ne sait si ces grottes sont d'origine naturelle ; le terrain n'est guère favorable à la formation de réseaux souterrains creusés par les eaux. La forme des galeries et la présence de nombreux vestiges de fortifications médiévales inclinent à croire à des travaux menés de main d'homme. Mais, comme on le constate souvent en Corse, des anfractuosités naturelles comme les *taffoni* ont été souvent aménagées par les bergers, dès la préhistoire, ou par les habitants des villages.

... et frères ennemis

Au sommet de la Cima qui domine Speloncato, subsistent les ruines d'une forteresse féodale, fondée en l'an mille, dit-on, par Malapensa (ou Malpensa), cousin du comte Malaspina Savelli de Balagne, dit Pinasco. La fondation de ce château fut à l'origine de luttes sanglantes qui opposèrent les Savelli de Speloncato aux Savelli de la branche aînée, à qui appartenait le château de Sant'Antonino.

De nombreux siècles plus tard, un ecclésiastique originaire de Speloncato, le cardinal Savelli, s'est montré aussi intraitable que ces seigneurs aux mœurs rudes. Sous le pontificat de Pie IX (1846-1878), il dirigea la police des États de l'Église avec une poigne de fer qui lui valut le surnom, plus murmuré que clamé, d' « *il cane corso* », le chien corse.

L'oiseau et le griffon

Un chemin muletier descend de Speloncato vers la plaine du Regino. A trente minutes de marche, au nord du village, on aperçoit, dans une habitation rurale en ruine, un tympan monolithe semi-circulaire montrant un combat entre un oiseau et un griffon ailé. Le griffon ailé est « pourvu d'une tête à bec recourbé et d'un corps de quadrupède dont la queue se termine par une sorte de fleur en bouton... L'oiseau placé en haut et à gauche — assez effacé aujourd'hui, mais on devine qu'il est muni d'une aigrette — semble attaquer le griffon en fondant sur lui[1] ». On a trouvé une sculpture sur un thème analogue à Aléria. La pierre de Speloncato provient de l'ancienne église Santo Stefano qui s'élevait sur le site, abandonné depuis le XVIIe siècle, du village de Giustiniani, où subsistent les ruines du château édifié au XIIe siècle et les vestiges de grands thermes romains, *i Bagni*.

---

1. G. Moracchini-Mazel, *Les Églises romanes de Corse, op. cit.*

TAGLIO-ISOLACCIO

(Tagliu-Isulacciu)

39 KM S DE BASTIA PAR N 193, N 198, D 506 ET D 330

Malheureux comme la cloche

Chi tu sia straziatu cume e campane di Taglio, « Que tu sois malheureux comme la cloche de Taglio », dit le proverbe. La cloche en question est celle du campanile de l'église paroissiale, que l'on entendit tinter, paraît-il, pendant plusieurs jours au siècle dernier, à la suite d'une querelle de mendiants. Ceux-ci se déplaçaient en troupe suivant un calendrier précis, pour visiter chaque village le jour de la fête patronale. Le chef de file, le *caporale*, recevait double aumône. Or, une année, à l'occasion de la fête de Taglio, à la Saint-Maximilien, le 11 septembre, un nouveau *caporale* aurait été élu. Barricadé dans le clocher, le chef évincé, un simple d'esprit, aurait fait retentir les cloches pendant plusieurs jours pour clamer son mécontentement jusqu'à ce qu'on le menaçât de raser le clocher « avec un canif ».

Les *paghjelle* sont toujours chantées à Taglio et la réputation du *versu taglincu* déborde depuis longtemps la Castagniccia. De même, les chants liturgiques ont conservé un style d'une grande originalité. Certains airs remonteraient au XIIIᵉ siècle. L'attitude même des chanteurs rappelle de manière troublante les poses qui sont représentées sur les bas-reliefs du Moyen Âge.

TALLONE

81,5 KM S DE BASTIA PAR N 193, N 198, D 16 ET D 116

Vestiges romains

Aux confins des communes de Tallone et de Linguizzetta, à l'est de la Pianiccia de Tallone que la D 16 suit pendant 6 km après le carrefour de la N 198, la Punta San Giovanni et ses abords sont parsemés de restes de l'Antiquité romaine. Des sépultures en tuiles triangulaires, des amphores et des poignards ont été exhumés

Bas-relief gallo-romain, au musée de Bastia.

autour des ruines de l'ancienne église San Giovanni. Les traces d'un amphithéâtre apparaîtraient à proximité. Plus au nord, près de Tox, à gauche de la D 16, des mines de cuivre auraient été exploitées par les Romains. La Pianiccia de Tallone serait le site de l'agglomération romaine d'Opino, mentionnée sur la carte de Ptolémée.

Au lieu-dit Opizzo, à 0,8 km de Tallone, subsistent les ruines d'une tour. Un escalier donne accès à une grotte souterraine qui aurait souvent servi de refuge pendant les guerres, d'après une tradition locale. La tour est bâtie sur l'*orto del Vescovo*, le « jardin de l'Évêque ». Ce nom ne serait pas sans signification précise. La tour, construite par un arrière-petit-fils de Guglielmo de Cortona, fut peut-être, vers 1249, la résidence d'été des évêques d'Aléria.

Le messager de Dieu

C'est de Tallone qu'était originaire un curieux personnage nommé Silvagnuolo qui, vers 1512, se mit à parcourir le pays en proclamant que Dieu l'avait chargé d'avertir les Corses de leur prochaine libération du joug génois : ses concitoyens devaient prendre les armes le jour de la Saint-Jean-Baptiste, et leur succès était assuré. L'agitation provoquée par ces déclarations devint telle que le gouverneur, craignant un soulèvement, transféra Silvagnuolo à Gênes, d'où il revint quelque temps après complètement fou. De nouveau interné, on perd dès lors toute trace de lui...

TARRANO

(Taranu)

75,5 KM S DE BASTIA PAR N 193, N 198 ET D 71

Un Roncevaux corse

Charlemagne aurait, en 805, envoyé en Corse une troupe sous le commandement de l'un de ses fils, Charles, à la demande du pape Léon III. Une bataille se serait engagée à l'embouchure de l'Alesani entre les Sarrasins et les chrétiens. Les bandes sarrasines se seraient réfugiées pour la nuit près d'une source que les habitants de Tarrano appellent encore *fontana dei Mori,* tandis que Charles et ses troupes campaient non loin de Perelli, près d'une autre fontaine baptisée depuis *fontana Carlone,* ou, selon Pietro Cirneo, *fontana di Carlo.* L'émir Fatem aurait péri près de l'*onda a i Sarracini.*

L'origine de ces souvenirs ne peut être cernée. Cet affrontement entre chrétiens et musulmans peut être une légende propagée lors de la diffusion des chansons de geste ou des romans de chevalerie. Mais, pourquoi la tradition est-elle aussi insistante sur un espace vraiment restreint ? Non loin de Tarrano, Antoine Dominique Monti signale une Petra Carlaia à Piazzali, une Valle Carlaccia dans le massif de Mutari et mentionne que les parents de l'Alesani calmaient les enfants turbulents en les menaçant de faire appel à Charlemagne[1].

La participation personnelle d'un des fils de Charlemagne à la défense de la Corse n'est confirmée par aucun texte. Pourtant, les Carolingiens ont effectivement cherché à protéger l'île. Le personnage le plus proche de Charlemagne cité à propos de la Corse est le connétable Burchard. Les *Annales regni francorum* relatent qu'il commandait en 807 la flotte chargée de restaurer l'ordre en Corse. Il n'est pas exclu qu'une bataille ait alors opposé Francs et Sarrasins dans le Campoloro. La population n'aurait-elle pas cherché à la magnifier en oubliant les faits d'armes des vassaux, même valeureux, et en prétendant que la victoire était l'œuvre de la famille impériale ?

Messe sanglante

Chaque année, le 15 juin, un pèlerinage a lieu à l'oratoire de San Vito. Saint Vitus serait d'origine sicilienne. La dévotion qu'il inspire semble s'être propagée vers la Lucanie, puis à Rome avant d'être diffusée en Corse. Pourtant, à Tarrano, la vénération suscitée par saint Vitus est attribuée à un drame local, qui aurait vivement frappé ses témoins : Vitus aurait été assassiné par les Giovannali alors qu'il célébrait la messe (voir CARBINI). Pourchassés ensuite, les principaux hérétiques se seraient réfugiés dans la tour qui est encore visible au hameau de Sorbello.

---

1. A.-D. Monti, « Toponymes de l'eau et promenade historique dans le Campulori », *Corsica antica*, n° 2, 1994.

TASSO

(U Tassu)

65 KM E D'AJACCIO PAR N 193, N 196, D 83, D 228 ET D 128

La table maléfique

Un groupe de rochers comprenant une énorme pierre plate de 4 m sur 3,50 m surplombe un affluent du Taravo, le Foruli. Quatorze cupules sont alignées sur la dalle dans le sens de la longueur. De là s'échelonnent deux rangées de six et sept cupules en direction de la rivière. Cette pierre, appelée *tolla d'u Piccatu*, la « pierre du péché », passe pour une table de sacrifice, où vraisemblablement la victime était immolée debout, comme l'indique Diodore de Sicile, afin que l'on en tire des présages, selon la direction dans laquelle elle tombait. Elle est, à Tasso, auréolée d'une réputation maléfique, comme l'illustre le dicton :

Un andà in u Foruli, chi ci so i fantasami !

que l'on peut traduire :

« Ne va pas au Foruli, il y a des fantômes. »

Une légende est liée à un autre terrain maudit, excommunié, *u Scuntumatu*, situé plus bas, à l'ouest. Une jeune fille de Guitera était fiancée à un jeune homme de Sampolo : au moment de quitter sa vieille mère, veuve et très pauvre, elle exigea d'emporter avec elle tout le mobilier et tous les ustensiles de la maison. La mère céda. Mais, en chemin, la jeune fille se rappela qu'elle avait cependant oublié le racloir du pétrin : elle rebroussa chemin et exigea ce nouveau sacrifice de la pauvre vieille, qui, indignée, la maudit : « *Chi tu ti tronchi u codha in u scuntumatu !* », « Que tu te rompes le cou sur un terrain maudit ! » — ce qui arriva. Cette légende est très proche de celle de la *Sposata* de Murzo.

TAVACO

(Tavacu)

25 KM N-E D'AJACCIO PAR N 194, N 193 ET D 129

L'ancre de la victoire

Devant l'autel de l'église Saint-Martin, la reproduction d'une ancre de marine commémore la victoire des habitants contre les Maures en 1429. Devant un débarquement en masse, les Corses de Valle-di-Mezzana, de Sarrola-Carcopino et de Tavaco s'enfuient, puis, se ressaisissant, contre-attaquent. Repliés sur la montagne de Tavaco, les Barbaresques sont finalement exterminés et les Corses capturent seize navires à l'ancre dans le golfe de Lava. Sur les lieux mêmes de la dernière bataille, une église est dédiée à Notre-Dame des Victoires.

Chiens féroces

À la même époque, Tavaco a dû supporter d'autres malheurs, suscités par la rébellion contre Gênes, entretenue par la famille des Leca. On conserve encore le souvenir des sœurs de Forteleone de

Tavaco qui ont été livrées à des chiens féroces à titre de représailles.

Les épreuves imposées par la perversité des hommes étaient plus redoutables que les calamités naturelles contre lesquelles un recours était toujours possible. En période de sécheresse, il suffisait, pour obtenir la pluie, de monter en procession à la chapelle de la Punta Sant'Eliseo, qui domine Tavaco et Sari-d'Orcino, à 1 271 m d'altitude. Cet effort méritoire aurait été constamment récompensé.

TAVERA

34 km N-E d'Ajaccio par N 193 et D 127

L'homme à la résille

Découverte en 1961, la statue-menhir anthropomorphe de Tavera, qui mesure 2,42 m de haut, était enterrée près d'I Castelli, sur un col peu élevé dominant la vallée de la Gravona. L'homme de pierre, les yeux profondément enfoncés, montre un masque volontaire. À l'arrière de la tête, les traces croisées laissées par le burin de quartz dessinent une résille. La statue-menhir de Tavera, qui date de l'âge du bronze, a été dressée au cours du IIe millénaire avant notre ère.

La vengeance de l'ogre

Entre le Renoso et la Gravona, la *Fontana santa* est considérée comme une source miraculeuse. Son eau précieuse aurait été détournée par des villageois sans scrupules. Un des ogres familiers de la montagne corse, qui vivait à Canapale, aurait rompu le barrage retenant les eaux d'un lac pour punir les accapareurs. Ainsi fut détruit *Tavera vecchia*, dont les ruines, datant du Moyen Âge, subsistent encore à l'est du village actuel de Tavera, sur la D 127, non loin de la cascade du Voile de la mariée[1]. L'intervention de l'ogre doit être la version fabuleuse d'un glissement de terrain catastrophique comme il en survient fréquemment en Corse.

Hassan Corso, le caïd d'Alger

Né en 1518, à Tavera, Pietro Paolo Tavera fut enlevé jeune sur les côtes de Corse par des pirates barbaresques. Il se convertit à l'islamisme, prit le nom de Hassan Haïd, mais resta pour tous Hassan Corso. Il entra dans le corps des janissaires. De combat en combat, il devint caïd d'Alger en 1549 et commanda l'année suivante l'armée algérienne lors de la guerre contre le chérif du Maroc. En 1556, il fut élu par les janissaires dey d'Alger au cours d'une épidémie de peste. Mais le sultan ne voulut pas entériner cette élection et nomma un autre dey, qui parvint à supplanter l'élu des janissaires. Hassan Corso subit en 1559 l'atroce supplice du *gancho* : on le précipita sur une estrade hérissée de crocs métalliques, où il agonisa durant trois jours. Sa mort fut vengée par un autre renégat corse, le caïd Youssef, qu'il avait placé sur le trône de Tlemcen, et qui fit périr le nouveau dey d'Alger à la koubba de Sidi Yacoub. Cent cinquante ans plus tard, le fils d'un autre Corse enlevé par les Barbaresques serait devenu bey de Tunis (voir SARTÈNE, le désert des Turcs).

1. F. Zarzelli, « Les monuments et œuvres d'art de la Corse, le canton de Celavo-Mezzana », *Cahiers Corsica*, n°s 73-74, 1977.

La statue-menhir de Tavera.

TOMINO

(Tuminu)

42 KM N DE BASTIA PAR D 80 ET D 353

Les grottes des premiers chrétiens

Des grottes cachées dans le maquis aux lieux dits Forcone et Cala auraient, selon une tradition locale, servi d'asiles aux premières communautés chrétiennes lors des invasions sarrasines. On dit, à ce propos, que Tomino fut le berceau du christianisme en Corse : le village aurait été fondé par Martino Tomitano, d'où le nom de Tomino ; Tomitano aurait été, selon Morati, évêque de Sagone et cardinal en 551. Mais, inversement, l'évêque pouvait porter ce nom parce qu'il était originaire de Tomino. De toute manière, l'implantation du christianisme serait même antérieure à cette époque : saint Paul aurait évangélisé la pointe du Cap après avoir débarqué à Ersa. Si la réalité de ce voyage n'est pas prouvée, il est vraisemblable toutefois qu'au cours des IIe et IIIe siècles des missionnaires soient venus du nord de l'Italie à Tomino et à Santa Maria della Chiappella pour répandre la bonne parole (voir ERSA et ROGLIANO).

La grotte de Sainte-Catherine de Sisco.

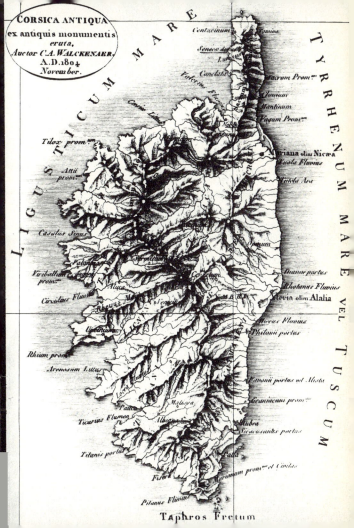

UCCIANI

31 KM N-E D'AJACCIO PAR N 193 ET D 29

Le Champ de Mars

Fait prisonnier en 1793 par les partisans de Pascal Paoli et menacé de mort, Bonaparte fut délivré par ses amis et vint se réfugier à Ucciani. Il fut reçu dans un immeuble qui appartient encore aux descendants de la famille qui accueillit le futur Empereur.

Bonaparte n'est pas le seul personnage de l'époque impériale qui ait laissé trace de son passage à Ucciani. Selon une tradition locale, le pont d'Ucciani, situé sur la N 193, à 3,3 km du village, aurait été entrepris sous la surveillance de Bernadotte, alors simple sergent, vers 1784.

Par quel hasard le pont d'Ucciani est-il destiné à attirer les gloires militaires ? Le 30 octobre 1943, au cours d'une rencontre empreinte d'émotion, le futur maréchal Juin, allié par sa mère à une famille d'Ucciani, a été salué par la population, descendue du village, alors qu'il était en route pour mener la campagne d'Italie à la tête des troupes françaises.

Culte solaire

Un linteau et une pierre d'angle incorporés dans une maison de Poggiolo Sottano portaient d'étranges pétroglyphes : des signes rappelant le fer à cheval, des demi-cercles évoquant l'écoulement de l'eau, le déroulement des anneaux du serpent, ou, croit-on parfois, une déesse-mère, un cercle à cupules avec un disque rayonnant représentant le soleil, un symbole que P. Lamotte interprète comme deux paires de cornes et qui, pour F. de Lanfranchi, figure un personnage humain, peut-être un orant tourné vers le soleil. Le thème apparaît aussi en Sardaigne, dans le val Camonica et dans les Cyclades. Ces pierres ciselées pourraient provenir d'un monument érigé à l'âge du fer, au cours du Ier millénaire avant notre ère.

Un sanglier d'Afrique ?

Une statuette de sanglier en bronze était enfouie dans un jardin de Perucchiolo. Est-on en présence d'une œuvre d'art sans fonction précise ou d'un objet servant à des pratiques incantatoires précédant le départ à la chasse ? La provenance même de la statuette reste inconnue. On ne sait si elle a été fondue en Corse ou si elle est d'origine ibère, étrusque, voire punique, comme un certain nombre de statuettes animales de la seconde moitié du Iᵉʳ millénaire avant notre ère. M. Grosjean, même, n'écartait pas l'hypothèse d'une œuvre africaine du Bénin. On penche plutôt, désormais, pour un objet d'origine apenninique. Le sanglier d'Ucciani figure dans une collection particulière d'Ajaccio.

URBALACONE

(Urbalaconu)

41 KM S-E D'AJACCIO PAR N 193, N 196, D 102 ET D 2

Voyages autour d'un nom

Selon une opinion répandue sur place, Urbalacone serait la cité des bains. Ces bains auraient été installés à Taccona, où jaillit une source chaude et sulfureuse, à proximité de la N 196. Cette hypothèse n'a pas satisfait les nombreux curieux intrigués par ce toponyme.

« Le nom d'Urbalacone est un nom insensé », écrivait M. J. Cosimi. Et, en effet, il est impossible de lui trouver une étymologie acceptable, soit latine, soit byzantine, soit italienne. Néanmoins, M. Cosimi a essayé de restituer l'origine de ce toponyme dépourvu des filiations habituelles. Le village proviendrait de la reconstitution, postérieure aux invasions vandales ou sarrasines, d'une agglomération romaine ; une inscription brisée aurait permis aux habitants de lire, sans comprendre :

VRB A LACUN

portion du texte

LEGIO VRBem A LACUNa FECIT

La virtuosité de l'épigraphiste, déjà peu banale, étonne encore plus lorsque son argumentation le conduit à conclure que l'agglomération était issue de l'aménagement d'un marécage par la 10ᵉ légion.

Carulu Giovone, qui faisait dériver Urbalacone du nom d'une tribu de l'Antiquité, s'était élevé, non sans quelque passion, contre l'hypothèse savante de M. Cosimi. Il signale d'autre part, sur le territoire d'Urbalacone, le château d'Orcalapu, aujourd'hui en ruine, qui serait, d'après une étymologie grecque, le château de l'« ogre pillard ». On peut se demander si le nom actuel d'Urbalacone ne dérive pas du vieux nom médiéval d'Orcalapu.

URTACA

27 km E de L'Ile-Rousse par N 197, D 81 et D 8

Plus fort que le feu

Les habitants d'Urtaca avaient décidé, dit-on, d'envoyer en Italie le menuisier du village avec mission d'en rapporter une statue de saint Nicolas. L'homme de l'art s'était adressé à Bari, dont saint Nicolas est le patron. Débarquée à Bastia un jour d'août, la statue était si belle que les Bastiais voulurent se l'approprier. Mais un incendie fit rage toute la nuit et l'on conclut que la statue avait été brûlée. Or, le lendemain matin, la statue de saint Nicolas apparut miraculeusement intacte au milieu d'un amas de cendres. Les habitants d'Urtaca s'empressèrent de la transporter dans leur chapelle, située au pied du village, immédiatement à l'ouest. À Bastia, il ne reste de saint Nicolas que le nom donné à la plus belle place de la ville.

Chaque année, le 6 décembre, la statue qui pèse près d'une demi-tonne, est transportée à dos d'homme jusqu'à l'église paroissiale et retourne ensuite, en tête de la procession, vers son oratoire. Les chants dédiés à saint Nicolas, à l'occasion de la cérémonie, rappellent l'origine de la statue :

> *O gloria di Bari*
> *O nostro patrono*
> *Aiutu e pardono*
> *Ci otteni del cielo*

Accueillant les troupeaux des communautés voisines comme les saints d'origine lointaine, Urtaca a reçu de Pietralba les brebis pétrifiées du Campo Piano, près de la D 8, à 6,5 km au nord-ouest du village (voir Pietralba).

Bastia en 1731.

VALLE-D'ALESANI

(E Valle-d'Alisgiani)

Un saint venu d'Orient

L'Alesani serait, pour certains, la « vallée des aulnes », l'*aliso* (l'aulne) ayant inspiré de nombreux toponymes en Corse, comme Alzi ou Alzitone. Selon Dante Olivieri, dans son *Dizionario di toponomastica lombarda*, Alesani proviendrait d'un nom propre, Alicius. Un Romain de ce nom ou un Corse romanisé aurait-il été le premier défricheur de la région ou aurait-il marqué sa présence de quelque manière ?

Pourtant, en empruntant à Pied'Alesani, sur la N 197, un chemin qui s'élève vers l'est jusqu'à 980 m d'altitude, on parvient à la chapelle Sant'Alessio (1,3 km). Dominant toute la *pieve*, cette chapelle, où l'on se rend en pèlerinage le 17 juillet, a été certainement de tout temps très fréquentée et aurait pu donner son nom à l'ensemble de la région. Valle-d'Alesani serait en réalité la vallée protégée par saint Alexis. Cette hypothèse est confirmée par les anciens textes du début de l'époque moderne qui écrivent Alixiani pour Alesani. Le nom et la fondation de Sant'Alessio sont les témoignages de la pénétration en Occident d'un culte d'origine orientale. Bien que romain de naissance, saint Alexis, révéré en Orient et particulièrement à Édesse, était inconnu en Occident, où son culte se répandit seulement à la fin du Xᵉ siècle lorsque le métropolite Serge de Damas dut se réfugier à Rome (977). Cette dévotion, devenue très populaire, serait alors parvenue en Corse.

Les souvenirs de cette époque persistent ; le passé reste intimement vécu dans la vallée de l'Alesani, où renaît même la *paghjella*, lors d'un concours organisé chaque été par *Valle-Voce*.

VALLE-DI-CAMPOLORO

(E Valle-di-Campulori)

51,5 KM S DE BASTIA PAR N 193, N 198 ET D 71

Christine et Hippolyte

Dans le village, on prend un chemin qui s'oriente vers l'est, en descendant vers la plaine, sur 0,5 km, et qui se dirige ensuite vers le nord sur la même distance. On atteint l'église Sainte-Christine, qui date du XIIIᵉ siècle et dont le plan est très curieux : la nef et le transept s'ouvrent sur deux absides jumelées. Mérimée, qui l'avait vue lors de son voyage en Corse, parle d'une « forme rare ou peut-être unique ». En fait, on retrouve des absides jumelles, en Corse même, à Santa Mariona de Corte et à Santa Maria della Chiappella, près de Rogliano, et aussi à Chypre et en Crète. D'après Enlart, ce plan répondait, en Orient, à la nécessité de célébrer deux rites dans un même édifice. Mais l'explication ne vaut pas pour la Corse : les deux autels de l'abside étaient destinés en réalité à deux saints différents, ici sainte Christine et saint Hippolyte ; les deux saints figurent d'ailleurs sur les fresques, datées de 1473, qui ornent les absides et le mur de l'arc triomphal, avec de nombreux saints et saintes, ainsi que le donateur, un moine étrange, au teint basané, qu'on dit être l'abbé de Monte-Cristo.

Génie tutélaire

Le chemin qui conduit de Sainte-Christine à la N 198 passe près de Taverna, où une chaufferie de thermes romains est conservée. Taverna devrait son nom à une auberge, *taberna*, installée sur la voie antique menant d'Aléria à Mariana. Les thermes laissent peut-être entrevoir un quartier de la Tutelae Ara, l'Autel tutélaire, que cite Ptolémée. Selon Pietro Cirneo, Tutelae Ara serait l'ancien nom du Campoloro.

VALLE-DI-ROSTINO

(E Valle-di-Rustinu)

33 KM N DE CORTE PAR N 193 ET D 615

L'octogone du baptême

Dans un étrange isolement, à l'écart de la vallée du Golo, 1 km à l'ouest de Valle-di-Rostino, se dressent des monuments dégradés par un soubassement instable et un drainage déficient. Ils occupent une section cadastrale portant le nom significatif de *Pieve*. Vers 1895, ces vestiges avaient suscité la curiosité de Mᵍʳ de la Foata, évêque d'Ajaccio. À l'occasion d'une de ces visites pastorales qu'il prisait fort, Mᵍʳ de la Foata nous a laissé un compte rendu qui montre à la fois la fidélité de la mémoire collective et ses capacités de déviation vers le mythe, en s'appuyant sur des événements qui ont marqué la population, dans ce cas la forte pression musulmane ressentie par les Corses : « L'église de Sainte-Marie de Rescamone était située sur le territoire de Valle de Rostino, ancien chef-lieu de la pève de ce nom. À proximité de cette église, existent toujours les ruines d'un antique et somptueux édifice octogone, qui passait généralement pour une ancienne mosquée. Les têtes d'hommes et d'animaux, sculptées au haut des murs, n'avaient pas peu contribué à propager cette idée. Mais lorsque, sur une pierre semi-circulaire tombée de la porte qui n'existe plus, nous fîmes remarquer un arbre sculpté et chargé de fruits, entortillé par un serpent et placé entre un homme et une femme nus, il n'y eut plus qu'une seule voix pour répéter avec nous que c'était réellement un baptistère. »

Une tour sur la piscine

Imaginé à partir de deux murs intacts et d'un troisième pan endommagé, cet étrange monument roman, dédié à San Giovanni-Battista, impressionne par son plan insolite et par sa taille, disproportionnée par rapport à l'église Santa Maria de Rescamone (ou de Riscamone), qu'il desservait et qui est située à quelques pas, en direction du nord-ouest. Ce baptistère roman ressemble à l'église du Saint-Sépulcre, à Pise, qui a été achevée au cours de la seconde moitié du XIIᵉ siècle. Disparue de nos jours, la piscine baptismale était aussi singulière que l'ensemble de l'édifice. D'après des dessins du XVIIIᵉ siècle, la cuve d'immersion était entourée de quatre petites colonnes, qui supportaient un baldaquin et « une tour à gradins formant des retraits successifs qui portaient les poutres de la charpente[1] ».

La même originalité transparaît dans le décor. Sur le tympan de la porte orientée vers le nord, un serpent lové sur lui-même se mord la queue, à côté d'un palmier miniature. Ailleurs, des figures humaines hiératiques, à l'expression figée, accueillaient les fidèles.

La foi et la loi

Les dimensions imposantes de San Giovanni-Battista ont peut-être été choisies en fonction de l'étendue du territoire d'où provenaient les catéchumènes. La population de plusieurs pièves se rassemblait une fois par an pour la cérémonie du baptême, qui se déroulait encore à la fin du XVIIIᵉ siècle. Le rayonnement exceptionnel de San Giovanni-Battista provenait de l'ancienneté du culte célébré à Pieve.

Plusieurs fois remaniée, l'église Santa Maria de Rescamone, qui était encore intacte au début du XIXᵉ siècle, occupa un site consacré depuis les origines du christianisme en Corse. Les vestiges qui subsistent portent la marque de plusieurs époques et témoignent ainsi de l'intérêt que les populations du voisinage ont porté au sanctuaire. La façade occidentale présente de belles dalles vertes, taillées et disposées régulièrement, comme dans les édifices de la première époque romane. Sur le revers de cette façade, un poignard est pointé sur une cible invisible ; un objet, qui rappelle une oreille à Mᵍʳ de la Foata, accompagne le poignard. On pourrait aussi imaginer une faucille, mais Mᵐᵉ Moracchini-Mazel croit plutôt à une seconde arme, l'église piévane étant aussi un tribunal, où les juges prêtaient parfois serment « sur les armes bénites[2] ».

Le poisson et la poule

La façade occidentale de Santa Maria de Rescamone, qui a nécessité trois périodes de travaux, a été élevée lors de la restauration, menée au XIᵉ et au XIIᵉ siècle, d'une église préromane commencée au Xᵉ siècle, elle-même hétérogène : dans l'abside, des arcatures de tuf et des bandes de schistes verts, gris et bruns sont plaquées

1. G. Moracchini-Mazel, *Corse romane*, op. cit.
2. *Id., ibid.*

sur une construction antérieure ; vers le nord, des matériaux de petite taille, disposés sans chaînage visible à la base, contrastent avec les alignements réguliers de la partie supérieure, qui introduisent un effet de polychromie.

Cet édifice préroman avait lui-même remplacé une église paléochrétienne dotée d'un baptistère en forme de croix qui doit dater du début du Ve siècle. Le pavement de mosaïque est divisé en quadrilobes traités selon l'échelle des mesures romaines. Parmi les figures géométriques s'insèrent le poisson, symbole divin, et la poule en train de picorer, représentant l'Église tutélaire, qui protège ses ouailles comme la poule veille sur ses poussins. Cette mosaïque rappelle celle de la basilique de Mariana, que Santa Maria de Rescamone a peut-être supléée (voir LUCCIANA).

Dans les environs, parsemés de tuiles et de briques romaines, une parcelle portant le nom de *Bagni* aurait abrité des thermes et, selon Mme Moracchini-Mazel, doit correspondre à la prise d'eau qui assurait le remplissage de la piscine baptismale ; une bergerie, succédant à un fortin médiéval, s'est établie non loin de là sur les *Poggi romani*, qui évoquent aussi une occupation antique.

VENACO

(Venacu)

12,5 KM S DE CORTE PAR N 193

Le Vieux de la montagne...

Le hameau le plus septentrional de Venaco, sur la N 193, et un quartier de la commune portent le nom de Campo-Vecchio, qui proviendrait de *campo al Vecchio*, le « camp du Vieux ». Une légende est rapportée à son propos par J.-M. Salvadori[1] : vers l'an mille, après la mort d'Arrigo Bel Messere, le comté fut divisé en plusieurs fiefs. L'un de ceux-ci appartenait à un seigneur fort respecté qu'on appelait le « Vieux de la montagne », et qui vivait en un lieu-dit *a Roccaja*. Le Vieux de la montagne avait une fille d'une grande beauté prénommée Alba (Aurore). Cependant à une demi-lieue de *a Roccaja* s'élevait le sombre *castello di Teula*, fief d'un seigneur cruel dont le fils demanda la main d'Alba. La proposition fut repoussée avec horreur. Alba fut enlevée alors qu'elle puisait de l'eau à la fontaine. Désespéré, le Vieux convoqua ses vassaux et ses paysans et bientôt un énorme camp s'établit autour de sa demeure, *il campo al Vecchio*, le « camp du Vieux ». Le *castello di Teula* fut pris d'assaut et rasé et Alba rendue à son père. Depuis ce jour, la petite bourgade de *a Roccaja*, la « Rocheuse », porte le nom de Campo-Vecchio.

... et le dragon de l'Apocalypse

À 3,5 km au sud de Venaco, sur la N 193, s'élève vers l'ouest, au-dessus de la vallée du Vecchio, le Razzo Bianco : miroitant au soleil en été, on croit voir, encastrées dans le roc de calcaire et de marbre, trois portes colossales dont l'une est d'une blancheur comparable à celle de l'ivoire. Ce sont, dit-on, les portes des fées : le diable aurait envoyé à Venaco le dragon de l'Apocalypse. Seul un jeune berger, Ange-Marie, osa s'attaquer à la bête infâme. Émues par son cou-

---

1. J.-M. Salvadori, *L'Ame corse, contes, légendes et vieux dictons*, Avignon, Aubanel, 2 vol., 1926-1927.

rage, les fées l'aidèrent à terrasser le dragon, qui alla se réfugier dans une grotte qui porte encore le nom de *U Dragone*, au-dessous du Razzo Bianco. Les fées avaient recommandé au berger de ne jamais chercher à percer le secret de leur demeure. Hélas, Ange-Marie, dévoré de curiosité, ne put résister à la tentation de s'aventurer sur le Razzo Bianco aux abords des portes des fées, accompagné de sa chèvre : l'homme et l'animal furent instantanément transformés en pierres.

Venaco.

VENTISERI

110 KM S DE BASTIA PAR N 193, N 198 ET D 45 — 60 KM N DE PORTO-VECCHIO PAR N 198 ET D 45

L'envoyé de Charlemagne

À Mignataja, sur la N 198, à 6 km au sud de Ghisonaccia, on prend à droite la D 745, qui se dirige à l'ouest vers la montagne. À 3 km, on aperçoit des ruines dominant la route à gauche. Ce sont les vestiges du château de Covasina, bastion d'une seigneurie qui fut souvent mêlée aux guerres corses. Ce château, appelé aussi *castello alamano*, aurait été édifié sur un modèle très ancien et inconnu en Méditerranée, à la suite d'une mission en Corse d'un seigneur germanique, originaire de Mayence.

Selon Giovanni della Grossa, ce personnage serait un neveu de Ganelon, le traître de la *Chanson de Roland* : « Ce fut en ces temps qu'eut lieu en France la trahison de Gane de Mayence, laquelle causa la mort des barons de Charlemagne... Ce fut ainsi qu'un neveu de Gane, appelé Ganelon, s'étant embarqué sur quelques vaisseaux avec de nombreux membres de cette famille pour aller chercher fortune ailleurs, arriva en Corse, lorsque la guerre que faisait Ugo aux Maures restés dans l'île était dans tout son feu. En côtoyant l'île, Ganelon arriva à Palo de Covasina. Afin d'effacer au moins en partie la tache qui flétrissait sa famille, il débarqua pendant la nuit, trompa la garde, et s'empara immédiatement de la ville de Covasina... Il la remit au comte Ugo, auquel il prêta ensuite un précieux concours pour terminer la guerre... Le comte Ugo... accorda à Ganelon Covasina, avec tout le territoire qui s'étend de Solenzara à Calcosalto. »

La référence à Ganelon a retiré tout crédit à ce passage de la chronique. « On voit que Giovanni della Grossa n'en a pas encore fini avec la légende », remarque l'un de ses commentateurs[1]. Pourtant, ce texte, qui semble mêler récit historique et chanson de geste, ne doit pas être délibérément écarté. Après avoir maîtrisé les Lombards, l'armée et l'administration franques ont réellement pris en charge la défense des terres menacées par les musulmans. Devant leurs attaques, réitérées à partir de 806, Charlemagne « engagea sur mer une lutte acharnée pour la défense des îles méditerranéennes. La Corse en fut le principal théâtre... Le littoral de l'empire sur la Méditerranée fut protégé par des postes établis aux bons endroits[2] ». Le pape Léon III, qui a couronné Charlemagne, « met les côtes de la mer Tyrrhénienne en état de défense et l'empereur envoie son cousin Wala l'assister jusqu'à ce que la sécurité soit revenue[3] ». Covasina ne serait-il pas l'un de ces postes de défense établis à l'époque carolingienne ?

Une lignée germanique ?

La famille germanique qui avait conquis Covasina aurait fait souche en Corse. Giovanni della Grossa présente Truffetta de Covasina comme un « descendant des Mayençais venus avec Ganelon », qui aurait lutté contre l'une des plus anciennes familles seigneuriales de Corse, les Biancolacci : « Truffetta de Covasina avait passé les monts pendant la guerre des Biancolacci, et s'était fait seigneur de Talabo. Ce fut lui qui bâtit le château de Pietrapola ; il l'appela ainsi du nom d'une de ses sœurs, Pola, qui l'occupait. Truffetta, en mourant, laissa trois fils : l'un eut Covasina, le deuxième Pietrapola, et le troisième Poggio di Nazza. »

Les murs de pierres taillées de la forteresse, qui surveillait l'étang de Palo, s'appuient sur une infrastructure de blocs plus volumineux où sont enserrées des briques romaines. Le rocher de Covasina était peut-être déjà un oppidum romain chargé de la surveillance de la mer et du rivage de la plaine orientale à l'époque romaine. Les relations avec la péninsule italienne étaient même plus anciennes encore : trois haches de bronze découvertes à Mignataja sont identiques à celles de Toscane, comme l'indique l'exemplaire exposé au musée Jérôme-Carcopino, à Aléria.

1. *Histoire de la Corse*, Bastia, Edizioni di « U Muntese », 1963.
2. A. Kleinclausz, *Charlemagne*, Paris, Tallandier, 1977.
3. *Id., ibid.*

« Les premiers ermites de la Corse », lithographie de 1863.

VENZOLASCA

(A Venzulasca)

28 KM S DE BASTIA PAR N 193, N 198 ET D 37

Confréries jumelles

On ne voit plus, le 17 janvier, les bêtes de trait, de bât et de joug parées en l'honneur de saint Antoine, alignées dans la rue principale de Venzolasca à partir de la place de l'Annonciade, dans l'attente de la bénédiction qui suivait la messe. Mais, les *panucci*, les petits pains, sont toujours distribués aux fidèles.

La confrérie fondée au XVIIᵉ siècle reste active et entretient des relations étroites avec son homologue de Vescovato. Le soir du jeudi saint, les confrères se réunissent dans la chapelle Sainte-Croix, se dirigent vers l'église Sainte-Lucie et, après les chants traditionnels, exécutent la *granitula* sur la place. Ensuite, à la lueur des flambeaux, les Venzolascais, derrière la croix décorée de palmes, se dirigent en procession vers Vescovato et, après une courte pause et une collation à San Filippu, la confrérie de Venzolasca participe vers 23 heures à une nouvelle cérémonie dans l'église Saint-Augustin, où l'attendait la confrérie de Vescovato. Le même hommage est rendu à Venzolasca dès le soir du vendredi saint : à 23 heures encore, la communauté de Venzolasca accueille celle de Vescovato dans l'église Sainte-Lucie et les deux compagnies pieuses entonnent ensemble le *Perdono mio Dio*.

Sainte Lucie est aussi fêtée le 13 décembre par les deux confréries, qui respectent un culte très ancien. Bien avant la construction

de l'église actuelle, en 1690, Santa Lucia de Baccaraccia, un vieux
sanctuaire aujourd'hui rasé, occupait une position plus élevée, à
0,5 km à l'ouest.

Trésor au couvent

Venzolasca est dominé par le couvent de Saint-François, le plus
ancien monastère franciscain de Corse, aujourd'hui en partie ruiné.
On s'y rend par un chemin, long de 0,3 km environ, qui part de
la D 237 à moins de 100 m au sud du carrefour de la D 237 et de la
D 37. Les moines attribuent la fondation du couvent à saint
François lui-même, qui serait venu en Corse en se rendant
d'Espagne en Italie (voir BONIFACIO). On y voit encore la chambre
de Pascal Paoli d'où le général pouvait suivre la messe célébrée
dans l'église. Au dire des anciens du village, avisés par l'un d'eux
qui l'aurait vu en songe, un trésor serait enfoui au pied d'un des
murs de l'édifice. Il s'agirait d'un trésor enterré là par les
Templiers. Mais on ne trouve aucune trace des Templiers dans la
région. Et, d'ailleurs, le nombre est grand, en Corse, de trésors
introuvables.

Palais et prisons

Dans la plaine de Venzolasca la tradition orale conserve le souvenir de lieux anciennement habités, *i Palazzi* et *i Prigioni*. On se
rend aux Palazzi par le chemin qui part de la N 198 vers la montagne, à droite, à mi-distance entre le carrefour de la D 37 et
Querciolo. Les palais n'ont existé peut-être que dans l'imagination
populaire, quoique les belles maisons de Venzolasca portent encore
le nom de *Palazzo*, mais une bourgade antique a sûrement occupé
les lieux qui ont livré en abondance des tuiles romaines, des briques
estampillées et de la céramique campanienne. De même, si les prisons n'apparaissent pas, les ruines semblent bien être des thermes,
où plusieurs piscines sont reconnaissables.

Des tombes à incinération du Ier siècle av. J.-C. donnent l'impression que ce quartier rural a été bien occupé et que l'on enterrait les
morts dans les jardins. Des caves voûtées d'origine romaine subsistent aussi à proximité. On croit depuis longtemps à Venzolasca
que les Palazzi étaient des demeures d'été appartenant à des habitants de Mariana (voir LUCCIANA). D'autres amas de céramiques
laissent supposer que les Étrusques s'étaient déjà installés sur ces
lieux entre le Ve et le IVe siècle av. J.-C.

La fin du général

Né à Venzolasca en 1776, le général Joseph-Marie de Casabianca
mourut en 1806 en Avignon, assassiné par son jardinier dans des
circonstances qui n'ont jamais été élucidées. Dans ses mémoires
inédits, son gendre et neveu, le comte Xavier de Casabianca, écrit :
« Il avait acquis une propriété considérable sur les bords du Rhône
près d'Orange. Il y trouva pour fermier et pour jardinier deux de ces
féroces révolutionnaires du Midi, qui s'étaient gorgés de sang sous
le régime de la Terreur. Il eut avec eux de violentes altercations.
Occupé à faire restaurer le château, il s'était logé provisoirement
avec sa famille au village de Mornas, situé près du domaine. Il surveillait les travaux. Un soir qu'il s'apprêtait à regagner sa demeure
et qu'il était seul, le jardinier, posté derrière la muraille, lui déchar-
gea son fusil en pleine poitrine et l'étendit raide mort. Aussitôt
après, ce misérable gagna un cabaret du hameau de Pioleu, dépen-

dant de la commune de Mornas, où il passa une partie de la nuit. Il fut arrêté en même temps que le fermier, mais mis hors de prévention à la faveur du faux alibi qu'il s'était ménagé. Plusieurs années plus tard, il fit au lit de mort l'aveu de son crime. Le fermier, quoique innocent, subit une longue détention et décéda dans la maison d'arrêt, tandis que l'instruction se poursuivait. »

VERO
(Veru)

29 KM N-E D'AJACCIO PAR N 193 ET D 4

La fortune et l'anathème

Si l'on retourne la terre au lever du jour, lors de la fête de saint Jean-Baptiste, le 24 juin, autour de l'ancienne église dédiée au saint, immédiatement au nord de la N 193, à 1 km au nord-est du carrefour de la D 4, on récolterait des pièces d'argent. On ne sait si ces investigations sont souvent couronnées de succès, mais on a découvert au moins une monnaie à l'effigie de l'empereur Hadrien (76-138) sur le site de 2 ha occupé à l'époque romaine dans la vallée de la Gravona.

Un état d'esprit respectueux des lieux consacrés était sûrement souhaitable pour obtenir une part du trésor, car il n'était pas recommandé de s'attaquer à San Giovanni-Battista. Selon les habitants de Vero, des matériaux arrachés à l'église auraient été utilisés pour la construction de l'ancienne gendarmerie, sur la N 193, qui a été incendiée trois fois en deux siècles ; depuis toujours, l'édifice est considéré comme maudit.

Le retour au foyer

A casa di Paese, la plus vieille maison du village actuel, situé à 3,5 km de la Gravona, sur la D 4, aurait été élevée sur le lieu de rencontre fortuit de deux frères fuyant les Sarrasins. Le choix des fondateurs a été avisé, comme le montre l'attachement de la longue chaîne des générations à ce village et la résurgence actuelle des traditions.

Autrefois, les enfants parcouraient places et ruelles, le 3 décembre, en entonnant des chansons en l'honneur de saint André, et recevaient des gâteries, à l'époque, des fruits séchés. Les adultes se réunissaient autour des fours pour déguster les *bastelle*, des chaussons à la courge, aux oignons ou aux pommes. Sous l'impulsion d'associations actives, le passé revit : les *bastelle* sont de nouveau préparés dans le four *di u Valdu* et la *Nuit du conte*, au mois de juin, lors de la Saint-Jean, attire participants et assistance venus de loin. Une foire se tient aussi au mois d'août pendant deux jours.

VESCOVATO

(U Viscuvatu)

25,5 KM S DE BASTIA PAR N 193, N 198 ET D 237

La mauresque

C'est une danse très ancienne, que l'on pratiquait à Vescovato dès le VIIIe ou le IXe siècle : les danseurs se rangeaient en deux camps et mimaient le combat qui avait opposé chrétiens et Maures, lors de la prise de Mariana par Ugo Colonna. La danse comprenait douze figures guerrières ; dans l'une d'elles, appelée l'« espagnolette », le cliquetis des épées accompagnait les frappements de pied. Une trêve intervenait après le sixième tableau. Au cours de la dernière séquence, la *resa*, les Maures vaincus rendaient les armes (voir BRANDO).

Murat.

L'acropole de l'évêque

Les hautes maisons de schiste de Vescovato donnent l'impression de dissimuler les secrets de cellules familiales closes sur elles-mêmes. Certaines habitations ont été des tours, élevées pour résister aux Barbaresques, qui débarquaient sur la plage de la Marana, vers la Punta d'Arcu, et pour se protéger lors des guerres civiles ou des règlements de comptes entre familles que l'honneur ou l'intérêt dressaient les unes contre les autres ; en 1564, l'une de ces tours

abrita un parti hostile à Sampiero Corso, qui réussit à chasser ses occupants en l'incendiant à l'aide de brassées d'arbustes du maquis imbibés d'huile.

L'aspect urbain du bourg provient aussi de l'évêché, qu'il accueillit de 1440 à 1570. Connu auparavant sous le nom de Belfiorito, le village, choisi comme résidence par l'évêque de Mariana, devint une cité animée par le clergé et les intellectuels. C'est à Vescovato que Pierantonio Monteggiani, Marcantonio Ceccaldi et Anton Pietro Filippini ont poursuivi l'œuvre de Giovanni della Grossa. La maison natale de Filippini est l'un des témoins de l'époque où Vescovato était considérée comme « l'Athènes de la Corse ».

Les traditions instaurées lorsque l'évêché encourageait les manifestations de dévotion restent encore vivaces. La *Cunfraterna di a Madonna santissima*, citée par Monteggiani à la fin du XVe siècle, est remplacée de nos jours par la *Cunfraterna di Santa Croce*. Cette confrérie, en accord avec celle de Venzolasca, anime la semaine sainte (voir VENZOLASCA), participe aux fêtes de l'Assomption, et, le 11 novembre, honore saint Martin, patron des vignerons et de Vescovato.

Au lendemain de Waterloo

La maison d'Andrea Colonna-Ceccaldi existe encore à Vescovato (dans le haut du village) : c'est là que, au lendemain de Waterloo, Murat se réfugia le 25 août 1815. Peu après, une escouade de la gendarmerie royale, venue de Bastia pour capturer le fuyard, dut repartir sans avoir rempli sa mission : la population de Vescovato assura la protection de Murat et ne laissa pas approcher les militaires.

Le 17 septembre, Murat partit pour Ajaccio où il fit une entrée triomphale, et où il s'embarqua pour sa funeste expédition napolitaine, réplique désastreuse du retour de l'île d'Elbe, qui devait le mener devant le peloton d'exécution dès le 13 octobre. Murat avait retrouvé à Vescovato le général Franceschetti, beau-frère d'Andrea Colonna-Ceccaldi, qui avait jadis été à son service quand il était roi de Naples. « Un seul point est demeuré douteux, écrit Frédéric Masson (dans *Revue d'ombres : Les Derniers Jours de Murat*), c'est le rôle qu'a joué Franceschetti qui semble avoir été l'instigateur de la descente. Fut-il de bonne foi ? Pensa-t-il vraiment qu'avec sa douzaine d'hommes Murat allait reconquérir son royaume ? Ce qui ferait en douter, ce sont les faveurs qu'il a reçues des Bourbons de France et qui lui ont assuré par la suite une sorte de fortune. Mais, bien que les apparences ne soient pas en faveur du général, il ne s'est pas encore rencontré de pièces qui le convainquent de trahison. »

Le véritable auteur du guet apens où tomba Murat n'a jamais été dévoilé ; pourtant, le nom de Ferdinand de Naples — qui avait retrouvé son trône, une fois Murat vaincu — vient immédiatement à l'esprit. Aussi F. Masson poursuit-il : « Les ministres de Ferdinand ont à coup sûr cherché à défendre le royaume contre une descente de Murat... mais d'agents qu'ils aient expédiés en Corse, on n'en trouve positivement qu'un seul, un des anciens serviteurs de Murat, un nommé Carabelli, chargé de le détourner de l'expédition dont on lui attribuait le projet... Murat n'avait aucun besoin d'être incité à la folie qu'il allait commettre. » C'est là la conclusion la plus sage.

L'agent de Naples cité par F. Masson serait Ignace Carabelli. Accompagné de son frère Simon, il rendit visite à Murat lors de son séjour à Ajaccio et refusa de participer à la tentative de reconquête. La prudence de ces deux anciens officiers n'a pas inspiré leur famille. Leur sœur serait Colomba Carabelli, qui devait s'illustrer plus tard, en 1833, lors de la vendetta décrite par Mérimée (voir FOZZANO).

« Cette petite île étonnera l'Europe »

Également originaire de Vescovato, Matteo Buttafuoco eut, en 1764-1765, l'idée de demander à Jean-Jacques Rousseau un projet de Constitution pour la Corse. Jean-Jacques avait écrit, en 1762, dans *Le Contrat social* ces lignes flatteuses et que d'aucuns jugèrent plus tard prophétiques, en y voyant l'annonce du destin de Napoléon : « Il est encore en Europe un pays capable de législation : c'est l'île de Corse. La valeur et la constance avec laquelle ce brave peuple a su recouvrer et défendre sa liberté mériterait bien que quelque homme sage lui apprît à la conserver. J'ai quelque pressentiment qu'un jour cette petite île étonnera l'Europe. »

Buttafuoco, qui était alors officier au Royal Italien, échangea à propos de ce projet plusieurs lettres avec le philosophe. Rousseau rédigea un projet assez utopique et songea même à se retirer en Corse, chez un peuple « brave et hospitalier ». Le projet fut abandonné.

Mirabeau, au cours de sa courte carrière militaire, séjourna quelque temps à Vescovato en 1769 et 1770. Il y connut — nul ne s'en étonnera — une aventure galante qui fit quelque bruit. Il aurait donné ses rendez-vous amoureux dans le jardin du couvent des Capucins, au bas du village. Il entreprit aussi à Vescovato la rédaction d'une *Histoire de la Corse* dont le manuscrit inachevé fut détruit par son père.

VICO

(Vicu)

52 KM N D'AJACCIO PAR N 194, D 81, D 70 ET D 23

Pour l'exemple

Le gouverneur génois Spinola fit égorger en 1459 Raffè de Leca et pendre vingt-deux de ses parents, qui avaient été capturés au château d'ARBORI (voir ce nom). Le corps de Raffè de Leca fut dépecé et exposé à Vico avant que les membres n'en soient envoyés aux diverses villes de Corse, tandis que sa tête était expédiée à Gênes. De même, lorsque le bandit Théodore Poli fut abattu en 1827 par les voltigeurs (voir GUAGNO), son cadavre fut exposé durant quarante-huit heures sur la place de Vico, où une foule immense vint le contempler.

Le trésor du couvent

De Vico, on se rend au couvent de Saint-François, à 1,5 km au sud-est du village, par la D 1. Le couvent apparaît en position dominante, parmi les magnolias, au-dessus de la vallée du Liamone. Il aurait été fondé en 1481 par Gian Paolo de Leca, qui tenait à remercier les habitants de Vico : ceux-ci l'avaient caché, alors qu'il était poursuivi par les Génois. Jugeant suspects les déplacements multi-

Vico.

pliés par les moines auprès de Gian Paolo, les Génois auraient occupé le couvent et découvert dans le jardin le trésor de guerre des Leca ; ils auraient récupéré ainsi leur argenterie et deux mille ducats.

Éloquence et vendetta

Abandonné à la fin du XVIIIe siècle, le couvent de Saint-François fut restauré, puis confié aux Oblats. Entre 1836 et 1839, le supérieur du couvent, le père Albini, poursuivant l'action de Mgr Casanelli d'Istria, prêcha dans toute la Corse l'abandon de la vendetta. Il obtient des réconciliations tenant du prodige, particulièrement à Canale-di-Verde et à Linguizzetta, où les meurtres par vengeance s'étaient succédé au cours des dernières années au rythme d'un par trimestre. « Quelque chose de miraculeux accompagne la parole de cet homme ou plutôt de cet apôtre. Il n'a qu'à ouvrir la bouche et tout un pays est terrassé », écrit à son propos un archevêque de Paris qui avait été, à son époque, supérieur du grand séminaire d'Ajaccio.

La statue-menhir d'Apricciani

Cette stèle anthropomorphe, qui mesure 2,19 m de haut, était couchée à quelques kilomètres en amont de Sagone sur la rive droite de la rivière du même nom. Actuellement conservée à Vico, elle fut pour la première fois décrite par Mérimée : « Revenant de la colonie grecque de Cargèse, je m'arrêtai auprès de l'église de Sagone, ruine sans importance, pour chercher dans le voisinage "une statue de chevalier, le casque en tête", qu'on m'avait indiquée... Ce fut en vain que je la demandai à plusieurs femmes qui épluchaient du maïs devant l'église. Heureusement, elles me renvoyèrent à un vieillard à barbe blanche, qu'on voyait à cheval à quelque distance, chargé par le propriétaire de garder la récolte. Cet homme n'avait jamais entendu parler d'un chevalier le casque en tête ; mais il me proposa, me trouvant curieux de vieilles choses, de me montrer un *idolo dei Mori*. J'aurais donné tous les chevaliers du monde pour voir cette merveille. »

Mérimée et son guide parviennent jusqu'à la statue : « C'était une table de granite bien dressée, haute de 2,12 m, épaisse d'envi-

ron 0,20 m. Elle était appuyée sur un tronc d'arbre, mais on l'avait
trouvée en terre, à plat, enterrée à une certaine profondeur. Qu'on
se figure une pierre plate façonnée en gaine, arrondie à son extrémité inférieure, légèrement rétrécie, et dont le sommet serait sculpté ou plutôt découpé de manière à représenter une tête humaine.
Le visage est taillé dans le nu de la pierre, et maintenant un peu
fruste. Pourtant on distingue les yeux assez bien dessinés, le nez, la
bouche exprimée par un seul trait horizontal, la barbe terminée en
pointe. Les cheveux, partagés sur le front, forment deux touffes
saillantes à la hauteur des yeux. En cet endroit, la pierre a sa plus
grande largeur (à peu près 0,40 m). Les seins et les muscles pectoraux sont indiqués, mais le reste de la dalle est absolument lisse.
Derrière, les cheveux, taillés court, ne dépassent pas la nuque. Les
omoplates sont exprimées aussi grossièrement que la poitrine. En
un mot, c'est un buste plat sur une gaine. Peut-être quelqu'un
verra-t-il des cornes dans ces deux bosses que j'ai prises pour des
touffes de cheveux. Cependant, des traits légers et droits qu'on
observe par-derrière, et qui, assurément, veulent dire des cheveux,
se prolongent sur ces bosses et indiquent à mon avis qu'elles sont
de même nature. En somme, cette statue, si on peut lui donner ce

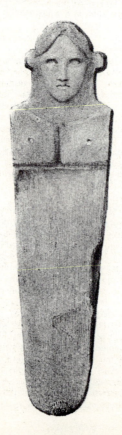

*La statue-menhir
d'Apricciani,
décrite
pour
la première fois
par Prosper Mérimée.*

nom, est ce qu'on peut voir de plus grossier pour le travail, et cependant il y a dans l'indication des traits une certaine régularité qu'on ne trouve pas dans les ouvrages très barbares. »

Mérimée ajoute : « Je ne pus obtenir le moindre renseignement sur les circonstances de sa découverte, sur les objets qui pouvaient se trouver dans le voisinage. Mon guide me répéta seulement du ton d'un homme sûr de son fait que c'était une idole des Maures, et il ajouta cette historiette, qu'un berger trouva un jour une pareille statue avec l'inscription : *Girami, e vedrai*... " Retourne-moi, et tu verras... ", qu'à grand-peine on l'avait retournée, et trouvé la fin de l'inscription : *il rovescio* " le revers "... Quant à moi, j'incline à croire que cette pierre représente ou une divinité ou un héros, ligurien, libyen, ibère ou corse. »

Renan voyait dans cette statue le couvercle d'un sarcophage anthropoïde. En réalité, cette statue-menhir dite d'Apricciani, appelée aujourd'hui Sagone I, est l'un de ces monuments mégalithiques, marquant une tombe ou un lieu de passage, qui se sont multipliés en Corse de la fin du néolithique à l'âge du bronze.

Une autre statue-menhir, longue de 1,65 m, dite de Sagone II, a été réemployée, de profil, dans l'angle extérieur sud de l'ancienne cathédrale de Sagone. M. Grosjean estime qu'« il y a eu là non point une simple addition de matériaux de construction, car les maçons utilisaient des pierres mieux taillées pour cet usage, mais une christianisation de ces statues considérées comme païennes ».

Selon E. Chanal, une légende est attachée au menhir d'Apricciani ; ce serait la statue d'une jeune bergère qui cueillait des fleurs, au lieu de rentrer le linge qu'elle venait de laver, malgré les exhortations de sa mère. À la fin, cette dernière, excédée, s'écria : « Puisses-tu sécher éternellement, toi et ton linge ! » Ce vœu cruel aurait été exaucé.

La statue-menhir réutilisée dans l'un des murs de l'église de Sagone.

Thermes et basilique

Près de l'emplacement actuel de Sagone (38 km au nord d'Ajaccio par la N 194 et la D 81), s'élevait il y a quinze cents à deux mille ans une ville dont on ignorerait tout si l'on ne savait qu'elle a été le siège d'un évêché. À 40 km d'Ajaccio et à 2 km à l'ouest de Sagone, la N 199 contourne le golfe de Sagone en s'insinuant entre le rivage et une colline où les Génois ont construit une tour. Sur cette colline, où s'élève aussi l'ancienne cathédrale édifiée au XIIe siècle, Mme Moracchini-Mazel a retrouvé les ruines d'une basilique paléochrétienne, remontant au Ve siècle, ainsi que des thermes romains. Une tuile à rebord, exhumée en 1966, porte une inscription latine :

Domus Sancti Apiani † D°
Ivbante Paulus Fecit

que l'on peut traduire : « Paul a fait la maison de saint Appien avec le concours de Dieu. »

Paul était sans doute l'évêque de Sagone et saint Appien le patron de l'édifice. On ne connaît pas l'origine du culte de saint Appien, mais on l'associe généralement, sans autres précisions, aux évêques africains du Ve siècle réfugiés en Corse lors des invasions vandales.

Sans cesse menacée, la ville de Sagone eut une destinée éphémère. Déjà, au VIe siècle, l'évêché n'était pas régulièrement pourvu. Au XVIe siècle, Sagone était abandonnée ; en 1572, l'évêque établit sa résidence à Vico et, en 1625, à Calvi.

Les bandits corses, illustration tirée d'une édition de Colomba.

VIGNALE

26,5 KM S DE BASTIA PAR N 193 ET D 7

« Tué après sa mort »

Jérôme Olanda fut abattu par les gendarmes au début de 1887 : cette mort mettait fin à une terrible vendetta, qui avait terrorisé les habitants de Vignale. L'histoire commence par un pari stupide, le 1er janvier 1881 : en se rendant à l'église, un jeune homme, Mariotti, parie qu'il aura le dessus sur son camarade Orsini dans une lutte à main plate. Un troisième larron, Olanda, est chargé d'arbitrer le combat, qui attire vite une nombreuse assistance. La rencontre se termine par un résultat incertain. Olanda réclame une seconde épreuve ; Orsini refuse et, devant l'insistance de l'arbitre, entre en fureur, se saisit du stylet d'un spectateur, nommé Nicolai, et le plonge dans le ventre d'Olanda, qui trépasse. Orsini est pris, jugé, et condamné à une peine de prison légère ; Nicolai est acquitté. Mais le père du mort, Jérôme Olanda, ne l'entend pas de cette oreille : il admet qu'Orsini paie sa dette, mais considère Nicolai comme plus coupable encore pour n'avoir pas mieux défendu son stylet et se l'être laissé prendre par Orsini. Il le tue de neuf coups de couteau. Dès lors la vendetta est allumée. Un Nicolai blesse le second fils de Jérôme Olanda, Denis. Puis deux membres de la famille Olanda attaquent trois Nicolai et en tuent un, surnommé *el Moro*. Denis Olanda est arrêté, son père interdit à la veuve du *Moro*, sous peine de mort, de toucher à l'héritage de son mari et lui ordonne même de quitter Vignale : elle se rend à Bastia avec ses deux enfants. Elle est citée comme témoin au procès de Denis Olanda, et, après avoir au début observé la loi du silence, finit par éclater et, dans un accès de fureur noire, expose les faits et supplie les juges de punir les assassins de son mari. Deux jours après, en septembre 1886, elle rentre à Vignale et est immédiatement abattue d'un coup de fusil par Jérôme Olanda qui tente également de tuer sa fille : l'enfant arrive à se sauver en se jetant dans un précipice où elle eut la chance de pouvoir s'accrocher à des buissons. Le village était dans un état de terreur telle que les fossoyeurs n'osèrent pas creuser la fosse de la veuve du *Moro* : deux amis durent le faire secrètement durant la nuit. Finalement, Olanda fut abattu par les gendarmes. Mais le bruit courut qu'Olanda avait été « tué par les gendarmes huit heures après sa mort ».

VILLANOVA

14 KM N-O D'AJACCIO PAR D 61 ET D 261

Camp punique et aigle romaine

Vecchione, un des hameaux de Villanova, aurait existé avant l'occupation romaine et se serait appelé Ve-Ghione ; ce nom d'origine ibérique indiquerait qu'il aurait été fondé par des Celtibères, peuple qui, dans l'Antiquité, vint s'établir en Italie, en France et en Corse. Près de Vecchione, le lieu-dit Campo Unico serait, d'après une tradition locale, la déformation de *campo punico* : une occupation carthaginoise aurait précédé la conquête romaine.

Des vestiges révèlent encore de nos jours la présence des Romains à Campo Unico. De plus, une colline dominant Campo Unico porte le nom de *punta Aquilone*. Le lieutenant-colonel

Biancamaria[1] estime qu'*aquilone* viendrait soit d'*aculeus*, l'« aiguillon », soit de *aquila*, l'« aigle » (l'aigle étant l'enseigne des légions romaines). Ibères, Carthaginois et Romains auraient donc été à l'origine de Villanova.

Chasse au trésor

Le passage des Romains est confirmé par le trésor du golfe de Lava, connu sous le nom de trésor de Corse par les experts et les amateurs de numismatique. Depuis la fin du XIXe siècle, des pièces d'or à l'effigie de plusieurs empereurs romains auraient été retirées d'une épave immergée à 3 m de profondeur dans le golfe de Lava, très près de la côte. Des plongeurs pratiquant la pêche sous-marine ont reconnu avoir remonté certaines pièces des fonds proches du Capo di Feno. L'historien Jean Lafaurie assure même que le naufrage a eu lieu entre mars 271 et novembre 273, au cours d'une traversée entre la Ligurie et l'Afrique du Nord.

Après plusieurs transactions alimentées par ce trésor, l'État intervient en 1986, à l'annonce d'une vente aux enchères prévue à Monaco, et fait saisir soixante pièces. Cent cinquante monnaies auraient déjà été dispersées. Un plat d'or et une statuette auraient disparu. L'instruction dure huit ans ; le procès se déroule à Ajaccio en 1994. Après les plaidoiries de la défense, l'origine du trésor devient encore plus impénétrable qu'auparavant : bien informé des traditions locales et des recherches de J. T. Biancamaria, l'un des avocats rappelle que le trésor peut aussi avoir été enfoui aux abords des ruines romaines de Villanova et plaide ainsi l'impossibilité de prendre en compte la législation s'appliquant à l'archéologie sous-marine.

Une veuve intrépide

Le large chemin encaissé qui relie les bords du golfe de Lava au massif de Lisa est appelé la *stretta dei Mori*, le « chemin des Maures ». Il est à présumer que les Maures, installés vers le IXe siècle sur la côte et s'efforçant d'étendre leur domination vers l'intérieur, établirent cette voie menant vers la *punta di Lisa* (2 km au sud de Villanova) où s'étaient réfugiés les habitants de Campo Unico et de Vecchione.

À 2 km au sud-est de Villanova, sur la *punta di Lisa* (790 m), il existe d'autres vestiges : des blocs de granite et, surtout, un important souterrain qui se termine en gouffre (l'entrée en est marquée par un vestibule taillé dans le roc) ; il contiendrait, disent les bergers, une immense dalle creusée en forme de pétrin.

Alors que les cartes désignent le sommet de la montagne sous le nom de *punta di Lisa*, les habitants conservent le vieux nom de *castello della Moneta*, qui date du XIVe siècle. « Il advint, écrit le lieutenant-colonel Biancamaria, que le seigneur de Lisa fut tué et sa jeune veuve, Bianca-Maria, fille d'un petit seigneur du Célavo (Bocognano) surnommé Moneta, se retira dans son château de Lisa situé sur un piton inaccessible, renforça les défenses constituées seulement par les murs en granite surmontés d'une plate-forme et, pour bien démontrer son indépendance, le dénomma *castello della Moneta*. Malgré une réputation qui a passé les siècles, la fille de Moneta ne put résister aux seigneurs de Gozzi (voir APPIETTO) et de

1. J. T. Biancamaria, *La Corse dans sa gloire, ses luttes et ses souffrances*, J. Peyronnet, Paris, 1963.

Cinarca (voir Sari-d'Orcino) : pris en 1375, le château fut rasé par Arrigo della Rocca et nul ne revint plus l'habiter.

VILLE-DI-PARASO

(E Ville-di-Parasu)

35 km E de Calvi par N 197 et D 71

La forteresse des cendres

En quittant le village vers le nord par la D 71 et la D 63, on approche d'une éminence isolée, la Mutola, qui s'élève à 264 m au sud de Ficajola. Le piton de la Mutola est protégé par une enceinte cyclopéenne, équipée d'un chemin de ronde. Autour de la Mutola, sur plusieurs dizaines d'hectares, des poteries renfermant de l'amiante pour résister au feu, un autel de sacrifices avec une cupule, deux cromlechs. Sur l'un d'eux ont été repérées des traces d'incinération. Reconnue d'abord comme un lieu de culte néolithique, la Mutola était un véritable village aux occupations multiples ; le site est parsemé de meules. Active à la fin du néolithique, la Mutola n'a pas été abandonnée ensuite comme le prouvent des haches en bronze ayant la forme et les dimensions d'un burin et des débris de poteries romaines. La collection de pointes de flèches, de haches en pierres polies constituée par M. Simonetti-Malaspina, qui découvrit le site en 1894, est conservée par sa famille.

La dame de l'onde

On voit encore, au hameau de Rusto, les ruines du manoir de la *Signora dell'onda,* l'ondine corse, qui vivait au XVIIᵉ siècle, et devait son nom à une cascade qui se trouvait sur son domaine. On dit qu'elle donnait tous les ans un décalitre d'écus au couvent de Tuani, situé aux confins de Villa-di-Paraso et de Costa. Très pieuse, elle prit pour directeur de conscience un jeune moine italien, fort bien tourné, le père Michel. Mais les mauvaises langues affirmèrent bientôt que le commerce que la dame entretenait avec son confesseur ne lui procurait pas que des extases spirituelles, et un jour que le père Michel rentrait d'une visite au château, il fut copieusement rossé par deux hommes masqués : le scandale amena le transfert du religieux dans un autre monastère. Cependant, la *Signora dell'onda* ruminait sa vengeance. Elle avait toutes raisons de soupçonner un de ses parents : un jour qu'il passait sous les fenêtres de son manoir, elle lui brisa la clavicule d'un coup de fusil.

VILLE-DI-PIETRABUGNO

(E Ville-di-Petrabugna)

5,5 km N-O de Bastia par D 31

Corse et Sibérie

À la sortie de Bastia, vers le cap Corse, la D 80 traverse Toga. Au-dessus de la route, près du hameau de Sainte-Lucie, un escarpement calcaire apparaît. Dans la *Lettre de M. Rampasse à M. Cuvier, sur une brèche calcaire découverte en Corse, contenant*

des os fossiles[1], le site est décrit ainsi : « En observant ainsi atten-
tivement ce massif calcaire, j'aperçus que quantité de petits corps
qui me paraissaient homogènes se trouvaient engagés et comme
empâtés dans la terre rouge brunâtre, dont la dureté, étant égale à
la pierre, me fait lui appliquer le nom de brèche calcaire. »

Une vue de Toga.

Cuvier reprit l'étude des « petits corps » signalés par
M. Rampasse dans ses *Recherches sur les ossements fossiles des
quadrupèdes*, publiées en 1812 : les ossements trouvés à Toga
étaient ceux de rongeurs. « Ils n'appartiennent pas à des espèces
communes dans le pays, j'y ai même reconnu une tête complète d'un
genre dont les espèces n'ont été jusqu'à présent observées qu'en
Sibérie [...]. Je me rappelai les figures données par Pallas des petits
lièvres sans queue de Sibérie (auxquels j'ai appliqué le nom de
Lagomys) [...]. Je fus frappé de leur ressemblance [...]. Cette ressemblance est même telle que j'ai cru d'abord à une identité parfaite ; mais j'ai trouvé ensuite que le crâne fossile est un peu plus
grand et diffère encore à quelques autres égards. »

Jupiter sur la montagne

Du hameau de Guaitella, qui forme avec Alzeto le vieux centre de
la commune de Ville-di-Pietrabugno, on se dirige vers la montagne,
à l'ouest, en direction du mont San Colombano (832 m), à 2 km.
À proximité de la crête médiane du cap Corse, subsiste une ruine
rectangulaire orientée d'ouest en est : c'est l'église de San
Colombano. Il y a un siècle, des processions se succédaient pendant
trois jours, lors de la fête du saint patron, entre l'église San
Colombano et la *Chiesa di Ghiovu*, petite chapelle édifiée sur la
crête même du cap Corse. Il n'est pas impossible que San
Colombano ait annexé et christianisé un temple consacré à Jupiter.
Le sanctuaire dédié à saint Colomban révélerait-il le passage de ces
moines irlandais qui parcoururent l'Europe au VIIe siècle ?

1. *Annales du Muséum d'histoire naturelle*, 1807.

VIVARIO
(Vivariu)

22 KM S DE CORTE PAR N 193

Profanations macabres

Né à Prello, hameau situé à quelques centaines de mètres au
nord de Vivario, ou à Arca, à 3 km de Vivario par la D 343 et une
VO, le pape Formose (891-896) avait couronné Arnoul empereur. Le
successeur de Formose, Étienne VI, ennemi d'Arnoul, tira le
cadavre du pape défunt de son tombeau et le fit jeter dans le Tibre.
D'autres personnages de Vivario subirent la même profanation.
Les frères Bartolomeo, enlevés par des pirates barbaresques,
avaient fait naufrage ensuite, mais avaient atteint à la nage la
côte italienne, où ils furent recueillis par les habitants de
Talamone. L'un des deux frères, qui se fit appeler Bartolomeo
de Talamone, devint amiral des galères du Saint-Siège et ravagea
Mytilène, pays natal du dey d'Alger, Barberousse. Il mourut jeune,
à l'âge de quarante ans, et fut enterré à Talamone. On dit que, par
vengeance, Barberousse s'empara, en 1544, de la ville, pénétra
dans l'église où était enseveli l'amiral, fit exhumer ses restes et les
brûla, jetant ses cendres aux quatre vents.
L'autre frère, qui conserva le nom de Bartolomeo de Vivario, servit Gênes, puis passa dans le camp de Sampiero Corso. Il fut tué en
1567 dans une rencontre avec les Génois, près de Mezzavia. Sa tête
qui avait été mise à prix par la République fut portée d'Ajaccio à
Bastia plantée sur une pique et exposée sur les fortifications de
Biguglia, résidence du gouverneur génois.

Robin des bois

Destinée à impressionner la population, cette mise en scène posthume était courante à l'époque. Les Génois, pourtant, n'auraient dû
s'en prendre qu'à eux-mêmes. Pendant de longues années,
Bartolomeo de Vivario avait combattu loyalement dans l'armée
génoise. Retiré dans son village à la fin de son engagement, il solli-
cite en vain une mesure d'indulgence en faveur d'un de ses parents,
Ferrando de Muracciole, interné sur l'ordre du gouverneur.
N'acceptant pas l'échec de ses interventions, il libère Ferrando
entre Bocognano et le col de Vizzavona. À partir de ce jour,
Bartolomeo prend le maquis dans les cantons les plus reculés du
Cruzzini. À la fois prudent et audacieux, aidé par sa connaissance
achevée de la montagne et de la forêt, il tient tête aux Génois et les
ridiculise parfois ; sa réputation s'étend alors à l'ensemble de l'île.
Banni, dépouillé de ses biens, il quitte la Corse pour le continent
avec le groupe de rebelles qui s'était constitué autour de lui. De
retour avec Sampiero Corso, qui l'avait délivré de captivité, en versant la rançon réclamée par les Barbaresques, il participe à la dernière campagne du condottiere contre les Génois et meurt, comme
lui, au combat.

La tour des supplices

À 2 km au nord de Vivario, on aperçoit vers l'ouest la tour de
Pasciola (797 m), qui domine la N 193 de 200 m. Aujourd'hui en
ruine, la tour, qui en réalité est un fort rectangulaire, avait été élevée par les Français en 1770. Transformée en prison par le redoutable général Morand, auquel Napoléon avait confié l'administra-

tion de la Corse, elle inspirait une véritable frayeur tant les bruits répandus sur les traitements réservés aux détenus étaient inquiétants. On entend encore aujourd'hui l'imprécation suivante : « *Che tu sia della Pasciola !* », « Que tu sois enfermé à la Pasciola ! »

La fontaine magique

Si l'on en croit l'auteur anonyme de l'*Histoire de l'isle de Corse* publiée à Nancy en 1747, la *fontana boulita*, dans la forêt de Vizzavona (à 11 km environ au sud de Vivario), aurait des propriétés particulières : ses eaux seraient chaudes en hiver, froides en été ; de plus, si l'on y plonge une bouteille de vin en été durant un quart d'heure, le vin perd non seulement sa couleur, mais aussi sa saveur, qu'il ne reprend qu'après avoir été exposé un quart d'heure au soleil.

Le monte d'Oro.

Les sorciers de la Saint-Pierre

Au col de Vizzavona (12,3 km au sud de Vivario par la N 193), une colline s'élève à 50 m au-dessus de la route, à l'est, avant l'amorce de la descente vers Bocognano. Les restes de pierres taillées dans le granite rappellent l'existence d'une chapelle dédiée à saint Pierre. D'après Mgr Giustiniani, la chapelle était un lieu de pèlerinage fréquenté chaque année le 1er août par les habitants des *pieve* de Vivario, de Bocognano et de Ghisoni. A la suite d'une rixe sanglante, le pèlerinage fut abandonné, et on construisit non loin de Tattone, hameau situé sur la N 193 à 6 km au sud de Vivario, un oratoire octogonal où les fidèles de Vivario et de Muracciole se rendent tous les 29 juin.

La veille de la Saint-Pierre, tous les sorciers d'en deçà et d'au-delà des monts se réunissent à minuit non loin du monte d'Oro (2.391 m ; à 4 km environ de la Foce de Vizzavona, à l'ouest, et à six heures de marche : la Foce est située sur la N 193 à 11,7 km au sud de Vivario). Le sabbat des sorciers est présidé par la Mort, qui trône entourée de quatre diables. Les sorciers se divisent en deux camps qui se livrent une bataille acharnée, dont dépend le sort de la Corse pendant un an : le camp victorieux rejette la mort de sa région sur celle du vaincu. Aussi, quand, d'un côté des monts, on meurt plus que de l'autre, les Corses ont coutume de dire : « On voit bien que nos sorciers ont été vaincus la veille de la Saint-Pierre. »

Du sommet du monte d'Oro, on aperçoit au nord, au fond d'un cirque glaciaire, le lac d'Oro. La légende raconte que ce lac était la retraite d'un monstre qui, comme Cassandre, avait la prescience des calamités. En effet, quand celles-ci menaçaient, le monstre émergeait du lac, galopait en hurlant jusqu'aux gorges du Vecchio, puis gravissait bruyamment les pentes abruptes de la montagne et enfin replongeait dans l'onde.

Un Mowgli corse

La commune de Vivario est traversée du sud au nord par les gorges du Vecchio, que la N 193 suit constamment à l'est, à une distance de quelques centaines de mètres ou de quelques kilomètres. On appelle encore le « saut du sauvage » le seul endroit des gorges du Vecchio où la rivière soit franchissable par un saut de trois mètres. Vers 1800, en effet, un jeune garçon d'une dizaine d'années s'enfuit de chez ses parents à la suite d'une réprimande. Malgré de longues recherches, il fut impossible de le retrouver. Cependant, une vingtaine d'années plus tard, un paysan vit sur un rocher, dans les gorges du Vecchio, des empreintes qu'il attribua à quelque animal fabuleux ; on organisa une battue, et l'on finit par capturer un homme retourné à l'état sauvage : c'était l'enfant perdu, que l'on rendit à sa famille, mais qui ne put s'adapter à la vie civilisée et mourut quelques mois plus tard.

Vue du pont d'Ucciani et du monte d'Oro.

VOLPAJOLA

(A Vulpaiola)

33,5 KM S DE BASTIA PAR N 193 ET D 15

Le sang du général

En 1564, le général génois de Negri poursuivait Sampiero Corso. De passage à Volpajola, il demanda au podestat, Morazzanu, les vivres et le logement. Mais les ressources du village étaient des plus réduites : Negri entra dans une violente colère lorsqu'il vit la maigre subsistance et le piètre gîte qui lui étaient offerts ; hors de lui, il gifla le podestat. Deux jours après, Negri, blessé au cours d'un combat, dut battre en retraite et repasser par Volpajola. Morazzanu se vengea de l'affront reçu : il tua le général, se jeta sur le cadavre, s'enduisit le visage du sang de sa victime pour effacer la souillure du soufflet et donna à dévorer les entrailles du mort à ses chiens. Peu après, l'armée génoise, sans doute en représailles, mit à sac le village et en brûla les édifices. On voit encore les traces de cet incendie sur le beau retable conservé à l'église paroissiale : ce tableau provient de l'église Saint-Blaise aujourd'hui en ruine.

Zicavo.

ZICAVO

(Zicavu)

63 KM E D'AJACCIO PAR N 193, N 196, D 83 ET D 757 A

Le bal des vampires

L'imagination populaire a, dans la région de Zicavo, prêté vie à de très nombreux esprits, plus sinistres les uns que les autres : par temps de brouillard, la nuit est peuplée de *gramantes* (vampires), et les femmes des montagnes dormaient naguère avec une serpe ou une faucille à leur portée pour se défendre en cas de nécessité. Les *streghe* sont des sorcières qui enfoncent leurs crocs dans le cou des petits enfants endormis qu'elles vident de leur sang. Enfin, on redoute aussi les *acciaccatori* : ce sont des revenants qui attaquent les voyageurs isolés et leur fendent le crâne.

Saint Roch et saint Pierre

L'oratoire situé au nord de Zicavo, sur la D 757 A, à 150 m de la D 69, est dédié à saint Roch. La clef de l'oratoire aurait eu le pouvoir de guérir les épizooties. Les bergers des environs avaient coutume de s'y rendre et de jeter la clef au milieu du troupeau. Des vertus similaires étaient attribuées à la clef de San Damiano de Sartène.

À 2 km au sud de Zicavo, sur la D 69, après le pont de la Camera, un chemin s'élève vers le sud, à flanc de montagne. À 5 km de Zicavo, le chemin s'oriente vers l'ouest, descend vers le Tintorajo, et s'élève de nouveau vers le *Bosco del Coscione*. On atteint, à 8 km de Zicavo, la chapelle San Pietro ou San Petru (1 400 m d'altitude environ). On peut aussi atteindre la chapelle par la D 69 et la D 428, que l'on prend à gauche.

Cette chapelle aurait une origine miraculeuse. Trois frères étaient, au début du XVIᵉ siècle, en vendetta avec une puissante famille de Sartène et furent contraints, une nuit, de se cacher dans la forêt. Ils s'endormirent et, pendant leur sommeil, saint Pierre leur apparut pour les prévenir que leurs ennemis étaient à leur poursuite : ils se cachèrent alors dans un endroit pratiquement inaccessible, échappèrent à toutes les recherches et purent finalement rentrer sains et saufs dans leur famille. Mais saint Pierre leur apparut à nouveau et leur ordonna de lui élever une chapelle là où ils trouveraient une barre de fer plantée dans le sol. Ils cherchèrent longtemps l'endroit, finirent par le découvrir, et firent construire la chapelle que l'on voit encore. Peu après, ils se réconcilièrent avec leurs ennemis.

Jusqu'au milieu du XIXᵉ siècle, le 1ᵉʳ août, jour de la Saint-Pierre, les bergers du Coscione se rendaient à cheval en pèlerinage à la chapelle avec leur famille. Après la messe, on se restaurait, on dansait au son du fifre puis, au retour, les cavaliers rivalisaient d'adresse.

Seuls contre tous

En 1739, l'armée du marquis de Maillebois réussit à pacifier la Corse, après la convention conclue à Versailles, en 1737, entre Gênes et la France. Un village résistera, seul, pendant un an : Zicavo. Rien ne semblait destiner à un tel exploit cette modeste communauté, composée en majorité de bergers attachés au service des grandes familles de l'Alta Rocca et de Porto-Vecchio. Mais, ces montagnards étaient endurcis par des conditions de vie difficiles, qui les obligeaient à de lointains déplacements, particulièrement lors des périodes d'hivers rigoureux. Ils s'étaient souvent signalés par leurs capacités d'initiative, mais aussi par leur esprit d'insoumission. Le fonds du *Civile Gobernatore*, conservé à Ajaccio, révèle qu'en 1717, ce sont des Zicavais qui ont entrepris de relever Sari-di-Porto-Vecchio, alors à l'abandon. Au contraire, en 1739, le curé de la piève de Zicavo, « vieux prêtre fanatique », selon Paul Arrighi, et les Franciscains de Sartène animent ensemble le soulèvement de l'extrême sud de la Corse, avec l'appui du baron Frédéric de Neuhoff, le neveu de Théodore. Cette insurrection, qui mobilisa un millier d'hommes, contraignit le marquis de Maillebois à réclamer des renforts pour maîtriser une situation qui menaçait de lui échapper. Au cours de la répression, le couvent des Franciscains de Sartène fut incendié et plusieurs moines durent prendre le maquis. Les femmes et les enfants de Zicavo s'étaient réfugiés sur le plateau du Coscione, pendant que les hommes étaient au combat. Inquiets pour leur village, qui n'était plus gardé et était à la merci des troupes ennemies, les Zicavais finirent pas déposer les armes après une longue résistance. L'esprit d'indépendance des vieilles familles originaires de Zicavo s'est encore manifesté en 1774, lorsque le général Giacomu Petru Abbatucci, pourtant rallié à la France, refusa de mener campagne contre le Fiumorbo.

ZONZA

40 km N-O de Porto-Vecchio par D 368 — 94 km S-E d'Ajaccio par N 193, N 196 et D 420

Face au soleil levant

De Zonza, on se rend au hameau de Pacciunituli (8,5 km) par la D 268, en direction du sud, puis, à l'entrée de San-Gavino-di-Carbini (5,5 km), par la D 67. Autour du hameau de Pacciunituli, sur le chemin et la Piana dei Stantari et sur la prairie de Santu Antunacciu, deux alignements mégalithiques de direction méridienne ont été dégagés par M. de Lanfranchi. Chaque monument présentait sa face plate au soleil levant, comme l'abside des églises chrétiennes. Un groupe de menhirs, étudié par R. Grosjean, donnait l'impression d'un cromlech. M. de Lanfranchi estimait que la forme circulaire du groupement de menhirs était due au hasard. Mais le site a été déblayé, et il n'est plus possible de se faire une opinion *de visu*. Au total, quinze menhirs ont été identifiés et les fragments épars sont nombreux. De petites agglomérations préhistoriques ont été découvertes aux alentours : à Curacchiaghiu, sur la commune de Levie, et à la Sapara Alta, sur le territoire de San-Gavino-di-Carbini.

Zonza.

Les monolithes géants de la forêt de Zonza.

Le feu et les pirates

La chapelle Santa Barbara, à une demi-heure de marche au sud-ouest de Zonza, rassemble la population le 4 décembre. Le même jour, en plaine, la sainte est aussi fêtée à Sainte-Lucie de Porto-Vecchio. Les origines de cet attachement restent obscures. Dans une forêt où les incendies sont dangereux et sur une côte longtemps menacée par la piraterie, le recours à une protectrice à laquelle on attribue la maîtrise du feu et l'art de diriger l'artillerie répond peut-être à une logique étudiée. Les tours de Fautea et de Pinarello, édifiées à la fin du XVIᵉ ou au début du XVIIᵉ siècle sur le territoire littoral de Zonza, rappellent que les attaques par mer n'étaient pas un péril imaginaire. Gardés le plus souvent par des habitants de Zonza ou de San Gavino-di-Carbini, ces deux postes de surveillance furent pris et incendiés par les Turcs en 1650. Malgré son éloignement, Zonza même avait été inquiété au siècle précédent : en 1579, un Corse d'Olmeto, revenant d'Afrique du Nord, avait annoncé que Mami Longo, un renégat islamisé, préparait une expédition contre le village. La tour de Fautea est située entre la N 198 et la mer, à 7 km au nord-ouest de Sainte-Lucie de Porto-Vecchio ; la tour de Pinarello domine l'île du même nom, que l'on rejoint par la D 168 A, la D 468 et une voie qui mène au Capu di Fora.

ZOZA

23 KM N-E DE SARTÈNE PAR D 69, D 268 ET D 20

Dieu s'est arrêté à Zoza

La pointe de Castello (2 km de Zoza) était jadis un avant-poste d'où les Corses pouvaient observer les mouvements des troupes sarrasines dans la vallée. Il existe d'autre part, à la pointe de Castello, une caverne profonde qui, d'après la légende, communiquerait avec le Rizzanèse.

De même que les habitants de Lucanie disent que le Christ s'est arrêté à Eboli, un dicton rapporte :

> *Zoza, Conca e Lecce*
> *Sô l'ultimi paesi chi Diu fece*

que l'on peut traduire ainsi :

> « Zoza, Conca et Lecce
> « sont les villages que Dieu fit en dernier. »

Les fugues du soleil et de la lune

Repliée dans l'église depuis plus de quarante ans, une sainte Marguerite rénovée parcourt de nouveau Zoza, le 20 juillet, depuis 1993. Capable de soumettre le dragon, selon l'iconographie qu'elle a inspirée, la sainte réussira peut-être aussi à maîtriser les fléaux de la nature qui séviraient à Zoza, selon un second dicton :

> *Zoza di mala furtuna :*
> *D'invernu, mai sole,*
> *D'estate, mai luna*

c'est-à-dire :

> « Zoza de mauvaise fortune :
> « en hiver, jamais de soleil,
> « en été, jamais de lune. »

ZUANI

91,5 KM DE BASTIA PAR N 193, N 198, D 16 ET D 116

Sorcières et talismans

Sous le rocher de Pintone, en contrebas de Zuani, près du ruisseau des Moulins, se cache la *Grotta di e streghie*, la grotte des sorcières. L'imagination des habitants de Zuani a été stimulée par les étranges concrétions calcaires qui revêtent cette anfractuosité isolée.

Sur l'éperon de Montepiano, qui domine la vallée du Corsigliese, l'étang de Diane et Aléria, un rocher de schiste est creusé d'un bassin oblong, profond de 0,35 m, large de 0,88 m et long de 0,95 m, que prolonge une rigole. L'impression de table sacrificielle est-elle seulement due aux fantasmes de l'imagination ? Une soixantaine de cupules, associées à des sillons dans le coin orienté au nord-est, donnent un aspect grêlé à la surface de la table. Un des panneaux verticaux est sillonné d'un réseau de gravures, dont le tracé se recoupe parfois en étoiles à cinq branches, rappelant les pentacles, volontiers considérés par les Anciens comme des symboles de perfection[1]. A toutes les époques, les pentacles ont orné médailles et bijoux porteurs de propriétés magiques. Curieusement, des pentacles ornent aussi des pièces de vaisselle du IIIe siècle av. J.-C. exhumées de la nécropole préromaine d'Aléria[2].

1. A.-H. Mazel, J. Magdeleine, P. Galup, *Cahiers Corsica*, n°s 42-43, 1974.
2. L. et J. Jehasse, « La nécropole préromaine d'Aleria », *Gallia*, XXVe supplément, 1973.

Le château du lierre

À 2,5 km au sud-ouest de Zuani, le Castello (900 m) domine les communes de Zuani et de Piedicorte-di-Gaggio. Cette colline doit son nom aux ruines du *castello di Pietr'Ellerata*, dont il ne reste que des traces au sol et le chemin de ronde. La Pietr'Ellerata était le rocher couvert de lierre (*ellera*) sur lequel le château s'élevait (voir PIEDICORTE-DI-GAGGIO). D'après Jacob Doria, il était si bien défendu qu'on ne pouvait s'en emparer que par la famine. La protection accordée par les Cortinchi de Gaggio auxquels appartenait la Pietr'Ellerata ne suffisait pas à assurer la sécurité aux époques troublées : le village même de Zuani compte encore huit tours transformées en habitations.

Le saint et le reître

Le couvent de Saint-François, à gauche de la D 116, à 2 km de Zuani, en direction de Tallone, fondé en 1731 par le futur saint Théophile (voir CORTE), a été menacé de disparaître un an après sa création. À Corte, des troupes autrichiennes chargées de pacifier la Corse se préparaient à descendre la vallée du Tavignano et à réduire toute résistance entre Corte et Aléria. Directement menacé, le couvent de Saint-François a été sauvé par une inspiration miraculeuse de Théophile, qui décida de se déplacer à Corte et de plaider la cause des Franciscains auprès du duc de Wurtemberg, commandant du corps autrichien. Un tableau, visible à Corte, dans le bas-côté droit de l'église de l'Annonciation, a immortalisé l'entrevue.

Zuani rend toujours hommage à saint Théophile le 6 août. Une procession, rythmée de chants liturgiques, se déroule autour du couvent ; la fête s'achève sur la place de Zuani par une dégustation de produits du terroir offerte par une famille du village. De même, le 16 août, lors de la Saint-Roch, qui patronne une chapelle du couvent, les petits pains sont encore distribués après la messe.

Plusieurs lignées de Zuani, donatrices du couvent à plusieurs époques, disposent d'une fosse funéraire, l'*arca* traditionnelle, dans des chapelles de Saint-François.

Assassinat notarié

En 1813, une succession litigieuse fut réglée de manière radicale dans la forêt qui s'étend entre Zuani et Pianello. Cerné par ses adversaires devant une fosse fraîchement creusée, dont la destination était claire, un jeune écrivain de Venzolasca, Alessandro Petrignani, fut contraint de renoncer à l'héritage qui lui était destiné. Dûment convoqué, le notaire fit parapher par Petrignani l'acte qu'il avait préparé. L'affaire faite, Petrignani fut abattu et enterré. Une femme de Zuani, qui recherchait du bois pour son fagot quotidien, avait été témoin du meurtre, en ayant la présence d'esprit de rester discrète. Elle confia néanmoins son secret à un moine du couvent de Saint-François, qui alerta les autorités judiciaires en composant une poésie funèbre. Bien qu'anonyme, le récit était si évocateur qu'il fut pris au sérieux. Les meurtriers furent pris et exécutés. Ami de Petrignani, Salvatore Viale, l'auteur de la *Dionomachia*, lui rendit hommage au début d'un des chants de son œuvre.

ORIGINE
DES
ILLUSTRATIONS

BIBLIOTHÈQUES ET COLLECTIONS

BIBLIOTHÈQUE NATIONALE — DÉPARTEMENT DES ESTAMPES :
13, 20, 21, 34, 57 ,65, 66, 75, 76, 81, 83, 84, 85, 88, 92, 94, 96, 101
(bas et haut), 106, 119, 135, 141, 149, 154, 177, 179, 187, 191, 200,
204, 209, 211, 223, 237, 255, 283, 286, 293, 306, 328, 329, 354, 371,
373, 408, 425, 434, 457, 460, 461, 474, 483.

BIBLIOTHÈQUE NATIONALE — DÉPARTEMENT DES IMPRIMÉS :
22, 26, 27, 39, 40, 44, 47, 51, 52, 60, 91, 137, 147, 170, 243, 245, 249,
260, 278, 279, 332, 334, 335, 344, 349, 379, 422, 427, 447, 470, 476,
482, 484.

COLLECTION ROGER GROSJEAN :
189, 253, 292, 361 (droite), 455.

La grotte de Napoléon à Ajaccio.

ARCHIVES GUIDES NOIRS — Illustrations tirées de : Thomas
Forester, *Rambles in the Islands of Corsica and Sardinia*, Londres,
1858 : 12, 157. Abbé Jean-Ange Galletti, *Histoire illustrée de la
Corse*, Paris, 1863 : 17, 23, 29, 35, 48, 53 (haut), 55, 56, 78, 79, 80,
98, 99, 104, 107, 108, 110, 120, 121, 129, 131, 144, 166, 207, 258,
276, 281, 310, 315, 319, 340, 369, 389, 406, 409, 456, 467, 480.
Edward Lear, *Journal of a landscape painter in Corsica*, Londres,
1870 : 100, 153, 162, 172, 195, 259, 272, 322, 339, 348, 372, 412,
421, 473, 493, 494.

La forêt de Bavella.

PHOTOGRAPHIES

G. GRELOU : 383.

PATRICE GUICHARD : 20, 22, 26, 27, 39, 40, 47, 49, 51, 52, 53 (bas), 61, 62, 67, 69, 74, 91, 93, 101 (bas), 123, 137, 137, 147, 149, 154, 160, 176, 177, 183, 198, 205, 208, 218, 220, 222, 229, 243, 247, 249, 258, 260, 265, 266, 278, 279, 297, 303, 326, 328, 329, 332, 335, 344, 349, 359, 361 (gauche), 379, 384, 386, 387, 399, 400, 403, 417, 422, 427, 433, 447, 451, 457, 470, 475, 482, 484.

JEAN-ROBERT MASSON : 24.

JACQUES PELLERIN : 13, 21, 34, 44, 57, 60, 65, 66, 75, 76, 81, 83, 84, 85, 88, 92, 94, 96, 101 (haut), 106, 119, 135, 141, 179, 187, 191, 200, 204, 208, 209, 211, 223, 237, 245, 255, 283, 286, 293, 306, 334, 354, 371, 373, 408, 415, 425, 434, 460, 461, 474, 476, 483.

OSWALD PERRELLE : 11, 103, 238, 250, 333, 350, 351, 465, 487, 488, 491.

RAPHO : LARRIER-RAPHO : 19, 180. SIMONET-RAPHO : 317. SARVAL-RAPHO : 224, 225, 150, 151. TOLI-RAPHO : 114, 115.

ROGER-VIOLLET : 234 (haut), 376, 377, 196, 197.

La citadelle de Corte.

TABLE
DES
MATIÈRES

Imprimerie Hérissey - Évreux - N° 69683 - Dépôt légal : juillet 1995